Sección de Obras de Historia

CIVILIDAD Y POLÍTICA

Traducción de
HORACIO PONS

Pilar González Bernaldo de Quirós

Civilidad y política
en los orígenes de la nación Argentina

Las sociabilidades en Buenos Aires, 1829-1862

Fondo de Cultura Económica

México - Argentina - Brasil - Colombia - Chile - España
Estados Unidos de América - Guatemala - Perú - Venezuela

Primera edición en francés, 1999
Primera edición en español, 2001

Este libro ha sido seleccionado para el Plan de Promoción a la Edición de Literatura Argentina de la Secretaría de Cultura y Medios de Comunicación de la Presidencia de la Nación.

Este libro ha recibido un subsidio a la traducción de la Fundación Antorchas.

Ilustración de tapa: "Buenos Aires 1860", de León Pallière (Museo Histórico Nacional)

Título original: *Civilité et politique*
© 1999, Publications de la Sorbonne
ISBN de la edición original: 2-85944-361-4

D.R. © 2000, Fondo de Cultura Económica de Argentina, S.A.
         El Salvador 5665; 1414 Buenos Aires e-mail: fondo@fce.com.ar
         Av. Picacho Ajusco 227; 14200 México DF

ISBN: 950-557-407-X

Fotocopiar libros está penado por la ley. Prohibida su reproducción total o parcial por cualquier medio de impresión o digital en forma idéntica, extractada o modificada, en castellano o en cualquier otro idioma, sin autorización expresa de la editorial.

Impreso en la Argentina
Hecho el depósito que marca la ley 11.723

A mis padres, Ángel y Julia,
y a mis hermanos y hermanas,
Julio, Ignacio, Ángeles,
Gloria, Martín, Diego,
Rodrigo, Fernán y Julia,
que habitan mi memoria íntima
de Buenos Aires.

Yo era, en el sentido primitivo de la metáfora antes de que cristalizara, una pila de nervios. De dónde, me digo, la voluntad de transgredir que me aguijonea sin tregua, y ese deseo constantemente experimentado de una carrera perdida, un último estropicio, gracias al cual se agote de una vez por todas la violencia que no deja de habitarme y que, en este momento, disciplina el manejo de la pluma; de dónde, también, que aprecie por encima de todo el sistema de precauciones, modales y cortesías perfeccionado por los hombres con el correr de los siglos para matarse menos entre sí, en el cual me confino y con el cual me vendo. Me temo; me obedezco.

HÉCTOR BIANCIOTTI,
Lo que la noche le cuenta al día

AVISO AL LECTOR

El lector tiene en sus manos una investigación efectuada entre 1986 y 1990, redactada a lo largo de 1991 y defendida en la Sorbona en febrero de 1992.[1] Desde entonces pasó el tiempo, y otros trabajos de investigación –los míos entre ellos– avanzaron en varias de las cuestiones abordadas aquí. ¿Qué hacer, mientras transcurría el tiempo y la tesis, por la atracción de nuevos horizontes, permanecía inédita? La tentación de dejar definitivamente este trabajo en un cajón fue grande... Si no sucedió así, lo debo al aliento de los colegas y amigos que me impulsaron y, para no callar nada, en cierto modo me forzaron a llevar a buen puerto la publicación de esta investigación. En particular, sin el cálido estímulo de François-Xavier Guerra y Juan Carlos Garavaglia jamás habría mantenido el rumbo. Les estoy agradecida por su aliento.

El texto se publica tal como fue elaborado, con algunos párrafos intercalados aquí y allá, destinados sobre todo a destacar las pistas que, desde entonces, fructificaron en mis investigaciones. Sin renovar por entero la bibliografía, quise igualmente introducir ciertas referencias bibliográficas que, aunque posteriores, son indispensables para el análisis de las cuestiones abordadas. Estas modificaciones no afectan, sin embargo, la estructura de un texto que en lo esencial permanece intacto, pese al tiempo transcurrido. Ello me parece poder justificarse. Con respecto a la forma, en varias ocasiones tuve que esforzarme por no ceder a la tentación de tocar un texto cuya escritura, debo confesarlo, me satisface poco, pero cuyo proyecto de reescritura trasladaba la publicación a las calendas griegas. Entre dos males, hay que elegir el menor; por lo tanto, conservé una estructura narrativa idónea para este ejercicio académico específico, que incita al candidato a optar por un tono perentorio con el objeto de afirmar, ante el jurado, su capacidad de llevar a buen fin una investigación histórica, cuyos resultados deben redactarse siguiendo las convenciones del género. De tal modo, el procedimiento de exposición adoptado tiende a dar poca cabida a los matices, aunque se formulen en el texto. No obstante, en lo que se refiere al fondo me parece que la investigación y la reflexión en torno de los temas abordados resistieron el paso del tiempo. Los lectores de hoy en día tendrán acaso la impresión de que –en especial con respecto a ciertas cuestiones como el imaginario nacional, las formas de sociabilidad o la esfera pública– confirma en vez de innovar estudios que entre-

---

[1] Pilar González Bernaldo, *La Création d'une nation. Histoire politique des nouvelles appartenances culturelles dans la ville de Buenos Aires 1829-1862*, Université de Paris I Panthéon-Sorbonne, Thèse Nouveau Régime, tres volúmenes, 1.032 páginas (en lo sucesivo, PGB, *La Création...*, ob. cit.).

tanto avanzaron mucho. Pese a esta indiscutible impresión de *déjà vu*, creo que esta investigación sigue siendo original en el tratamiento conjunto de esas cuestiones y aporta elementos propios a la discusión; razón por la cual, y pese a esas reservas, podría integrar –así lo espero– el debate historiográfico sobre estos problemas.

Para terminar, me gustaría reiterar aquí mi agradecimiento a todos los que contribuyeron a llevar a buen término esta investigación. Perpetua candidata a becas en busca de organismos susceptibles de financiarme, los años transcurridos en la elaboración de este trabajo no fueron descansados. Tengo una gran deuda de reconocimiento para con las instituciones que creyeron en mi proyecto y mi capacidad de llevarlo adelante y que contribuyeron a su financiamiento: el Ministerio de Educación Nacional, el Centre National de la Recherche Scientifique (CNRS) y la Maison des Sciences de l'Homme en Francia, el Consejo Nacional de Investigaciones Científicas y Técnicas (CONICET) y la Fundación Antorchas, así como el Instituto de Historia Argentina y Americana de la Universidad de Buenos Aires y su director, José Carlos Chiaramonte, y la Universidad de Tandil en la Argentina. Soy igualmente deudora, de manera aún más decisiva, de los colegas y amigos que me ayudaron y sostuvieron, muchas veces en el sentido primordial del término, a lo largo de estos años. Entre ellos, quiero agradecer particularmente a François-Xavier Guerra, director de esta investigación, cuyas observaciones, por su inteligencia y perspicacia, fueron una fuente de estímulos permanentes; a Émilie Accard, que partió sin ver el fruto de tantas penas y alegrías compartidas; a Roger, Lucienne y François Accard, que me acompañan de muy cerca desde mi llegada a Francia, así como a Joëlle Chassin, Nathalie Colnot, Sylvie Lecoin, Gérard Legrain, Jorge Myers, François e Isabelle Puiseux y Françoise Vergneault, que saben tanto como yo misma hasta qué punto su amistad y su ayuda generosa me fueron esenciales.

A esos agradecimientos reiterados debo sumar hoy los destinados a mis colegas de París 7- Denis Diderot, que me brindaron el tiempo necesario para transformar mi tesis en un libro, y muy en especial a Andrée Bachoud, quien, desde mi llegada a esa universidad, no dejó de alentarme en mis investigaciones; a las Publicaciones de la Sorbona que, pese a mis retrasos sucesivos, tuvieron a bien esperar el manuscrito y, *last but not least*, a Éric, Guillaume y Étienne, por la tolerancia con que aceptan mi exilio cotidiano del escritorio y la hoja en blanco. A ellos, todo mi reconocimiento.

PREFACIO

Hay obras cuyo renombre precede a su publicación. Desde su defensa como tesis de doctorado en la Sorbona en 1992, la de Pilar González Bernaldo de Quirós se convirtió en una referencia tanto para quienes habían tenido el placer de leerla como para aquéllos que –muchos en todo el mundo– conocían su existencia. Su aparición permite hoy, por fin, que un público más vasto pueda apreciar sus cualidades y, sin duda, aplicar sus enfoques a otros países o épocas.

El libro, en efecto, se sitúa en la confluencia de varios ejes de investigación, esenciales para la comprensión del siglo XIX: las mutaciones de la sociabilidad y las prácticas sociales, el nacimiento de la política moderna, la construcción de la nación. Su mayor originalidad reside en la intuición primordial que recorre toda la obra y le confiere su unidad: los tres temas están indisociablemente ligados en una relación causal que, aunque compleja, no es menos cierta.

Desmontar y demostrar ese vínculo podría parecer una tarea considerable, más atinente a una vasta síntesis historiográfica que al esfuerzo de un solo investigador. Sin embargo, es posible otro enfoque: elegir un marco geográfico suficientemente limitado para poder poner en evidencia la interacción de las variables; con la condición, desde luego, de que la relación de ese marco con la nación sea determinante y el período considerado sea suficientemente prolongado. Entre 1829 y 1862, la ciudad de Buenos Aires cumple admirablemente bien esas condiciones, por el lugar que ocupa en la construcción de esa Argentina con la cual, para mucha gente, terminó por identificarse. Ello no siempre fue así; todo lo contrario, porque la relación entre la ciudad puerto y las provincias del interior fue, durante los sesenta años que siguieron a la independencia, el problema central del Río de la Plata y sigue siendo uno de los aspectos más controvertidos de la memoria y la historiografía argentinas.

En ese cuadro, limitado pero capital –en el sentido estricto del término–, se despliega la demostración. Por primera vez en esta escala, la descripción viva y concreta de los ámbitos y las formas de sociabilidad va a la par con la ponderación global y el análisis conceptual. De ese modo, vemos desfilar una tras otra todo tipo de sociabilidades, de fundamentos y finalidades variadas, tanto formales como informales, elitistas como populares: cofradías, "naciones" y sociedades africanas, gabinetes de lectura, sociedades literarias y filantrópicas, mutuales, logias masónicas, asociaciones de recreo, clubes electorales... La cartografía acude en ayuda del análisis cualitativo para poner de manifiesto evoluciones ocultas. Las sociabilidades dominantes de la primera época son sin duda de tipo antiguo, originadas en los lazos primarios de vecindad, de solidaridad corporativa, de pertenencia étnica. Sobre el apretado tejido de las *pulperías* se destacan concentraciones en torno de las parroquias. Apenas algunas escasas sociabilidades modernas y elitistas –cafés, gabinetes de lectura, sociedades de estudiantes o comerciantes– comienzan a especializar el espacio urbano. A continuación presenciamos su crecimiento, no de manera continua, sino de acuerdo con las coyunturas políticas, con ritmos y modalidades que dan pábulo a la hipótesis de su estrecha relación con la política moderna. Luego del auge de principios de la década de 1820 –el período rivadaviano– viene el lento crecimiento o la letargia del régimen de Rosas y, por último, la explosión asociativa que sigue a la caída del caudillo. En el Buenos Aires de mediados de siglo, el auge económico y la abundancia de actividades de recreo no están en contradicción, sino todo lo contrario, con la febril actividad política que acompaña el renacimiento del régimen representativo.

Empero, y por sorprendente que sea, la correlación cuantitativa y espacial no podría bastar. Resta mostrar en concreto el vínculo existente entre la sociabilidad, las prácticas asociativas y el ejercicio del poder. El análisis prosopográfico de un vasto *corpus* que comprende a los políticos y los publicistas permite avanzar un escalón más. Ante todo, desbarata la interpretación socioeconómica de la política, aún dominante en la historiografía argentina. El controvertido régimen de Juan Manuel de Rosas no es la expresión de una ruralización de la vida política ni de la toma del poder por los grandes propietarios terratenientes –los estancieros–. La composición de la elite gobernante muestra, al contrario, el gran lugar ocupado por las elites urbanas tradicionales: la antigua elite administrativa y las grandes familias de intereses diversificados. Una única originalidad, pero de importancia: ese grupo dirigente está poco implicado en la nueva sociabilidad y se apoya más bien en redes de tipo antiguo. El propio Rosas extrae una parte importante de su fuerza de sus lazos clientelistas con la "plebe" urbana y, más particularmente, con las sociedades africanas.

Otra es la relación que la generación posrosista mantiene con las prácticas asociativas modernas. Para casi todos sus integrantes, éstas fueron una etapa necesaria de su itinerario personal: ya fuera como ámbito de iniciación en la opinión y la política modernas, ya como un medio de ampliar y asentar su área de influencia. En ese sentido, la balbuceante y minoritaria sociabilidad estudiantil de la década de 1830 es en verdad el germen del pueblo moderno, y su proscripción por el caudillo, "el exilio de la opinión" o "la nación en exilio".

Puesto que –y entramos así en el núcleo de la demostración–, las nuevas asociaciones socioculturales y sus nuevas prácticas relacionales entrañan una nueva manera de pensar e imaginar la colectividad: el lazo social, la autoridad, los comportamientos. Este esquema interpretativo, que se impuso poco a poco en la nueva historia de lo político, encuentra aquí una clamorosa confirmación. La sociabilidad moderna acompaña la invención del individuo, la valorización de los lazos contractuales, el ideal de igualdad, el imperio de la opinión, la soberanía de la colectividad… En esta constelación inédita, la civilidad sobre la que tanto insiste la autora ocupa un lugar central y ambiguo. Las relaciones civilizadas, corteses y pacificadas de las elites en sus nuevos espacios de relación preparan y prefiguran la sociedad civil de la política moderna. En ese Río de la Plata que precisamente por entonces empieza a pensarse según la oposición "civilización y barbarie", la civilidad es a la vez escuela de ciudadanía y criterio de distinción social, puesto que también es urbanidad y rechazo de las costumbres zafias del campo. Como en todo el mundo occidental, marcado por su herencia grecorromana, la política es cosa de la *polis*, la civilidad y la civilización son inseparables de la *civitas* y el *cives* y la urbanidad es propia de la *urbs*... Es indudable que el antiguo clivaje ciudad-campo no desaparece del imaginario de las elites, pero se reformula para hacer de las nuevas prácticas de la sociabilidad urbana la matriz de una nueva sociedad. En ese sentido, aun cuando no sean las únicas que efectúan ese recorrido, las elites de Buenos Aires están, en efecto, "en los orígenes de la nación Argentina". La nación moderna es una nueva manera de existir para una comunidad humana: una colectividad fundada sobre un nuevo vínculo entre los hombres, sobre nuevos valores e imaginarios.

No por ello deja de ser cierto que la nueva ciudad –tanto la urbe como la nación– es, y seguirá siendo durante mucho tiempo, más un ideal que una realidad consumada; ideal, dotado por cierto de un extraordinario poder transformador, pero que debe transigir durante largo tiempo con el antiguo. De ello se deduce que en la marcha hacia la creación de una esfera pública nada es simple ni lineal. Las elites modernas son a la vez la prefiguración de la futura nación y de sus pedagogos –por el urbanismo, los lugares conmemorativos, la simbología y más tarde la escuela–, pero también las administradoras de una ciudad aún estructurada por viejas pertenencias.

Esta ambivalencia está presente por doquier y explica muchas extrañezas de la política del siglo XIX, hecha de hibridaciones y desfasajes entre imaginarios y prácticas resueltamente modernos y otros que hunden sus raíces en un pasado que aquéllos rechazan. Presencia ubicua en los países que intentaron cortar abruptamente con el antiguo régimen, esta distancia es particularmente importante en la América hispánica. La independencia no es sólo la ruptura con España y los otros sectores de la antigua monarquía sino también, y acaso sobre todo, la instauración inmediata y definitiva de una soberanía en la que el adjetivo "nacional" enmascara mal la incertidumbre sobre la naturaleza de la nación. Esa incertidumbre se refiere tanto a sus elementos territoriales –problema particularmente patente en las Provincias Unidas del Río de la Plata– como al vínculo entre los componentes elementales de la nación. Es cierto que en todas partes se hace referencia al ciudadano y en Buenos Aires el sufragio masculino es precozmente universal. No obstante, en la práctica no sólo las elecciones manifiestan la voluntad del pueblo; ésta puede expresarse de otra manera: mediante la reunión de la multitud y la ocupación de la calle, la presión física sobre los adversarios. De allí los fenómenos de movilización popular que ocupan un lugar tan importante en la ciudad: desde las prácticas plebiscitarias del régimen de Rosas hasta la manipulación del voto por parte de los notables, a continuación. La existencia de diferentes lógicas representativas no hace más que reflejar la heterogeneidad de una sociedad que dista de estar formada por individuos libremente asociados y de costumbres civilizadas.

Dar cuenta de la complejidad de fenómenos aparentemente aberrantes es la mejor prueba de la validez de un modelo explicativo. Es lo que sucede, sin duda, con esta obra. Estamos lejos de una historia falsamente modesta que, so pretexto de dejar hablar a las fuentes y borrarse ante la complejidad de lo real, conduce a la acumulación de estudios de casos o a una interpretación global introducida subrepticiamente por premisas no declaradas. Las hipótesis sobre las cuales se funda este trabajo están claramente enunciadas, las variables utilizadas son explícitas y las articulaciones de la demostración se señalan con nitidez. Se podrá acaso discutirlas, completarlas o reformularlas, pero este camino seguido tiene la enorme ventaja de hacer posible un debate sobre las grandes lógicas en acción en la Historia, y testimonia la ambición del historiador de acercarse a una visión más inteligible de lo real.

François-Xavier Guerra
Universidad de París I - Sorbona

INTRODUCCIÓN

Pedid a un historiador que imagine un mundo sin dimensión temporal y descubriréis en su rostro signos de contrariedad y angustia comparables a las reacciones que podía provocar en un intelectual del siglo XIX el hecho de suponer una sociedad sin nación. La nación es hasta tal punto esencial para el pensamiento político moderno, que nosotros, hombres de este final del siglo XX que hemos proclamado apresuradamente el fin de las naciones... experimentamos dificultades singulares para hacer de ella un objeto histórico. Sin embargo, no faltan los estudios, las interpretaciones e incluso las instrucciones de uso. Ello no impide que sigamos sintiendo el mismo desasosiego frente a una realidad que, como la dimensión temporal, es para el historiador tan indiscutible como difícil de aprehender. ¿Acaso E. Renan no respondió a la pregunta "¿Qué es una nación?", confesando que su existencia dependía del olvido y hasta del error histórico?[1] Entonces, ¿para qué sirve tratar de discernir históricamente una nación? Nuestro desconcierto en este caso es mayor por el hecho de que, al querer enfocar la nación tal como se presenta históricamente en la Argentina, la complejidad de las cuestiones que rodean el proceso de organización del Estado nacional nos oculta los pocos indicios que permitirían abordarlo más fácilmente.

Sin embargo, la cuestión me parece tan esencial –y esto, no sólo para la comprensión del siglo XIX argentino, como la prensa no deja de recordárnoslo día a día– que quise hacer esa apuesta. La historia que les propongo aquí no es, empero, una historia de las instituciones nacionales, ni de la idea de nación, y ni siquiera una historia política de la formación del Estado argentino. Tampoco se trata de una historia de la institución de una ciudad como capital de la nación. Si bien todas estas cuestiones recorren esta investigación, decidí ocuparme aquí de las prácticas relacionales de la población de la ciudad de Buenos Aires; parte de este sector –que podemos distinguir como las elites culturales– va a desempeñar un papel indudable en la constitución de una nación argentina.[2] ¿Un epifenómeno con respecto al proceso histórico mayor aquí evocado, en suma? Admito que la

---

[1] E. Renan, "Qu'est-ce qu'une nation?", conferencia pronunciada en la Sorbona el 11 de marzo de 1882, en *Discours et Conférences*, París, Calmann-Lévy, 1887, pp. 277-310.

[2] La noción de elites culturales coincide con dos nociones de la época: la de "gente decente" y la de *vecinos*. Comparte con los *vecinos* la relación con la cosa pública, y con la "gente decente" el reconocimiento social que deben a la educación, los buenos modales y, desde luego, los lazos de parentesco. La expresión "elites culturales" suma a esas dos acepciones la idea de una posición de preeminencia que procede de su identificación con la esfera pública, en un principio literaria y luego política.

17

óptica adoptada no tiene una medida comparable a la amplitud del problema. Ella postula, sin embargo, que las experiencias relacionales cotidianas no carecen de conexión con el proceso político global de organización constitucional de las ex provincias españolas como república representativa. Con el objetivo puesto en la ciudad de Buenos Aires y las prácticas de sociabilidad de sus elites, esta tesis no podría constituir una respuesta unívoca a ese problema. Menos aún pretende haber encontrado la clave para explicar un proceso que implica diferentes dimensiones de lo real y, por consiguiente, diferentes niveles de análisis. Este enfoque, no obstante, debe descubrirnos dimensiones hasta hoy ignoradas, que hacen que ese proceso político mayor sea al mismo tiempo más complejo y, en ciertos aspectos, más comprensible.

El punto de partida:
el problema de la creación de una nación en la Argentina

Por paradójico que parezca, hasta hace aún poco tiempo era absurdo plantear una cuestión semejante, y ello por una razón muy simple. Desde los primeros relatos sobre los orígenes de la nación, los historiadores reiteran la tesis formulada por los propios creadores de la nación argentina. El autor indiscutido de esta tesis es Bartolomé Mitre, quien, entre 1857-1859 y 1877, elabora su teoría sobre "la revolución republicana" y hace del proceso abierto en mayo de 1810, el resultado de un largo y no siempre silencioso combate por la independencia nacional.[3] A su juicio, la independencia conjugaba el desarrollo de una economía alternativa y contradictoria con los intereses de España, la toma de conciencia criolla que se derivaba de ella y una prolongada tradición democrática que caracterizaba la sociedad local. Desde entonces, el problema de la nación se asimila al de la independencia. Así, en la segunda mitad del siglo XIX, y con pocas excepciones, todos los historiadores coinciden en sostener que la Nación Argentina nació porteña y republicana en 1810.[4] Esta tesis fue retomada y enriquecida por las nuevas herramientas conceptuales que caracterizaron la producción historiográfica del siglo XX. Se hizo hincapié entonces, más bien, en los aspectos económi-

---

[3] Bartolomé Mitre, "Biografía de Belgrano", en Juan María Gutiérrez, *Galería de celebridades argentinas*, Buenos Aires, 1857 (tercera edición completa con el título de *Historia de Belgrano y de la independencia argentina*, 1876-1877); B. Mitre, *Historia de San Martín y de la emancipación sudamericana*, Buenos Aires, Félix Lajouane, 1890.

[4] Sobre la reconstrucción del pasado nacional por esta primera generación de historiadores hay que consultar el trabajo clásico de Ricardo Rojas, *Historia de la literatura argentina*, Buenos Aires, 1922, y de Rómulo Carbia, *Historia crítica de la historiografía argentina (desde sus orígenes en el siglo XVI)*, Buenos Aires, Coni, 1940. Sobre los orígenes intelectuales de esta primera generación, véanse en particular los trabajos de Natalio Botana: *La tradición republicana*, Buenos Aires, Sudamericana, 1984, y *La libertad política y su historia*, Buenos Aires, Sudamericana, 1991. En Fernando Devoto, "Idea de nación, inmigración y cuestión social en la historiografía académica y en los libros de texto en Argentina", *Estudios Sociales*, 2/3, 1992, pp. 9-30, se encontrará una reflexión de conjunto sobre esta cuestión.

cos y sociales que habían conducido a la ruptura revolucionaria, siempre considerada como el fruto de una madurez nacional. Se trataba, a la sazón, de probar el nacimiento y el desarrollo de una economía capitalista y una burguesía nacional que habían tenido que romper con la dominación española para asegurar las condiciones de su propio desarrollo.[5] Tanto en un caso como en el otro, se partía del supuesto previo de la existencia de una nación y un sentimiento nacional en el origen de la independencia (en el siglo XIX, el acento se puso más bien en lo político, mientras que el siglo XX insistiría más en lo económico). Ahora bien, en esta perspectiva, el largo período de las sangrientas guerras civiles que estallaron entre el presunto nacimiento de la nación en 1810, el año cero de la historia argentina, y el comienzo de la organización definitiva de un Estado nacional, seguía siendo de difícil explicación. Para algunos se trataba de un retroceso: así lo sostenía la tesis del poder "feudal" de Rosas; para otros, de la consecuencia de una tendencia anárquica autóctona que era imputable a la "idiosincrasia nacional", como lo afirmaba la tesis de Sarmiento sobre el origen de los *caudillos*.

Los veinte últimos años fueron ricos en nuevos aportes, tanto por parte de los especialistas de la historia colonial que revisan la relación entre España y sus colonias en vísperas de la independencia, como del lado de los especialistas del siglo XIX, que impugnan la tesis clásica sobre el origen "nacionalista" de ésta y proponen, como única unidad coherente de la época, las sociedades y economías provinciales.[6] Estos caminos recientemente abiertos permiten abordar de muy otra manera el siglo XIX latinoamericano. Me basé, por ende, en esas nuevas investigaciones para invertir los términos de la tesis clásica. Por eso comencé este estudio con la hipótesis contraria, la de un movimiento insurreccional que, más que resolver, plantea el problema de la nación; rumbo inicial que abre un abanico de nuevas cuestiones sobre la creación de la nación.

---

[5] Los trabajos son numerosos y de calidad desigual, y es muy difícil resumirlos en una nota. Hemos propuesto un repertorio de esta producción en Noemí Goldman y Pilar González Bernaldo, "Treinta años de historiografía política argentina", en Comité Internacional de Ciencias Históricas, Comité Argentino, *Historiografía argentina 1958-1988. Una evaluación crítica de la producción histórica argentina*, Buenos Aires, 1990, pp. 293-302. En una perspectiva no marxista, véase John Lynch, *Las revoluciones hispanoamericanas 1808-1826* (Londres, 1976), Barcelona, Ariel, 1983.

[6] Nos apoyamos en los últimos aportes de José Carlos Chiaramonte, "La cuestión regional en el proceso de gestación del Estado nacional argentino. Algunos problemas de interpretación", en Marco Palacios (comp.), *La unidad nacional en América Latina, del regionalismo al nacionalismo*, México, El Colegio de México, 1983; J. C. Chiaramonte, "Formas de identidad en el Río de la Plata luego de 1810", en *Boletín del Instituto de Historia Argentina y Americana "Dr. E. Ravignani"* (en lo sucesivo BIHAA-E. Ravignani), núm. 1, 3ª serie, 1er trimestre de 1989, Buenos Aires, UBA-FFL, pp. 71-92; Tulio Halperín Donghi, *Revolución y guerra: formación de la élite dirigente en la Argentina criolla*, Buenos Aires, Siglo XXI, 1972; T. Halperín Donghi, *Reforma y disolución de los imperios ibéricos 1750-1850*, Madrid, Alianza, 1985, Colección Histórica de América Latina, vol. 3; T. Halperín Donghi, *Guerra y finanzas en los orígenes del Estado argentino (1791-1850)*, Buenos Aires, Editorial de Belgrano, 1982; François-X. Guerra, "Révolution française et révolutions hispaniques: filiation et parcours", en *Problèmes d'Amérique Latine. Notes et études documentaires*, núm. 94, París, La Documentation Française, 1989, pp. 3-26. Para un panorama general de las diferentes posiciones de los historiadores latinoamericanos sobre esta cuestión, véanse Buisson *et al.*, *Problemas de la formación del Estado y de la nación en Hispanoamérica*, Bonn, Inter Nationes, 1984; Annino *et al.*, *América Latina: Dallo Stato coloniale allo stato nazione (1750-1950)*, dos volúmenes, Milán, Franco Angeli, 1987.

No es superfluo introducir algunos elementos previos con respecto al sentido y el uso de una noción de un alto nivel de generalidad y abstracción, y cuyo fuerte componente ideológico y político la convierte en objeto de poder en nuestras sociedades fundadas en el principio de soberanía de la nación y autodeterminación de los pueblos. No podría haber una definición justa o "aséptica" de la nación. A menudo se olvida que las dos definiciones que hoy se aceptan universalmente fueron dos respuestas políticas a nociones que se habían convertido en apuestas de poder. Fichte escribe sus *Discursos a la nación alemana* en 1806, tras la derrota de Prusia a manos de Napoleón. Renan, por su parte, pronuncia su conferencia de la Sorbona en 1882, luego de la derrota francesa frente a Alemania. ¿Y cómo no ver en los trabajos que intentan hoy hacer corresponder el sentido de la nación al de nación cívica una respuesta al despertar actual de los nacionalismos que, por su intensa connotación étnica y xenófoba, son más o menos inquietantes?[7] Es inútil, por lo tanto, resolver de entrada cuál es la definición exacta de un concepto fuertemente polisémico. Su sentido debe encontrarse, antes bien, en las combinatorias semánticas siempre diferentes que se producen en la lucha por el poder. Así, la cuestión consistirá más bien en saber cómo ciertos sectores de las elites culturales conjugaron históricamente la nación como fundamento del poder con la representación de la comunidad de pertenencia. Perspectiva necesariamente reduccionista, cuando se trata de representaciones cuyas declinaciones posibles son casi tan variadas como las poblaciones en cuestión. Con la salvedad de este matiz: que esas elites van a monopolizar el espacio público y las instituciones representativas, a partir de las cuales se formula un discurso sobre la nación que sirve para legitimar la construcción del Estado que emprenden esas mismas elites.

La idea de nación ligada a la independencia política de España aparece en el Río de la Plata, ante todo, en un contexto político: en los reglamentos de los gobiernos provisorios, en la Declaración de Independencia, en los diferentes proyectos constitucionales, durante los debates de las asambleas constituyentes que la prensa oficial u opositora transmitió a la esfera pública. En este caso se trata de una definición netamente política: la nación como sujeto de soberanía. La noción comunitaria de nación es problemática en el Río de la Plata y en toda América, porque los actores del levantamiento eran criollos, y los fundamentos de su identidad consistían justamente en su pertenencia a la cultura metropolitana. Así, en las jóvenes repúblicas americanas es el acto constitucional el que crea la nación en su singularidad. Ahora bien, el problema en el Río de la Plata radica precisamente en que el pacto fundador de la comunidad política no logra tomar forma. Antes de la redacción de la Constitución de la Confederación Argentina en 1853, que proclama la unión nacional —en la que no participa la provincia de Buenos Aires, que se separa del resto del territorio y elabora su propia constitución en 1854–, se habían reunido cuatro asambleas constituyentes, en 1813, 1816-1819, 1824-1826 y 1828, y se habían adoptado dos textos constituciona-

---

[7] La definición que se da de nación es una respuesta política clara a este problema, como lo atestigua, por ejemplo, la noción de "patriotismo constitucional" propuesta por J. Habermas para unir la definición de la nación a la de comunidad política. *Cf.* Jürgen Habermas, *Écrits politiques*, París, Cerf, 1990. En Francia, D. Schnapper asocia igualmente la nación moderna a la idea de nación cívica. *Cf.* Dominique Schnapper, *La Communauté de citoyens. Sur l'idée moderne de nation*, París, Gallimard, 1994.

les, el de las Provincias Unidas de la América del Sur en 1819 y la Constitución de la República Argentina de 1826, ambos condenados al fracaso. Recién en 1862, y luego de dos nuevos enfrentamientos armados entre Buenos Aires y la Confederación Argentina, la unidad nacional tendrá vigencia en todo el territorio que constituye hoy la República Argentina, con la excepción de la Patagonia y el territorio del Chaco, ambos en poder de tribus indígenas insumisas. Tendrán que pasar todavía veinte años para que la nación termine con la rebelión de los indios y las veleidades autonomistas de Buenos Aires.

Sin embargo, no se deja de pretextar la nación. Una nación que, en cierto modo, estaba en todas partes y en ninguna: se la aclamaba sin cesar en los textos legislativos y los proyectos constitucionales, se la invocaba durante las reuniones de intelectuales en las sociedades literarias; una nación que evocaban incluso los hombres de Lavalle en 1828-1829 para denunciar la "horda" que pretendía sustituir al pueblo; una nación, por último, que pretendían encarnar católicos y masones. De manera que, en el Río de la Plata, el sentido de la nación se desplaza furtivamente del Estado a la sociedad; desplazamiento semántico que coloca la sociedad y la representación que de ella se da en el corazón de las apuestas del poder.

La historia de las sociabilidades como modo de enfoque de la nación

Mi interés por el objeto "sociabilidad" tiene como primera fuente historiográfica las investigaciones de Maurice Agulhon, cuya importancia en ese ámbito ha hecho y hace escuela.[8] La lectura de sus trabajos fue tan determinante en la elección del tema como en la perspectiva de análisis. En particular, hago mía aquí la acepción de sociabilidad en el sentido de asociatividad, que Agulhon identifica con un conjunto de prácticas sociales y culturales igualitarias que facilitan la recepción de las ideas republicanas en el Var.[*]

Más esencialmente, Maurice Agulhon me allanó el camino hacia un enfoque sociocultural de lo político, que el renacimiento de la historia política hacía posible.[9] Su tesis sobre la asociación como marco de transformación de las sociabilidades iba a suscitar, por otra par-

---

[8] La bibliografía sobre esta cuestión es hoy considerable. Indicamos aquí uno de los principales trabajos de Agulhon y remitimos al lector a la bibliografía al final de este volumen. Cf. Maurice Agulhon, *La Sociabilité méridionale. Confréries et associations en Provence orientale dans la deuxième moitié du XVIII siècle*, dos volúmenes, París, 1966. Publicado dos años después por Fayard con el título de *Pénitents et francs-maçons de l'ancienne Provence*. Véase también la reedición de 1984, con un importante prefacio de Maurice Agulhon, París, Fayard, 1984. Para una primera puesta a punto crítica de la bibliografía de la sociabilidad, véase Giuliana Gemelli y Maria Malatesta, *Forme di sociabilità nella storiografia francese contemporanea*, Milán, 1982. Se encontrará una revisión más reciente de la producción historiográfica europea en Jordi Canal i Morell, "El concepto de sociabilidad en la historiografía contemporánea (Francia, Italia y España)", en *Siglo XIX*, segunda época, núm. 13, enero-junio de 1993, pp. 5-25.

[*] Departamento de Provenza, sobre el Mediterráneo, cuya capital es Toulon. (N. del T.).

[9] La historia política, antaño "historia de las batallas", se alimenta entonces de una reflexión renovada

te, un interés especial entre los historiadores que estudiaban el advenimiento de la era democrática.[10] La sociabilidad se convierte así en el punto de reunión de dos corrientes historiográficas que contribuyen a la renovación de la historia política: la historia de las mentalidades y la "historia problema".[11] En ese terreno preciso, la relectura que hace Furet de la obra de Cochin coincide con el camino abierto por Agulhon. Es cierto que estos dos autores se inscriben en dos corrientes historiográficas diferentes; su evaluación del papel de algunas prácticas asociativas en el advenimiento de la democracia difiere de medio a medio: mientras que para Cochin se trata de una práctica que aleja al pueblo del poder –en especial mediante la producción de la ideología democrática–, para Agulhon se trata de formas de participación popular. En un caso, la práctica asociativa llevaría al totalitarismo, en el otro, a una especie de democratización de las instituciones democráticas. Pero ambas corrientes –que proceden de matrices conceptuales diferentes– parten de un mismo postulado: las prácticas relacionales están en el núcleo de la política como práctica social. En mi trabajo retomé esta idea fuerte, y a partir de ella me interesé en la nación como categoría que declina la práctica social. Una tercera corriente llegará a continuación para derramar sus aguas en el campo de la sociabilidad: la que podemos calificar de "historia de la esfera pública", que traza una nueva vía de encuentro entre la historia sociocultural y la historia política.[12] Me alimenté de esas problemáticas para situar la cuestión de los espacios sociales y las representaciones comunitarias en el corazón del problema del proceso de construcción de una sociedad nacional.

---

sobre lo político como lugar de lo social. El hecho revolucionario está en el núcleo de esta reflexión, que en Francia se empeñó en un intenso debate en torno de la Revolución Francesa, iniciado por Richard Cobb y que François Furet iba a consagrar con *Penser la Révolution Française*. Pero esa reflexión debe mucho a la filosofía política y en particular al pensamiento de Claude Lefort, Cornelius Castoriadis y Marcel Gauchet. En René Rémond (dir.), *Pour une histoire politique*, París, Seuil, 1988, se encontrará una muestra del impacto de esta reflexión en una historia política que no deja de ampliar su campo de estudio.

[10] Véase por ejemplo el trabajo de Ran Halevi, *Les Loges maçonniques dans la France d'Ancien Régime. Aux origines de la sociabilité démocratique*, París, A. Colin, 1984.

[11] *Cf.* François Furet, "De l'histoire-récit à l'histoire-problème", en *L'Atelier de l'histoire*, París, Champs-Flammarion, 1982. Me parece que las investigaciones de François-X. Guerra se sitúan en esa corriente; en todo caso, son un elemento esencial en la renovación de la historia política a la que este autor no dejó de incitar. *Cf.* François-X. Guerra, "Pour une nouvelle histoire politique: acteurs sociaux et acteurs politiques", en *Structures et cultures des sociétés ibéro-américaines*, París, CNRS, 1990, pp. 245-260.

[12] La recepción de Habermas fue particularmente importante entre los historiadores de la cultura y, sobre todo, entre los especialistas del siglo XVIII. *Cf.* Keith Michael Baker (comp.), *The French Revolution and the Creation of Modern Political Culture*, tres volúmenes, Oxford y Nueva York, 1987; K. M. Baker, *Au tribunal de l'opinion. Essais sur l'imaginaire politique au XVIIIe siècle* (Cambridge, 1990), París, Payot, 1993; K. M. Baker, "Defining the Public Sphere in Eighteenth Century France: Variations on a Theme by Habermas", en Craig Calhoun (comp.), *Habermas and the Public Sphere*, Cambridge, Mass., y Londres, 1992; D. Goodman, "Governing the Republic of Letters: The Politics of Culture in the French Enlightenment", en *History of European Ideas*, 13, 1991, pp. 183-199; Roger Chartier, *Les Origines culturelles de la Révolution française*, París, Seuil, 1991.

INTRODUCCIÓN 23

Este trabajo es tributario de una segunda tesis de Agulhon que hizo que se lo valorara entre los historiadores de las mentalidades: la que postula la sociabilidad como objeto histórico. No me refiero aquí al hecho de que a partir de sus trabajos aquélla haya alcanzado el estatus de "objeto de interés científico", para incorporarse así a una historia universitaria en la cual, desde entonces, se constató la multiplicación de monografías sobre diferentes formas y ámbitos de sociabilidad. Aunque importante para el conocimiento histórico, a mi juicio, el aporte de Agulhon se sitúa en otra parte: en el hecho de hacer de los comportamientos un tema posible de la historia.[13] Una frase, anodina sólo en apariencia, basta para ver la dimensión de su contribución: "todo grupo humano, ya se lo defina en el espacio, en el tiempo o en la jerarquía social, posee su sociabilidad, en cierto modo por definición, cuyas formas específicas es conveniente analizar. Puesto en claro, ya no se dirá, por ejemplo, que los 'gavots'* son menos sociables que los marselleses, sino que lo son de otra manera".[14] Esta apreciación da testimonio de una concepción, hasta entonces, poco común de la sociabilidad, una sociabilidad que no estaría asociada a un grado de perfección de las costumbres.[15] La noción de sociabilidad como "principio de las relaciones entre las personas" o "aptitud de los hombres para vivir en sociedad" designa, para M. Agulhon, cualquier relación humana: "El hombre nace y muere, come y bebe, se lanza al amor o al combate, trabaja o sueña y –de una manera tan esencial como lo son las funciones mayores– no deja de toparse con sus semejantes, de hablarles, de acercarse a ellos o huirles; en síntesis, de entablar relaciones con ellos".[16] Se comprende entonces que la brutalidad, en la misma medida que la afabilidad, es una forma de sociabilidad, un tema posible de la historia.[17] Maurice Agulhon permite, de ese modo, pensar la sociabilidad fuera del marco conceptual e ideológico que le había sido propio y que la asociaba con el pro-

---

[13] Fue precedido en este camino por Ph. Ariès, a quien M. Agulhon reconoce como el verdadero fundador en Francia de la historia de las mentalidades colectivas. *Cf.* Maurice Agulhon, "Préface", en *Pénitents et francs-maçons...*, ob. cit.

* Habitantes de Gap, ciudad del departamento francés de Altos Alpes. (N. del T.).

[14] *Cf. ibíd.*, p. VII.

[15] Es el sentido que da Halevi a la noción de sociabilidad que toma de Agulhon. *Cf.* R. Halevi, *Les Loges maçonniques...*, ob. cit.

[16] Maurice Agulhon, "La sociabilité est-elle objet d'histoire?", en François Étienne (dir.), *Sociabilité et société bourgeoise en France, en Allemagne et en Suisse (1750-1850)*, París, Éd. recherches sur les Civilisations, 1986, p. 18.

[17] Con escasas excepciones, el problema de la violencia en las relaciones sociales es el punto ciego de las investigaciones sobre la sociabilidad. Son contados los investigadores que, como Alain Corbin y Arlette Farge, consideran la violencia como una forma de relación social. Esto se explica, a mi juicio, por la idea de que la sociabilidad supone la interiorización de ciertos códigos y reglas de conducta que civilizan las relaciones humanas. Es indudable que la sociabilidad supone la existencia de prohibiciones –N. Elias hablaba con mucha justeza de economía pulsional–, sin las que no hay sociedad posible, pero las reglas son históricamente variables y, como por otra parte lo muestra de manera notable Elias, la economía pulsional no carece de relación con las formas de ejercicio del poder. Al asociar la idea de sociabilidad a la de la existencia de ciertos mecanismos de autocoacción, se fija la noción de sociabilidad en una de sus acepciones posibles.

ceso de civilización.[18] Ahora bien, habida cuenta de que el objeto "sociabilidad" no se construye en oposición al de "asociabilidad", es posible pensar como arbitraria la analogía entre sociabilidad y civilidad; en otras palabras, abordar la sociabilidad como un objeto histórico. Puede postularse que esta acepción particular de la sociabilidad fue una herramienta innegable del dispositivo de interiorización de la autocoacción que asegura al Estado el monopolio del uso legítimo de la violencia; Elias habla menos de un proceso de civilización que de una herramienta de ese proceso.

En el Río de la Plata se comprueba que durante el siglo XIX, en torno de las prácticas de sociabilidad asociativa, circula, entre las elites porteñas, un discurso sobre la "sociabilidad" que la asocia con la idea de relaciones "civiles" como constitutivas del lazo social. Ni siquiera es raro encontrar, en los artículos de la prensa periódica o los textos políticos de la primera mitad del siglo XIX, la palabra "sociabilidad" para referirse a las características de lo que hoy llamaríamos "nacionalidad".[19] Aquélla sería entonces no tanto el principio de relación como el resultado de ésta: la nación. Las fuentes, sin embargo, emplean contadas veces el término "civilidad"; prefieren la expresión "sociabilidad culta" o, como en el caso de Sarmiento, "sociabilidad civilizada" o "sociabilidad pública".[20] Pero estas diferentes referencias coinciden con la noción de civilidad en los dos sentidos del término: cortesía y civismo, entonces profundamente imbricados.[21] De acuerdo con ellas, la civilidad sería el sostén cotidiano de la civilización como dinámica de una cultura superior que sirve de base a la definición liberal de nación como unidad de desarrollo posible.

---

[18] Como ocurre con G. Simmel o N. Elias. *Cf.* Georg Simmel, "La sociabilité. Exemple de sociologie pure ou formelle", en *Sociologie et épistémologie* (1918); Norbert Elias, *La Civilisation des mœurs* (traducción de *Über den Prozess der Zivilisation*, primera edición, 1939), París, Calmann-Lévy, 1973; N. Elias, *La Société de cour* (1969), París, Calmann-Lévy, 1974.

[19] Lo cual permite que B. Mitre hable de la sociabilidad argentina y Bilbao de la sociabilidad chilena. *Cf.* Francisco Bilbao, "Sociabilidad chilena", en *El Crepúsculo*, 20 de junio de 1844; Bartolomé Mitre, "La sociabilidad argentina", en *Historia de Belgrano...*, ob. cit.

[20] Sarmiento llega a hablar de "desasociación" de la sociabilidad que no nace de un interés público. *Cf.* Domingo Faustino Sarmiento, "Asociación. La pulpería", en *Civilización y barbarie. Vida de Juan Facundo Quiroga, i aspecto físico, costumbres i hábitos de la República Argentina*, Santiago de Chile, Imprenta del Progreso, 1845.

[21] La explicación de esta contradicción aparente reside en el concepto mismo de civilización que estos jóvenes manejan y cuyo modelo procede de la sociedad francesa. La originalidad de la contribución de Norbert Elias consiste justamente en el hecho de haber puesto en evidencia ese aspecto de la formación del concepto de civilización en Francia. En *La Civilisations des mœurs*, el autor muestra cómo, a partir de un proceso histórico singular, la burguesía francesa se asimila a la nobleza cortesana, y explica que, cuando la primera asuma el destino de la nación, muchos elementos procedentes de la sociedad cortesana van a sobrevivir a la profunda mutación de la Revolución y se integrarán al carácter nacional. *Cf.* N. Elias, *La Civilisations des mœurs*, ob. cit. Para el sentido de esta noción en el mundo hispánico, véase el *Diccionario de la lengua castellana en que se explica el verdadero sentido de las voces, su naturaleza y calidad y las fraces o modos de hablar, los proverbios o refranes y otras cosas convenientes al uso de la lengua* (Madrid, 1737), Madrid, Gredos, 1969, t. III, p. 133. Para el siglo XVIII español, véase Pedro Álvarez de Miranda, "Palabras e ideas: el léxico de la ilustración temprana en España (1680-1760)", en Boletín de la Real Academia Española, Madrid, 1992, pp. 395-410.

La idea y la práctica de la civilidad, asociadas al principio constitutivo del lazo social y político, sitúan las prácticas en el centro del proceso de construcción de una representación nacional de la comunidad de pertenencia. El núcleo de la tesis puede expresarse en algunas líneas: el movimiento asociativo moderno y, más globalmente, las formas de sociabilidad contractuales fueron un factor de transformación de la sociedad y de las representaciones que ésta se daba de sí misma. En ese sentido, sirvieron para vehiculizar una nueva representación de la colectividad como "sociedad nacional". En el transcurso de mi investigación pude comprobar la complejidad de esta relación, que afecta tanto el ámbito de los imaginarios como el de los actores y las relaciones de poder. En efecto, el discurso asociacionista es utilizado con frecuencia por las elites culturales y políticas para pensar el lazo social; la asociación es concebida por ellas como una forma de pedagogía cívica mediante la cual el ciudadano hace el aprendizaje de la cosa pública, constitutiva de la comunidad; la práctica asociativa, que por otra parte supera el ámbito de esas elites, se inscribe en una red de relaciones que rompe con el marco local de referencia e instaura un nuevo espacio de relaciones, a partir del cual, la sociedad se piensa como agregado de individuos racionales y el lazo social, como producto de un contrato voluntario. Esas prácticas declinan la pertenencia a una nación que tiende a definirse como "sociedad civil" en el doble sentido: de sociedad de derecho y sociedad civilizada. Esta investigación se propone explorar esa extraordinaria confluencia de cuestiones dentro de un mismo objeto, la sociabilidad.

El método de análisis

Para explorar en toda su complejidad la relación entre el establecimiento de la nación como fundamento del poder y las representaciones de la comunidad de pertenencia, elegí como marco de observación la ciudad de Buenos Aires. Esta decisión, sin embargo, no implica un razonamiento deductivo que lleve a concluir que la cuestión de la construcción de una representación nacional de la sociedad se resuelve en esa ciudad. La elección de Buenos Aires, de todos modos, no es fortuita. La cuestión cobra una importancia muy particular en esta ciudad, en razón de tres factores conjugados. Ante todo por una razón de herencia. La ciudad de Buenos Aires ya es la capital del virreinato del Río de la Plata y, gracias a las reformas de los Borbones, disfruta de una estructura administrativa centralizada. Es por eso que, desde el movimiento insurreccional de 1810, las elites porteñas reivindican regularmente el papel directivo de la ciudad sobre su antiguo territorio y ven en la creación de la nación moderna una manera de afirmar esa herencia histórica. La amalgama entre el referente moderno de la organización de la nación y la confirmación del poder colonial de la ciudad explica la importancia de esta cuestión en la ciudad portuaria. Por otra parte, la coyuntura económica internacional favorece el desarrollo de la región litoral del Río de la Plata y confiere a Buenos Aires un nuevo predominio sobre las demás economías regionales. En esa primera mitad del siglo XIX, la ciudad y su área de influencia experimentan un desarrollo económico y técnico que asegura, a las elites de la región, las condiciones materiales para imponerse en una eventual, pero primordial, organización nacional de las economías regionales. Estas circunstancias explican que la ciudad y sus elites asocien el concepto de nación con las condiciones de dominación política y económica sobre el conjunto del territorio. En cuanto al tercer factor, éste es, en parte, una consecuencia del auge económico que conoce Buenos Aires luego de la independencia. En efecto, el desarrollo económico de la región lleva a multiplicar los intercambios culturales entre la ciudad puerto y el mundo atlántico; intercambios que, con la intensificación de las migraciones transatlánticas, favorecen la transformación de los hábitos de sociabilidad de la población porteña que, como vamos a descubrirlo a lo largo de todo este recorrido, no carece de relación con la potencialidad nacional de la acción político cultural de las elites de la ciudad.

Un lugar, por lo tanto, y una triple perspectiva metodológica. En primer término, la que apunta al estudio de la sociabilidad, pues mi objetivo aquí es el de abordar el estudio de las identidades políticas y culturales en y por las prácticas sociales. Para hacerlo, me consagro a un análisis de las prácticas de sociabilidad de la población de Buenos Aires durante toda la primera mitad del siglo XIX. He explotado para ello principalmente tres tipos de fuentes: los archivos privados –especialmente de asociaciones–, los archivos policiales, que testimonian sobre todo la vida cotidiana de las poblaciones sometidas a una vigilancia sostenida, y la prensa periódica que nos informa al mismo tiempo de las reuniones de "lo más selecto de Buenos Aires" y de las formas políticas de sociabilidad. Para este análisis, privilegié las formas asociativas de sociabilidad porque, por su grado de institucionalización, son más fáciles de circunscribir. En efecto, las asociaciones implican de manera general reglamentos y, por lo tanto, fuentes. Por desdicha, la realidad de los archivos demostró ser mucho menos habladora. De todos modos, logré hacer públicos un conjunto de datos inéditos sobre la vida asociativa, en especial la de la masonería, a cuyos archivos tuve acceso. En lo que se refiere a los archivos policiales, me aportaron preciosas informaciones, en particular sobre la sociabilidad de la población negra.

La segunda perspectiva metodológica es el uso de la cartografía experimental, tal como me fue propuesta por Françoise Vergneault.[22] Se trata de utilizar la cartografía y el gráfico no sólo como modos visuales de expresión, sino como método de análisis y procedimiento de investigación. Este proceder, complementario del anterior, me permitió circunscribir en el espacio, las transformaciones que se producen en el ámbito de las sociabilidades y el de los imaginarios sociales.[23] Comencé la investigación sin plantearme verdaderamente esta cuestión. Pero, al descubrir en las nuevas relaciones de civilidad una forma específica de sociabilidad que vincula al individuo con la nación moderna, empecé a preguntarme sobre el lazo existente entre el nuevo marco en que se inscriben las sociabilidades y las modalidades de su implantación en el espacio, lo que me llevó a realizar un estudio sobre la organización del espacio social urbano.

La tercera perspectiva se apoya en el método de las biografías comparadas o prosopografía. Sin embargo, el procedimiento de construcción del grupo de análisis difiere de las prác-

---

[22] Los mapas y gráficos fueron establecidos con ella. Sus trabajos han sido objeto de una publicación reciente. Cf. Françoise Vergneault-Belmont, L'œil qui pense, París, L'Harmattan, 1998.

[23] Véase PGB, La Création..., ob. cit., t. III, Anexo núm. 4, "La démarche graphique".

ticas más habituales. En efecto, no lo fijé *a priori* de acuerdo con criterios socioprofesionales o políticos, sino que fue el resultado del cruce de tres archivos informatizados sobre el personal asociativo, la clase dirigente porteña y el mundo de la opinión; el objetivo era encontrar modalidades de relación entre estos tres campos de acción, a partir de las huellas dejadas por la biografía de los actores. Este enfoque, complementario de los precedentes, me permitió poner en evidencia la correlación entre el desarrollo de nuevos hábitos de sociabilidad y la identificación de las elites culturales con cierta representación de la nación.[24]

La investigación se sitúa en la encrucijada de estos tres enfoques: la biografía comparada, la sociabilidad y la interacción entre población y espacio urbano. A través de ocho capítulos, explora los puntos de encuentro entre los individuos, la sociabilidad urbana y el proceso político de organización nacional.

La elección de los límites cronológicos para plantear este problema se explica con facilidad. Rosas llega al poder en la provincia de Buenos Aires luego del fracaso del intento de organización nacional de los liberales porteños congregados alrededor del gobernador Bernardino Rivadavia. El año 1829 marca, entonces, la salida de los liberales del gobierno de la provincia y el abandono de las tentativas de organización constitucional de la nación. Por su parte, 1862 es la fecha de la constitución definitiva de la nación argentina, bajo la dirección de los liberales porteños que, desde su llegada al poder en la provincia de Buenos Aires en 1852, se organizan en función de esa tarea futura. Se trata de un momento crucial del proceso de organización nacional, durante el cual, cohabitan con las diferentes representaciones de la comunidad de pertenencia varios proyectos políticos de organización nacional. En esos años, todo parece posible. Del desenlace incierto se pasa a la organización política de un territorio unificado en la forma de una república representativa. Elección justificada, por tanto, pero al mismo tiempo insatisfactoria, pues encierra la investigación en un dispositivo teleológico que da a esas prácticas la dimensión política que sólo adquieren a posteriori. El historiador, sin embargo, no puede transformarse en actor; está condenado, en cierto modo, a conocer indefectiblemente el fin de su historia. En ese viaje a contrapelo, la mirada tiende a posarse, a sobredimensionar ciertos acontecimientos que, a posteriori, se presentan como determinantes. Pero, si esos tiempos fuertes sirven aquí de punto de mira, la meta es delimitar mejor sus articulaciones con otras experiencias, menos prominentes, de la vida de los actores: las prácticas de sociabilidad, los códigos y los valores relacionales, y las representaciones sociales.

---

[24] Para ello, elaboré un primer archivo informatizado de la clase dirigente de la provincia de Buenos Aires entre 1829 y 1862. Incorporé en él a todos los que desempeñaron una función institucional en la estructura de poder de esa provincia. Así, figuran en el archivo todos los ocupantes de puestos electivos y los de los altos cargos cubiertos por designación, para un total de 1.503 personas que ocupan 4.293 cargos. El archivo sobre la pertenencia asociativa se construyó con todos los miembros de las asociaciones existentes en Buenos Aires durante el período en cuestión. En ese caso, los criterios de selección son más aleatorios, es decir, dictados en parte por la existencia o no existencia de fuentes. De todos modos, cuento con datos concernientes a las principales asociaciones de la época, lo cual representa un conjunto de 2.282 personas y 3.653 afiliaciones. El tercer archivo, dedicado a la prensa, abarca un total de 433 publicaciones aparecidas en Buenos Aires o editadas por porteños exiliados; las personas implicadas suman doscientas cincuenta. En PGB, *La Création...*, ob. cit., t. III, Anexo núm. 1, "Base de données", se encontrará una explicación más detallada del procedimiento de elaboración de la base de datos.

Primera parte

LOS PUEBLOS SIN NACIÓN
(1820-1852)

El régimen político instaurado por Juan Manuel de Rosas en 1829 fue el primero en lograr establecer, con la organización de la Confederación rosista, un poder "nacional" de hecho y, al mismo tiempo, el que sería revocado por la "nación". El análisis que sigue es un intento de comprender esta paradoja instalada en el centro del proceso de configuración de la representación de la nación; proceso que acompaña la caída del Imperio y, con él, de la legitimidad monárquica.

El derrumbe de la unidad colonial y la instauración de la república provincial en Buenos Aires (1810-1827)

Antes de tratar la problemática específica de esta investigación, se imponen algunas observaciones preliminares. En primer lugar, sobre el Río de la Plata. Se trata de una región periférica del Imperio, tanto desde el punto de vista económico como demográfico y cultural. La corona sólo tuvo un interés bastante tardío en esta región, que hasta la creación del Virreinato del Río de la Plata dependía en gran parte de Lima. El nuevo virreinato, establecido en 1776, abarca un vasto territorio que va desde el Alto Perú hasta Tierra del Fuego, al menos virtualmente, porque una buena parte de su superficie, y particularmente al sur de Buenos Aires, estaba bajo el control de indios insumisos. Incorporaba, de todos modos, las ricas provincias del Alto Perú arrancadas al Virreinato del Perú y las provincias de *Cuyo*, que antes formaban parte de la Capitanía General de Chile. Buenos Aires, capital de esta nueva unidad administrativa, debía controlar un enorme territorio sin tener una autoridad política o económica comparable a la que poseían Lima o México sobre los territorios de sus respectivos virreinatos.

El Virreinato del Río de la Plata no constituye, por lo tanto, una comunidad territorial configurada por el tiempo, comparable a las que podemos encontrar en Perú, Nueva España o en el Reino de Chile. Tampoco dispone de una unidad política a partir de un centro, único e irrefutable. Cuando estallan los movimientos de las juntas, recién hace sólo treinta años que Buenos Aires se desempeña como capital, y dista entonces de haber impuesto su autoridad al conjunto del vasto virreinato.

La invasión de España por Napoleón I es una fecha importante para la totalidad de la América española. La abdicación forzada de Fernando VII ocasiona la crisis de la monarquía, contribuyendo al debilitamiento de un lazo colonial ya tenue. La situación, sin embargo, tiene algo de inédito, pues si los acontecimientos facilitan la explosión de las tensiones latentes entre los administradores reales y los poderes locales, el vacío de poder, por su lado, coloca a las colonias españolas en una coyuntura política revolucionaria. De resultas, la insurrección del Virreinato del Río de la Plata, originada en esa crisis española, no sólo pone en entredicho el lazo colonial sino que, por añadidura, introduce la problemática concerniente a la legitimidad del poder. Como la desaparición de la figura del rey señala el poder como un lugar de ahora en más vacante, las elites locales entablan con la burocracia colonial esta competencia inédita por su apropiación, en la que se entremezclan las estructuras y redes políticas coloniales con los nuevos principios que regulan los mecanismos para acceder a ellas.

El derrumbe de los cimientos ideológicos de la autoridad real acarrea el problema del disgregamiento de la unidad colonial, puesto que, denunciar la ilegitimidad del poder real en nombre de la soberanía del pueblo implicaba impugnar el virreinato como conjunto territorial coherente. La primera en señalar ese problema fue la ciudad de Asunción del Paraguay, que en 1811 y en nombre de la soberanía del pueblo, se separó del poder revolucionario de Buenos Aires por la misma razón que lo hizo de España. Esto lleva inevitablemente a plantear la cuestión de la herencia. ¿Quién hereda? La patria, sin duda, pero ¿cuál? ¿Las ex colonias de ultramar, el territorio del muy reciente virreinato, la antigua "Gobernación de Buenos Aires", la región del Río de la Plata, la ciudad y su *hinterland*? Ambigüedad que está presente en las diferentes constituciones que se dieron las "Provincias Unidas" del ex virreinato y que también podemos comprobar en la polisemia de la palabra *pueblo, pueblos*; término que, en español, remite tanto al "pueblo" fuente de legitimidad democrática, como a la ciudad en cuanto comunidad política territorial. Como lo prueban las investigaciones recientes, esta polisemia pone, lado a lado, la concepción liberal de la nación y una concepción organicista por la cual vuelve a florecer una representación preabsolutista de la monarquía que fomenta el proceso de territorialización de la soberanía, en sí mismo responsable del disgregamiento del territorio del virreinato.[1]

---

[1] Tras la realización de esta investigación varias obras contribuyeron al esclarecimiento de la cuestión. *Cf.* François-X. Guerra, *Modernidad e independencias*, Madrid, Mapfre, 1992; Antonio Annino (coord.), *Historia de las elecciones en Iberoamérica, siglo XIX*, Buenos Aires, Fondo de Cultura Económica, 1995, 479 pp.; Véronique Hébrard, *Le Venezuela indépendant. Une nation par le discours 1808-1830*, París, L'Harmattan, 1996; José Carlos Chiaramonte, "El federalismo argentino durante la primera mitad del siglo XIX", en Marcello Carmagnani (coord.), *Federalismos latinoamericanos: México, Brasil, Argentina*, México, El Colegio de México/Fondo de Cultura Económica, 1993, pp. 81-132. Próximamente, Geneviève Verdo defenderá una tesis sobre esta cuestión en la Sorbona.

Podría creerse que esta confusión se debe a la presencia, en los primeros tiempos de la revolución, de la figura del rey –la proverbial máscara de Fernando VII– que permite la persistencia de una representación plural de la nación. Sin embargo, esa confusión perdura a través de todo el Congreso Constituyente de 1824-1827 que, tras el fracaso del intento constitucional de 1819, trata de reunir a las diferentes provincias en un Estado nacional. Se evocan entonces, según las circunstancias, la soberanía de la nación y la soberanía de los pueblos, lo cual plantea serios problemas constitucionales –a menudo señalados por los representantes de Buenos Aires– que conducen en definitiva a un nuevo revés.[2] De manera que, luego de diez años de revolución y guerra y a raíz de los fracasos sucesivos del proyecto de organización constitucional, el territorio del virreinato queda reducido a la única unidad económica y social coherente: la ciudad y su *hinterland* que, desde 1820, conforman el "Estado provincial".[3] El largo período de guerras civiles que viene a continuación es la historia de los conflictos y las alianzas entre esos diferentes poderes para organizarse como poder nacional. Desde la tentativa de G. Artigas de constituir una república que abarcara el Uruguay y las provincias de Entre Ríos, Corrientes, Santa Fe y Córdoba hasta el Pacto Federal de 1831 que da finalmente origen a la Confederación rosista, los proyectos fueron múltiples y referidos a espacios geoeconómicos diversos.

Las dificultades planteadas para la organización de un Estado nacional eran entonces muchas. Desde el punto de vista económico, la organización de un mercado común debía resolver el problema de las incompatibilidades regionales, lo cual suponía el sacrificio de algunas economías en beneficio de otras.[4] A esto se agregaban las cuestiones específicas de la organización del Estado, en relación con las cuales se enfrentaban "unitarios" y "federales".[5] Empero, si el conflicto entre los partidarios de un Estado unitario y quienes abogaban por la organización de un Estado federal resultó tan prolongado y mortífero, fue porque detrás del combate de ideas se ocultaba un gran problema político: el de la inexistencia de una incontrastable estructura de poder supralocal capaz de poner fin a las veleidades de soberanía de los antiguos cuerpos políticos.

---

[2] Durante la discusión sobre la posibilidad de hipotecar las tierras fiscales del territorio de la unión como garantía de la deuda nacional, por ejemplo, los diputados de las provincias se oponen a ello, alegando que esos territorios son propiedad de éstas. El ministro de gobierno interviene entonces en el debate para señalar la contradicción profunda de la posición de los diputados provinciales con una representación nacional. Cf. Asamblea Constituyente, sesión del 15 de febrero de 1826, en Emilio Ravignani (comp.), *Asambleas Constituyentes argentinas*, Buenos Aires, Instituto de Investigaciones Históricas, 1937, t. II, pp. 674-675.

[3] Cf. Chiaramonte, José Carlos, ob. cit. Sobre el proceso de formación de las provincias, véase José María Rosa, *Del municipio indiano a la provincia argentina, 1580-1852*, Madrid, Instituto de Estudios Políticos, 1958.

[4] Para estas cuestiones, véanse Juan A. Álvarez, *Las guerras civiles argentinas* (Buenos Aires, 1912), Buenos Aires, Eudeba, 1984; M. Burgin, *Aspectos económicos del federalismo argentino* (Cambridge, Mass., Harvard University Press, 1946), Buenos Aires, Solar, 1975; Jonathan Brown, *A Socioeconomic History of Argentina, 1776-1860*, Cambridge, 1979.

[5] Corrientemente se identifica a los "unitarios" como partidarios de un Estado unitario y a los "federales" como los defensores de una organización estatal federal. Pero, en realidad, ambas denominaciones apenas abarcan corrientes político-institucionales claramente distintas. Para esta cuestión, véase Enrique Barba, *Unitarismo, federalismo, rosismo*, Buenos Aires, Pannedille, 1972.

Este problema parece haber sido bien comprendido por Juan Manuel de Rosas, quien, después del fracaso de la tentativa de organización nacional que sigue a la promulgación de la constitución de 1826, rechaza cualquier organización política que no esté fundada en la realidad provincial. Acaso extrae dos lecciones de la experiencia rivadaviana. En primer lugar, que los intereses de Buenos Aires no eran favorables a comprometerse en la organización constitucional de un Estado nacional. La única manera de asegurar un lugar dirigente a la provincia de Buenos Aires sobre el conjunto de las "Provincias Unidas", pasa para Rosas por la estabilidad social y política de su provincia, condición *sine qua non* del desarrollo económico de la región. En segundo lugar, que la legitimidad de un poder nacional depende del grado de identificación de la sociedad con la autoridad. Procura entonces establecerse como autoridad "nacional" de hecho, gracias a las alianzas personales tejidas con las diferentes autoridades locales, tanto las de los poderes tradicionales como las nuevas autoridades surgidas de las instituciones representativas o independientes de éstas, como es el caso de algunos caudillos regionales. De ese modo, Rosas reviste su poder de una legitimidad "nacional" que no se le otorga por vía constitucional.[6] Pero, debido al proceso mismo de ruptura del lazo colonial, sólo el acto constitucional podía dotar a la nación de una legitimidad republicana a la que la nación moderna ata su destino. Esto vuelve a llevarnos al problema planteado por el derrumbe del imperio español. Por un lado, la supervivencia de las estructuras comunitarias que antaño daban coherencia a la unidad territorial pero que, en lo sucesivo, remiten a una comunidad política que ya no es legítima –el conjunto de los cuerpos que constituyen la monarquía española– y, por el otro, la proclamación de la nación moderna, de la cual depende la existencia misma del sujeto soberano, pero que está desprovista de sujeto social: por una parte, pueblos sin nación; por la otra, una nación sin Pueblo.

Los fracasos de los diferentes intentos de organización constitucional son una prueba irrefutable de la difícil transición de la sociedad colonial hacia una sociedad nacional. No obstante, alrededor de esos intentos se desarrolla una cultura pública que es uno de los principales espacios de difusión de una nueva representación del lazo social y de la sociedad como producto de un contrato entre individuos. Representaciones que corresponden a la idea de nación cívica como fuente de legitimidad y criterio de pertenencia. De modo que, el gobierno de Bernardino Rivadavia (1821-1827) es al mismo tiempo el del fracaso del proyecto de organización de un Estado nacional, y de la institución de una nueva cultura civil que surge en el marco de la esfera pública e inaugura así un espacio a partir del cual es posible imaginar la nación como producto de esos nuevos lazos sociales. Del mismo modo que se niega a volcarse, una vez más, en las tentativas constitucionales, Juan Manuel de Rosas acepta de hecho las formas relacionales que vehiculizan esas nuevas representaciones comunitarias. Extraña herencia para su poder.

---

[6] Las diferentes provincias habían delegado en Buenos Aires la facultad de la representación nacional en el exterior.

La herencia cultural de la patria republicana: la civilidad

En nuestro enunciado están contenidos dos supuestos previos. El primero, en leve desacuerdo con la visión clásica, sugiere que existe una continuidad, en la forma de herencia, entre el régimen liberal instaurado por Bernardino Rivadavia (el período que va desde 1821 hasta 1827), y el primer período del régimen conservador de Juan Manuel de Rosas (desde su primer gobierno en 1829 hasta la crisis política de 1838-1840). El segundo, más polémico, pretende afirmar que esa herencia es la civilidad. Declaración por lo menos extraña para una historiografía que reconoce, de manera casi unánime, la "ruralización" del mundo urbano como uno de los efectos del derrumbe del poder central en 1819.

Pero, ¿qué quieren decir exactamente los historiadores que hoy hablan de "ruralización"? Si tomamos el ejemplo de Tulio Halperín Donghi, significa, en primer lugar, que quienes ejercen el poder en la provincia a partir de 1820 lo deben a su poderío económico, originado en la explotación ganadera. De allí su veredicto sobre las bases rurales del poder porteño.[7] Así expuesta, esta tesis encuentra su refutación inmediata. ¿Los capitales de la producción rural fueron verdaderamente distintos de los capitales de los comerciantes urbanos? ¿Quién domina la producción rural?[8] La tesis de la "ruralización" de la vida política se funda, no obstante, en datos irrefutables. No hay duda de que con la organización de un poder independiente se incorpora a la vida política una sociedad rural –podríamos hablar incluso de varias sociedades rurales–, antaño gobernada por un poder que era por definición urbano.[9] En ese sentido, la integración de la población rural en las instituciones representativas nacientes puede considerarse,

---

[7] John Lynch se vale de una argumentación más bien demográfica que impugna en parte la interpretación de José Luis Romero, para quien la "ruralización" de la ciudad fue sólo aparente; la sociedad rural se vio reducida poco a poco a los esquemas de la sociedad urbana. Véanse en particular T. Halperín Donghi, *Revolución y guerra...*, ob. cit., pp. 378-385; John Lynch, *Argentine Dictator Juan Manuel de Rosas, 1829-1852*, Oxford, 1981 (edición argentina, Buenos Aires, Emecé, 1984, p. 127); José Luis Romero, *Latinoamérica, las ciudades y las ideas*, Buenos Aires, Siglo XXI, 1976, pp. 179-196.

[8] Diana Balmori muestra como estos sectores están vinculados por lazos primarios y la dificultad de distinguir una elite urbana de otra presuntamente rural. Las recientes investigaciones sobre el mundo rural, por otra parte, destacan la importancia social y en ciertos casos productiva de la pequeña y mediana explotación, e invitan a revisar la tesis del Estado poscolonial como expresión de los intereses de los grandes propietarios de tierras. Cf. Diana Balmori, *Casa y familia. Spacial Biographies in Nineteenth-Century Buenos Aires*, Ph. D. diss., University of California, 1973; Diana Balmori *et al.*, *Notable Family Networks in Latin America*, Chicago, University of Chicago Press, 1984. Para las nuevas investigaciones sobre el mundo rural, véase "Discontinuidades y permanencias: el Río de la Plata pampeano en la primera mitad del siglo XXI", en *Anuario iehs*, núm. 12, Universidad de Tandil, 1997.

[9] En un espacio geográfico relativamente reducido cohabitan, en efecto, varios tipos de sociedades. Con referencia a esta cuestión, véase nuestro análisis en "El levantamiento de 1829: el imaginario social y sus implicaciones políticas en un conflicto rural", en *Anuario iehs*, núm. 2, Universidad de Tandil, 1987, pp. 137-176.

efectivamente, como un elemento de "ruralización" de las instituciones políticas.[10] Empero, cuando los autores hablan de esa "ruralización", no sólo se refieren a esta nueva presencia política del campo, sino a su consecuencia: la extinción de las costumbres urbanas, la *civitas*, por la presencia y primacía de las maneras groseras y violentas propias de ese mundo sin convenciones sociales ni espíritu público que caracteriza el campo.[11] T. Halperín Donghi alude no sólo a las bases del poder, sino también a un "modo de hacer política" e incluso a un "modo de hacer a secas" que él integra, junto con la "ruralización" de los fundamentos del poder, a un fenómeno más vasto, calificado por un derivado de la palabra "bárbaro", la "barbarización". Para este autor, esa "barbarización" es la resultante de la "ruralización" de las bases del poder, el fraccionamiento político producido después de 1820, y la ausencia del marco institucional en que debería desplegarse la vida política.[12] Halperín Donghi va aún más lejos al unir la falta de cohesión interna del orden político con la ausencia de una red de afinidades y alianzas sobre la que pudiera apoyarse el nuevo sistema. El avance de la brutalidad traduce, para él, una degradación de la red de relaciones que caracterizó antaño la convivencia entre los miembros de la elite. Este diagnóstico también es compartido por las recientes investigaciones de Mark Szuchman, destinadas a mostrar las estrategias familiares implementadas para hacer frente a esas turbulencias.[13] Con la "barbarización", la ciudad exhalaría su último suspiro; la violencia rosista no sería sino una manifestación de ese fenómeno.

Una mirada atenta a las relaciones de sociabilidad en la ciudad de Buenos Aires después de 1820 pone, sin embargo, al descubierto, las insuficiencias de ese modelo interpretativo. Ante todo, porque muchos de los aspectos que sirven para describir la "barbarización" de la *civitas* son en realidad rasgos de una capital que vive aún al ritmo de una ciudad colonial.[14] Pero, también, porque esta visión no tiene en cuenta la evolución de las prácticas relacio-

---

[10] Varios investigadores argentinos trabajan actualmente en esta cuestión. Véanse, en particular, los trabajos de Carlos Cansanello, Marcela Ternavasio y Ricardo Salvatore. Cf. *Anuario iehs*, núm. 12, Universidad de Tandil, 1987; A. Annino (coord.), *Historia de las elecciones...*, ob. cit.

[11] De acuerdo con el diccionario Littré, *civilité* ["civilidad"] es una acepción que proviene del siglo XVII y significa "manera decente, moderada y cortés de actuar y conversar juntos". Esto sería específico de la *civitas* puesto que, según Furetière, "sólo los campesinos, la gente grosera, carecen de civilidad". En ese sentido, si la sociabilidad era en cierto modo "espontánea" en el campo, en la ciudad había que conquistarla, lo que exigía de la población un aprendizaje complementario de los códigos relacionales extrafamiliares, digamos los códigos de urbanidad. El Littré distingue el carácter natural de la cortesía con respecto a una civilidad "que tiene su ceremonial, sus reglas, que corresponden a la convención". *Le Dictionnaire Universel d'Antoine Furetière* (1690), París, SNL Robert, 1978-1984, edición facsimilar. Véase, asimismo, François Bourricaud, "Civilité", en *Encyclopedia Universalis*, Corpus 5, 1989, pp. 948-951.

[12] T. Halperín Donghi, *Revolución y guerra...*, ob. cit., pp. 377-385.

[13] Cf. Mark Szuchman, *Order, Family and Community in Buenos Aires, 1810-1860*, Stanford, California, Stanford University Press, 1988.

[14] Por ejemplo, Szuchman atribuye a las turbulencias políticas una ruptura de la moral comunitaria que él deduce de la cantidad de arrestos en la ciudad. Ahora bien, las ciudades del siglo XVIII dan otros tantos ejemplos de "desenfreno". En todo caso, el discurso sobre la depravación de las costumbres urbanas y la

nales de la población urbana o, al menos, de un sector de esta población que podemos calificar como las elites culturales. Ahora bien, en ese terreno comprobamos, en la época, modificaciones significativas de la sociabilidad urbana que instituyen un espacio público en el que se despliegan maneras, consideradas decentes, moderadas, corteses, urbanas, de reanudar la relación con el otro y que ponen al individuo, ser racional, en el centro de esa relación. La forma específica en que se estima que hay que ser decente, moderado y cortés evoluciona, desde luego, con los valores de la sociedad.[15] Va de suyo que las relaciones de civilidad no siempre supusieron relaciones contractuales susceptibles de producir una cultura cívica. En esto radica todo el interés de la cuestión: ese espíritu de civilidad, que pondremos de manifiesto a medida que avancemos, encontrará como frontera lo que en principio tendría que haber sido su bastión: la política como campo de acción del ciudadano. Lo cual representa toda la diferencia entre la civilidad, entendida como cualidad de decencia, y las relaciones de civilidad, que indican la pertenencia a una comunidad política fundada en la libertad y la igualdad. En el primer caso, la vida pública se identifica con las virtudes mundanas de los hombres de pro, mientras que en el segundo, las relaciones de civilidad, aunque persistan dentro de la misma clase, sirven de marco y soporte a una nueva representación de la nación como fundamento del poder democrático.

---

necesaria represión de las prácticas es propio del reformismo borbón. Para el discurso moralizador en época de los Borbones, véase Juan Pedro Viqueira Albán, "Diversiones públicas y cultura popular en la ciudad de México durante el siglo de las luces", en *Anuario de Estudios Americanos*, XLIV, 1987, pp. 195-228.

[15] El sentido de la noción evoluciona con el tiempo. Como lo muestra Chartier, tuvo una acepción moralizadora normativa en el siglo XVI, para asociarse en el siglo siguiente a la idea de cortesía mundana, lo cual explica su desvalorización en el siglo XVIII. Así, por ejemplo, el *Diccionario de la lengua castellana de 1726* define la noción de civilidad mediante dos acepciones antitéticas. Quiere decir "sociabilidad, urbanidad", pero también "miseria, mezquindad". *Cf. Diccionario de la lengua castellana...*, ob. cit.; Roger Chartier, "Distinction et divulgation: la civilité et ses livres", en *Lecture et lecteurs dans la France d'Ancien Régime*, París, Seuil, 1987, pp. 45-86.

1. LOS ESPACIOS DE SOCIABILIDAD PÚBLICA EN BUENOS AIRES

No hay sociedad humana que pueda existir sin sociabilidad. Ése es el sentido primordial, el de "la aptitud para vivir en sociedad", que podemos encontrar hoy en casi todos los diccionarios de uso corriente. Fueron precisos, sin embargo, un largo camino y un historiador de una excepcional sensibilidad etnológica para hacer de esta "evidencia" un objeto de la historia y, en este sentido, la historiografía del último cuarto de siglo tiene una gran deuda de reconocimiento con Maurice Agulhon. La noción de "sociabilidad" ha ganado hoy el *establishment* universitario. Ello no deja, sin embargo, de plantear problemas de disciplina, pues la trivialización se alcanza, a veces, en desmedro de cierto rigor científico. Así, en Francia podemos comprobar un fenómeno de doble sentido: por una parte, una proliferación del vocablo en la literatura histórica, por otra, la disminución de las investigaciones históricas específicas. De manera tal que la sociabilidad se convierte a veces en la literatura histórica contemporánea en una palabra fetiche, como si su mera enunciación hiciera inteligibles fenómenos que, justamente, se tratan de comprender. Es evidente que esto no simplifica nuestra tarea; tanto más cuanto que considerar un estudio histórico de las "sociabilidades públicas" en una ciudad portuaria, capital de un vasto territorio –aun cuando ella, como sucede con Buenos Aires a principios del siglo XIX, apenas supere los 40 mil habitantes–, entraña múltiples dificultades, entre las cuales no es menor la de... delimitar nuestro objeto de estudio.[1] En principio, todo es materia de estudio, ya que cualquier relación con otro concier-

---

[1] No somos los primeros en hacer esta constatación. En ese aspecto, las críticas suscitadas por los trabajos de Maurice Agulhon, así como las respuestas y autocríticas de éste, fueron un aporte a la reflexión. Cf. Maurice Agulhon, "Les Chambrées en Basse-Province: histoire et ethnologie", en *Revue Historique* núm. 497, París, enero-marzo de 1971, pp. 337-368; Michel Vovelle, "Dix ans de sociabilité méridionale", en *Idéologies et mentalités*, París, Maspero, 1982, pp. 177-188; Rémy Ponton, "Une histoire de la sociabilité politique. À propos de l'ouvrage de Maurice Agulhon *Les cercles dans la France bourgeoise 1810-1848*", en *Annales* E.S.C., núm. 6, París, 1980, pp. 1269-1280; Jean-Claude Chamboredon, en "Compte.rendu de l'ouvrage de Maurice Agulhon et Maryvonne Bodiguel: Les Associations au village", en *Annales* E.S.C., núm. 1, París, enero-febrero de 1984, pp. 52-58.

ne a la historia de la sociabilidad. En esta perspectiva, hacer una historia de la sociabilidad porteña, tal como –confesémoslo– la habíamos imaginado en un comienzo, equivalía simplemente a hacer una historia de la vida de los hombres. Tentación a la que renunciamos en el acto, para optar deliberadamente por las prácticas de sociabilidad más o menos institucionalizadas, cuya primera fila está ocupada por las asociaciones.[2] Esa elección no estuvo dictada únicamente por razones de estrategia de investigación –ya que es más fácil que las asociaciones dejaran huellas escritas e incluso archivos–, sino también debido a la hipótesis heurística de este trabajo.

Era necesario, de todos modos, conocer los grandes rasgos de las prácticas relacionales porteñas, sin los cuales se desdibujarían por completo los contornos de nuestro estudio sobre el mundo asociativo... Había que considerar la cuestión, por lo tanto, a partir de los espacios de encuentro. ¿Cómo contemplar la posibilidad, sin embargo, de trazar un cuadro completo de los lugares donde los habitantes de Buenos Aires se encuentran a lo largo de una jornada? El atrio de la iglesia parroquial, el pórtico del cabildo, el mercado, la calle del puerto, la alameda, los baños públicos, los cafés, las esquinas o las pulperías... la enumeración de los lugares públicos en los que la gente se encuentra periódicamente sería interminable. Además, aun si nos consagráramos con paciencia de entomólogo a elaborar un repertorio de esos lugares, habría que conocer, además, la elección de los encuentros y los lazos que implican. Puesto que, si la existencia de los múltiples lugares de reunión nos da ya un indicio de la vitalidad de la vida social, nos dice en cambio poco sobre la naturaleza o la intensidad de esas relaciones.[3] Podemos descubrir, al menos, algunos de los elementos que permiten caracterizar la diversidad de las relaciones de sociabilidad pública en la ciudad de Buenos Aires. Para hacerlo, privilegiamos los que podríamos llamar intercambios ordinarios, dejando de lado los más solemnes, que acompañan las múltiples festividades y ceremonias públicas con su ritmo temporal propio y exigen otros métodos de análisis. Por razones similares, también descartamos otro ámbito importante

---

[2] Para este estudio utilicé las siguientes fuentes: archivos policiales, almanaques de comercio, memorias de época, relatos de viajeros, prensa local y, desde luego, archivos de las asociaciones, cuando existían. Clasifiqué esta información a partir de criterios ya utilizados, tanto por los sociólogos como por los historiadores de la sociabilidad, pero introduje algunas modificaciones que tienen en cuenta las especificidades exhibidas por la sociedad analizada. De tal modo, distinguí diferentes tipos de sociabilidad según el espacio en que se desarrollan, las formas en torno de las cuales se entablan esas relaciones, los lazos que implican y la extracción social de los miembros, así como los objetivos, confesos o implícitos, de los encuentros. Esto me llevó a diferenciar la sociabilidad que se manifiesta en lugares públicos de la que se desenvuelve en lugares privados; las formas típicamente urbanas de las formas rurales; las relaciones formalizadas en asociaciones de las que son más o menos informales; relaciones que implican lazos primarios de las que se tejen con lazos secundarios; y, por último, las prácticas que identifican a la "gente decente" de las que son específicamente populares. Los cuadros construidos dan ya una idea de la cronología y la amplitud del fenómeno. Véase "Développement du mouvement associatif à Buenos Aires (ville et province) de 1800 à 1862", en PGB, *La Création...*, ob. cit., anexo núm. 3, "La vie associative".

[3] Coincidimos con J. C. Mitchell en que una alta frecuencia de los contactos no supone una alta intensidad de las relaciones sociales. Cf. *Social networks in urban situation*, Manchester, 1969, capítulo 1.

de la sociabilidad informal urbana, el de las "diversiones públicas" que con mucha frecuencia forma parte de las ceremonias y fiestas: corridas de toros, justas ecuestres, carreras de caballos, partidos de pato –especie de polo criollo–, carreras de sortijas, teatro y espectáculos públicos, riñas de gallos, juegos de azar, juegos de bolos, etcétera.[4] No obstante, daremos con algunas de estas formas lúdicas de sociabilidad en los encuentros periódicos en los despachos de bebidas; desde las reformas borbónicas de la segunda mitad del siglo XVIII, se tendía a limitar esas manifestaciones de ocio popular y, mediante un control sostenido, a circunscribirlas en lugares cerrados.[5] Para el análisis de los intercambios ordinarios retendremos dos tipos de lugares: la ciudad, como marco de la sociabilidad pública, y los negocios de despacho de bebidas: pulperías y cafés, como ámbitos privilegiados de la sociabilidad espontánea masculina.

La ciudad de Buenos Aires como lugar de sociabilidad pública

El espacio urbano constituye, en todas las épocas, uno de los marcos de la sociabilidad. A menudo se asocia con un tipo de sociabilidad específica cuya definición varía según los períodos pero que, desde la edad moderna y hasta la aparición de un pensamiento de las metrópolis –o de las aglomeraciones, de acuerdo con Ariès–, se fija en torno de nociones de urbanidad, civilidad y cortesía.[6] Estas nociones sirven para definir el comportamiento urbano, pero podemos imaginar que alrededor de esos intercambios van a ordenarse grupos de referencia que delimitarán, a su vez, espacios de sociabilidad urbana. Aquí nos atenemos más a los "grupos de referencia" que a las redes de relaciones, pues los primeros apelan más al espacio –físico, simbólico, imaginario–, en el cual, la relación puede inscribirse, que a la red misma de relaciones. Ésta puede, naturalmente, atravesar varios grupos de referencia; sin olvidar la posibilidad de un individuo de tener pertenencias múltiples que no coinciden forzosamente con su red de relaciones.[7] Para poner de relieve la organización del espacio social en la ciudad poscolonial se imponen algunas observaciones previas.

---

[4] Véase una descripción de estas festividades en José Torre Revello, "Fiestas y costumbres", en Academia Nacional de la Historia, *Historia de la Nación Argentina*, vol. 4, 1ª sección, pp. 409-420.

[5] *Cf.* J. P. Viqueira Albán, "Diversiones públicas...", art. cit.

[6] Véase una evocación sugestiva en Philippe Ariès, "L'enfant et la rue, de la ville à l'antiville" (1979), en *Essais de mémoire 1943-1983*, París, Seuil, 1993, pp. 233-255.

[7] En la época colonial, el "grupo de referencia" se encuentra muy a menudo en el dominio del discurso en torno del cual se construyen las representaciones comunitarias. Desde luego, ese grupo se articula con una realidad relacional que el discurso intenta constreñir, al mismo tiempo que es resignificado por ella. Se encontrará un notable análisis de esta cuestión en Maurizio Gribauldi, *Itinéraires ouvriers: espaces et groupes sociaux à Turin au début du XXe siècle*, París, Éditions de l'École des Hautes Études en Sciences Sociales, 1987; M. Gribauldi, "A proposito di linguistica e storia", en *Quaderni Storici*, 46, 1981.

La ciudad colonial en el espacio sudamericano

> Pudiera señalarse, como un rasgo notable de la fisonomía de este país, la aglomeración de ríos navegables que al este se dan cita, de todos los rumbos del horizonte, para reunirse en el Plata y presentar, dignamente su estupendo tributo al océano, que lo recibe en sus flancos, no sin muestras visibles de turbación y de respeto. [...] En su embocadura están situadas dos ciudades: Montevideo y Buenos Aires, cosechando hoy, alternativamente, las ventajas de su envidiable posición. Buenos Aires está llamada a ser, un día, la ciudad más gigantesca de ambas Américas. Bajo un clima benigno, señora de la navegación de cien ríos que fluyen a sus pies, reclinada muellemente sobre un inmenso territorio, y con trece provincias interiores que no conocen otra salida para sus productos [...]. Ella sola, en la vasta extensión argentina, está en contacto con las naciones europeas; ella sola explota las ventajas del comercio extranjero; ella sola tiene poder y rentas.[8]

En 1845, el escritor y periodista-abogado Domingo Faustino Sarmiento juzga adecuado comenzar su historia de la Civilización y la Barbarie mediante una introducción referida a la geografía del Río de la Plata. Este proceder, que a primera vista podríamos calificar de braudeliano *avant la lettre*, se inscribe, desde luego, en un designio político muy distinto. Cuando Sarmiento escribe esas líneas, la "Nación Argentina" no es más que un proyecto incierto, defendido por un sector de las elites intelectuales. Con su recurso al argumento geográfico, Sarmiento trata de probar dos cosas: que realmente existe una geografía nacional, y que la ciudad de Buenos Aires es su centro. Esta insistencia en mostrar que el determinismo geográfico confirma el papel dirigente de la ciudad sobre un vasto interior es tanto más enconada cuanto que ese determinismo no es un dato histórico. En efecto, esa presunta "geografía física", que hacía de Buenos Aires la desembocadura de los flujos comerciales y culturales de las distintas provincias hacia el mercado mundial y viceversa, no tenía siquiera un siglo de antigüedad. ¿Hay que recordar que la región litoral del Río de la Plata ocupó hasta mediados del siglo XVIII un lugar marginal en una economía y una sociedad vueltas entonces hacia el Perú y el océano Pacífico? Sarmiento, sin embargo, tiene razón al situar la ciudad en una unidad espacial que antaño había ceñido los intercambios entre el puerto y vastos territorios estructurados sobre la ruta de Potosí. En este punto, su texto es instructivo, pues nos muestra que aun en el siglo XIX, la ciudad de Buenos Aires no puede pensarse fuera del marco espacial que le había sido propio desde el siglo anterior, pero cuya unidad presuntamente se apoya ahora en Buenos Aires y el poderío de una economía atlántica. La historia de la sociabilidad urbana, y del siglo XIX argentino, no podría comprenderse sin tomar en cuenta la historia del lugar de la ciudad en su marco regional.

Buenos Aires fue fundada en dos ocasiones por los españoles. El primer asentamiento, en 1536, no resistió durante mucho tiempo los ataques de los indios querandíes. El lugar quedó abandonado hasta 1580, cuando Juan de Garay volvió a tomar posesión del terreno

---

[8] Cf. D. F. Sarmiento, *Civilización i barbarie...*, ob. cit.

y fundó por segunda vez la ciudad, con una población de trescientas almas.[9] El emplazamiento elegido fue la ribera de la amplia y baja cuenca formada por el estuario de los ríos Paraná y Uruguay. La ciudad se extendía entonces sobre una planicie delimitada al sur por un arroyo que serviría de puerto para las barcas de menor calado y que recibiría igualmente el tráfico fluvial. Veinte años después, la "ciudad", defensa inferior del Alto Perú y última avanzada militar en el territorio de los indios insumisos del extremo sur del continente, no era más que un pobre caserío que albergaba a ochenta y un militares con sus familias y una veintena de religiosos.[10] La razón de su emplazamiento portuario era entonces más estratégica –proteger la retaguardia del Virreinato del Perú– que económica.

Caserío de unas cuantas familias de militares y gente de iglesia, la ciudad pronto supo sacar provecho de su emplazamiento. Desde principios del siglo XVII tuvo actividad portuaria, fruto en parte del contrabando, pero también justificada por las concesiones hechas por la corona a una "plaza fuerte" cuya supervivencia dependía de las comunicaciones y los intercambios a través del puerto.[11] Con el marco de esas actividades portuarias y militares, a lo largo de todo el siglo XVII presenciaremos el desarrollo de la ciudad de Buenos Aires como centro de consumo y aprovisionamiento, de almacenaje y reexpedición de mercaderías; esto la inscribe en el espacio económico del Alto Perú.[12] Ese desarrollo permite consolidar el centro de población –que apenas supera los siete mil habitantes–, al ofrecer a los residentes locales –militares, religiosos y burócratas– los medios para asegurar su subsistencia e incluso su enriquecimiento a través de la actividad mercantil. Pese a su miserable aspecto de campamento fronterizo, la "ciudad" parece confirmar por fin su función política en medio de una red de ciudades coloniales que actuaban como postas del poder de la corona. Lo cual podría explicar el título de "muy noble y muy leal" que le fuera concedido en 1716.[13] Hacia fines del siglo XVII, Buenos Aires, nacida en la periferia del rico Virreinato del Perú y crecida a la sombra de Lima, consigue consolidar una economía local gracias a los vínculos que establece con la economía atlántica y la ru-

---

[9] Los detalles de la fundación de Buenos Aires y de esta primera etapa figuran en Rómulo Zabala y Enrique de Gandía, *Historia de la ciudad de Buenos Aires* I (1536-1718), Buenos Aires, Municipalidad de la Ciudad de Buenos Aires, 1937.

[10] Cálculos hechos a partir del censo de militares efectuado en Buenos Aires en 1602. Cf. Nicolás Besio Moreno, *Buenos Aires. Puerto de la Plata, capital de la Argentina. Estudio crítico de su población, 1536-1936*, Buenos Aires, 1939, capítulo VIII.

[11] Para la cuestión del desarrollo de la actividad portuaria en Buenos Aires en el siglo XVII, véase Zacarías Moutoukias, *Contrabando y control colonial en el siglo XVII*, Buenos Aires, Centro Editor de América Latina, 1988.

[12] La cuestión de los mercados interregionales se desarrolló en el trabajo ya clásico de Carlos Assadourian, "Integración y desintegración regional en el espacio colonial. Un enfoque histórico", en *El sistema de la economía colonial*, Lima, Instituto de Estudios Peruanos, 1982; Juan Carlos Garavaglia, *Mercado interno y economía colonial*, México, Grijalbo, 1983.

[13] La cuestión del ennoblecimiento de las ciudades hispanoamericanas fue evocada por Marie-Danielle Demélas. Para el caso de España, véase Adeline Rucquoi, "Des villes nobles pour le Roi", en *Realidad e imágenes de poder. España a fines de la Edad Media*, Valladolid, Ámbito, 1988, pp. 195-214; Marie-Danielle Demélas, "Le développement de la cité-territoire hispanoaméricaine", en *Problèmes d' Amérique Latine*, núm.14, julio- sept. 1994.

ta del Alto Perú, asociada con el fecundo mercado de Potosí.[14] Se comprende entonces mejor la inserción particular de Buenos Aires en un espacio regional que en el siglo XIX reivindica como sometido a ella.

El siglo XVIII confirmará el lugar de la ciudad en la economía interregional y atlántica con la creación del Virreinato del Río de la Plata, que saca de la jurisdicción del virrey del Perú, las ricas provincias del Alto Perú. Con la nueva unidad administrativa, Buenos Aires verá crecer sus funciones burocrático administrativas, en especial con el establecimiento del tribunal de la Real Audiencia en 1783 y el Consulado de Comercio en 1794, que le permiten dar el salto cualitativo de ciudad cabecera de gobernación a ciudad capital. Inmediatamente después de la creación del virreinato, la corona autoriza, en 1778, la apertura del puerto. La ciudad se convierte en el principal puerto atlántico del comercio de ultramar en la región sur del imperio y se pone así en un pie de igualdad con Lima, ciudad para la cual, Buenos Aires no era hasta entonces más que un puerto secundario y alternativo del comercio ultramarino.

Buenos Aires experimenta, entonces, el mayor crecimiento demográfico entre las ciudades hispanoamericanas.[15] Según las cifras que proporcionan Johnson y Socolow, entre 1778 y 1810, su población aumenta un 63%, y un poco más si tomamos las cifras de Besio Moreno.[16] En 1810 alcanza los 44.371 habitantes, es decir, que cuadruplica la población de 1744.[17] Lo esencial de este crecimiento corresponde a la inmigración forzada procedente del tráfico de esclavos. Entre 1742 y 1806, según el estudio de Elena F. S. de Studer, ingresan legalmente en el puerto de Buenos Aires 25.933 esclavos, cantidad equivalente al total de la población de la ciudad hacia 1780.[18] Este aporte modifica considerablemente las características de la población urbana, debido a una presencia más importante de negros y mulatos. Así, esta población que representa el 16,6% del conjunto de habitantes de la ciudad en 1744, pasa a representar el 28,4% en 1778, para alcanzar el 33% en 1810. A esta importante fuente de crecimiento demográfico debemos sumar, desde mediados del siglo XVIII, un flu-

---

[14] Zacarías Moutoukias pone en evidencia esta dinámica particular de Buenos Aires en el espacio regional: cuanto más intensifica la ciudad sus lazos con la economía atlántica, más grande es su dependencia de la economía regional. Con respecto a estas cuestiones, véanse Guillermo Céspedes del Castillo, *Lima y Buenos Aires. Repercusiones económicas y políticas de la creación del Virreinato del Plata*, Sevilla, Escuela de Estudios Hispanoamericanos, 1947; Jorge Gelman, *Économie et administration locale dans le Rio de la Plata du XVIIe siècle*, tesis de doctorado de tercer ciclo, París, EHESS, 1983; Z. Moutoukias, *Contrabando y control colonial...*, ob. cit.

[15] *Cf.* Lyman Johnson y Susan Socolow, "Población y espacio en el Buenos Aires del siglo XVIII", en *Desarrollo Económico*, vol. 20, núm. 79, octubre-diciembre de 1980, pp. 329-349.

[16] Según Besio Moreno, en 1774 la ciudad tiene 11.572 habitantes, lo que significa que duplica en poco más de treinta años el número de sus habitantes. Para 1810, este autor corrige las cifras del censo y calcula dos mil habitantes más de lo que se indica en él. *Cf.* N. Besio Moreno, *Buenos Aires. Puerto de la Plata...*, ob. cit.

[17] Cifras revisadas por Johnson y Socolow en "Población y espacio...", art. cit.

[18] A esas cifras debemos sumar los que entran ilegalmente, que podrían incrementar de una a dos veces esa cantidad. *Cf.* Elena F. S. de Studer, *La trata de negros en el Río de la Plata durante el siglo XVIII*, Buenos Aires, Facultad de Filosofía y Letras, 1958, pp. 324-325.

jo de hombres del interior agrícola y artesanal, atraídos hacia la región de explotación rural.[19] Se trata, es cierto, de una población que se dirige a los campos vecinos, pero no es insensato imaginar su estadía en la ciudad, al menos cuando no reside estacionalmente en la explotación agrícola; la ciudad podía ofrecer un medio de subsistencia alternativo a los trabajos del campo.[20]

Con la apertura del puerto, también aumentan las funciones comerciales en la ciudad, y, con ellas, la población dedicada a esas actividades. Dentro de éstas, un grupo de comerciantes peninsulares, originarios de la región cantábrica y de Cataluña, va a alcanzar una posición hegemónica en el circuito comercial.[21] Estos grandes comerciantes representan un elemento esencial en la articulación del mercado regional con la economía atlántica, en unos intercambios en los que todavía priman las importaciones de lo que se denomina "efectos de Castilla" y las exportaciones de moneda en metálico procedente del Alto Perú, pero en las que se introducen no obstante productos regionales.[22] La intensidad de la actividad portuaria, junto con el incremento de la población urbana, permitirán el desarrollo de actividades complementarias: el pequeño comercio, el artesanado, y la agricultura para alimentar a una población urbana en pleno crecimiento y a una población en tránsito cada vez más numerosa.[23]

No cuesta mucho discernir los aspectos aparentemente más notables del crecimiento urbano: una ciudad que se afirma como centro de los intercambios económicos y cabecera administrativa y política de una vasta región convertida en Virreinato del Río de la Plata y que experimenta un aumento considerable de su población, lo que hace de ella, uno de los centros más importantes de consumo y concentración de mano de obra.

---

[19] Para esta cuestión, véase Juan Carlos Garavaglia y José Luis Moreno (comps.), *Población, sociedad, familia y migraciones en el espacio rioplatense. Siglos XVIII y XIX*, Buenos Aires, Cántaro, 1993.

[20] El medio de la construcción parece darnos un ejemplo de alternancia de trabajo en el campo y trabajo en la ciudad. Podemos inferirlo de la investigación de Fernando Aliata sobre la evolución de las construcciones en Buenos Aires durante el período 1821-1827. En sus memorias, Beruti también hace referencia a la movilidad de una población semiurbana y semirrural. Cf. Fernando Aliata, "Edilicia privada y crecimiento urbano en el Buenos Aires posrevolucionario, 1824-1827", en BIHAA-E. *Ravignani*, tercera serie, primer semestre de 1993, pp. 59-92; Juan Manuel Beruti, *Memorias curiosas de los sujetos que han sido gobernadores y virreyes de las provincias del Río de la Plata*, en *Biblioteca de Mayo*, Buenos Aires, Senado de la Nación, 1960, t. IV, pp. 3814-3815.

[21] Cf. Susan Socolow, *Los mercaderes del Buenos Aires colonial: familia y comercio* (Londres, 1978), Buenos Aires, Ediciones de la Flor, 1991.

[22] Para el comercio, véase S. Socolow, *Los mercaderes...*, ob. cit.; Juan Carlos Garavaglia, "El Río de la Plata en sus relaciones atlánticas: una balanza comercial (1779-1784)", en *Moneda y Crédito*, 141, 1977, pp. 75-101.

[23] Estas actividades ocupan a una cantidad no desdeñable de integrantes de la población activa libre y sobre todo esclava de la ciudad. Según los cálculos de García Belsunce, las actividades artesanales ocupan al 12% de la población activa libre en 1810, mientras que las actividades comerciales (grandes y pequeños comercios) emplean al 17,63% de esa misma población, en tanto que el 12% son militares. Cf. César A. García Belsunce (dir.), *Buenos Aires. Su gente, 1800-1830*, Buenos Aires, Emecé, 1977, tomo I, "Su gente", p. 109.

El problema del estatus de la ciudad tras la independencia

La ruptura del espacio económico y político del virreinato, que se produce con la guerra de independencia, introduce cambios considerables en la ciudad de Buenos Aires. Desde el punto de vista económico, la guerra, que entraña la pérdida de las ricas provincias del Alto Perú y termina por desestructurar el espacio económico regional, transforma la economía de la provincia de Buenos Aires, que tiende ahora a articularse en torno de las actividades productivas del campo, vinculadas al mercado exterior gracias al puerto. Las elites comerciales, cuyos intereses económicos abarcan un amplio mercado que va desde Potosí hasta Buenos Aires y desde el Paraguay hasta Santiago de Chile, se inclinan ahora por una alternancia del comercio de ultramar con la producción ganadera y el financiamiento de las actividades productivas. La coyuntura económica mundial, ampliamente favorable a la producción del campo de Buenos Aires, desencadena una prosperidad económica bastante excepcional para las economías hispanoamericanas aplastadas por el peso de la guerra. Desde el punto de vista político, el balance de la ruptura del lazo colonial es más moderado. A partir del movimiento insurreccional de mayo de 1810, Buenos Aires pretende heredar el lugar de capital del antiguo virreinato, pero la revolución despierta viejos conflictos jurisdiccionales entre distintas autoridades dentro de la propia ciudad, y entre ciudades subalternas y cabeceras de intendencias, que ponen en jaque el poder de aquélla sobre el conjunto del territorio del virreinato. Luego de diversas tentativas de organización constitucional, la ciudad de Buenos Aires se rinde ante la evidencia y acepta la organización de las antiguas ciudades como provincias autónomas.

Con la pérdida de su condición de capital de un vasto territorio, Buenos Aires se lanza a la reestructuración de las instituciones políticas que acompañan la transformación de las relaciones de la ciudad con su campiña vecina. En 1821, el gobierno de la muy joven provincia de Buenos Aires establece una Cámara de Representantes que introduce la representación del campo en el poder provincial, con lo que abre una brecha entre ciudad y campo y alimenta así un nuevo discurso sobre la función urbana; destinado éste, al mismo tiempo, a afirmar la preeminencia de la primera sobre su interior y reconquistar su condición de capital.[24]

---

[24] Así, durante el gobierno de Rivadavia, que coincide con el período de organización política de la provincia de Buenos Aires (1821-1824), se presenta un proyecto de reordenamiento de la ciudad con el propósito de racionalizar y regular el espacio urbano. Las palabras de Rivadavia en su discurso a la legislatura son inequívocas con respecto a ese punto: "Buenos Aires debe plegarse sobre sí misma, mejorar la administración interior en todos sus ramos; con su ejemplo llamar al orden a los pueblos hermanos, y con los recursos que cuenta dentro de sus límites, darse aquella importancia con que debe presentarse cuando llegue la oportunidad deseada de formar una nación". Cf. "Discurso del ministro de Gobierno en la sesión del 1° de mayo de 1822", en *Acuerdos de la Honorable Junta de Representantes de la Provincia de Buenos Aires*, La Plata, Archivo de la Provincia de Buenos Aires, 1932, citado por Fernando Aliata, "La ciudad regular. Arquitectura edilicia e instituciones durante la época rivadaviana", en *Imagen y recepción de la Revolución Francesa en la Argentina*, Buenos Aires, Comité Argentino para el Bicentenario de la Revolución Francesa/Grupo Editor Latinoamericano, 1990, pp. 159-179. Para esta nueva definición de la ciudad como espacio administrado, véase Bernard Lepetit, *Les Villes dans la France moderne (1740-1840)*, París, Albin Michel, 1988, capítulo II, pp. 52-81.

Hay que pensar, sin embargo, en una ciudad –o, mejor, al decir de más de un viajero decepcionado, en una gran aldea– de clima insalubre, con 60.471 habitantes en el momento de la llegada de Rosas al poder.[25] Si damos crédito a los relatos de viajes, Buenos Aires era en 1829 una ciudad por lo menos sorprendente, en que el gusto por el lujo alternaba con una falta de comodidades que asombraba a más de un aventurero, por endurecido que estuviera.[26] Todo inducía a la paradoja en esta ciudad portuaria, que ni siquiera contaba con un verdadero puerto. Por añadidura, la navegación se hacía muy peligrosa por la escasa profundidad del río de la Plata, cubierto de bancos de arena y asolado por fuertes vientos procedentes de la pampa; lo cual complicaba, aún más, el acercamiento de los barcos a Buenos Aires y los obligaba a permanecer anclados, en ocasiones, a 50 km de la costa occidental. De manera que debían trasbordar tripulación y mercaderías a pequeñas barcas con las que se intentaba una segunda aproximación. Para terminar, había carretas que se internaban en el río para recoger a los pasajeros del lugar donde encallaban las barcas. Cosa que, sin duda, daba medios de vida a toda una humilde población de carreteros, boyeros y otros oficios menores, pero que aumentaba el costo del transporte y predisponía muy mal, y de manera notoria, a los viajeros extranjeros. Al respecto, los comentarios del viajero francés Arsène Isabelle son bastante elocuentes:

> Es muy vergonzoso para Buenos Aires, para una plaza tan importante, para el único puerto de la República Argentina [...] es muy vergonzoso, digo, que esos mismos extranjeros, a su llegada, se vean en contacto directo con lo más grosero, con lo más atrevidamente impertinente de la gente de Buenos Aires. Es realmente penoso estar expuesto a los insultos, a los epítetos envilecedores de *gringo, carcamán, godo* o *sarraceno* que los carreteros acompañan con mil obscenidades. [...] Nada más ridículo, nada más desagradable, nada más bárbaro que esa manera de llegar en una carreta montada sobre dos enormes ruedas, de la dimensión de las de nuestros molinos.[27]

Los extranjeros se decepcionaban tanto más cuanto que la realidad de la ciudad poco coincidía con la publicidad de los folletos difundidos por los liberales porteños para atraer inmigrantes al Río de la Plata, y que llegaba al paroxismo en la cartografía de Buenos Aires que circulaba en la época.[28] Podemos citar el caso ejemplar del plano que Rivadavia encargó al ingeniero Bertrès en 1822. Más aún que un buen ejemplo, este plano constituye el símbolo de un régimen. Mediante un trazado en cuadrícula en que cada línea era presuntamente una

---

[25] Esta cifra corresponde a 1829. Para las estimaciones demográficas, seguimos las cifras proporcionadas por Besio Moreno, cuyos cálculos en esa materia son los más confiables y tienen además la ventaja de presentar series que abarcan todo nuestro período. *Cf.* Besio Moreno, *Buenos Aires. Puerto de la Plata*..., ob. cit.

[26] *Cf.* F. B. Head, *Las Pampas y los Andes* (Londres, 1826), Buenos Aires, Hyspamérica, 1986, p. 27.

[27] *Cf.* John Miers, *Viaje al Plata 1819-1824* (Londres, 1826), Buenos Aires, Solar Hachette, 1968, p. 20; Arsène Isabelle, *Voyage à Buenos Aires et à Porto Alegre de 1830 à 1834*, Havre, Imp. de J. Morlent, 1835, pp. 134-135.

[28] El texto más importante es el de Ignacio Núñez, *Noticias históricas, políticas y estadísticas de las*

calle, rematada por una Marianne** y dedicada a Bernardino Rivadavia, esta carta correspondía más a una visión programática de lo que debía ser la futura capital de una república que a un verdadero plano topográfico de la estructura urbana.[29] La decepción era mucho más grande por el hecho de que el desencanto suscitado por el mero espectáculo urbano ponía en entredicho el estatus de la ciudad y del mismo régimen republicano. En efecto, para esos recién llegados del viejo continente, la imagen de una sociedad libre y republicana era incompatible con los aspectos rústicos que aún caracterizaban la ciudad de Buenos Aires. En ese sentido, el chasco experimentado por el inglés John Miers es revelador. El hogar de los porteños, nos explica, "por su aspecto de abandono y su exterior mezquino más parecían calabozos que habitaciones de un pueblo industrioso, civilizado y libre".[30] Sentimientos semejantes inspira la descripción de F. B. Head a propósito de la extravagancia de la sociabilidad porteña. Este ingeniero inglés, en viaje de negocios, pasó por Buenos Aires durante lo que se denominó el "espejismo" del liberalismo rivadaviano. En sus memorias no dejará de censurar la ausencia de *savoir-vivre*, en oposición al buen tono de la sociedad: "En Buenos Aires, rara vez hombres y mujeres pasean juntos; en el teatro están completamente separados; y no es alegre ver a todas las damas sentadas en los palcos mientras los hombres están en la platea –esclavos, simples marineros, soldados y comerciantes–, todos miembros de la misma república".[31] La ironía de estas observaciones pone, aún más, en evidencia los rasgos de la sociabilidad porteña que más chocan visiblemente a nuestro ingeniero: el hecho de que esos espacios públicos estén sexualmente diferenciados y que, en esta distinción por sexo, se confundan todas las clases. De modo que resulta difícil decir qué es lo que más le molesta, el primitivismo de las costumbres y la falta de confort resultante, o los rasgos democráticos que aquéllas entrañan; y si en su mente una cosa no suponía la otra, puesto que, a diferencia de Miers, el modelo a partir del cual Head condena la sociabilidad criolla es verosímilmente una sociabilidad de índole aristocrática.

Más allá del crédito que podamos otorgar a las impresiones de los hombres en busca de exotismo, éstas evocan resueltamente la falta de concordancia entre la vida en Buenos Aires y la ciudad que se deja ver en los planos, almanaques y folletos que circulan tanto en el Río de la Plata como en Europa. Sin embargo, la "feliz experiencia" rivadaviana, expresión con que la historiografía coincide en bautizar ese período, había introducido, junto con el

---

Provincias Unidas del Río de la Plata, con apéndice sobre la usurpación de Montevideo por los gobiernos portugueses y brasileros, Londres, R. Ackermann, 1825. Un año después, la obra fue traducida al francés por M. Varaigne y publicada por la editorial Poutheu, París, 1826. En la época, ese libro fue el único de divulgación que circuló en Francia. Véase la referencia que A. Isabelle hace a él en la introducción de sus memorias de viaje, *Voyage à Buenos Aires...*, ob. cit.

** Símbolo de la República Francesa (N. del T.).

[29] Reproducción de este plano en PGB, *La Création...*, ob. cit., anexo núm. 4. Para un análisis del plano y su autor, véase María H. Marín, Alberto De Paula y Ramón Gutiérrez, *Los ingenieros militares y sus precursores en el desarrollo argentino (hasta 1930)*, Buenos Aires, 1976; Alfredo Taullard, *Los planos más antiguos de Buenos Aires, 1580-1880*, Buenos Aires, Peuser, 1940, pp. 124-129.

[30] J. Miers, *Viaje al Plata...*, ob. cit., p. 21.

[31] F. B. Head, *Las Pampas y los Andes...*, ob. cit., p. 28.

nuevo discurso de la ciudad, modificaciones reales en el ordenamiento del espacio urbano.[32] El *Manual de Buenos Aires* nos da el ejemplo de ello. En ese manuscrito, destinado a acompañar el plano de Bertrès de 1822, pero que finalmente no se publicó, el autor nos habla de la necesidad de administrar una ciudad cuyo crecimiento y la mezcla de la población hacen ineficaces los antiguos modos de comunicación:

> De algunos años á esta parte se havia echo sentir en Buenos Aires la necesidad de q^e todas las calles tubiesen nombres distintivos, de q^e todas las casas estubiesen numeradas, y de q^e existiese al alcance de todos, un medio comodo y facil de adquirir este conocimento. Cuando es pequeña la estencion de una Ciudad, cuando su poblacion es escasa, la facilidad q^e tienen sus habitantes de recorrer todas sus calles, la frecuencia con q^e se ven unos a los otros, y con q^e se tratan ó se oien nombrar resiprocam^{te}, proporcionan p^r si solos, todos los medios q^e son necesarios p^r su mutua comunicación [...] En una ciudad tan extensa, poblada y concurrida, como lo es ya Buenos Ayres, aquellos primeros medios llegan á hacer tal via imposible; y siempre hay un numero muy considerable de recidentes, q^e no conocen praticam^{te} mas q^e una parte de la Ciudad; q^e se ven perdidos en medio de barrios ó arrabales q^e nunca han andado y en donde á nadie conocen.[33]

La sociabilidad urbana: el ordenamiento parroquial del espacio social

Pese a los esfuerzos del gobierno de Rivadavia, la ciudad de Buenos Aires todavía despierta la impresión de una gran aldea en la que predominan las relaciones "cara a cara". Aunque el *Manual de Buenos Aires* da testimonio de las transformaciones de una ciudad donde la gente no siempre se frecuenta, la necesidad de racionalizar el espacio urbano parece ligada, sobre todo, a los imperativos de la función urbana con la que ahora quiere identificarse la ciudad, más que a las necesidades de recomponer el tejido social.[34] De ese texto se desprende la existencia de pequeñas unidades de sociabilidad de vecindad, que la gente designa por el nombre de los habitantes más notables o el de la iglesia más cercana, y constituyen espacios de sociabilidad, en los cuales, las interrelaciones entre los habitantes son más frecuentes.[35] Es indudable que el hecho de encontrarse en el atrio

---

[32] Para esta cuestión, véanse los trabajos citados de Fernando Aliata, además de "Ciudad o aldea. La construcción de la historia urbana del Buenos Aires anterior a Caseros", en *Entrepasados*, año II, núm. 3, 1992, pp. 51-70.

[33] Cf. *Manual de Buenos Ayres. Explicación del Plano Topográfico que manifiesta la distribución y nuevos nombres de las principales calles de esta Ciudad, Plazas, edificios públicos y Cuarteles. Con Agregación del sistema que se ha seguido en la nueva numeración. 1823*, manuscrito anónimo, 1823. Primera edición, con prefacio y transcripción paleográfica del profesor Jorge Ochoa de Eguileor, Buenos Aires, Municipalidad de Buenos Aires, 1981, pp. 19-21.

[34] Cf. *ibíd*.

[35] "Para remediar estos inconvenientes el pueblo ocurre p^r si mismo á cierta espesie de metodo, dividiendo la poblacion en ciertas porciones, q^e llama barrios, y dandoles los nombres de los Templos, establesimientos, ó casas particulares mas notables, y conocidas, q^e hay en las respectivas porciones; y con esto ciertamente se consigue bastante efecto." *Cf. ibíd, p. 21*

de la iglesia, el mercado, el almacén de la esquina, no nos permite concluir que se trata de un mismo espacio social. Podemos, por cierto, coincidir con José Luis Romero en cuanto al fenómeno de "interpenetración" de los diferentes grupos sociales durante los encuentros cotidianos en esos lugares públicos, pero con la condición de concordar claramente en los términos. Puesto que, comprobar que la plaza de la Victoria era frecuentada por diferentes sectores de la sociedad urbana no basta para que esos encuentros atestigüen la existencia de vínculos de sociabilidad.[36]

Es posible partir, sin duda, de los microespacios sociales, compuestos por la familia y la red relacional de los individuos que interactúan entre sí. Las investigaciones sobre la historia de la familia colonial tendieron a destacar el impacto que tuvieron las redes de parentesco sobre la estructura espacial y social del espacio urbano.[37] Sin embargo, en el estado de nuestros conocimientos, nos parece difícil deducir de ello la existencia en la ciudad de Buenos Aires de "barrios de linajes", según el modelo descripto por G. Delille.[38] Nos inclinamos a creer, antes bien, que esos microespacios sociales se articulan con otras formas de organización espacial. Como lo sugiere nuestro *Manual de Buenos Aires*, en 1822, la población misma de la ciudad se divide en pequeñas unidades barriales. Numerosas fuentes refieren la existencia de esos barrios y la importancia de los lazos de vecindad en las relaciones sociales.[39] La cuestión, entonces, es saber cuáles son los límites de esos espacios comunitarios de vecindad, en el marco de los cuales se tejen lazos de sociabilidad urbana.[40] Para evitar la utilización *a priori* de las categorías de análisis, podemos partir de la observación de los elementos que organizan el espacio urbano: la estructura urbana, los principales ejes de circulación y los puntos de reunión.

Al observar el plano de la estructura urbana de la ciudad, lo primero que salta a la vista es el trazado en damero, característico de las ciudades españolas en América. Buenos Aires, de acuerdo con la tipología de las formas urbanas de las ciudades hispanoamericanas, proporciona uno de los ejemplos del modelo clásico, con una pequeña variación en el emplazamiento de su plaza central, que tiene una posición excéntrica para acercarse al

---

[36] *Cf.* J. L. Romero, *Latinoamérica, las ciudades...*, ob. cit.

[37] *Cf.* Linda Greenow, "Microgeographical analysis as an index to family structure and networks", en *Journal of Family History*, vol. 10, núm. 3, 1985, pp. 272-283.

[38] *Cf.* Gérard Delille, *Famille et propriété dans le royaume de Naples (xv-xix)*, París, EHESS-École Française de Rome, 1985.

[39] Véase *infra* para los clientes de las *pulperías*. Las investigaciones de Ricardo Cicerchia nos ofrecen el ejemplo de los juicios criminales concernientes a las familias urbanas para el período 1800-1810. Durante el proceso, el ochenta por ciento de los testimonios proceden de las personas del vecindario. *Cf.* "Vida familiar y prácticas conyugales. Clases populares en una ciudad colonial, Buenos Aires, 1800-1810", en BIHAA-*E. Ravignani*, tercera serie, núm. 2, primer semestre de 1990, pp. 91-109.

[40] Aquí demostró ser de utilidad tomar en consideración los resultados de las investigaciones de los geógrafos, muy en particular, las que se ocupan de la relación entre la estructura de la vida comunitaria y los grupos de referencia. *Cf.* Paul Claval, *La Logique des villes. Essai d'urbanologie*, París, Litec, 1981, p. 470.

1. *La ciudad de Buenos Aires: emplazamiento y estructura urbana.*
Principales ejes de circulación y puntos de reunión (1820-1862)

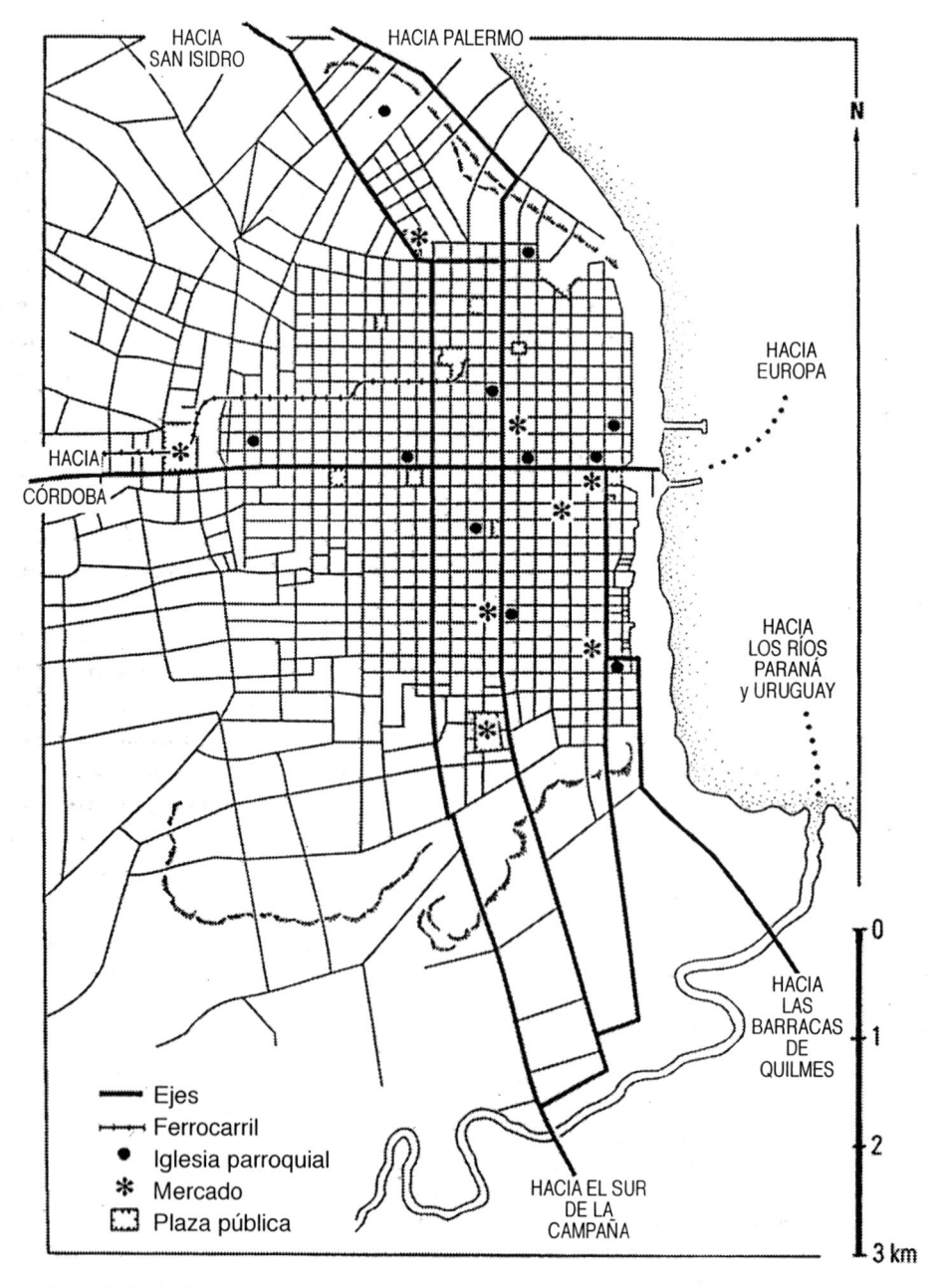

Cartografía de Pilar González Bernaldo y Françoise Vergneault, EHESS, 1990.

puerto;[41] observación que vale también para el conjunto de las plazas y mercados. Aunque distribuidos de manera bastante homogénea en la totalidad del espacio urbano, tienden a aproximarse a las riberas. Se trata, por lo tanto, de una ciudad cuya organización del espacio está a la vez regulada por un modelo establecido en España y por la especificidad del sitio geográfico que le da su carácter propio. Señalamos igualmente que tanto las plazas como los mercados se ubican, preferentemente, cerca de los principales ejes de circulación; entre estos se destacan el eje este-oeste, que vincula la ciudad con las otras provincias del ex Virreinato del Río de la Plata (antiguo camino real del oeste, llamado durante el gobierno de Rosas "calle de la Federación" y que, a partir de 1857, llevará el nombre de "Bernardino Rivadavia"), y el eje del sur, que lleva hacia el puerto en la desembocadura del Riachuelo.[42] Alrededor de esos ejes encontramos las plazas del mercado que sirven tanto para las transacciones comerciales como para el comercio de las relaciones sociales.[43] Los carreteros llegados de la campiña cercana se instalan en ellas para vender sus productos, y pueden permanecer allí durante toda su estadía en la ciudad. Estas plazas, que aúnan funciones económicas y sociales, son verdaderos centros de atracción de la población.[44] Las iglesias y sus atrios funcionan también como elemento organizador del espacio social, en razón de su importancia en la vida comunitaria y su papel en la vida social: nacimientos, bodas, defunciones; en la sociabilidad urbana, por la participación en asociaciones, las festividades públicas e incluso la educación; por último, en la vida económica, no sólo porque las organizaciones eclesiásticas son actores económicos, sino también porque pueden intervenir en la organización corporativa por medio de las cofradías.

En cierto modo, estos diferentes factores urbanísticos, económicos y culturales condicionan las relaciones sociales en la ciudad, al estimular y facilitar los encuentros entre algunos residentes en espacios cuyas fronteras son forzosamente vagas. Existen, sin embargo, otros elementos que intervienen en la conformación de los espacios de sociabilidad, como las divisiones administrativas que fijan los espacios de acción de las diferentes autoridades que regulan la vida de la gente. Así las parroquias, divisiones eclesiásticas y al mismo tiem-

---

[41] *Cf.* Jorge E. Hardoy, "Las formas de la ciudad colonial", en *Estudios sobre la ciudad iberoamericana*, Madrid, CSIC/Instituto Gonzalo Fernández de Oviedo, 1983, pp. 319-322. Para un análisis de las últimas investigaciones sobre la ciudad, véase Woodrow Borah, "Trends in Recent Studies of Colonial Latin American Cities", en *Hispanic American Historical Review*, 63, 3, agosto de 1984, pp. 535-554.

[42] Después de la independencia, este camino, conocido como el "antiguo camino del puerto", fue rebautizado como "Defensa", en recuerdo de la valerosa defensa de la ciudad por parte de su población durante las invasiones inglesas de 1806 y 1807. *Cf.* Vicente O. Cutolo, *Buenos Aires. Historia de las calles y sus nombres*, dos volúmenes, Buenos Aires, Elche, 1988.

[43] Para el papel de la plaza en las ciudades españolas e hispanoamericanas, véase Publicaciones de la Casa de Velázquez, *Forum et Plaza Mayor dans le monde hispanique*, París, E. de Boccard, 1978, serie "Recherches en Sciences Sociales", fascículo IV.

[44] Hay varios testimonios en las litografías de época. *Cf.* Bonifacio del Carril, *Monumenta iconográfica. Paisajes, tipos, usos y costumbres en la Argentina, 1536-1860*, Buenos Aires, Emecé, 1964; B. del Carril, *Iconografía de Buenos Aires. La ciudad de Garay hasta 1852*, Buenos Aires, Municipalidad de Buenos Aires, 1982.

2. La comunidad de culto, en el origen de la sociabilidad barrial
A. La organización del espacio urbano en torno de las iglesias parroquiales

Los puntos de fijación de la población

El crecimiento en torno de esos puntos

En negro, la zona construida en 1780, según Boneo
En gris, la ciudad en 1822, según Bertrés

La división parroquial

Fuente: A. Taullard, Los planos más antiguos de Buenos Aires, Buenos Aires, 1940.

LOS ESPACIOS DE SOCIABILIDAD PÚBLICA 53

B. Las otras divisiones del espacio urbano (1829-1862)

Los cuarteles

Las circunscripciones judiciales

Los distritos de policía

PGB.FVB Fuente: Manuel R. Trelles, Registro estadístico del Estado de Buenos Aires, 1858, tomo i; Buenos Aires, La Tribuna, 1859.

C. Las parroquias y su nombre

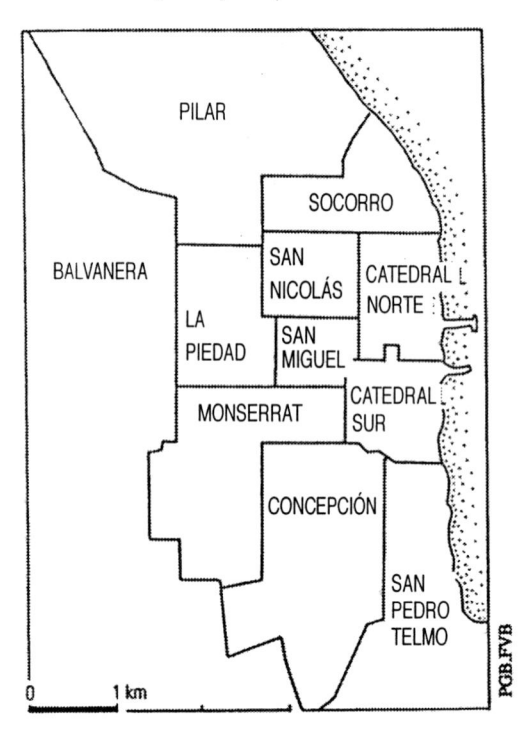

po distritos de los jueces de paz, los cuartes en los que actúan los *alcaldes*, las circunscripciones judiciales, a las que están adscriptos los jueces de paz bajo la autoridad de los jueces de primera instancia y los distritos de policía, constituyen unidades con influencia sobre la conformación de los espacios sociales.[45]

Las conclusiones que podemos extraer del documento son bastante reveladoras de la organización del espacio urbano. Primera comprobación: los límites de cada una de las divisiones no se superponen del todo; las razones de estas discrepancias son con seguridad de orden administrativo. Pero, si los confrontamos con los puntos de reunión alrededor de los cuales se organiza la vida social, como las plazas y los mercados, advertiremos que la división parroquial es la que mejor explica la distribución espacial de la sociabilidad vecinal; en

---

[45] Los límites varían con el paso del tiempo. Las divisiones más antiguas son las eclesiásticas. Hasta 1769, una sola parroquia tenía a su cargo los servicios parroquiales para toda la población de la ciudad, pero después de esta fecha ésta se dividió en seis parroquias, que llegaron a once en 1859. La división administrativa también sufre diversas modificaciones. La más antigua es la división por cuarteles, unidad censal. Más adelante se crearon las circunscripciones judiciales y policiales. Cf. A. Taullard, *Los planos...*, ob. cit.; Ricardo Figueira, "La gran aldea", en J. L. Romero (comp.), *Buenos Aires, historia de cuatro siglos*, Buenos Aires, abril, 1983, t. I, pp. 285-303.

esencia, porque es ella la que reagrupa, de manera más homogénea, esos diferentes lugares de reunión en unidades bastante coherentes. La comparación del trazado y el tamaño de las diferentes circunscripciones nos permite precisar esta idea. ¿Cómo interpretar que, en una ciudad tan geométrica, el límite de la parroquia de la Catedral al Sur incorpore, mediante una extraña irregularidad en el trazado, la manzana donde se encuentra la Catedral de Buenos Aires? En ese barrio residen los notables de la ciudad, y es obvio, que esa "gente decente" se beneficia con el prestigio que rodea la Catedral. Siguiendo el mismo orden de ideas, señalaremos la variación de tamaño de los diferentes límites, que se desprende de la comparación de los distintos planos mencionados: la división parroquial presenta una disparidad en el tamaño de las circunscripciones, con respecto a los límites de los cuarteles o de los distritos de las comisarías de policía. Y es, por otro lado, el trazado de los límites de las parroquias el que mejor refleja el ritmo de crecimiento de la ciudad de Buenos Aires.

Efectivamente, las parroquias más antiguas, de menor tamaño, se encuentran en el centro de la ciudad. A medida que se alejan de él, su tamaño tiende a aumentar de manera concéntrica. Eso es lo que pone en evidencia el documento 2A (p.52). En el segundo plano mostramos la masa edificada y la hidrografía de la ciudad de Buenos Aires en 1780, de acuerdo con los datos del plano de Boneo, y las del plano de Bertrès de 1822. Superpusimos esos datos a la estructura urbana de 1859, lo que permitió poner de relieve el modelo del desarrollo urbano de Buenos Aires:[46] la ciudad se extiende a lo largo de los ejes principales de circulación (el camino real del oeste y el antiguo camino del puerto); dicha expansión está acompañada por la creación de nuevas iglesias que más tarde serán cabeceras de parroquias. De tal modo, al sur, a lo largo del camino del puerto, la masa edificada se agrupa alrededor de la iglesia de San Pedro Telmo, convertida en iglesia parroquial en 1813. Al oeste, podemos distinguir dos esbozos de desarrollo urbano en torno de las iglesias de Monserrat y Nuestra Señora de la Piedad, ambas, cabeceras parroquiales desde 1769.

También, hay que señalar que los límites de las parroquias son los únicos que tienen en cuenta los accidentes geográficos, que a su vez son bastante reveladores de la utilización social del espacio físico. Así, la línea limítrofe entre la parroquia de Catedral al Sur y la de San Pedro Telmo sigue el cauce de un arroyo que atraviesa el sur de la ciudad para desembocar en el Río de la Plata. Del mismo modo, al norte, la frontera entre la parroquia de Nuestra Señora del Socorro y la de Catedral al Norte retoma la traza de otro arroyo. Ahora bien, es sabido que esos cursos de agua funcionan como verdaderas fronteras geográficas en épocas de lluvias y crecidas.

En este análisis encontramos un primer indicio de la organización del espacio urbano en torno a la parroquia. En la configuración de estos espacios intervienen tanto las características de la estructura urbana como el papel de las diferentes autoridades parroquiales. Entre ellas, el peso del cura y del juez de paz que resuelve los litigios y actúa como conciliador entre los habitantes de una parroquia, parece de una importancia decisiva en la constitución de una comunidad de pertenencia, que si bien no está cerrada ni fijada por fronteras verda-

---

[46] Véase el original en PGB, *La Création…*, ob. cit., anexo núm. 4, "La démarche graphique".

deramente delimitadas, funciona como grupo de referencia.[47] La tarea, ahora, consiste en evaluar la vitalidad de esta comunidad de culto, que es al mismo tiempo una comunidad de lugares, con respecto a otros ámbitos de sociabilidad de la población porteña.

Las células de sociabilidad del barrio: las pulperías

De acuerdo con las investigaciones de algunos etimólogos, la palabra *pulpería* es un derivado de *pulque*, término mexicano de origen incierto, para algunos del náhuatl *puliuhki*, que designa una bebida fermentada con el jugo de ciertas agaves, el *maguey* o *zabila*;[48] la *pulquería* (en México) o *pulpería* (en la Argentina) era el lugar en que se vendían el *pulque* u otras bebidas alcohólicas. Entre los defensores de esta "tesis americanista" existen algunas variaciones regionales. Así, en el caso del Río de la Plata hay quienes sostienen que *pulque* deriva del término mapuche *pulcú*, palabra con la cual los indios de la Patagonia designaban el aguardiente.[49] Otros, como el eminente etimólogo español J. Corominas, defienden la "tesis hispanista". De acuerdo con ésta, *pulpería* deriva de la palabra "pulpa", del latín *pulpa*. Así, en América se denominaban *pulperías* los sitios donde se vendían frutos carnosos, característicos del trópico y, por extensión, el comercio de comestibles.[50] Subyacente a esta querella de etimólogos hay otra cuestión no abordada en ese debate: la de las prácticas sociales. Pues esas tesis remiten a dos prácticas muy diferentes. Para la tesis "americanista", se trata de un lugar de despacho de una bebida alcohólica (*pulque*) de origen local. Para los hispanistas es un lugar de intercambio, con mucha frecuencia de trueque, establecido en la época de los españoles (*pulpa*). Por lo tanto, en el primer caso, la *pulpería-pulquería* es un lugar de sociabilidad popular presuntamente originado en una costumbre autóctona de "beber en público", mientras que, en la segunda acepción se trata de un lugar de intercambio ligado al mundo de los conquistadores y que no implica forzosamente un ámbito de encuentro.

La función de la *pulpería*, tal como la encontramos en Buenos Aires en el siglo XIX, corresponde a las dos definiciones, en la medida en que ese lugar es al mismo tiempo un des-

---

[47] No utilizamos el concepto de "comunidad" en el sentido que le dan los antropólogos, de grupo territorial cerrado, sino como herramienta conceptual que nos permite distinguir los lazos fuertes, de tipo comunitario, de los lazos débiles, de tipo asociativo. Para esta distinción nuestra referencia es F. Tönnies. En Alan Macfarlane, "History, anthropology and the study of community", en *Social History*, núm. 5, mayo de 1977, se encontrará un análisis crítico de los estudios sobre la comunidad.

[48] Primera referencia en Hernán Cortés, en una carta fechada en 1524. *Cf.* Joan Corominas, *Diccionario crítico etimológico de la lengua castellana*, Berna, Francke, 1954, vol. 3, pp. 919-920.

[49] *Cf.* Jorge A. Bossio, *Historia de las pulperías*, Buenos Aires, Plus Ultra, 1972, pp. 13-23.

[50] *Cf.* J. Corominas, *Diccionario crítico*..., ob. cit., pp. 919-920. El origen de la palabra es incierto, pero muchos autores siguieron fielmente a Solórzano y Pereyra, que en su *Política indiana* afirma lo siguiente: "Se ordenó e introdujo en cada ciudad o villa se apuntasen y señalasen tiendas, que en Castilla se llaman de 'abacería', y en las Indias de 'pulperías' o 'pulquerías' de 'pulque' ".

pacho de bebidas y un almacén. En esos locales se realizan reuniones periódicas –*tertulias*–, entre una clientela más o menos asidua u ocasional, de sexo masculino, en torno del consumo de alcohol.[51] Sin embargo, a diferencia de las *pulquerías* de México, en las que el consumo del *pulque* se inscribe en una representación del mundo en la cual el alcohol y la embriaguez encubren funciones rituales y sagradas muy importantes y antiguas, la sociabilidad tejida alrededor del consumo de alcohol –vino o aguardiente– remite a una tradición cultural muy distinta, la de la cultura judeocristiana.[52] Las fuentes españolas, por otra parte, distinguen con mucha claridad esos dos lugares de encuentro cuando se trata de controlar una práctica que las autoridades consideran la causa de toda clase de trastornos.[53] A los ojos de las autoridades españolas, las *pulperías* del Río de la Plata parecen inscribirse, entonces, en la tradición de la sociabilidad de las tabernas, lo cual supone un tipo de control y represión específico.[54]

Ocio y negocio en Buenos Aires

El primer sentimiento es de sorpresa ante el considerable desarrollo de esos comercios-lugares de sociabilidad en la ciudad de Buenos Aires. Las primeras referencias datan de principios del siglo XVII, pero ya en 1682, el cabildo se preocupa por el importante desarrollo de las *pulperías* en la ciudad.[55] Sin embargo, no tenemos ningún testimonio sobre la *pulpería* como lugar de reunión hasta la ordenanza del gobernador José Bermúdez de Castro, datada en Buenos Aires en 1715.[56] La "ciudad", que cuenta entonces con apenas 8.908 habitantes, tiene trescientos negocios de *pulpería* para una superficie edificada de un km², es decir, una *pulpería* por cada treinta habitantes, con una densidad de 2,88 de esos comercios por cada 10 mil m², lo cual es enorme.[57] Para fines del siglo XVIII, Johnson y Socolow cuentan 428 *pul-*

---

[51] A esta animación principal se suman otras, como el juego de cartas y el canto acompañado por la guitarra española y, en el siglo XIX, la lectura de la prensa.

[52] Para la función ritual del consumo de alcohol en México, véanse William B. Taylor, *Drinking, Homicide and Rebellion in Colonial Mexican Villages*, Stanford, California, Stanford University Press, 1979; Serge Gruzinski, *La Colonisation de l'imaginaire. Sociétés indigènes et occidentalisation dans le Mexique espagnol XVI-XVIIIe siècle*, París, Gallimard, 1988, pp. 189-261; Sonia Corcuera de Mancera, *El fraile, el indio y el pulque. Evangelización y embriaguez en la Nueva España (1523-1548)*, México, Fondo de Cultura Económica, 1991.

[53] *Cf.* "Informe sobre Pulquerías y Tabernas el año de 1784", en *Boletín del Archivo General de la Nación*, México, 1947, t. XVIII, núm. 3, y t. XVIII, núm. 4, pp. 198-236 y 368.

[54] En el "Informe sobre Pulquerías…", ob. cit., encontramos un ejemplo del tratamiento diferenciado.

[55] *Cf.* Ricardo Rodríguez Molas, "La pulpería rioplatense en el siglo XVII (ensayo de historia social y económica)", en *Universidad*, núm. 49, Santa Fe, Universidad Nacional del Litoral, 1961, pp. 99-134. Véase también, del mismo autor, "Las pulperías", en *Lugares y modos de diversión*, Buenos Aires, Centro Editor de América Latina, 1985, "Cuadernos de historia popular argentina", pp. 1-20.

[56] La ordenanza del 5 de diciembre de 1745 prohíbe los juegos de naipes y dados y reglamenta una política de control de estas reuniones. *Cf.* J. A. Bossio, *Historia de las pulperías*, ob. cit., pp. 69-70.

[57] Las cifras sobre la población de Buenos Aires son de Besio Moreno. En cuanto a la extensión de la ciudad, se calculó según el gráfico propuesto por Besio Moreno y las estimaciones de Lyman Johnson y Susan Socolow para la ciudad a fines del siglo XVIII. *Cf.* L. Johnson y S. Socolow, "Población y espacio…", art. cit.

perías en una ciudad de 26.165 habitantes, vale decir, una cada 61 personas. En 1813, un censo del gobierno contabiliza 457 *pulperías* para una ciudad de alrededor de 40 mil habitantes (1/87); trece años más tarde, el almanaque de Blondel indica la existencia de 464 negocios de ese rubro, cifra corregida por Kinsbruner, que habla de 502 *pulperías*, una cada 119 habitantes. Desde principios del siglo XVIII, la proporción entre *pulperías* y cantidad de habitantes cae de 1/30 a 1/119, pero su número sigue siendo importante si lo comparamos con el desarrollo de esos comercios en otras ciudades del imperio.[58] Estas cifras, desde luego, deben compararse con la potencialidad económica de la ciudad.[59] De todos modos, nos hablan de la intensidad de una sociabilidad urbana o, al menos, de su potencialidad; tanto más cuanto que en Buenos Aires esos almacenes son también lugares de despacho de bebidas y de encuentro.[60]

La primera referencia colonial sobre la venta de alcohol en las *pulperías* data, según Rodríguez Molas, del 23 de marzo de 1600, es decir, veinte años después de la segunda fundación de la ciudad de Santa María de los Buenos Aires. Un *pulpero* recibe entonces una multa por haber vendido vino a los indios.[61] A lo largo del siglo XVII, y sobre todo durante la segunda mitad, se multiplican las medidas tomadas por el Cabildo para controlar el aprovisionamiento de vinos y aguardiente, así como su precio de venta en esos comercios, pero no tenemos ningún testimonio sobre la *pulpería* como lugar establecido de reunión hasta la ordenanza del gobernador José Bermúdez de Castro. Desde esa fecha, abundan las referencias a "reuniones de vagabundos", así como las medidas destinadas a controlarlas. Aunque, como lo muestra Viqueira Albán para el caso de México, la multiplicación de las denuncias también debe relacionarse con una voluntad manifiesta de control social, característica de la política de los Borbones, acentuada en algunas regiones del Imperio por la falta crónica de mano de obra.[62] El conflicto "de los mostradores", que estalla hacia fines del siglo XVIII, muestra sin embargo con claridad que, para entonces, esa práctica está bien implantada en el medio urbano.

El pleito comienza en 1788, cuando el procurador general de la ciudad, Francisco José de Ugarte, prohíbe las reuniones de gentes y de guitarras dentro de las *pulperías*, a la vez que resguarda la función puramente comercial de estos negocios. Ordena entonces a los propie-

---

[58] A principios del siglo XIX, la ciudad de México exhibe una proporción de 1/548, Puebla de 1/372 y Caracas de 1/393. Según los cálculos de Jay Kinsbruner, *Petty Capitalism in Spanish America. The pulperos of Puebla, Mexico City, Caracas and Buenos Aires*, Westview Press, 1987, Dellplain Latin American Studies, núm. 21.

[59] Kinsbruner ve en ello el indicio del desarrollo del pequeño capitalismo, en *Petty Capitalism...*, ob. cit. A juicio de Z. Moutoukias son los militares de la guarnición quienes, por su situación y la naturaleza de sus funciones, están en una excelente posición para participar en la vida comercial de la ciudad y son propietarios de una buena parte de sus negocios. *Cf.* Z. Moutoukias, *Contrabando y control colonial...*, ob. cit.

[60] En Caracas o en México, una *pulpería* no funcionaba necesariamente como despacho de bebidas. Para ello debían contar con una autorización especial. Así, en México tenemos *pulperías* y *pulperías tabernas*, y en Caracas, *pulperías* (que estaban autorizadas a vender alcohol), y *bodegas* (que carecían de esa autorización). *Cf.* J. Kinsbruner, *Petty Capitalism...*, ob. cit.

[61] *Cf.* R. Rodríguez Molas, "La pulpería rioplatense...", art. cit.

[62] *Cf.* J. P. Viqueira Albán, "Diversiones públicas...", art. cit., pp. 195-228.

tarios (españoles en su mayoría) que coloquen los mostradores en la calle, cosa que para las autoridades tiene la doble ventaja de fastidiar a un público susceptible de prolongar su pausa más allá de la transacción comercial y de facilitar el control de esas reuniones alrededor de un vaso de alcohol y una guitarra. Las medidas no son, en modo alguno, del agrado de los propietarios, que se oponen ferozmente a ellas y alegan que se corre el riesgo de que aumenten los robos. En efecto, si los clientes, según dicen, puede hacer sus compras sin bajarse del caballo, nada les impide marcharse precipitadamente sin pagar la cuenta. Los propietarios, desde luego, se guardan de agregar que en esas condiciones el consumo en el lugar va a disminuir considerablemente. De ese modo se origina el "litigio de los mostradores" que opondrá durante mucho tiempo a la corporación de los *pulperos* y las autoridades coloniales.[63] Como no se encuentra una solución inmediata al problema, los mostradores permanecerán en su lugar, manteniéndose al mismo tiempo la prohibición de "toda reunión de personas, guitarras, juegos de naipes en las pulperías".[64] Lo cual nos da testimonio tanto de la vitalidad de la práctica y el poder de la corporación, como de la voluntad del poder para terminar con ella.

El conflicto se prolonga más allá de la colonia. Dos años después de la insurrección de la ciudad de Buenos Aires, el proceso de los mostradores resurge. Esta vez es el gobierno revolucionario el que quiere poner fin a unas prácticas de sociabilidad que, a su juicio, alientan la holgazanería, el alcoholismo y la delincuencia. Lo cual no impide que se sirva de ellos para la causa revolucionaria, habida cuenta de la imposibilidad de terminar con hábitos demasiado arraigados en los habitantes de Buenos Aires, y por otra parte, ferozmente defendidos por los *pulperos*. Así, un edicto del Cabildo de Buenos Aires del 19 de agosto de 1812 sugiere que, en lugar de las canciones obscenas, se entonen únicamente cantos relacionados con la libertad y la patria.[65] Debemos aclarar, sin embargo, que ese edicto es más bien la excepción que confirma la regla. En efecto, el poder revolucionario tendió a desconfiar de este tipo de reuniones que fomentaban el alcoholismo y el desorden social, pero sobre todo que incitaban a la desobediencia. Pues es a esos lugares de reunión donde el poder va a buscar "voluntarios patrióticos" para la guerra de independencia. Y cuando el patriotismo voluntario falta a la cita, la aplicación de las leyes de vagancia asegura un reclutamiento menos espontáneo pero igualmente efectivo. En efecto, al menos según la legislación, quien no poseía una *papeleta de conchabo* era legalmente considerado como un vagabundo. Y la ley preveía su represión mediante un reclutamiento forzoso para el ejército, que podía extenderse de dos a cinco años. Al asociarse de ese modo el ocio público con la delin-

---

[64] Sobre el "pleito de los mostradores" véase J. A. Bossio, *Historia de las pulperías*, ob. cit., pp. 26-40.

[65] Reglamento de comercio dictado por el virrey Arredondo en 1790. Cf. J. A. Bossio, *Historia de las pulperías*, ob. cit., pp. 65-96.

[66] Cf. Acuerdo del Extinguido Cabildo de Buenos Aires del 19 de agosto de 1812 en Archivo General de la Nación, *Acuerdos del extinguido Cabildo de Buenos Aires*, serie IV, t. III, libros LXII, LXIII y LXIV, t. IV, 1810-1812, Buenos Aires, G. Kraft, 1927. Esos cantos revolucionarios fueron compilados en parte y publicados por Ramón Díaz en *La lira argentina*, Buenos Aires, 1824.

cuencia, cuesta imaginar que las conversaciones y canciones en las *pulperías* se orientaran a cantar las alabanzas del poder.[66]

Como no puede impedir una práctica muy difundida entre la población urbana, el gobierno liberal de Rivadavia intenta al menos alejarla del centro de la ciudad. Una nueva reglamentación promulgada durante su gobierno establece cinco tipos de licencias para

3. *Evolución del número de lugares de despacho de bebidas y de encuentro en Buenos Aires (1825-1855), según el Almanaque de comercio*

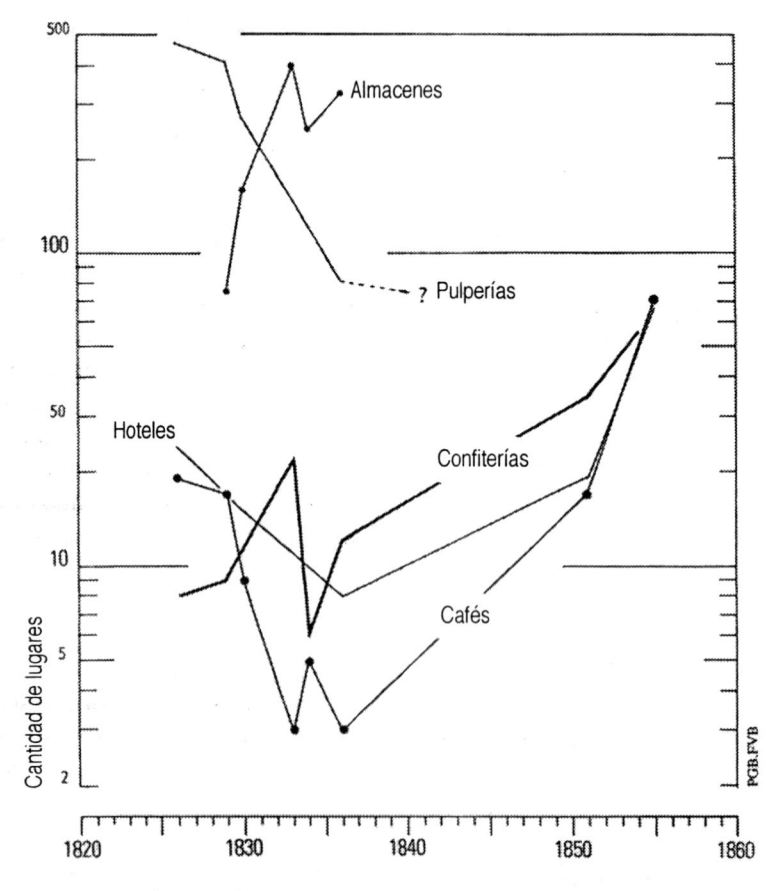

Fuente: Almanaque de comercio, 1826, 1829, 1830, 1834, 1836, 1851, 1855

---

[66] Las referencias a agentes de policía que sufren agresiones verbales y, a veces, ataques con cuchillos son numerosas. *Cf.* AGN.AP.X. 16-3-5.

los comercios porteños. De acuerdo con ella, para un comerciante dueño de una *pulpería*, el costo de la licencia se triplica si su negocio se encuentra en el centro. Cabe imaginar que el costo del consumo en el lugar sufre la misma suerte.[67] Es notorio que el poder persuasivo de las medidas sea limitado. En 1826, la ciudad cuenta todavía con 464 de esos comercios. Es cierto que posteriormente tenderán a disminuir, pero, entre el primer gobierno de Rosas en 1829 y el segundo en 1835, este tipo de comercios y lugares de encuentro sigue conociendo un importante arraigo en la ciudad de Buenos Aires.[68]

Lugar de recreo, de depravación de las costumbres entre la plebe urbana, siempre que demos crédito a las denuncias de las autoridades, la *pulpería* constituye también uno de los engranajes del sistema socioeconómico local. El fenómeno de multifuncionalidad de los lugares de encuentro es uno de los rasgos característicos de la sociabilidad espontánea, más marcado en los sectores populares.[69] Pero, en el caso de las *pulperías* se constata una especificidad digna de señalarse, y que radica en el tipo de intercambios que se asocian con esta forma de ocio popular. En efecto, la borrachera integra lo que se denomina un intercambio comercial no equivalente, característico de las transacciones en las que el comerciante basa una parte de su ganancia en el hecho de su posición monopólica. Aplicado al mundo de un trabajador de los mataderos, esto quiere decir simplemente que la paga –si hay paga en dinero– pasará directamente a las manos del *pulpero*, convertido en acreedor de aquél, por una sutil combinación que aúna suministro de vituallas a crédito y consumo de alcohol en el lugar. Es verdad que el trabajador siempre puede tratar de cancelar esa deuda con la venta –al precio fijado por el *pulpero*– de algunos productos. En ciertos casos, el mismo *pulpero* es el empleador, de lo cual hay muchos ejemplos en el campo; en otros, el trabajador se arregla con él para percibir su salario.[70] De manera que, el asunto de la venta a crédito en la *pulpería* podría funcionar como el último eslabón de las formas de crédito mercantil que, a falta de metálico y de un verdadero mercado laboral, contribuyen a fortalecer el predominio del capital comercial.[71]

---

[67] Pedro de Angelis, *Recopilación de Leyes y Decretos promulgados en Buenos Aires desde el 25 de mayo 1810 hasta el fin de diciembre 1835*, Buenos Aires, Imprenta del Estado, 1837, t. I, p. 422.

[68] Es probable que la disminución de las *pulperías* en las fuentes no corresponda a una reducción real de estos comercios, sino que sea la consecuencia de una clasificación diferente que tiende a incluirlas en el rubro *almacenes*.

[69] Maurice Agulhon ya lo señaló con respecto a la sociabilidad obrera en "Clase ouvrière et sociabilité", en *Histoire vagabonde 1. Ethnologie et politique dans la France contemporaine*, París, Gallimard, 1988, pp. 60-97.

[70] En Emilio Sereni, *Capitalismo y mercado nacional*, Barcelona, Crítica/Grijalbo, 1980, se encontrará un desarrollo de la teoría del intercambio comercial no equivalente. Las investigaciones de José C. Chiaramonte prueban que el análisis de Sereni puede aplicarse a la situación socioeconómica del Río de la Plata durante la primera mitad del siglo XIX. *Cf.* J. C. Chiaramonte, "La cuestión regional...", art. cit. (recientemente reeditado en *Mercaderes del litoral. Economía y sociedad en la provincia de Corrientes, primera mitad del siglo XIX*, Buenos Aires, Fondo de Cultura Económica, 1991).

[71] Fenómeno que comprueba J. Gelman para el período colonial tardío y que, habida cuenta de los problemas de la economía del Río de la Plata luego de la independencia, podría perpetuarse durante las prime-

Para las autoridades, sin embargo, el presunto culpable del endeudamiento del pueblo es el juego y no el tipo de intercambio entre cliente y *pulpero*.[72]

Esto nos permite delimitar mejor la complejidad de las relaciones que rodean estas prácticas y las dificultades con que pudo toparse el poder para hacer coincidir intereses tan opuestos. En efecto, ¿cómo conciliar la voluntad de orden social con los intereses comerciales de quienes, por otra parte, reclaman ese orden? El poder, por lo demás, podía condenar en voz alta unas reuniones que alentaban la holgazanería; esas costumbres, sin embargo, podían ser muy ventajosas para él, tanto para reemplazar legal y gratuitamente la falta de mano de obra como para garantizar su triunfo electoral. De todo ello podemos concluir que la sociabilidad popular en las *pulperías* estaba profundamente arraigada en la dinámica socioeconómica y política de la sociedad criolla, lo cual explica el vigor de esas prácticas hasta mediados del siglo XIX. Su extinción señala una transformación importante de las estructuras socioeconómicas, así como de la sociabilidad urbana.[73]

El despacho de alcohol y su clientela

Las fuentes indican en contadas ocasiones el origen social de los asiduos de la *pulpería*. Los informes policiales utilizan de preferencia la palabra "vagos" para referirse a la clientela que va a buscar esparcimiento en torno de un vaso de alcohol. Ello nos brinda, en principio, pocas informaciones sobre su extracción social, siempre que convengamos que el "vicio" de beber en público no es una exclusividad de los sectores populares, como parece sugerirlo un informe del comandante Elías Bayala, en el que señala que "a los fandangos o diversiones públicas en que participan los plebeyos" concurren "las gentes ociosas y malentretenidas, así como hijos de familia, tanto de condición noble como plebeya, los cuales salen secretamente de sus casas sin autorización de sus padres y se pervierten en toda clase de vicios, de los que resultan robos, muertes y otras cosas".[74]

Parecería, no obstante, que a lo largo del siglo XIX, la "gente decente" tiende a mirar con malos ojos esos lugares de encuentro o, al menos, que las autoridades se inclinan a asociar ese placer masculino con el vicio popular más que con la ociosidad burguesa.[75] De todos mo-

---

ras décadas del siglo XIX. *Cf.* Jorge Gelman, "El gran comerciante y el sentido de la circulación monetaria en el Río de la Plata colonial tardío", en *Revista de historia económica*, 5, 3, otoño de 1987, pp. 485-508; J. Gelman, "Venta al contado, venta a crédito y crédito monetario en América colonial: acerca de un gran comerciante del Virreinato del Río de la Plata", en *Jahrbuch für Geschichte von Staat, Wirtschaft und Gesellschaft Lateinamerikas*, 27, 1990, pp. 101-126. En J. Brown, *A Socioeconomic History...*, ob. cit., se encontrará una visión general de la economía regional durante la primera mitad del siglo XIX.

[72] Aun el francés Isabelle es de la misma opinión: "a menudo se juegan hasta la camisa; ¡dichosos cuando el juego termina sin disputas! Si no es así, ésta se arregla en el mismo lugar, con el largo cuchillo con que siempre están armados". *Cf.* A. Isabelle, *Voyage à Buenos Aires...*, ob. cit., p. 236.

[73] Véase *infra*, capítulo 5.

[74] *Cf.* ANG.IX 7-9-5, papel suelto. Citado por C. A. García Belsunce (dir.), *Buenos Aires. Su gente...*, ob. cit., t. II, p. 213.

[75] Hay algunas referencias sobre la clientela de la "gente honesta" en las *pulperías* de Santiago de Chile. *Cf.* José Zapiola, *Recuerdos de treinta años 1810-1840*, Santiago de Chile, Guillermo Miranda Editor, 1902.

dos, esto no nos permite concluir sobre el carácter popular de la práctica y de la clientela. Ante todo, porque en esos lugares de reunión encontramos elementos que remiten al universo cultural de la "gente decente", como el consumo de vino y la presencia de la prensa periódica.[76] Nos vemos igualmente ante objetos culturales menos "nobles" como la guitarra, aunque se trate de un instrumento asociado a la cultura hispánica, cosa que no sucede con los "tamboriles" utilizados por los afroargentinos, cuya presencia en esas reuniones verificaremos en escasas oportunidades.

Las fuentes, antes bien, parecen identificar a esta clientela como miembros del vecindario. Así, a raíz de un decreto de noviembre de 1829, el *pulpero* Martín Canon es condenado por "haber hecho una reunión en su esquina el 11 de noviembre",[77] un domingo, cosa que el aludido decreto prohibía. Canon responde a las acusaciones alegando

> que tenia reunion de ebrios, pues los individuos que havia heran D. Manuel Rodriguez, dueño de la finca, D Jose Cabral vecino inmediato, D Doroteo Campusano y D Jose Maria Ramos estos dos ultimos amigos del exponente y que acababan de entrar a bisitarlo cuando el celador empujo la puerta, los mismos que aseguran no haber mas reunion y estos no estavan tomando sino en combersacion.[78]

La mención de un individuo del vecindario permite dos interpretaciones divergentes. O bien es un indicio de la calidad del público de esos lugares de encuentro o bien, al contrario, el propietario se vale de la invocación de la vecindad para probar que no se trataba de "reuniones de ebrios", de las que las *pulperías* eran sospechadas de ser la guarida. Interpretación que en definitiva no está en contradicción con la primera, dado que deja suponer que existían dos clases de públicos posibles: los vecinos, supuestamente más prudentes y moderados –digamos que menos borrachines–, y los otros, los extraños que iban únicamente a beber y eran la causa de todo tipo de problemas. Estos últimos se preocupaban menos por las autoridades puesto que, al estar de paso y ser por lo tanto considerados sin residencia fija, temían menos la represión policial y podían permitirse ser "de cuchillo más fácil".

Sobre este punto encontramos indicaciones más precisas en el parte del comisario encargado de la vigilancia de la ciudad, fechado el 31 de enero de 1833. Este comisario infor-

---

La idea de que hay "gente ociosa" y "gente de trabajo" está muy difundida en el siglo XIX. Para los primeros, el ocio es necesario para una vida placentera, mientras que para los segundos es sinónimo de pereza. Sobre esta cuestión, véanse Centre de Recherches d'Histoire Sociale de l'Université de Picardie, *Oisivité et loisir dans les sociétés occidentales au XIXe siècle*, coloquio multidisciplinario, Amiens, 19 y 20 de noviembre de 1982, Abbeville, Imp. F. Paillart, 1983, en particular la intervención de A. Kremer Marietti, "Les avatars du concept de loisir au XIXe siècle dans la société industrielle et dans la philosophie sociale", pp. 31-39; y los trabajos de Maurice Agulhon, en especial *Le Cercle dans la France bourgeoise 1810-1848. Étude d'une mutation de sociabilité*, París, Armand Colin, 1977.

[76] No obstante, la presencia de la prensa escrita está acompañada por una práctica de la lectura pública que no parece corresponder a la práctica de sociabilidad pública de la "gente decente". Para la cuestión de las prácticas culturales compartidas, y más en general, para una revisión de la oposición culto-popular, véase R. Chartier, *Lecture et lecteurs...*, ob. cit., en particular la introducción, pp. 7-19.

[77] AGN.AP.X.L 36-1829, 32-11-6.

[78] "Esquina" era otra manera de denominar la *pulpería*, en referencia a su ubicación.

ma a su superior, Bernardo Victorica, los resultados alcanzados "despues de limpiar un barrio de los hombres perjudiciales y vagos...". Para lo cual fue a buscarlos, desde luego, a la *pulpería*.[79] En marzo del mismo año, el comisario de la cuarta seccional (parroquia de Catedral al Sur) da informaciones sobre una *pulpería* que se encontró abierta a la una y media de la mañana y "en la que se realizaba una reunión". Su propietario, José María Benavente, se negó a cerrarla y, según la denuncia del agente de policía, respondió con un tono muy poco amable, lo que le valió la apertura de un prontuario policial. El fiscal a cargo del pleito solicitó su absolución alegando "que probablemente el pulpero José M.Benavente no estuviese solo en su pulpería abierta a la una y media de la noche, o que quizá la abriera para tomar fresco en estos grandes calores, en cuyo caso es muy duro privar a un vecino de este desahogo a unas horas tán silenciosas si por otra parte no perjudicaba al orden público".[80] Nueva mención en 1838, en el proceso contra Antonio Pérez "por haber incomodado al *pulpero* y expresarse públicamente contra Juan Manuel de Rosas".[81] La disputa comenzó con un desacuerdo de precios entre el cliente y el comerciante. Según el *pulpero*, aquél, tras haber bebido más que a voluntad, consideró en el momento de saldar la cuenta que ésta era demasiado alta. Comenzó entonces uno de los conflictos clásicos entre el *pulpero*, generalmente protegido por una reja que separaba el mostrador del salón, y el cliente; al cual se sumaba con frecuencia –no era éste el caso– el resto de los presentes, por ebriedad según las autoridades, y probablemente porque entreveían también la posibilidad de discutir sus propias deudas; frente al público, la promesa de un magnífico toletole. Pero a veces –e incluso, a menudo– la cosa terminaba de manera mucho menos simpática, mediante una especie de duelo a cuchillo (*cuchillada*) que, por decirlo así, cortaba de cuajo la discusión. Uno de los testigos del caso Pérez declara lo siguiente: "Comenzó Perez a insultar al pulpero, que le dijo: hombre, usted me sigue insultado, vecinos como somos; pero este continúa insultándolo".[82] Este testimonio confirma la existencia de una clientela reclutada en la comunidad de vecinos, pero también sugiere, como ya lo señalamos, la presencia de una clientela menos cercana y más temible, constituida por los residentes de los suburbios y de los campos aledaños que iban de vez en cuando a la ciudad para reaprovisionarse y vender los productos de sus pequeñas explotaciones, y por carreteros y arrieros que acudían regularmente a ella.

Esto no impide que la reiteración de los encuentros transforme a los clientes ocasionales en asiduos de una *pulpería*. Es habitual encontrar en las "clasificaciones" –especie de registro de antecedentes que servía a Rosas para conocer el humor político de la población– la mención de la *pulpería* de la que la persona era "asidua concurrente". Citemos un ejemplo entre otros, la notificación de prisión de tres arrieros no residentes en la ciudad, que da la siguiente información: "suelen ir en frente de lo del señor José María Benavente, a la *pulpería* de la Salomé".[83] Si para los vecinos la *pulpería*, en el mismo concepto que la plaza del

[79] AGN.AP.X. 16-3-5.
[80] AGN.AP.X. 16-3-5.
[81] AGN.AP.X. 31-10-1.
[82] *Ibíd.*
[83] AGN.AP.X. 43-7-5. Benavente, a quien ya conocemos en los prontuarios policiales, también es *pulpero*. *Cf.* AGN.AP.X. 16-3-5.

LOS ESPACIOS DE SOCIABILIDAD PÚBLICA 65

4. Geo-gráficos del desarrollo de los lugares de sociabilidad en la ciudad entre 1826 y 1855

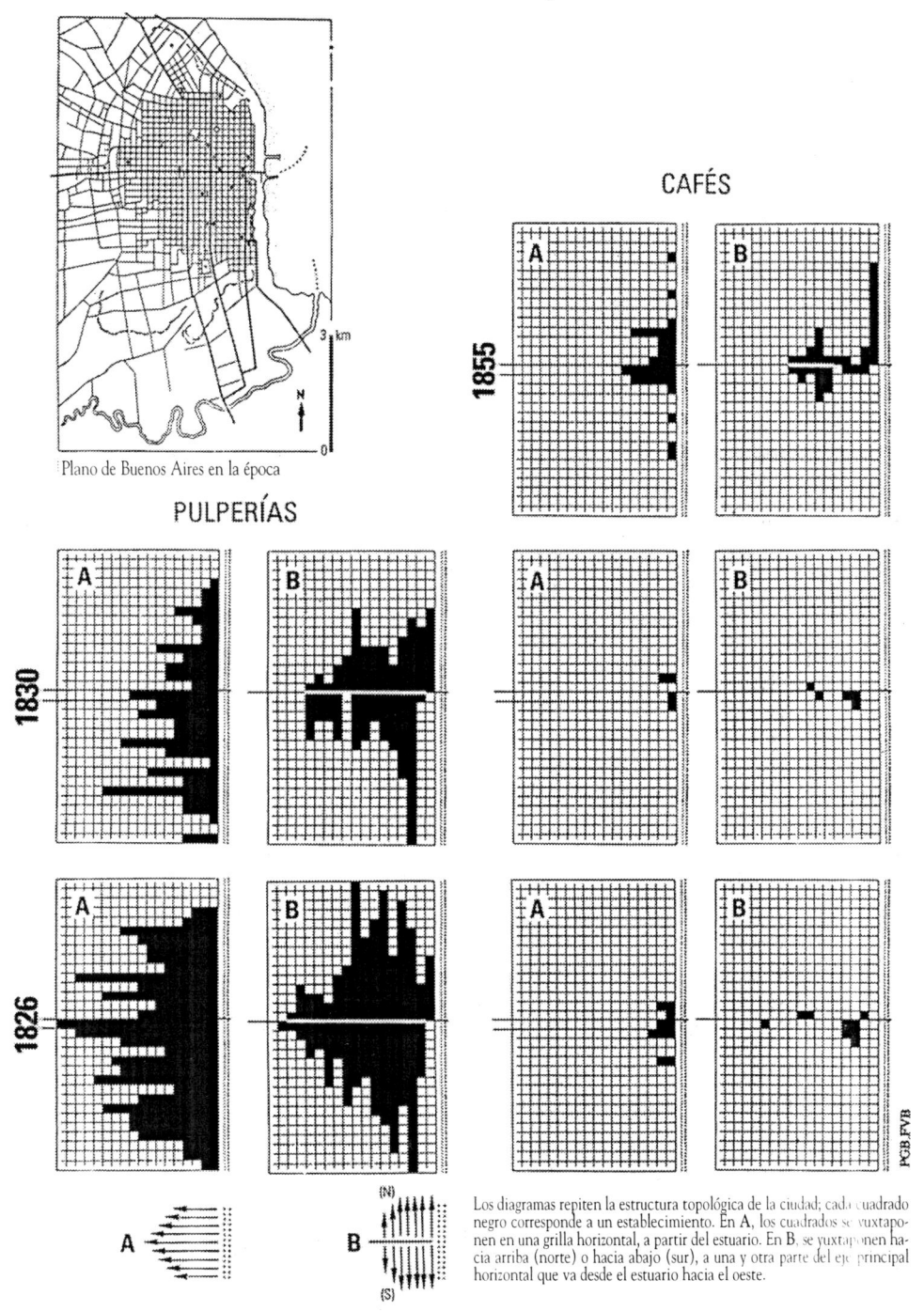

Plano de Buenos Aires en la época

PULPERÍAS

CAFÉS

Los diagramas repiten la estructura topológica de la ciudad; cada cuadrado negro corresponde a un establecimiento. En A, los cuadrados se yuxtaponen en una grilla horizontal, a partir del estuario. En B, se yuxtaponen hacia arriba (norte) o hacia abajo (sur), a una y otra parte del eje principal horizontal que va desde el estuario hacia el oeste.

mercado o la iglesia parroquial, refuerza los lazos primarios tejidos alrededor de la noción de comunidad de lugares, los "extranjeros" pueden integrarse a esa red a través de lazos secundarios, lazos de sociabilidad.[84] La red de relaciones se construye, no obstante, en el espacio social de la sociabilidad de barrio, como parece sugerirlo el análisis de su emplazamiento urbano.

Los diagramas de implantación de las *pulperías* muestran una distribución bastante homogénea de éstas en toda la ciudad.[85] Comprobamos, de todos modos, un desarrollo más importante en torno de las principales vías de circulación que coinciden también con los emplazamientos de los mercados. Es el caso de la primera punta que corresponde a la calle que comunica con el Riachuelo y el antiguo puerto de la ciudad (diagrama B). De allí procedían las mercaderías transportadas principalmente por el río desde la región mesopotámica. Por el puente de Barracas, la calle también comunica con la zona de los mataderos y los saladeros de carne. Las carretas que cruzan el puente se detienen en la plaza del Comercio –parroquia de San Telmo–, uno de los mercados más importantes de la ciudad. La segunda punta, siempre de sur a norte, es la que corresponde a la plaza de la Concepción. La tercera se sitúa hacia el barrio de Monserrat, el más popular y poblado, donde se amontona la mayoría de la población negra. Corresponde también al corazón de la ciudad. Las mismas observaciones valen para el lado norte de la ciudad (diagrama A, 1826). En el mismo diagrama B, de 1826, pero de norte a sur, la implantación a lo largo de las vías de circulación es más clara. En 1830, se perpetúan las tendencias del geo-grá-

---

[84] Seguimos aquí la definición de lazos de sociabilidad dada por Lemieux: "Podemos llamar lazos de sociabilidad a los lazos de identificación y diferenciación en que la relación importa más que los términos vinculados y que obedecen las más de las veces a la copertenencia a grupos primarios (de parientes, amigos, vecinos, compañeros de trabajo, etcétera). En sí misma, la sociabilidad no encuentra su satisfacción en las cosas que pone en relación: ocupación, bienes, información, finalidades. La encuentra en la identificación con el semejante, en la relación afectiva singular que une a dos actores". *Cf.* Vincent Lemieux, *Réseaux et appareils. Logique des systèmes et langage des graphes*, Quebec, Edisem, 1982, pp. 13-14.

[85] Para conocer la cantidad de tiendas y su ubicación, la fuente principal fueron los almanaques de comercio. En todos los casos es posible plantear la misma crítica con respecto a la exactitud de los datos. El autor de los almanaques los extrae del registro de licencias comerciales. Esto quiere decir que el número de comercios reales es, sin duda, superior al que reproducen los almanaques. Pero éstos nos dan una serie uniforme que permite comparar los datos de 1826, 1829, 1830, 1833, 1834, 1836, 1851, 1853 y 1855. Los almanaques informan el nombre del propietario y la dirección del comercio. Pero la ciudad no tiene en esa época una numeración continua, por lo que existe un desfasaje entre la sucesión numérica y la numeración real de los establecimientos, de modo que es difícil identificar con precisión la ubicación de la dirección indicada. Para paliar esas dificultades construimos, con la ayuda de F. Vergneault, diagramas "geo-gráficos" que reproducen la estructura topológica de la ciudad. El cotejo de las formas de esos diagramas permitió una reflexión comparativa y diacrónica sobre la ocupación del espacio urbano y el lugar que en él tiene la sociabilidad. *Cf.* J. Blondel, *Almanaque de comercio de la ciudad de Buenos Aires para el año 1826*, Buenos Aires, Imprenta del Estado, 1825. Reedición en Ediciones de la Flor, Buenos Aires, 1968; *ibíd.*, 1829; *ibíd.*, 1830; *ibíd.*, 1833; *ibíd.*, 1834; *ibíd.*, 1836; *Almanaque de la ciudad de Buenos Aires*, Buenos Aires, 1851; Manuel R. Trelles, *Registro estadístico del Estado de Buenos Aires*, Buenos Aires, Imprenta del Pueblo, 1854; *Almanaque comercial. Guía del forastero para el estado de Buenos Aires*, Buenos Aires, Imprenta de la Tribuna, 1855.

fico de 1826. En casi todas las calles hay por lo menos una *pulpería*. No obstante, es interesante señalar que éstas son más numerosas en los ejes de comunicación y los intercambios comerciales. En el diagrama A (1830), se advierten con claridad tres puntos que coinciden con la plaza del Comercio, la plaza Monserrat y las plazas San Miguel y de la Victoria. En el diagrama B, la calle que concentra más *pulperías* es Bolívar, que va desde el área rural del sur hacia la ciudad. Del lado norte es la calle Artes, tomada por las carretas procedentes de San Isidro, una de las zonas de producción de trigo.[86] Si comparamos ambos diagramas, correspondientes a 1826 y 1830, distinguimos de una manera general un desarrollo uniforme de las *pulperías* en todo el espacio urbano. Esto confirma la popularidad de la práctica y esclarece, en una perspectiva diferente, la naturaleza de su clientela. Puesto que, habida cuenta de la homogeneidad de su despliegue en la ciudad, no es aventurado imaginar a los adeptos de estos encuentros entre los vecinos del negocio. Es muy verosímil que la *pulpería*, a menudo llamada esquina, fuera, en el mismo concepto que la plaza del barrio y la iglesia parroquial, el espacio donde se ejercía una forma de sociabilidad de vecindario.

Una novedad urbana: los encuentros en los cafés

En tanto que los orígenes de los encuentros públicos en las *pulperías* remiten a las formas más antiguas de sociabilidad pública, de difícil datación, la implantación de la moda de las reuniones en el salón de un café presenta una cronología más precisa. La primera referencia legal sobre la existencia de este tipo de comercios en la ciudad de Buenos Aires data, según Bossio, de 1764. Se trata del "Viejo Almacén del Rey".[87] La primera reglamentación referida a ellos, siempre según este autor, es de 1779, cuando el virrey Vértiz promulgó una ordenanza que establecía la detención de "cualquier vagabundo encontrado en las *pulperías*, *casas de truco*, cafés u otros lugares de juegos de naipes, y otros juegos prohibidos".[88] Ese mismo año se fundó el "Café de los Catalanes", en el cual, según Vicente Fidel López, se organizaron las primeras reuniones contra el virrey.[89]

---

[86] El lector puede localizar las calles con la ayuda del plano "La vida cultural en Buenos Aires", documento núm. 7, pp. 83-84.

[87] Muy pocas investigaciones se consagraron a la historia de las reuniones en los cafés. El trabajo más exhaustivo, aunque utiliza los datos de manera bastante impresionista, es el de Bossio. Las otras investigaciones existentes son más generales y se refieren a los cafés de Buenos Aires de fines del siglo XIX y principios del siglo XX. Cf. Jorge A. Bossio, *Los cafés de Buenos Aires*, Buenos Aires, Schapire, 1968, pp. 29-33; José Barcia, *Los cafés*, Buenos Aires, 1982; Juan Carlos Giusti, "Los cafés", en *Lugares y modos de diversión*, ob. cit., pp. 1-20; Miguel Ángel Scenna, "Los cafés, una institución porteña", en *Todo es Historia*, núm. 21, Buenos Aires, 1967, pp. 48-56.

[88] J. A. Bossio, *Los cafés...*, ob. cit.

[89] Cf. Vicente Fidel López, "La gran semana de 1810. Crónica de la Revolución de Mayo", en *Evocaciones históricas*, Buenos Aires, Jackson, 1945, p. 61.

Un cambio significativo parece producirse en esos lugares al comenzar el siglo XIX. En ese momento, los encuentros en los cafés tienden a distinguirse claramente de las otras formas de sociabilidad lúdica. En este aspecto, es interesante señalar la simultaneidad entre las primeras reglamentaciones destinadas al control de las reuniones en las *pulperías* y la especificidad social que adquieren los encuentros en los cafés; no es difícil, además, ver una correlación entre los dos fenómenos. La "gente decente" que, por la afición al juego y a la reunión entre hombres, sólo concurría antes a los despachos de bebidas que había en el barrio, encuentra ahora, en los cafés, un lugar que cumple las mismas funciones pero con un público más selecto. Debido a ello, las *pulperías* se tornan mucho más peligrosas a los ojos de las autoridades, y al mismo tiempo, gracias a la ausencia de clientes influyentes, más fáciles de controlar.

Si damos crédito al viajero Beaumont, los encuentros en los cafés eran una práctica muy difundida entre los hombres, al menos en 1826 y 1827, cuando él está de paso en Buenos Aires. En sus memorias señala que "los cafés de Buenos Aires son lugares muy concurridos. Se reúnen en ellos gran cantidad de público todas las noches a jugar a las cartas o al billar [...] Hay seis cafés que se consideran los principales y muchos otros de segundo orden, lo que contribuye a la falta –muy lamentable– de hábitos hogareños entre la población masculina".[90] Impresiones confirmadas y ampliadas en sus memorias por Gálvez, quien indica, en primer lugar, las distancias que podía haber entre la clientela de los diferentes cafés, pero que, en todos los casos, conciernen a los miembros de la clase "decente".[91] Algunos locales recibían a estudiantes, otros a hombres de negocios o militares. Así, el Café de la Victoria, sobre la plaza del mismo nombre, en la parroquia más rica de la ciudad, acogía a una clientela más aristocrática que rara vez se mezclaba en las conjuras políticas, mientras que el Café de los Catalanes, situado en la zona norte de Buenos Aires, atraía a una clientela más democrática. En ocasiones, un mismo café podía servir de lugar de reunión a dos grupos diferentes. Gálvez da el ejemplo del célebre café de Marco. Mientras que los jóvenes "diaristas" se reunían en el salón central, "en el inmenso patio, en torno de una multitud de mesas, los magnates de la época hacían sus negocios, porque no habia Bolsa de Comercio".[92]

Los diferentes testimonios se refieren a la coexistencia de esas formas públicas de sociabilidad masculina con las tradicionales *tertulias* en las casas de familia, pero destacan al mismo tiempo el desarrollo de la costumbre de encontrarse en los cafés, sobre todo entre los jóvenes solteros.[93] Esto contradice la tesis de Mark Szuchman sobre la "gente decente"

---

[90] Beaumont reproduce aquí el principal temor por el peligro que representan estos nuevos lugares de sociabilidad pública masculina: el de perjudicar la tradicional vida de familia. John Beaumont, *Viajes por Buenos Aires, Entre Ríos y la Banda Oriental (1820-1827)*, traducción de J. L. Busaniche, Buenos Aires, Hachette, 1957, pp. 112-113.

[91] Al margen de la primera referencia de 1779, no encontramos, para toda la primera mitad del siglo XIX, ninguna otra indicación sobre la existencia de cafés populares. Cf. Víctor Gálvez, *Memorias de un viejo. Escenas y costumbres de la República Argentina* (1888), Buenos Aires, Peuser, 1889, t. I, pp. 256-257.

[92] Cf. *Ibíd*.

[93] En español, *tertulia* quiere decir conversación amistosa. No está asociada a un lugar preciso, ya que puede realizarse tanto en el marco de una reunión en una casa particular, como los salones en Francia, co-

retirada en el espacio privado y sin participación, salvo en las actividades asociadas a las festividades religiosas o patrióticas, en las diversas formas de entretenimiento público.[94] Habría que recordar aquí, desde luego, los diferentes grados de intensidad de las prácticas de sociabilidad pública.[95] La afirmación de Szuchman se apoya probablemente en la comprobación de la vitalidad de la sociabilidad popular durante las reuniones periódicas en las *pulperías* en comparación con los cafés, todavía mediocremente implantados.[96] El almanaque de Blondel de 1826 indica que en Buenos Aires hay 19 cafés contra 470 *pulperías*. Estas diferencias, sin embargo, son muy lógicas si tenemos en cuenta que la *pulpería* también es un almacén y, por lo tanto, su número debe relacionarse igualmente con la necesidad de aprovisionamiento de toda la población de la ciudad. Como los habitantes de extracción popular, por otra parte, son mucho más numerosos que los miembros de la elite, es completamente normal que sus lugares de encuentro también lo sean. En todos los casos podemos convenir, que la popularidad de la sociabilidad pública en las *pulperías* no es por sí misma un indicio de la reclusión de las elites en el espacio privado.

De todos modos, existen variaciones temporales entre los hábitos de sociabilidad de las elites y los de aquellos sectores populares que no carecen de interés; los horarios diarios de las sociabilidades públicas no son los mismos. La plebe urbana se reúne en las *pulperías* en el momento del descanso –domingos y feriados– pero también, como ya lo hemos señalado, cuando el control policial es menos estricto, durante la obligatoria siesta cotidiana. Es un momento en que la "gente decente" duerme en sus casas, por temor a la soledad de las calles y a transgredir el decoro. Para sus encuentros públicos, prefieren salir más bien a la mañana o a la noche. Los domingos y los días de fiesta dejan la ciudad para dar paseos campestres que a menudo terminan con una estadía en las casas de campo. Tanto Beaumont como Isabelle nos informan de esas variaciones en el calendario de la sociabilidad cotidiana de los habitantes de Buenos Aires. Beaumont cuenta por ejemplo que, entre las elites,

> los hombres, cuando han dormido la siesta (un sueño de dos o tres horas despues de comer) fuman sus cigarros y van a los cafés donde juegan a las cartas o al billar, o dan una vuelta por el teatro[...] Las señoras después de dormir la siesta, hacen sus visitas con muy poca etiqueta y pasan la

---

mo en el salón de un café. La palabra no remite a una forma determinada de sociabilidad sino a la sociabilidad a secas. Tampoco es específica de una clase. Tanto la "gente decente" como la plebe pueden participar en una *tertulia*. Supone, sin embargo, la existencia de lazos de amistad entre los *contertulios*. En otras palabras, la *tertulia* supone un lazo de sociabilidad que presuntamente se inserta en una red de relaciones. Señalemos, de todos modos, que el sentido de la palabra varía de un país al otro. *Cf.* Julio Casares, *Diccionario ideológico de la lengua española*, Barcelona, Gustavo Gili, 1988.

[94] *Cf.* M. Szuchman, *Order, Family...*, ob. cit., p. 9.

[95] Szuchman plantea, no obstante, el problema de las variaciones sociales en la intensidad de la sociabilidad pública, cosa que nos parece sumamente interesante, porque entraña implicaciones importantes que pueden esclarecer en muchos aspectos la cultura política de la población urbana.

[96] Según García Belsunce, en 1810, Buenos Aires cuenta con 364 *pulperías* y 24 cafés. Pero es muy probable que el número de estos últimos, en esa época, sea sensiblemente menor, porque la cifra puede comprender otros despachos de bebidas. *Cf.* C. A. García Belsunce, *Buenos Aires. Su gente...*, ob. cit., t. I, p. 120.

tarde en pequeñas tertulias de animada conversación donde reciben los homenajes de todos los galanes que pueden introducirse en aquel círculo; pero un joven, a menos que este muy enamorado, raramente dedica su tiempo a las tertulias.[97]

La noche, nos dice Isabelle, es el momento en que la alta sociedad se exhibe por la ciudad: paseos de damas y caballeros por las alamedas, reunión de los señores en los cafés y *tertulias* en las casas de familia para las señoras.[98] Estamos ante una segregación temporal que bien puede funcionar como frontera social de demarcación del espacio público, que de ese modo es compartido entre "la gente decente" y la "plebe urbana"; pero se trata de un espacio público que asume, en las elites, un sentido completamente particular.

La sociabilidad en los cafés, una nueva definición del entretenimiento público

Al igual que las *pulperías*, los cafés son despachos de bebidas. Como aquéllas, pueden agregar al ocio pasado junto a un vaso, el del billar y, claro está, el del muy difundido juego de cartas. En cambio, en esos lugares de entretenimiento no hay posibilidad de abastecerse de artículos de consumo. En cuanto a los placeres de la música, también existen, pero responden al gusto de un público instruido: conciertos nocturnos con instrumentos más nobles reemplazan aquí a los cantos populares acompañados por la guitarra española. A primera vista, podríamos decir que se trata de una misma necesidad de sociabilidad masculina que se dirige a un público de extracción social distinta. No obstante, existen diferencias en la manera de concebir el entretenimiento. Puesto que, si la *tertulia* puede tener cabida en los dos lugares, las reuniones en los cafés parecen predisponer a un tipo específico de cultura pública, la del público de la opinión.

Las relaciones entre el desarrollo de un nuevo público y esta forma de sociabilidad son manifiestas desde la instalación de los primeros cafés en Buenos Aires. En el café de Marco, por ejemplo, un mes después de su inauguración, ya hay un grupo de "jóvenes doctores" asiduos, entre los cuales están los promotores del primer diario editado en la ciudad, el *Telégrafo Mercantil*, aparecido ese mismo año.[99] El episodio de este círculo de intelectuales autoproclamado "club del café de Marco" en el momento de la insurrección porte-

---

[97] *Cf.* J. Beaumont, *Viajes por Buenos Aires...*, ob. cit., p. 115. Esta fuente es de una extrema riqueza, pues el viajero presta mucha atención a las costumbres del país.

[98] A. Isabelle, *Voyage à Buenos Aires...*, ob. cit., pp. 238-239.

[99] En junio de 1801, una publicación del diario hace una referencia explícita a las actividades culturales en las reuniones del café de Marco: "¿qué dicen de este papel [el diario *Telégrafo Mercantil*] allá en el café de Marco?", pregunta un estudiante a un concurrente asiduo. Éste le responde: "Diga la Universidad, porque allí hay muchos letrados". *Cf.* "Aborto intelectual del autor de la carta núm. 12. Conversata entre un palangana y un estudiante", en el *Telégrafo Mercantil, Rural, Político-económico e Historiográfico del Río de la Plata*, Buenos Aires, Imprenta de los Niños Expósitos, 1801-1802, facsímil dirigido por la Junta de Historia y Numismática Americana, Buenos Aires, 1914-1915, núm. 27, 8 de junio de 1801.

ña es demasiado conocido como para que nos demoremos en él.[100] Tal vez sólo convenga recordar el carácter perturbador que esas reuniones adquieren rápidamente, y que terminan por convencer al gobierno "revolucionario" de la ciudad, de la necesidad de prohibirlas. Pero más que evocar los rasgos específicos de la insurrección de los Cabildos en la región, lo importante aquí es destacar la relación que existe entre la sociabilidad en los cafés y el nuevo poder revolucionario a través de la emergencia de un espacio de opinión pública. El café de Marco, sin lugar a dudas, proporciona un magnífico ejemplo. Pero no es el único.[101] Durante el período "rivadaviano" e incluso a principios del segundo gobierno de Rosas, hay esbozos de lo que, a partir de 1852, será la tendencia más clara: la instauración de una estructura política moderna que utiliza las instituciones de la sociabilidad pública como sustento del poder político. Las formas de sociabilidad como las reuniones en los cafés se identificaban tanto más con el nuevo poder político cuanto que instituyeron una esfera pública, literaria durante el primer gobierno de Rosas, y política después. Con mucha frecuencia se asocian a la redacción de un diario y más tarde a los "partidos políticos".[102]

Al parecer, los más atraídos por estas prácticas son los jóvenes de un nivel cultural elevado. Es bastante fácil comprender las razones. En primer lugar, un público de estudiantes supone ya cierta clase de edad. Segundo, por su edad son en su mayor parte solteros, y por lo tanto sin responsabilidades familiares. Esto facilita el desarrollo de una práctica que en la época se percibe como nociva para la moral familiar. Resta saber si estos jóvenes estudiantes povenientes de las "principales familias", entre quienes se impone el hábito del encuentro en los cafés, satisfacen sus nuevas necesidades de sociabilidad en el marco de la comunidad de lugares o si esas prácticas los sitúan al margen de la estructura tradicional de sociabilidad urbana.

---

[100] Las memorias del joven Núñez y de Beruti son una fuente invalorable para conocer la implantación de esos nuevos lugares y formas de sociabilidad. Se encuentran referencias igualmente preciosas acerca de los primeros concurrentes asiduos del café en el *Telégrafo Mercantil*. Cf. Ignacio Núñez, *Noticias históricas, políticas y estadísticas de las Provincias Unidas del Río de la Plata, con apéndice sobre la usurpación de Montevideo por los gobiernos portugueses y brasileros* (Londres, R. Ackermann, 1825), Buenos Aires, La Cultura Argentina, 1952, t. II, pp. 140-145; J. M. Beruti, *Memorias curiosas...*, ob. cit., pp. 3.784-3.788. Sobre este punto ver los resultados de mis propias investigaciones sobre el tema en "La Revolución Francesa y la emergencia de nuevas prácticas de la política: la irrupción de la sociabilidad política en el Río de la Plata revolucionario (1810-1815)", en Ricardo Krebs y Cristián Garmuri, *La Revolución Francesa y Chile*, Santiago de Chile, Editorial Universitaria, 1990, pp. 111-135.

[101] La identificación entre sociabilidad en los cafés y nuevo poder de la opinión trasciende la crisis insurreccional. Véanse las múltiples referencias en Senado de la Nación, *Biblioteca de Mayo, Diarios y crónicas*, ob. cit.

[102] Esto permite aportar una primera respuesta al tema de su disminución durante el gobierno de Rosas. Visiblemente, la concurrencia a un café no es una manifestación de sociabilidad políticamente neutral, aun cuando el objetivo sea el entretenimiento cultural. Véase *infra*, capítulo 3.

La clientela de los cafés en la colectividad urbana

Su emplazamiento geográfico confirma la correspondencia entre la sociabilidad de los cafés y la actividad cultural. El "geo-gráfico del desarrollo de los lugares de sociabilidad" muestra que de los 19 cafés censados en Buenos Aires en 1826, trece están en la zona sur de la ciudad y alrededor de la "manzana de las luces", una manzana de casas de 10 mil m² donde se concentraba la vida cultural porteña: la Universidad de Buenos Aires, el Museo de Historia Natural, la Biblioteca Pública de la ciudad y varias escuelas privadas como la Escuela Argentina, el Ateneo de Señoritas, el Ateneo, la Escuela de Comercio, etcétera. También, cerca de los lugares del poder: la sede del gobernador, la legislatura provincial y la Corte Suprema de Justicia. Esto corresponde asimismo a la parroquia más rica y concurrida de la época, la de Catedral al Sur. En los diagramas de 1830, observamos con mayor claridad la concentración de los cafés en torno de esos lugares de cultura. Por entonces, los cafés son nueve, de los cuales cinco están alrededor de la "manzana de las luces". Lo cual constituye otro indicio del tipo de clientela que esos lugares son susceptibles de recibir: principalmente los estudiantes que frecuentan el barrio. Podemos pensar también en los vecinos de la parroquia. No obstante, hay que señalar aquí una gran diferencia con respecto a los espacios de sociabilidad espontánea de la plebe urbana. Mientras que, las *pulperías* estaban distribuidas de manera homogénea en toda la ciudad, los cafés están agrupados. Esta concentración supone necesariamente una especialización del espacio urbano y, por lo tanto, la existencia de una clientela forzosamente no residente en el lugar.

En verdad, cuando hablamos de especialización del espacio urbano tomamos en cuenta las dimensiones de la ciudad de Buenos Aires, que hace pensar más en un gran barrio. En efecto, aun cuando consideremos el plano de la estructura urbana en la fecha más tardía (1859), advertiremos que la distancia entre el centro y los suburbios jamás supera los 4 km. Si tomamos la ciudad tal como se muestra en la carta de Bertrès, o bien en la reproducción encargada por Rosas en 1840, las distancias disminuyen a un km y medio o dos. Es decir que, a pesar del importante crecimiento de la superficie urbana, en una hora de caminata es posible trasladarse a cualquier punto de la ciudad. Como bien lo señaló Szuchman, Buenos Aires es una ciudad de pequeñas dimensiones que se recorre con facilidad.[103] No obstante, esas dimensiones no constituyen en sí mismas un argumento en contra de la existencia de una vida de barrio.[104] El tamaño de la ciudad es únicamente un índice del espacio tiempo que puede facilitar las relaciones humanas, y en todo caso la rapidez con que se entablan, pero no nos habla en modo alguno de la configuración de los espacios sociales. Es preciso saber si para satisfacer la necesidad de sociabilidad basta con que los hombres se codeen en el vecindario o si están obligados a desplazarse por la ciudad. Ahora bien, la concentración de

---

[103] No tenemos datos para la masa edificada; en consecuencia, consideramos como sector urbano la zona en que el trazado de las calles conserva cierta regularidad.

[104] Véase por ejemplo el caso de París, desde la Edad Media hasta el siglo XVIII, en R. Descimon y J. Nagle, "L'espace parisien. Les quartiers de Paris du moyen âge au XVIIIᵉ siècle. Évolution d'un espace plurifonctionnel", *Annales* E.S.C., año XXXIV, núm. 5, septiembre-octubre de 1979, pp. 956-975.

los cafés en una zona de la ciudad supone una especificidad en la clientela y, al mismo tiempo, una ruptura con el marco tradicional de sociabilidad barrial. Una vez superado el marco de la comunidad de sangre y de lugar, ¿qué identifica a esa población masculina salida de los estratos más privilegiados? Su relación con la cosa pública, que es un rasgo de cultura. Puesto que, en esos encuentros se tejen lazos secundarios que suponen un sentimiento común de pertenencia definido en términos político culturales.

Al partir, buscábamos las formas de sociabilidad pública en la ciudad de Buenos Aires. Al término del recorrido, comprobamos que si bien esa sociabilidad pública no es un rasgo de clase, hay variaciones significativas en cuanto a la acepción que adopta esta idea, según se inscriba en el marco espacial de la comunidad de culto o rompa con ella. De tal modo, en el seno de la comunidad urbana tradicional vemos el surgimiento de una nueva noción de público que puede revelar una ruptura con las solidaridades tradicionales.

2. LAS NUEVAS FORMAS RELACIONALES: LA SOCIABILIDAD ASOCIATIVA

Hemos hablado de "sociabilidad" en el sentido más amplio; ahora nos vamos a referir a ella en un sentido más restringido, el de la sociabilidad asociativa. Seguimos aquí a Maurice Agulhon cuando propone analizar la asociación como el ámbito intermedio entre la familia como grupo primario y la nación como comunidad de pertenencia política.[1] Este proceder tiene el gran mérito de permitir estudiar a la vez al individuo en su vida relacional y la sociedad a través de uno de sus agrupamientos particulares. No se trata, sin duda, de buscar en la asociación el equivalente, e incluso, el sustituto de la comunidad como forma elemental de la sociedad. La perspectiva de M. Agulhon no sólo permite retomar, como señaló M. Vovelle, una problemática que hasta entonces era el baluarte de una sociología conservadora, sino que, además, el situar el mundo asociativo en ese espacio intermedio entre la familia y el Estado, permite plantear la cuestión de la especificidad de la cultura política moderna: sea porque esas nuevas prácticas sociales y culturales se conciben como el terreno de elaboración y experimentación de la democracia, como lo sostienen M. Agulhon y R. Huart, sea porque, como lo sugiere J. Habermas, son fundadoras de una nueva esfera de la que surge un público libre, autónomo y soberano.[2]

Importa aclarar que el análisis por las formas asociativas se consideró aquí como un medio de abordar el estudio de las relaciones de sociabilidad, y no como el modelo de análisis de la sociedad entendida como entrecruzamiento de las redes relacionales.[3] Es cierto que los lazos asociativos son lazos débiles; su eficacia comunicacional no puede compararse en ab-

---

[1] *Cf.* M. Agulhon, *Les Cercles...*, ob. cit.; M. Agulhon, "Généralités et antécédents lointains", en Maurice Agulhon y M. Bodiguel, *Les Associations au village*, Actes Sud, Hubert Nyssen Éditeur, 1981, pp. 11-14. Enfoque retomado por J. P. Rioux en "Structure de sociabilité et pouvoir", *Cahiers de l'Animation*, III, núm. 46, 1984, pp. 3-11.

[2] *Cf.* M. Agulhon, *Les Cercles...*, ob. cit.; R. Huart, *Le Mouvement républicain en Buenos Aires-Languedoc 1848-1881*, París, Presses de la Fondation Nationale des Sciences Politiques, 1982; Jürgen Habermas, *L'Espace public. Archéologie de la publicité comme dimension constitutive de la société bourgeoise*, París, Payot, 1978.

[3] Este enfoque no pretende sustituir u oponerse al de la *social network*. Se trata de dos enfoques diferentes y en cierta medida complementarios de una misma perspectiva relacional.

soluto con los lazos primarios, a partir de los cuales se construyen las redes egocentradas.[4] Pero, desde nuestro punto de vista, las relaciones asociativas presentan un interés muy especial, habida cuenta de la particularidad del ritual que introducen y la amplitud de su desarrollo entre la población urbana. A través de ellas, apuntamos a las representaciones sociales vehiculizadas por los lazos asociativos.

Cartografía del movimiento asociativo en la ciudad de Buenos Aires

La práctica asociativa no es una especificidad de la ciudad independiente. Las ciudades coloniales experimentan un desarrollo importante de las formas de organización religiosa, como las cofradías y las Terceras órdenes. Este modelo asociativo proviene de España y se desarrolla con bastante rapidez en América. En 1619, la ciudad de Lima ya tenía sesenta cofradías, distribuidas en torno de los tres principales grupos étnicos, para una población de 14.262 habitantes.[5] En el caso de Buenos Aires, Torre Revello indica, para 1609, la existencia de dos cofradías, cuando la "ciudad" tenía quinientos cincuenta habitantes. Catorce años después, 13 cofradías están al servicio de la salvación de las almas de dos mil porteños.[6] Desdichadamente, la historia de la implantación y el desarrollo de esas organizaciones en la región del Río de la Plata es una de las menos conocidas del imperio. No obstante, referencias indirectas nos hablan de la vitalidad de esta forma relacional en la ciudad de Buenos Aires, aún a principios del siglo XIX.[7] Posteriormente, este tipo de hábitos relacionales parecen declinar, y es posible que esa decadencia se produzca en beneficio de las nuevas prácticas asociativas laicas.

A fin de comprender mejor la amplitud del fenómeno, es conveniente consagrarse en un primer momento a cartografiar el desarrollo de esas prácticas. Para hacerlo, establecimos una grilla de análisis destinada a catalogar las asociaciones a partir de criterios que toman en cuenta las formas, los objetivos y el tipo de lazos. Utilizamos en particular la distinción establecida por la sociología clásica, en especial la que hace Tönnies, entre lazos primarios y secundarios.[8]

---

[4] En Fortunata Piselli (comp.), *Reti. L'analisi di network nelle scienze sociali*, Roma, Donzelli, 1995, se encontrará una reciente antología sobre el análisis de las redes.

[5] *Cf.* Albert Meyers y Elizabeth D. Hopkins, prefacio a *Manipulating the Saints: Religious Brotherhoods and Social Integration in Post-Conquest Latin America*, Hamburgo, 1988. La obra incluye una bibliografía bastante completa sobre la cuestión. En A. Miguel de la Cruz Espinosa, *Las confrerías de los negros en Lima*, Lima, 1985, se encontrarán otros datos sobre las cofradías en la ciudad de Lima.

[6] J. Torre Revello, "Fiestas y costumbres...", art. cit., pp. 414-415.

[7] *Cf.* S. Socolow, *Los mercaderes...*, ob. cit.; Lyman Johnson, *The Artisans of Buenos Aires during the Viceroyalty 1776-1810*, tesis del doctorado de filosofía, University of Connecticut, 1974; Miguel Ángel Rosal, "Algunas consideraciones sobre las creencias religiosas de los africanos porteños (1750-1820)", *Investigaciones y Ensayos*, núm. 31, Buenos Aires, julio-diciembre de 1981, pp. 369-382; M. A. Rosal, "Negros y pardos en Buenos Aires, 1811-1860", *Anuario de Estudios Americanos*, t. LI, núm. 1, 1994, pp. 165-184.

[8] Utilizamos estas distinciones como categorías analíticas y no como expresión de las etapas sucesivas de las relaciones sociales. *Cf.* Ferdinand Tönnies, *Comunidad y asociación* (1887), Barcelona, Península,

5. Cronología del movimiento asociativo en Buenos Aires (1800-1862)

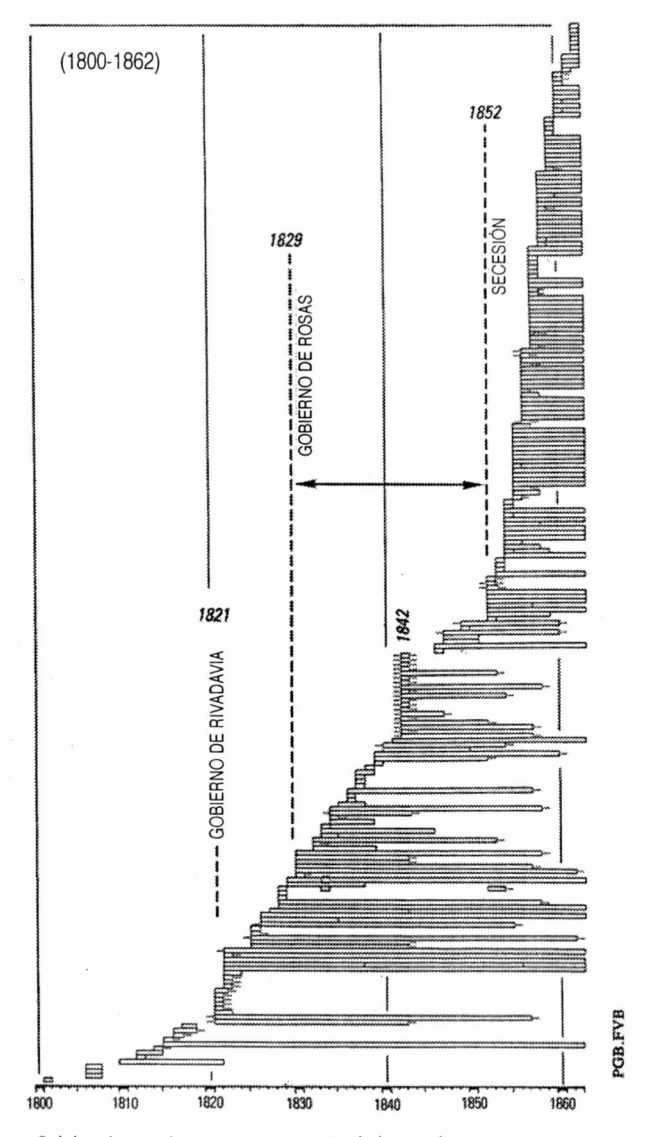

Cada barra horizontal representa una asociación y la duración de su existencia.
Desde abajo hacia arriba, las asociaciones siguen la cronología de su aparición.
La línea de puntos que precede o sigue a la barra indica una información incierta o lacunar.

1979. También tomamos en cuenta la tipología utilizada por Albert Meister, *La Participation dans les associations*, París, Les Éditions ouvrières, 1974; A. Meister, *Vers une sociologie des associations*, París, Les Éditions ouvrières, 1972; y, desde luego, los trabajos de los historiadores que nos precedieron en este tipo de investigación. *Cf.* M. Agulhon, *Les Cercles...*, ob. cit.; F.-X. Guerra, *Le Mexique. De l'Ancien Régime à la Révolution*, París, L'Harmattan, 1985, t. I, pp. 126-181.

El inicio de una mutación: de la ciudad colonial a la ciudad liberal (1800-1827)

Durante el movimiento insurreccional de los *cabildos* americanos, vemos surgir asociaciones en un círculo reducido de criollos comprometidos con la causa revolucionaria, como sucede con las sociedades patrióticas de Caracas y Buenos Aires, o con las logias *Lautaro* en el Río de la Plata, Chile y Perú. La historia del movimiento asociativo moderno no comienza, sin embargo, con esas formas de sociabilidad revolucionarias. Su genealogía nos lleva hacia principios del siglo XVIII europeo, el momento de la creación de las primeras logias masónicas y otras sociedades conocidas con el nombre genérico de "sociedades de librepensamiento".[9] La cronología del desarrollo de las diferentes formas asociativas modernas, sin embargo, varía de una nación a otra y presenta en el mundo hispánico algunas diferencias significativas. Así, mientras que la masonería regular tiene una implantación bastante tardía en el territorio del imperio –las primeras logias datan de comienzos del siglo XIX–, la región desarrolla un tipo específico de forma asociativa con las "Sociedades de Amigos del País" o "Sociedades Patrióticas de Amigos del País".[10]

En la ciudad de Buenos Aires, la primera referencia a nuevas formas asociativas data de 1801, cuando un grupo de hombres ligados a la redacción del primer periódico impreso y editado en la ciudad, *El Telégrafo Mercantil*, programa la creación de una "Sociedad Patriótico Literaria y Económica". No tenemos pruebas concluyentes de que ese proyecto se haya llevado a buen puerto. De todos modos, contamos con el proyecto de constitución y la lista de sus promotores, todos ellos miembros de la elite colonial. Entre ellos se cuentan grandes comerciantes españoles como Miguel de Azcuénaga o Juan Antonio Santa Coloma. Además, representantes de la alta burocracia colonial como Juan de Almagro, Martín José de Altolaguirre, Matías de Bernal, Pedro José de Ballesteros, Antonio Carrasco, Manuel Gallegos, Antonio Olaguer y Feliú, etcétera.[11] La presencia de estos últimos impide cualquier interpretación que suponga que la aparición de la nueva forma moderna de asociación traduce el nacimiento de los objetivos revolucionarios dentro de la elite colonial. Hay que señalar, no obstante, que la composición de esta lista no corresponde del todo a la de un cenáculo de hombres de letras, lo que da a entender que el reclutamiento de esas asociaciones indica ya cierto apartamiento del modelo intelectual del Antiguo Régimen. Además, el proyecto rompe con el principio de la sociedad de castas porque, a pesar del intento de conciliarlo con el derecho de gentes en vigor en la sociedad colonial, instituye como principio de organización "la libre asociación de los individuos que tengan intereses co-

---

[9] Para un análisis de estas sociedades, véase Daniel Roche, *Le Siècle des Lumières en province. Académies et académiciens provinciaux (1680-1789)*, París, Mouton, 1978; D. Roche, *Les Républiques des lettres. Gens de culture de Lumières au XVIIIe siècle*, París, Fayard, 1988; M. Agulhon, *Pénitents et francs-maçons...*, ob. cit.

[10] Sobre estas sociedades en España, véase el estudio clásico de Jean Serrailh, "Les Sociétés Économiques des Amis du Pays", en *L'Espagne éclairée de la seconde moitié du XVIIIe siècle*, París, C. Klincksieck, 1964, pp. 223-285. Para su desarrollo en América, véase Robert J. Shafer, *The Economic Societies in the Spanish World 1763-1821*, Syracuse, Syracuse University Press, 1958.

[11] *Cf.* "Lista de los señores suscriptores al Telégrafo Mercantil" en *Telégrafo Mercantil* (1801-1802), facsímil de la Junta de Historia y Numismática Americana, Buenos Aires, 1914-1915.

munes".[12] De todos modos, hay que recordar que esas sociedades se desarrollaron muchas veces por iniciativa del gobierno y, debido a ello, se distinguen de las sociedades de ideas creadas por iniciativa privada y, con mucha frecuencia, en oposición al poder. No obstante, ciertos aspectos las aproximan: están asociadas a la redacción de un periódico y tienden a conjugar, con esos encuentros, unas reuniones informales entre amigos llamadas *tertulias*, en las que puede desarrollarse una opinión crítica con respecto al poder.[13]

No es sorprendente, entonces, que a partir de ese nuevo universo relacional, que introduce la noción de lazo contractual en torno de intereses no estrictamente vinculados a un cuerpo o estamento, veamos desarrollarse, durante el proceso revolucionario americano, nuevas formas de sociabilidad política, ahora ligadas a la voluntad de ruptura del lazo colonial. Prácticamente en todas las ciudades donde las elites criollas participan en la insurrección se implantan sociedades políticas, más o menos formalizadas, denominadas clubes, sociedades patrióticas, logias o simplemente *tertulias*.[14]

En Buenos Aires, entre este primer esbozo de asociación libre y el auge del movimiento asociativo durante el gobierno liberal de Rivadavia (1821-1827), hay que señalar dos etapas intermedias. La primera se sitúa entre 1806 y 1807, cuando entre las tropas inglesas que ocupan sucesivamente Buenos Aires y Montevideo aparecen las primeras logias militares.[15] Según varios testimonios de la época, el interés por esta novedad asociativa no tardó en hacerse sentir, sobre todo entre el público instruido de la ciudad.[16] La segunda etapa es la que va desde la insurrección de Buenos Aires en 1810 hasta la declaración de la independencia en 1816. Durante esos seis años nacieron varias asociaciones de tipo sociocultural. Su creación se relaciona, sin duda, con la nueva libertad que acompaña el movimiento insurreccional, pero también con la nueva coyuntura política. Puesto que, las iniciativas no sólo provienen de la sociedad civil, sino también del poder revolucionario que ve en la creación de este nuevo tipo de organización, un medio para consolidar la revolución entre las elites locales que simpatizan con las nuevas ideas.[17]

---

[12] Véase "Carta de Bertoldo Clak...", en *Telégrafo Mercantil*, 27 de junio de 1801.

[13] Es lo que sucede en Lima, donde la Sociedad Académica de Lima está asociada a la redacción del *Mercurio Peruano* (Lima, 1791-1795); y en Quito, donde la Sociedad de Quito, creada en 1791, va a publicar en 1792, bajo la dirección de Francisco Javier Eugenio de Santa Cruz y Espejo, el periódico *Primicias de Cultura* (1792).

[14] La filiación con las Sociedades de Amigos del País no parece dejar dudas, pero las diferencias no son menos importantes, pues en lo sucesivo se trata de asociaciones cuyo objetivo es fundamentalmente político.

[15] Cf. Daoiz V. Pérez Fontana, *La Masonería y los Masones en la organización de la República. Apuntes para la historia*, Montevideo, s.f. (manuscrito inédito consultado en la Gran Logia de la Masonería de Uruguay).

[16] Múltiples referencias en "Carta de E. Martínez al Ministro Andrés Lamas", Montevideo, 4 de octubre de 1853, *Historia*, III, Montevideo, 1960, pp. 312-313. Otras referencias en Manuel Belgrano, "Autobiografía", en *Memorias y autobiografías*, Buenos Aires, Museo Histórico Nacional, 1910, t. II, pp. 91-110; Tomás Guido, "Reseña histórica de los sucesos de Mayo", en *Memorias...*, ob. cit., t. I; Manuel Moreno, *Vida y memorias de Mariano Moreno*, Buenos Aires, 1918; "Informe de los oidores", en *Revista del Derecho, Historia y Letras*, t. XLIII, Buenos Aires, 1912, pp. 338-339.

[17] El relato sobre las asociaciones socioculturales en este período en Carlos Ibarguren, *Las sociedades literarias y la Revolución Argentina (1800-1825)*, Buenos Aires, Espasa-Calpe, 1937.

LAS NUEVAS FORMAS RELACIONALES 79

6. *Tipología del movimiento asociativo (1800-1862)*

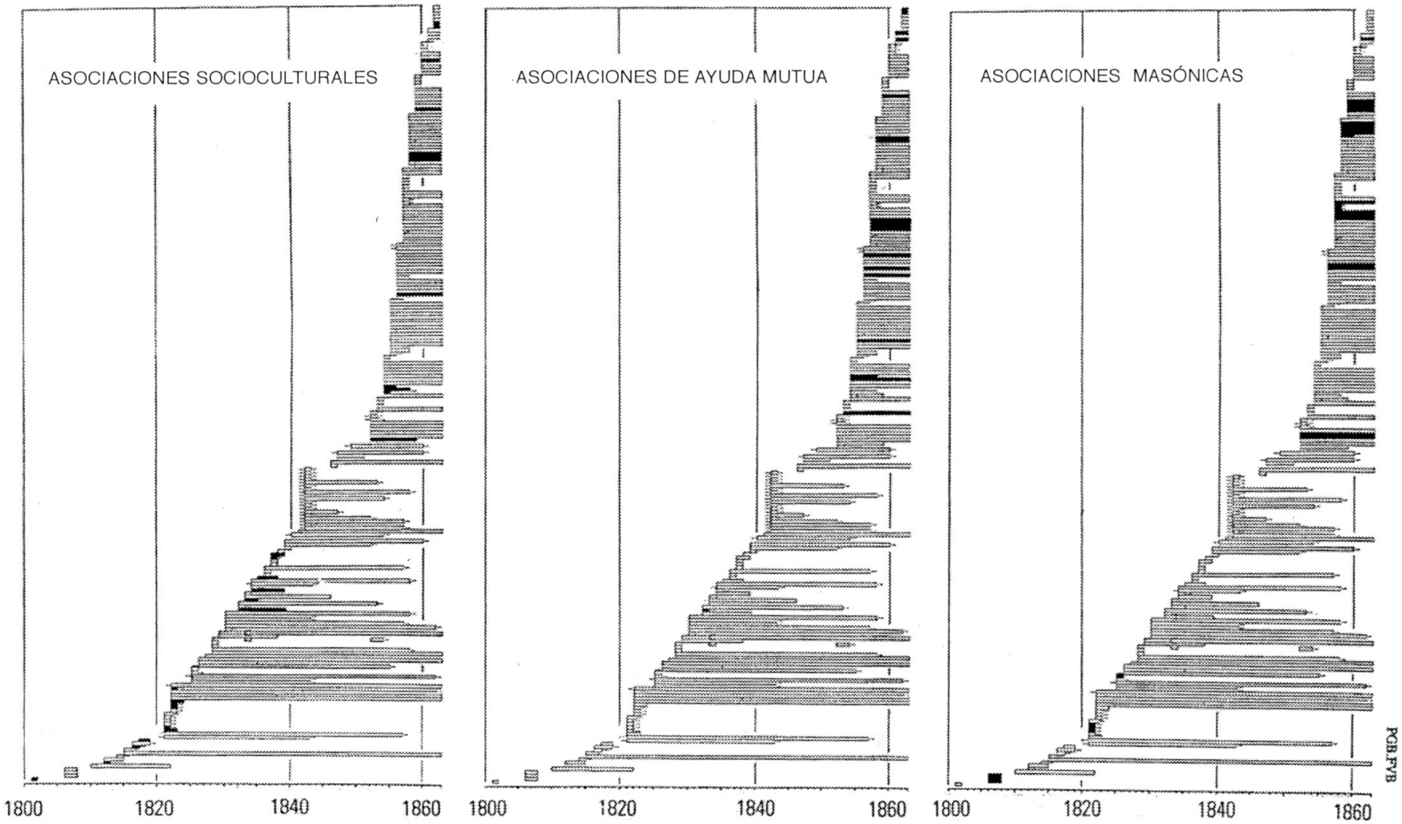

ASOCIACIONES MASÓNICAS

ASOCIACIONES DE AYUDA MUTUA

ASOCIACIONES SOCIOCULTURALES

En cada gráfico, se destacan en negro, las asociaciones correspondientes al título de éste.

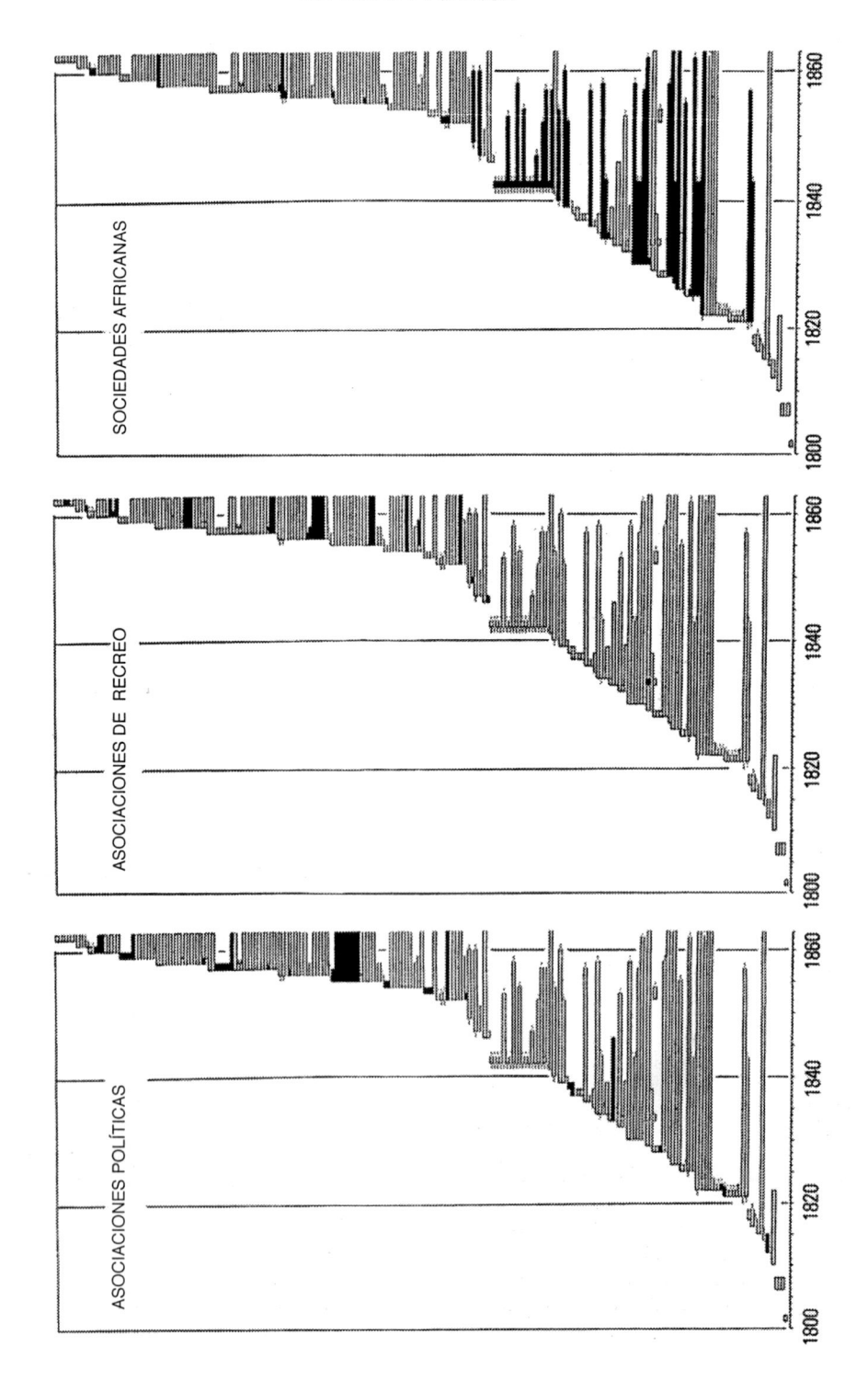

SOCIEDADES AFRICANAS

ASOCIACIONES DE RECREO

ASOCIACIONES POLÍTICAS

No obstante, es con el nuevo orden liberal instaurado durante el gobierno de Rivadavia, cuando se produce un desarrollo importante del movimiento asociativo. Se trata de organizaciones de objetivos y contenidos diversos, pero que tienen en común el hecho de fundarse en la adhesión voluntaria de los participantes. Su número es bastante limitado pero indicativo de una tendencia a la transformación de las formas de organización de la vida comunitaria, en la que parecen intervenir varios factores. En primer lugar, la expansión de la economía regional tras la fragmentación del antiguo territorio del virreinato en 1819. El crecimiento económico con que se beneficia la provincia de Buenos Aires brinda al gobierno de Rivadavia los medios para emprender varios proyectos destinados a la reorganización de la infraestructura urbana y el desarrollo de las instituciones culturales.[18] Factores político culturales, ligados a la ruptura de la regimentación religiosa de la vida colectiva que alienta el régimen liberal recién introducido, favorecen igualmente el auge de nuevas formas asociativas. Sin embargo, éste no se acompaña de una nueva legislación concerniente al derecho de asociación. Hasta 1854, la vida asociativa se desenvuelve gracias a un clima de libertad de hecho, pero que no está acompañado por una reglamentación específica con respecto a las asociaciones. No obstante, hay varias tentativas de orden constitucional que inciden sobre el derecho de asociación, pero ninguna conducirá a la promulgación de una ley correspondiente. Habrá que esperar hasta 1854 para que la provincia de Buenos Aires declare la libertad de asociación. De modo que, hasta esa fecha, el movimiento asociativo moderno sigue encerrado dentro de la lógica antigua, porque depende de la autorización implícita o explícita del gobierno.

Durante lo que se llamó "la feliz experiencia" del gobierno liberal, las prácticas asociativas se introducen sobre todo en los medios de la "gente decente", con una preponderancia de las asociaciones de tipo cultural como la "Sociedad Lancasteriana de Buenos Aires", creada en esta ciudad el 5 de febrero de 1821 por iniciativa de Diego Thompson, con el objetivo de introducir en el Río de la Plata el sistema lancasteriano de enseñanza.[19] El nuevo movimiento asociativo no se limita, sin embargo, a la esfera político cultural. También hay que señalar la aparición de las asociaciones de esparcimiento cultural como la "Sociedad Filarmónica" y la "Academia de Canto y Música", con el fin de asegurar representaciones de los mejores repertorios líricos de la época para los aficionados a la música profana.[20] Las nuevas prácticas relacionales se extienden, asimismo, hacia otros sectores

---

[18] Cf. Ricardo Piccirilli, "Rivadavia y las reformas culturales", en *Boletín de la Academia Nacional de la Historia*, vol. XIX, Buenos Aires, 1946, pp. 209-228. Para el período rivadaviano, véase del mismo autor *Rivadavia y su tiempo*, 2 vols., Buenos Aires, Peuser, 1943; sobre la reestructuración edilicia, véase F. Aliata, "Edilicia privada y crecimiento urbano…", art. cit.

[19] Para esta cuestión, véanse Carlos Newland, "El experimento lancasteriano en Buenos Aires", en *Todo es Historia*, 244, octubre de 1987; Id., "La educación elemental en Hispanoamérica: desde la independencia hasta la centralización de los sistemas educativos nacionales", en *Hispanic American Historical Review*, 71, 2, 1991, pp. 335-364; Id., "El método lancasteriano", en *Buenos Aires no es pampa: la educación elemental porteña, 1820-1860*, Buenos Aires, Grupo Editor Latinoamericano, 1992.

[20] Cf. José A. Wilde, *Buenos Aires setenta años atrás*, Buenos Aires, Espasa-Calpe, 1948, col. "Austral", pp. 148-155; Manuel Bilbao, *Buenos Aires. Desde su fundación hasta nuestros días. Especialmente el período comprendido entre los siglos XVIII y XIX*, Buenos Aires, Imprenta de Juan A. Alsina, 1902, pp. 405-407. Según

de la población urbana, como lo revela la aparición de las "Sociedades Africanas", creadas a partir de las "naciones africanas" tradicionales y sobre las cuales tendremos oportunidad de volver más extensamente.

La confirmación de una tendencia: la vida asociativa de la ciudad posrivadaviana

La impresión de que la implantación del liberalismo constituye una experiencia positiva para la provincia de Buenos Aires se borra, poco a poco, entre la intensificación de los conflictos internos y externos y una inflación crónica que barre los últimos recuerdos de la euforia rivadaviana. Entre la llegada de Rosas al poder de la provincia en 1829 y el año 1839, la población de la ciudad sufre tres levantamientos políticos (1829, 1833 y 1839), una guerra contra la Confederación Peruano-Boliviana (1837-1838), y el bloqueo del puerto por la armada francesa (1838), a lo cual debe agregarse la guerra intestina que enfrenta a "unitarios" y "federales", que hace estragos en la sociedad.[21] Pese a la fragilidad de la vida social que supone semejante configuración de conflicto, la tendencia de los habitantes del puerto a asociarse con múltiples fines no desaparece con la llegada de Rosas al poder, según se desprende de la observación del gráfico sobre la cronología del movimiento asociativo en Buenos Aires, que dibuja una misma curva de crecimiento entre 1822 y 1839.[22] Se distingue un momento inicial, durante el primer año del primer gobierno de Rosas (1829-1830), caracterizado por un desarrollo importante de las sociedades africanas y las asociaciones socioeconómicas. Entre 1832 y 1838, período correspondiente al interregno rosista y los primeros años de su segundo gobierno, prevalecen las formas socioculturales. A continuación, entre 1838 y 1839, el movimiento asociativo se polariza en torno de la política: por un lado, las sociedades africanas, más bien progubernamentales; por el otro, las sociedades culturales, políticas y secretas organizadas contra el poder de Rosas.

Constatamos, por lo tanto, la existencia de distintos ciclos en el desarrollo del movimiento, cuya correlación con la historia política presenta discordancias significativas, puesto que, desde el punto de vista de la historia del movimiento asociativo, no es posible dis-

---

las memorias de Zapiola, la Sociedad Filarmónica, aparecida en la misma época en la ciudad de Santiago de Chile, fue fundada por uno de los miembros de la asociación porteña, igualmente integrante de la asociación lancasteriana y de la sociedad Valaper, Juan C. Lafinur. *Cf.* José Zapiola, *Recuerdos de treinta años…*, ob. cit., pp. 59-61. Para una historia del teatro lírico en Buenos Aires, véanse Mariano G. Bosch, *Historia del teatro en Buenos Aires*, Buenos Aires, Establecimiento Tipográfico El Comercio, 1910, pp. 73-79; Vicente Gesualdo, *Historia de la música en la Argentina*, Buenos Aires, 1961. Véase también C. Ibarguren, *Las sociedades literarias…*, ob. cit., pp. 84-90.

[21] *Cf.* Academia Nacional de la Historia, *Historia argentina. De los orígenes hasta la organización definitiva en 1862*, Buenos Aires, Academia Nacional de la Historia, 1939-1951, t. VII-VIII.

[22] Véase el documento núm. 5, p. 76.

LAS NUEVAS FORMAS RELACIONALES 83

7. *La vida cultural en Buenos Aires (1829-1862)*

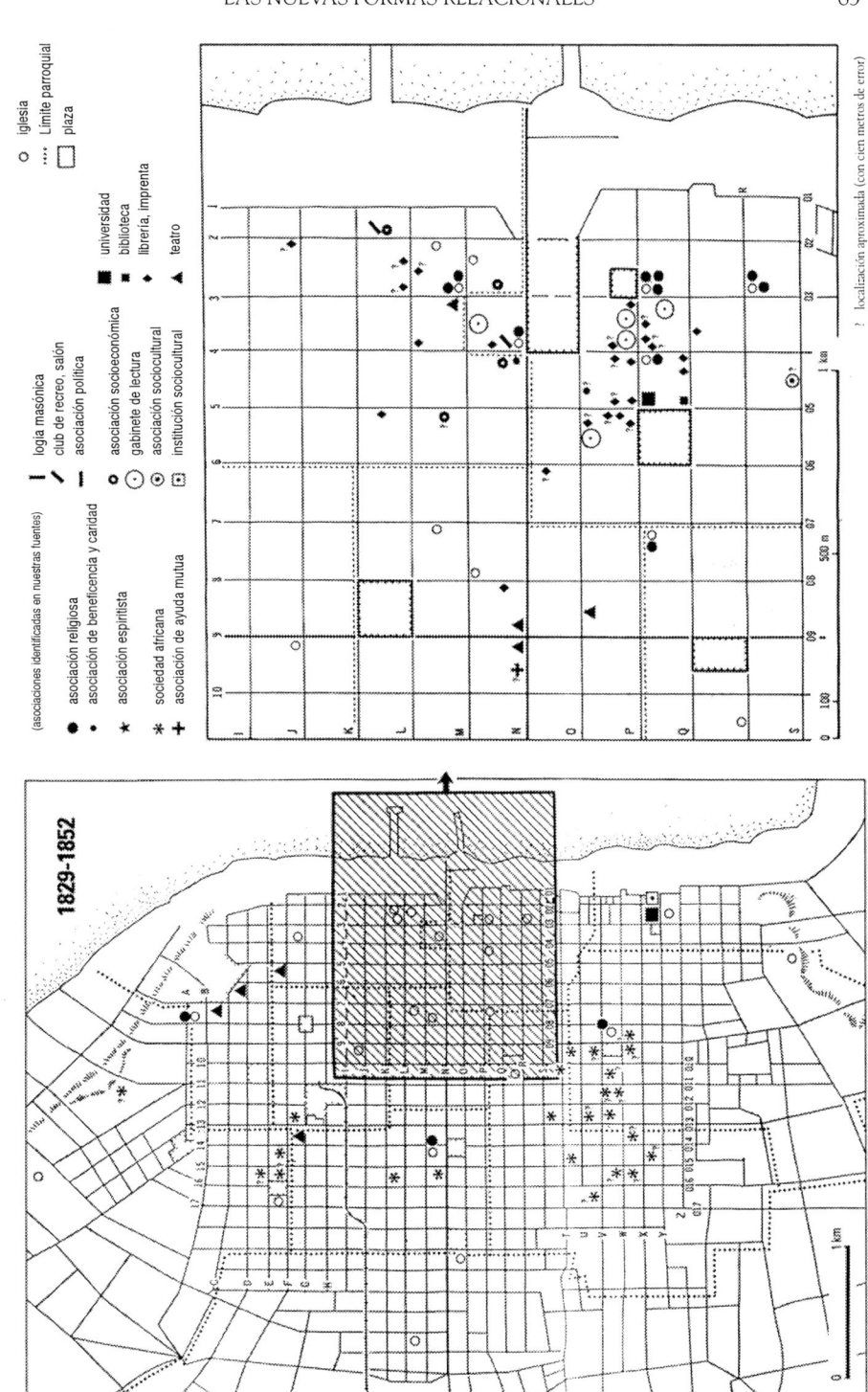

84 CIVILIDAD Y POLÍTICA

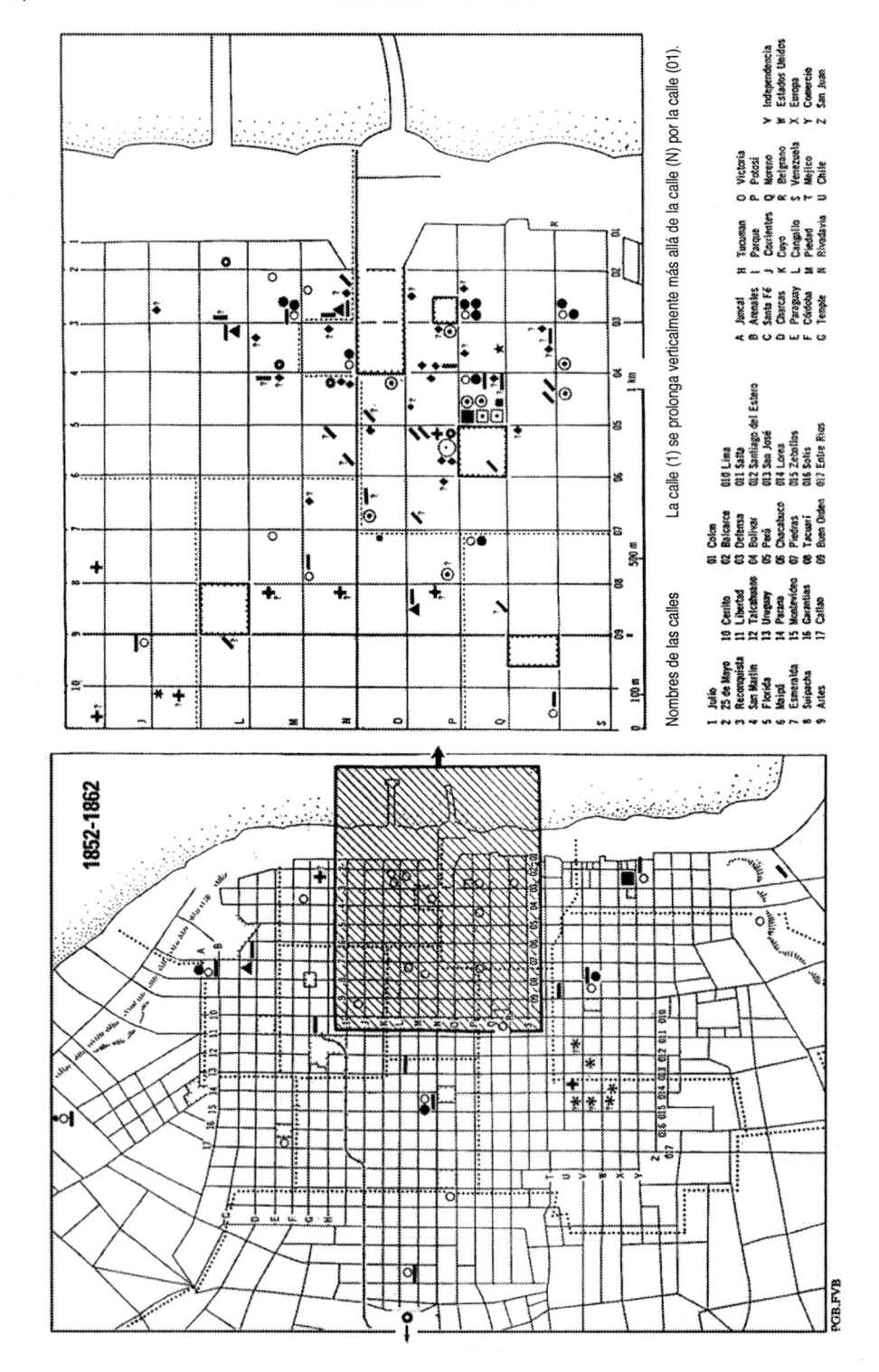

tinguir un "antes" y un "después" de Rosas. De hecho, parecería que, hasta 1839, el movimiento asociativo sigue el ritmo dictado por el gobierno liberal de Rivadavia. Sólo, a partir de esta última fecha, debe señalarse un cambio de importancia.[23]

Veamos ahora cómo repercute ese fenómeno en la utilización social del espacio urbano.[24] Una vista general del plano con el emplazamiento de las asociaciones en la ciudad muestra dos tipos de localización. Una, se concentra alrededor de la plaza central y de la Universidad de Buenos Aires; la otra, se extiende hacia las zonas suburbanas. En el segundo caso, es posible distinguir dos sectores de atracción: al sudeste, en las parroquias de Monserrat y Concepción, cerca de dos ejes de circulación que atraviesan la ciudad de sur a norte: la calle de *Buen Orden* (09) y su continuación por *Artes* (9), y la calle *San José* (013), prolongada por *Uruguay* (13). Un segundo sector está formado por el Campo de Marte y la plaza del Parque, ambos en la zona norte de la ciudad. En esas zonas encontramos las sociedades africanas: asociaciones lúdicas organizadas en torno de los lazos de solidaridad étnica. También, en estas zonas suburbanas, hallaremos una parte de los teatros de Buenos Aires. Coincidencia que permite esbozar nuestras primeras reflexiones con respecto al espacio vivido. Frente a la diseminación suburbana de las sociedades de baile y las salas de espectáculo, se advierte una concentración de las asociaciones socioculturales en el centro, en la parroquia de Catedral al Sur, alrededor de la universidad y en la parroquia de Catedral al Norte, cerca de la Catedral y el puerto. En la zona sur, la atracción cultural de la universidad es un hecho tan indiscutible como novedoso. En torno de la cuadra de casas que rodea los antiguos edificios de los jesuitas, convertidos en sede de la universidad, va a desarrollarse una intensa vida cultural: biblioteca pública, librerías, editoriales y cafés se concentrarán en un espacio de doscientos metros que se denominará, por esa razón, la "manzana de las luces" (calles O y Q entre 05 y 03). Por el lado norte fijan su emplazamiento algunas asociaciones. Se trata casi exclusivamente de asociaciones socioeconómicas que integran la función "esparcimiento" de los círculos de comerciantes. Su localización se explica con facilidad por la clientela, principalmente reclutada en los medios de comerciantes extranjeros. No es sorprendente, entonces, encontrarlas cerca del puerto, en el barrio que concentra la función "negocios". Alejado del centro pero dentro de una zona de poblamiento más antiguo, encontramos el emplazamiento de la "Sociedad de Ayuda Mutua de los Artesanos Franceses", creada en 1832. Aunque tenga una vida bastante efímera, anuncia la localización de las futuras asociaciones de ayuda mutua instaladas a partir de 1852.

---

[23] Esta continuidad entre el gobierno liberal de Rivadavia y el gobierno conservador de Juan Manuel de Rosas constituye uno de los aspectos más descuidados de la historiografía argentina. Algunos trabajos posteriores a esta investigación tienden a confirmar esta hipótesis. En *Anuario iehs*, núm. 12, ob. cit., se encontrará una visión de conjunto de la revisión de este período.

[24] Trazamos un plano con el emplazamiento de las asociaciones de las cuales pudimos obtener la dirección del lugar de reunión. En ocasiones se trata de un local especialmente alquilado para las reuniones de los asociados; otras veces, funcionan en un domicilio particular. Para las cuestiones metodológicas véase "L'approche cartographique" en pgb, *La Création d'une nation...*, ob. cit., anexo núm. 4, "La démarche graphique".

Estamos, en consecuencia, frente a una distribución por zonas de los tipos de asociaciones: socioculturales, al sur; socioeconómicas, al norte; étnicas, al sudoeste y mutualistas, al noroeste. Las asociaciones religiosas son las únicas que no responden a este esquema, dado que las cofradías y las Terceras órdenes están distribuidas de manera bastante homogénea en la totalidad de la ciudad. Como las *pulperías*, estas asociaciones parecen inscribirse en otro espacio social: el de la parroquia. El desarrollo de las nuevas formas de organización señala así transformaciones considerables en la organización de la vida colectiva: aquéllas implican, en primer lugar, una organización muy distinta del espacio de sociabilidad que rompe con el marco tradicional de la sociabilidad del barrio; efectúan otras transformaciones sobre todo en el plano de las representaciones del lazo social y provocan con ello una redefinición de la comunidad de pertenencia.

La civilidad por la asociación

El siglo XVIII experimenta una expansión del campo semántico de lo social. Los términos sociedad, social, sociable y sociabilidad se utilizan con mucho más frecuencia que antes.[25] En el Río de la Plata, algunas de estas nociones cobran, en el momento de la insurrección, una importancia muy particular. Esto sucede con "sociabilidad", que aparece en el centro del debate sobre la naturaleza del nuevo lazo social.

La genealogía del concepto "sociabilidad" utilizado por la juventud intelectual nos obliga a remontarnos al principio del siglo XVIII.[26] En efecto, con los teóricos de la ley de la naturaleza, el concepto se asocia a una elección racional de los individuos, y aunque no impugne la soberanía del rey, se sitúa en otra esfera, la del pacto constitutivo de la sociedad.[27] Ése es el sentido retomado por la *Encyclopédie*. En el artículo que se le destina, redactado por Jaucourt en 1765, la sociabilidad se define en estos términos: "benevolencia hacia los demás hombres, disposición a hacer el bien, a conciliar nuestra felicidad con la de los otros y a subordinar siempre nuestro provecho particular al provecho común y ge-

---

[25] En el caso de Francia, Daniel Gordon contó 644 referencias para el siglo XVII, en tanto que para el siglo siguiente se elevan a 8.294. *cf.* Daniel Gordon, *Citizens without Sovereignity. Equality and Sociability in French Thought, 1670-1789*, Princeton, Princeton University Press, 1994, p. 53. La misma constatación para la España del siglo XVIII en P. Álvarez de Miranda, *Palabras e ideas...*, ob. cit., pp. 349-383.

[26] Una utilización más antigua de esta noción está atestiguada hacia fines del siglo XVII en España y en un texto florentino. Según Pedro Álvarez de Miranda, la primera utilización española de este neologismo corresponde a *Hombre práctico*, de Gutiérrez de los Ríos, obra publicada en 1764 pero escrita en 1680, y en la cual, el término está directamente vinculado a la noción de vida social sometida a las leyes. Cf. Maurice Agulhon, "La sociabilidad como categoría histórica", en *Formas de sociabilidad en Chile 1840-1940*, Santiago de Chile, 1992, pp. 1-10; P. Álvarez de Miranda, *Palabras e ideas...*, ob. cit., p. 374.

[27] La primera utilización en Francia aparece en un texto de Delamare de 1705, y está ligada a la discusión sobre la naturaleza del hombre develada por Hobbes. Pero, en la teoría absolutista se recurre a la noción de sociabilidad como pacto social para mostrar la necesidad y la utilidad de la soberanía real. *Cf.* Delamare, *Traité de la police*, 1705, en D. Gordon, *Citizens without Sovereignty...*, ob. cit.

neral".²⁸ Jaucourt afirma que del principio de la sociabilidad se derivan todas las leyes de la sociedad y cita para ello a Pufendorf, cuya obra se había traducido en 1706.²⁹ Es importante tener presente que, a partir de allí, encontramos una amalgama entre la noción de lazo racional y el lenguaje de la cortesía. Así, en el mismo artículo observamos una diferenciación entre "sociable" y "amable" que merece citarse: "el hombre sociable tiene las cualidades idóneas para el bien de la sociedad, y me refiero con ello a la suavidad del carácter, la humanidad". El hombre sociable, concluye el artículo, es un verdadero ciudadano. En contraste, el hombre amable "es muy indiferente al bien público, no quiere a nadie, agrada a todos y a menudo es menospreciado". Vemos, por lo tanto, la distinción entre una cortesía presuntamente artificial e incluso antisocial y otra constitutiva de la *res publica*.

Hacia fines del siglo XVIII, una vez que la revolución suprime la barrera que separaba la sociedad y la soberanía, la palabra "sociabilidad" remite a dos acepciones que encontramos en el Río de la Plata. Una se refiere a la virtud privada, que puede contener tanto una referencia cristiana de benevolencia para con los semejantes como una referencia mundana relacionada con la idea de civilidad.³⁰ La otra acepción hace de la sociabilidad una virtud de moral pública en relación con la idea de asociación, entendida como aprendizaje de la vida en sociedad.³¹ La distinción no es meramente formal puesto que, como lo muestran las recientes investigaciones sobre la cuestión, la nueva esfera pública emerge de la esfera privada.³² A través de la valoración de la conversación que permitió justamente el surgimiento de una esfera pública en el dominio privado, en lo sucesivo, la civilidad –código relacional en la sociedad cortesana– servirá para definir las relaciones en esta esfera. En el Río de la Plata, el discurso de la cortesía cumple estas dos funciones.

La primera referencia explícita que encontramos en la prensa del Río de la Plata –pero éste es un campo en que se imponen investigaciones más sistemáticas– data de 1817 y aparece ligada, precisamente, a la noción de contrato y cortesía. Se trata de un artículo no firmado del diario *El Censor*, probablemente escrito por fray Camilo Henríquez, titulado

---

²⁸ *Cf.* "Sociabilité" en *Encyclopédie ou Dictionnaire raisonné...*, París, 1765, t. XV, pp. 250-251. Por su parte, Catherine Duprat subraya que en el siglo XVIII, las nociones de sociabilidad y beneficencia se utilizaban prácticamente como sinónimos. *Cf.* Catherine Duprat, *Le Temps des Philanthropes*, París, Éditions du Comité des Travaux historiques et scientifiques, 1993.

²⁹ En *Loi de la Nature et de la Société* (1672), Pufendorf postula dos estadios de la naturaleza. El movimiento hacia la sociedad era, para él, el producto de una elección racional. *Cf.* "Sociabilité" en *Encyclopédie...*, ob. cit.; D. Gordon, *Citizens without Sovereignity...*, ob. cit. El *Diccionario de Autoridades* confirma la existencia de una de las dos acepciones en España, ya que define la sociabilidad como "tratamiento y correspondencia de unas personas con otras". *Cf. Diccionario de la lengua castellana...*, ob. cit., t. III, p. 133.

³⁰ Véanse en particular N. Elias, *La Civilisation...*, ob. cit.; R. Chartier, "Distinction et divulgation: la civilité et ses livres", en *Lecture et lecteurs...*, ob. cit.; Jacques Revel, "Les usages de la civilité", en *Histoire de la vie privée*, ob. cit., vol. 3.

³¹ *Cf. Encyclopédie...*, ob. cit.

³² En Francia, Ariès fue el primero en señalarlo. *Cf.* Philippe Ariès, "Pour une histoire de la vie privée", en R. Chartier (dir.), *Histoire de la vie privée*, ob. cit. Véase también Dena Goodman, "Public sphere and private life: toward a synthesis of current historiographical approaches to the old regime", en *History and Theory*, vol. 31, 1, 1992, pp. 1-20.

"Las sociedades particulares" y destinado a elogiar los beneficios de las asociaciones.[33] La sociabilidad aparece aquí como el fundamento de la vida en común que la asociación desarrolla. Comprobamos la existencia de una interesante amalgama entre la noción de lazo racional y la cortesía como constituyente del lazo social. El texto también deja entrever una distinción que la sociabilidad permite efectuar entre la sociedad como conjunto de individuos racionales, que identificamos con la esfera pública, y un populacho o plebe según los términos de la época, gobernado por las pasiones: obstinación, intolerancia, falta de moderación y calma en la discusión.

Los primeros promotores del movimiento asociativo en la ciudad de Buenos Aires van a identificar sus prácticas sociales con el nuevo discurso sobre la sociabilidad. Así, en la introducción a las actas de la Sociedad Literaria de Buenos Aires fundada en 1822, su secretario, Ignacio Núñez, destaca la utilidad de la empresa en estos términos: "la asociación hace que el hombre salga del estado de aislamiento salvaje. [...] La amistad, la confianza, la benevolencia recíproca, sólo pueden nacer entre los hombres en virtud de una comunicación frecuente".[34] De esta comunicación, y no de los lazos de sometimiento político, surgirá la sociedad fundada en lazos contractuales entre los individuos.[35] Volvemos a encontrar esta misma representación contractual en las prácticas relacionales que vinculan la sociabilidad como estado de sociedad al lenguaje de la cortesía. Si en un comienzo, este aspecto concierne a una cantidad limitada de asociaciones que, como la Sociedad Literaria, están estrechamente ligadas al poder y cuyo objetivo esencial es transformar la sociedad, su discurso encuentra como principal relevo las nuevas asociaciones culturales que vinculan la "sociabilidad culta" a la virtud cívica, en la doble acepción pública, en cuanto civismo y urbanidad.

Un nuevo campo de intercambios: la sociabilidad estudiantil

La Universidad de Buenos Aires fue creada por Bernardino Rivadavia en 1821, y sería el único centro universitario de la región litoral hasta la fundación, en 1891, de la universidad provincial de La Plata.[36] Anteriormente, los habitantes de la ciudad que querían seguir

---

[33] Cf. "Sobre las sociedades particulares. Continuación", diario *El Censor*, 9 de octubre de 1817, núm. 108, pp. 3-5, Senado de la Nación, *Biblioteca de Mayo*, t. VIII, Periodismo, Buenos Aires, 1960, pp. 7199-7201.

[34] Cf. "Introducción que precede las actas de la Sociedad Literaria de Buenos Aires", en Gregorio F. Rodríguez (comp.), *Contribución histórica y documental*, Buenos Aires, 1921-1924, t. I, pp. 284-288.

[35] "Ha habido quienes hayan pretendido que la afección singular de unos individuos con otros que se nota en el Pueblo inglés, proviene de una necesidad política –es decir, de la de conservarse en armonía para el mantenimiento de la autoridad general–, cuyo trastorno traería la ruina de toda la nación. Pero ésta es una confusión en los principios y en los resultados. Tal motivo sólo liga a los individuos con el gobierno; mas los individuos entre sí se aman y se respetan por otros principios; y es preciso no trepidar en asentar que lo que ha contribuido esencialmente a inspirar en el Pueblo inglés ese amor a sí mismo, o de unos a los otros [...] ha sido el establecimiento de sociedades particulares cuyas fértiles ramificaciones se extienden por toda la tierra del Albión." Cf. *ibíd*.

[36] En Tulio Halperín Donghi, *Historia de la Universidad de Buenos Aires*, Buenos Aires, Eudeba, 1962, se

estudios superiores en el continente americano debían trasladarse a Córdoba (a unos 800 km del puerto), a Santiago de Chile (a 1.500 km), o bien contemplar la posibilidad de un viaje de más de 2.000 km hasta la Universidad de Charcas, en el Alto Perú. La creación de la Universidad de Buenos Aires cambiaría mucho el paisaje cultural de la ciudad. No porque aquélla haya sido un centro importante de producción de conocimiento científico original –en este aspecto compartimos la opinión de Halperín Donghi–, sino porque alrededor de ella se concentraría una vida cultural antes dispersa en varias ciudades universitarias.[37] No obstante, su importancia no se limita a determinar una especificación topográfica del espacio cultural urbano, aunque esto haya cumplido un papel considerable en la difusión de los nuevos sentimientos de pertenencia comunitaria. En realidad, la universidad prolonga y completa la esfera pública literaria, a partir de la cual surgirá una esfera pública política.

Los actores de ese proceso son los jóvenes que se definen tanto con respecto a un nivel de cultura como por su pertenencia a este nuevo marco institucional que les permite existir como grupo. Con todo, el peso de esta población estudiantil en la vida cultural porteña no es de orden cuantitativo. En la época, los diplomas otorgados por la universidad apenas llegan a trece.[38] Si sumamos a los estudiantes que sólo siguen los cursos preparatorios (los dos primeros años de estudios), y a quienes no se reciben, estamos frente a una población estudiantil bastante restringida. En sus memorias, López recuerda que en el curso de latinidad de Mariano Guerra al cual él asistía en 1832, que correspondía al primer año y era común a todas las disciplinas, había 86 alumnos y su promoción era una de las más numerosas. Estas cifras, desde luego, deben relacionarse con el número igualmente muy reducido de individuos en condiciones de alcanzar ese nivel cultural.[39] De todas maneras, la importancia de la población estudiantil en la vida cultural se explica más fácilmente por la potencialidad de sus redes de relaciones que por su cantidad.

---

encontrará una obra sumaria de la Universidad de Buenos Aires. La obra de referencia sigue siendo Juan María Gutiérrez, *Noticias históricas sobre el origen y desarrollo de la enseñanza pública y superior en Buenos Aires, desde la época de la extinción de la compañía de Jesús en el año 1767 hasta poco después de fundada la Universidad de 1821*, Buenos Aires, 1868.

[37] Para Halperín Donghi, la Universidad de Buenos Aires tuvo un papel marginal en la vida cultural argentina puesto que –dice–, a diferencia de las otras ciudades hispanoamericanas, la universidad se mantiene apartada de las grandes renovaciones ideológicas. Cf. *Historia de la Universidad...*, ob. cit., p. 86. Esta afirmación, que puede ser justa para fines del siglo XIX, no lo es para los inicios de la historia de la universidad. Durante nuestro período, la vida cultural y la enseñanza universitaria son de difícil diferenciación. Lo cual explica que las principales asociaciones culturales creadas en la época funcionen en la universidad. De tal modo, resulta arduo delimitar en la ciudad lo que es propio del medio universitario y lo que corresponde a la "vida cultural".

[38] Cf. documento núm. 3, "Docteurs en Jurisprudence de l'Université de Buenos Aires (1826-1863)", en PGB, *La Création d'une nation...*, ob. cit., t. III, anexo núm. 1, "Base de données", pp. 701-824.

[39] Según ciertos cálculos, en las ciudades hispanoamericanas las elites representan entre el cinco y el diez por ciento de la población. Si consideramos que la ciudad de Buenos Aires tiene en 1830 alrededor de 62 mil habitantes, hay aproximadamente mil cien hombres que son jefes de familia (para un promedio de 5,5 integrantes por familia), de los cuales el 8%, según la referencia de López, siguen cursos universitarios

En efecto, estamos ante la franja de edad más abierta a las relaciones extrafamiliares. De acuerdo con los estudios emprendidos por los sociólogos, al menos, la población juvenil aparece como la más susceptible de multiplicar sus encuentros.[40] En ella las redes son más abiertas y diversificadas. Si a esto agregamos el nivel cultural propio de los estudiantes, es posible encontrar entre ellos un desarrollo considerable de las nuevas prácticas de sociabilidad asociativa de tipo sociocultural. Y, a juzgar por el decreto del 26 de diciembre de 1822, la sociabilidad estudiantil se desarrolló con una rapidez y una intensidad pronto advertidas por el gobierno. Según ese texto, el peligro no era de orden político sino disciplinario. El decreto sancionaba la afición de los estudiantes por la sociabilidad, de preferencia ejercida –agrega– fuera de la universidad, cosa que las autoridades no consideraban compatible con el rigor de los estudios. Para decirlo de una vez, se sospechaba que faltaban a los cursos para ir a divertirse a otra parte. El decreto intentaba entonces poner término a la fastidiosa costumbre que tenían de mostrarse "en las calles, quintas, cafés u otros lugares públicos".[41] Y hay que creer que la costumbre estaba bastante difundida, a tal punto que el gobierno se veía obligado a tomar la decisión de castigarlos con una pena de 24 horas de prisión.[42]

Hagamos empero justicia a los estudiantes, pues su afición natural por las relaciones de sociabilidad no siempre es incompatible con su formación. Muy por el contrario, a menudo esos encuentros y discusiones informales, aun cuando su finalidad sea indiscutiblemente lúdica, completan la formación universitaria mediante la integración de otras problemáticas y conocimientos que, por múltiples razones, no tienen estatus universitario. Además, desarrollan la afición por el intercambio social, principalmente gracias al placer de la conversación, a través del cual, los estudiantes satisfacen sus nuevas inquietudes intelectuales. Es sin duda lo que sucede con los estudiantes porteños de las primeras promociones universitarias; al menos, con un grupo cuyos interrogantes intelectuales, ampliamente estimulados por su mentor y profesor de filosofía, Diego Alcorta, superan el nivel fijado por las autoridades de la universidad. A partir del reconocimiento de una misma autoridad intelectual, los estudiantes encuentran indudablemente esas inquietudes comunes y "socializables". Pero, gracias a una necesidad común de sociabilidad estudiantil, extensamente desarrollada en los encuentros informales durante las clases, en los recreos o fuera de la universidad, en los cafés o la casa familiar, esa socialización cobra forma y llega a concretarse en la organización de asociaciones voluntarias.[43]

---

[40] Véanse en especial los trabajos de Michel Forsé, "Les réseaux de sociabilité dans un village", en *Population*, 36, 2, 1981, pp. 1141-1162; M. Forsé, "La sociabilité", en *Économie et Statistiques*, núm. 132, 1981, pp. 39-48; Catherine Paradeise, "Sociabilité et culture de classe", en *Revue Française de Sociologie*, XXI, 4, octubre-diciembre de 1980, pp. 571-597; cf. también los trabajos del Observatoire du changement social en *Archives de l'Observation du changement social*, París, CNRS.

[41] En *Registro Oficial de la Provincia de Buenos Aires*, Buenos Aires, Imprenta del Mercurio, 1828-1851, citado por N. Piñedo y E. Bidau, "Historia de la Universidad de Buenos Aires", en *Anales de la Universidad*, t. I, Buenos Aires, 1888, p. 79.

[42] El orden disciplinario fue reglamentado por el decreto del 12 de julio de 1828. Existía una legislación similar para la educación primaria. *Cf.* C. Newland, *Buenos Aires no es pampa...*, ob. cit.

[43] Éste es un aspecto que debería tomarse en cuenta con más frecuencia cuando se estudia el fenómeno de las "generaciones", pues la red de sociabilidad no es una de las menos importantes en la formación de un grupo que se define no sólo como clase de edad, sino por gustos y prácticas culturales similares.

Durante el período que nos ocupa encontramos en Buenos Aires dos formas asociativas que se originan en las relaciones de sociabilidad estudiantil y que tienen una importancia crucial en la vida cultural y asociativa porteña: la Asociación de Estudios Históricos y Sociales creada por alumnos de la universidad en 1833 y el Salón Literario de 1837. En el primer caso, se trata de una asociación de estudios cuyos objetivos son culturales en términos generales, pero que se forma a partir de la red de relaciones de los estudiantes universitarios. Según López, la asociación "que se organizó de acuerdo con la nueva escuela francesa" tenía un reglamento que obligaba a sus miembros a escribir una disertación para cada una de las reuniones. Éstas se realizaban los sábados a la noche, al principio en lo de Miguel Cané y, luego, en una habitación que alquilaron con ese fin en la calle Venezuela, a doscientos metros de la universidad.[44] En el origen de esta asociación están los jóvenes estudiantes condiscípulos de Vicente F. López y contemporáneos de la revolución liberal de 1830, que solían encontrarse en lo de Santiago Viola. Éste, de una escolaridad dudosa, tenía el gran mérito de ser un joven heredero "que acababa de encargar a París por la suma de 25 mil francos todos los libros célebres, franceses, italianos y alemanes traducidos, la *Revista de París* y la *Revista Británica* completas".[45] López, con un desdén y una arrogancia que al decir de Bartolomé Mitre eran típicos de él, califica a Viola de simple aficionado, "con poquísimo fondo, pero con talento de exhibición". Agreguemos que su "talento" consistía también en una biblioteca bien provista. Según los recuerdos de López, todos sus amigos se reunían allí, "como moscas alrededor de un manjar".[46] Lo cual indica qué grande era en la época la avidez de novedades, pero también qué difícil era, para ese sector que ahora alcanzaba el nivel de la enseñanza superior, solventar económicamente el costo de su formación.

Es interesante señalar, que en torno de una práctica bastante clásica como la frecuentación de una casa de familia y el pedido de libros prestados a un amigo, se constituye una asociación de estudios que formaliza esos encuentros, organiza las discusiones y tal vez, incluso, reglamenta los préstamos. Distinguimos con claridad el proceso de formalización: reglamento, locales alquilados para las reuniones y probablemente, por lo tanto, un precio de suscripción, y periodicidad de los encuentros. En cuanto a la red de relaciones, sabemos que es lo suficientemente sólida para perpetuarse en el Salón Literario de Sastre.[47] Tenemos aquí un ejemplo clásico de institución de la esfera pública moderna a partir de la esfera privada: en primer lugar, reuniones de amigos en ámbitos privados; a renglón seguido, la institución de discusiones sobre objetos literarios y luego políticos; por último, la formalización a través de una asociación contractual y la edición de un pe-

---

[44] Las únicas referencias sobre esta asociación son las que nos da López en su autobiografía. *Cf.* Vicente Fidel López, "Autobiografía" (Buenos Aires, 1896), en *Evocaciones históricas*, Buenos Aires, El Ateneo, 1929.

[45] *Ibíd.*, p. 40.

[46] *Ibíd.*, p. 41.

[47] De tal modo, volvemos a hallar en el origen de la organización del Salón a los estudiantes que se reunían

riódico para hacer pública la opinión del grupo.[48] El éxito de la iniciativa se explica, en parte, por el hecho de que la fórmula de la lectura pública correspondía a una demanda de la población estudiantil; tenía la doble ventaja de permitirles el acceso a obras costosas y satisfacer las necesidades de sociabilidad muy marcadas en esos jóvenes. La segunda forma asociativa que se origina en las relaciones de sociabilidad estudiantil es el Salón Literario de 1837. En este caso, las reuniones de los estudiantes en el gabinete de lectura de Marcos Sastre terminan por formalizarse en un salón literario, cuya constitución se debe, en buena medida, a la iniciativa de esta asociación de estudios, pero que integra entonces a un estrato mucho más grande desde el punto de vista tanto de la edad como de la categoría socioprofesional.

Sin pretender establecer una relación de causalidad directa entre las prácticas culturales de la sociabilidad estudiantil y la implantación de nuevas costumbres de consumo de cultura en la ciudad, es forzoso comprobar que con la creación de la universidad y la renovación cultural de Buenos Aires, el tipo de sociabilidad estudiantil alcanza una primacía indiscutible en el mundo de los intercambios culturales urbanos: la de estimular una "sociabilidad cultivada" en la que "la Sociedad" se convierte en un tema de interés público.[49] La sociabilidad estudiantil, nacida de los lazos específicos con una clase de edad y un nivel de cultura, trama a su alrededor todo un mundo de nuevas relaciones: la igualdad de los intercambios, la libertad de expresión, la comunión en y por el intercambio de ideas. Y en ese sentido, es sintomática de las transformaciones de la vida social y cultural en la ciudad de Buenos Aires.

La nueva práctica cultural de la lectura pública y el desarrollo de las asociaciones de esparcimiento intelectual

La rentabilidad de ciertas prácticas culturales propias de los estudiantes podría haber motivado su rápida implantación entre la "gente decente" de la ciudad, ya que esas nuevas formas de socialización de la cultura se adaptaban bien a los nuevos valores burgueses atestiguados por el establecimiento de círculos de comerciantes. Esto explica la aparición, durante esta década, de esos comercios y ámbitos de sociabilidad que eran los gabinetes de lectura; proceso en el cual, la población estudiantil cumplió un papel considerable.

---

en lo de Cané: Eduardo Acevedo, Juan María Gutiérrez, Benito Carrasco. La ausencia de Miguel Cané, uno de los principales promotores de la asociación, se explica según Weinberg por el hecho de que en esos momentos estaba en Montevideo; *cf.* Félix Weinberg, *El Salón Literario de 1837*, Buenos Aires, Hachette, 1977, p. 51.

[48] Sobre la vida privada como institución de la esfera pública moderna, véase Philippe Ariès, "Pour une histoire de la vie privée", en R. Chartier (dir.), *Histoire de la vie privée: de la Renaissance aux Lumières*, París, Seuil, 1966; D. Goodman, "Public sphere and private life...", ob. cit.

[49] *Cf.* V. F. López, "Autobiografía", ob. cit., pp. 39-40.

Los gabinetes de lectura en Buenos Aires

El primer círculo-gabinete se creó en Buenos Aires por iniciativa de los inmigrantes anglo-parlantes. Un anuncio en *La Gaceta Mercantil* nos entera de la existencia "de una biblioteca, gabinete de lectura de la Unión abierto en el mes de agosto de 1831 y visitado por ingleses y norteamericanos".[50] Gracias a otro anuncio en el mismo diario descubrimos que se trata en realidad de un círculo que asocia a los miembros de la colectividad inglesa con el objeto de mantenerlos bien informados de las noticias externas e internas. El anuncio, publicado en inglés y firmado por "la comisión", se dirige a la comunidad de lectores (*Reading community*) y les propone "integrarse a la asociación" en calidad de accionistas o bien concurrir a su salón de lectura, mediante el pago de un abono, desde luego. Como contrapartida, se les ofrece un fondo que no supera los quinientos volúmenes, pero con la garantía de encontrar los principales diarios y revistas en lengua inglesa.[51] La insistencia en la información más que en el consumo estrictamente literario ya nos dice mucho sobre las características de la clientela y la función de los encuentros: extranjeros ligados en buena medida al mundo del comercio, pero también extranjeros lejos de su patria, que sienten la necesidad de encontrarse con compatriotas para informarse o simplemente conversar. Esta asociación, autodenominada gabinete de lectura, responde mejor a las características de un círculo o de un salón literario que de un gabinete de lectura clásico originado en la iniciativa mercantil de un librero.

La segunda referencia a un gabinete de lectura concierne igualmente a la comunidad extranjera, esta vez con un súbdito francés, Théophile Duportail. A diferencia del primer caso, se trata claramente de un negocio de librería, abierto entre 1827 y 1829.[52] Según el almanaque de comercio, en 1830 es una de las cinco librerías existentes en Buenos Aires. De acuerdo con Arsène Isabelle, que visita la ciudad entre 1830 y 1835, posee el único gabinete de lectura de la ciudad, de modo que es preciso situar su instalación en ese período de cinco años.[53] Por lo que se sabe, se trata de un librero distribuidor.[54] No tenemos informaciones complementarias, como no sea que en 1836 los hermanos Duportail vendieron su fondo al librero uruguayo Marcos Sastre. No conocemos el motivo de la venta, pero si damos crédito a Arsène Isabelle, se debía a una quiebra comercial, atribuible a la insignificancia de la vida cultural de Buenos Aires: "esa apatía que se observa en ellos, esa especie de aversión por cualquier lectura seria y esos obstáculos insuperables a la constitución del país,

---

[50] Cf. *La Gaceta Mercantil. Periódico comercial, político y literario*, Buenos Aires, 1823-1852 (en lo sucesivo GM), 3 de febrero de 1832.

[51] "Union Library and reading room", GM, 17 de agosto de 1833.

[52] No figura en el almanaque de comercio de 1826. Aparece por primera vez en el correspondiente a 1829. No disponemos de datos más precisos. En su investigación sobre el mundo de la edición y la venta de libros en Buenos Aires, Buonocore no aporta informaciones complementarias. Cf. Domingo Buonocore, *Libros, editores e impresores de Buenos Aires*, Buenos Aires, El Ateneo, 1944.

[53] A. Isabelle, *Voyage à Buenos Aires...*, ob. cit., p. 183. Félix Weinberg sugiere que esta información data de 1834; cf. *El Salón Literario...*, ob. cit., p. 19.

[54] Hay que recordar que, en la época, el comercio de la edición se limitaba en Buenos Aires a la

consecuencia inevitable del escaso progreso de las ciencias políticas".[55] Es posible que las observaciones de Isabelle sean justas. No por ello es menos cierto que habría que explicar entonces cómo, un año después, Sastre hace con el mismo fondo un negocio completamente rentable. El problema, sin duda, radica en otra parte. Es cierto que el comercio de venta y alquiler del libro constituía una práctica absolutamente novedosa y nunca es fácil entrar en un nuevo mercado. Y esto, tanto más cuanto que en Buenos Aires la venta de libros no existía como actividad especializada. Los libros podían encontrarse tanto en las pequeñas tiendas como en las *pulperías*.[56] Por otra parte, los relatos dan a entender que este tipo de comercio tuvo muchos inconvenientes para implantarse.[57] Las dificultades podían resultar insuperables si, por añadidura, el comerciante se equivocaba de producto y se dirigía a quienes no eran susceptibles de convertirse en consumidores. Riesgo mucho más grande para un extranjero que llegaba con los hábitos de consumo de su país de origen. Así, la desventura de T. Duportail se debió tal vez al hecho de haber aplicado una estrategia comercial eficaz para el consumo cultural de Francia, pero que no respondía a las prácticas de encuentro y consumo de la población local. Su error, acaso, fue privilegiar las obras literarias y de filosofía política, para dirigirse a una clientela cuya costumbre de encuentros públicos se asociaba más bien a la lectura de la prensa.[58]

Cinco años después, el librero uruguayo Marcos Sastre retoma la fórmula de Duportail.[59] Sastre, que se había instalado en Buenos Aires en 1833 por motivos políticos, abre poco tiempo más tarde una librería en la calle Reconquista.[60] Tiene dos ventajas considerables sobre Duportail: ante todo, es compañero de ruta de los estudiantes de la Universidad de Buenos Aires. Empezó sus estudios en la Universidad de Córdoba, pero en 1830 se inscribió en la de Buenos Aires para seguir cursos de jurisprudencia, en la época en que estudian en ella Marco Avellaneda, Vicente Fidel López, Juan Bau-

---

impresión de folletos y de la prensa local. Las escasas obras literarias de producción local se editaban muchas veces en Londres o París. Sólo los escritos de intención política, si eran favorables al poder en vigor, tenían posibilidades de ser editados por la Imprenta del Estado. Es lo que sucedía, en especial, con los escritos de Pedro de Angelis, publicados en Buenos Aires durante el gobierno de Rosas.

[55] *Cf.* A. Isabelle, *Voyage à Buenos Aires...*, ob. cit., p. 195.

[56] D. Buonocore, *Libros, editores...*, ob. cit., pp. 23-29.

[57] En su "Autobiografía", López hace referencia al Salón Literario pero en ningún momento menciona los gabinetes de lectura. Al contrario, deja entender que la lectura se hacía en las bibliotecas particulares; *cf.* "Autobiografía", ob. cit., p. 40. Por otra parte, en sus memorias, el librero y comisionista español B. Hortelano nos informa del fracaso de su gabinete de lectura, pese a haberse instalado en Buenos Aires en 1854, cuando la ciudad estaba en plena efervescencia cultural y política. *Cf.* Benito Hortelano, *Memorias*, Madrid, Espasa-Calpe, 1936, en especial pp. 242-245.

[58] Con respecto a estos hábitos de consumo cultural en Francia, véase Françoise Parent-Lardieu, *Les Cabinets de lecture. La lecture publique à Paris sous la Restauration*, París, Payot, 1982.

[59] Las informaciones sobre el gabinete de Marcos Sastre corresponden a las obras de F. Weinberg, *El Salón Literario...*, ob. cit., pp. 37-44, D. Buonocore, *Libros, editores...*, ob. cit., pp. 19-26, y V. F. López, "Autobiografía", ob. cit., pp. 52-56.

[60] Debe marcharse de Montevideo en 1833 por haber estado comprometido con la revolución de Lavalleja contra Rivera. *Cf.* Vicente Osvaldo Cutolo, *Nuevo diccionario biográfico argentino (1750-1930)*, Buenos Aires, Elche, 1968; *Almanaque de Comercio...*, ob. cit., 1834.

tista Alberdi, Miguel Cané y muchos otros jóvenes que encontraremos más adelante en su salón literario.[61] Buen conocedor de las prácticas de sociabilidad estudiantil, tiene más posibilidades que el francés de hacerse de una clientela de lectores. La presencia de la juventud estudiantil en su librería es para él una carta de triunfo complementaria, en la medida en que el local se convierte en un lugar de contacto con la joven *intelligentsia porteña*: la red de relaciones constituye en verdad otro producto de venta. Su segunda ventaja sobre Duportail consiste en ser un librero hombre de letras, con experiencia en la edición, lo que hace de él un excelente informador de las novedades literarias, culturales y, por supuesto, políticas. En sus memorias, López lo describe de la siguiente forma:

> Sastre era muy conocido y gozaba de popularidad entre los estudiantes. Era bastante erudito y fue el primer bibliófilo de aquellos días. Hacía abierto, desde años atrás, una librería en la calle de la Defensa entre Belgrano y Moreno, frente a las casas de Plomer, donde hemos vivido, y por consiguiente, a la vuelta inmediata de la Universidad. A poco tiempo su librería se hizo para nosotros en un lugar de visita diaria [...] y no sólo estudiantes, sino gentes de mayor entidad concurrían; porque no sólo tenía abundancia de mercancías, sino que daba noticias, de dónde, de cómo, de qué forma, etc., podía hallarse o pedirse la obra que se buscaba.[62]

Tiene, pues, todo el perfil del librero en cuyo negocio uno se demora y pronto se convierte en cliente. Rápidamente saca partido de su notoriedad: en enero de 1835, se muda a un local más grande y abre un "Gabinete de lectura o biblioteca pública" en su librería, bautizada en la ocasión, con un indudable sentido del *marketing*, "Librería Argentina". ¿Qué mejor nombre para suscitar el interés de la juventud de las escuelas, conquistada para un romanticismo en busca de una literatura nacional?

Según el anuncio que aparece en la prensa de la época, no había préstamos domiciliarios: la única fórmula era la lectura en el mismo gabinete, que permanecía abierto hasta muy tarde (las diez de la noche).[63] Esto pone de relieve la importancia que adquiere el lugar de encuentro en el comercio de alquiler en Buenos Aires, y explica por qué se anuncia el gabinete como una biblioteca. No obstante, en 1836, cuando Sastre compra el fondo de Duportail, incluye en su negocio el sistema de préstamos domiciliarios.[64] Según Weinberg, a continuación varias otras librerías probaron la fórmula, con la esperanza, sin duda, de hacer más rentable su actividad. No tenemos datos cuantitativos sobre la importancia del sistema en los hábitos de consumo cultural de los porteños. En todo caso, no consigue hacer desaparecer la costumbre de la lectura en la librería. Así, en lo de Sastre los préstamos a domi-

---

[61] N. Piñedo y E. Bidau, "Nómina de los graduados en la Universidad de Buenos Aires", en *Historia de la Universidad...*, ob. cit., pp. 407-413.

[62] Reconquista cambia de nombre para transformarse en Defensa, lo que explica la divergencia en la denominación de la calle. Cf. V. F. López, "Autobiografía", ob. cit., p. 52.

[63] Cf. GM, 22 de enero de 1835, reproducido en F. Weinberg, *El Salón Literario...*, ob. cit., p. 40.

[64] Lo cual hace decir a Weinberg que el gabinete de Sastre fue el primer comercio de ese tipo que existió en Buenos Aires. Cf. F. Weinberg, *El Salón Literario...*, ob. cit., p. 43.

cilio nunca alcanzaron el éxito comercial de la lectura en el lugar. Citemos también el caso del librero Ortiz, un hombre siempre ceñudo, que se oponía a las reuniones en su librería porque "las visitas obstruyen la venta", según decía. Por insociabilidad, rectifica Gálvez en sus memorias. Esto no impide que en 1837 termine por abrir un gabinete de lectura en su negocio. "Por algunos 'reales' alquilaba o prestaba libros para leer."[65] Es muy probable que ese librero hubiera descubierto finalmente que las reuniones de jóvenes eran bastante provechosas. Lo cual hace pensar, que para los escasos maestros de lectura de Buenos Aires, era más rentable proponer una red de relaciones mediante un aporte que alquilar libros y diarios. En otras palabras, lo que las fuentes llaman "gabinete de lectura" se parece mucho más a un círculo burgués que a un negocio ligado al mundo de la edición. En los tres casos de librerías que abren ese gabinete advertimos que lo que atrae y conquista la fidelidad de la clientela es el lugar de reunión más que el alquiler del libro.

En lo que se refiere a esa clientela, participa por medio de un aporte que autoriza la lectura pero también la entrada en el salón; en él, uno se encuentra entre lectores-clientes. Se acude para leer, para informarse e incluso para formarse. Pero si uno deja su residencia particular, es también para compartir una necesidad de sociabilidad. Si bien va para leer, se queda por el placer de un encuentro durante el cual se supone que hay que observar ciertas reglas de civilidad: respetar las elecciones de lectura de los otros, cuidar las obras, guardar silencio pero también saber compartir conversaciones. Si muchos de esos códigos relacionales ya regulaban las relaciones de urbanidad en los salones porteños, en lo sucesivo sirven para definir un comportamiento civil que instala la esfera pública como nuevo espacio de relación social.

La práctica de la conversación puede estar más o menos instituida, y de acuerdo con el lugar que se le otorgue, se pasa de una forma a la otra. Así, cuando la lectura es sucedida por la discusión sobre la literatura, se pasa a otra forma, el salón literario.

El Salón Literario de Marcos Sastre

Durante nuestro período, Buenos Aires sólo conoció un salón literario. La fórmula fue experimentada por Marcos Sastre en junio de 1837.[66] Según López, la idea de éste había sido trasladar a su local las reuniones informales que desde hacía algún tiempo los estudiantes universitarios realizaban en su domicilio particular. Pero, el nuevo modo de funcionamiento modifica la forma y los objetivos de esas reuniones. El salón literario instalado en la trastienda de la librería de Sastre era, siempre según López, "un club de discusión, conversación y lectura". Más claramente que en el caso del gabinete, aquí se hace hincapié en el entretenimiento intelectual, lo que explica el uso de la palabra "club" para definir la actividad que se realiza en él.

---

[65] V. Gálvez, *Memorias de un viejo...*, ob. cit., t. I, pp. 306-307.
[66] En lo que concierne a la historia de este salón literario, la referencia bibliográfica es la obra de F. Weinberg, *El Salón Literario...*, ob. cit.; los discursos pronunciados en la primera reunión fueron publicados en *Antecedentes de la Asociación de Mayo 1837-1937*, Homenaje del Honorable Concejo Deliberante de la Ciudad de Buenos Aires en el Centenario de su Fundación, Buenos Aires, Concejo Deliberante, 1937.

De acuerdo con el anuncio publicado en la prensa, las reuniones del salón se hacían dos o tres veces por semana al final de la jornada, lo que facilitaba la concurrencia de los miembros ya ingresados en la vida activa.[67] El propósito de los encuentros era "la lectura y la discusión de los trabajos literarios presentados en el salón". Todos podían opinar y hacer los comentarios que les parecieran pertinentes pero, agregaba el anuncio, en esas reuniones "deben predominar la franqueza, la cordialidad y el buen humor". Lo cual indica hasta qué punto las relaciones de civilidad se convertían en una necesidad primordial en esos encuentros entre porteños cultos.

La primera diferencia con la asociación de estudiantes era que cualquiera podía concurrir a él, mediante el pago de un abono, desde luego. En ese sentido, el salón se aproxima a la fórmula del gabinete de lectura que ya funciona en la misma librería. Pero, en tanto que el gabinete posibilita la ampliación de la red antes limitada al medio estudiantil, el costo del abono restringe la clientela a la capa social más acomodada. Como lo señala F. Parent para el caso de París, si bien los salones literarios y los gabinetes de lectura tienen en común un modo de funcionamiento, su posición no tiene nada de comparable.[68] El precio del abono al salón de Sastre se triplicó con respecto al gabinete de lectura: pasó de veinte a sesenta pesos.[69] Es fácil imaginar a qué tipo de clientela estaba reservado ese salón. En primer lugar, se dirigía a los estudiantes que participaban en la asociación de estudios literarios e históricos. Algunos, procedentes de familias en posición acomodada, podían desembolsar el importe del abono, pero otros, menos afortunados, eran admitidos a cambio de una participación erudita que resultaba también indispensable para el éxito de la empresa. Con seguridad ese era el caso de Echeverría y Gutiérrez, promotores del salón. Por esta razón, es indudable que la suscripción de nuevos adherentes que procedieran del ámbito de los negocios se tornaba esencial. En sus memorias, López se refiere explícitamente a ello cuando dice que el proyecto puede llevarse a buen puerto gracias a la adhesión de los comerciantes adinerados de la ciudad, entre ellos algunos porteños, por supuesto, pero también extranjeros "muy argentinizados" –agrega López– como el alemán Federico von Shentein o el inglés Hughes. En el mapa sobre la implantación de las asociaciones se observa, además, que es la primera librería que se aleja del barrio de la universidad para acercarse al de los negocios.[70] Sería riesgoso afirmar que se trata de un acto deliberado de Sastre a fin de ampliar su clientela. Lo cual no impide que el nuevo emplazamiento facilite la extensión de la red de adherentes, que según Mangel du Mesnil alcanza la cantidad de quinientos miembros, cifra nada desdeñable para una ciudad que tiene entonces alrededor de 65 mil habitantes.[71] Por desdicha, el registro de las suscripciones no se conservó, de manera que para estudiar la concurrencia nos basamos casi exclusivamente en las informaciones proporcionadas por F. Weinberg.

[67] Cf. GM, núm. 4233, 19 de julio de 1837, p. 3, col. 4.
[68] F. Parent, *Les Cabinets de lecture...*, ob. cit., p. 78.
[69] Según los anuncios aparecidos en la prensa local y publicados por F. Weinberg, *El Salón Literario...*, ob. cit.
[70] Tanto Von Shentein como Hughes vivían cerca del nuevo local de la librería-gabinete-salón de Sastre. Cf. V. F. López, "Autobiografía", ob. cit., ver mapa, p. 83.
[72] Cf. Émile Mangel du Mesnil, "Sastre", en *Notoriedades del Plata*, Buenos Aires, Imprenta de la Tribuna,

De acuerdo con esos datos, la clientela es más bien joven, con una edad promedio de 23 años. Entre ellos, nueve de cada diez tienen un título universitario, casi todos otorgados por la Universidad de Buenos Aires. Cuando se crea el salón, la mayoría ya se ha recibido y en buena medida pertenece a la misma promoción. Sin embargo, una cantidad significativa, un tercio, está terminando sus estudios en el momento de su inscripción, lo que prueba que la red de relaciones del salón podría coincidir con otras redes ya existentes y verosímilmente puestas en funcionamiento durante los cursos en la universidad.[72]

En muchos aspectos, la organización del salón se parecía a la de la Sociedad Literaria de 1822. Tanto en un caso como en el otro, el objeto de las reuniones era la lectura en voz alta, la discusión y la difusión de las opiniones por la prensa y la publicación de los trabajos. Sin embargo, mientras que la Sociedad Literaria tenía objetivos políticos bien precisos –lo cual limitaba la clientela y cerraba la red–, el Salón Literario estaba mucho más cerca de la fórmula del círculo burgués especializado en el esparcimiento intelectual, al que cualquiera podía integrarse mediante el pago del abono. Y aunque la política no estuviese ausente de los debates, este salón, a diferencia de la Sociedad Literaria de 1822, ponía en primer plano la figura del poeta y pensador que actúa en una esfera literaria autónoma.[73] En este aspecto, el salón de 1837 rompe con la tradición de las "Sociedades de Amigos del País" como tentativa de reformar la sociedad a partir del Estado.[74] Ahora se trata de una iniciativa privada, pero los objetivos y el alcance político del movimiento la sitúan en esa nueva esfera pública.[75]

Por otra parte, la experiencia no queda limitada al Salón Literario de 1837. La fórmula de la lectura y la discusión públicas no se redujo al solo medio de las elites culturales. La ciudad de Buenos Aires cuenta entonces con otros espacios de encuentro que son también lu-

---

1862. No conocemos el índice de alfabetismo en el período anterior al censo de 1855. Sólo sabemos que alrededor del 7% de la población concurre a un establecimiento escolar, mientras que, en 1860 esa cifra asciende al 11%. Si establecemos una equivalencia entre asistencia e índice de alfabetismo (en 1860, para un 11% de asistencia un índice del 48%), obtenemos para el período que nos ocupa un índice de alfabetismo de alrededor del 30%. El cálculo, desde luego, es completamente arbitrario pero nos da un orden de magnitud que parece corresponder mejor con los nuevos datos sobre la educación porteña entre 1820 y 1860. *Cf.* C. Newland, *Buenos Aires no es pampa...*, ob. cit.

[72] En PGB, *La Création...*, ob. cit., t. III, "La base de données", se encontrará un desarrollo.

[73] De acuerdo con el paradigma de Paul Bénichou, *Le Sacre de l'écrivain 1750-1830. Essai sur l'avènement d'un pouvoir spirituel laïc dans la France moderne*, París, Librairie José Corti, 1973. Se encontrará una confrontación de ese paradigma con el caso del Río de la Plata en Jorge Myers, "Una genealogía para el parricidio: Juan María Gutiérrez y la construcción de una tradición literaria", *Entrepasados*, III, núm. 4-5, 1993, pp. 65-88.

[74] Los archivos de la Sociedad Literaria en el Archivo del Museo Mitre, Sociedad Valaper (*sic*), Libro de Actas, A1 C52 C2 N2, reproducido en G. F. Rodríguez (comp.), *Contribución histórica...*, ob. cit., t. I, pp. 18-503. Las relaciones entre la Sociedad Literaria y el poder vigente son bastante estrechas. Además de los miembros de aquélla que tenían cargos en el gobierno de Rivadavia, éste decidió otorgar premios que serían adjudicados por la Sociedad; *cf.* "Reglamento para la adjudicación de premios de la Sociedad Literaria, Buenos Aires, 4 de julio de 1822", en P. de Angelis, *Recopilación de leyes y decretos...*, ob. cit.

[75] Véase por ejemplo el prospecto del diario del grupo. *Cf.* "Seminario de Buenos Aires", en *El Diario de la Tarde*, núm. 1821, 24 de julio de 1837, p. 3, col. 4.

gares públicos de lectura, como sucede con los gabinetes que funcionan en las salas (círculos) de comerciantes, donde pueden desarrollarse relaciones similares de sociabilidad ligadas a la lectura y la discusión.

Los salones de lectura en los círculos de comerciantes

No es sorprendente comprobar que los círculos de comerciantes, verdaderos clubes burgueses que ponen en primer plano el interés comercial del encuentro, se desarrollen en el seno de la población extranjera ligada al comercio de exportación. Y sorprende aún menos cuando se sabe que se trata de súbditos ingleses, entre quienes esas formas asociativas estaban considerablemente desarrolladas. Una vez más, verificamos que la comunidad extranjera está estrechamente ligada a las innovaciones en las prácticas porteñas de sociabilidad.

El más antiguo de esos círculos es la "Sala Comercial Inglesa" fundada en Buenos Aires en 1810, que ocupa los mismos locales hasta 1822. Luego de esta fecha, la asociación funciona en el domicilio particular de sus miembros, hasta que en 1829 es reorganizada por el inglés Thomas Lowe, su secretario desde 1822.[76] Según un viajero inglés que visitó la ciudad, se trataba de un club de esa nacionalidad cuya finalidad, además de la sociabilidad y el esparcimiento, era la información. Gálvez nos lo describe así: "un centro en el que se reunían las tripulaciones de cabotaje, los patrones de los barcos pequeños y todos los que tenían relación con el comercio fluvial". La Sala de Comercio era entonces, para él, "el club de los marinos y servía como punto de reunión, observación y lugar de esparcimiento para el comercio extranjero".[77] Sus miembros disponían de una sala de lectura, donde podían consultarse los diarios locales y los principales diarios extranjeros. Se señala, incluso, que dentro de la Sala Inglesa de Comercio funciona la "British Friendly Society", prueba, si hace falta, de la importancia de las prácticas de sociabilidad en la elección del consumo público de la cultura. Quienes adoptan la fórmula son los comerciantes locales, luego de la experiencia inglesa de 1810, reiterada en 1829, a raíz del tratado comercial firmado en 1825 con Inglaterra, que había reactivado los intercambios comerciales entre los dos países. Lowe establece, en 1829, el "Buenos Aires Commercial Room", destinado a los comerciantes locales que no estaban autorizados a formar parte del club inglés. Iniciativa que con seguridad permite que Lowe aproveche, de manera rentable, el fondo de libros y revistas del círculo de ingleses. En el segundo caso, el abono autorizaba la consulta en el lugar de una documentación bien surtida. Según el comerciante francés Isabelle, "se podían leer todos los principales diarios europeos y americanos".[78] Esta sala funcionó al menos hasta 1838, año a partir del cual ya no tenemos referencias.

---

[76] *Cf.* Fernando A. Bidabehere, *Bolsas y mercados de comercio en la República Argentina*, Buenos Aires, Talleres Gráficos I. J. Rosso, 1930, p. 31.

[77] *Cf.* V. Gálvez, *Memorias...*, ob. cit., t. II, pp. 178-179. También hay referencias en J. A. Wilde, *Buenos Aires...*, ob. cit.; Octavio Battolla, *Los primeros ingleses en Buenos Aires, 1780-1830*, Buenos Aires, E. Muro, 1928.

[78] A. Isabelle, *Voyage à Buenos Aires...*, ob. cit., p. 183.

Tanto en uno como en otro caso, la lectura estaba ligada al esparcimiento intelectual y los negocios. El aspecto rentable procedía no sólo de las informaciones lucrativas, sino también de las relaciones que era posible entablar en la sala de lectura. Se trataba de un aspecto esencial para los extranjeros que aún no se habían integrado a la sociedad local, pero también para los porteños que por ese medio podían ampliar, consolidar y hasta construir una red de relaciones destinada a facilitar los intercambios mercantiles. Para estudiar la utilidad de una red semejante, es indispensable, desde luego, situarla en el marco general de la red de relaciones de un individuo. Pero, en nuestra perspectiva es importante subrayar la especificidad de esta forma relacional, atravesada sin duda por una multiplicidad de redes, pero que se inscribe en una tendencia general a la transformación de las formas de sociabilidad urbana que con seguridad debió introducir modificaciones en la estructura de las redes de relaciones. Esta tendencia a establecer el modelo contractual de relación afecta otros campos relacionales que no están directamente ligados al esparcimiento intelectual. Y es ahí donde su incidencia sobre la sociedad parece ser significativa, puesto que, si bien podemos expresar efectivamente serias reservas en cuanto a la capacidad de esas instituciones del espacio público para instaurar una esfera pública autónoma y crítica con respecto al poder, ellas introducen cambios en las prácticas relacionales que parecen acompañar importantes mutaciones en la vida social y económica.

El alcance del modelo asociativo de relación

En un principio, el modelo asociativo contractual estuvo íntimamente ligado al mundo de las elites culturales; a tal extremo, que se podría tratar de definir la asociación como una práctica originada en los intercambios culturales de la "gente decente". Sin embargo, encontramos otros sectores en los que ese modelo asociativo de organización se difunde. Sin pretender ser exhaustivos, podemos intentar trazar un rápido cuadro del campo relacional en el cual se desarrollan nuevas prácticas asociativas: las obras de caridad, anteriormente en manos de la Iglesia, se convierten en el objetivo de las asociaciones laicas; las tradicionales redes de intercambios comerciales procuran estructurarse sobre la base de reglas convencionales adaptadas a las condiciones de las sociedades por contrato; y las antiguas corporaciones de oficios tienden a convertirse en asociaciones de ayuda mutua.

La primera asociación laica creada con fines caritativos data de 1822. Establecida por iniciativa del gobierno de Rivadavia, la Sociedad de Beneficencia sería integrada por damas de la "buena sociedad" y tendría la función de administrar las diferentes instituciones de educación, caridad y salud destinadas a la parte femenina de la sociedad. Retomaba de ese modo varias funciones que antes cumplían las corporaciones civiles y religiosas.[79] De la asociación toman la forma organizativa, pero con una tradición de ges-

---

[79] Sacada de las manos de la Iglesia, esta función quedó a cargo de las mujeres que, desde la creación de la Sociedad de Beneficencia en 1823 hasta la supresión definitiva durante el gobierno peronista, dirigieron la institución. Cf. Carlos Correa Luna, *Historia de la Sociedad de Beneficencia*, 2 vols., Buenos Aires, 1923-1925.

tión comunitaria propia de la sociedad colonial. Sin embargo, la introducción del principio contractual asociativo no carece de consecuencias sobre la representación de la acción comunitaria e incluso de la comunidad a secas. Por iniciativa gubernamental, en 1828 se crea la efímera Sociedad Filantrópica, destinada a completar la obra de la Sociedad de Beneficencia; la crisis política de ese año es probablemente la causa de su rápida desaparición. Un decreto de 1833 la restablece, pero una vez más la crisis política pone pronto fin a la experiencia. El poder intentó ponerla nuevamente en vigor en 1852, pero lo que explica esta vez el fracaso definitivo de la experiencia es la instauración de un poder municipal. Estas organizaciones, así como el Consejo de Beneficencia Pública creado en 1833, entran por completo en el marco de la laicización de la vida comunitaria. Su característica común es permanecer a medio camino entre la asociación y la institución pública. Se aproximan al aparato estatal en la medida en que se crean por iniciativa del gobierno con el fin de cumplir funciones consideradas de interés público, y sus fondos provienen del Estado.

El surgimiento de nuevos lazos sociales concierne igualmente a las relaciones económicas. En ese ámbito se desarrollan tres tipos de organizaciones: las asociaciones socioeconómicas –a las que acabamos de referirnos–, las instituciones socioeconómicas[80] y las sociedades comerciales. Si bien estas últimas superan el dominio de la sociabilidad, merecen que nos demoremos un poco en ellas.

Estas sociedades se desarrollan con fines puramente comerciales; la sociabilidad no es un valor que se ponga en primer plano ni una función de los intercambios. No obstante, estas entidades son indicativas de una transformación de las formas de organización social. En efecto, a diferencia de los circuitos de intercambios de las sociedades tradicionales, construidos sobre redes familiares, en lo sucesivo los intercambios deben adaptarse a las condiciones de las sociedades por contrato.[81] Al dar un papel destacado a la racionalidad de los intercambios y el carácter contractual de la relación, estas sociedades rompen con la estructura socioeconómica de los intercambios en la región.[82] Se comprueba que aun en el

---

Se encontrarán otras referencias en Alberto Meyer Arana, *Rosas y la Sociedad de Beneficencia*, Buenos Aires, 1923; A. Meyer Arana, *La caridad en Buenos Aires*, Buenos Aires, Comisión Nacional del Centenario, 1911. Una crítica de esta literatura en Carlos Newland, "La educación primaria privada bajo el gobierno de Rosas, 1835-1852", *La Nación*, 4 de diciembre de 1988, sección IV, pp. 1-2, y *La Nación*, 11 de diciembre de 1988, sección IV, pp. 1-2.

[80] No hay ejemplos de instituciones socioeconómicas durante este período. Se trata de formas tales como la Comisión de Inmigración, asociación que se establecerá por iniciativa del Estado provincial en 1854, a fin de organizar el movimiento migratorio de Europa al Río de la Plata.

[81] La referencia sigue siendo la teoría de la asociación elaborada por Tönnies en *Comunidad y asociación*, ob. cit., especialmente en la segunda sección, en que analiza la sociedad civil y el avance de la asociación en la esfera económica, pp. 80-85.

[82] Dejamos a los historiadores de la economía la tarea de analizar la importancia de estas nuevas formas de organización de la producción y el financiamiento de las explotaciones agrícolas en el desarrollo de una economía capitalista. Desde nuestro punto de vista, es importante señalar que las transformaciones de las formas relacionales afectan también la estructura económica. Sobre las organizaciones económicas en la época colonial, véanse Jorge Gelman, *De mercachifle a gran comerciante: los caminos del ascenso en el Río de la Plata*,

sector de los agricultores próximos al régimen se desarrollan sociedades por acciones.[83] Así, entre 1836 y 1837 se crean tres de estas sociedades cuya finalidad es el desarrollo de la producción ovina, y agrupan a hombres cuyas familias ya están vinculadas a la explotación ganadera, como Lucio Mansilla, Luis Dorrego, Isidoro Peralta, Simón Pereyra, Tomás y Nicolás Anchorena, Juan Cano, Zenón Videla, Idelfonso Ramos Mejía, etcétera, quienes alternan entonces la producción ovina y la bovina.[84] Esas asociaciones nos hablan, por lo tanto, de las transformaciones en el ámbito relacional de una población que supera el medio de las elites culturales opuestas a Rosas, al menos hasta 1839. Por otra parte, estos ejemplos confirman la continuidad entre el período liberal y el primer decenio del gobierno de Rosas, en todo caso en lo que se refiere a las prácticas relacionales.

Para completar este breve cuadro, hay que hacer referencia a la aparición, durante este período, de las asociaciones de ayuda mutua, la primera de las cuales fue creada en 1832 por artesanos franceses.[85] El 4 de octubre de ese año, más exactamente, la Sociedad Mutual de Beneficencia de los Artesanos Franceses solicita la autorización del gobierno para realizar sus reuniones los primeros domingos de cada mes en la casa del administrador, monsieur Mandain.[86] La organización de esta asociación no deja de plantear problemas diplomáticos entre el cónsul general de Francia en Buenos Aires, monsieur de Mendeville, la comunidad francesa residente en la ciudad y el gobierno de la provincia, conflicto sobre el cual existe una abundante documentación en los archivos del Quai d'Orsay.[87] Al parecer, las autoridades francesas de Buenos Aires, en razón de esos conflictos, deciden apoyar la creación de otra asociación que retome los objetivos de beneficencia pero los extienda a todos los miembros de la comunidad, lo que modifica la forma asociativa. Temerosas de que la Sociedad Mutual de Beneficencia pierda el rumbo político, las autoridades francesas proponen en su lugar la creación de una asociación de beneficencia controlada por el Consulado de Francia en la Argentina. De acuerdo con un informe del cónsul francés en Buenos Aires al ministro de asuntos extranjeros, fechado el 25 de agosto de 1835, la nueva Sociedad Filantrópica Francesa tiene cerca de cuatrocientos miembros y un capital de veinte mil piastras. Suma con la cual "la Sociedad puede aliviar a muchos infortunados. Ya permitió repatriar a varios desdichados que aquí habrían muerto en la miseria, y atender a muchos enfermos, ya

---

Universidad Internacional de Andalucía, 1996; Zacarías Moutoukias, "Réseaux personnels et autorité coloniale: les négociants de Buenos Aires au XVIIIe siècle", en *Annales esc*, núm. 4-5, julio-octubre de 1992, pp. 889-915.

[83] *Cf. Estatuto de la Sociedad Pastoril de Merinos; contrato con su empresario José Pérez*, Buenos Aires, Imprenta Argentina, 1836; *Estatuto de la Sociedad Pastoril de Amigos del País y contrato con Samuel K. Tebbets*, Buenos Aires, Imprenta de la Independencia, 1837; *Estatuto de la Sociedad Porteña y contrato con su promotor Manuel Escalada*, Buenos Aires, Imprenta de la Gaceta Mercantil, 1837.

[84] *Cf.* Hilda Sabato, *Capitalismo y ganadería en Buenos Aires. La fiebre del lanar, 1850-1890*, Buenos Aires, Sudamericana, 1989.

[85] Toda la literatura que existe sobre el movimiento mutualista en Buenos Aires indica que la primera asociación de ayuda mutua se estableció en 1854.

[86] *Cf.* "Demanda de autorización...", en AGN. AP. X. 15-10-5, folio núm. 372.

[87] Véase *infra*, capítulo 3. Consultamos la correspondencia política de la Argentina en los archivos del Quai d'Orsay entre 1829 y 1836 (de aquí en adelante AQO. CPA.).

fuera en el hospicio, ya a domicilio".[88] En cuanto al origen de los capitales, además de los fondos procedentes de la caridad de los súbditos franceses y de los beneficios del sorteo de lotería organizado con ese fin, existen algunos abonados sobre quienes sabemos muy pocas cosas.[89] En todo caso, esta sociedad mantiene una estrecha relación con el Consulado de Francia que maneja sus fondos. Tendrá una existencia bastante prolongada, porque aún funciona en 1853.[90] Experiencia que no parece ser única. La ciudad conoce otra asociación de beneficencia entre extranjeros, creada por los norteamericanos en 1836, la North American Benevolent Society, sobre la cual, por desdicha, sólo tenemos muy pocos datos.

Estos ejemplos nos hablan de una lenta transformación de las prácticas relacionales, resta aún descubrir, en todos sus meandros, cuáles son las consecuencias para las representaciones sociales. Sin la pretensión de atribuir a estas asociaciones una estructura relacional semejante, una intencionalidad común o un mismo catálogo de valores compartidos, lo cierto es que todas se fundan en un tipo de lazo asociativo al que las elites culturales unen el discurso de la nación como nueva sociedad de individuos.

Los límites culturales de la civilidad asociativa: la sociabilidad étnica

Es notable comprobar que en esa época, las asociaciones más desarrolladas entre la población de Buenos Aires son las correspondientes a la gente de color, no obstante, las escasas investigaciones sobre la vida asociativa en la ciudad se refieren estrictamente a las asociaciones de las elites blancas.[91] Es cierto que este tipo de asociaciones son las primeras formas contractuales de sociabilidad asociativa implantadas en el Río de la Plata a principios de siglo. Pero después de 1821, y con la creación de las "Sociedades Africanas", es la población de este origen la que más utiliza la forma asociativa como modo de organización de la vida comunitaria. Estas asociaciones siguen siendo poco conocidas para la historiografía argentina. Hasta el presente, y con una sola excepción, fueron abordadas únicamente por historiadores del folklore. La excepción corresponde a las investigaciones de George Reid Andrews, el historiador norteamericano de los "afroargentinos", que estudió más específicamente esas formas asociativas. De todas maneras, hasta el día de hoy ningún trabajo –ni siquiera el de Andrews– trató de analizar el desarrollo de las sociedades de africanos en el movimiento asociativo global.[92]

---

[88] AQO. CPA. "Rogers al ministro de asuntos extranjeros", Buenos Aires, 25 de agosto de 1835.

[89] En GM del 20 de julio de 1833, p. 4, col. 4, aparece un aviso de la Sociedad Filantrópica Francesa a los "Señores suscriptores" en que les anuncia que ya pueden retirar sus diplomas. En el mismo diario se publican también los resultados del sorteo de los obsequios hechos por las señoras en beneficio de la Sociedad; cf. GM, 17 de octubre de 1833, p. 4.

[90] Cf. diario *La Tribuna*, Buenos Aires, 1853-1884 (de aquí en más LT), LT, 8 de septiembre de 1853.

[91] Cf. C. Ibarguren, *Las sociedades literarias...*, ob. cit.; Horacio Noboa Zumarraga, *Las sociedades porteñas y su acción revolucionaria, 1800-1837*, Buenos Aires, 1939.

[93] Cf. George Reid Andrews, "Community Organizations: The Quest of Autonomy", en *The Afro-Argentines in Buenos Aires 1800-1900*, The University of Wisconsin Press, 1980, pp. 138-155; ésta es la única

Para comprender las particularidades de ese movimiento asociativo hay que recordar, ante todo, los principales aspectos que constituyen la especificidad de la población de origen africano.

La población negra en la ciudad de Buenos Aires

La marca poco visible del aporte africano en la población de la ciudad actual nos hace olvidar a menudo que, durante la primera mitad del siglo XIX, más del treinta por ciento de la población de Buenos Aires era de ese origen. En torno de este "olvido" de la historiografía nació el "enigma" de la población negra de Buenos Aires.[93] No vamos a consagrarnos aquí a descifrarlo, sino simplemente a recordar los principales aspectos de la historia de la población de origen africano en la ciudad de Buenos Aires que pueden ayudar a explicar el desarrollo de las asociaciones étnicas.

La historia de la población de color en Buenos Aires debe ponerse en relación, desde luego, con el auge de la trata de esclavos en la edad moderna, pero también con el desarrollo económico de la región. En efecto, aunque la ciudad puerto de Buenos Aires haya conocido, como los otros territorios del reino español, la trata de esclavos, el flujo de mano de obra esclava hacia ella fue relativamente limitado hasta mediados del siglo XVIII. Según las cifras de Besio Moreno, en 1595 sólo había 233 africanos en Buenos Aires. En realidad, el comercio de esclavos en la región alcanza su momento de esplendor a partir de la apertura del puerto, en 1778. Para Elena Studer, entre 1742 y 1806 llegaron legalmente a Buenos Aires alrededor de 25 mil esclavos, cifra a la cual hay que agregar además una cantidad equivalente, introducida ilegalmente por el contrabando.[94] La mitad de esos esclavos se importaba desde Brasil y la otra mitad procedía directamente de África, sobre todo de la costa occidental del continente y en particular de los pueblos bambúes como los "ben-

---

obra que intenta establecer una cronología del desarrollo de las asociaciones de africanos en el Río de la Plata. Otras referencias en José Luis Lanuza, *Morenada. Una historia de la raza africana en el Río de la Plata*, Buenos Aires, Schapire, 1967; Ricardo Rodríguez Molas, "Negros libres rioplatenses", *Buenos Aires*, en Revista de Humanidades, I, núm. 1, 1961, pp. 99-126; R. Rodríguez Molas, *La música y la danza de los negros en el Buenos Aires de los siglos XVIII y XIX*, Buenos Aires, Clio; Vicente Rossi, *Cosas de negros*, Córdoba, Río de la Plata, 1926, reedición en Buenos Aires, Hachette, 1958.

[93] Sobre el "enigma" de la desaparición de la población negra, remitimos al lector al excelente análisis de Andrews. Su estudio se presentó como tesis en la Universidad de Wisconsin con el título de *Forgotten but Not Gone: The Afro-Argentines of Buenos Aires, 1800-1900*. Es de lamentar que no haya ido más adelante en la cuestión iniciada en el capítulo 6, con respecto a la desaparición de los africanos de la memoria histórica. A nuestro juicio, así como pudimos señalarlo en referencia a los indios, esos olvidos deben relacionarse con los imperativos de la nación moderna tal como la establecieron los "prohombres de la nación".

[94] E. F. S. de Studer, *La trata de negros...*, ob. cit.; G. R. Andrews, *The Afro-Argentines...*, ob. cit. En cuanto al contrabando, véase Hors Peitschman, "Burocracia y corrupción en Hispanoamérica colonial: una aproximación tentativa", en *Nova América*, vol. 5, 1985; para la amplitud de ese contrabando en la economía local, véase Z. Moutoukias, *Contrabando y control colonial...*, ob. cit.; Z. Moutoukias, "Power, corruption and commerce: the making of the local administrative structure in seventeenth-century Buenos Aires", en *h.a.h.r.*, vol. 68, núm. 4, noviembre de 1988.

galis", los "congos" y los "luandos", así como de otros pueblos denominados "casta de Angola", como los "mina", los "ashanti", los "mandinga", los "volo", los "revolo", los "camundá" y los "yumbé".[95] Sin embargo, las tres cuartas partes de los esclavos llegados a Buenos Aires se encaminan al interior del virreinato. No obstante, entre 1744 y 1810, el porcentaje de la población negra de la ciudad aumentó más rápidamente que el de los blancos.[96]

Para tener una idea más precisa de la importancia numérica de la población de origen africano en la ciudad poscolonial, debemos remitirnos a los resultados del estudio demográfico de los censos de 1810, 1822, 1836 y 1838, realizado por Marta Goldberg.[97] Esas cifras representan la base mínima de la cantidad real de la población de origen africano en Buenos Aires, habida cuenta de la tendencia de la población mulata a "blanquearse" para escapar a los prejuicios que afectaban a esa "población de color".[98] De todos modos, tengamos presente que, para el período que nos ocupa, se reconoce como negra una proporción promedio de alrededor del 24% de la población.

La presencia de ésta no se hace sentir de la misma forma en toda la ciudad. Si bien no se puede hablar de una segregación étnica del espacio urbano, las fuentes se refieren a menudo al "barrio de los tambores", para indicar que es el que exhibe la concentración más grande de gente de color.[99] El plano de la distribución poblacional en la ciudad de Buenos Aires en 1836 testimonia igualmente una mayor concentración de negros en la parroquia de Monserrat, pero un tercio de los esclavos, así como una proporción análoga de libertos, viven todavía en los barrios del centro y comparten con mucha frecuencia su lugar de residencia con la "gente decente".[100] No obstante, en apariencia se tiende a la concentración en ciertos barrios periféricos de la ciudad una vez conquistada la libertad, como parecen confirmarlo las investigaciones de Miguel Ángel Rosal sobre las transacciones inmobiliarias

---

[95] Cf. R. Rodríguez Molas, "Negros libres rioplantenses", art. cit.

[96] Cf. L. Johnson y S. Socolow, *Población y espacio en el Buenos Aires...*, ob. cit., pp. 329-349, en particular el cuadro núm. 3 sobre la distribución de los diferentes grupos étnicos en la población de Buenos Aires. Según García Belsunce, en 1810 los esclavos representan el 24,36% de la población de la ciudad. C. A. García Belsunce (dir.), *Buenos Aires. Su gente...*, ob. cit., p. 83.

[97] Marta Goldberg, "Población negra y mulata de la ciudad de Buenos Aires, 1810-1840", en *Desarrollo Económico*, vol. 16, núm. 61, Buenos Aires, 1976.

[98] Además, estas cifras no tienen en cuenta la afluencia de esclavos brasileños después de la guerra contra el Brasil (1825-1828) y la liberalización del comercio entre 1831 y 1834. Cf. M. Goldberg, "Población negra...", art. cit.; las mismas explicaciones en G. R. Andrews, *The Afro-Argentines...*, ob. cit., capítulo 5. En Magnus Mörner, *La mezcla de razas en la historia de América*, Buenos Aires, Paidós, 1969, se encontrarán un análisis de los prejuicios que afectaban a los negros y un tratamiento del problema general del mestizaje en América.

[99] Una descripción de ese barrio en Francisco L. Romay, *El barrio de Monserrat*. Buenos Aires, Ed. de la Municipalidad, 1949.

[100] Véase el análisis de Johnson y Socolow en referencia a la sociedad colonial de fines del siglo XVIII en *Población y espacio...*, ob. cit. Para el período poscolonial, véase C. A. García Belsunce (dir.), *Buenos Aires. Su gente...*, ob. cit.

de la población negra libre de Buenos Aires.[101] Siendo así, para hablar de barrio étnico habría que conocer el ciclo de integración de la población negra de libertos. Los datos de que disponemos dan una imagen fija de los patrones de instalación urbana que no tiene en cuenta el ciclo espacial de cada habitante.[102]

La situación legal de la población africana

En el siglo XIX, ser negro no es sinónimo de ser esclavo, como por otra parte tampoco lo era en el período colonial. Existen por entonces varias posibilidades de manumisión: ya sea por la compra de la libertad a los propietarios, ya sea que éstos la otorguen o, por último, que el

8. *Distribución de la población parda y morena en la ciudad de Buenos Aires (1836-1855)*

Proporción de los pardos y morenos
en la población parda y morena de la ciudad,
por parroquia

Proporción de los nativos de Buenos Aires
en la población nativa de la ciudad,
por parroquia

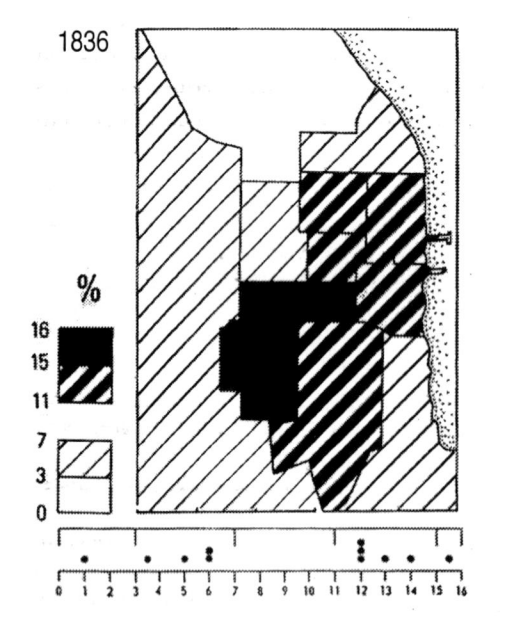

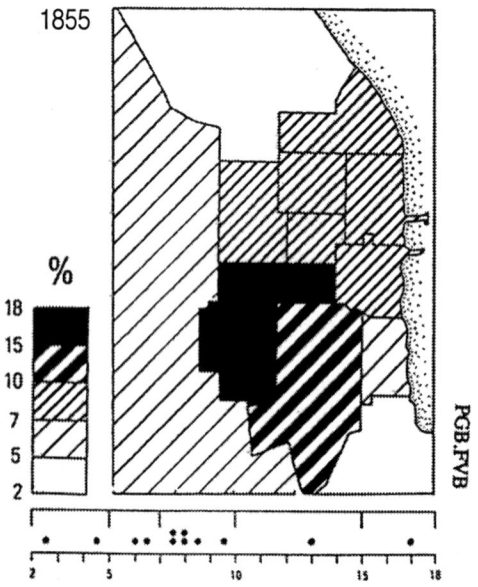

[101] Según su muestreo, entre 1821 y 1860, el 58% de las transacciones de la gente de color se relacionan con la compra y venta de terrenos en la parroquia de Monserrat. Cf. M. A. Rosal, "Negros y pardos...", art. cit.
[102] La importancia de esta cuestión fue puesta de relieve por Maurizio Gribaudi en *Itinéraires ouvriers...*, ob. cit.

poder la conceda como premio por los servicios prestados a la patria.[103] Para el caso de las manumisiones en el Buenos Aires colonial, L. Johnson comprueba que en su mayor parte, casi el 60%, procedían del desembolso del importe de su costo.[104] Según Johnson, esto puede explicar la importancia de la inserción de los esclavos en las actividades artesanales, que les permite acumular un capital destinado a comprar su libertad.[105]

Con la ruptura del lazo colonial y la introducción de un régimen republicano en la región, el número de esclavos disminuye sensiblemente. Mientras que, según García Belsunce, en 1810 éstos representaban el 86,41% de la población de color, en 1822 no constituyen más que el 12% de ésta.[106] Pero esta evolución parece ser menos una consecuencia de la aplicación de las medidas abolicionistas que el resultado de la participación de los negros en las guerras de la independencia o, simplemente, de la compra de su libertad; operación para la cual, los esclavos pueden disponer ahora de los fondos prestados por las "naciones africanas". En efecto, pese a las primeras medidas abolicionistas de 1812, se manifiesta un importante desfasaje entre las declaraciones formales y la situación real de los antiguos esclavos.[107] Presenciamos inclusive una inversión de la situación, sin que la declaración de principios sea, pese a ello, explícitamente impugnada.[108] Es lo que sucede, por ejemplo, con el reglamento del 12 de septiembre de 1827, destinado a regular la introducción de los esclavos brasileños adquiridos como botín de guerra. Aunque el artículo primero recuerde "el principio inalterable que sostiene que todos los esclavos llegados al puerto de la República son libres *ipso facto*, a partir del momento en que pisan nuestras playas", el reglamento les garantiza, a su llegada a suelo republicano, un estatus de liberto que está más cerca de la antigua condición de esclavo que de la de hombre libre. Puesto que, el decreto asegura al armador que se apropió del botín el derecho de patronazgo sobre "sus" libertos. Por ello, aunque legalmente convertidos en hombres libres, están obligados a servir al armador durante un período que oscila entre cinco y diez años, según la edad del esclavo. De manera que, en definitiva, las transacciones giran en torno del derecho de patronazgo que garantiza una mano de obra esclava en la plenitud de la vida. En otras palabras, ese derecho

---

[103] Sobre las diferentes maneras de obtener la manumisión y las diferentes concepciones de la libertad véase el reciente aporte de Rebecca Scott, *Slave Emancipation in Cuba. The Transition in Free Labor, 1860-1899*, Princeton, 1985.

[104] Lyman Johnson, "La manumisión en el Buenos Aires colonial: un análisis ampliado", en *Desarrollo Económico*, núm. 17, enero-marzo de 1978, pp. 333-348.

[105] Las últimas investigaciones sobre la economía de plantación en Brasil tienden a mostrar que la posibilidad de que un esclavo se hiciera de un capital no es una especificidad estrictamente urbana. *Cf.* B. J. Barickman, "A bit of land, which they call roça: slave provision grounds in the Bahian Recôncavo, 1780-1860", en *hahr*, 74-4, noviembre de 1994, pp. 649-687.

[106] C. A. García Belsunce (dir.), *Buenos Aires. Su gente...*, ob. cit., t. I, capítulo 2.

[107] Para esta cuestión en el Río de la Plata, véase Rafael Castellano Sáenz Cavia, "La abolición de la esclavitud en las Provincias Unidas del Río de la Plata (1810-1860)", en *Revista de Historia del Derecho*, núm. 9, Buenos Aires, 1981, pp. 55-157. Con respecto a América en general, véase David Cohen y Lack Greene (comps.), *Neither Slave nor Free: The Free Man of African Descent in the Slave Societies of the New World*, Baltimore, 1972.

[108] *Cf.* Alberto González Arzac, *Abolición de la esclavitud en el Río de la Plata*, Buenos Aires, 1974.

asegura una fuerza de trabajo cautiva durante el período de mayor rentabilidad laboral. Tras lo cual, el liberto tiene completa libertad para procurarse un medio de subsistencia hasta el fin de sus días...[109] La situación parece empezar a cambiar cuando Rosas firma, en 1840, el tratado antiesclavista con Inglaterra.[110] Pero, recién en 1853, la esclavitud es legalmente abolida por la Constitución de la Confederación Argentina. Si se tiene en cuenta que la provincia de Buenos Aires votará esa constitución siete años más tarde, la población de la ciudad convivirá con la realidad de la esclavitud hasta 1860, en el momento mismo en que las sociedades de africanos comienzan a desaparecer. De modo que la realidad de la esclavitud permite explicar la vitalidad de un movimiento asociativo que, justamente, tiene entre sus principales objetivos el de anticipar el dinero para la manumisión de sus miembros.

Los africanos en la economía urbana

Desde el período colonial, la mano de obra esclava en la ciudad se destinó a varias tareas, entre las cuales se destaca el trabajo doméstico en las familias de la elite criolla.[111] Los pequeños oficios urbanos como el transporte de agua, la exterminación de insectos e incluso la venta ambulante, también son actividades comúnmente desempeñadas por la población negra, esclava o liberta.[112] Asimismo, hay que señalar la presencia de los negros en las contadas manufacturas que existen en Buenos Aires: el sector de la elaboración de pan, el de la fabricación de muebles o el más reciente de la producción de sombreros.[113] Pero, una vez más, su presencia alcanzará la mayor importancia, tanto por su cantidad como por su lugar en la estructura económica y social de la ciudad, en las actividades destinadas a los diferentes oficios artesanales; esto se debe a la significación del sistema de alquiler de mano de obra esclava en la inversión de capitales, difundido sobre todo entre las viudas y las solteras. De todas maneras, y a causa de la escasez crónica de mano de obra, ese tipo de inversión resul-

---

[109] "Decreto reglamentando el servicio de los esclavos que introducen los corsarios, Buenos Aires, 12 de septiembre de 1827", en *Registro de la Provincia...*, ob. cit.

[110] En un principio, la política de Rosas consistió más bien en mantener el *statu quo*. Mediante el decreto de 1831, el gobernador autoriza incluso la venta de esclavos procedentes del extranjero. Cf. G. R. Andrews, *The Afro-Argentines...*, ob. cit., p. 67.

[111] Véase S. Socolow, *The Merchants...*, ob. cit.; S. Socolow, *The Bureaucrats of Buenos Aires, 1769-1810: Amor al Real Servicio*, Durham, Duke University Press, 1987; L. Johnson y S. Socolow, *Población y espacio...*, ob. cit.; Diana Balmori, "Buenos Aires", en D. Balmori *et al.*, *Notable Family Networks...*, ob. cit.

[112] G. R. Andrews, *The Afro-Argentines...*, ob. cit. Una descripción de los diferentes oficios en V. Gálvez, *Memorias de un viejo...*, ob. cit.

[113] Para el período colonial, véanse las referencias en Lyman Johnson, "The entrepreneurial reorganization of an artisan trade: the bakers of Buenos Aires, 1770-1820", en *The Americas*, octubre de 1980, pp. 139-160; G. R. Andrews, *The Afro-Argentines...*, ob. cit.; José M. Mariluz Urquijo, *La industria sombrerera anterior a 1810*, La Plata, Instituto de la Producción de la Facultad de Ciencias Económicas de la Universidad de La Plata, 1962; para el período independiente véase J. M. Mariluz Urquijo, "La mano de obra en la industria porteña, 1810-1835", en *Boletín de la Academia Nacional de la Historia*, Buenos Aires, núm. 32, 1962, pp. 583-622; J. M. Mariluz Urquijo, "La comercialización de la producción sombrerera porteña (1810-1835)", en *Investigaciones y Ensayos*, núm. 5, 1968, pp. 103-129.

taba lo suficientemente lucrativa para convencer a un número considerable y bastante heterogéneo de propietarios de esclavos de optar por el régimen de alquiler por jornada.[114] Así, según Lyman Johnson, de las 1.137 personas que en 1780 ejercían el oficio de artesano en la ciudad de Buenos Aires, el 12% eran de origen africano, y de ellas, el 57% de condición no libre.[115]

Según varios autores, la vigorosa presencia de mano de obra esclava o liberta en los oficios artesanales es una de las razones que explican el escaso desarrollo de organizaciones corporativas en la ciudad de Buenos Aires, puesto que, la discriminación racial que afectaba a los negros producía una desvalorización social de los trabajos manuales demasiado identificados con la condición de no libre.[116] Y resulta difícil, en efecto, imaginar una organización cualquiera destinada a consolidar los intereses corporativos y tejer lazos de solidaridad dentro de un gremio que integra a esclavos y hombres libres, cuando estamos ante una sociedad regida por un sistema de castas.[117] Esto podría explicar igualmente el auge de las asociaciones étnicas destinadas a reemplazar a las corporaciones de oficios, de más dificultosa implantación.

Una vez considerados todos estos aspectos, podemos destacar en primer lugar, la importancia cuantitativa de la población de origen africano en la ciudad de Buenos Aires, lo que pudo facilitar el reagrupamiento de los individuos de un mismo origen étnico en sociedades de "naciones".[118] A continuación, debemos poner de relieve las particularidades del estatus jurídico de la población negra luego de la independencia, que nos ilustra sobre la utilidad del mantenimiento de las antiguas formas de solidaridad: como las declaraciones de princi-

---

[114] Cf. G. R. Andrews, *The Afro-Argentines...*, ob. cit., p. 41 y ss. L. Johnson, *The Artisans of Buenos Aires...*, ob. cit.

[115] L. Johnson, *The Artisans of Buenos Aires...*, ob. cit.

[116] Las investigaciones existentes sobre el tema demuestran que su presencia en las diferentes ramas de oficios está en el origen de una serie de crisis en las organizaciones, ya difícilmente implantadas en la región. El caso más conocido es el del gremio de zapateros, que constituye uno de los contados ejemplos de artesanos negros que pretenden crear una corporación distinta de la dominada por los blancos. Véase Lyman Johnson, "The racial limits of guild solidarity: an example from colonial Buenos Aires", en *Revista de Historia de América*, núm. 99, enero-junio de 1985, pp. 7-26; véase también G. R. Andrews, *The Afro-Argentines...*, ob. cit., pp. 41-46. A diferencia de ciudades como México o Lima, en Buenos Aires las corporaciones de oficios tuvieron un débil arraigo. Para fines del siglo XVIII, disponemos de excelentes análisis en Lyman Johnson, "The silversmiths of Buenos Aires: a case study in the failure of corporate social organization", en *j.l.a.s.*, 8, 2, noviembre de 1976, pp. 181-313; L. Johnson, "The impact of racial discrimination on black artisans in colonial Buenos Aires", *Social History*, vol. 6, núm. 2, octubre de 1981, pp. 301-316; L. Johnson, "Francisco Baquero: shoemaker and organizer", en David G. Sweet y Gary B. Nash (comps.), *Struggle and Survival in Colonial America*, Berkeley, 1981.

[117] La discriminación también existe dentro del gremio, dado que la presencia negra no es igual en los diferentes rangos de éste. Para un análisis más detallado, véase L. Johnson, "The impact of racial discrimination...", art. cit., así como su tesis todavía inédita, *The Artisans of Buenos Aires...*, ob. cit.

[118] Según R. Bastide, las culturas de origen se preservaron mejor en la ciudad que en el campo, pues en aquélla, los africanos podían reunirse más fácilmente por la noche y reformular sus comunidades primitivas. Cf. Roger Bastide, *Les Amériques noires. Les civilisations africaines dans le nouveau monde*, París, Payot, 1967, p. 29.

pios consustanciales con el derecho natural no cambian radicalmente la suerte de los esclavos en la región, es razonable imaginar que éstos siguen adoptando los viejos métodos de manumisión. Su lugar en la economía local podría constituir igualmente otro elemento de respuesta. En definitiva, todas estas razones nos inclinan a considerar esas sociedades más como una continuidad de las viejas formas organizacionales que como una ruptura con las prácticas y representaciones antiguas. No obstante, la vitalidad de su vida asociativa también puede explicarse por la voluntad de control del poder republicano sobre esta población potencialmente reivindicativa.[119] El problema de la continuidad y la ruptura entre las "naciones" de la época colonial y las "Sociedades Africanas" es en realidad bastante complejo y merece que nos demoremos un poco en él.

Candombe y cofradías en la ciudad colonial

Existe una confusión notable con respecto a las prácticas de sociabilidad de la población de color. Encontramos indistintamente los apelativos "Naciones", "Sociedades Africanas", "Corporaciones" e incluso "Sociedades de Ayuda Mutua", para hacer referencia a las asociaciones de africanos, cuando en realidad esas denominaciones corresponden a formas muy distintas de sociabilidad en diferentes momentos históricos.[120] Así, G. Andrews y R. Rodríguez Molas vinculan las Sociedades Africanas del período rivadaviano a los *candombes*. Para Andrews, el primer testimonio de la existencia de las naciones se ubica en 1770, mientras que Rodríguez Molas data su aparición en 1813. Rossi, por su parte, establece una continuidad total entre la organización étnica africana y las sociedades del siglo xix.[121]

Durante el período colonial, las formas de sociabilidad propias de la comunidad africana parecen ser de dos tipos: las traídas por los negros desde sus países de origen y cuyas manifestaciones más corrientes eran los bailes alrededor del tambor (conocidas como *candombes*), y las adquiridas en el lugar, principalmente en torno de las cofradías religiosas. Se trata, por supuesto, de una distinción que no excluye la existencia de importantes sincretismos culturales. Pero veremos, que al menos en un aspecto trascendente, esta distinción no sólo es útil sino necesaria.

En casi todas las ciudades coloniales con una fuerte concentración de negros, esclavos o libres, están atestiguadas las danzas o *candombes*.[122] *Candombe* designa tanto la danza como la reunión durante la cual se baila. Es decir, que la misma palabra remite a la modalidad y al lugar de encuentro. Por extensión, *candombe* e incluso "tambor" indican el grupo que se reúne para bailar; en otras palabras, la red de relaciones consolidada por lazos de solidaridad

---

[119] R. Bastide, *ibíd.*, p. 36, señala esta función, así como la compensatoria de la humillación de la esclavitud.

[120] Encontramos esta problema aun en el libro de Andrews, el único, por otra parte, que integra una investigación sobre estas asociaciones. Véase G. R. Andrews, *The Afro-Argentines...*, ob. cit., capítulo 5.

[121] *Cf. ibíd.*, p. 171; R. Rodríguez Molas, *La música y la danza...*, ob. cit.; V. Rossi, *Cosas de negros...*, ob. cit., pp. 28 y 51.

[122] *Cf.* Benjamín Núñez, *Dictionary of Afro-Latin American Civilization*, Westport, Greenwood Press, 1980, p. 108.

étnica. Llegamos así a la acepción de "Nación Africana" que hace referencia a la tendencia que tenían los negros a reagruparse según su "nación" de origen. De tal modo, las fuentes coloniales hablan de los "negros de la nación Conga" o de la "nación Cabunda" que organizan sus bailes al ritmo del tambor.[123] Según Rodríguez Molas, la primera referencia histórica a esas prácticas colectivas data de 1649. Un siglo más tarde, las "reuniones danzantes" parecen haberse desarrollado de manera considerable, al punto de inquietar al poder. El edicto de 1770, del entonces gobernador y luego virrey Vértiz, que prohíbe "los bailes que practican los negros" permite deducir que la razón de su proscripción es que se desarrollaban sin permiso.[124] A lo cual se añadía la indecencia de los movimientos físicos en lugares públicos y también el hecho de que podían sumarse otras actividades prohibidas por la corona, como los juegos de azar o temibles manifestaciones de paganismo. Así lo hace saber, en 1779, el sacerdote de la parroquia de la Piedad, Francisco Javier Zamudio: "la falta de respeto público [de los negros] hacia la Iglesia, cuando se ponen a bailar delante del atrio sus habituales danzas obscenas, a la tarde del día de san Baltasar y el domingo de Pascua".[125] Por el informe del procurador de la ciudad en 1791, nos enteramos de que al pasar éste el domingo por la parroquia de la Concepción, "observó en varias casas una cantidad de negros y negras encerrados y tocando el tambor".[126] Es obvio, que las reuniones con tambores, también podían realizarse en espacios cerrados; de este modo, su control no aparecía forzosamente ligado a la figura de atentado a la moral pública.

A medida que nos acercamos al siglo XIX, momento de importante crecimiento demográfico de los negros en Buenos Aires, las referencias a la sociabilidad africana se vuelven más numerosas. Convengamos, de todos modos, que entre la "danza" y la existencia de una sociedad de "Nación Africana" hay una relación que, por lógica y conceptual que sea, no es una prueba de la existencia histórica de una estructura organizadora que reagrupe a los africanos según su etnia de origen. Por lo que sabemos, no hay fuentes que confirmen, antes de la independencia, la existencia de una estructura organizacional consolidada en torno de objetivos de solidaridad étnica. Parecería que, pese a la multiplicación de las prácticas, aún prevalece el tipo informal de encuentro. La administración colonial velaba sobre todo por el respeto del calendario de fiestas y la decencia de los gestos, a la vez que daba pruebas de cierta tolerancia con los encuentros periódicos en torno de la danza. Esta tendencia parece perpetuarse a principios del siglo XIX, cuando no encontramos al menos medidas represivas contra estas prácticas. Por otra parte, sin duda puede suponerse que el poder municipal era cada vez más indulgente con los esparcimientos de la población de color, cuando la insurrección de la ciudad contra las autoridades españolas hacía tan necesaria su fidelidad a la causa revolucionaria. Ya antes, debido a su participación en la defensa de Buenos Aires en

---

[123] Véanse las referencias en R. Rodríguez Molas, *La música y la danza...*, ob. cit., pp. 7-11.

[124] *Cf. ibíd.*, p. 7.

[125] *Cf.* Acuerdo del 9 de octubre de 1788 en AGN, *Acuerdos del extinguido Cabildo de Buenos Aires*, serie 3, tomo 8, Buenos Aires, 1930, pp. 623-627.

[126] En este caso preciso se trataba de la vivienda de un africano liberto. AGN, Sala IX, 19-7-2, citado por R. Rodríguez Molas, *La música y la danza...*, ob. cit.

1806 y 1807, una serie de iniciativas municipales se habían encaminado para recompensar su fidelidad al monarca y la ciudad.[127] También, durante esos años, los africanos de la nación Conga iban a poder adquirir por primera vez un terreno en el barrio núm. 15, parroquia de Nuestra Señora del Pilar, a fin de realizar su "tango de danza".[128] Pero, hasta la reglamentación de 1821, la sociabilidad en torno de la danza no parece encaminada a establecer una estructura organizacional formalizada. De todos modos, se distingue sensiblemente de la sociabilidad espontánea en las *pulperías*: aparentemente no hay alcohol ni guitarras, la concurrencia es de ambos sexos, la clientela tiene un mismo origen étnico, no existe un lugar de reunión establecido y el baile es de rigor; no es aventurado distinguir la sociabilidad de los *candombes* de la sociabilidad de las *pulperías*. Por otra parte, las colectas periódicas realizadas entre la concurrencia para garantizar la ejecución de las danzas durante las fiestas requerían de la existencia de autoridades reconocidas para administrar ese dinero, y a veces, para conseguir un lugar de reunión. Debemos agregar a ello, la organización propia del espectáculo: los músicos y los coreógrafos. Estas diferencias hacen de los encuentros en las *pulperías* una forma de sociabilidad más permeable a los nuevos códigos relacionales y valores difundidos por el movimiento asociativo.

Los africanos de la ciudad participan también en otra forma de sociabilidad asociativa que con bastante frecuencia se confunde con los *candombes*: las cofradías. Es cierto que las reuniones en torno de los *candombes* y las cofradías parecen tener fronteras oscuras. Al respecto, las referencias coloniales a los primeros son bastante equívocas y justifican esa confusión. Así, para unos se trata de la misma organización comunitaria con características presuntamente diferentes, mientras que, para otros existe una evolución en la tradición de las organizaciones que explica el pasaje a las cofradías, primero, y a las sociedades de naciones, después.[129] Sin duda es difícil distinguir entre la festividad religiosa y el *candombe*, sobre todo cuando aquélla moviliza a las mismas personas, como sucede el día de la Epifanía, fecha de una de las fiestas más importantes en el calendario de los *candombes* y, al mismo tiempo, día de procesión para las cofradías de san Baltasar. Es significativo constatar que justamente esa cofradía es la que registra más conflictos con su sacerdote, lo que deja entrever una confusión entre esas dos conmemoraciones que el cura intenta remediar.[130] De todas maneras, se impone una distinción formal entre *candombes* y cofradías. Mientras que en éstas, los africanos se organizan por cuerpos de oficios, en los *candombes* lo hacen por origen étnico.

---

[127] Con respecto a la participación de la población negra en las milicias, véase "Estado del Ejército de la capital en octubre de 1806", en I. Núñez, *Noticias históricas de la República...*, ob. cit., t. I, p. 97, y G. R. Andrews, *The Afro-Argentines...*, ob. cit., capítulo 7.

[128] Según el informe de 1821 del alcalde del barrio. Es interesante indicar aquí los términos que utiliza. Adviértase el uso precoz del término "tango", vinculado inequívocamente a las danzas africanas: "los mulatos de la nación Conga que tienen un tango de danza en el barrio núm. 15". Buenos Aires, 14 de noviembre de 1821 en AGN. AP. X. 32.10.1 fol. 62. En su diccionario etimológico de la lengua española, Corominas destaca la misma acepción pero indica como primera utilización un documento de 1836. *Cf.* J. Corominas, *Diccionario crítico...*, ob. cit., pp. 369-370.

[129] Véase G. R. Andrews, *The Afro-Argentines...*, ob. cit., p. 171.

[130] *Ibíd.*, capítulo 9.

Por otra parte, las cofradías presentan una organización formal, en tanto que los *candombes*, como modo de sociabilidad lúdica, no tienen una verdadera estructura formalizada. Hecha la distinción, hay que aclarar que en realidad tenemos muy pocos datos sobre esas cofradías de africanos en Buenos Aires.[131] Según las investigaciones de Miguel Ángel Rosal, parecería que esas asociaciones disfrutaban de una fuerte implantación entre la gente de color en el Buenos Aires colonial. Este mismo autor sostiene que, con el desarrollo de las "Sociedades Africanas", la población de color tendió a abandonar las cofradías para reunirse en las nuevas formas asociativas.[132]

Las "Sociedades Africanas", una creación de los liberales rivadavianos

El auge de las asociaciones de africanos coincide con el gobierno de Rivadavia. Más precisamente, entre 1821 y 1823, cuando una serie de instrucciones dictadas por el gobierno al jefe de policía, con respecto a los bailes públicos, derivaron en la reglamentación de esas reuniones y en la creación de "Sociedades Africanas". La primera de esas reglamentaciones data del 30 de noviembre de 1821. Anteriormente, el decreto del 8 de noviembre del mismo año dispone la vigilancia de los bailes de africanos, con la intención de establecer a continuación "un reglamento que fije el método que debe observar la sociedad". El gobierno liberal pretende legalizar así "los tangos de danzas", a la vez que prohíbe los bailes en la calle.[133] El reglamento definitivo que regirá todas las sociedades africanas es de agosto de 1823, luego de una serie de medidas dictadas entre 1821 y ese mismo año por el jefe de policía de la ciudad de Buenos Aires, Joaquín de Achával, con el objeto de establecer una reglamentación y una definición legal de esos bailes de tambor o *candombes*.[134] A raíz de lo cual, vemos aparecer y desarrollarse en la ciudad un importante movimiento asociativo negro.

---

[131] Por desdicha, no existe literatura sobre su historia en el Río de la Plata. En el caso de las cofradías de negros, las únicas referencias confiables son las que aporta Andrews en el capítulo 5 de su libro. Véanse también los trabajos de M. A. Rosal.

[132] A partir de una investigación sobre las sucesiones de las personas de color de la ciudad para el período 1750-1820, Rosal muestra la intensa difusión de esas prácticas entre los negros. Así, sobre un total de 234 negros que dejan sucesiones, 174 (74%) forman parte de una cofradía. Para la década de 1820, la proporción es todavía de 37/61, pero para el período 1830-1860 sólo encuentra dos casos de afroporteños que participan en ellas. *Cf.* M. A. Rosal, "Algunas consideraciones...", art. cit.

[133] *Cf.* AGN. AP. X. 32.10.1 fol. 62. Paralelamente, aumentan las detenciones de negros "por haber bailado en la calle". Sólo en 1822 se emitirán cuatro decretos que prohíben las danzas callejeras. *Cf.* AGN. AP. X. 44.10.1. En la nota del 8 de enero de 1822, el jefe de policía solicita al gobernador que anule los permisos otorgados a los negros para bailar en la calle y que "limite la autorización a los puntos que ellos llaman tambor". Buenos Aires, 8 de enero de 1822, en AGN. AP. X. 12.6.1 fol. 164. Otras referencias sobre detenciones de negros por haber bailado en la calle el 5 de febrero de 1822, en AGN. AP. X. 12.6.2 fol. 225 y 228; AGN. AP. X. 12.6.5 fol. 198.

[134] *Cf.* "Reglamento dado por el superior gobierno a las naciones africanas en el año 1823", en AGN. AP. X. 14.5.4.

Los objetivos de las nuevas asociaciones son explícitamente fijados por el reglamento: ayudar a la manumisión de sus miembros mediante préstamos a un interés del 5% anual, velar por la moral, la educación y la industria de los integrantes y organizar, una vez por mes, una misa por el reposo del alma de sus difuntos. Entre esos objetivos reconocemos funciones propias de las cofradías de oficios, como la asistencia de los hombres y las almas. La sociedad tampoco abandona la función de formación, pero vemos desaparecer aquí la estructura jerárquica que era característica de la enseñanza técnica de los cofrades. El reglamento contiene igualmente una serie de artículos que recuerdan las formas asociativas laicas construidas según el principio contractual de las relaciones y la autoridad: igualdad entre sus miembros, elección de las autoridades, posibilidad de revocación de los mandatos por los integrantes de la asociación y pérdida de control de las autoridades religiosas sobre el movimiento asociativo de los hombres de color. Es lógico suponer que la voluntad del poder de crear una nueva forma asociativa, que asegure la asistencia en la comunidad de origen africano, se inscribe en el marco de su política de secularización de la asistencia, de la que la creación de las nuevas instituciones-asociaciones de caridad constituye otro aspecto.[135] Empero, al secularizar la "función asistencia" en la comunidad de origen africano, el gobierno liberal de Rivadavia crea una nueva forma asociativa hasta entonces inexistente: la asociación étnica. Es cierto que el reglamento de 1823 no instituye las redes de relaciones propias de la comunidad étnica ni inventa, por otra parte, la solidaridad entre sus miembros. No obstante, las formaliza mediante una nueva práctica asociativa que se organiza según las antiguas formas de sociabilidad de la población africana. Pese a la aparente liberalidad de la gestión de Achával, no hay que equivocarse con respecto al sentido de esas medidas. Más que una voluntad de terminar con la vieja restricción que pesaba sobre la libertad de asociación, el gobierno liberal de Rivadavia pretende, en realidad, introducir una vigilancia más estricta.[136] De todos modos, hay que señalar que esta iniciativa del gobierno liberal facilita el desarrollo de una experiencia asociativa que conserva rasgos antiguos pero se inscribe en una nueva lógica.

La suerte de las Sociedades Africanas después de Rivadavia

En cierto modo, hoy nos resulta posible conocer la historia de esas asociaciones gracias al control policial. En efecto, a pesar de la directiva explícita de los reglamentos con respecto

---

[135] Cf. *ibíd.*, artículos 9, 12, 16, 24, 26, 27, 29, 31, 32, 33, 34, 35 y 37. En David Bushnell, *Reform and Reaction in the Platine Provinces 1810-1852*, Gainesville, University Press of Florida, 1983, pp. 26-30, se encontrará una exposición de las reformas eclesiásticas; un análisis histórico desde el punto de vista de la Iglesia en Cayetano Bruno, *Historia de la Iglesia en Argentina*, Buenos Aires, Don Bosco, 1966-1981, t. XIII, pp. 411-549.

[136] Eso es lo que puede deducirse de su artículo 6 y del papel importante que cumple la policía (artículos 10, 11, 12 y 37): restricciones en cuanto a la clientela (sólo individuos originarios de una misma nación) y control indirecto de los miembros por la persona del presidente (cosa que no siempre funcionó, porque éste y los miembros fueron más bien solidarios). Cf. *ibíd.*

a los archivos que debía tener cada sociedad, esta documentación, suponiendo que se haya elaborado en su momento, desapareció por completo en nuestros días, de manera que todas las informaciones disponibles sobre las Sociedades Africanas proceden únicamente de los archivos de la policía.[137]

A partir de ese corpus, hemos construido el cuadro cronológico de su desarrollo durante el período que nos ocupa.[138] El gráfico nos permite señalar, en primer lugar, un desarrollo continuo y bastante regular de las asociaciones de africanos, que muestra no obstante dos puntos salientes en 1825 y 1830.[139] Durante los primeros cinco años que siguen a la reglamentación, se crearon de ese modo una cantidad considerable de asociaciones, con el objetivo de legalizar sus reuniones gracias a las nuevas posibilidades brindadas por el gobierno. Es el caso de los negros de la nación Conga que ya hemos mencionado, así como de las naciones Benguela, Cabunda, Mina, Mondongo, Mongolo, Moros, Lubolo, Mozambique, Angola, Carabari y Huombe. La interpretación del segundo punto saliente, que indica un auge notable de las sociedades en 1830, es más controvertida. Puede asociarse al fenómeno anterior, pero también es posible que lo expliquen otras causas. Podemos pensar, en primer lugar, en la excepcional afluencia de esclavos procedentes de Brasil. Se trataría de un fenómeno de crecimiento demográfico que repercute en el dominio asociativo mediante un desarrollo equivalente de las asociaciones.[140] Queda por saber si es la consecuencia de una actitud espontánea de los recién llegados que, al ponderar los beneficios que pueden extraer de esas organizaciones, se constituyen como sociedad o, al contrario, si es la política gubernamental la que los empuja a ello. La cuestión nos lleva a una segunda interpretación que vincula esta evolución con un fenómeno político: el ascenso de Rosas al poder. Para justificar un auge tan próximo a su toma del poder, sin embargo, habría que encontrar órdenes

---

[137] Según el reglamento de 1823, el secretario de la sociedad estaba encargado de llevar el libro de actas, el registro de los asociados y el cuaderno de contabilidad (artículo 30 del reglamento).

[138] Para la construcción del cuadro completamos y comparamos la documentación de los archivos de la policía con la de las otras fuentes consultadas: documentos legislativos, memorias de la época, crónicas de viajes y prensa local. Para terminar, nuestro corpus se comparó con los resultados de otras investigaciones sobre el tema. Es necesario brindar algunas explicaciones con respecto a la utilización gráfica de los datos (documento núm. 5). En cada caso, indicamos la fecha de aparición de la sociedad sin poder afirmar en todas las circunstancias que se trataba también de la fecha de creación. Lo mismo vale para la fecha de desaparición. En cuanto a la duración de la asociación, se dedujo a partir de las informaciones fragmentarias concernientes a cada sociedad. Así, cuando teníamos referencias para una misma sociedad en dos momentos diferentes, consideramos, por defecto, que siguió funcionando durante el período comprendido entre ambos. Cuando sólo contábamos con una referencia, la trasladamos a todo el año correspondiente. Se encontrará una lista de todas estas asociaciones en nuestra tesis de doctorado. Cf. "Associations d'africains créées à Buenos Aires au XIXe siècle", t. III, anexo núm. 4, "La vie associative".

[139] Véase documento núm. 6, *supra*, pp. 79-80.

[140] Los cálculos demográficos de Andrews confirman esta tesis. El autor retoma los resultados de Marta Goldberg sobre la tasa promedio de crecimiento vegetativo de la población negra para los años 1822 a 1831. Ese aumento, del 0,19%, indica un decrecimiento vegetativo. A juicio de Andrews, el mantenimiento de esa población, a pesar del decrecimiento, se debe al aporte inmigratorio a raíz de la incorporación de los esclavos negros de Brasil entre 1826 y 1827. Cf. M. Goldberg, "Población negra y mulata…", art. cit., pp. 90-94; G. R. Andrews, *The Afro-Argentines…*, ob. cit., p. 90.

precisas dadas con respecto a las sociedades de las naciones africanas; siendo así que, por lo que sabemos, Rosas no dictó ningún decreto ni reglamentación concernientes específicamente a esas asociaciones durante su primer año de gobierno.

El desarrollo de nuevas asociaciones parece ser, en realidad, la consecuencia de una fragmentación de las sociedades existentes: la Conga Agunda surge de una división de la nación Conga; la Muchague y la Mañanbaru, de una división de la Mozambique; la Muchague conocerá una nueva división de la que en 1834 surgirá la nación Amuera. La explicación de este fenómeno debe buscarse menos en la coyuntura política de 1830 que en las tensiones que existen entre la lógica asociativa y la lógica de la comunidad étnica. En efecto, de acuerdo con el reglamento esas formas asociativas tenían que funcionar como una corporación de tipo antiguo. Así, según su artículo 6, debían constituirse sobre la base de la comunidad étnica: "no se permitirá establecer otra sociedad que esté compuesta por individuos de una misma nación a fin de prevenir los males que podrían suscitarse".[141] Pero en conjunto, con esta restricción étnica que limitaba su desarrollo, la política liberal consistía en estimular la formalización de los "tangos de danza" en una forma asociativa, al alentar la multiplicación de las asociaciones. Esta contradicción explica la perplejidad del gobierno frente al desarrollo de un movimiento que él mismo había creado, a lo cual se refiere explícitamente la comisión examinadora de las Sociedades Africanas en un informe dirigido al comisario Pedro Romero, fechado en 1834. Los miembros de esta comisión advierten entonces efectos inesperados y fastidiosos de la política inconsecuente del poder con respecto a esas sociedades. Al autorizar la creación de nuevas sociedades originadas en el fraccionamiento de las antiguas, el gobierno favorecía la insubordinación dentro de la sociedad, cosa que, a juicio de la comisión, desnaturalizaba las metas prevalecientes en el origen de la creación de las asociaciones de africanos, ya que daba a éstos demasiada libertad de acción.[142]

En esta perspectiva, lo que en apariencia corrobora el éxito del modelo asociativo impuesto por los liberales podría enmascarar su fracaso. En efecto, es lícito suponer que las divisiones sucesivas terminan por aniquilar las Sociedades Africanas, a la vez que señalan la extrema fragilidad de la red de solidaridad étnica. Sin embargo, el ritmo de su desarrollo desautoriza esta hipótesis. Las divisiones no se producirán en detrimento de la forma asociativa que persiste de manera continua a lo largo de la primera mitad del siglo XIX. Se inclinarán, incluso, a evolucionar hacia una gran especialización de las funciones, que en la segunda mitad del siglo XIX dará origen a asociaciones de ayuda mutua, asociaciones lúdicas e incluso asociaciones políticas.

También aquí, Rosas aparece más como el heredero que como el creador de un movimiento que él sabe asimilar muy rápidamente a su poder, al asegurar las condiciones de su

---

[141] "Reglamento dado...", ob. cit.

[142] Buenos Aires, 2 de diciembre de 1834, en AGN. AP. X. 33.2.2 fol. 55. Es probable que el fraccionamiento de las sociedades, que la nueva reglamentación hacía posible, responda en realidad a una lógica más antigua. Podría ser que la división dentro de una nación tendiera a reconstituir los verdaderos grupos étnicos deshechos por la esclavitud.

desarrollo futuro. Pero en la sombría crisis que atravesará la provincia de Buenos Aires entre los años 1838 y 1842, y que costará la vida a muchos miembros de las elites porteñas, las asociaciones de africanos tendrán que desempeñar un papel no desdeñable en la movilización partidaria alrededor de Rosas y la "Federación", lo cual nos permite establecer una primera diferenciación en la herencia rivadaviana de aquél. Mientras que las formas asociativas de tipo sociocultural, que reclutan a sus miembros mayoritariamente en el ámbito de las elites, serán asimiladas a prácticas de oposición, las asociaciones étnicas aparecen como uno de los tipos de organizaciones que mejor adhiere a los valores de la "Santa Federación". La distinción se inscribe, desde luego, en una lógica partidista. Pero no por ello es menos injustificada la desconfianza que inspiran entonces las nuevas asociaciones socioculturales. No sólo porque el descontento comienza a ganar a las elites, hasta entonces relativamente exentas del costo humano del conflicto de las facciones, sino porque ese tipo de asociación estimula la discusión pública de cuestiones que hasta este momento son prerrogativas de la autoridad, sea ésta pública –en el sentido antiguo del concepto– o comunitaria. Desde este punto de vista, las asociaciones africanas parecen mucho menos subversivas, puesto que el objetivo mismo de la asociación retoma la vieja idea de la gestión comunitaria en la que subsiste una representación antigua de la sociedad y la autoridad. Por otra parte, el principio asociativo, fundado en la pertenencia étnica, tiende a cerrar la red de asociaciones, lo que dificulta la identificación entre principio asociativo y fundamento del lazo social. Así, en tanto que la forma asociativa sociocultural tiende a romper o, al menos, ensanchar una sociabilidad barrial tejida alrededor de los lazos primarios, al introducir una representación contractual del lazo social, la sociabilidad asociativa de tipo étnico apunta más bien a reforzar unos lazos comunitarios que comprendan representaciones sociales de tipo corporativo. Incorpora, no obstante, el principio contractual que mina los fundamentos antiguos de la autoridad.

El modelo de implantación de las Sociedades Africanas en la ciudad refuerza esta idea. Esas asociaciones dan testimonio de un emplazamiento agrupado en las parroquias de Monserrat y Concepción, donde se encuentra la población negra libre en mayor cantidad. De todos modos, no hay una correlación estricta entre concentración de habitantes africanos e implantación de las sociedades, pues éstas se encuentran ausentes en las parroquias del centro, mientras que, la población de origen africana es allí numerosa. Hay dos explicaciones posibles para ello: o bien la adquisición del terreno, más caro en el centro que en las zonas periféricas, los obliga a tomar esa decisión, o bien el poder, siempre receloso de las prácticas lúdicas de la población de origen africano, los incita a alejarse de los barrios céntricos. Sea como fuere, esto muestra ante todo que no se trata de una forma asociativa que refuerza la sociabilidad de barrio, como sucede con las *pulperías*. Por otra parte, la elección de la parroquia de Monserrat no parece fortuita, puesto que, según Miguel Ángel Rosal, el precio de la propiedad en ese barrio era más alto que en otros barrios de la ciudad.[143] Su implantación localizada indica entonces una especificidad topográfica que renueva la tensión entre los valores asociativos y la comunidad étnica.

---

[143] M. A. Rosal, "Negros y pardos...", art. cit., p. 9.

El ejemplo de las Sociedades Africanas muestra, por lo tanto, la complejidad de las transformaciones operadas por la implantación de nuevos principios relacionales. Las nuevas prácticas asociativas hacen accesibles unos vínculos, unas formas de organización y todo un ritual democrático que se resignifican en cada asociación mediante prácticas culturales que entrañan representaciones sociales divergentes. Pero si la incidencia de las "asociaciones democráticas" en la sociedad porteña poscolonial es mitigada, en una perspectiva de mediana duración, el desarrollo de las asociaciones voluntarias entre diferentes sectores de la población urbana introduce una nueva representación de la sociedad como producto de los lazos voluntarios entre individuos libres e iguales, que no dejará de tener consecuencias.

3. EN LOS CONFINES DE LA CIVILIDAD, LA POLÍTICA

La noción de civilidad remite aquí al mundo de los intercambios sociales que están relacionados con la esfera pública. La hemos definido por la valorización de los intercambios en el respeto de ciertas reglas de urbanidad, y por la importancia de la conversación como modalidad de intercambio y la utilización pública del razonamiento individual. Este tipo de sociabilidad se inscribe en lo que llamamos la esfera pública moderna como foro de los individuos reunidos en "público", que ejercen un nuevo poder, el de la opinión.[1] Pero, entre las relaciones de civilidad y el orden político no hay una correlación obligada. Puede llegar a existir una separación y hasta un abismo entre el espíritu de civilidad y el orden político, aun cuando este orden se funde en una legitimidad democrática. De allí la polisemia de la palabra, que significa tanto urbanidad –cortesía, buenos modales, lo que la asocia a la civilidad cortesana– como la actitud que caracteriza a los buenos ciudadanos: la afición por los intercambios recíprocos, la tolerancia hacia las opiniones del otro, el respeto de un conjunto de procedimientos y reglas convencionales en cuyo marco se inscribe el acto cívico por excelencia, el voto. De lo social a lo político, de lo particular a lo colectivo, la polisemia de la palabra dista de carecer de sentido y requiere algunas precisiones.

Cuando hablamos de la "Patria Republicana" podemos referirnos a dos cosas que no están necesariamente unidas: la introducción de las instituciones representativas o el ejercicio real de la soberanía popular, a la que esas instituciones debían su legitimidad. En el primer caso, la esfera de lo político puede limitarse a la acción de una cantidad reducida de individuos que, en nombre de esos principios, ejercen el poder. Esa restricción puede ser explícitamente reconocida –el caso de los regímenes censitarios–, o bien actuar de hecho por falta de definición del funcionamiento de las nuevas instituciones representativas –el caso de las repúblicas hispanoamericanas nacientes–. En el segundo caso, la esfera de lo político se extiende a ese espacio de mediación entre la sociedad y el Estado; es el surgimiento de la esfera pública política. Con ello, la política ya no es la lucha por el poder dentro de institu-

---

[1] Para la aparición de una nueva acepción de la idea de opinión, véase Mona Ozouf, *L'Homme régénéré. Essais sur la Révolution Française*, París, Gallimard, 1989; para estas cuestiones en general, Roger Chartier, *Les Origines culturelles de la Révolution Française*, París, Seuil, 1990.

ciones representativas, sino la lucha por manejar las relaciones de la sociedad con sus instituciones. Nuestra hipótesis es que el movimiento de fondo, que se efectúa a través de las nuevas prácticas de sociabilidad, y oculta nuevas representaciones del lazo social basadas en el respeto de las libertades individuales, no afecta aún el mundo de la política. No ignoramos que durante esta época se produce un desarrollo considerable de la prensa fundamentada en el principio de la libertad de opinión, así como la instauración de un sistema republicano representativo que, en el caso de la provincia de Buenos Aires —con la ley electoral de 1821—, es particularmente avanzado y supone una verdadera ampliación de las fronteras políticas.[2] Pero, si la revolución institucional es innegable, su impacto sobre las representaciones del poder parece atenuado. Y esto sucede pese a la introducción de las instituciones republicanas, pues aun en lo que concierne al poder limitado a un voto de ratificación, los dirigentes políticos exhibían una falta de respeto por las libertades cívicas que es una manifestación complementaria de la escisión que subsiste entre el desarrollo de los nuevos valores de la civilidad y la esfera del poder. El "fraude" sistemático en el acto electoral, el golpe de fuerza cuando los opositores lograban manejar el voto, la eliminación de la prensa contraria y hasta la brutalidad más extrema contra los adversarios constituían las verdaderas prácticas de la política democrática. Todo sucedía como si, para los dirigentes de la nueva "Patria Republicana", esa brutalidad, más que la civilidad, estuviese destinada a consolidar su poder representativo, la política era todavía un campo de lucha y no de negociación, de acción más que de opinión. Los principios de la libertad y la igualdad política, que hacen de la civilidad una cultura cívica, se definen entonces al margen del marco de lo político como ejercicio de la soberanía. Para decirlo de una vez, la introducción de un sistema representativo republicano parece poco vinculada con esa nueva esfera de poder desde la cual parece surgir una nueva representación política en el Occidente noratlántico.[3]

El orden de lo político: la patria republicana

La década de 1820 es, para la provincia de Buenos Aires, una "feliz experiencia", ya que el gobierno logra asegurar la paz social y la prosperidad económica en el marco de un nuevo orden institucional. También constituye la década de la desintegración definitiva del territorio del virreinato del Río de la Plata, que arrastra la maquinaria bélica, montada en principio contra España, hacia una guerra civil entre las provincias que se prolonga durante más

---

[2] Tras la defensa de esta tesis, los estudios sobre la historia electoral en la América hispánica experimentaron un considerable desarrollo. Para este período, véase Marcela Ternavasio, "Nuevo régimen representativo y expansión de la frontera política. Las elecciones del Estado de Buenos Aires, 1820-1840", en Antonio Annino, *Historia de las elecciones en Iberoamérica, siglo XIX*, Buenos Aires, Fondo de Cultura Económica, 1995, pp. 65-105.

[3] Sobre esta cuestión, véase R. Chartier, *Les Origines culturelles...*, ob. cit.; Keith Michael Baker (comp.), *The French Revolution and the Creation of Modern Political Culture*, 3 vols., Oxford y Nueva York, 1987; K. M. Baker, *Inventing the French Revolution. Essays on French Political Culture in the Eighteenth Century*, Cambridge, Cambridge University Press, 1990.

de medio siglo. Dos observaciones a primera vista contradictorias, pero que encuentran su síntesis en la noción de "representación". El problema radica menos en las dificultades de establecer instituciones representativas que en la introducción de la nueva noción de representación en una sociedad que aún funciona como cuerpo político tradicional.[4]

Las instituciones representativas en la provincia de Buenos Aires

La Junta de Representantes, poder legislativo y constituyente de la provincia de Buenos Aires, se cuenta efectivamente entre las herencias del gobierno liberal de 1821. Su origen es la Junta Electoral de Representantes, asamblea electoral que, por iniciativa del gobernador Sarratea, se convierte en abril de 1820, en junta legislativa provincial. Durante el ministerio de Rivadavia, con la supresión del poder municipal (decretada por esa misma junta en diciembre de 1821), y la ley de elecciones de agosto del mismo año, aquélla termina por constituirse en la principal institución representativa provincial. Al principio estaba compuesta por 12 representantes de la ciudad y 11 de la campaña, pero en 1827 su número pasa a 24 representantes de la primera, y 23 de la segunda.[5] La junta funciona a la vez como asamblea legislativa elegida por "sufragio universal" directo y como asamblea electoral, pues sigue eligiendo al Gobernador y Capitán General de los ejércitos de la provincia. Con su creación se instaura el sistema electoral representativo en la provincia de Buenos Aires, fijado por la ley de elecciones del 14 de agosto de 1821, que otorga la facultad de voto –se habla de aptitud y no de derecho– a todo hombre libre, natural "del país" –en un primer momento la ciudad de Buenos Aires, ya que la ley no prevé todavía las elecciones en la campaña– o residente –sin especificar el tiempo de residencia–, a partir de los veinte años de edad.[6] De acuerdo con la ley de 1821, la población de la ciudad, y más tarde la de campaña debían ser convocadas una vez por año para elegir sus representantes. La representación era por parroquia en la ciudad, y por "sección electoral" en el campo. Según las autoridades, el motivo de la organización del voto por parroquia en la ciudad es puramente técnico, ligado a la ventaja de utilizar una estructura administrativa ya existente para organizar el acto electoral; el sujeto de representación no es la comunidad parroquial sino el individuo, quien debía votar en su parroquia para elegir a los representantes de la ciudad, agrupados en una cámara que representaba a la población de la provincia de Buenos Aires.

Esta ley es excepcional en varios aspectos. En primer lugar, por el hecho de que no establece ninguna limitación al voto, con lo que alcanza de una sola vez, y antes que muchas otras repúblicas, el principio de la soberanía universal: un hombre, un voto. A continuación, porque reduce a nada el sistema de elecciones en dos grados que se había utilizado has-

---

[4] Para la representación moderna, además de las obras ya citadas, véase Marcel Gauchet, *La Révolution des pouvoirs. La souveraineté, le peuple et la représentation, 1789-1799*, París, Gallimard, 1995.

[5] En Saturnino Salcedo, *Las primeras formas de elegir y los actuales sistemas electorales. Régimen político de las provincias argentinas*, Buenos Aires, ETGLA, 1948, capítulo 1.

[6] *Cf.* "Ley de Elecciones", *Registro Oficial de la Provincia...*, ob. cit., pp. 19-21.

ta entonces.[7] Por último –lo que es aún más extraordinario–, porque no fue derogada *a posteriori*. En efecto, la historia del siglo XIX conoce algunos ejemplos de arrebatos democráticos, pero ¿cuántos de ellos consiguieron mantenerse? Vale decir que es desconcertante comprobar ese consenso democrático que permite una estabilidad institucional mientras que, por otra parte, se desarrolla una de las más sangrientas guerras civiles, que enfrenta a las diferentes regiones del antiguo virreinato y amenaza la supervivencia misma de las elites dirigentes porteñas.

El caso de la provincia de Buenos Aires es tanto más sorprendente cuanto que no se apoya en ningún texto constitucional y no es el resultado de ningún debate político o filosófico de envergadura sobre la cuestión. En todo caso es asombroso advertir que la institución del sufragio universal que hizo correr tanta tinta y tanta sangre en las sociedades europeas no parece plantear problema alguno entre los porteños.[8] Las únicas referencias periodísticas conciernen a los problemas de aplicación de un texto, cuya imprecisión se denuncia como responsable de toda clase de fraudes. No obstante, y con una sola excepción, las críticas sobre los vicios de procedimiento no implican la refutación del principio de la soberanía universal. Paradójicamente, esa excepción procede de la juventud liberal que veía en la democracia electoral el fundamento del régimen conservador de Rosas. A la voluntad popular, ciega e irracional, esa juventud opone la soberanía de la razón, único fundamento legítimo de la democracia.[9] Esto no impide que tras la caída de Rosas, la democracia electoral se confirme en la Constitución de la Confederación Argentina de 1853, que, dicho sea de paso, es proclamada por esos mismos liberales, sin duda más maduros y también más críticos con respecto a ese primer romanticismo, y sobre todo situados, en lo sucesivo, del lado del poder.

Si bien el principio apenas sufrió impugnaciones, la separación entre principio representativo y práctica electoral se ahondó en lo concerniente a las modalidades de elección de

---

[7] La primera reglamentación electoral data del 27 de mayo de 1810 (circular de ese día), calcada sobre el modelo del decreto de 1809. Establece el principio de la elección directa pero sólo para "la parte principal y más sana del vecindario". Por otra parte, no se trata de una representación de los individuos sino de las ciudades como comunidades políticas territoriales. *Cf.* J. V. González, *Filiación histórica*..., ob. cit. El estatuto de 1815, a la vez que amplía el derecho al voto, establece el principio del voto en dos grados. *Cf.* "Estatuto Provisional para la dirección y administración del Estado, dado por la Junta de Observaciones, 5 de mayo de 1815", en A. Sampay, *Las Constituciones de la Argentina (1810/1972)*, Buenos Aires, Eudeba, 1975, pp. 212-232. En Pierre Rosanvallon, *Le Sacre du citoyen. Histoire du suffrage universel en France*, París, Gallimard, 1992, pp. 188-195, se encontrará un análisis del voto en dos grados en el sistema representativo republicano.

[8] En un trabajo posterior a esta investigación, M. Ternavasio encuentra en la voluntad de terminar con el fraccionamiento político de las elites una explicación convincente de esta ley. Persiste, sin embargo, el problema de explicar cómo esas elites tan fraccionadas alcanzaron con tanta facilidad un consenso en torno de la solución de su conflicto. *Cf.* M. Ternavasio, "Nuevo régimen representativo...", art. cit.

[9] El principio de la soberanía racional será defendido por la joven generación romántica de 1838, fascinada por el pensamiento de Guizot. *Cf.* Esteban Echeverría, "Ojeada retrospectiva sobre el movimiento intelectual en el Plata desde el año 1837" (Montevideo, 1846), en *Dogma Socialista de la Asociación de Mayo*, Buenos Aires, Perrot, 1958, pp. 26-115. Sobre la teoría de la soberanía de la razón en Guizot, véanse Pierre Rosanvallon, *Le Moment Guizot*, París, Gallimard, 1985; P. Rosanvallon, *Le Sacre*..., ob. cit.

los representantes. Según la legislación, las autoridades barriales, jueces de paz y *alcaldes de barrio*, debían presidir la elección del presidente y los otros miembros de la mesa de votación.[10] Esa elección se hacía en el momento de abrir la mesa y por mayoría de votos de los electores presentes. A continuación, la tarea de las autoridades barriales era verificar que se observara la ley. Para ello debían hacer respetar la hora de apertura y clausura del comicio; controlar personalmente la pertenencia de los electores a la circunscripción electoral de la parroquia (no había padrones electorales); constatar, durante el escrutinio, que todos los votos fueran efectivamente computados; y por último, garantizar que los resultados llegaran indemnes a la oficina electoral central. Como podemos advertir, el papel de las autoridades barriales era decisivo en el resultado de las elecciones, porque concentraban todas las responsabilidades concernientes a las diferentes instancias del acto electoral. Esta situación hizo que las autoridades barriales cumpliesen un papel central en el funcionamiento de la maquina electoral. No es difícil imaginar las muchas posibilidades que tenían de tergiversar una ley que debían hacer respetar. Desde la composición de la mesa electoral, cuyos miembros eran elegidos con pocos miramientos por partidarios del poder seleccionados por las autoridades barriales, hasta el momento en que se hacía el escrutinio, esas autoridades "manejaban" las diferentes operaciones electorales. Ello tanto más aun si consideramos que el voto era público y oral: el elector debía "cantarlo" en presencia de dichas autoridades. Prueba temible para los empleados de la administración pública, para quienes, muy a menudo, su puesto dependía de su fidelidad al gobierno. Pero, aun si un hombre de fuertes convicciones políticas se atrevía a pronunciarse por otro candidato que el "sugerido" por el juez de paz, el presidente de la asamblea electoral, elegido bajo la mirada vigilante de éste, siempre podía fingir haber olvidado inscribir el voto, cosa que sucedía periódicamente. En síntesis, como el fraude era una práctica tan habitual como extendida, la "campaña electoral" consistía ante todo en asegurarse la fidelidad de los jueces de paz. El poder de éstos provenía de esta función mediadora entre los dirigentes y la masa de sufragantes. Se los elegía en función de su lealtad al gobierno del momento, a cambio de lo cual debían garantizar la disciplina política de los votantes, que consistía en ratificar mediante el escrutinio una elección decidida en otra parte.

Es obligatorio constatar, entonces, que por debajo de la ruptura ideológica que implica el enunciado se oculta una continuidad en los procedimientos no democráticos de elección. En efecto, aunque el voto en dos grados haya sido suprimido, seguimos observando esa vaguedad en torno del gobierno representativo. Si el pueblo existe como principio de legitimación y, por consiguiente, se requiere su participación para cumplir lo que François-X. Guerra llamó la "ficción democrática", lo que esta verdaderamente en juego en las elecciones es la composición de las listas y, a renglón seguido, el control de las mesas.[11]

---

[10] Los jueces de paz estaban encargados de los juicios que implicaban sumas de dinero poco importantes, mientras que los *alcaldes de barrio* eran representantes de las fuerzas del orden. Unos y otros eran herederos de las atribuciones de los *alcaldes de barrio* de la época colonial.

[11] *Cf.* François-X. Guerra, "Le peuple souverain: fondements et logique d'une fiction (pays hispaniques au XIXe siècle)", en *L'Avenir de la démocratie en Amérique latine*, Toulouse, CNRS, 1988.

En términos que hacen innecesario cualquier comentario, Tomás de Iriarte resume así la ficción representativa de un acto totalmente dirigido y controlado por las autoridades:

> Lo engañan al pueblo haciéndole creer que ejerce su soberanía en el acto de las elecciones [...] El pueblo es arrastrado a los comicios para dar en ellos un sufragio que otros han comprado por antemano o con plata o con el prospecto del favor, de la protección, de la esperanza de recompensa de un estipendio cualquiera [...] Son instrumentos ciegos de sus patrones que ponen en sus manos una lista de hombres desconocidos para los electores. Y este acto es la raíz del sistema representativo.[12]

En ausencia de una instancia política de mediación, las listas electorales eran confeccionadas por las elites. De manera que el pueblo de los electores se limitaba a convalidar la elección de los ciudadanos *vecinos* en favor de los representantes elegidos por y para estos últimos. Y cuando los resultados no se ajustaban del todo a las necesidades del gobierno, éste simplemente los modificaba. Pero si bien se admitía el acto fraudulento, el gobierno no podía prescindir de ese otro acto esencial para su legitimidad: la convocatoria a las elecciones, en la que se renovaba el pacto republicano que era también un pacto social. En todo ello seguía vigente, desde luego, una novedad con respecto al sistema de los antiguos *cabildos*. Los votantes existían y las diferentes facciones debían disputarse sus votos cuando el consenso de la clase dirigente se rompía, como sucedió en 1828-1829 ó 1833. En esos casos, como lo veremos más adelante, el fraude desencadenaba un enfrentamiento armado entre los partidarios de las listas opuestas. En esa especie de "segunda vuelta", lo que importaba ya no era el "acto cívico" sino el golpe de fuerza. Pero esto no quiere decir forzosamente que los ciudadanos estuvieran al margen del juego de la política e incluso fuera de cualquier lógica representativa.

Los representantes de la patria

La Junta de Representantes se renovaba anualmente por mitades, de modo que todos los años, a fines de abril, la población de la provincia de Buenos Aires era convocada para "manifestar" su voluntad a través del voto. La Junta sesionó en Buenos Aires desde su creación en 1820 hasta que el Congreso Nacional Constituyente decretó la desaparición de la legislatura provincial en 1826.[13] Tras el fracaso del intento de organización nacional de 1826 y la renuncia de Bernardino Rivadavia a la presidencia de la república en 1827, se reinstauró la legislatura provincial y el pueblo de la provincia fue nuevamente convocado a elegir a sus

---

[12] *Cf.* Tomás de Iriarte, *Memorias*, con un estudio preliminar de Enrique de Gandía, Buenos Aires, Ediciones Argentinas, 1944-1969, t. v, p. 5-6.

[13] La Junta nació en 1820 pero se disolvió enseguida; en realidad, la primera legislatura data de 1821. Con la disolución de la quinta legislatura provincial en 1826, el Congreso Nacional pretendía reemplazar las instituciones provinciales por una Asamblea Nacional. Esto avivó los intereses localistas de los porteños,

representantes. Hasta 1840, la legislatura sólo fue disuelta una vez, durante el golpe de estado militar de diciembre de 1828. Rosas restableció, en diciembre de 1829, esta séptima legislatura, que votó las "facultades extraordinarias" para su gobierno.[14]

Las condiciones legales exigidas para ser representante eran bastante vagas: "ser ciudadano, tener 25 años y poseer una propiedad inmueble o industrial" es una descripción suficientemente imprecisa para autorizar toda clase de interpretaciones.[15] Después de todo, nada impedía a un artesano próspero tener pretensiones políticas. Desde luego, ese tipo de advenedizo jamás logró imponerse. En efecto, la imprecisión de la ley electoral debe relacionarse, sin duda alguna, con la imposibilidad real de que se produjera esa clase de accidente. No obstante, entre esta comprobación y la idea siempre reiterada que hace de la Junta una asamblea de terratenientes, una especie de anexo de la gran propiedad en que los propietarios, fingiendo hacer política, manejaban los asuntos como si pertenecieran al ámbito privado, hay todo un abanico de posibilidades cuya complejidad se desprende del estudio prosopográfico de los miembros de la cámara entre 1827 y 1840.[16]

De una muestra de 91 diputados, elegidos en función de la disponibilidad de datos entre los 154 miembros de la legislatura durante este período, sólo una sexta parte pueden clasificarse como propietarios de tierras y capitales, pertenecientes en la mayoría de los casos a las grandes familias de comerciantes españoles establecidos en la ciudad puerto a fines del siglo XVIII. Así, Juan J. y Nicolás Anchorena, Francisco C. Beláustegui, Miguel J. de Riglos y Mariano Sarratea conjugan negocios y política. Otros provienen de la unión de ese grupo con familias de funcionarios coloniales, como José M. Escalada, José M. Rojas y Patrón y Gervasio Ortiz de Rosas. Encontramos por último a los recién llegados a la tierra, beneficiarios de la ley de enfiteusis, como José M. Baudrix o Pedro Vela.[17] Es cierto que la escasa presencia de los grandes propietarios no permite afirmar que los intereses de la clase económi-

---

que vieron en esta actitud un atentado contra sus derechos y privilegios, en particular el del beneficio de la aduana. Esta medida fue una de las consecuencias de la "ley de capitalización" de 1826, mediante la cual la ciudad de Buenos Aires se convertía en capital de la nación. Esto provocó la oposición de los porteños a la tentativa de organización nacional, que ya tenía pocos adeptos en las provincias del interior. Como resultado de todo ello se disolvió el Congreso Nacional, se dejó a un lado la Constitución y se volvió a la administración provincial. En 1827 se convocó a elecciones para establecer la sexta legislatura de la provincia. Cf. Emilio Ravignani, "El pacto federal del 4 de enero de 1831 y la Comisión Representativa", en *Documentos para la historia argentina*, t. 15, Buenos Aires, Instituto de Investigaciones Históricas, 1922, pp. 1-199.

[14] Medida excepcional, votada para hacer frente a una situación bastante crítica desde el punto de vista económico, social y político que atravesó la provincia en 1828.

[15] Artículo 3 de la ley electoral. Hay que señalar que en el caso de los electores se habla de hombre, mientras que en el de los representantes se habla de ciudadano, noción que parece retomar aquí la idea de *vecino* del período colonial.

[16] Cf. el cuadro en los anexos de mi tesis doctoral. Véase PGB, *La Création d'une nation...*, ob. cit.

[17] La ley de enfiteusis dictada por Rivadavia para alentar la pequeña explotación permitió a mediano plazo la concentración de las grandes extensiones de tierras en manos de un pequeño número de propietarios. Cuatro años después de sancionada la ley, sesenta personas concentraban casi cuatrocientas leguas. Cf. Andrés Carretero, "Contribución al conocimiento de la propiedad rural en la provincia de Buenos Aires para 1830", bihaa- E.Ravignani, t. II, 13, 1970, pp. 146-192; Emilio A. Coni, *La verdad sobre la enfiteusis de Rivadavia*, Buenos Aires, Imprenta de la Universidad, 1927.

camente poderosa no estuvieran representados en la Junta. No obstante, estos datos se oponen a la tesis que pretende que el régimen rosista llevó a los terratenientes a la legislatura[18] y hasta permiten suscitar interrogantes, como los que planteó Jorge Sábato para un período posterior, sobre la existencia de una clase dominante de grandes propietarios de tierras.[19] Estamos, antes bien, frente a una elite cuyos intereses son aún bastante variados y cuyo poder depende de una red de relaciones tanto más eficaz por ser diversificada.[20]

Junto a ellos, encontramos en las bancas de la legislatura a sectores que tradicionalmente ocupaban cargos administrativos del Estado imperial en el Río de la Plata: los eclesiásticos, cuya presencia en la administración disminuye de manera considerable –son seis sobre un total de 91–, y los miembros de las profesiones intelectuales que representan cerca de un tercio de la muestra, y casi en su totalidad son hombres de leyes.[21] También hallamos, entre ellos, algunos integrantes de las principales familias de propietarios y comerciantes. Así, Tomás M. Anchorena, Felipe Arana, Eduardo Lahitte, Manuel V. Maza, Laureano Rufino y Roque Sáenz Peña reúnen la doble condición de hombres de leyes y propietarios de capitales. No hace falta decir que su medio de subsistencia y el fundamento de su poder social proceden de la explotación y la comercialización de la producción agrícola. Del mismo modo, la posesión de un capital cultural no es sin duda ajena a su estrategia de afirmación de ese poder económico y social. En las grandes familias ya era una tradición colocar a uno de sus miembros en la administración del Estado imperial, pero su formación jurídica desempeña ahora un papel muy diferente del que tenía durante la colonia.[22] En efecto, en un régimen republicano los hombres de leyes acumulan posibilidades inéditas de acción política: pue-

---

[18] Se trata de la visión clásica del régimen. Véase, por ejemplo, J. Lynch, *Juan Manuel de Rosas*…, ob. cit., capítulo 2, pp. 52-92.

[19] *Cf.* Jorge Sábato, *La clase dominante en la Argentina moderna. Formación y características*, Buenos Aires, CISEA, 1991. Algunos trabajos posteriores a esta investigación tienden a cuestionar la existencia misma de un grupo de grandes comerciantes. *Cf.* "Discontinuidades y permanencias…", en *Anuario iehs*, núm.12, ob. cit., en particular el artículo de Jorge Gelman, "Producción y explotaciones agrarias bonaerenses entre la colonia y la primera mitad del siglo XIX. Rupturas y continuidades".

[20] Todavía tenemos muy pocos trabajos que se consagren a esta perspectiva. Para el período colonial, véase Z. Moutoukias, "Réseaux personnels et autorité coloniale…", art. cit.

[21] Además de los escritores (literatos y periodistas) y los hombres de ciencia (profesores universitarios), incorporamos en la categoría de las profesiones intelectuales a los hombres de leyes, que distinguimos de las profesiones liberales. Para definirlos, tomamos como criterio el hecho de que hubieran cursado estudios de derecho, aun cuando después no hubiesen ejercido esta profesión. Este criterio difiere del utilizado por Gaudemet, quien define a los juristas como las personas que ejercen una profesión jurídica. Según nuestra opinión, no se puede encarar un estudio sobre la importancia de los juristas en la vida política si descartamos de entrada a todos aquellos que utilizaron ese título como primer paso en la carrera política. *Cf.* Ives Henri Gaudemet, *Les Juristes et la vie politique de la iiie République*, París, PUF, 1970. Para la cuestión metodológica, véase PGB, *La Création d'une nation*…, ob. cit., anexo núm. 1, "La base de données".

[22] Esto confirma la tendencia ya señalada por Susan Socolow para fines del siglo XVIII y, por Diana Balmori, para la primera mitad del siglo XIX. *Cf.* S. Socolow, *Mercaderes*…, ob. cit.; Diana Balmori, "Family and politics: three generations (1790-1890)", en *Journal of Family History*, vol. 10, núm. 3, 1985, pp. 247-257. Sobre el lugar del intelectual en la estrategia de las grandes familias, véase Tulio Halperín Donghi, "Intelectuales, sociedad y vida pública en Hispanoamérica a través de la literatura autobiográfica", en *El espejo de la Historia*, Buenos Aires, Sudamericana, 1987, pp. 43-63.

den hacer funcionar tanto el aparato administrativo, del mismo modo que lo hacían durante la colonia –baza no desdeñable para el nuevo Estado que se instaura–, como hacer hablar y dejar oír a la opinión pública; estos hombres de la palabra y el escrito son una pieza esencial en la manifestación de la voluntad popular, de la que las instituciones representativas extraen su legitimidad.[23] No obstante, hay que señalar que, con algunas excepciones, esos hombres no se identifican con esta esfera pública moderna ni por sus hábitos de sociabilidad, por sus prácticas culturales, o por su forma de representación política.[24]

Podemos destacar a continuación la importante presencia de los militares, que representan una cuarta parte de la muestra. También en este caso, empero, sería aventurado llegar a una conclusión sobre el papel del ejército en el Estado independiente. Ante todo, porque hasta fines de siglo, ese ejército carece de una verdadera estructura de mandos, única y jerárquica, que autorice a hablar efectivamente de un ejército nacional.[25] ¿Cómo no señalar, a renglón seguido, que con representantes como Félix de Álzaga, Miguel de Azcuénaga, Manuel Escalada y Lucio Mansilla estamos frente a miembros de las grandes familias, cuya presencia en la legislatura puede explicarse más fácilmente por su extracción social que por su representatividad corporativa? Por otra parte, el ejército tiene intereses no desdeñables para esas elites embarcadas en un proceso de expansión territorial.[26] Esto no impide la presencia de militares de carrera como Tomás de Iriarte y de hombres de origen social más o menos dudoso, pero que conquistaron cierto reconocimiento público gracias a su incorporación al ejército revolucionario, como Manuel Corvalán, Félix Olazábal, Ángel Pacheco, Agustín de Pinedo, Mariano B. Rolón, Juan J. Viamonte o Celestino Vidal; lo cual no excluye que su reconocimiento público pueda remitir a otro tipo de preeminencias sociales.[27]

Por último, nos encontramos con las profesiones liberales que ocupan una novena parte de las bancas de la legislatura. En este caso nos vemos ante hombres elevados a los puestos de gobierno por su saber, del que depende, en buena medida, su fuente de subsistencia y poder. Lo cual explica que integren también el cuerpo docente de la muy reciente Universidad de Buenos Aires. Su presencia en la legislatura está ligada, sin duda, a las calificacio-

---

[23] Sobre las continuidades y rupturas entre el *letrado* colonial y el intelectual del período independiente, véase Tulio Halperín Donghi, "El letrado colonial como intelectual revolucionario", en *Anuario*, núm. 11, segunda época, Rosario, Facultad de Humanidades y Artes, UNR, 1985, pp. 85-101.

[24] Lejos de corroborar la influencia del poder económico sobre lo político o, si se quiere, de la infraestructura sobre la superestructura, la presencia de los grandes propietarios comerciantes y juristas en la legislatura constituye una prueba complementaria de la existencia de una lógica de redes que la clasificación por categorías socioprofesionales difícilmente explique.

[25] La única historia de las fuerzas armadas argentinas durante el siglo XIX es la escrita por el Comando en Jefe del Ejército que, como lo indica su título, es una exposición general sobre la historia de la institución vista por sí misma. *Cf.* Comando en Jefe del Ejército, *Reseña histórica y orgánica del Ejército Argentino*, dos volúmenes, Buenos Aires, Círculo Militar, 1971. Quisiera agradecer aquí al general Tomás Sánchez de Bustamante, director del Instituto Sanmartiniano cuando realizaba mis investigaciones y fallecido poco después, gracias a quien pude consultar una parte de esos archivos.

[26] *Cf.* D. Balmori, "Family and politics...", art. cit.

[27] *Cf.* Pilar González Bernaldo, "Producción de una nueva legitimidad: ejército y sociedades patrióticas en Buenos Aires entre 1810 y 1813", en *Cahiers des Amériques Latines*, núm. 10, 1990, pp. 177-195.

nes que poseen para tratar ciertos problemas técnicos concernientes a la salubridad de la ciudad. Así, en ausencia de una administración municipal, los médicos Cosme Argerich, Diego Alcorta, José Fuentes Argibel, Manuel Moreno e Ireneo Portela son convocados para resolver las cuestiones sanitarias planteadas por el desarrollo de la ciudad, lo mismo que los ingenieros Felipe Senillosa y Avelino Díaz para encarar los problemas de urbanismo ligados a su saneamiento. Pero queda por saber qué papel jugaron sus cargos académicos en el acceso a la legislatura provincial. En efecto, lo cierto es que esos "tecnócratas" son también profesores universitarios que están en contacto muy estrecho con la juventud de las asociaciones, en quienes, la figura de la representación parece desplazarse de la encarnación de un poder que se deja ver a la representación de una opinión.[28]

Faltos de certezas sociológicas, podemos señalar de todos modos lo que se desprende del conjunto de estos datos. En primer lugar, recordemos la evidencia: los representantes son elegidos entre la "gente decente", categoría que agrupa a diferentes sectores de la elite porteña. Debemos insistir, a continuación, en la complejidad del comportamiento político de esas elites, pues si bien los propietarios de capitales no monopolizan la asamblea están, sin embargo, cerca del terreno de la política, a punto tal, que en algunos casos optan por adquirir calificaciones que les permitan actuar mejor en ese campo. De ello podemos deducir, a la vez, la especificidad del campo de lo político y la influencia de lo social sobre lo político.[29] Por último, es preciso concluir que los hombres de opinión identificados con la nueva esfera pública tienen un débil influjo sobre las instituciones representativas. Apenas una novena parte de las bancas de la legislatura de la época están ocupadas por hombres cuya presencia puede ligarse a una representatividad de tipo moderno. Esto es aún más notorio si adoptamos un enfoque diferente de las biografías y clasificamos a esos hombres de acuerdo con su experiencia asociativa.

Los representantes de las primeras legislaturas provinciales no parecen muy ávidos de experiencias asociativas. De los 156 ciudadanos que ocupan los cargos de representantes de la provincia de Buenos Aires entre agosto de 1827 y abril de 1840, registramos 53 pertenencias a asociaciones, de las cuales más de la mitad corresponden al período posterior a 1852. En lo que respecta a las pertenencias antes de ocupar el cargo o durante la función pública, sólo hay tres tipos de asociaciones que atraen a los legisladores: las instituciones de beneficencia y caridad, las asociaciones socioculturales y las asociaciones políticas. En el caso de las primeras, casi todas las pertenencias se registran durante el cargo. Esto se explica sobre todo por el hecho de que esas "asociaciones" son creadas por iniciativa gubernamental. No es sorprendente en absoluto, entonces, que entre sus "adherentes" se cuenten miembros del gobierno. La presencia de los representantes en una institución de tipo asociativo, destinada al bienestar de la comunidad a la que presuntamente ellos representan, parece por lo tan-

---

[28] Para el proceso histórico de desplazamiento del problema de la representación en el siglo XVIII véanse K. M. Baker, *Au tribunal de l'opinion…*, ob. cit.; R. Chartier, *Les Origines culturelles…*, ob. cit.

[29] La tesis sobre la disociación entre poseedores y administradores del poder pertenece a Halperín Donghi, quien la formula, empero, para un período anterior al nuestro. No obstante, y por falta de un trabajo equivalente para éste, su tesis se aplica a menudo para explicar el comportamiento político de la clase dirigente en toda la primera mitad del siglo XIX. *Cf.* T. Halperín Donghi, *Revolución y guerra…*, ob. cit.

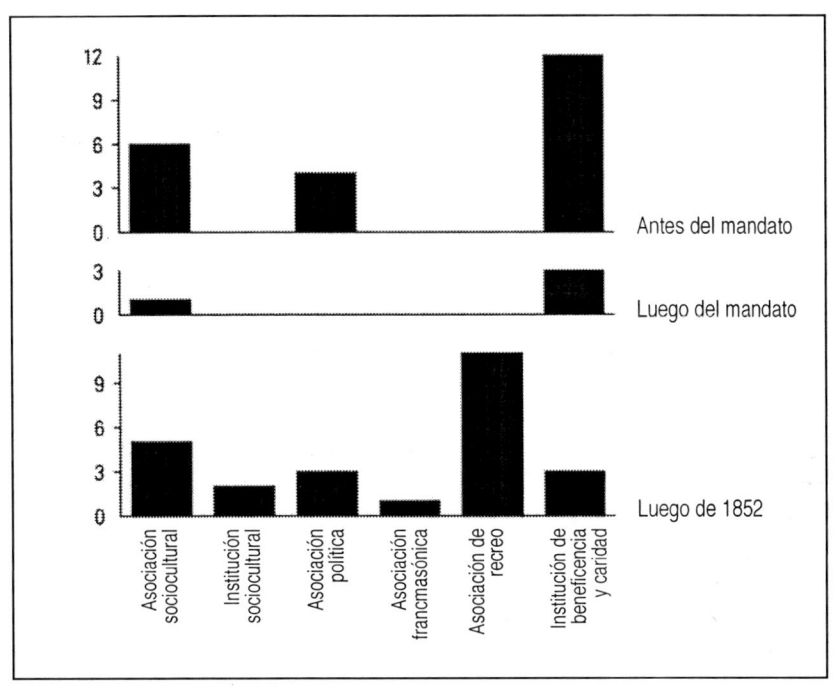

9. *Pertenencia asociativa de los miembros de la legislatura provincial entre 1827 y 1839 en relación con la obtención del cargo*

to muy natural. Tanto más por cuanto esa presencia es un excelente medio de dar una nueva base institucional a su autoridad social. Por otra parte, es significativo que ninguno de los miembros de esas dos instituciones se afilie *a posteriori* a las otras asociaciones socioculturales. Su experiencia asociativa se limita entonces al marco de las instituciones destinadas a reemplazar las antiguas formas de gestión comunitaria.

En lo que se refiere a las asociaciones socioculturales, la pertenencia es en la mayoría de los casos anterior al cargo y corresponde a tres asociaciones, dos de las cuales son de tipo sociocultural, mientras que la tercera tiene una vocación claramente política. Dos de ellas habían funcionado durante el gobierno de Rivadavia: la Sociedad Literaria de 1822 y la Logia Valaper, del mismo año. La tercera es el Salón Literario de Marcos Sastre. Las dos primeras se habían asignado el objetivo de reunir a los amigos de la provincia a fin de discutir los mejores medios de desarrollar el espíritu de las Luces en el país y, con ese propósito, habían considerado la posibilidad de editar un diario que difundiera sus ideas.[30] La Sociedad Lite-

---

[30] Hemos consultado las actas manuscritas de las dos asociaciones, que se encuentran en los archivos del Museo Bartolomé Mitre, así como los archivos de la familia López en AGN, Sala VII. Las referencias bibliográficas sobre estas sociedades son bastante numerosas. Véanse C. Ibarguren, *Las sociedades literarias...*, ob. cit., capítulo IV, y Haydée Frizzi de Longoni, *Las sociedades literarias y el periodismo, 1800-1852*, prólogo de Carlos Ibarguren, Buenos Aires, Asociación Interamericana de Escritores, 1946.

raria retoma el modelo de las "Sociedades de Amigos del País", mientras que la Valaper, más política, opta por la estructura de las sociedades secretas. En torno de ellas se agrupan los intelectuales ligados a la experiencia rivadaviana, que ocupan cargos políticos o administrativos al mismo tiempo que adhieren a la sociedad. Es el caso de Julián Segundo de Agüero, Vicente López, Felipe Senillosa, Cosme Argerich o Ignacio Núñez.[31] En todos ellos, la pertenencia asociativa está íntimamente ligada a su compromiso con el régimen de Rivadavia, a punto tal, que es difícil decir si se trata de asociaciones "paragubernamentales" o instituciones culturales destinadas a la propaganda gubernamental. Como quiera que sea, en ambos casos estas asociaciones, en vez de servir a la sociedad como instrumento de control y participación, funcionan más como un instrumento de gobierno.

La tercera pertenencia asociativa corresponde al Salón Literario de Marcos Sastre. Aunque afecte a un número muy pequeño de representantes –sólo cuatro–, ello sugiere la existencia de un campo cultural que, aunque de manera confusa, liga las prácticas asociativas a la esfera del poder público, en tanto que el poder representativo parece deberle muy poco a la esfera pública. Al respecto, es interesante señalar que cuando se funda el Salón Literario, en 1837, ninguno de los ex miembros de las asociaciones rivadavianas adhiere a él. ¿Problema de generación? Sin duda. No obstante, habríamos podido esperar que sus miembros tuvieran una importancia político cultural equivalente a la que tenían los integrantes de las sociedades de 1822. De hecho, no es así. No sólo comprobamos que de los 67 miembros del Salón Literario registrados por Félix Weinberg uno solo integra en ese momento la cámara de representantes –el ingeniero español Felipe Senillosa–,[32] sino que, además, se advierte la ausencia de personalidades culturales como el director de la Biblioteca Pública o las autoridades de la Universidad de Buenos Aires.[33] La organización del salón de Marcos Sastre parece esbozar una nueva relación entre sociabilidad pública y Estado, en la cual, las iniciativas provienen de la "sociedad civil", independientemente de la voluntad de los hombres que ocupan un cargo en el gobierno.[34] Tal vez ello no sea más que una consecuencia indirecta de una cuestión generacional: su ausencia en los puestos de dirección se explicaría por

---

[31] Núñez era uno de los jóvenes "jacobinos" que se habían incorporado al "Club Morenista" de 1811. En 1812 adhirió a la Sociedad Literaria. Cuando ésta se fusionó con la Logia Lautaro a fines de 1812, Núñez desapareció de la escena pública. Su adhesión posterior a la política liberal de Rivadavia está atestiguada por la publicación de su obra –destinada a promover la inmigración europea al Río de la Plata– y confirmada por su entrada a la Sociedad Literaria de 1822.

[32] Felipe Senillosa había sido profesor de la Universidad de Buenos Aires entre 1821 y 1826. En un primer momento, entre 1821 y 1822, como profesor de la cátedra de Matemática Elemental del Departamento de Estudios Preparatorios. A continuación –1822– inauguró la cátedra de Geometría Descriptiva del Departamento de Ciencias Exactas. Renunció a este cargo en 1826. Cf. N. Piñedo y E. Bidau, *Historia de la Universidad...*, ob. cit.

[33] Cf. F. Weinberg, *El Salón Literario...*, ob. cit., pp. 49-52.

[34] Utilizamos aquí la noción de "sociedad civil" para evocar la idea de una sociedad de derecho originada en un contrato. Pero, en la América hispánica, esa sociedad de derecho no está laicizada. Por otra parte, es difícil encontrar la distinción clara que, según la definición de sociedad civil, hay que hallar entre el orden de lo social y el orden de lo político. Yo me inclinaría a hablar, antes bien, de sociedad a secas, pero para distinguir esta nueva representación de la sociedad nacida del contrato entre individuos libres e iguales, sujeto de derecho, de otra que se pensaba como anterior al lazo social, empleo la noción de "sociedad civil".

la edad. Pero lo cierto es que esta situación los incorpora en un espacio inédito: el de la esfera pública política. También es preciso agregar que, en los cuatro casos en cuestión, se trata de profesores de la Universidad de Buenos Aires. El lazo entre sociabilidad y nueva representatividad parece pasar aquí por las aulas universitarias o quizá, más exactamente, por la red relacional construida a partir de los encuentros cotidianos en los cursos, en torno de las diferentes formas de sociabilidad estudiantil ya mencionadas.

Desde luego, es aventurado querer construir con tan pocos casos un razonamiento estadístico cualquiera. Pero, sin considerar la muestra como representativa, se puede, no obstante, apreciar la novedad que introduce el desarrollo de esas prácticas asociativas en la relación entre los ciudadanos y la política. Esas escasas trayectorias nos hablan de la presencia de una nueva noción de representación que estos hombres introducen en la legislatura provincial. El caso más extremo –y al mismo tiempo el más ejemplar– es el de Diego Alcorta, profesor y mentor de la joven generación romántica que en los momentos más dramáticos de la política provincial –durante las crisis de 1828-1829 y 1833– ocupará un escaño en la asamblea de la provincia. En el estado actual de nuestros conocimientos, sería difícil afirmar que la elección de Alcorta para la legislatura haya sido la consecuencia de una campaña electoral realizada entre la juventud de las escuelas. Pero es evidente que su presencia en la sala cobra un sentido muy diferente del que puede tener la de un Terrero, por ejemplo. No porque este último no goce de cierta autoridad, sino porque parece tener otras fuentes de la misma al margen de la opinión, considerando su indiferencia hacia las nuevas prácticas culturales inscriptas en la esfera pública. Esto podría ayudar a explicar la ausencia de homogeneidad en las carreras políticas, indicio del carácter híbrido del sistema político representativo, que permite que un profesor universitario como Diego Alcorta esté al lado de un propietario de tierras y militar como Juan Manuel de Rosas, y que un funcionario como B. García comparta una banca en la cámara de representantes con un hacendado como Juan N. Terrero.

Es igualmente importante comprobar que la red de alianzas y solidaridades que se teje para asegurar el triunfo electoral no depende en mayor grado de las formas de sociabilidad asociativa. Ni siquiera los jueces de paz, esos intermediarios políticos encargados en la mayoría de los casos de garantizar el triunfo de la lista gubernamental, ven en la red asociativa un medio eficaz o necesario para asegurar votos. Esa red no representa todavía una gran carta de triunfo para el ejercicio del poder. La afiliación se explica más por un rasgo de cultura que por una estrategia de carrera. Lo cual equivale a decir que la introducción de las instituciones representativas en la provincia de Buenos Aires le debe muy poco a las formas asociativas democráticas como institución de la esfera pública moderna.

El campo de la experiencia ciudadana: los intelectuales y la opinión pública entre 1829 y 1840

Si la organización de una estructura política acorde con el principio representativo de gobierno está poco vinculada al desarrollo de formas asociativas de organización, cabe preguntarse sobre el papel que pudieron jugar otras prácticas culturales ligadas a la lectura y la discusión, en un ejercicio de intercambio de opiniones que tiene por vocación culminar en el impreso. El período, en efecto, presencia un considerable desarrollo de los "órganos de opinión" que parece seguir el ritmo del establecimiento de un régimen representativo en la región. Es muy natural que nos sintamos tentados a asimilar esta evolución a la instauración del principio y la práctica de la publicidad como elemento fundador del constitucionalismo moderno.[35] Sin embargo, la figura de la "Opinión" abarca todo un abanico de formas de opinión que no se asocian con tanta facilidad a la esfera pública moderna, aun cuando, con la ruptura del lazo colonial, adquieran una potencialidad política inaudita.[36] Resta saber si existe una verdadera autonomía del mundo de la opinión, con respecto a las formas de autoridad en las que se inscribían hasta entonces la palabra y el impreso.

La primera respuesta a esta cuestión es de orden institucional. Podemos verificar, en efecto, la introducción de todo un aparato legal destinado, en un primer momento, a la defensa de un espacio de libertad, en el cual, el nuevo mundo de la opinión pueda enraizarse. Una de las primeras medidas tomadas por los gobiernos revolucionarios será declarar la libertad de cualquier hombre para publicar sus ideas.[37] En un inicio, el nuevo mundo de la opinión concierne a un pequeño grupo de la elite cultural que tiene la capacidad de producir y "consumir" esas publicaciones. Pero, a medida que se consolida el establecimiento del nuevo régimen político, los productores y consumidores se vuelven más numerosos y desbordan el mundo de la opinión de la tradicional esfera del impreso que se atrincheraba en el mundo de las elites letradas, para pasar a la de las "creencias" populares. Esto induce a las elites a plantear el problema del estatus de esas publicaciones, cuestión imbricada a la de la libertad de prensa. En efecto, una vez que la opinión cruza las fronteras de la sociedad de la "gente decente", las elites tienen que preguntarse cuál es el papel que deben cumplir esas publicaciones en la sociedad. Cuestión que supone otra: la del papel de la sociedad en el nuevo orden político. Así se plantea el debate sobre la libertad de prensa, en el que se entremezclan dos concepciones divergentes del público: la idea de un público espectador que debe mantenerse al margen de los asuntos públicos, y la aprehensión del público como fundamento del poder. Esto explica las vacilaciones de los diferentes gobiernos con respecto a la declaración de la libertad de prensa. Puesto que si ésta, por la misma razón que el sufragio, es una herramienta invalorable para garantizar la continuidad del poder instituido, también puede convertirse en un arma peligrosa contra ese mismo poder. Debido a ello, ese órgano de expresión de la voluntad del pueblo es mucho más temido que el del acto electoral. Por lo tanto, la ley del sufragio universal nunca se derogará, mientras que el reconocimiento de la libertad de expresión será establecido y revocado en varias ocasiones.

Así, una vez proclamado el principio de la libertad de prensa, su aplicación estará acompañada por una serie de medidas restrictivas, destinadas a reducir en la práctica el mundo

---

[35] Cf. J. Habermas, L'Espace public…, ob. cit.
[36] Sobre las formas de opinión, véase M. Ozouf, L'Homme régénéré…, ob. cit.
[37] Cf. "Decreto de libertad de imprenta, Buenos Aires, 26 de octubre de 1811", en *Registro Oficial de la República Argentina, comprende documentos expedidos desde 1810 hasta 1873*, Publicación Oficial, Buenos Aires, Imprenta de la República, 1879, t. I-II.

de la opinión al de la propaganda gubernamental o, en todos los casos, a consolidar los medios de control de la opinión impresa. En efecto, después de la ley sobre la libertad de prensa decretada por el gobierno de Rivadavia el 10 de octubre de 1822, Dorrego va a establecer, el 8 de mayo de 1828, una nueva ley más restrictiva que, a su turno, será derogada por Rosas. Una serie de decretos rigen entonces el mundo de la edición hasta 1832, cuando el decreto del 1° de febrero impone el principio de autorización previa necesaria para los impresores y editores. Decreto que, con algunas interrupciones, se mantiene en vigor hasta la llegada de los liberales al gobierno de la provincia, en 1852. El decreto del 28 de febrero de este último año restablece a continuación la ley del 8 de mayo de 1828.[38] Si dejamos al margen el primer período revolucionario, en que surgen las primeras hojas periódicas, estamos frente a un marco normativo bastante represivo. Aun la reglamentación de 1828, considerada como la más liberal de la época, prohíbe la discusión de asuntos religiosos. Esto no impide que durante ese período aparezcan una cantidad importante de diarios.

El desarrollo de los órganos de opinión en la ciudad de Buenos Aires

El primer periódico, publicado en Buenos Aires por privilegio real, data de 1801. Antes de esa fecha, e incluso antes de la introducción de la imprenta en el Río de la Plata, se conoce la existencia de cuatro diarios manuscritos que, con el nombre de *Gazeta de Buenos Ayres* y datados en 1764, se destinaban a proporcionar informaciones sobre asuntos locales a los habitantes de la ciudad.[39] En 1781, la imprenta real del Hospicio de Niños Expósitos edita las primeras noticias, con la forma de un diario de ocho páginas y el título de *Noticias recibidas de Europa por el Correo de España, y por la vía del Janeyro*, pero la experiencia no se prosigue.[40] Habrá que esperar veinte años más para que aparezca el primer diario editado con regularidad en la ciudad de Buenos Aires.[41] Entre éste y los acontecimientos de 1810 se registran tres nuevas experiencias en la ciudad: una a cargo de los ingleses durante la ocupación, y las otras dos por parte de las elites locales.[42] Pero las publicaciones periódicas adquieren un estatus muy particular luego de la insurrección de la ciudad y cuando Buenos Aires se convierte en el faro de la revolución de las provincias unidas de América del Sur. Establecida como órgano de la expresión insurreccional, la prensa se ve entonces en la necesidad de cumplir la función de soporte de propaganda revolucionaria y figura de legitimación del poder, por la identificación de esa opinión con la voluntad del pueblo soberano.

---

[38] Cf. *Registro Oficial de la Provincia de Buenos Aires...*, ob. cit.; *Registro Oficial de la República Argentina...*, ob. cit.

[39] Cf. Juan Pablo Echagüe, "El periodismo", en *Historia de la Nación Argentina*, vol. 4, segunda sección, pp. 59-69.

[40] El diario está fechado en Buenos Aires el 8 de enero de 1781. Cf. *ibíd.*

[41] Se trata del *Telégrafo Mercantil, Rural, Político-económico e Historiográfico del Río de la Plata* (1801-1802). Reimpresión facsimilar dirigida por la Junta de Historia y Numismática Americana, dos volúmenes, Buenos Aires, 1914-1915.

[42] Para una historia de la prensa, véanse Oscar Beltrán, *Historia del periodismo argentino*, Buenos Aires, Sopena, 1943; Juan Rómulo Fernández, *Historia del periodismo argentino*, Buenos Aires, Librería Perlado, 1943.

10. *Publicaciones periódicas en Buenos Aires (1829-1851)*

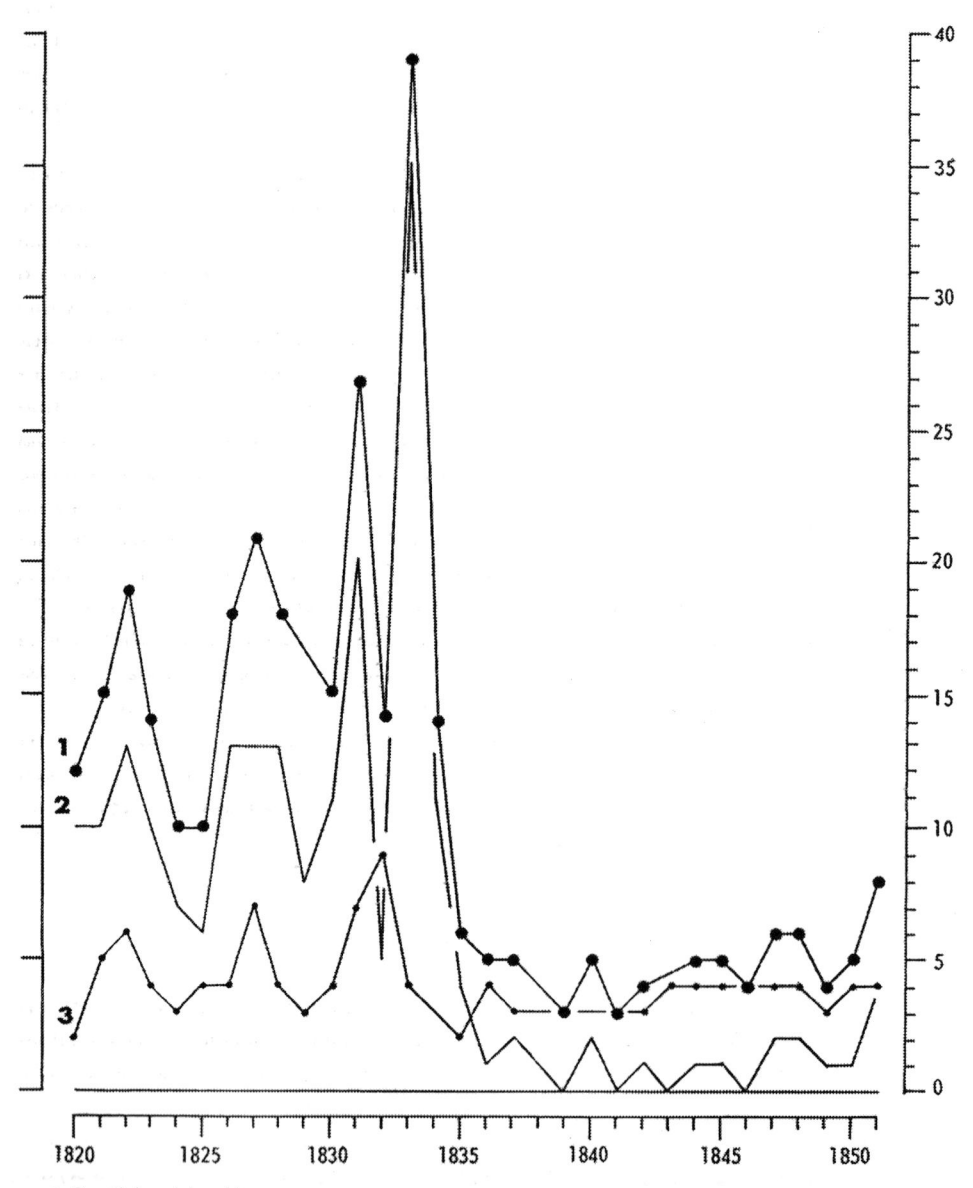

1 Cantidad total de publicaciones por año.
2 Publicaciones aparecidas ese año.
3 Publicaciones fundadas anteriormente y que siguen apareciendo.

Fuente: Antonio Zinny, "Bibliografía periodística de Buenos Aires hasta la caída del gobierno de Rosas", en *La Revista de Buenos Aires*, t. x-xiii, 1866-1867; Juan Rómulo Fernández, *Historia del periodismo argentino*, Buenos Aires, Librería Perlado, 1943.

El ritmo del desarrollo de las publicaciones periódicas editadas en Buenos Aires durante la primera mitad del siglo XIX permite discernir un aumento gradual de la cantidad de títulos correspondientes al período, con incrementos excepcionales que coinciden con las grandes fechas de la historia política de la provincia. Tras una primera ola de publicaciones entre 1815 y 1819 –momento en que, con la declaración de la independencia, se inicia el debate en torno de la organización política del antiguo territorio del virreinato–, un nuevo impulso sigue a la instalación del gobierno liberal de Rivadavia, con un crecimiento especial en el momento de la segunda tentativa de organización nacional en 1826, que prosigue hasta 1828, fecha del golpe de Estado militar que desaloja del poder a Manuel Dorrego. La última y más importante oleada acompaña la lucha entre dos sectores del federalismo con respecto a la cuestión de la organización constitucional de la provincia de Buenos Aires, que la movilización urbana de octubre de 1833 terminará por zanjar. La evolución de la cantidad de publicaciones también debe ponerse en relación con las vicisitudes políticas que indujeron a los diferentes gobiernos a someter el régimen de la prensa a distintas reglamentaciones. Así, la caída del número de publicaciones en 1829, en el momento en que Rosas llega al gobierno de la provincia, corresponde a la revocación de la ley de 1828 mediante un decreto que ordena la desaparición de cualquier "libelo injurioso", que permite a Rosas ejercer un control muy estrecho sobre las publicaciones.[43] En cambio, la derogación del decreto del 1° de febrero de 1832 hace posible el gran crecimiento de las publicaciones en 1833, interrumpido por la reinstauración de la ley restrictiva de 1832 en septiembre de 1834.

La simultaneidad entre la ruptura del consenso de la clase dirigente y el desarrollo de la prensa parece incumbir sobre todo a la cuestión de la organización constitucional de un Estado independiente. Problema que moviliza visiblemente a los porteños, más a los hombres de leyes –que son también hombres de pluma– que a la población en su conjunto, sin duda poco inclinada a ese tipo de retórica. Para ella, la prensa versada en derecho constitucional y filosofía política está acompañada por una prensa popular, de vida más efímera, pero cuya función es traducir esos debates a su lenguaje.

Los formadores de opinión

Según las estadísticas correspondientes a las publicaciones periódicas, podemos inferir cierto entusiasmo de la población de Buenos Aires por ellas, al menos si comparamos su situación con las publicaciones en las otras provincias del ex virreinato del Río de la Plata. Mientras que, en el período 1801-1852, Buenos Aires es testigo de la aparición de 221 periódicos, la docta Córdoba sólo conoce 35 publicaciones, mientras que las poblaciones de provincias como Catamarca, San Luis, Santiago del Estero o Jujuy deben esperar la segunda mitad del siglo XIX para pasar por esta experiencia.[44]

---

[43] "Ley mandando quemar los papeles injuriosos, publicados en tiempo del gobierno intruso", Buenos Aires, 24 de diciembre de 1829, en P. de Angelis, *Recopilación...*, ob. cit.

[44] *Cf.* Antonio Zinny, "Efemeridografía argirepatriótica o sea de las provincias argentinas", *en La Revista de Buenos Aires*, t. XVI, 1868, pp. 512-513; A. Zinny, "Bibliografía periodística de Buenos Aires hasta la

¿Se puede hablar de una especialización de los antiguos "letrados" en el oficio de la opinión? Las historias de la prensa evocan sobre todo la historia de la edición, que en la mayoría de los casos interpretan en clave partidaria, pero manifiestan poco interés por la población de los formadores de la opinión.[45] El análisis prosopográfico de los hombres de prensa nos da ya algunos indicios sobre las características socioculturales de esta población. En el período 1829-1840 contabilizamos cincuenta personas que participan de manera más o menos permanente en la redacción de las 94 publicaciones editadas en Buenos Aires y de las treinta aparecidas en Montevideo a cargo de argentinos en el exilio. Entre ellos, una mayoría de porteños, ya que los provincianos todavía están poco representados en el mundo de la prensa.[46] Pero lo que puede definirlos mejor es su nivel de cultura, puesto que, pese a la presencia significativa de un periodismo popular, en el 75% de los casos se trata de hombres que poseen en alto nivel cultural: en una muestra de 35 personas, dos tercios corresponden a profesiones intelectuales. Tenemos menos certezas en lo que concierne a los orígenes sociales de esos intelectuales. Hay que hacer una diferencia, por un lado, entre aquellos cuya fuente de subsistencia proviene del patrimonio familiar, como Mansilla o Beláustegui, y por el otro, quienes deben recurrir a su pluma para ganarse la vida, como Sarmiento o López. Paradójicamente, quienes escriben la prensa popular son en gran parte miembros de las elites culturales. Sin embargo, entre esos redactores hay algunos hombres que son de extracción popular, este parece ser el caso de Francisco Meana, redactor del diario *El Porteño Restaurador* (1834), y Luis Pérez, autor de varios diarios y hojas volantes aparecidos entre 1830 y 1834, cuya biografía conocemos mejor, en particular gracias a las investigaciones de R. Rodríguez Molas.[47] En su caso, los orígenes populares no parecen dejar dudas; no sucede lo mismo, empero, con la autonomía de sus escritos con respecto al poder. La correspondencia entre Pérez y Pedro de Angelis, el hombre fuerte del poder para todo lo que se refiere a la propaganda política, da testimonio de los acuerdos pactados entre ambos, mediante los cuales, a cambio de escritos favorables al poder, De Angelis promete un empleo en la administración pública, que Pérez termina considerando insignificante en comparación con los servicios prestados a la Santa Causa de la Federación.[48]

---

caída del gobierno de Rosas", en *La Revista de Buenos Aires*, t. IX, X, XI, XII, XIII y XIV.

[45] *Cf.* O. Beltrán, *Historia del periodismo...*, ob. cit.; J. R. Fernández, *Historia del periodismo...*, ob. cit. Sin embargo, algunos autores señalaron la existencia de una prensa producida por hombres de origen popular. *Cf.* Ricardo Rodríguez Molas, "Elementos populares en la prédica contra Juan Manuel de Rosas", en *Historia*, núm. 30, 1963. Luego de esta investigación, Jorge Myers propuso una mirada completamente diferente y estimulante sobre la prensa de esta época. No sólo se interesa en el problema de los formadores de la opinión, sino que examina una cuestión aún poco conocida, la del discurso de la prensa rosista. *Cf.* Jorge Myers, *Orden y virtud. El discurso republicano en el régimen rosista*, Quilmes, Universidad Nacional de Quilmes, 1995.

[46] En una muestra de 31 periodistas, 21 son originarios de Buenos Aires, cinco de la provincia y los cinco restantes de los países limítrofes o de Europa. *Cf.* PGB, *La Création d'une nation...*, anexo núm. 1, "Base de données".

[47] *Cf.* Ricardo Rodríguez Molas, *Luis Pérez y la biografía de Rosas escrita en verso en 1830*, Buenos Aires, Clío, 1957.

[48] En una carta publicada en *El Gaucho Restaurador* del 21 de marzo de 1834, Pérez hace público su descontento: "Así es que apesar de reiteradas promesas, en que tuve la debilidad de creer por la miseria a que me hallo reducido, nada más he obtenido que la triste convicción de que en una edad madura, agoviado de enfermedades y de pobreza, debo ir tal vez lejos de aquí a mendigar mi subsistencia, mientras que los enemigos de la causa santa que he sostenido, gozan tranquilamente de los caudales que han robado al tesoro público".

EN LOS CONFINES DE LA CIVILIDAD, LA POLÍTICA

11. *La experiencia asociativa y la actividad periodística de los hombres de opinión entre 1829 y 1840: el surgimiento de un nuevo modelo de hombre de opinión*

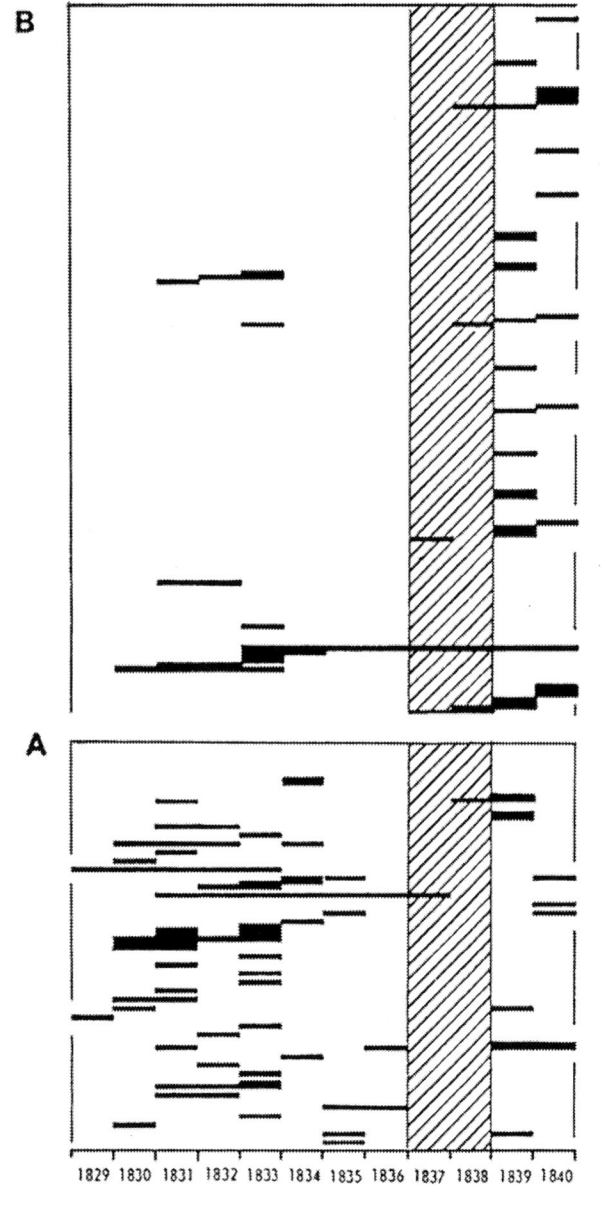

Cada línea horizontal o secuencia de segmentos de líneas representa la actividad periodística de un individuo.
En A, los hombres de opinión que se mantienen ajenos a la experiencia asociativa moderna.
En B, los jóvenes estudiantes que participan en el Salón Literario de Marcos Sastre *(para afinar la lectura, se utilizó una escala vertical más amplia)*.
En gris, los años de funcionamiento del Salón Literario de Sastre.

Del cruce de informaciones sobre pertenencia asociativa de la población con las de la participación en la redacción de un diario, extraemos que 18 de los cincuenta hombres de prensa contabilizados pertenecen a alguna asociación, 17 de ellos al Salón Literario de 1837. En casi todos los casos se inician en la actividad periodística tras esa experiencia asociativa, mientras que de los 33 restantes, la mayoría escribe en publicaciones aparecidas antes de 1837.

El gráfico nos muestra por un lado, a la derecha, a los hombres que escriben entre 1829 y 1835, y cuya actividad periodística es independiente de una experiencia asociativa, cualquiera sea; por el otro, a la izquierda, a los publicistas para quienes la experiencia periodística está relacionada con la nueva experiencia de la esfera pública, en este caso preciso, la participación en el Salón Literario de 1837. Lo cual hace pensar que se esboza un nuevo modelo de "hombres de opinión", para quienes la experiencia política es la consecuencia de una práctica cultural que pone en primer plano los intercambios de opinión y la comunicación social de las ideas. En el primer grupo hay más casos de hombres de pluma que asocian su actividad a un cargo político, mientras que en el segundo grupo, los hombres de opinión no son todavía hombres de poder. Esto confirma el cuadro que acabamos de presentar. Por un lado, descubrimos a publicistas que son "agentes" del poder. El caso ejemplar es el de Pedro de Angelis.[49] Pero, entre los periodistas también hallamos a miembros de las principales familias porteñas e integrantes de la legislatura provincial como Francisco Beláustegui, Manuel Irigoyen, Lucio Mansilla e incluso quien, luego de su mandato legislativo, ocupará el cargo de ministro de hacienda, José M. Rojas y Patrón. Para ellos, la participación en la prensa periódica está perfectamente vinculada a su actividad gubernamental. Por otro lado, encontramos a hombres de pluma y asociación, que sin estar al margen de la política, tienen una actividad que los sitúa en un campo limítrofe entre la práctica cultural y la experiencia política que se construye a partir de nuevas instituciones de la esfera pública. También aquí nos topamos, sin lugar a dudas, con una cuestión de edad. Por una parte, veteranos de la política revolucionaria, por la otra, jóvenes estudiantes que tratan de abrirse un camino en ese nuevo orden de cosas que parece ofrecerles un lugar. Pero, para lograr sus propósitos, toman una vía distinta de la de sus mayores. Más que el pequeño cargo que podría ubicarlos ya en la esfera del poder, el contacto con ésta nace a través de sus prácticas culturales.

---

[49] El caso de Pedro de Angelis es efectivamente ejemplar. Napolitano de origen burgués, defiende en Europa la causa liberal. Llega a Buenos Aires por un contrato firmado en París con Rivadavia. Colabora con su régimen hasta la llegada de Rosas. A continuación será el intelectual del régimen conservador de éste. Así, además de su participación en la prensa periódica, publica varios escritos destinados a sentar las bases ideológicas del régimen. Para la biografía de De Angelis, véanse V. O. Cutolo, *Nuevo diccionario biográfico...*, ob. cit., t. I; Rodolfo Trostiné, *Pedro de Angelis en la cultura rioplatense*, Buenos Aires, La Facultad, 1945; Elías Díaz Molano, *Vida y obra de Pedro de Angelis*, Santa Fe, Colmegna, 1968. Luego de esta investigación Josefa Emilia Sabor publicó un trabajo muy útil sobre la vida y la obra de Pedro de Angelis; *cf.* Josefa Emilia Sabor, *Pedro de Angelis y los orígenes de la bibliografía argentina. Ensayo bio-bibliográfico*, Buenos Aires, Solar, 1995.

El público de la opinión: los lugares de difusión de la opinión pública

El público interesado por la opinión parece bastante numeroso, al menos por lo que podemos deducir de la política coercitiva del poder con respecto a la producción de la prensa. Es difícil avanzar en el conocimiento de la influencia de la prensa sobre la opinión, habida cuenta de que no disponemos de una información completa concerniente a la tirada de las diferentes publicaciones y tampoco sobre la cantidad de suscriptores. Aun cuando a título indicativo podamos recurrir a las informaciones sobre las suscripciones a determinados diarios, éstas nos dicen poco acerca del público de la opinión, porque la prensa escrita no es el único medio de comunicación. En efecto, coexiste con otros tipos de impresos como el pasquín, e incluso con los medios orales: las noticias comunicadas de boca a boca, bajo forma de canto o *payada* o de cancionero y, en un orden de cosas completamente distinto pero de una importancia también crucial, mediante el rumor. Además, porque la difusión de la opinión sigue siendo en el siglo XIX un acto colectivo, tanto en el caso de la lectura de la prensa escrita, cuyo costo de suscripción restringe la posibilidad de compra, como en el de la transmisión verbal de las opiniones.

Con respecto a la lista de los lugares de difusión de la opinión, hay que señalar en primer lugar los lugares de su producción y consumo, que ya están destinados a los placeres de la conversación y la discusión: las instituciones y asociaciones culturales. Ante todo, la Universidad de Buenos Aires. En sus aulas, los estudiantes discuten tanto las últimas teorías filosóficas como los asuntos concernientes a la colectividad local. No obstante, si bien el público de esos encuentros es el público al que apunta la prensa periódica, la universidad no es el lugar instituido para la lectura de los diarios. Esa lectura se hace unos metros más allá, en la Biblioteca Pública. Al decir del viajero Arsène Isabelle, ésta es muy visitada y cuenta con una cantidad considerable de libros de historia, jurisprudencia, moral, ciencias exactas y naturales, literatura, etcétera. Isabelle calcula que dispone de unos veinte mil volúmenes. El fondo, sin duda, es bastante modesto, pero lo que para nuestro viajero constituye la especificidad de la Biblioteca Pública es la facilidad de informarse y comunicarse: "Está abierta al público todos los días no feriados. La facilidad de leer en ella los diarios de Buenos Aires la convierte en un gabinete de lectura".[50] Esto se confirma en la cuenta de gastos de la biblioteca: para 1829, comprobamos que está suscripta a los principales diarios de la capital.[51]

Es importante señalar además los lugares privados, a los que se entra por medio de una cuota: las salas de lectura de los círculos de comerciantes, las asociaciones culturales como las librerías-gabinetes o las asociaciones literarias, etcétera. El público acude a ellos tanto para informarse como para intercambiar opiniones sobre los acontecimientos. También en este punto es preciso hacer una distinción entre los lugares de lectura y discusión y aquéllos donde la discusión se convierte finalmente en objeto de una publicación. En el primer ca-

---

[50] A. Isabelle, *Voyage à Buenos Aires...*, ob. cit., pp. 181-182. Esta observación es interesante, porque para Isabelle un gabinete se define por la facilidad de informar. El *Registro Estadístico* de 1822 da las mismas cifras.

[51] "Nota con cuenta de gastos remitida por Valentín Alsina a la Contaduría General", en AGN. X. Secretaría de Rosas, 23-8-3.

so están las salas de los círculos de comerciantes, en las que la información está directamente ligada a los imperativos de la profesión. Lo cual no impide que estas asociaciones puedan convertirse en poderosos centros de opinión pública, como sucedió con la Sala Argentina de Comercio, en la que se congregaban los principales comerciantes de la ciudad. Durante el golpe de Estado militar de Juan Lavalle en 1828, así como en el momento de la división del partido liberal en 1833, uno de los objetivos del combate es ganar la adhesión de estos sectores.[52] No obstante, esas asociaciones no van a publicar en ningún caso su propio órgano de expresión. En este aspecto se distinguen del público de lectores de las asociaciones socioculturales. La lectura ligada a la conversación y discusión sobre temas de interés público tiene como objetivo producir en estas últimas una opinión consensual. Pero esa producción no se limita a estos espacios asociativos; encuentra un relevo importante en los cafés. Fenómeno que se explica tanto por el público que concurre a esos lugares como por su emplazamiento en la ciudad. Recordemos que los cafés están concentrados alrededor de la "zona cultural" de Buenos Aires, conformada por la universidad, la Biblioteca Pública, las librerías y las editoriales. Zona que también es el barrio de los estudiantes. De modo que se convierte con toda naturalidad en el lugar en que la suscripción a los diarios resulta rentable para el propietario y donde los clientes pueden encontrar interlocutores valiosos.

A partir de 1852, lo que durante el período rivadaviano y aun al comienzo del segundo gobierno de Rosas es todavía un esbozo se convertirá en una tendencia más nítida: nuevas formas de sociabilidad informal o asociativa que se proponen un objetivo cultural como la edición de una revista literaria, y que se transforman por ello en centros de producción de opinión pública. La correlación entre el desarrollo de las formas asociativas de sociabilidad y de la prensa parece confirmarlo, ya que es mucho más evidente para la década de 1850 que para etapas anteriores; en efecto, durante la primera mitad del siglo el movimiento asociativo es mucho más híbrido y, sobre todo, menos autónomo debido a la ausencia de legislación sobre el derecho a la asociación y el control del poder sobre esas instituciones de la esfera pública.

Hasta este momento nos ocupamos del público culto de la ciudad: los abogados, los hombres de pluma, las profesiones liberales, los grandes comerciantes, los estudiantes; en síntesis, aquellos a quienes se llama "la gente decente", que participan en la renovación cultural de la ciudad. La difusión del impreso, sin embargo, va más allá del sector de quienes leen y escriben. En efecto, como permite suponerlo el desarrollo de la prensa escrita en lenguaje popular, el público de la opinión, que al principio abarcaba un círculo limitado de la sociedad urbana, experimenta hacia la década de 1830 una importante expansión hacia otros sectores de la población. Sabemos, por ejemplo, que los diarios editados por Luis Pérez tienen una amplia difusión en los sectores populares. Y no es sorprendente enterarse de que uno de los principales puntos de venta es el mercado.[53] Empero, más que leerse, esos diarios se escuchan en

---

[52] Es lo que sucedió, por ejemplo, con el diario *El Tiempo*, editado por Juan C. y Florencio Varela para oponerse a la política de Dorrego, o con *El Lucero*, redactado por De Angelis para defender la posición de los federales rosistas. Cf. *El Tiempo*, Buenos Aires, 1° de noviembre de 1828 a 30 de junio de 1829; *El Lucero*, Buenos Aires, 7 de septiembre de 1829 a 31 de julio de 1833, reeditado por Pedro de Angelis.

[53] Cf. AP. AGN. Sala x Policía, 1831 leg. 15-10-1. Otras referencias en *Clasificador o El Nuevo Tribuno*, 6 de noviembre de 1830.

12. *Desarrollo del movimiento asociativo y de la prensa en Buenos Aires (1800-1862)*

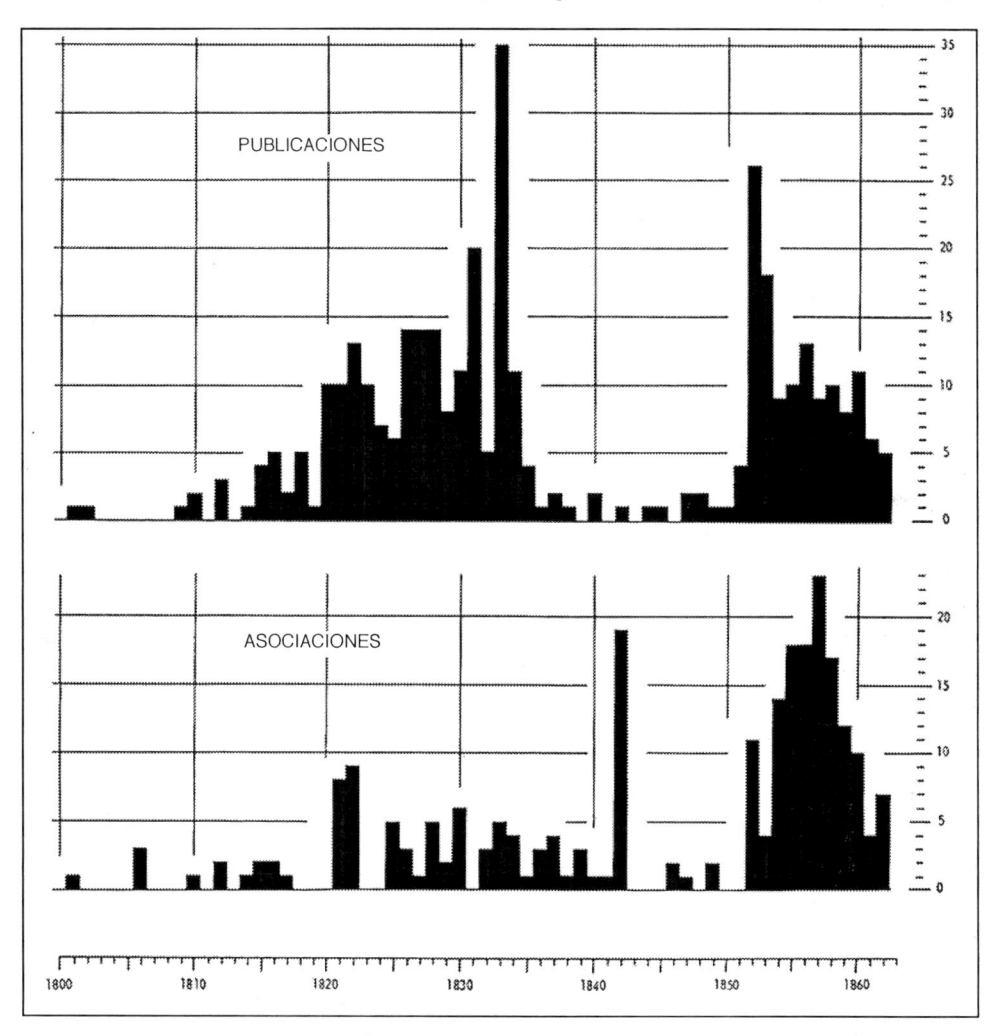

los principales lugares públicos de sociabilidad de la ciudad, las *pulperías*, en las que se articula el mundo de lo escrito con la cultura popular. Aquí, el acompañamiento de la guitarra puede servir tanto para cantar las *payadas* o cancioneros tradicionales como para entonar los versos incluidos con ese fin en la prensa popular. Las primeras referencias encontradas datan del levantamiento rural de 1828-1829, lo que hace pensar que la práctica ya estaba bien arraigada. Desde luego, se impone una distinción entre la opinión expresada por la prensa y la que, por intermedio del *gaucho cantor*, toma la forma de noticias o rumores.[54] En un caso, los por-

[54] Para la cuestión de los rumores, véase Jean-Noël Kapferer, *Rumeurs, le plus vieux média du monde*, París, Seuil, 1987.

tavoces de la opinión son "profesionales" del discurso; en el otro, como lo veremos más adelante, son los dirigentes de la acción. De tal modo, la difusión de la prensa escrita en los medios populares es en cierto sentido reveladora del desarrollo de una esfera pública de la que los hombres de pluma extraen su poder, y sirve al mismo tiempo para alimentar otras formas de representación que rivalizan con la de los hombres de la opinión.

LOS LÍMITES DE LA EXPERIENCIA: EL ENFRENTAMIENTO COMO MODELO DE POLITIZACIÓN

Pese a la ampliación de las fronteras políticas gracias a la extensión del voto y el desarrollo de los espacios en que puede formularse una opinión, aunque sea crítica, comprobamos que los contactos más frecuentes de la población con la esfera del poder pasan por otros caminos que tienen poco que ver con las nuevas experiencias de la esfera pública. En efecto, podemos constatar que las dos movilizaciones populares que se producen en la época se organizan por caminos antagónicos a los abiertos por el movimiento de opinión. Sin embargo, aquéllas se reivindican como manifestaciones de la verdadera voluntad del pueblo, frente al fraude electoral y la prensa difamatoria y mentirosa. Lo cual supone que puede hacerse una experiencia política al margen de los hombres y las instituciones de la nueva esfera del poder público. Esto quiere decir también que existe un tercer mecanismo de representación de la voluntad del pueblo: la opinión armada. Y ésta se utiliza cuando se rompe el consenso de la clase dirigente, como ocurre en 1828 y 1833.

El levantamiento campesino de 1829 y el triunfo de la opinión armada

La llegada de Rosas al poder estuvo directamente ligada al levantamiento campesino en el sur de la provincia de Buenos Aires. Aquél pudo obtener sin demasiadas dificultades la cesión del poder absoluto como condición para dirigir el gobierno de la provincia gracias a una situación crítica, de la que los disturbios eran la manifestación más convincente.

En un estudio parcial concerniente a ese levantamiento, pudimos comprobar que lo que se presentaba como la insurrección del sur de la campaña contra el golpe de Estado de Lavalle constituía en realidad un conjunto de acciones armadas más cercanas al bandolerismo social, tal como lo describe Hobsbawm, que al combate político.[55] El levantamiento de 1829 es ante todo una manifestación de las tensiones sociales en el campo, consecuencia de las transformaciones de la estructura productiva, agravadas por una coyuntura explosiva: una situación económica crítica marcada por la fuerte inflación que produce una devaluación del salario real, sumado al desequilibrio imprevisible del mercado laboral a raíz del retorno

---

[55] *Cf.* Eric Hobsbawm, *Rebeldes primitivos*, Barcelona, Ariel, 1968; E. Hobsbawm, *Bandidos* (Londres, 1969), Barcelona, Ariel, 1976.

de las tropas que combatieron contra Brasil, y por último, una de las más terribles sequías experimentadas por la provincia de Buenos Aires. Dejaremos de lado aquí la cuestión de la autonomía del movimiento, que nos alejaría demasiado de nuestro objetivo, para abordar el problema de su significación política.[56]

Las manifestaciones de la ira campesina

Los disturbios comienzan inmediatamente después de la ejecución del gobernador de la provincia de Buenos Aires, Manuel Dorrego, en diciembre de 1828. Hablamos de disturbios, porque en realidad se trata de diferentes manifestaciones de descontento popular, algunas completamente independientes de los acontecimientos de la ciudad de Buenos Aires, pero coordinadas por una ola de rumores que circulan en todo el sur de la campaña.[57] Esta situación de inestabilidad, combinada con una coyuntura económica, social y política explosiva, explica la acción generalizada de los diferentes sectores sociales y étnicos, que se entregan a toda clase de bandolerismos. De todas formas, es posible distinguir al menos tres manifestaciones diferenciadas: las agresiones de los indios "nómades" de la frontera sur, el accionar armado de los hombres de Rosas contra las tropas de Lavalle y los actos de bandidaje social de los *gauchos* organizados en bandas armadas en la región del río Salado.

En los tres casos, las movilizaciones recorrieron los caminos tradicionales. Los indios actuaban mediante su propia organización de ataque: los *malones*, verdaderas empresas económicas de las tribus indias encaminadas a organizar las incursiones en las tierras de los blancos.[58] Cada *malón*, constituido por los hombres de una tribu, tenía su jefe y su forma de acción. Los grupos armados, que en las fuentes figuran como "los anarquistas", operaban mediante bandas de hombres dirigidas por *caudillos* rurales como Molina o Meza. Pero estas bandas tenían una existencia anterior a la revuelta. Así, en el momento en que se desencadenaron los disturbios, Molina ya contaba con quinientos "cristianos" y una cantidad similar de indios pampas. Molina es un buen ejemplo del tipo de *caudillo* que vivía en la sociedad de frontera. Antiguo capataz de Francisco Ramos Mejía, se refugió en los territorios indios cuando éste cayó prisionero en 1821. Con desertores y algunos indios constituyó su propia banda a fin de lanzar *malones* sobre las propiedades de

---

[56] Contrariamente a John Lynch, que afirma que el movimiento era dirigido y controlado por Rosas, nosotros sostenemos que muchas de las manifestaciones de la ira campesina eran autónomas. El debate sigue abierto. Véase P. González Bernaldo, "El levantamiento de 1829…", art. cit., pp. 156-164. En nuestra entrevista con John Lynch, "Rosas visto por un historiador inglés", en *Todo es Historia*, núm. 768, octubre de 1989, pp. 48-52, se encontrará un estado del debate.

[57] La circulación de los rumores desempeña un papel crucial en la revuelta. Uno de los rumores movilizadores decía, por ejemplo, que Lavalle pretendía reiniciar la guerra contra el Brasil. Lo cual significaba para el campo un recrudecimiento de las levas y una disminución de los salarios reales, porque el déficit provocado por la última guerra había sido cubierto con la emisión de billetes. En consecuencia, independientemente del hecho de que Rosas hubiera podido ordenar la propagación de esos rumores, para que circularan por toda la campaña a semejante velocidad era preciso que la gente creyera en ellos y que estuvieran arraigados en angustias colectivas.

[58] Para el funcionamiento de la economía de los indios pampas, véanse los trabajos de Raúl Mandrini.

los blancos. El gobierno nacional lo amnistió en 1826 y lo incorporó al ejército de la frontera sur. Rosas también recurrirá a él cuando se trate de firmar alianzas con algunas tribus amigas. De ese modo, Molina se convertirá en uno de sus hombres en la frontera sur.[59] El enfrentamiento armado de Molina y sus hombres contra las tropas de Lavalle se explica íntegramente por sus vínculos con Rosas; con una indicación precisa de éste o sin ella, Molina actúa en el marco de una relación de clientela que intercambia fidelidad y asistencia por protección.

Hay que distinguir esta acción de la emprendida por las pequeñas bandas de alrededor de cincuenta hombres, que actúan en la zona del río Salado.[60] Sus jefes son o bien oficiales subalternos del ejército, como Basualdo o Arnold, o bien pequeños *caudillos* de frontera como Miranda o bien, por último, caciques indios como Ventura Miñaña o Benancio. Estos jefes organizan sus bandas gracias al clima de descontento que incita a un buen número de habitantes de la campaña a lanzarse a la acción armada, pero según el modelo de organización de las clientelas. De tal modo, los diferentes *caudillos* se convierten en responsables de esos hombres que a cambio les deben fidelidad. Sin embargo, estas bandas no sobreviven al levantamiento. Aun antes, hacia fines de marzo, muchos de estos pequeños jefes se unen a las tropas de Rosas. En el mismo momento vemos proliferar en toda la campaña y cerca de la ciudad pequeñas bandas de alrededor de diez personas que se entregan al robo generalizado. Es indudable que se trata de hombres que responden ocasionalmente a esos *caudillos* y que, cuando sus jefes se incorporan al ejército rosista, deciden continuar solos los saqueos de las *estancias*. Lo cual quiere decir que, a diferencia de los grupos anteriores, su accionar expresa una ira popular que desborda el modelo de organización de las tropas de los *caudillos*. La situación se apacigua en junio, cuando Rosas asume la dirección política del movimiento. Los ataques de los indios y los saqueos de las *estancias* prosiguen, pero pierden su significación sociopolítica para convertirse en meros actos de bandolerismo que Rosas no dejará de reprimir.[61]

Cf. "La sociedad indígena de las pampas en el siglo XIX", en Mirta Lischetti (comp.), *Antropología*, Buenos Aires, Eudeba, 1985; R. Mandrini, "Notas sobre el desarrollo de la economía pastoril entre los indígenas del suroeste bonaerense (fines del siglo XVIII y comienzos del siglo XIX)", comunicación a la VIII Jornada de Historia Económica, Tandil, 1986; R. Mandrini, "Desarrollo de una sociedad indígena pastoril en el área interserrana bonaerense", en *Anuario iehs*, núm. 2, Tandil, 1987, pp. 71-98.

[59] *Cf.* Adolfo Saldías, *Historia de la Confederación Argentina* (Buenos Aires, 1881-1887), tres volúmenes, Buenos Aires, Eudeba, 1978; Jacinto R. Yaben, *Biografías argentinas y sudamericanas*, Buenos Aires, 1952-1954; Parish a Aberdeen, carta del 12 de enero de 1829, en J. Lynch, *Juan Manuel de Rosas...*, ob. cit., p. 43.

[60] *Cf.* P. González Bernaldo, "El levantamiento de 1829...", art. cit.

[61] Los decretos del 31 de octubre y el 23 de diciembre de 1829 tienen el objetivo de someter a los *caudillos* que participaron en la revuelta. Mediante los decretos del 14 de septiembre y el 14 de diciembre del mismo año, Viamonte y a continuación Rosas ordenan la recuperación de todas las armas en manos de particulares. En 1830 se toman otras medidas contra "la multitud de exaltados que se dicen federales". *Cf.* P. de Angelis, *Recopilación...*, ob. cit.; *Registro Oficial...*, ob. cit., t. II; AGO. CPA. núm. 4.

La representación política del movimiento

La movilización popular de 1829 se interpreta como uno de los recursos clásicos a la fuerza durante el desencadenamiento del conflicto entre la clase dirigente. Rosas, que durante las dos revueltas populares (1829 y 1833) ejercía cargos de alto mando militar, puede movilizar mejor que nadie a las tropas para imponer el orden conservador. Después de todo, su triunfo sobre Lavalle podría explicarse simplemente por el hecho de que la razón del más fuerte siempre es la mejor. Ésta es la tesis clásica sobre el poder de Rosas, que John Lynch resumió con tanta claridad en su última obra. Según este autor, el poder de Rosas provendría del control de una importante y poderosa red de clientela que abarcaba desde las tribus indias hasta los miembros de la legislatura provincial. El recurso a la fuerza, lo mismo que al terror, serían medios para asegurar su autoridad absoluta. Así, el régimen sería la negación de lo político, como las movilizaciones sociales fueron la negación de la participación democrática. Sea. Sin embargo, entre el golpe de fuerza del general Lavalle en diciembre de 1828 y la movilización popular que lleva a Juan Manuel de Rosas desde su puesto de comandante general de las milicias hasta el gobierno de la provincia en 1829, hay una gran diferencia que es, precisamente, de orden político. Rosas funda su poder en una movilización popular, mientras que Lavalle lo hace sobre un pequeño grupo de militares e intelectuales que lo acompañan en 1828. Frente a lo que Rosas llama "la logia unitaria", el levantamiento de 1829 se presenta como la verdadera manifestación de la voluntad del pueblo. De ese modo, Rosas puede oponer la oscuridad del poder unitario a la transparencia de esa voluntad.

Esta idea de transparencia o autenticidad del pueblo se asocia a su forma de manifestarse. Lo cual implica una definición particular del sujeto de soberanía y de los mecanismos de representación. En efecto, de acuerdo con el sentido político que asume el movimiento, el individuo se convierte en ciudadano a partir del momento en que hace un uso público de su voluntad, y el camino adoptado no es la opinión sino la acción. Al confundirse de ese modo la esfera del poder público con la de la acción guerrera, los representantes naturales del pueblo son quienes dirigen esa acción, convertida en sinónimo de voluntad soberana.

Instituido como jefe del movimiento, Rosas pasa a ser así el representante legítimo de ese pueblo. Esto no quiere decir que la población rural actúe en el marco del universo de valores que caracteriza al individuo ciudadano moderno. Se trata de una sociedad tradicional que invoca una autoridad –también tradicional–, pero que se incorporará al campo de lo político como voluntad general. Se comprende mejor, entonces, la razón de la indiferencia hacia un combate que pueda resolverse por el camino de la opinión o las urnas. La esfera del poder público, aun después del importante desarrollo de la prensa escrita y la aparición de nuevas formas de sociabilidad asociativa, está desprovista de legitimidad popular. Esto explica que una de las armas más temidas de los insurrectos sea la "guerra de opinión". Se trata de la transmisión de "noticias incendiarias" que se propagan por la campaña. En la mayoría de los casos son informaciones-rumores que se transmiten de boca en boca; los impresos, lo mismo que los pasquines, se utilizan fundamentalmente en la ciudad de Buenos Aires.[62] Esas informaciones circulan principalmente en los lugares de sociabilidad popular, las *pulperías* de campo. En ellas, los "anarquistas" ponen a la población al tanto de los últimos acontecimientos, pero también dan un sentido a esas acciones.[63] Difunden de tal modo varios rumores sobre los asuntos políticos que conciernen a la población. Es interesante señalar que la sociabilidad popular en las *pulperías* es, en este caso, una de las redes de propagación de la ira campesina, lo cual nos sugiere su doble potencialidad: por un lado, las *pulperías* son ámbitos de perpetuación de los comportamientos colectivos tradicionales; por el otro, permiten la apertura del medio militar hacia el mundo del impreso y, con ello, hacia la cultura política moderna. Según las denuncias publicadas en la prensa unitaria, los oficios religiosos también sirven a los insurrectos para propagar su movimiento.[64]

Esta guerra, que la prensa califica de "más peligrosa que el conflicto armado",[65] prueba que la población ya no cree en la veracidad de las informaciones difundidas por ella. Esto supone también la existencia de un medio de difusión alternativo al instituido por el mundo del impreso, cuyo efecto fundamental consiste en socavar el monopolio que posee la prensa escrita, no sólo como principal órgano de información, sino además como representante de la opinión pública. De tal modo, Rosas se vale del movimiento para fundar "democráticamente" su poder absoluto. En efecto, si bien no impugna el principio democrático de la soberanía del pueblo, redefine al pueblo y sus mecanismos de representación. Cosa que le permite, con medidas como el decreto del 1° de febrero de 1832, erosionar el poder de los intelectuales publicistas, que son en su mayor parte opositores liberales. Medidas que el nuevo orden de cosas hace posibles.[66]

La movilización urbana de 1833: la evidencia pública del orden social

El federalismo porteño, que llevó a Rosas al gobierno de la provincia, termina por dividirse durante su primer mandato. Por un lado, encontramos a los incondicionales del gobernador que apoyan la renovación del poder absoluto. Se trata de la rama "rosista" del federalismo, conocida con el nombre de "federales apostólicos". Por el otro, están los federales "doctrinarios", que se oponen al mantenimiento de un poder sin límites.[67] Pero las diferen-

---

[62] *Cf.* P. González Bernaldo, "El levantamiento de 1829...", art. cit.

[63] *Cf.* Prudencio Arnold, *Un soldado argentino* (Buenos Aires, 1884), Buenos Aires, Eudeba, 1970, pp. 26-28.

[64] El poder movilizador de los curas "que en sus homilías incitan a la rebelión" es señalado por Vélez Sarsfield en una carta dirigida a Lavalle el 21 de diciembre de 1828. *Cf.* AGN, Sala VII, 1-3-6, fol. 80-81. Otras referencias sobre la participación de los curas en la rebelión en AGN, Sala X, 15-1-5; diarios *El Tiempo*, 17 de marzo de 1829, y *El Pampero*, de la misma fecha.

[65] *Cf. El Tiempo* del 11 y el 19 de marzo de 1829.

[66] A su llegada al gobierno, Rosas deroga la ley de 1828 sobre la libertad de prensa. El decreto del 1° de febrero de 1832 prohíbe cualquier publicación que carezca de la autorización del gobierno.

[67] Para el relato de los acontecimientos políticos entre el primer y el segundo gobierno de Rosas, véanse Enrique Barba, *Cómo llegó Rosas al poder*, Buenos Aires, Pleamar, 1972, pp. 139-146; Víctor Bouilly, *El interregno de los lomos negros, 1830-1835*, Buenos Aires, La Bastilla, 1974; Gabriel A. Puentes, *El gobierno de Balcarce. División del partido federal (1832-1833)*, Buenos Aires, Huarpes, 1946.

cias entre estos dos sectores del federalismo no se detienen aquí. La cuestión decisiva que sigue dividiéndolos es la organización constitucional del país. Con la Liga Federal de 1831, las divergencias no hacen más que aumentar.[68] En tanto que los federales doctrinarios reclaman la convocatoria de un Congreso Constituyente, los apostólicos sostienen la política anticonstitucional de Rosas,[69] lo cual reactualiza el debate sobre el problema de la normalización institucional del poder provincial.[70] Al finalizar el mandato del gobernador en 1832, la legislatura se pronuncia en contra del mantenimiento del poder absoluto. Rosas se niega entonces a retomar la dirección del gobierno de la provincia en esas condiciones y se consagra a la organización de la expedición contra los indios pampas. La cámara de representantes provincial elige a su ministro de guerra, Juan M. Balcarce, que asume la función de gobernador en diciembre de 1832. Balcarce forma un gobierno de conciliación, designando como ministros de justicia y gobierno a dos federales rosistas: Manuel V. Maza y Victorio García Zúñiga, mientras que en el Ministerio de Guerra nombra a su primo, el general de brigada Enrique Martínez, distanciado por entonces de los federales rosistas. El acuerdo no dura mucho... El conflicto estalla durante la elección de los representantes, el 28 de abril de 1833.

El enfrentamiento político en el seno de las elites

Las hostilidades políticas comenzaron con las elecciones de abril de 1833. Para esta ocasión, como solía suceder, los dirigentes se habían puesto previamente de acuerdo para formar una

---

[68] Para el análisis político de las apuestas que se urden en torno de esta liga, véase E. Ravignani, "El pacto federal del 4 de enero de 1831...", art. cit.

[69] El tratado del 4 de enero de 1831 que fundó la Liga Federal contenía una cláusula que establecía "la convocatoria de un Congreso para organizar la Nación". Rosas, que se oponía a la constitución, exigió al diputado de Buenos Aires que se retirara de la Comisión Representativa reunida en Santa Fe. Cf. E. Ravignani, "El pacto federal del 4 de enero de 1831...", art. cit.; Enrique Barba, "El primer gobierno de Rosas", en *Historia de la Nación Argentina*, Buenos Aires, Academia Nacional de la Historia, 1939, vol. 7, pp. 57-62. Sobre el pensamiento político de Rosas, véase Arturo E. Sampay, *Las ideas políticas de Juan Manuel de Rosas*, Buenos Aires, Juárez Editor, 1972, pp. 11-85.

[70] Los debates en torno de la necesidad de una constitución provincial comienzan hacia 1830 y se intensifican tras la formación de la Liga del Litoral. En junio de 1833, la Junta de Representantes designa una Comisión de Asuntos Constitucionales, encargada de presentar un proyecto de constitución provincial de forma federal. Casi en su totalidad, la cámara apoya el proyecto. Aun Anchorena, primo de Rosas y representante del ala más conservadora del rosismo, termina por sancionarlo. En una carta del 7 de junio de 1833, Vicente Maza sugiere a Rosas que es conveniente no oponerse "al torrente que invoca la Constitución", pues hacerlo sería una manera de dar el triunfo a la oposición. Cf. *Diario de Sesiones de la Honorable Junta de Representantes de la Provincia de Buenos Aires, Buenos Aires, 1823-1851*, sesiones del 3 y el 18 de junio de 1833; carta de Manuel V. Maza a Juan Manuel de Rosas, Buenos Aires, 7 de junio de 1833, en Ernesto H. Celesia, *Rosas, aporte para su historia*, Buenos Aires, Peuser, 1954, t. I, pp. 555-559. Para el debate en la prensa, véanse sobre todo *El Defensor de los Derechos del Pueblo, diario del mediodía*, Buenos Aires (junio a octubre de 1833), reeditado por Bustamante, números del 15 al 19 de julio de 1833; *gm* de julio y agosto de 1833, y *El Iris, Diario del Medio Día, Político, Literario y Mercantil*, Buenos Aires, Imprenta Republicana (de abril a agosto de 1833), número del 18 de mayo de 1833.

lista común. Pero el día de los comicios apareció de manera inopinada una segunda lista, llamada "lista del pueblo" y conocida más tarde como la lista de los *lomos negros*, porque el reverso de la hoja estaba pintada de ese color. Se trataba de una maniobra de Martínez, en acuerdo con los federales doctrinarios, para imponerse a los federales "apostólicos". La lista del pueblo "ganó" las elecciones. Los rosistas, desde luego, denunciaron el fraude, mientras se preparaban para el nuevo enfrentamiento electoral de junio.[71] Para conquistar adeptos, unos y otros utilizaban la persona de Rosas, lo cual aumentó aún más la confusión en el momento de los comicios.[72]

Los federales rosistas o "apostólicos" confiaban en que no volvieran a sorprenderlos. En junio se organizaron para asegurarse la primacía en el fraude. Como de costumbre, la batalla más importante se libró entonces durante la constitución de las asambleas electorales. Para ello, los *lomos negros* disponían de las tropas del ejército, comandadas por el ministro de guerra, E. Martínez, secundado por Olazábal, mientras que los rosistas contaban con las patrullas policiales al mando del jefe de la policía, Correa Morales. Las hostilidades no tardaron en declararse: a las nueve de la mañana, unos y otros ya habían desenvainado sus cuchillos en la parroquia de Catedral al Sur,[73] mientras que en la de Nuestra Señora del Socorro un grupo de hombres armados amenazaba con cortarles las orejas a quienes no obedecieran las órdenes de votar por su lista.[74] En síntesis, la partida se anunciaba difícil para los *lomos negros*, aun cuando tuvieran la ventaja de estar en el gobierno. Empero, cuando los federales rosistas estaban ganando las elecciones, el gobierno recurrió a una de las últimas estratagemas: suspenderlas. Esto provocó la ruptura entre los doctrinarios y los apostólicos. Los ministros rosistas renunciaron entonces a sus cargos gubernamentales, mientras el combate político se trasladaba a la esfera pública, facilitado por el decreto del 22 de junio de 1833 que volvía a poner en vigor la ley del 8 de mayo de 1828 sobre la libertad de prensa.[75]

Para la ocasión, los federales doctrinarios editaron una serie de publicaciones destinadas a defender la política del gobierno. Así, sólo en 1833 se publicaron los siguientes diarios: *El Iris*, redactado por José L. Bustamante, que apareció desde marzo hasta agosto; *El Defensor de los Derechos del Pueblo*, aparecido en julio y suspendido por Agrelo en octubre, cuando ya habían salido 94 números; *El Amigo del País*, redactado por Marco Avellaneda, Juan M. Gu-

---

[71] Muchos de los diputados elegidos tanto por la ciudad como por la campaña tuvieron que elegir una de las dos bancas. En consecuencia, varias de éstas quedaron vacantes, razón por la cual se convocó una nueva elección para el mes de junio. Cf. *Diario de Sesiones de la Honorable Junta...*, ob. cit., t. XIV, núm. 319, sesiones del 13 y 20 de mayo de 1833.

[72] Así, un pasquín aparecido en la parroquia de Monserrat dice lo siguiente: "Viva la Federación. Ciudadanos que tenéis la desdicha de pertenecer a la Compañía del Capitán Benabento, hoy os decimos que aunque vuestro Capitán sea mulato, fue comprado por Felipe Arana para engañaros y haceros creer que la lista que él os presenta es la mejor. Es una mentira, ésa no es la lista del Pueblo. La lista por la que debéis votar, como todo ciudadano, es la lista en que figuran el General Rosas y el General Olazábal". Cf. E. H. Celesia, *Rosas, aporte para su historia*, ob. cit., p. 267.

[73] Cf. gm, 22 de junio de 1833, p. 1, col. 4, y p. 2.

[74] Cf. *El Defensor de los Derechos del Pueblo*, 25 de junio de 1833.

[75] Cf. P. de Angelis, *Recopilación*, ob. cit.

tiérrez y Ángel Navarro, publicado desde julio hasta octubre; *El Constitucional*, dirigido por Miguel Valencia y también suspendido por Agrelo; y *El Látigo Republicano*, redactado por Carlos Terrada.[76] Los doctrinarios contaban en este campo con una clara ventaja sobre los federales rosistas, que disponían no obstante de *La Gaceta Mercantil* como principal órgano de expresión. La práctica de la escritura no sólo estaba más arraigada entre los jóvenes liberales, sino que el impreso se integraba a las prácticas de sociabilidad que se habían desarrollado dentro del sector de los federales doctrinarios. Su influencia sobre la opinión pública era grande,[77] como lo reconocía Maza en una carta dirigida a Rosas en junio de 1833: "La opinión, por otra parte, de la constitución es un torrente que está tan difundido que no hay dique en lo humano capaz de contenerlo".[78]

Ese "torrente de opinión", controlado por los federales doctrinarios, era tanto más temible cuanto que concernía a un amplio sector de la población, que desbordaba el marco de quienes leían y escribían. En efecto, muchos de esos impresos llegaban ahora a los sectores populares por intermedio del *pulpero*. Si esos lugares de sociabilidad popular, como ya lo hemos señalado, eran sobre todo un canal de difusión de la opinión no impresa (por las conversaciones espontáneas, pero principalmente por los cantos populares), la lectura de la prensa en voz alta empezaba a integrarse cada vez más a esas prácticas de sociabilidad popular. Esto explica que el debate de opinión que antes incumbía a un sector muy restringido de la población alcanzara poco a poco a los sectores populares. Y los doctrinarios, a pesar de su escaso influjo sobre la plebe urbana, lograron ganar algunos adeptos en esos sectores. En una carta del 4 de agosto de 1833 dirigida a Rosas, Vicente González, uno de sus intermediarios políticos en el sur de la campaña, le decía lo siguiente: "Este me aseguró [un Capitán del Esquadrón de Villamayor] que el Dr Don Vicente Anastacio Echeverría ablaba mui mal de V. y aun repartía impresos de los Sismáticos. Que en una [*pulpería*] de San José también el dueño de ella llamado Don Bartolo Vivot abla iniquidades contra V y me suplicó que asi se lo hiciese presente".[79]

González no se equivocaba al desconfiar de los *pulperos*. La capacidad de movilización de estos hombres era enorme, tanto por la difusión de las noticias y rumores como por la "traducción" del discurso de las elites a objetivos populares, a lo cual se agregaba la distribución de una prensa popular que, aunque efímera, era cada vez más numerosa. A menudo, estos diarios estaban escritos en verso. Las referencias políticas no faltaban, pero siempre aparecían traducidas en un lenguaje popular que mezclaba las cuestiones políticas con fundamentos morales, con frecuencia acompañados por referencias religiosas. Así, cuando el diario *La Negrita* explicaba los fundamentos ideológicos del partido que apoyaba, lo hacía en estos términos: "Ya no hay duda que Juan Manuel de Rosas es tan apostólico como no-

---

[76] A. Zinny, "Bibliografía periodística...", art. cit.

[77] Sobre la difusión de la opinión cismática en los cafés, véase *El Gaucho Restaurador*, núm. 6, 30 de marzo de 1834, p. 4, col. 1.

[78] "Maza a Rosas, Buenos Aires, 7 de junio de 1833", en E. H. Celesia, *Rosas, aporte para su historia*, ob. cit., t. I, pp. 555-559.

[79] Vicente González a Juan Manuel de Rosas, Guardia del Monte, 4 de agosto de 1833, en *ibíd.*, t. I, pp. 577-579.

sotros, pues escribiendo a un amigo suyo el día de san Pedro, data su carta como sigue: Río Colorado, el 29 de junio de 1833, día de mi amigazo el apóstol san Pedro".[80] Si bien las referencias a las luchas políticas que dividen a las elites locales no están ausentes, se hacen en otro terreno que el abierto por las nuevas prácticas culturales de las elites urbanas.

No sólo el marco de referencia sino también las redes de distribución de esos diarios difieren de los correspondientes a la prensa de opinión. Según *El Amigo del País*, se repartían gratuitamente en la calle, "donde a veces algunas personalidades lo leen en presencia de todo el pueblo", así como en las *tertulias*.[81] Tampoco se descuidaba al ejército, puesto que según una carta de Rosas a Guido, en él la lectura de la prensa estaba bastante difundida. Los términos empleados por Rosas son los siguientes: "Usted no se imagina la influencia que tienen. Los soldados se agrupan en círculos para leerlos, sobre todo algunos artículos de *El Negrito*".[82] Cabe imaginarse, también, que algunos de esos impresos circulaban en las Sociedades Africanas, particularmente los diarios destinados a los hombres de color, como *El Negrito* y *La Negrita*.[83] En cambio, las *pulperías* de la ciudad eran bastante temidas por los apostólicos. De acuerdo con varias referencias recuperadas, Rosas y los suyos desconfiaban enormemente de los *pulperos* y preferían utilizar otros canales, como el ejército.[84]

Hacia fines de septiembre, la vida pública porteña estaba intensamente politizada. Unos y otros se reivindicaban voceros de la opinión pública y pretendían con ello socavar el poder del adversario. Los diarios apuntaban ahora a que la opinión bajara a los sectores populares, para lograr con ella la movilización política de éstos.[85] Pero la falta de un campo estrictamente político en el que pudiera librarse esta lucha de las elites por el poder, unida al hecho de que la prensa popular llamada de opinión se desarrollaba en un marco de referencias morales anclado en un terreno infrapolítico, hizo que esta lucha terminara por desbordar tanto el marco de la política como el de las elites culturales. Cuando Tomás de Iriarte hablaba de ese conflicto, iniciado según él con las elecciones de abril de 1833, lo hacía con un tono lúgubre, propio de un hombre para quien la política era un asunto de militares, que en el límite podía interesar a la "gente decente" pero que, sobre todo, no debía afectar a la plebe urbana, ya que en ese caso el riesgo para el orden social resultaba demasiado grande. Vale la pena recordar sus palabras con respecto a las consecuencias del conflicto entre las elites: "fomentó la licencia de la prensa, hizo que ésta sacase a luz hasta las miserias de la vi-

---

[80] Cf. *La Negrita*, Buenos Aires, núm. 1, 21 de julio de 1833.

[81] Quejas publicadas por *gm*, 8 de julio de 1833, p. 1, col. 4-5.

[82] Cf. E. H. Celesia, *Rosas, aporte para su historia*, ob. cit., t. I, p. 285. La distribución de los impresos apostólicos en el ejército se realizaba por vías informales, ya que las oficiales estaban controladas por los doctrinarios. En una carta de Agustín Wright a González, aquél le propone conseguir diarios para que su destinatario los haga leer entre sus tropas. Cf. Agustín Wright a Vicente González, Buenos Aires, 4 de enero de 1833, en *ibíd.*, t. II, p. 391.

[83] Véase la referencia en la carta de Rosas a Arana, fechada el 26 de agosto de 1833, en *ibíd.*, t. I, p. 290.

[84] Cf. Vicente González a Juan Manuel de Rosas, Guardia del Monte, 4 de agosto de 1833; Rosas a Vicente González, Río Colorado, 20 y 26 de agosto y 3 de septiembre de 1833, en *ibíd.*, t. I, pp. 566-613.

[85] En los diarios populares no faltan las referencias a la fidelidad rosista. Véase, por ejemplo, el poema aparecido en *La Negrita* del 21 de julio de 1833, titulado "Viva la Patria": "Yo me llamo Juana Peña / y tengo por vanidad / que sepan todos que soy / Negrita muy federal. / [...] / Pero ya que me he chiflado / por

da privada de sus enemigos. [...] Las familias entraron, como era natural, a la parte de los rencores por la humillación de sus deudos, y la sociedad toda se encontró fraccionada en dos bandos opuestos; y no era tanto la adhesión o el odio a Rosas sino el deseo de venganza personal, el móvil de la escandecencia de unos y otros contendientes".[86]

Aquí tenemos una vez más a la sociedad en peligro, en una situación que se parece mucho a la de 1828-1829. El encargado de negocios de Francia resume bien el clima que reina entonces:

> En síntesis, volvemos a estar sobre un volcán; los partidos se atacan con la pluma preparándose para una lucha más seria; el gobierno, carente de fuerza material y moral, fluctúa sin atreverse a tomar partido; incompleta y dividida, la Sala de Representantes designa comisiones so pretexto de hacer investigaciones sobre los acontecimientos, pero según todas las apariencias mucho más para ganar tiempo; todo el mundo espera con ansiedad la actitud que adoptará el general Rosas, de modo que la solución del problema parece depender hoy del jefe de un pequeño ejército, separado en este momento de la capital por doscientas leguas de desierto, donde las comunicaciones son extremadamente lentas y difíciles en la estación actual.[87]

Rosas y la definición del Pueblo federal

Desde el mes de septiembre, la situación era completamente incontrolable. Balcarce decidió entonces intervenir contra el movimiento de opinión, entablando un proceso por abuso de la libertad de prensa. El 2 de octubre, el procurador general Agrelo presentó su acusación contra cinco diarios apostólicos y dos doctrinarios. Entre ellos estaba la publicación apostólica *El Restaurador de las Leyes*. El proceso debía comenzar el 10 de octubre de 1833, pero la noche anterior, un "malentendido" desencadenó los disturbios,[88] pues algunas pancartas anunciaban el próximo juicio del "Restaurador de las Leyes", lo que la población urbana interpretó como el juicio de la persona de Rosas y no del diario homónimo.[89]

---

meterme a gacetera / he de hacer ver que aunque negra / soy patriota verdadera. / Por la patria somos libres / y esta heroica gratitud / nos impone el deber santo / de darle vida y salud. / [...] / Patriota soy y de fibra, / de entusiasmo y de valor. / Defensores de las leyes / y de su Restaurador. / Sólo por D. Juan Manuel / han de morir y matar / y después por los demás. / Mandame mi general". Véase también *La Negrita*, núm. 2, 28 de julio de 1833, p. 2, col. 2, y p. 3, col. 1.

[86] Cf. T. de Iriarte, *Memorias...*, ob. cit., t. v, pp. 7-8. Los pasquines pegados en las puertas de los opositores están repletos de alusiones personales. Para no dar más que un ejemplo, un pasquín que apuntaba al ministro Martínez decía lo siguiente: "Prepárate Enrique / Se acerca tu fin. / ¿Sabes qué se quiere? / Tocarte el violín. / Eres un malvado / Tan perro y traidor / Que el darte la muerte / Es muy buena acción / Ya que eres cabeza / De esa vil facción / Perderás la tuya / En esta ocasión. / A ver qué te vale / Contra un buen puñal / Ni el que seas Ministro, / Ni el ser liberal. / Correrá tu sangre / Y después serás / Pavor y escarmiento / A tu bando audaz". Cf. E. H. Celesia, *Rosas, aporte para su historia*, ob. cit., t. I, p. 302.

[87] "Mendeville au ministre des Affaires Etrangères", Buenos Aires, 30 de junio de 1833, en AQO. CPA., núm. 6.

[88] Cf. E. H. Celesia, *Rosas, aporte para su historia*, ob. cit., t. I, pp. 305-307.

[89] "En la mañana de ayer aparecieron pegadas, incluso en la zona suburbana, grandes pancartas con letras rojas y muy gruesas, anunciando que a las diez de la mañana del mismo día se reuniría el jurado para juzgar al Restaurador de las Leyes." Cf. "Juan Ramón Balcarce a la Honorable Sala de Representantes,

Los acontecimientos se sucedieron con gran velocidad. El rumor sobre la detención de Rosas, probablemente ligado al recuerdo del proceso que había culminado en la ejecución de Dorrego, movilizó a la población urbana hacia el Palacio de Justicia. "Reunidos efectivemente en la mañana de ayer varias gentes e la galería de la Casa de Justicia, se notaron gritos y voces en tono de provocación [...] Los comprendidos en la lista que se acompaña repitieron, *vivas* y los *mueras* en la misma Casa de Justicia. Mas como no se realizó el juicio, algunos de los expresados individuos, al retirarse continuaron dando la misma grita por las calles."[90] A continuación circuló la noticia del levantamiento del comandante de Quilmes, quien al parecer se había apoderado de las armas del cuartel. En los arrabales de la ciudad, del otro lado del Puente Gálvez, se hablaba de otro levantamiento, dirigido por José María Benavente, Bernardino Cabrera, Bernardino Parra y el comandante Montes de Oca, seguido por la población de la ciudad.[91] El 12 a la mañana, tras la reunión en el Palacio de Justicia, los ciudadanos abandonaron el centro para unirse al movimiento de los suburbios. El 13 a la mañana "el General Restaurador D. Agustín Pinedo es proclamado jefe de los ciudadanos reunidos".[92] Cuando, algunos días más tarde, la comisión designada por la Sala de Representantes para tratar con los insurrectos se puso en contacto con el general Pinedo, éste reivindicó su acción en estos términos: "hizo valer, que cuando él se habia decidido al sacrificio de condescender a la aclamación de los ciudadanos que se habian puesto a sus órdenes, para que los presidiese, era en consecuencia de que la reunión armada de dichos ciudadanos, tenia por único propósito, asegurar por este medio el uso del derecho de petición, que estaban resueltos a hacer valer ante la H. Sala para que remediase de un modo constitucional los males gravísimos que se sentían."[93]

Estos acontecimientos resumen el episodio conocido como la "Revolución de los Restauradores", que estalla el día del juicio contra el diario *El Restaurador de las Leyes* y que sólo logra dominarse después de la renuncia de Balcarce al gobierno de la provincia, el 3 de noviembre del mismo año. Durante los 23 días transcurridos hasta la resolución política del conflicto, se desencadena una intensa movilización urbana y rural que exalta el espíritu de partido.[94] De tal modo, la evidencia pública de la "voluntad del pueblo" impugna las instituciones representativas. Nuevamente se invoca la voluntad del pueblo en armas para resolver un conflicto entre las elites, haciendo caso omiso de esas instituciones. Empero, a diferencia del levantamiento de 1829, la movilización de octubre de 1833 no desborda el marco del ejército, lo cual no quiere decir, sin embargo, que el movimiento haya sido completamente controlado por Rosas. En cierta medida, la revolución es la consecuencia de una

---

Buenos Aires, 12 de octubre de 1833", en A. Saldías, *Historia de la Confederación...*, ob. cit., t. I, pp. 423-424.

[90] *Ibíd.*

[91] *Ibíd.*

[92] *Cf.* A. Wright, *Los sucesos de octubre de 1833 o colección de documentos principales para la mejor inteligencia de ellos. Por un Restaurador.* Buenos Aires, Imprenta de la Independencia, 1834, p. 7.

[93] *Ibíd.*, p. 16.

[94] *Cf.* T. de Iriarte, *Memorias...*, ob. cit., t. V, pp. 47-48. Referencias en AQO. CPA., núm. 6, septiembre-noviembre de 1833.

crisis interna en el ejército que se salda con el enfrentamiento de los militares identificados con el ejército nacional, como Balcarce, Martínez, Olazábal, Iriarte, Espinosa, etcétera, contra quienes hicieron su carrera en las milicias, como Pinedo, Rolón, Pueyrredón o Prudencio Rosas. Con estos últimos encontramos también militares procedentes del ejército nacional, pero que se convertirán en fieles de Rosas después de 1829, como el coronel Cortinas o el general Izquierdo. Si en 1833 se presentan como los principales defensores del rosismo, la revolución de octubre de 1833 abre una nueva brecha entre los aliados incondicionales de Rosas, como su hermano Prudencio, y aquellos que, como Pinedo, jefe de los sublevados, pretenden volar con sus propias alas.

Los hombres movilizados "espontáneamente" la mañana del 12 de octubre se incorporarán a continuación al ejército. Sus representantes naturales son quienes dirigen esa acción; en otras palabras, sus superiores jerárquicos. La politización se reduce a una movilización que sirve para manifestar fidelidades tradicionales. No obstante, el movimiento es útil para reivindicar la "voluntad del pueblo" frente a la arbitrariedad del gobierno de Balcarce. Así, cuando Rosas es elegido por segunda vez como gobernador de la provincia de Buenos Aires con facultades extraordinarias, no deja de señalar que está investido con la fuerza de la opinión, única base sobre la que puede apoyarse un poder extraordinario.[95] Manuel Maza, diputado y amigo de Rosas, lo dice con claridad en una carta dirigida a éste: "Si la causa de la Federación es la forma irresistible de gobierno, es porque por ella se ha decidido la opinión de las masas".[96] Una opinión que, como en el caso del levantamiento de 1829, funciona como poder paralelo y rival del poder vacilante de la esfera pública literaria.

La "Revolución de los Restauradores" constituye entonces otro capítulo del combate que Rosas libra contra los intelectuales, los profesionales de la política o, según sus propias palabras, "los tinterillos".[97] El lugar que éstos se arrogaban en la organización del Estado –con texto constitucional o sin él– era una consecuencia de su identificación, en un primer momento, con la opinión pública y, posteriormente, con la voluntad de la nación, a esto Rosas responde con la evidencia pública del pueblo, que es la del orden social. Custodio de la sociedad, pero también su representante, Rosas reviste su autoridad con una nueva función simbólica: la de protector de la voz del pueblo. Lo cual le permite neutralizar la esfera del poder público mediante la instauración de la "fe facciosa", que se convertirá en uno de los pilares de su régimen.

---

[95] Cf. *Diario de los Anuncios*, 19 de marzo de 1835, p. 1, col. 1-3.
[96] Cf. Manuel Maza a Juan Manuel de Rosas, Buenos Aires, 7 de junio de 1833, en E. H. Celesia, *Rosas, aporte para su historia*, ob. cit., t. I, pp. 555-559.
[97] Cf. "Carta de Juan Manuel de Rosas a Estanislao López, Pavón, 29 de agosto de 1831", en Enrique Barba (comp.), *Correspondencia entre Rosas, Quiroga y López*, Buenos Aires, Hachette, 1958, p. 137.

4. EL DIVORCIO ENTRE AUTORIDAD Y CIVILIDAD (1838-1852)

La pasión por la cosa pública, que marcó los primeros años del gobierno de Rosas, terminó trágicamente con un nuevo intento de derrocamiento del régimen, atizado por los exiliados unitarios de Montevideo y sostenido por el movimiento de la juventud liberal romántica. La "Revolución de los Libres del Sur", que canaliza el descontento de los productores rurales, sobreviene en el momento más crítico del gobierno rosista: guerra contra la Confederación Peruano-Boliviana, bloqueo del puerto de Buenos Aires por la flota francesa, alianza de la oposición exiliada en Montevideo con las tropas de Rivera y las autoridades francesas, levantamiento de las provincias del noreste contra la confederación y, por último, una crisis económica y financiera que lleva al gobierno a autorizar emisiones sucesivas de billetes, lo que genera una inflación galopante.[1] Esta crisis económica, como la que tuvo que afrontar Lavalle en 1828-1829, provoca el descontento generalizado, particularmente intenso entre los pequeños y medianos productores, a quienes afectan doblemente la crisis financiera por un lado, y las consecuencias desastrosas del bloqueo del puerto de Buenos Aires, que los lleva por el otro a liquidar su producción a cambio de una moneda que, por añadidura, está devaluada. La prosperidad de la provincia de Buenos Aires, fruto de un ingenioso equilibrio entre el antiguo orden y la nueva coyuntura económica inaugurada por la independencia y la instauración del régimen provincial, se ve entonces gravemente comprometida, con el riesgo de que nuevos vientos de fronda barran el delicado reacomodamiento de las nuevas instituciones políticas a la reconstrucción del poder tras la independencia. Con respecto a esta operación, tan indispensable para la organización de un poder estable que la coyuntura hace particularmente difícil, la generación romántica se cree a cargo de una misión histórica: dar a ese nuevo orden fundamentos sociales y culturales, en el afianzamiento de una república representativa nacional. Al negarse a integrar ese proyecto en una inevitable política de austeri-

---

[1] Entre 1837 y 1840, esa emisión incrementa el total del circulante en un 283,03%. Cf. T. Halperín Donghi, *Guerra y finanzas...*, ob. cit., pp. 215-284.

dad destinada a enfrentar el deterioro de la situación económica, social y política, Rosas opta por excluir de su régimen no sólo a esa juventud que dice no ser solidaria de la oposición al gobierno, sino todo un movimiento sociocultural con el que ella se identifica. De manera que, el gobernador asocia las prácticas socioculturales de las elites, en primer lugar, con una facción política y, luego, a valores colectivos encarnados por los enemigos de la comunidad. El combate político se desliza entonces lentamente hacia el campo de las identidades colectivas, produciendo un divorcio entre la autoridad y la civilidad; en otras palabras, entre un poder que se cree sin límites y lo que apenas comienza a concebirse como la "sociedad civil".

Los individuos sin sociedad

Durante los primeros años del segundo gobierno de Rosas, el movimiento asociativo moderno experimenta un auge que, aunque modesto, no deja de ser significativo. El impulso llega a su fin con la "Revolución de los Libres del Sur" de 1839. De allí en más, las escasas asociaciones contractuales que funcionan en la ciudad de Buenos Aires movilizan sobre todo a extranjeros; Rosas impone la autorización previa de cualquier reunión, con lo que frena de manera considerable el impulso asociacionista.[2] La juventud estudiantil abandona los cafés y olvida el furor asociativo, mientras que la "gente decente" tiende, en general, a volver a las antiguas formas de sociabilidad: las tradicionales *tertulias* en las salas de familia, los encuentros en el barrio, a la salida de la iglesia, durante los paseos por las alamedas, etcétera.[3] El abandono de las nuevas prácticas relacionales asociativas entre las elites no entraña, sin embargo, una desaparición de las formas asociativas en la ciudad de Buenos Aires. Si bien la "gente decente" tiende a recluirse en el espacio íntimo, la ciudad es testigo de la gran intensidad de las manifestaciones públicas de las comunidades tradicionales que conciernen sobre todo, pero no exclusivamente, a los sectores populares. La desaparición de las asociaciones, empero, deja al individuo, producto de ellas, sin sociedad de pertenencia.[4]

---

[2] *Cf.* AGN. AP. X 44-10-2.

[3] Las memorias de Víctor Gálvez ilustran bien ese cambio. *Cf.* V. Gálvez, Memorias..., ob. cit., t. I, pp. 362-388, y t. II, pp. 79-87. En este punto estamos de acuerdo con Szuchman, pero nos parece que esto es la consecuencia de una crisis coyuntural que lleva al régimen a efectuar un viraje que finalmente le resultará fatal. A nuestro juicio, Szuchman pasa por alto la incidencia de la crisis de 1838-1842 en el cambio del régimen y considera a éste de manera acaso demasiado monolítica. *Cf.* M. Szuchman, *Order, Family...*, ob. cit.

[4] En este sentido compartimos la tesis de Cochin sobre la noción del individuo moderno como producto de las sociedades. *Cf.* Augustin Cochin, *Les Sociétés de Pensée et la démocratie. Études d'histoire révolutionnaire*, París, Plon, 1921 (reeditado con el título de *L'Esprit du jacobinisme*, París, PUF, 1979); A. Cochin, *Les Sociétés de Pensée et la Révolution en Bretagne (1788-1789)*, París, 1925, dos volúmenes. Sobre esta cuestión, véase también François Furet, *Penser la Révolution Française*, París, Gallimard, 1978.

La brecha entre sociedad y comunidad

La prohibición de toda asociación sociocultural se hace en nombre de la defensa de la sociedad contra los complots de los enemigos, presuntamente reunidos en las logias para instigarlos.[5] A la opacidad de las sociedades, frutos del secreto y el complot, Rosas opone la transparencia de la comunidad. Con la caracterización de "logias", el gobernador denuncia a las pérfidas asociaciones, punto de referencia de todos los conspiradores enemigos de la "Santa Causa de la Federación", a quienes reúne bajo el epíteto de "inmundos unitarios de las logias". La guerra librada contra éstas abarca un conjunto de prácticas mucho más amplias que las logias masónicas, cuya misma existencia no suscita unanimidad entre los investigadores.[6] La palabra "logia", que antaño servía para designar las prácticas políticas de ciertos círculos revolucionarios, se utiliza entonces para hablar de cualquier práctica cultural otrora característica de la juventud de la universidad: tanto las asociaciones socioculturales como el mero placer de los encuentros o la afición por los banquetes.[7] Esto permite al régimen asociar algunas prácticas de sociabilidad con una actitud presuntamente negativa para con la comunidad y la religión, que con ese objeto se toman como la misma cosa. En efecto, gracias a la lectura de los textos antimasónicos llegados de España, el término "logia" despierta temores ancestrales ligados con el miedo al infiel. La prensa y las editoriales controladas por Rosas, por otra parte, van a reproducir la literatura española sobre estos temas.[8] La caracterización político religiosa de esas prácticas, vehiculizada por esta literatura, permite de ese modo apelar al universo ético religioso de la población, que debido a ello las condena.

---

[5] Jorge Myers trabajó en los últimos tiempos sobre el tópico de la conspiración en la retórica republicana del rosismo. Cf. J. Myers, *Orden y virtud...*, ob. cit.

[6] Sobre el tema hay dos tesis opuestas. Una, de procedencia masónica, pretende que las logias masónicas existían desde fines del siglo XVIII. La otra, defendida más recientemente por José A. Ferrer Benimeli, sostiene que la implantación de la masonería regular es más tardía. Toda la cuestión consiste en saber si se limita la expresión "logia masónica" a la que posee una constitución otorgada por el Gran Oriente y sobre la cual subsiste documentación –propuesta de Ferrer Benimeli– o si se opta por un criterio más laxo que nos permite considerar también las asociaciones que adoptan el modelo de las organizaciones masónicas, aunque no haya testimonios de su regularidad. En lo que nos respecta, elegimos la segunda solución, a la vez que en cada oportunidad advertimos al lector sobre la naturaleza de nuestros datos. Así, hemos tomado en cuenta las logias creadas por los liberales españoles exiliados en la década de 1820, mientras que para Ferrer Benimeli la primera logia masónica se estableció en Buenos Aires en 1852. Cf. D. V. Pérez Fontana, *La masonería...*, ob. cit.; Alcibíades Lappas, "La logia 'Constante Unión' de la ciudad de Corrientes", en *Revista de la Junta de Historia de Corrientes*, 5, Corrientes, 1970; José A. Ferrer Benimeli, *Masonería española contemporánea*, Madrid, Siglo XXI, 1980, t. I, *1800-1868*, p. 134.

[7] En el siglo XIX la mayoría de las asociaciones políticas utilizan a menudo la forma de organización de las sociedades secretas e incluso llegan a autodesignarse como "logias". El caso ejemplar es el de la célebre "Logia Lautaro". Pero aun Rivera Indarte, uno de los opositores del régimen exiliado en Montevideo, usa la palabra "logias" al hablar de su asociación. Cf. José Rivera Indarte, *Rosas y sus opositores* (1884), t. I, Buenos Aires, Jackson, 1945, p. 110. Hemos desarrollado este análisis en "La Revolución Francesa...", art. cit., pp. 7-27.

[8] Recordemos que en España la represión antimasónica se acentuó con la instauración de la "década absolutista", cuando se desarrolló una abundante literatura contra los masones. Rosas editaría en Buenos Ai-

Fundamentos de la ruptura: la proscripción de las logias

Las "logias" aparecen en el discurso rosista en relación con el caso del español Jardón. Según el relato de un diplomático norteamericano, este liberal exilado en las orillas del Plata funda en 1821 en Buenos Aires, con otros españoles, la logia Aurora.[9] En 1830 veremos que este mismo Jardón es acusado por Rosas de "instigador logista".[10] En sus memorias, el norteamericano Murray Forbes cuenta la conversación que tuvo con Rosas sobre la cuestión: "el gobierno se internó en la cuestión del tremendo peligro que representaba para el país la identificación del Partido Unitario con influencias y agentes españoles. Él me habló sin rodeos de la existencia de ciertas logias secretas originariamente creadas o fomentadas por agentes españoles de Europa, las que habían difundido entre las clases de la sociedad nativa".[11] Finalmente Jardón es detenido junto con algunos compatriotas por orden del gobierno delegado, en virtud de las facultades extraordinarias. Cuando solicita que se lo someta al procedimiento habitual, el ministro de gobierno, Tomás Manuel de Anchorena, le responde que no ha sido detenido por una sentencia sino "por una medida política de precaución y seguridad pública contra un ataque oculto pero muy real y positivo y sistemado, que hace años se dirige con el mayor tezón y firmeza, a la independencia de la República, a fin de esclavizarla".[12] Según Anchorena, los liberales españoles se proponían constituir, entre la población de la ciudad, sociedades secretas "muy conocidas por su depravado carácter y funestos efectos".[13] Acusaciones que representan una prueba complementaria de la voluntad de Rosas y su gobierno de asociar a los "unitarios" a las "organizaciones liberales", las "sociedades secretas", los "enemigos ocultos", los "agentes españoles"; en síntesis, a todo lo que se oponía a la Federación.

Estas referencias nos hablan del papel que desempeña la acusación contra el complot "masónico-unitario-liberal-español" en el régimen de Rosas; expresiones que denuncian algunos "préstamos" tomados del discurso antimasónico español, como la identificación de los masones con los liberales y los extranjeros. Sucede lo mismo con las acusaciones

---

res un trabajo que había alcanzado una particular difusión en España. Cf. *Extracto de un papel tomado a los masones, cuyo título es como sigue: Máximas e Instrucciones Políticas que el Gran Oriente Español ha mandado poner en ejecución a todas las logias de la Masonería Egipciana*, impreso en Córdoba (España), en la Imprenta Real, año 1824; reimpreso en Buenos Aires, en la Imprenta de la Independencia, 1840. El original español llevaba el siguiente título: *Españoles: Unión y Alerta. Extracto...*, etcétera. La prensa periódica también publicaba informaciones sobre el complot masónico en el mundo. Cf. *La Gaceta Mercantil*, 29 de noviembre de 1830. Para la historia de la masonería española en esta época, véase J. Ferrer Benimeli, *Masonería española...*, ob. cit., t. I.

[9] John Murray Forbes, *Once años en Buenos Aires, 1820-1831* (Londres, 1871), Buenos Aires, Emecé, 1956, pp. 598-600.

[10] Es posible que, cuando fue encarcelado en 1830, no formara parte de una logia masónica. Esto no impidió que ya se lo identificara con ese tipo de prácticas que, entretanto, se habían tornado sospechosas.

[11] John Murray Forbes, "Carta a Martin van Buren, Buenos Aires, 31 de julio de 1830", en *Once años...*, ob. cit., p. 598.

[12] Cf. "Informe del Sr. Ministro de Gobierno sobre la solicitud de Jardón a la Honorable Sala de Representantes", en *La Gaceta Mercantil*, 23 de junio de 1830, p. 1, col. 3-4, p. 2, col. 1.

[13] *Ibíd.*

referidas a una conspiración contra el Estado y la religión.[14] Rosas también supo identificar el discurso de la fobia antimasónica, relativamente estereotipado, con fuerzas políticas locales. En efecto, al denunciar los hábitos de sociabilidad de ciertos grupos no sólo impugnaba la legalidad de esas asociaciones, sino que las acusaba de facilitar las ramificaciones de los enemigos del régimen. Lo cual le permitía inculpar no sólo a los unitarios que habían participado en el golpe de Estado de 1828, sino también a los liberales (entre los cuales estaban los representantes de una de las ramas del federalismo que se oponía a su poder) y a los extranjeros que habían intervenido durante el conflicto de 1828-1829. De tal manera, cuando Rosas tuvo que redefinir sus alianzas a partir del nuevo mapa político que se dibujaba luego de la crisis de 1829, el discurso antimasónico le sirvió para fijar las fronteras entre los amigos y los enemigos del régimen, a partir de los hábitos de sociabilidad que permitían distinguir a los miembros de la comunidad. En otras palabras, la patria como comunidad política de pertenencia se asociaba entonces públicamente a ciertas prácticas y valores relacionales.

En este aspecto, es ejemplar el caso del cacique Pincheira. Éste, un cacique de la frontera de origen araucano chileno, había participado en el levantamiento rural de 1829, durante el cual había asolado especialmente las estancias de la zona de frontera. Lavalle había denunciado entonces a Pincheira, jefe de una de las tribus de "indios amigos", que según éste realizaba esos actos por orden de Rosas. Pese a la verosimilitud de esas acusaciones, no hemos encontrado ningún documento que las certifique. No obstante, aun cuando se absolviera a Rosas de la responsabilidad de las exacciones de los hombres de Pincheira, es indudable que éstas lo beneficiaban, y que en todo caso no hizo nada por detenerlas. Una vez en el poder de la provincia, tendría en cambio grandes dificultades para frenar a esos hombres y terminar con los robos de la banda de Pincheira en las estancias.[15] Por eso no es imposible imaginar que la decisión de acusar al cacique de complicidad con el español Jardón y los unitarios logistas que complotaban contra la independencia de la república, no era ajena a la voluntad de deshacerse de unas alianzas que se habían transformado en embarazosas, por lo incontrolables.[16] A primera vista, parece paradójico que Pincheira fuera acusado de pertenecer a una logia. En principio, porque era difícil imaginar cualquier tipo de relación en-

---

[14] Para la cuestión de la literatura filomasónica y antimasónica, véase nuestro trabajo "Masonería y revolución de independencia en el Río de la Plata: 130 años de historiografía", en José A. Ferrer Benimeli (coord.), *Masonería, revolución y reacción*, t. II, Alicante, Instituto de Cultura "Juan Gil-Albert", 1990, pp. 1035-1055.

[15] Sobre los ataques de Pincheira en la frontera noroeste, véanse las referencias en *La Gaceta Mercantil*, 27, 29 y 30 de octubre de 1828 y 20 de marzo de 1829. El relato de los ataques a la ciudad de Bahía Blanca aparece en *El Tiempo* del 9 y el 20 de marzo de 1829. Sobre la presencia del cacique en Carmen de Patagones, véase José Biedma, *Crónicas históricas del Río Negro de Patagones, 1774-1834*, Buenos Aires, Canter, 1905, pp. 664-669; otras referencias en una carta de Paz a Lavalle del 9 de febrero de 1829 en AGN, Sala VII, 1-3-6, fol. 118, y denuncia de los vecinos de Carmen de Patagones sobre la responsabilidad de Rosas en el asunto, en *El Tiempo*, 13 de febrero de 1829. En Alicia Doval, "Los hermanos Pincheira", en Comando General del Ejército, *Política seguida con el aborigen*, Buenos Aires, Círculo Militar, 1973-1974, t. II (1820-1852), vol. 2, capítulo VIII, pp. 189-252, se encontrará una biografía de Pincheira en la Argentina.

[16] *Cf.* J. Murray Forbes, *Once años...*, ob. cit.

tre los instigadores urbanos de ésta y los caciques de la frontera; además, y sobre todo, porque habría sido mucho más creíble condenarlo como "indio salvaje enemigo de la civilización" y, se sobreentiende, de los propietarios de tierras. De tal modo, este ejemplo muestra que para Rosas el combate político faccional debía librarse en lo sucesivo en el terreno de las pertenencias, a partir de una estrecha identificación entre opiniones políticas y prácticas de sociabilidad; identificación mediante la cual códigos y valores relacionales tendrían una profunda repercusión sobre el mapa de las lealtades políticas.

El paralelo entre opinión política y prácticas culturales se extiende desde las prácticas asociativas hasta la ropa, las maneras de hablar e incluso la sociabilidad más íntima. Así, cuando el viajero francés Delacour describe a las mujeres porteñas de 1845, llega a la conclusión de que según su sensibilidad amorosa eran de opinión unitaria, como si esta inferencia cayera por su propio peso:

Ellas añoran a esos jóvenes formados en la universidad del gobierno de Rivadavia, a esos *doctores* de voz almibarada, que sabían hablar de amor e inspirarlo al hablar de él, muy diferentes en ese aspecto de estos federales "de tomo y lomo" que jamás lo mencionan y se preocupan muy poco por inspirarlo, con tal de obtener la cosa concreta, de la que aquél no es, según ellos, sino un preludio inútil.[17]

Subrepticiamente, el tradicional conflicto de facciones se desliza hacia el terreno de los valores relacionales. De modo que el tópico del complot se convierte en una excelente estrategia para restablecer las relaciones entre un Estado republicano y una sociedad que, en gran parte, vive aún con valores comunitarios tradicionales. El Estado, personificado por Rosas, se presenta entonces como principal defensor de esa sociedad sacudida por las transformaciones socioeconómicas, en las que se origina, sin embargo, ese mismo Estado.[18]

La persecución de las logias brindó igualmente la oportunidad de frenar el movimiento asociacionista que amenazaba con infiltrarse en los sectores populares. La amenaza procedía del contagio de las prácticas desarrolladas entre los artesanos extranjeros. Rosas veía en ellas un peligro potencial de difusión dentro de los sectores populares de las asociaciones que él consideraba cercanas a los liberales. Mediante el recurso a un vasto sentimiento xenófobo, muy presente durante la crisis de 1828-1829, no vaciló en denunciar la participación de los extranjeros en el complot de las logias unitarias.[19] Mendeville, el cónsul francés en Buenos Aires, explica la cuestión en estos términos: "Ellos [los miembros del gobierno de Rosas] pretenden que [los liberales españoles] formaron con esa meta una especie de masonería; en el párrafo en que [el ministro Anchorena] recuerda los disturbios del año pasado, durante los cuales los extranjeros tomaron las armas, evoca la participación

---

[17] Cf. Adolphe Delacour, "Le Río de la Plata. Buenos Aires, Montevideo", en *Revue Indépendante*, París, Jicois, 1845, p. 38.

[18] Sobre este aspecto, véase nuestro trabajo "El levantamiento...", art. cit.

[19] El sentimiento de xenofobia fue atizado por la participación de los extranjeros en los batallones "de los Amigos del Orden" organizados por Lavalle para hacer frente al levantamiento popular del sur de la campaña.

activa y audaz de los españoles y franceses".[20] Cuando en 1832, un grupo de artesanos franceses presentó al gobierno una solicitud de autorización para constituir una asociación de ayuda mutua, Mendeville defendió la posición de las autoridades de Buenos Aires y envió al ministro francés un informe desfavorable sobre uno de los miembros de esa asociación, el tapicero Lantin, que acababa de ser detenido por el gobierno por haber expuesto en su tienda grabados licenciosos. Al explicar los temores que despierta esta asociación en el gobierno, Mendeville escribe:

> Además, el ministro se quejó vivamente de que el señor Lantin procuraba constituir, entre los artesanos, un partido siempre opuesto al gobierno, que no había dejado de expresar sus inclinaciones hostiles desde la disolución del famoso batallón de los Amigos del Orden –del que formaba parte– y que no se le escapaba ocasión alguna de darlas a conocer. S. E. me mostró como prueba un folleto que contenía un discurso en verso, pronunciado por el señor Lantin en un banquete celebrado este año en oportunidad del aniversario de la Revolución de Julio. Agregó que, con diversos pretextos, el señor Lantin buscaba formar en su camarilla de obreros sociedades que podían suscitar inquietud en el gobierno, ya fuera que actuasen contra él en un movimiento perturbador, ya que ocasionaran algún enojoso conflicto entre la población y los extranjeros.[21]

Las notorias discrepancias entre Mendeville y algunos súbditos franceses se habían iniciado en 1828-1829, cuando aquél, en ocasión de la "revolución decembrista", había sostenido públicamente a Rosas, mientras que una cantidad significativa de los miembros de la comunidad francesa se habían incorporado al batallón de "Amigos del Orden", que debía defender la ciudad contra los ataques de las tropas de Rosas.[22] Mendeville tuvo que marcharse de Buenos Aires para instalarse en Montevideo hasta la finalización del conflicto y el ascenso de Rosas al gobierno de la provincia en diciembre de 1829.[23] Esto explica su informe desfavorable sobre la Sociedad Mutual de Beneficencia de los Artesanos Franceses y la creación, en 1832, de una asociación filantrópica controlada por el consulado y destinada a reemplazarla.[24]

---

[20] *Cf.* "Mendeville au ministre des Affaires Etrangères", Buenos Aires, 30 de julio de 1830, en AQO CPA, núm. 5. Entre 1820 y 1835, Mendeville fue encargado de negocios y cónsul general de Francia. En Buenos Aires se casó con Mariquita Sánchez, en cuya casa se realizaban las más reputadas *tertulias* de los independentistas.

[21] "Lettre de Mendeville au ministre des Affaires Etrangères", Buenos Aires, 10 de noviembre de 1832, en AQO CPA, núm. 6.

[22] Por una singular traducción político ideológica, los liberales franceses se identifican con los "unitarios" y los monárquicos con los "federales". De manera que el enfrentamiento entre unos y otros estalla en el Río de la Plata un año antes que los acontecimientos de la metrópoli.

[23] Pese a ello la desavenencia con la comunidad no se solucionó, sobre todo después de la revolución de julio en Francia. En definitiva, Mendeville tuvo que dejar su cargo en 1835. *Cf.* carta de Vins de Peysac del 22 de junio de 1835 y de M. Rogers a raíz de la muerte de aquél, el 26 de junio de 1836, en AQO CPA, núm. 7.

[24] Sobre este conflicto existe una abundante documentación en los archivos del Quai d'Orsay, AQO CPA, n° 5.

Durante los sucesos de 1833, Rosas reitera su discurso de denuncia del complot de las logias, pero esta vez dirigido contra las facciones disidentes del federalismo. En su correspondencia con Vicente González, da indicaciones precisas con respecto a la política a implementar con los federales doctrinarios: "Creo conveniente no enrredar a los Paisanos, ni olvidar la invocación Federal. Y por ello me parece que el nombre que hoy nos corresponde es el siguiente: Federales Apostólicos [...] A los Cismáticos debe decirseles Decembristas unitarios. En fin siga por ahora nombrandolos asi que yo pensare entretanto, y avisare a los periodicos para que se generalise pues repito que el llamarles a los Anarquistas, solo Sismaticos, es confesar que son federales, y en esto darle lo que no les corresponde con perjuicio de nuestra causa."[25] En la misma oportunidad pone en guardia a su corresponsal contra los rumores y libelos que esos "logistas" hacen circular en la campaña.[26] Una vez resuelta esa nueva crisis política, la calma parece volver a reinar sobre la ciudad. Sin embargo, el fundamento de la ruptura entre la civilidad y la comunidad ya está contenido en la "guerra a las logias", mediante la cual Rosas pretende ejercer un severo control de las formas de la vida colectiva que definen la comunidad de pertenencia. Cuando la juventud porteña se organice con el objetivo de transformar los fundamentos de esa vida colectiva, la ruptura será inevitable.

La escisión entre autoridad y civilidad

La ruptura se produce durante la coyuntura crítica de 1838-1839. Los jóvenes liberales reunidos en el Salón Literario de Marcos Sastre deciden entonces abandonar el campo de la esfera pública literaria para pasar al de la acción política. Así, el desacuerdo entre esa juventud que cree ser "la razón del pueblo" y Juan Manuel de Rosas, que quiere dirigir a su pueblo, no puede ser más grande.

La sociedad creada por los jóvenes liberales románticos se presentaba como la nueva generación que debía triunfar donde sus mayores habían fracasado: en la reconstrucción de una sociedad a partir de la cual la nación pudiera pensarse como comunidad política de pertenencia. Para hacerlo, ensalzaban las cualidades de un poder fuerte que, como el de Rosas, se convirtiera en el paso necesario que debía llevar a la regeneración de la sociedad.[27] Como lo explicaba Juan B. Alberdi durante la inauguración del salón, Rosas había abierto el camino que ellos se disponían a trazar:

Ya es tiempo, pues, de interrogar a la filosofía la senda que la nación argentina tiene designada para caminar al fin común de la humanidad [...] Por fortuna de nuestra patria, nosotros no somos los primeros en sentir esta exigencia; y no venimos más que a imitar el ejemplo dado ya en la polí-

---

[25] Rosas a Vicente González, Río Colorado, 25 de septiembre de 1833, en E. H. Celesia, *Rosas, aporte para su historia*, ob. cit., t. I, pp. 599-604.

[26] *Ibíd.*, t. II, pp. 376 y 574.

[27] Cf. "Correspondencia de Juan M. Gutiérrez a Pío Tedín, Buenos Aires, 25 de abril de 1835", en *Epistolario de Don Juan María Gutiérrez*, compilación, prólogo y notas de Ernesto Morales, Buenos Aires, Instituto de Cultura Joaquín V. González, 1942, pp. 12-17.

tica, por el hombre grande que preside nuestros destinos públicos. Ya esta grande capacidad de intuición, por una habitud virtual del genio, había adivinado lo que nuestra razón trabaja hoy por comprender y formular.[28]

Como sus camaradas, Juan B. Alberdi tenía entonces el proyecto de que la nueva generación fuese la guía doctrinaria del poder de Rosas. En efecto, si la Federación era, como lo reconocía Sastre, "la expresión de la voluntad intuitiva del pueblo", la juventud pretendía encarnar la "razón del pueblo", único fundamento del sistema representativo.[29] La autoridad de Rosas no era sólo la condición para una paz social, sin la cual el proyecto político cultural de los jóvenes intelectuales no podía tener vigencia, sino una garantía para el desarrollo industrial del país, como lo recordara Echeverría durante la inauguración del Salón Literario: "Yo sé bien que el interés individual es casi siempre el mejor consejero de la industria, pero también conozco que un pueblo como el nuestro donde se vive con poco porque se desea poco, el interés individual suele dormirse y necesita el estímulo de la autoridad".[30] Sin embargo, Rosas estaba menos convencido de las ventajas de asociar esta intelectualidad a su poder de lo que los jóvenes lo estaban de la necesidad de aliarse a su régimen; y pese a los muchos intentos de ellos para ganarse su simpatía, él se mantuvo indiferente y hasta desconfiado.[31] Sin prohibir las reuniones, se abstuvo no obstante de desempeñar el papel que la "nueva generación" pretendía reservarle. Así, el salón no sería honrado por ninguna presencia oficial. El único integrante del gobierno que concurrió a las reuniones fue el diputado Vicente López y Planes, cuyo hijo Vicente Fidel era miembro activo del salón. Pero después del relato de Vicente Fidel, la actitud de su padre fue inmediatamente censurada por Rosas, quien le hizo saber, en principio por intermedio del diputado Maza y luego personalmente, que desaprobaba su presencia entre esos jóvenes, aconsejándole que se mantuviera alejado del movimiento.[32]

De la reprobación a la represión no había más que un paso, y éste se dio a fines de 1837 cuando, ante una situación cada vez más crítica para el régimen, Rosas denunció la complicidad de ese movimiento cultural con los enemigos de la Federación. Tal vez contaba así con ganar más aliados en los sectores conservadores que veían con muy malos ojos las "excentricidades" de la juventud.[33] Nueve años después, Esteban Echeverría recordaba esa ruptura en estos términos: "Si Rosas no fuera tan ignorante y tuviese un ápice de patriotismo en el alma, si hubiese comprendido su posición, habría en aquella época dado un puntapié

---

[28] *Cf.* Juan Bautista Alberdi, "Doble armonía", en F. Weinberg, *El Salón Literario*..., ob. cit., p. 141.

[29] *Cf.* M. Sastre, "Discurso inaugural...", en *Antecedentes*..., ob. cit. Para la cuestión de la soberanía de la razón, véase E. Echeverría, *Ojeada*..., ob. cit., pp. 51-59.

[30] *Cf.* E. Echeverría, "Discurso...", en *Antecedentes*..., ob. cit., pp. 83-85.

[31] En los discursos inaugurales del salón literario de Sastre, así como en el diario *La Moda*, las manifestaciones de simpatía hacia Rosas son numerosas. En *La Moda* se llega incluso a alabar la cinta punzó, símbolo del componente popular de la Federación. *Cf. La Moda*, 2 de diciembre de 1837.

[32] *Cf.* V. F. López, "Autobiografía", ob. cit., p. 54. Véase también F. Weinberg, *El Salón Literario*..., ob. cit., p. 107.

[33] *Cf.* V. F. López, "Autobiografía", ob. cit., pp. 55 y 62.

a toda esa hedionda canalla de infames especuladores y de imbéciles beatos que lo rodean; habría llamado y patrocinado a la juventud y puéstose a trabajar con ella en la obra de la organización nacional".[34] Pedro de Angelis daría la respuesta "rosista" a esas pretensiones en un artículo publicado con motivo de la segunda edición del *Dogma socialista*:

> Qué extravagante era la idea de regenerar a un pueblo con un puñado de jóvenes sin crédito, sin relaciones, sin recursos, a los que algunos miraban con desconfianza y otros con desprecio; él debía comprender qué ridículo era querer convertir a los argentinos en una sociedad de saintsimonianos y someter a los delirios de Fourier y Considérant una república fundada sobre los principios generales de la organización moderna de los Estados.[35]

Así, unos y otros plantean el problema con claridad. Cuando hay que escoger aliados, la juventud hace triste figura al lado de los "infames especuladores" y los "santurrones imbéciles". Sin embargo, el detonante que lleva a la ruptura definitiva con Rosas no es el presunto peligro representado por una "utopía socializante" ni su irreverencia, sino más bien su francofilia. En efecto, la ruptura se consuma durante el conflicto diplomático con Francia, que conduce en marzo de 1838 a la declaración del bloqueo del puerto de Buenos Aires por la flota del contraalmirante Leblanc.[36] Los jóvenes románticos, sospechosos de simpatías más que comprometedoras por el agresor, van a quedar rápidamente situados del lado de los enemigos de la Federación, tanto más cuanto que se comprueban contactos entre los miembros de ese movimiento y las autoridades francesas. En ese momento, la joven generación decide abandonar las especulaciones literarias para intervenir en los acontecimientos políticos. El principal objetivo de la asociación pasa a ser entonces "apoderarse de la opinión".[37] Con ese fin, el 23 de junio de 1838 se reúnen 35 miembros del Salón Literario, con el objeto de organizarse "para confraternizar en pensamiento y en acción".[38] Constituyen una asociación, con Esteban Echeverría como presidente y Juan María Gutiérrez como vicepresidente. Quince días después, Echeverría presenta una fórmula de juramento parecida a la

---

[34] *Cf.* E. Echeverría, *Ojeada retrospectiva...*, ob. cit., p. 60.

[35] *Cf.* Pedro de Angelis, *Archivo Americano y espíritu de la prensa del mundo*, Buenos Aires, 1847-1851, 28 de enero de 1847. En este conflicto hay también una dimensión generacional que todavía no ha sido objeto de un análisis sistemático. Un trabajo pionero en este enfoque generacional es el de J.-C. Schmitt y G. Levi, *Histoire de la jeunesse en Occident*, París, Seuil, 1996, col. "L'Univers Historique".

[36] Existe una numerosa literatura histórica sobre las dos intervenciones francesas en el Río de la Plata durante el gobierno de Rosas. La actitud de éste con respecto a las potencias extranjeras ocupa un lugar central en la querella historiográfica del siglo XX entre nacionalistas y liberales. Sobre el desarrollo de los acontecimientos según una visión nacionalista, véanse Néstor Colli, *Rosas y el bloqueo anglo-francés*, Buenos Aires, Patria Grande, 1978; Carlos Pereyra, *Rosas y Thiers, la diplomacia europea en el Río de la Plata (1838-1850)*, Madrid, América, 1919. Para una visión francesa del conflicto, véase Théogène Page, "Affaires de Buenos Aires / Expédition de la France contre la République Argentine", en *La Revue des Deux Mondes*, vol. XXV, París, febrero de 1841, pp. 301-370 (traducido y editado por Eudeba, Buenos Aires, 1973).

[37] *Cf.* E. Echeverría, *Ojeada retrospectiva...*, ob. cit., p. 35.

[38] *Ibíd.*, p. 32

de la Joven Italia de Mazzini y bautiza la asociación con el nombre de "Joven Argentina".[39] La organización funciona entonces con un reglamento editado por Thompson y Barros Pazos, y un programa de acción presentado por Echeverría.[40] Pero la situación hace difíciles las reuniones públicas, que según Echeverría se espacian cada vez más. Por otra parte, muchos de los miembros deben exiliarse; la mayoría se instala en Montevideo, donde se asocian a los unitarios que sostienen la acción de los franceses.[41]

La "fuerza de las cosas" invirtió entonces el plan de la asociación, porque según Echeverría ésta se vio obligada a pasar de la acción propagandística a la acción armada. Aprovechando una coyuntura política que les era favorable, varios miembros tomarían parte activa en las acciones orientadas a derrocar el poder de los federales en las diferentes provincias de la Confederación. En Buenos Aires, el "Club de los Cinco" organizó la insurrección que debía unir el accionar de las tropas de Lavalle a la rebelión de los propietarios del sur de la provincia.[42] En la provincia de Córdoba, los integrantes de la asociación participaron en la organización de la revolución destinada a llevar al gobierno a su presidente, Francisco Álvarez; en Tucumán, los allegados a la Joven Argentina habían logrado liberarse de las fuerzas federales aliadas a Rosas y participaban en la Liga del Norte.[43] Pero estas primeras victorias fueron seguidas por una serie de fracasos entre 1839 y 1840, que llevaron a la derrota a las fuerzas de la oposición. Los Maza –padre e hijo– asesinados, los cabecillas del levantamiento del sur de la provincia de Buenos Aires ejecutados, Francia que se retiraba del conflicto y abandonaba con ello a sus aliados locales, Lavalle vencido en el norte... En semejante situación, la joven generación, que había soñado con una dirección ideológica y política del régimen, debía postergar su proyecto y tomar el camino del exilio.

---

[39] Las simpatías por el movimiento republicano italiano ya se habían expresado públicamente en el diario editado por algunos miembros del Salón Literario. *Cf. La Moda*, 25 de julio de 1837. Para la influencia ideológica del pensamiento del Risorgimento sobre la joven generación, véase Renato Treves, "Le saint-simonisme et la pensée italienne en Argentine et en Uruguay", *Cahiers Internationaux de Sociologie*, julio-diciembre de 1973, pp. 197-216. La influencia del pensamiento saintsimoniano fue analizada por José Ingenieros, uno de los autores clásicos del positivismo argentino. *Cf.* José Ingenieros, *La evolución de las ideas argentinas*, dos volúmenes, Buenos Aires, Futuro, 1961, sobre todo el t. II, capítulo VII, pp. 235-310.

[40] E. Echeverría, *Ojeada retrospectiva...*, ob. cit., p. 39.

[41] En la segunda mitad de 1838 se crearon cuatro filiales de la Joven Argentina. En Montevideo, con J. B. Alberdi, M. Cané, B. Mitre, A. Somellera y P. Bermúdez; la de San Juan estaba compuesta por M. J. Quiroga Rosas, D. F. Sarmiento, B. Villafañe, E. Rodríguez, A. Aberastain y S. Cortínez; en la ciudad de Tucumán, la asociación tenía por miembros a B. Villafañe, M. Avellaneda y B. Silva. Por último, en la filial de Córdoba encontramos a V. F. López, P. Paz, E. Rodríguez, A. Ferreira, R. Ferreira y F. Álvarez. El diario *El Nacional*, reeditado por Andrés Lamas y Miguel Cané, difundía en Montevideo la opinión de la joven generación. *Cf.* E. Echeverría, *Ojeada retrospectiva...*, ob. cit., pp. 65-68.

[42] A. Saldías cita una carta de Carlos Tejedor en que éste le confirma que la conspiración de Maza fue en su origen una iniciativa de algunos miembros de la Asociación de Mayo o Asociación de la Joven Argentina. *Cf.* A. Saldías, *Historia de la Confederación...*, ob. cit., t. II, pp. 416-417. Otras referencias en Ángel Carranza, *Bosquejo histórico acerca del doctor Carlos Tejedor y la conjuración de 1839*, Buenos Aires, 1879.

[43] *Cf.* E. Echeverría, *Ojeada retrospectiva...*, ob. cit., pp. 71-72. Véase Tulio Halperín Donghi, *Historia argentina. De la revolución de independencia a la confederación rosista*, Buenos Aires, Paidós, 1972, pp. 354-379.

La sociabilidad como nación en el exilio

"Vosotros, patriotas argentinos, que andáis diez años hace con el arma al brazo rondando en torno de la guarida del minotauro de vuestro país, ¿por qué peleáis? Por la patria. Bueno, pero Rosas y sus seides dicen también que pelean por la patria."[44] Esteban Echeverría se dirige de ese modo a sus compañeros de exilio. Lo hace en un momento en que el régimen de Rosas, luego de cinco años de terror, goza de una prosperidad creciente y una paz social relativa.[45] Con un discurso sobre la patria, Echeverría quiere recordar entonces los fundamentos de una comunidad política que Rosas pretende desnaturalizar. Si la patria es una, ¿cómo explicar que patriotas y rosistas combatan por la misma cosa? Si lo que la define es la mayoría, y puesto que Rosas disfruta de ésta, tienen que admitir que en ella se encuentran los verdaderos defensores de la patria. De ello, Echeverría saca la conclusión de que la patria no puede ser el número. Tampoco puede ser el territorio; en efecto, ¿cómo explicar entonces que hijos de las provincias de Corrientes, Buenos Aires o Mendoza combatan por lo mismo? La patria no puede fundarse en el sentimiento de pertenencia a un mismo lugar. ¿Cuál es entonces la razón de su combate? "Luego la palabra patria representa para vosotros una *idea social* o, más bien, es el símbolo de un Dogma común a todos los patriotas argentinos."[46] El Dogma Social constituye entonces un principio trascendente que la razón del pueblo, encarnada por los intelectuales románticos en el exilio, debe profesar y garantizar a las generaciones futuras.[47] Ese dogma, contenido en el "espíritu de mayo", es el que daría nacimien-

---

[44] Cf. E. Echeverría, *Ojeada retrospectiva...*, ob. cit., p. 91.

[45] El período del "terror" abarca una época precisa del gobierno de Rosas: el momento de la coalición de las fuerzas de oposición interna (los unitarios) y las potencias extranjeras (Francia e Inglaterra). Para hacer frente a esa situación, Rosas se vale del terror como instrumento de gobierno. Durante este período, conocido como "los años negros del régimen", el gobernador confirma su poder absoluto, que se revela como la única garantía para el mantenimiento del orden social. Pero si la amenaza de los enemigos externos e internos a la Federación es un componente importante de la instauración del "terror", éste tiene una especificidad que lo distingue de otros fenómenos a primera vista similares. El "terror" rosista no sólo está ligado al problema de la legitimidad del régimen, sino también al de la cohesión del cuerpo social luego de la ruptura con España. Sirve para establecer la Federación como manifestación unánime de pertenencia comunitaria (véase *infra*). Durante mucho tiempo, los historiadores del rosismo dejaron de lado la cuestión del "terror". El primero en analizarlo fue José M. Ramos Mejía en *Rosas y su tiempo*, tres volúmenes, Buenos Aires, F. Lajouane, 1907. John Lynch recuperó recientemente el tema en su *Juan Manuel de Rosas...*, ob. cit., pp. 193-233.

[46] Cf. E. Echeverría, *Ojeada retrospectiva...*, ob. cit., p. 96.

[47] *Ibíd.*, pp. 91-98. Con el nombre de romanticismo encontramos diferentes corrientes de pensamiento, que a veces son incluso contradictorias. Este aspecto es, en Buenos Aires, tanto más sorprendente cuanto que la joven generación pretende sintetizar las doctrinas saintsimonianas de Leroux, nacionalistas de Mazzini y liberales conservadoras de Cousin y Guizot con el neocatolicismo de Lamennais. Según ellos, esa síntesis debe constituir los fundamentos del dogma social destinado a convertirse en el credo de la futura nación. El *Dogma socialista* se publicó por primera vez en Montevideo con el título de "Código o declaración de los principios que constituyen la creencia social de la República Argentina", *El Iniciador*, 1° de enero de 1839. Se reeditó también en Montevideo pero en la forma de libro, con el título de *Dogma socialista de la Asociación de Mayo, precedido de una ojeada retrospectiva sobre el movimiento intelectual en el Plata en el año 37*, por Esteban Echeverría, Montevideo, Imprenta del Nacional, 1846.

to al pueblo argentino. Al encarnar el dogma social, los jóvenes intelectuales en el exilio son, además, la encarnación de una Nación Argentina que se funda sobre sus propios valores político culturales. En efecto, el dogma que ellos quieren garantizar a las generaciones futuras se define también por el estilo de vida colectiva que Rosas proscribe.

Recordemos que la primera palabra simbólica del *Dogma socialista* es "asociación". "Sin asociación no hay progreso ni civilización", proclamaba la joven generación impregnada de las ideas sociales de ese saintsimoniano singular que era P. Leroux. Su idea de asociación –ya lo hemos visto– se oponía a la representación de la sociedad rosista. Según el dogma de la Asociación de la Joven Argentina redactado por E. Echeverría, una asociación no podía constituirse más que con individuos, puesto que sólo podía haberla en igualdad y libertad.[48] Pero por y en la asociación, además, el individuo debía intentar conciliar intereses individuales e intereses de la patria: la asociación era la instancia mediante la cual el hombre, sin hacer el sacrificio absoluto de su individualidad, aprendía –gracias a la adquisición de costumbres civiles– a vivir en sociedad. Para esos jóvenes, la importancia de las costumbres como fundamento del orden institucional estaba asociada a una idea de comunidad de hábitos que supuestamente instauraba la práctica asociativa. Una de las tareas que se fijaron los jóvenes de la Asociación de Mayo era realizar una reforma radical de las costumbres a fin de establecer una "sociabilidad americana".[49] Y esto en varias direcciones: ante todo, mediante la promoción de las prácticas asociativas. En cuanto hombres de letras, construyeron también un modelo de sociabilidad civilizada, en textos como *Amalia*, de José Mármol, *La cautiva* y *El matadero*, de Echeverría, e incluso el *Facundo* de Sarmiento. Por último, recuperaron una tradición de cortesía que se había difundido durante el antiguo régimen a través de la literatura de la "civilidad".[50]

---

[48] No vamos a analizar aquí el pensamiento de Echeverría, sobre el cual existe una abundante literatura; señalaremos únicamente el lugar primordial que la joven generación asigna a la vida asociativa en la comunidad política. La literatura sobre Echeverría es vasta y ya ha sido compilada por Félix Weinberg, "Contribución a la bibliografía de Esteban Echeverría", en *Universidad*, revista de la Universidad Nacional del Litoral, 5, 1960, pp. 159-226. Sobre la noción de individuo moderno véase Louis Dumont, *Essais sur l'individualisme. Une perspective anthropologique sur l'idéologie moderne*, París, Seuil, 1983.

[49] Cuando estos hombres hablan de "sociabilidad americana" no evocan una comunidad americana que pueda ser sujeto de soberanía, sino más bien una comunidad de costumbres, que conserva los rasgos de una identidad americana definida como contramodelo de España: democracia, tolerancia religiosa, industria, etcétera.

[50] *Cf. Cartas escritas por el muy honorable Felipe Dormer Stanhope, conde de Chesterfield, a su hijo*, dos volúmenes, traducción al castellano de Tomás de Iriarte, Buenos Aires, Imprenta de la Libertad, 1833. Iriarte tradujo la edición del doctor Gregory. El mismo año, se publicó en Buenos Aires otra traducción al español hecha por Rafael Zapata: *Consejos de Lord Conde a su hijo, y como cimiento del corazón humano explicados de un modo sencillo y familiar, y una memoria de vida del autor*, Buenos Aires, 1833. En un artículo de 1838, Alberdi se refiere explícitamente a la traducción y publicación de las *Cartas del conde de Chesterfield a su hijo Philip Stanhope*, y señala los inconvenientes que entraña la difusión de los libros de educación social y urbanidad procedentes de Europa. *Cf.* Juan B. Alberdi, "Sociabilidad, costumbres", *El Iniciador*, 12, Montevideo, 1° de octubre de 1839.

Es posible comprobar entonces un deslizamiento semántico entre la noción de civilidad como atributo de una clase y la de civilización como principio de nacionalidad.[51] Esto está ligado a las vicisitudes políticas de los jóvenes románticos que terminan por tomar el camino del exilio. En efecto, si en el momento de fundar el Salón Literario de Marcos Sastre estos hombres invocan al "gran Rosas" como principal defensor de la nacionalidad, un año más tarde, en nombre de la misma nación, van a dar su aval al bloqueo francés del puerto de Buenos Aires. Esa inversión, que Rosas califica de apátrida, es justificada por estos jóvenes intelectuales mediante la idea de civilización como expresión del sentimiento nacional. Así, Sarmiento no vacila en jactarse públicamente de su apoyo a Francia y en cometer el delito de leso americanismo. Al actuar de ese modo, pretende salvar "la civilización europea, sus instituciones, sus usos e ideas, en otras palabras, el principio de nacionalidad".[52] La ruptura con Rosas entraña ese deslizamiento semántico y define la nacionalidad como expresión de la cultura superior, oponiéndola al americanismo como sinónimo de barbarie. Ya podemos encontrar este aspecto en Echeverría y Mármol, pero es Sarmiento quien le dará su forma más acabada en *Facundo o Civilización y barbarie*.[53] Sarmiento distingue la comunidad sobre la cual Juan Manuel de Rosas y Facundo Quiroga fundan su poder de la que daba origen a las ciudades y era característica de las sociedades civilizadas.[54] A su juicio, una de las explicaciones es la sociabilidad. Reconoce así la existencia de una sociabilidad e incluso de formas de asociación propias de la sociedad rosista, pero cuya característica es que se fundan en el predominio de la naturaleza. En otras palabras, se trata de formas de sociabilidad en las que faltan las relaciones de civilidad. Y Sarmiento encuentra, justamente en estas relaciones, el germen de una sociedad civil sobre la cual debe fundarse la nación como comunidad política de pertenencia.[55]

---

[51] Norbert Elias plantea magistralmente el problema en *La Civilisation des mœurs*, cuando muestra el vínculo entre las costumbres reguladas de la corte y el proceso de centralización del poder real. Demuestra así que el Estado de costumbres está ligado a un sistema de civilización. El interés de sus resultados supera naturalmente la historia moderna, ya que hay en ellos una pista interesante que permite analizar desde otra perspectiva la identificación casi general entre nación y civilización. Puesto que, si hubo un punto compartido por todas las repúblicas hispanoamericanas durante la primera mitad del siglo XIX, sin duda fue éste: la idea de nación –cuando evocaba otra cosa que el Estado, con el cual se confundía habitualmente– era un proyecto de sociedad que encontraba su legitimidad y su expresión más consumada en la noción de civilización. *Cf.* N. Elias, *La Civilisation des mœurs*, ob. cit.

[52] *Cf.* D. F. Sarmiento, *Civilización i Barbarie...*, ob. cit.

[53] *Cf.* José Mármol, *Amalia* (Montevideo, 1851), Madrid, Espasa-Calpe, 1978, col. "Austral"; Esteban Echeverría, *El matadero* (1871), Buenos Aires, Centro Editor de América Latina, 1979.

[54] *Civilización y barbarie* se publicó originalmente en folletín en el diario *El Progreso*. Aparece por primera vez en forma de libro en 1851, editado en Santiago de Chile por la imprenta de J. Belin y Compañía. La vida y la obra de Sarmiento son materia de la más importante literatura existente sobre un hombre público argentino. El trabajo de P. Verdevoye contiene una buena recopilación de las principales obras. *Cf.* Paul Verdevoye, "Domingo Faustino Sarmiento éducateur et publiciste (entre 1839 et 1852)", en *Travaux et mémories de l'Institut des Hautes Études de l'Amérique Latine*, 12, París, Institut des Hautes Études de l'Amérique Latine, 1963, pp. 545-608.

[55] Véase por ejemplo su análisis de las *pulperías* como "sociedades artificiales", porque en ellas el esparcimiento no está ligado a la utilización pública de la razón individual con un interés social, sino a la mera ociosidad. *Cf.* D. F. Sarmiento, *Facundo...*, ob. cit., capítulo III, pp. 108-116.

Al desarrollar esas prácticas asociativas en el exilio, las elites culturales no sólo construyen una identidad colectiva fuera del marco de los sentimientos de pertenencia a un mismo lugar, sino que la definen como un conjunto de valores político culturales. Así, la patria en el exilio sufre una transformación sustancial. En efecto, el combate patriótico de los jóvenes intelectuales porteños, de los antiguos militares unitarios, de los exiliados de Corrientes, Tucumán, Córdoba, San Juan, etcétera, se convierte en el combate de la nación argentina contra una sociedad abandonada a la naturaleza, reducida a sus formas más bárbaras, precivilizadas. La patria proscripta se convierte en una nación que aún no se identifica con un Estado, sino con formas de vida colectiva que definen la pertenencia a la comunidad política.

La comunidad federal

Entre 1839 y 1842, el control de las manifestaciones de la vida colectiva alcanzó su paroxismo. Para realizar una reunión nocturna –incluso una *tertulia* familiar–, en esos momentos era necesario tener una autorización del jefe de policía de la ciudad. En cuanto a los lugares de encuentro, como los cafés y las *pulperías*, estaban muy vigilados. Se reglamentaron estrictamente hasta las diversiones públicas tradicionales, como el carnaval.[56] La censura apuntaba sobre todo a las formas asociativas de relación, y si bien no se emitió ninguna reglamentación al respecto, las prácticas asociativas fueron proscriptas de hecho.[57] La asimilación entre sociabilidad asociativa y partido unitario era tan estrecha que llevó a sospechar de la Sociedad de Beneficencia, compuesta por las porteñas más prominentes, pero que había sido creada durante el gobierno liberal de Rivadavia.[58]

Pese a ese panorama desolador, que en la pluma de la oposición suscita sin duda una visión reduccionista del régimen, las manifestaciones de la vida colectiva no desaparecen. Por lo demás, Rosas procura que algunas de ellas conserven todo su vigor, pero respetando el marco de las formas tradicionales de organización, como las corporaciones civiles y religiosas.[59] A diferencia del período rivadaviano, estas manifestaciones no son políticamente neutrales, y en la medida de lo posible, Rosas impone una intensa politización de todas las formas públicas de sociabilidad. Fenómeno que, por otra parte, es inversamente proporcional

---

[56] El decreto del 8 de julio de 1836 concerniente a los juegos de carnaval se reiteró en varias oportunidades. Esa festividad sería finalmente abolida "para siempre" por el decreto del 22 de febrero de 1844. *Cf.* "Decreto proscribiendo límites al juego de carnaval, 8 de julio de 1836"; "Decreto aboliendo para siempre el juego de carnaval, 22 de febrero de 1844", en P. de Angelis, *Recopilación de leyes...*, ob. cit.

[57] Véase V. Gálvez, *Memorias...*, ob. cit., t. I, p. 344; J. Rivera Indarte, *Rosas y sus opositores...*, ob. cit., t. I, pp. 109-112; Andrés Somellera, *La tiranía de Rosas* (1886), Buenos Aires, Nuevo Cabildo, 1962.

[58] En 1839, Rosas ordenó la clausura del Hospicio de Niños Expósitos, así como del Colegio de Huérfanos, ambos dependientes de la Sociedad de Beneficencia. *Cf. El Grito Argentino* (Montevideo, febrero a junio de 1839), 28 de febrero y 14 de marzo de 1839.

[59] Las manifestaciones públicas de la sociedad se producen entonces por cuerpo tradicional. Véanse *La Gaceta Mercantil*, 7 de abril de 1841; los comentarios de Benito Hortelano en *Memorias...*, ob. cit., pp. 205 y 207, así como las numerosas referencias en J. M. Ramos Mejía, *Rosas...*, ob. cit., pp. 319-323.

a la participación de la población en la esfera del poder. Al respecto, el viajero francés que visita la ciudad en 1845 es elocuente: "Los federales, los rosistas puros, hacen resonar en los cafés sus disertaciones furibundas; tribunos de taberna, oradores de encrucijadas, ignorantes y vanidosos, fanfarrones y ruines, terribles cuando uno se les rinde [...], no hacen más que hablar de masacres".[60] Estas manifestaciones de fe federal, casi obligatorias, actúan, lo mismo que el ritual electoral, como formas de legitimación del poder absoluto. Constituyen igualmente un arma de una eficacia temible y temida.

Las Sociedades Africanas

En el conjunto de la clientela federal urbana que salva a Rosas del naufragio al que parecía destinado por la crisis de los años 1838-1840, la población de origen africano ocupa un lugar central. El gobernador había establecido con ella una relación clientelista clásica: protección a cambio de fidelidad. No fue, por cierto, el primero en tratar de reclutar a quienes eran considerados los soldados más devotos de la patria.[61] Su singularidad radicaba más bien en el hecho de que, para ganar su adhesión, privilegiaba el compromiso del grupo por medio de las sociedades de las naciones africanas. Así, estas sociedades, que se habían desarrollado durante el gobierno liberal de Rivadavia, experimentaron en los últimos 12 años del segundo gobierno de Rosas un momento de intensa actividad pública. Entre 1840 y 1852, por otra parte, fueron prácticamente las únicas asociaciones que funcionaron de manera regular en la ciudad de Buenos Aires.[62]

Las relaciones entre Rosas y los africanos tienen un doble sentido. Por un lado, aquél interviene públicamente en la vida comunitaria de éstos; por el otro, las naciones participan activamente en la vida pública. La participación de Rosas en la vida de la asociación es múltiple: en primer lugar, a través de su intervención en la elección de las autoridades comunitarias. Es cierto que ésta era una actitud completamente habitual en el funcionamiento de las sociedades, pero Rosas solía prescindir de los jefes policiales para tratar de manera directa con sus miembros.[63] A continuación, a través de su participación en las celebraciones. En tales oportunidades, generalmente lo acompañaba su familia, lo que daba a esos encuentros el carácter íntimo propio de las relaciones comunitarias. Las referencias al respecto son numerosas, tanto por el lado de la oposición que denuncia sus actitudes demagógicas como por el de Rosas, que tenía interés en proclamar públicamente su amistad por la población de co-

---

[60] A. Delacour, "Le Río de la Plata...", art. cit., p. 56.

[61] Su participación masiva en las guerras de la independencia y en las guerras civiles constituye una de las causas de la desaparición del grupo. Véase G. R. Andrews, "Las legiones negras", en *Los afroargentinos...*, ob. cit., pp. 137-165.

[62] Véase el documento núm. 6. Con respecto a la caída de la curva del desarrollo asociativo correspondiente a 1842, recordemos que hay que interpretarla con prudencia. La curva indica la cantidad de asociaciones que funcionaban ese año y sobre las cuales pudimos encontrar informaciones complementarias en los archivos de la policía. Es probable que en su mayor parte hubieran sido creadas anteriormente. Durante este período, sin embargo, tuvieron una vida muy activa.

[63] Cf. "Nación Mozambique" y "Nación Argentina Federal", en AGN AP X 31-11-5.

lor y se entregaba a veces a una verdadera campaña publicitaria.[64] Así, en 1839, cuando enfrentaba uno de los momentos más difíciles de su gobierno, decidió abolir la trata de esclavos que él mismo había restablecido en 1831.[65] Poco tiempo después, un cuadro firmado por D. de Plot y fechado el 1º de mayo de 1841 mostraba la gratitud de los africanos hacia su libertador y ratificaba simbólicamente la alianza de éste con la población negra.[66] La tela representa a un Rosas de pie y en uniforme, que presenta al grupo de esclavos una pancarta en la que se lee "Federación, Livertad [sic], basta de Tiranos". A sus pies unas cadenas rotas, símbolo de la libertad. Detrás de él se puede ver la bandera argentina ondeando al viento, con su color celeste reemplazado por un rojo azulado.[67] Todas las mujeres llevan insignias federales: ropa roja y la escarapela punzó en el pelo. Tres de ellas enarbolan banderas federales (coloradas o coloradas y blancas) con las siguientes inscripciones: "Viva la Livertad [sic]", "Viva el Restaurador de las Leyes", "Mueran los salbajes [sic] unitarios". En la parte superior, a la izquierda, vemos al ángel, símbolo del orden espiritual, que anuncia la noticia: "Ya no gemirá en el Plata en cadenas ningún esclavo. Su amargo llanto cesó desde que Rosas humano, de su libertad ufano, compasivo y generoso, prodigo este don precioso al infeliz Africano". El cuadro da testimonio de la confusión deliberada entre régimen de Rosas y libertad de los esclavos: confusión cuyo principal objetivo no es sólo ganar la fidelidad de los africanos sino mostrar al mundo entero —muy en especial a Inglaterra— que el régimen es un régimen de derecho natural. El cuadro tiene el siguiente título: "Las esclavas de Buenos Aires muestran que son libres y están agradecidas a su noble Libertador" (referencia a la abolición del tráfico de esclavos en 1839).

La amistad con la población africana no se limitaba únicamente a la participación —sin duda muy simbólica— en sus celebraciones. Consistía también en proveer los elementos indispensables para la supervivencia de la comunidad. Así, como reconocimiento por su lealtad, los africanos podían recibir un terreno para sus "naciones".[68] En ocasiones, podía tratarse del otorgamiento de "donaciones" destinadas a resolver el problema de la asistencia de

---

[64] *Cf.* Vicente F. López, *Historia de la República Argentina. Su origen, su revolución, su desarrollo político hasta 1852*, diez volúmenes, Buenos Aires, Carlos Casavalle, 1883, citado en J. L. Lanuza, *Morenada...*, ob. cit., pp. 119-120; D. F. Sarmiento, *Facundo...*, ob. cit., pp. 323-324.

[65] Este cambio de política se explica también por la necesidad de ganar el apoyo de Inglaterra en el conflicto que lo opone a Francia, ya que la supresión del tráfico de esclavos era una de las exigencias que aquel país planteaba desde 1831. *Cf.* J. Lynch, *Juan Manuel de Rosas...*, ob. cit., p. 120.

[66] El original se encuentra en el Museo Histórico Nacional, objeto núm. 2540; *cf.* Ministerio de Educación de la Nación, *Catálogo del Museo Histórico Nacional*, t. I, Buenos Aires, 1951, p. 460, núm. 4278; reproducido en Juan A. Pradere, *Juan Manuel de Rosas, su iconografía*, Buenos Aires, J. Mendesky e Hijos, 1914, p. 139. No tenemos referencias concretas sobre el autor y el emplazamiento del cuadro, pero probablemente se expuso en la residencia de Rosas, en la que todos podían apreciar la prueba de amor de éste por su pueblo.

[67] El celeste se identificaba con la opinión unitaria, mientras que el rojo punzó se había convertido en el símbolo de la Federación.

[68] La donación de un terreno no es sistemática. Era el precio de una lealtad que había que demostrar con pruebas convincentes. Por ejemplo, la participación en una movilización progubernamental, la pérdida de algunos integrantes en un enfrentamiento armado con el enemigo, etcétera. Así, el gobierno responde positivamente a la solicitud de la Sociedad Bayombé, mientras que rechaza la presentada por la Sociedad Cabunda. *Cf.* AGN AP X 31-11-5.

los miembros.[69] Lo cierto es que los africanos "gozaban" de un tratamiento particular e individualizado. De ese modo, Rosas podía interceder ante la justicia para absolver a un acusado africano que había dado pruebas de lealtad hacia la Federación.[70]

Mediante esos intercambios, los africanos se identificaban con la comunidad federal, sin perder pese a ello su identidad étnica, lo que permitía a Rosas movilizar no sólo a los hombres en edad de portar armas sino al grupo en su conjunto. Como contrapartida, los africanos debían fidelidad al gobernador y a la "Santa Causa" (la Federación). Esa fidelidad consistía ante todo en un autocontrol que apuntaba a exaltar el fervor federal de los miembros de la sociedad. El presidente de ésta estaba incluso obligado a informar a Rosas cuando tenía dudas sobre la fidelidad de uno de sus integrantes hacia la Federación.[71] Las autoridades societarias también debían garantizar la rápida movilización de la "nación" para defender al Restaurador. Así, durante un proceso iniciado por la Sociedad Bayombé contra Rafael Ramos, que pretendía ser el dueño de los bienes de la asociación, nos enteramos de que el conflicto había comenzado "pues habiendo el Presidente de la Nacion con todos sus socios recibido orden superior en el año de 1840 para marchar a Campaña, tuvo a bien el dejar a la Reina de la Nacion, Mercedes Argerich."[72] Ramos se apropió de la sociedad, razón por la cual ésta lo acusó de doble traición.[73] A veces, las manifestaciones de fidelidad no llegaban a la movilización armada. La presencia militar de las sociedades en los espacios públicos de la ciudad era tanto más eficaz cuanto que la población blanca, sobre todo si era de tendencia unitaria, sentía mucho miedo de los africanos; el espectáculo de una ciudad "ocupada" por los negros, cuyos actos represivos eran particularmente temidos, se convertía así en una estremecedora arma de persuasión.[74] Los africanos se manifestaron sobre todo en los momentos más críticos para el régimen, como en 1842. En esa oportunidad llegaron a organizar una suscripción pública en beneficio de Rosas, para ayudarlo a librar la guerra contra los unitarios.[75] En términos más generales, empero, exponían su fidelidad regularmente durante las diferentes manifestaciones de sociabilidad cotidiana. A la sazón, no sólo exhibían insignias federales sino que a menudo se dedicaban a la recitación, en dialecto afroargentino, de los versos de propaganda federal, muy hostiles a la oposición, lo que indudablemente revivía en las elites el temor a la inversión social.[76] Sin em-

---

[69] *Cf.* "Carta de Rosas a su mujer Encarnación Ezcurra", Santos Lugares, 23 de noviembre de 1833, en M. Conde Montero, "Correspondencia inédita de Doña Encarnación Ezcurra de Rosas", en *Revista Argentina de Ciencias Políticas*, XXVII, octubre de 1923-marzo de 1924, pp. 106-126, mención en p. 123; "Nación Bayombé" en AGN AP X 31-11-5.

[70] *Cf.* AGN AP X 33-3-3, libro 100, fol. 19.

[71] *Cf.* AGN AP X 33-2-6, libro 85, fol. 20.

[72] *Cf.* "Nación Bayombé", 12 de agosto de 1852, en AGN AP X 31-11-5.

[73] *Ibíd.*

[74] Véase G. R. Andrews, "Rosas y los unitarios", en *Los afroargentinos...*, ob. cit., pp. 116-121. En su novela *Amalia*, José Mármol, uno de los jóvenes románticos exilados en Montevideo, presenta un cuadro bastante desfavorable de la población africana. *Cf.* J. Mármol, *Amalia*, ob. cit., pp. 451-452.

[75] *Cf. La Gaceta Mercantil*, 25 de junio de 1842. Las cuarenta naciones participantes lograron reunir 4.075 pesos.

[76] La compilación más completa de esos versos se encontrará en Luis Soler Cañas, *Negros, gauchos y compadres en el cancionero de la Federación (1830-1848)*, Buenos Aires, 1958.

bargo, estas manifestaciones de fervor federal estaban mucho más controladas de lo que hacen creer los relatos de la oposición.

Las manifestaciones de "fe federal" se convierten para los africanos en una forma de expresión de su propia identidad, como lo proclama el diario *La Negrita* en un poema titulado "Viva la Patria": "Yo me llamo Juana Peña / y tengo por vanidad / que sepan todos que soy / negrita muy federal".[77] La "vanidad" de Juana Peña se refiere tanto al reconocimiento de su negritud como a su participación sin transición alguna en la esfera pública política, ámbito que antaño incumbía estrictamente a la población blanca. La asimilación entre la identidad étnica y la identidad política se ve fortalecida por la intervención de los negros en las celebraciones cívicas. Por ejemplo, el 25 de mayo de 1838, durante las conmemoraciones de la Revolución de Mayo, Rosas invita a los africanos a participar en las festividades que se desarrollan en la plaza central con un espectáculo montado a partir de sus tradicionales danzas con tambor. El peso del símbolo no puede ser más grande y no tarda en provocar la indignación de la oposición y de las elites en general. Para ellos, la representación simbólica de los fundamentos del poder no puede remitir en ningún caso a la población africana, sino que debe reflejar al pueblo ideal de la Revolución.[78] La vigorosa movilización de los africanos parece llevarlos incluso a las urnas, pues se comprueba que las parroquias de mayor participación electoral durante el período son justamente las que tienen una fuerte concentración de poblaciones africanas: Monserrat y Concepción.[79] No obstante, la adhesión de los africanos a la causa de la Federación no es unánime. Los opositores al régimen también procuran conquistar partidarios entre la población de color, y a veces logran abrir algunas brechas en las amistades afro-rosistas.[80] Pero la diferencia esencial entre unos y otros radica en el hecho de que Rosas moviliza por medio de las asociaciones comunitarias, mientras que los unitarios utilizan la vía del ejército; que uno apele al grupo étnico y los otros a los ciudadanos soldados no deja de tener consecuencias en la definición de la comunidad política de pertenencia.

La Sociedad Popular Restauradora

Durante el gobierno de Rosas, presenciamos la aparición de otra forma de participación política que no parece proceder de la comunidad tradicional. Se trata de la célebre Sociedad Popular Restauradora que hizo estremecer a gran parte de la población durante una década.

---

[77] Cf. *La Negrita*, 21 de julio de 1833, p. 1, col. 1-2, p. 2, col. 1.

[78] Así lo testimonia Juan Cruz Varela, un poeta de la oposición, en un poema dedicado al 25 de mayo de 1838: "Sólo por escarnio de un pueblo de bravos / bandas africanas de viles esclavos / por calles y plazas discurriendo van. / Su bárbara grita, su danza salvaje, / es en este día meditado ultraje / del nuevo caribe que el Sud abortó". Cf. J. L. Lanuza, *Morenada...*, ob. cit., pp. 126-127. Véanse igualmente los comentarios de V. Gálvez, *Memorias...*, ob. cit., t. II, p. 213.

[79] Los datos sobre la participación electoral fueron extraídos de Marcela Ternavasio, "Hacia un régimen de unanimidad. Política y elecciones en Buenos Aires, 1828-1850", comunicación presentada en el seminario "Perspectivas históricas sobre la ciudadanía política en América Latina", Bogotá, agosto de 1995.

[80] Andrews da varios ejemplos. Cf. G. R. Andrews, *Los afroargentinos...*, ob. cit., pp. 119-121.

Según la correspondencia entre Rosas y su mujer, la sociedad nace en el momento de la Revolución de los Restauradores.[81] Rivera Indarte aporta datos interesantes al respecto. Según él, la sociedad fue obra de Tiburcio Ochoteco, que propuso a la esposa de Rosas, Encarnación Ezcurra, organizar una especie de club: "La ponderó la influencia que esta institución tendría para la elevación de Rosas y para aterrorizar a sus enemigos, citándole ejemplos de lo que había visto en Cádiz, donde Ochoteco había vivido durante la revolución española de 1820".[82] Siempre según el mismo autor, Encarnación aceptó y bautizó el club como Sociedad Popular Restauradora. Alquilaron un local donde se realizaban las reuniones cotidianas; el trabajo de sus integrantes consistía en comer puchero y tomar vino, tras lo cual salían ebrios a recorrer la ciudad gritando "muerte a los enemigos de Rosas".[83] Más allá del crédito que podamos dar a este relato es verosímil pensar que esas prácticas pudiesen convertirse en una de las fuerzas persuasivas del régimen.

Al parecer, la Sociedad Popular Restauradora, también llamada *Mazorca*, extendió su influencia durante el gobierno de Viamonte, para abarcar otras secciones en la campaña, sin tener nunca un reglamento escrito. Según Rivera Indarte, José M. Boneo propuso uno, pero el padre Burgos lo rechazó, aclarando "que Rosas quería que el club no tuviera otras reglas que las que él diera verbalmente cada día".[84] Con lo cual podemos concluir al menos que en el momento de la segunda elección de Rosas al gobierno de la provincia ya existía una organización que agrupaba a individuos de extracción mayoritariamente popular y que, sin embargo, no había alcanzado el grado de institucionalización de las formas asociativas. De acuerdo con los testimonios, con la llegada de Rosas al poder, la sociedad perdió en parte su autonomía, para convertirse en una especie de organización parapolicial. Se dividió entonces en dos: la Sociedad Popular Restauradora, compuesta por miembros de la elite porteña, cuya función era la difusión de la opinión federal, y la *Mazorca*, suerte de organización parapolicial destinada a la represión de los enemigos de la Federación y sus cómplices.[85]

No hemos encontrado documentación alguna concerniente a la organización y el funcionamiento cotidiano de la sociedad, ni lista confirmada de sus miembros; sólo algunas referencias a sus integrantes más ilustres. Según parece, sin embargo, Rosas vigilaba muy de cerca a los candidatos a participar en el círculo de depuración del régimen. El derecho de

---

[81] Cf. M. Conde Montero, "Correspondencia inédita...", art. cit.; E. H. Celesia, *Rosas, aporte para su historia*, ob. cit.

[82] Cf. J. Rivera Indarte, *Rosas...*, ob. cit., t. II, pp. 129-130.

[83] *Ibíd.*, pp. 130-134.

[84] *Ibíd.*

[85] Cf. "Lista de miembros de la Sociedad Popular Restauradora", *La Gaceta Mercantil*, 7 de abril de 1841; J. M. Ramos Mejía, *Rosas...*, ob. cit., pp. 129-165; A. Saldías, *Historia de la Confederación...*, ob. cit., t. II; J. Lynch, *Juan Manuel de Rosas...*, ob. cit., pp. 206-207. En su novela *Amalia*, ob. cit., José Mármol nos dejó un rico relato novelesco de la percepción que tenía la oposición de la época. Juan María Gutiérrez describe esta sociedad por el aspecto que parece despertar más atracción: "Esta sociedad que comúnmente se llama Mazorca tiene por objeto el introducir por el flanco de la retaguardia del enemigo unitario, el sabroso fruto de que ha tomado nombre". Cf. "Correspondencia de Gutiérrez a Pío Tedín", 25 de abril de 1835, *Epistolario de don Juan María Gutiérrez...*, ob. cit.

admisión estaba en manos del presidente, pero éste, después de haberse pronunciado sobre la fidelidad del candidato a la "Santa Causa", informaba a Rosas.[86]

El momento más activo de la sociedad se sitúa entre 1839 y 1842, período conocido como la "época del terror".[87] A continuación su activismo público se debilitó, para desaparecer en 1846.[88] A juzgar por los datos existentes, la influencia de la Sociedad Popular Restauradora sobre un posible proceso de toma de conciencia política de los sectores populares fue casi nula. En primer lugar, porque Rosas la controlaba totalmente. En segundo lugar, debido a la heterogeneidad social de sus miembros. Si bien la *Mazorca* estaba exclusivamente compuesta por miembros de la "plebe" urbana, su accionar se limitaba a los actos de represión dirigidos por el poder. Como John Lynch lo estableció con claridad, no hay ninguna comparación posible con un club jacobino y tampoco con asociaciones políticas populares como la Sociedad de la Igualdad de Santiago de Chile o las Sociedades Democráticas de Colombia.[89] Pese a la fachada republicana, la Sociedad Popular Restauradora está más cerca de las reivindicaciones de un poder absoluto que de una democracia social; y en ese aspecto es paradigmática del régimen. La dificultad para comprender la naturaleza de esta forma de acción pública popular proviene del hecho de que utiliza símbolos revolucionarios en un accionar que es la negación de cualquier poder popular. Esto explica la perplejidad del cónsul francés en Buenos Aires con respecto a esta singular asociación: "Hay que señalar que esta sociedad, imagen perfecta de nuestros clubes revolucionarios, que tiene como ellos su núcleo en las últimas filas del pueblo y que comparte su aspecto y principios republicanos, se ha convertido, por una asombrosa contradicción, en la columna del más completo absolutismo".[90] En cuanto a la sociedad propiamente dicha, estaba formada por miembros de la elite y aunque a veces funcionaba como un órgano de difusión de la opinión, se limitaba a hacer circular las informaciones entregadas por Rosas.

Si queremos, por lo tanto, inscribir la Sociedad Popular Restauradora en el movimiento asociacionista que se desarrolla sobre todo a partir de la década de 1820, podemos hacerlo siempre que destaquemos algunos matices. En primer lugar, con respecto a las características formales. La sociedad nace como práctica informal de movilización política, para convertirse luego en una institución asociación, que pese a ello, no alcanza el grado de formalización específica de las formas asociativas. Hay que subrayar a continuación, la especificidad del campo de intercambios sociales que conciernen a una esfera pública estrictamente identificada con el poder; en ese sentido, la sociedad actúa en el marco de una concepción antigua de lo "público" como lugar de la autoridad. Para terminar, habría que recordar que esta acción militante no se apoya en un consenso de opinión que suponga un proceso de aculturación polí-

---

[86] *Cf.* "Julián Salomón a Rosas", Buenos Aires, 30 de septiembre de 1840, en E. H. Celesia, *Rosas, aporte para su historia*, ob. cit., t. II, pp. 461-463.

[87] En J. Lynch, *Juan Manuel de Rosas*..., ob. cit., pp. 214-226, se encontrará un relato de los acontecimientos y de la participación de la Sociedad Popular Restauradora.

[88] J. M. Beruti, *Memorias curiosas*..., ob. cit., p. 4066.

[89] *Cf.* J. Lynch, *Juan Manuel de Rosas*..., ob. cit., p. 206.

[90] *Cf.* "Lettre du consul Vins de Peysac au ministre des Affaires Etrangères", Buenos Aires, 31 de agosto de 1835, en AQO CPA, núm. 7.

tica de los sectores populares, sino en la instauración de una "fe facciosa" fundada sobre el unanimismo político. Si el título y la impronta de ciertos símbolos hacen pensar en una asociación de tipo moderno, la práctica remite a formas tradicionales de participación política.

Podemos concluir de ello que el proceso de politización iniciado sobre todo a partir de la década de 1830 se vio obstaculizado por esta "nueva" forma de politización correspondiente a un registro comunitario muy distinto. A través de su más celoso propagandista, el propio Rosas tomó la precaución de definir esta asociación por medio de rasgos comunitarios tradicionales. En un artículo destinado a tranquilizar a las potencias europeas, Pedro de Angelis explica que la Sociedad Popular Restauradora no es un club ni una logia; que estos ciudadanos virtuosos, al contrario, son los enemigos más resueltos de las sociedades secretas. Para de Angelis esta sociedad no es otra cosa que una reunión de ciudadanos federales, de *vecinos* y propietarios, amantes de la libertad, el honor y la dignidad de su patria.[91] Las referencias político ideológicas son las mismas pero remiten a dos tipos de comunidad política. Las manifestaciones de la comunidad federal muestran que bajo la idea de "federación" se oculta una visión tradicional de un cuerpo social por el cual Rosas, como cabeza de la comunidad, viene a reemplazar al rey.

La opinión sin voz

La nueva esfera pública estaba sin duda identificada con prácticas de sociabilidad cultural, pero sobre todo con el órgano de expresión de esos nuevos espacios públicos: la prensa escrita y, dentro de ésta, una nueva modalidad, la prensa de opinión. Ahora bien, durante este período comprobamos una notable disminución de esos lugares y órganos de expresión. ¿Cómo podía identificarse con la colectividad la opinión emergente en esos lugares de sociabilidad, si se tiene en cuenta que ya no disponía de órganos para escuchar y dejar oír su voz y su voluntad? La cuestión es consustancial con el régimen de Rosas, porque al mismo tiempo que se proscribe la prensa como vehículo de expresión de ese nuevo público, se introducen otras formas de manifestaciones públicas para emitir la voz de la patria.

El exilio de la opinión

Con frecuencia, los órganos de opinión se habían mostrado desfavorables al poder absoluto que Rosas reclamaba como condición de gobierno. Por otra parte, Rosas tenía bastante poco control de las nuevas redes de la opinión pública, lo que explica su mala disposición para con el mundo de la prensa.[92] Derogó dos veces el decreto de 1828 sobre la libertad de

---

[91] Cf. Pedro de Angelis, "Mazorca", en *Archivo Americano*, 6, 31 de agosto de 1843, pp. 56-57.
[92] Cf. "Carta de Vicente González a Antonio Reyes, campamento en el Saladillo del Rosario, 4 de noviembre de 1846", en AGN, Secretaría de Rosas, 1846, x-26-5-4.

prensa —pese a que éste ya era bastante represivo— y, a partir de 1838, logró controlar casi íntegramente el universo del impreso en la ciudad de Buenos Aires. Entre 1839 y 1851, la cantidad de diarios creados por año oscilaba entre uno y dos, mientras que antes de este período las cifras eran mucho más elevadas.[93] Sin embargo, se impone una distinción entre una primera etapa —de 1839 a 1846— de ausencia casi total de la prensa periodística, y los cinco últimos años del gobierno de Rosas, en que descubrimos una recuperación, sin duda aún débil, de esas publicaciones.[94] Entre 1839 y 1846 sólo se publican cuatro periódicos, completamente controlados por Rosas: *La Gaceta Mercantil, El Diario de la Tarde, The British Packet* y *Archivo Americano y Espíritu de la Prensa del Mundo*. Entre ellos, el que tiene más público en la población local es *La Gaceta Mercantil*.[95] En su origen, este diario contó con la participación de varios intelectuales y hombres políticos identificados con el federalismo, como J. Rivera Indarte, F. de Cavia, N. Mariño o M. Irigoyen. Pero, la figura que en esa época marcó este periódico y la prensa en general fue sin duda alguna el napolitano Pedro de Angelis. Además de su participación en *La Gaceta Mercantil*, fue autor de numerosas publicaciones destinadas a apoyar al gobierno de Rosas.[96] En 1840, durante el conflicto diplomático con Francia, editó *El Espíritu de los mejores diarios que se publican en Europa y América*, especie de condensado de los artículos de los principales diarios europeos y americanos que abordaban la cuestión del Río de la Plata.[97] Dos años después retomó el proyecto, pero esta vez era él quien se dirigía a la opinión pública internacional con el *Archivo Americano y Espíritu de la Prensa del Mundo*, edición trilingüe en español, francés e inglés. La publicación estaba íntegramente subvencionada por el poder y pretendía convencer a los gobiernos europeos de la representatividad del poder de Rosas —lo cual explica la modernidad del lenguaje y de las referencias teóricas en el contenido de los artículos— y, naturalmente, desapareció al mismo tiempo que el régimen.[98]

Reducida la opinión pública a un mero instrumento de propaganda oficial, los diarios autorizados por Rosas están destinados a informar a la población sobre nuevas disposiciones dictadas por el gobierno, o bien a proclamar el apoyo unánime del pueblo al régimen. Los órganos de opinión retoman así su antigua función, la de "informar al reino", a la vez que introducen una nueva: mostrar al público el juicio unánime de la comunidad. Escasean los "hombres de opinión" que vimos surgir de los círculos y las sociedades literarias, y sus con-

---

[93] Véase documento núm. 10, p.125.

[94] *Cf.* Félix Weinberg, "El segundo grupo romántico en Buenos Aires, 1844-1852", en *Congreso Internacional de Historia de América*, t. VI, Buenos Aires, Academia Nacional de la Historia, 1980, pp. 479-497.

[95] Un análisis detallado sobre la historia de este diario en Antonio Zinny, *La Gaceta Mercantil de Buenos Aires, 1823-1852*, tres volúmenes, Buenos Aires, Taller Penitenciaría Nacional, 1912. Para una lista de los diarios de la época, véase PGB, *La Création...*, ob. cit., anexo núm. 1, "Base de données".

[96] En J. E. Sabor, *Pedro de Angelis...*, ob. cit., se encontrará una bibliografía completa de este autor.

[97] Sólo se publican de él dos números bastante voluminosos, el primero de 36 páginas y el segundo de 108. *Cf.* A. Zinny, "Bibliografía periodística...", art. cit., XI.

[98] Según J. Lynch, el periódico tenía una tirada de mil quinientos ejemplares, cuatrocientos de los cuales se enviaban al extranjero. Lynch sostiene que los artículos sobre el Río de la Plata del *Morning Chronicle* utilizaban las informaciones de De Angelis. *Cf.* J. Lynch, *Juan Manuel de Rosas...*, ob. cit., p. 176.

tados representantes alternan entre el modelo del periodista, próximo a veces a la función del intelectual del Antiguo Régimen, y el del hombre político, agente del poder. Pedro de Angelis corresponde desde luego al primer tipo, mientras que Manuel Irigoyen, integrante de la legislatura provincial entre 1835 y 1848, está más cerca del segundo modelo. En ambos casos se trata de funcionarios de pluma que actúan según las directivas del gobernador de la provincia.

Hacia 1847, sin embargo, constatamos cierta apertura del régimen. No sólo aumenta la cantidad de publicaciones, sino que los miembros de la prensa se diversifican con la reaparición de los periódicos literarios publicados por aquéllos a quienes Félix Weinberg llama "el segundo grupo romántico de Buenos Aires".[99] Se trata de un grupo de jóvenes estudiantes universitarios, entre los cuales están algunas futuras figuras políticas como José B. Gorostiaga, Miguel Navarro Viola, Benjamín Victorica y Juan A. García. Como en el caso de sus mayores, sus inclinaciones intelectuales los arrastran a este tipo de prácticas; sus actividades culturales, no obstante, parecen más restringidas. Como lo testimonia uno de los jóvenes estudiantes, no sólo está estrictamente prohibida la actividad pública política, sino que la vida cultural de la ciudad sigue siendo bastante limitada: "Ni siquiera había medios para instruirse. La Biblioteca Pública carecía de libros modernos, la prensa extranjera circulaba con dificultades. [...] ¿Qué hacer en esos tiempos sin esperanzas? No había entonces clubes, y los cafés sólo eran frecuentados por ese grupo de estudiantes, dependientes y empleados que se reunían para conversar".[100] Esta tímida renovación cultural se ve favorecida por la flexibilización del aparato represivo durante los últimos cinco años del gobierno de Rosas. Los exiliados románticos se benefician incluso con una amnistía de hecho. Así, el librero Marcos Sastre puede regresar a Buenos Aires en 1844. Dos años después se publican las "Rimas" de Echeverría, mientras que escritos literarios como el "Curso de bellas artes" de Vicente Fidel López circulan abiertamente por la ciudad.[101] Pero el movimiento sigue circunscripto y, por otra parte, es más útil para el prestigio del poder de Rosas que para el verdadero establecimiento de una opinión pública autónoma.

En cierto modo, la expatriación de los hombres de opinión desplaza geográficamente la esfera del poder público. La disminución de la cantidad de publicaciones periódicas en la ciudad de Buenos Aires hacia 1835 coincide así con el importante desarrollo de la prensa en la otra orilla del Río de la Plata. La opinión pública se refugia ahora en Montevideo o Santiago de Chile y Valparaíso, donde florecen los diarios de los exiliados argentinos que luego circulan clandestinamente en la ciudad de Buenos Aires. En 1842, un vuelco de la situación política local provoca la partida de muchos exiliados argentinos de Montevideo, con algunos regresos a Buenos Aires y una importante emigración a otros países limítrofes. Comprobamos entonces un considerable auge de ese tipo de pu-

---

[99] Cf. F. Weinberg, "El segundo grupo romántico...", art. cit.
[100] Vicente Quesada se refiere aquí a la sociedad "Los Vampiros", que se reunía en la sacristía de la Catedral de Buenos Aires. Cf. V. Gálvez, *Memorias...*, ob. cit., p. 329.
[101] Cf. F. Weinberg, "El segundo grupo romántico...", art. cit., pp. 496-498.

13. *Desarrollo de la prensa porteña en comparación con la aparición de las publicaciones de los argentinos en el exilio (1835-1851).*

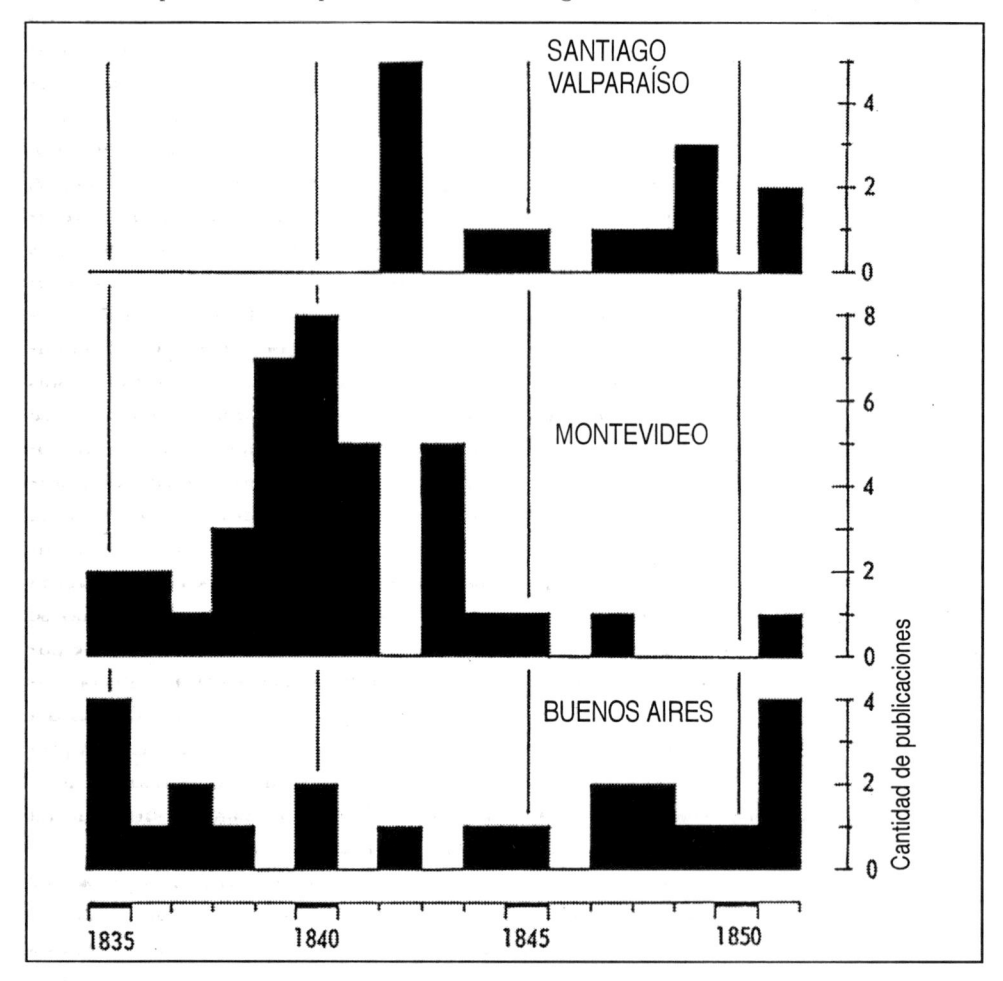

blicaciones en las ciudades de Santiago y Valparaíso,[102] que experimentan una intensa actividad cultural y política en la que los emigrados argentinos tienen un papel tan activo como controvertido.[103]

---

[102] Cf. J. R. Fernández, *Historia del periodismo...*, ob. cit.; Benjamín Fernández y Medina, *La imprenta y la prensa en el Uruguay, 1807-1900*, Montevideo, Imprenta Artística, 1900; Ramón Briseño, "Catálogo de las diferentes publicaciones periódicas que en el país ha habido, desde 1812 hasta 1859 inclusive", en *Estadística bibliográfica de la literatura chilena*, t. I, Santiago de Chile, Imprenta Chilena, 1862, pp. 473-480.

[103] Las memorias de Lastarria son un rico testimonio sobre la participación de los argentinos en la vida cultural y política de Santiago. Cf. J. V. Lastarria, *Recuerdos literarios* (1878), Santiago, Zig-Zag, 1967, pp. 87-171.

La complementariedad de estos tres procesos se explica fácilmente por el hecho de que siempre se trata de los mismos hombres. Tomemos el caso del joven jurista Juan Bautista Alberdi. En 1837 crea en Buenos Aires, con otros miembros del Salón Literario, el diario *La Moda* y *El Boletín Musical*. En 1838, cuando emigra a Montevideo con sus antiguos compañeros, funda *El Iniciador*. Un año más tarde edita *La Revista del Plata* y participa en la redacción de *El Grito Argentino* y *El Nacional*. A continuación lo veremos intervenir en la redacción de *El Comercio* y *El Talismán*. En 1843 se marcha a Europa, donde permanece un año. A su regreso se instala en Valparaíso, ciudad en la que se reencuentra con Vicente F. López, Bartolomé Mitre y Carlos Tejedor. Retoma de inmediato la actividad periodística y participa en la redacción de *El Mercurio* y *La Revista de Valparaíso*.[104] Más allá de los compromisos políticos, el periodismo constituye para todos un medio de subsistencia importante, si no el principal, lo cual favorece la formación de un grupo de profesionales de la opinión. Las plumas de D. F. Sarmiento o J. B. Alberdi son solicitadas sobre todo por su calidad, como también lo será la de De Angelis en Buenos Aires. Si nos ganara la tentación de asimilar estas tres trayectorias, olvidaríamos que la actividad periodística de los exiliados argentinos se funda sobre un nuevo poder político nacido de la esfera pública, cosa que no sucede en modo alguno en el caso de De Angelis; no sólo porque a los ojos de las elites locales este último seguirá siendo un extranjero hasta el fin de sus días, sino fundamentalmente porque siempre puso su pluma al servicio del poder, lo que hace de él un funcionario del mundo impreso más que un portavoz de la opinión pública. La experiencia periodística de los jóvenes románticos, en el territorio de las Provincias Unidas en un principio y luego en el exilio, se inscribe, al contrario, en esa nueva esfera de poder. El hecho de que la expresión de ese público se haga en tierra de exilio no cambia en nada la potencialidad política de sus prácticas. Al contrario: el alejamiento del territorio refuerza su identificación con la razón del pueblo que ellos encarnan y que se distingue así de la inconsistencia de los "creencias" y prejuicios del pueblo. Su identificación con los nuevos fundamentos del poder no tiene aquí otras fronteras que las de la democracia, al menos en América, donde la causa republicana sigue siendo, para muchos, una causa que abarca la totalidad del continente.

Esto nos lleva a plantear la cuestión de los receptores: quiénes se sienten identificados y representados por ese movimiento de opinión. Tenemos que confesar que es difícil dibujar su perfil, habida cuenta de la cantidad de factores que intervienen en la circulación de esas publicaciones. Está, en principio, el público de los argentinos exiliados *in situ* y que va más allá del círculo de los hombres de pluma.[105] Algunas publicaciones se dirigen expresamente a ese público, como *El Grito Argentino* y *Muera Rosas*. La primera, editada en Montevideo en 1839, procura ganar adeptos para la rebelión que preparan los exiliados de esa ciudad y las fuerzas de Lavalle con el apoyo de la escuadra francesa; la segunda, también editada en Montevideo entre 1841 y 1842, tiene el propósito de denunciar los horrores de la tiranía.

---

[104] *Cf.* PGB, *La Création...*, ob. cit., anexo núm. 1, "Base de données". Para la biografía de Alberdi véase Jorge Mayer, *Alberdi y su tiempo*, Buenos Aires, Eudeba, 1963.

[105] La comunidad argentina en Chile está compuesta por hombres de letras pero también por miembros de las profesiones liberales e industriales. En Pedro P. Figueroa, *Diccionario biográfico de estranjeros en Chile*, Santiago de Chile, Imprenta Moderna, 1900, se encontrarán referencias biográficas sobre esa comunidad.

Empero, como lo muestra especialmente el caso de Chile, los escritos de los exiliados se inscriben en el vasto objetivo político de la época, que sigue siendo americano, lo cual supone que cuentan con un vasto público local.[106] Por el lenguaje y el tipo de referencias intelectuales de los periódicos, podemos conjeturar que se trata de un público compuesto estrictamente por miembros de la clase culta, una parte de los cuales se identifica con esa nueva esfera pública en cuyo seno los exiliados argentinos inscriben sus palabras. Pero en ciertos casos, como en *El Grito Argentino* y *Muera Rosas*, vemos alternar un lenguaje culto con formas de expresión popular como los *cielitos*, y reservar incluso un lugar de importancia al discurso visual. Al proponer una importante iconografía, esos hombres de la palabra deciden atacar a Rosas en un terreno que hasta entonces sólo él explotaba: el de la imagen.

El discurso icónico no se dirige exclusivamente a los sectores iletrados, aunque éstos parezcan ser uno de los principales destinatarios. En términos más generales, está dirigido a una población a la que un cristianismo barroco, redoblado por un poder monárquico cuya distancia física hacía indispensable el relevo de la representación, había aficionado a las imágenes, y que hasta entonces Rosas era el único en satisfacer.[107] Imágenes que dejan ver a un Rosas impío, que se hace llamar "Padre de los Pobres" pero que lleva una vida lujuriosa que ahonda las miserias del pueblo. La imagen del Rosas impostor apunta a destruir uno de los ejes de la relación entre el gobernador y el pueblo: el deber de fidelidad a cambio de protección. Las caricaturas denuncian más el incumplimiento de una relación que la relación misma.[108] Otras imágenes se dirigen al público de la "gente decente". En esos casos, Rosas es representado en medio del intenso placer que le proporciona contemplar los horribles crímenes que él mismo ha ordenado, a veces con una botella en la mano. Esos actos son tanto más inaceptables cuanto que conducen a una inversión de la relación entre el pueblo y la "gente decente".[109] En una caricatura aparecida en *Muera Rosas*, la crueldad del gobernador se simboliza en el gesto de beber la sangre de sus víctimas;[110] un Rosas que consume a las elites que lo llevaron al poder. Contrariamente a la imagen popular del gobernador, los exiliados pretenden representar al verdadero Rosas, un hombre cobarde que hasta teme a los gatos y cuya mayor angustia es la muerte, porque sabe que lo espera el infierno.[111] La caricatura puede remitir a veces a nociones más complejas, aunque esté construida según un esquema simple. Así ocurre con la que apunta a denunciar la contradicción entre el régi-

---

[106] El problema de la introducción de las instituciones republicanas representativas en sociedades marcadas por un mismo pasado colonial es común a la totalidad del continente. En Raúl Silva Castro, *Prensa y periodismo en Chile, 1812-1956*, Santiago de Chile, Universidad de Chile, 1958, se encontrará una historia de la prensa en ese país.

[107] Para el lugar de la imagen en la cultura hispanoamericana, véanse los trabajos de Serge Gruzinski, *La Guerre des images. De Christophe Colomb à "Blade Runner" (1492-2019)*, París, Fayard, 1990; S. Gruzinski, *La colonisation de l'imaginaire...*, ob. cit.

[108] Cf. *El Grito Argentino*, 28 de febrero y 14 de marzo de 1839.

[109] Ibíd., 4 de abril y 2 y 5 de mayo de 1839.

[110] Cf. *Muera Rosas*, 13, 1842.

[111] Cf. *El Grito Argentino*, 2, 9 y 20 de junio de 1839.

men de Rosas y un sistema representativo moderno.[112] Pero en conjunto, y a pesar de las diferencias de estilo y de niveles de accesibilidad de las referencias simbólicas, todas aspiran a construir la contraimagen del Restaurador. Ésta consiste en reproducir representaciones que desempeñan un papel crucial en la construcción de la identidad federal, pero en las que se efectúa un deslizamiento de sentido con el objeto de develar la verdadera naturaleza del régimen. Esta nueva prensa atiborrada de imágenes no abandona, sin embargo, la retórica de la opinión, pero da testimonio, al mismo tiempo, de una radicalización de esa opinión que se pretende juez, y de su extensión al conjunto de la población, lo cual explica el recurso a ese discurso coagulado que se parece tan poco al ejercicio individual de la razón, con el que se identifica la opinión pública, pero que ahora está destinado a movilizar a públicos diversos.

Lo cierto es que estos periódicos circulan principalmente en Buenos Aires, gracias a la red de amigos y familiares de los proscriptos; en otras palabras, siempre entre un público de elites.[113] No obstante, algunos tienen un público popular, en especial *El Grito Argentino*, que según el relato de Ángel J. Carranza sobre "la Revolución de los Libres del Sur" se lee entonces en las *pulperías* de campo.[114] Pero la difusión de estas publicaciones sigue siendo limitada; con la partida de los hombres de pluma, se institucionalizan nuevas formas de expresión comunitaria que señalan un verdadero punto de inflexión en la vida política local.

La voz de la patria: el unanimismo como fundamento de legitimidad

Los últimos 15 años del gobierno de Rosas estuvieron marcados por una superabundancia de manifestaciones de adhesión a la Federación: de las representaciones simbólicas de la patria al ornamento urbano, pasando por la ropa, toda la comunidad expresaba al unísono el fervor federal. Las formas eran múltiples pero tenían un fondo común: el de una comunidad cuyo reconocimiento público pasaba por las manifestaciones de un parecer unánime.[115]

Este aspecto del régimen de Rosas se analizó a menudo como una de las formas de coerción cuasi totalitarias características de su poder.[116] No procuramos aquí confirmar o negar

---

[112] En la caricatura aparecida en el núm. 5 de *Muera Rosas*, de 1842, el gobernador lleva su traje de *gaucho* y presenta su mensaje a la Sala de Representantes el 27 de diciembre de 1841. El autor dibujó a los legisladores con cabeza de asno, símbolo de la ignorancia y la oscuridad, que evoca la obediencia necia. La utilización del asno prueba la voluntad de los redactores de dirigirse a un público amplio mediante el recurso a símbolos populares.

[113] Numerosas referencias sobre las modalidades de circulación de la prensa clandestina en la correspondencia privada. *Cf.* correspondencia entre Vicente López y Planes y su hijo Vicente Fidel López, en AGN, Colección de los López, Sala VII, 21-1-1 y 21-1-2; J. M. Gutiérrez, *Epistolario de Juan M. Gutiérrez...*, ob. cit.

[114] *Cf.* Ángel J. Carranza, *La Revolución del 39 en el sud de Buenos Aires* (1880), Buenos Aires, Hyspamérica, 1988, p. 23.

[115] Utilizamos la palabra "unanimismo" para hablar de una forma particular de pertenencia colectiva que se funda sobre la existencia de una vida comunitaria unánime, y no en el sentido de la doctrina literaria tal como la entendía Jules Romains.

[116] Imagen construida en principio por la oposición liberal pero después adoptada por una buena parte de los historiadores. Véase por ejemplo J. Lynch, *Juan Manuel de Rosas...*, ob. cit., capítulo 6.

el carácter totalitario del terror rosista, sino replantear la cuestión del papel de las manifestaciones unanimistas de la pertenencia comunitaria dentro del sistema político rosista. En efecto, aunque no haya correlación, existe de todos modos una coincidencia cronológica entre ese fenómeno y la proscripción de los intelectuales y los hombres de la cultura, lo que induce a pensar que el unanimismo tiende a reemplazar no sólo las doctrinas políticas que esos hombres profesan sino la definición misma de la comunidad política como fundamento del poder democrático. En ausencia de hombres que prefiguren la opinión de la sociedad, Rosas pone en primer plano la uniformidad como manifestación de unidad de una comunidad cuya estructura social aún está marcada por la herencia de la sociedad corporativa colonial. Esto explica la insistencia del gobierno en reglamentar todo lo que puede percibirse como manifestación de pertenencia. Empezando por la cinta punzó que desde el levantamiento campesino de 1829 se convierte en símbolo de la Federación.[117] Según el decreto del 3 de febrero de 1832, la cinta debe llevarse de manera visible en el lado izquierdo del pecho.[118] En un principio la medida sólo incumbía a los empleados de la administración, pero poco a poco se extendió a toda la sociedad. El uso obligatorio de la cinta punzó tiene ese doble carácter pedagógico y coercitivo. No faltan los relatos sobre la aplicación brutal de estas disposiciones, y todos afirman que hacia 1845 la cinta punzó con la consigna "Federación o Muerte" se había impuesto como manifestación obligatoria de pertenencia comunitaria.[119]

Luego de la cinta punzó, toca a la ropa convertirse en una manifestación de pertenencia. Además del color punzó, ciertas prendas como el chaleco colorado a lo Robespierre o el *poncho* del mismo color se impondrán a la moda de la levita. El atuendo federal abarca incluso el peinado, pues una cabellera abundante con patillas y un bigote prominente se consideran símbolos partidarios.[120] A tal punto, que cuando las tropas de Rosas tienen que combatir en el sur de la provincia contra el levantamiento de los hacendados, Prudencio Rosas, que las comanda, ordena a sus hombres "conservar el bigote durante la guerra contra los salvajes unitarios y sus traidores aliados, los franceses".[121]

---

[117] Mediante el decreto del 3 de febrero de 1830, Rosas hace obligatorio su uso para todos los empleados de la administración pública. La disposición se reiteró en su segundo gobierno. Cf. P. de Angelis, *Recopilación...*, ob. cit.

[118] El decreto se derogará el 15 de febrero de 1852. Cf. "Decreto del 15 de febrero de 1852 declarando libre el uso de la cintilla punzó", en *ibíd*. El restablecimiento del símbolo por parte de Urquiza desencadenó la revolución del 11 de septiembre, por la cual, la provincia se separó de la Confederación. Véase *infra*, capítulo 5.

[119] Los ejemplos de encarcelamiento por no usar la insignia federal son numerosos, sobre todo a partir de 1839. Cf. AGN AP Índice, x 44-10-2.

[120] El bigote y las patillas se habían convertido en símbolos del componente popular de la Federación. Estos símbolos arraigaron suficientemente en el imaginario colectivo para sobrevivir hasta nuestros días. Así, el ex presidente de la República Argentina, Carlos Menem, nacido en la patria de Facundo Quiroga, hizo toda su primera campaña presidencial, en un principio dentro del Partido Justicialista y luego en las elecciones nacionales, usando grandes patillas que permitían comparar el discurso populista característico del siglo xx y el fondo simbólico popular procedente del siglo xix. No faltaron las alusiones a la figura de F. Quiroga y, desde luego, no fue una casualidad que Menem eligiera, como primer acto simbólico de su gobierno, el retorno de las cenizas de Juan Manuel de Rosas, que permanecían en Inglaterra.

[121] Se advertirá que el bigote cumple aquí casi la misma función que una bandera. Cf. "Prudencio Ro-

Estas manifestaciones de pertenencia se habían convertido entonces en símbolos de la unidad de la comunidad. Unidad representada por el Restaurador, que simbolizaba al mismo tiempo el alma del pueblo federal y su patria.[122] Así, la comunidad se reconocía en la figura de Rosas que encarnaba la unanimidad. Quienes no se identificaban con él estaban forzosamente al margen de la comunidad y eran, por consiguiente, enemigos de la patria. La introducción de la imagen de Rosas en el corpus simbólico de la patria fue gradual. A medida que su retrato inundaba el espacio público, tendía a identificarse con la comunidad federal. Rosas jugó un papel activo en ese proceso, ya que impartía instrucciones detalladas sobre la exposición de su retrato en las iglesias de la ciudad, así como en las plazas públicas durante las fiestas cívicas.[123] Hacia 1840 encontramos su imagen en los premios militares y civiles, en relojes de bolsillo y de mesa, peinetones, abanicos, pañuelos y pañoletas, juegos de naipes, tazas para afeitarse, guantes, platos, jarras, etcétera.[124] La superabundancia de su figura, ligada a la ausencia física de su persona –Rosas aparecía muy pocas veces en público–, contribuyó a la simbolización de su imagen. Pero el deslizamiento de una "imagen representativa de" hacia "el símbolo de" e incluso "la encarnación de", ya no dependía de la voluntad o la buena estrategia de Rosas; era un proceso producido dentro de la sociedad y correspondiente a los imaginarios colectivos.[125] Su poder de movilización era tanto más grande cuanto que se situaba en un espacio iconográfico vacante: el que había dejado la desaparición del poder real.

Si Rosas ocupa el lugar simbólico de la figura real, lo hace a la vez que introduce los símbolos revolucionarios. De ese modo, sabrá asociar su figura al emblema de la independencia, dos de cuyos principales iconos proceden del sistema instituido por la Revolución Francesa: el gorro frigio y el sol.[126] Pero no dejará de introducir algunas innovaciones que le permitirán identificarse con la revolución y, a la vez, asociar ésta a la Federación. Un ejemplo notorio: la bandera federal. Rosas retoma la bandera establecida en 1813 como símbolo de la nación naciente. Pero modifica sus colores e introduce nuevos símbolos que facilitan el sincretismo entre el sistema iconográfico revolucionario que habían importado las

---

sas da cuenta de la orden de usar 'vigotes' [sic] y de una acción contra unitarios de Chascomús", en E. H. Celesia, *Rosas, aporte para su historia*, ob. cit., t. II, p. 447.

[122] Desdichadamente, no existe ninguna investigación sobre la construcción simbólica de la figura de Rosas. Hemos analizado algunos de los aspectos de esta cuestión en "El levantamiento…", art. cit. Pero sigue pendiente el estudio del imaginario de la Federación a través de la iconografía.

[123] *Cf.* A. Delacour, "Le Río de la Plata…", art. cit., pp. 54-55; A. Delacour, "Voyage dans l'Amérique méridionale…", art. cit.; J. Rivera Indarte, *Rosas…*, ob. cit., t. II, p. 180; *La Gaceta Mercantil*, 29 de mayo de 1840. Ya durante la revolución de los restauradores había dado a Vicente González instrucciones precisas sobre la utilización de su nombre y su retrato. *Cf.* E. H. Celesia, *Rosas, aporte para su historia*, ob. cit., t.I, pp. 574-606.

[124] *Cf.* Ministerio de Educación de la Nación, *Catálogo del Museo Histórico…*, ob. cit., t. I, pp. 500-535. J. A. Pradère, *Juan Manuel de Rosas…*, ob. cit., reprodujo algunos de estos objetos.

[125] En otro lugar señalamos que ese proceso había comenzado en los sectores populares semiurbanos durante el levantamiento campesino de 1829. *Cf.* P. González Bernaldo, "El levantamiento…", art. cit.

[126] Sobre el sistema icónico revolucionario, véase Jean Starobinski, *1789, Les emblèmes de la Raison*, París, Flammarion, 1979.

elites y símbolos populares implantados por la Federación. Así, el gorro frigio, adoptado por la revolución, le permite incluir el color rojo federal en la bandera "nacional". Rosas lo describe de este modo en una carta a Vicente González: "Sus colores son blanco y azul oscuro un sol colorado en el centro y en los extremos el gorro punzó de la libertad. Ésta es, según la ley, la bandera Nacional por la ley vigente".[127] Encontramos incluso huellas de la identificación de la Federación con la comunidad de pertenencia en la toponimia de Buenos Aires. Por la ley del 13 de junio de 1836, la calle más importante de la ciudad, que la atraviesa de este a oeste –el antiguo camino real–, pasa a llamarse "calle de la Federación". La plaza Monserrat, donde paran las carretas que vienen del interior y en torno de la cual se concentra la mayor cantidad de sociedades africanas, se convierte en plaza "del Restaurador Rosas".[128] Cuatro años más tarde, también la calle de la Biblioteca toma ese nombre.[129]

Todo esto nos habla de la voluntad de Rosas de garantizar la unidad de la sociedad a través de la manifestación unánime de pertenencia, que es de naturaleza política pero que no remite a un cuerpo de doctrinas políticas. Ser federal quiere decir: llevar la insignia federal del lado izquierdo del pecho y estar dispuesto a dar la vida por la Federación y por quien la encarna, el general Juan Manuel de Rosas. Esta identidad entre comunidad, Federación y Rosas excluye la esfera pública como instancia intermediaria entre la autoridad representativa y la voluntad del pueblo. La joven generación, en tanto, pretende fundar la nación moderna como sujeto de derecho y principio de unidad sobre las prácticas y los valores propios de esa instancia. En el límite, ni siquiera los hombres políticos tienen ya lugar en aquella tríada. Es más, Rosas termina por hacerlos a un lado cuando apela al plebiscito como nueva manifestación de la voluntad del pueblo unánime.

La primera vez que recurre a él es en 1835, para confirmar la concentración de poderes que la Sala de Representantes acaba de votar. A continuación Rosas apelará regularmente al pueblo cada vez que llegue el fin de su mandato, o cuando lo reclame la situación política interna o internacional. Desde luego, podemos denunciar el simulacro democrático, que por otra parte la oposición liberal pone en evidencia de inmediato, como lo testimonian las palabras de Tomás de Iriarte: "Las miras de Rosas eran muy conocidas: el quería revestir aquel acto irregular, antilegal y liberticida de formas populares, para que en el exterior no se creyese que había obrado la fuerza de coacción en el enagenamiento de los derechos del pueblo".[130] Iriarte llega a hacer referencia al modelo napoleónico que, en su opinión, Rosas intenta imitar, y que constituye una prueba del carácter híbrido de su poder. No por ello es menos cierto que el recurso al plebiscito le sirve no sólo para legitimar su poder ante el extranjero sino para confirmarlo, por medio de una opinión colectiva y unánime que se funda en la noción de armonía más que en la de convención. Lo cual equivale a decir que pa-

---

[127] Cf. "Juan Manuel de Rosas a Vicente González, 23 de marzo de 1836", en E. H. Celesia, *Rosas, aporte para su historia*, ob. cit., t. II, pp. 468-469.

[128] Cf. "Ley del 30 de mayo de 1836" en P. de Angelis, *Recopilación...*, ob. cit.

[129] Cf. Alfredo Taullard, *Nuestro antiguo Buenos Aires. Cómo era y cómo es desde la época colonial hasta la actualidad. Su asombroso progreso edilicio. Trajes, costumbres, etc.*, Buenos Aires, Peuser, pp. 172-174. Véase en el anexo núm. 3 el "Plano topográfico de las calles de la ciudad de Buenos Aires", 1840-1845.

[130] Cf. T. de Iriarte, *Memorias...*, ob. cit., t. V, pp. 87-88.

ra él, el poder no es la resultante de una competencia política dentro de las instituciones republicanas, sino, la encarnación del parecer unánime de la comunidad.

Es cierto que la noción de unanimidad de opinión está contenida en la de consenso democrático al que aspira la opinión pública. Pero, entre una y otra no existe únicamente una diferencia de grado, sino de naturaleza. Pues, la unanimidad rosista sirve para asociar la idea de sociedad que, en buena medida Rosas se representa como holista, al concepto de pueblo como fundamento del poder; mientras que, la idea de consenso supone la transformación de esa sociedad. Si bien el pueblo sigue siendo el fundamento del poder, la sociedad remite a dos modelos de pertenencia diferentes. Por eso, cuando Rosas y la oposición liberal dicen hacer hablar a la nación, utilizan una misma palabra para designar dos realidades completamente distintas. En un caso, la nación habla por la exacerbación de los signos exteriores que suponen la existencia de un alma común y única, una sociedad plural que cobra cuerpo en la persona de Rosas: la relación pueblo-gobernador recuerda en muchos aspectos la de nación-rey. En el otro, lo hace por intermedio de un grupo que representa los valores de pertenencia de una sociedad compuesta por el conjunto de individuos iguales pero con opiniones diversas.

La política bajo tutela

Para mantener una fachada institucional, hacían falta funcionarios capaces de hacerse cargo de las instituciones republicanas, aunque éstas sólo tuvieran una autoridad aparente. Como sucedió con los "funcionarios de la opinión", la legislatura provincial mostró una tendencia a convertirse en un anexo del ejecutivo.

La fachada republicana

Según una decisión legislativa votada el 7 de marzo de 1835, Rosas poseía todos los poderes, sin restricción alguna. El gobernador ya había gozado de esas prerrogativas durante su primer mandato, pero ahora estaba en sus manos, y no en las de la legislatura, decidir la duración del poder absoluto. Vale decir, que en esas condiciones la legislatura ya no tenía razón de ser. No obstante, el propio Rosas había expresado su voluntad de preservar esa institución.[131] De modo que, durante su gobierno, la cámara siguió siendo elegida por sufragio universal, según lo establecido por la ley de 1821 que él mantuvo en vigencia. Lo cual no le impidió instituir públicamente el sistema de designación de candidatos. Como él mismo lo anunció a la Sala de Representantes en su discurso de apertura de 1837, pretendía hacer circular una lista de candidatos recomendados por el gobierno, por la cual se invitaba a vo-

---

[131] Cf. "Mensaje del Gobernador Juan Manuel de Rosas al abrir las sesiones de la legislatura de la Provincia de Buenos Aires", en *Registro Oficial de la Provincia...*, ob. cit., 1837.

tar a la población.[132] Este sistema se puso en vigencia más rápidamente en la campaña que en la ciudad, donde existía una tradición de competencia de listas, pero poco a poco, y a medida que el régimen se endurecía, también se impuso en ella.[133]

¿Quiénes son esos candidatos designados por Rosas y elegidos por el voto mayoritario de una población cuya disciplina electoral es una de las conquistas del régimen? Desde principios de 1840 hasta fines de 1851, el cargo de representantes fue desempeñado por 71 personas. En comparación con la constitución del cuerpo entre 1827 y 1840, la cantidad de grandes propietarios es ligeramente superior, ya que representa entonces una quinta parte de la muestra.[134] Sin embargo, seguimos encontrando los mismos nombres: Anchorena, Beláustegui, Piñeiro, Riglos, Rojas y Patrón, Rosas, Unzué y Vela. Los más numerosos siguen siendo los altos funcionarios y los miembros de las profesiones intelectuales, la mitad de la muestra, aunque su cantidad es menor que en la legislatura de 1827-1840. La novedad reside sin duda en la presencia, todavía tímida –sólo una décima parte del total de la muestra–, de los comerciantes y pequeños empleados. En ciertos casos nos encontramos ante miembros de las grandes familias porteñas. Así, la presencia del abogado Eduardo Lahitte en la legislatura se explica más fácilmente por sus orígenes familiares que por sus capacidades administrativas. En cambio, el hecho de que Rosas elija a alguien como Juan José Alsina responde a la necesidad de mantener cierta fachada institucional. Alsina, abogado y doctor en jurisprudencia y teología, además de hijo de un funcionario real, concentra todas las competencias necesarias para asegurar formalmente el funcionamiento de las instituciones republicanas.

En conjunto, son contados los ejemplos de recién llegados que se incorporan a la cámara. Sesenta y dos de los 71 representantes tienen una experiencia política anterior. Sus antecedentes políticos dan una idea de las competencias requeridas para llegar a la legislatura: ante todo, la fidelidad a Rosas, a la que hay que agregar cierto conocimiento del funcionamiento de la institución obtenido en mandatos anteriores en ella, o bien un poder personal adquirido en los distritos rurales o el ejército. Entre los pocos hombres que no tienen una experiencia anterior –nueve en total– encontramos un solo caso en que la designación se explica únicamente por lazos de clientela. Se trata de Vicente González, uno de los hombres más fieles de Rosas e importante intermediario político del rosismo en el sur de la campaña.[135] Cosa que, por otra parte, no dejará de provocar descontento entre quienes asocian la fidelidad a la fortuna, el saber o la influencia social.[136] El caso de González es bas-

---

[132] *Ibíd.*, p. 31. Véase también Ezequiel Ortega, *¿Quiera el pueblo votar? Historia electoral argentina desde la Revolución de Mayo a la ley Sáenz Peña, 1810-1912*, Bahía Blanca, U. M. Giner, 1963.

[133] Con posterioridad a esta investigación, M. Ternavasio trabajó sobre la cuestión en "Hacia un régimen de unanimidad...", art. cit.

[134] *Cf.* "Statut socioprofessionnel d'un échantillon de 47 membres de la Chambre de représentants de la province de Buenos Aires entre 1840 et 1852", en PGB, *La Création...*, ob. cit., documento núm. 51, p. 372.

[135] Véase la fluida correspondencia mantenida entre estos dos hombres en Archivo General de la Nación, Colección Doctor Ernesto Celesia. El propio Celesia la publicó en *Rosas, aporte para su historia*, ob. cit., t. I.

[136] En una carta del 25 de diciembre de 1838, Rosas responde a las quejas de su primo Anchorena con respecto al poder que otorga a "ese hombre del común". *Cf.* Rosas a Anchorena, 25 de diciembre de 1838, en E. H. Celesia, *Rosas, aporte para su historia*, ob. cit., t. I, p. 629.

tante excepcional, porque tanto los hombres que se inician en la política con Rosas como los que ya han tenido otras experiencias pertenecen a la elite porteña.

La institucionalización del sistema de designación de los candidatos, en consecuencia, no parece cambiar en gran medida el perfil de los representantes. La principal diferencia con los miembros de la legislatura anterior no es de orden socioprofesional sino más bien generacional. Mientras que, el promedio de edad de los integrantes de la Sala de Representantes entre 1827 y 1830 es de 34 años, el correspondiente al período 1849-1851 asciende a los 53 años.[137] Al envejecimiento del cuerpo se agrega la tendencia de esos hombres a perpetuarse en sus cargos. Así, los 71 representantes cumplen 247 mandatos, lo que significa un promedio de 3,5 mandatos por persona, mientras que, para el período precedente ese promedio es de 2,4. Este fenómeno representa un paso hacia la estabilidad política, tal como la entiende Rosas.

Hay que señalar a renglón seguido que, a diferencia de las cámaras anteriores, son contados los casos en que la experiencia en la administración está acompañada por la participación en la redacción de un periódico. Por lo tanto, no es sorprendente que, como en el período previo, los representantes sean relativamente ajenos a las prácticas asociativas. En total sólo tenemos nueve pertenencias antes de ocupar el cargo, que conciernen a ocho representantes sobre 71. En la mayoría de los casos se trata de individuos que participaron en el poder durante el gobierno de Rivadavia. Es lo que sucede con Baldomero García, Vicente F. López, José M. Rojas y Patrón y Felipe Senillosa, miembros de la Sociedad Literaria o de la Sociedad Valaper que congregaban a las elites político culturales asociadas a la experiencia rivadaviana. En esos casos precisos, su presencia en el gobierno de Rosas se explica por su dominio del funcionamiento de las instituciones. Los otros tres casos conciernen a los integrantes de la institución-asociación de caridad creada en 1833.

Podemos concluir que hay una presencia casi nula del juego político moderno, que el principio de designación de los candidatos –semejante a la noción de gobierno elector, formulada por Natalio Botana para un período posterior– hacía inútil.[138] Los lazos de familia, amistad y clientela coadyuvan a seleccionar el plantel político de la Sala de Representantes. Esa selección concierne siempre a las elites y entre ellas a una clase de edad: las personas nacidas, como Rosas, antes de la revolución y que, debido a ello, pueden conciliar el funcionamiento de las viejas instituciones sociales y políticas con el nuevo orden de cosas. El régimen, en cambio, excluye de la función representativa al sector de la elite –principalmente una clase de edad– que desde la revolución se identificó con la esfera del poder público. De manera que, el conflicto generacional tiende a desdoblarse como conflicto político ideológico.

---

[137] El promedio de edad de los miembros de la Sala de Representantes de la provincia de Buenos Aires aumenta al mismo tiempo que la institución pierde su poder. Así, entre 1827 y 1830 el promedio es de 34 años, entre 1832 y 1835 llega a 45, entre 1835 y 1840 a 48, de 1841 a 1843 alcanza los cincuenta y entre 1849 y 1851 es de 53 años. Cf. PGB, *La Création...*, ob. cit., anexo núm. 1, "Base de données".

[138] Cf. Natalio Botana, *El orden conservador. La política argentina entre 1880 y 1916*, Buenos Aires, Sudamericana, 1978.

Los funcionarios públicos

El caso de los miembros de la legislatura no difiere en exceso de lo que sucede con el conjunto de los funcionarios públicos de la época. Tanto unos como otros forman parte de una red de clientela en torno de la cual se organiza el poder en la provincia de Buenos Aires. Sin modificar el orden legal, Rosas controla las diferentes instancias políticas de Buenos Aires e incluso de las demás provincias de la Federación. Desde las elevadas cuestiones diplomáticas hasta los problemas de derecho común, todo lo decide él, con la asistencia de una secretaría personal.[139]

Así centralizado, el poder desciende por vía directa a sus principales intermediarios políticos, los jueces de paz. En su origen, este cargo de carácter administrativo y judicial estaba destinado a reemplazar ciertas funciones de los antiguos *Cabildos*.[140] Pero con Rosas, las facultades de los jueces de paz, sobre todo en la campaña, se amplían considerablemente, hasta acumular las funciones de comandante de las milicias, jefe de policía y recaudador de impuestos. Sin embargo, estos funcionarios no tienen ninguna autonomía con respecto al gobernador, que ejerce un severo control sobre sus hombres, elegidos en relación con su fidelidad y la influencia que tienen sobre su jurisdicción. El mandato es de un año pero, al igual que los representantes, tienden a perpetuarse en el cargo. Así, entre 1840 y fines de 1851 contabilizamos 126 personas que ejercen 395 mandatos de jueces de paz en la ciudad y la campaña de Buenos Aires; es decir, un promedio de 3,12 cargos por persona. Esta falta de renovación es un aspecto esencial de su poder, pues les permite tejer una amplia red de clientes que va desde los hacendados hasta los productores de cualquier condición e incluso los indios de la pampa. Todos dependen de Rosas, sea para gozar de los favores del poder central, sea como principales víctimas del sistema. Estos funcionarios son tanto los agentes de transferencia de las tierras confiscadas a los "enemigos de la Federación" como los responsables de la aplicación de la temible ley sobre la vagancia.[141] Con facultades mal definidas y sólo delimitadas por Rosas, los jueces de paz se convierten en un eslabón indispensable entre el gobernador y la población rural.

Más allá de los jueces de paz, los funcionarios locales o provinciales no ejercen ningún poder real, como no sea el de preservar la forma institucional del régimen republicano. Los mecanismos de selección de los funcionarios públicos son los mismos que se aplican a representantes y jueces de paz. El acceso al cargo parece depender de capacidades específicas, pero la fidelidad a la persona de Rosas es de rigor. Por otra parte, encontramos el mismo fenómeno de permanencia en el puesto. La estabilidad del régimen pasa ante todo por

---

[139] Esto explica las características de los archivos de la "Secretaría de Rosas" que se encuentran en la Sala x del Archivo General de la Nación. Los expedientes se clasificaron por año y conforman en total 121 legajos que contienen documentos concernientes a los 23 años de gobierno de Rosas. Dentro de esos legajos hay toda clase de documentos referidos a los asuntos militares, políticos, policiales, etcétera. Cf. Archivo General de la Nación, *Índice temático...*, ob. cit.

[140] Cf. Benito Díaz, *Juzgados de Paz de campaña de la provincia de Buenos Aires (1821-1854)*, La Plata, 1959.

[141] *Ibíd.*

la perpetuación de los hombres. Así, entre 1840 y 1851, contabilizamos un total de 198 personas que desempeñan 664 cargos públicos, lo que da un promedio de 6,8 mandatos por individuo, mientras que para el período posterior (1852 a 1862), el promedio es de 2,38. Si calculamos que cada mandato tiene una duración promedio de un año, llegamos a casi ocho años de función para cada hombre. Vale decir, que los funcionarios públicos del gobierno de Rosas tienden a perpetuarse en sus puestos. Como en el caso de los representantes, los lazos que permiten llegar al cargo y mantenerse en él son a menudo lazos primarios, de familia, amistad o solidaridad de hombre a hombre, lo que explica que los vínculos horizontales tejidos a partir de las formas de sociabilidad asociativa sólo tengan una débil presencia entre los funcionarios del régimen. Sólo existen algunas afiliaciones antes de la asunción del cargo, mientras que las tres cuartas partes de ellas corresponden al período posterior a Caseros.[142]

La apuesta de un régimen: una Federación sin Nación

> Si Rosas fuera más hábil o menos altanero, evitaría con gran cuidado la publicación de ciertos actos, indispensables para la conservación de ese sistema monstruoso, fundado en las dos principales bases del terror y del engaño. Para sostener este último necesita estar proclamando principios liberales, amor a las instituciones republicanas, hablando siempre de su sumisión a la ley, de su respeto de las garantías y derechos del ciudadano, mientras que la necesidad de sostener el elemento del terror le pone en diaria y paciente contradicción con las palabras y protestas que incesantemente repite.[143]

En este juicio emitido sobre el gobierno de Rosas, poco antes de ser asesinado, Florencio Varela da una vez más pruebas de una gran clarividencia. A la vez que anuncia las dificultades económicas que van a poner fin a la Federación rosista, ve igualmente las contradicciones políticas del sistema: Rosas necesita mantener la fachada institucional que le permitió conquistar cierto reconocimiento internacional pero, para hacerlo, debe proscribir a quienes son los únicos en condiciones de organizar una representación nacional.

Para confirmar también su poder en el interior de la provincia de Buenos Aires, y sobre todo en las demás provincias de la Federación, Rosas debe conciliar las instituciones republicanas con un poder absoluto que le permita imponerse como autoridad "supraprovincial". De allí, el "régimen de mentira" denunciado por Varela, régimen que, sin lugar a dudas, le permite imponer su autoridad a las otras instituciones representativas. No obstante, se trata de una elección ventajosa sólo a corto plazo, pues un régimen semejante, enfrentado a una contradicción insuperable, hace imposible la normalización política de la provincia y el país. En efecto, el mantenimiento del poder provincial de Rosas depende cada vez más

---

[142] Entre los cargos nominativos, los puestos correspondientes a la administración financiera presentan la mayor cantidad de pertenencias asociativas. En el resto, la participación en el movimiento asociativo es casi nula.
[143] *Cf.* Florencio Varela, "Juicio sobre el gobierno de Rosas", en *Rosas y su gobierno...*, ob. cit., pp. 25-28.

de la formalización de una estructura político económica nacional orientada a confirmar el lugar hegemónico de la economía de Buenos Aires sobre las demás economías regionales. Pero, la expansión económica de la provincia se apoya en un poder autoritario fundado en su persona y que se muestra incapaz de organizar un futuro poder nacional. Rosas, por otra parte, siempre se opuso a la convocatoria de un Congreso Nacional Constituyente.[144] Es cierto que esto no le impide disfrutar de una autoridad nacional, gracias a la cual puede tratar con las potencias extranjeras durante los conflictos internacionales. Pero esa autoridad se basa en una vasta red de clientes que integra a los diferentes *caudillos* provinciales y a cuya cabeza se encuentra él.[145] La legitimidad de este esbozo de organización nacional depende enteramente de su persona, ya que ninguna institución representativa puede asumir la soberanía de la nación. Y aunque la Sala de Representantes de Buenos Aires tenga que cumplir un papel en la legitimación de su poder nacional, funciona más como un símbolo de esa voluntad unánime que como verdadera instancia de representación.[146]

Así, durante el último decenio de su gobierno, mientras todo parece confirmar el éxito del régimen, Rosas está preso en la trampa que él mismo ha tendido. Se había identificado con las instituciones republicanas y el sistema de referencias simbólicas de la revolución –la independencia de las Provincias Unidas del Río de la Plata–, pero había excluido a los hombres que hubiesen podido garantizar el paso de un poder autoritario provincial –de excepción, por lo tanto– a una república nacional. Una vez alcanzada la paz social, ya no podía asegurar la continuidad de un régimen que había construido sobre la excepción. A estas dificultades político institucionales se agregan las ligadas a la concepción unanimista de la comunidad de pertenencia. Esto lo había llevado a reducir el poder legislativo a una función puramente simbólica. Ahora bien, la Sala de Representantes no era sólo un contrapoder democrático, sino el garante de las libertades cívicas. Con su neutralización, lo que se disocia de la Federación rosista es entonces la idea misma de la nación como sociedad de individuos. La apuesta del régimen es en definitiva la de separar lo inseparable: la idea de nación como comunidad política de pertenencia cuya única forma política posible es la república representativa, de la idea de individuo y sociedad civil como estado de derecho.

---

[144] A su juicio, la promulgación de una Constitución Nacional debía ser la consecuencia y no la causa de la unión. Rosas expresa sus ideas constitucionales en una carta a Facundo Quiroga, fechada el 20 de diciembre de 1834. Cf. A. Sampay, *Las ideas políticas...*, ob. cit., pp. 145-149.

[145] En una carta dirigida a Estanislao López, hombre fuerte de la provincia de Santa Fe, Rosas se pronuncia contra la Comisión Representativa que había sido establecida en el Pacto del Litoral de 1831 como autoridad supraprovincial encargada de organizar un Congreso Nacional Federativo. Rosas asegura no dudar de las buenas intenciones de la comisión, pero agrega que es necesario que cuestiones tan trascendentes "sean tratadas entre nosotros con un lenguaje franco y sincero, como corresponde a nuestra amistad". Cf. "Rosas a Estanislao López, Buenos Aires, 17 de mayo de 1832", en Andrés Carretero, *El pensamiento político de Rosas*, Buenos Aires, Platero, 1970, p. 86.

[146] Cuando en 1849, Rosas rechazó la reelección al gobierno de la provincia de Buenos Aires, lo hizo alegando que la opinión de las otras provincias y de la República ya no lo sostenía. La Sala de Representantes de Buenos Aires tuvo que poner entonces en marcha la maquinaria política rosista en el resto de las provincias, como manifestaciones unanimistas de la Federación. Cf. J. Lynch, *Juan Manuel de Rosas...*, ob. cit., pp. 285-286.

Segunda parte

LA NACIÓN AL PODER
(1852-1862)

El 2 de febrero de 1852, la batalla de Caseros puso fin a la "era rosista" e inflamó la ciudad con un espíritu triunfalista que fue tan intenso como efímero. Ni bien Rosas dejó el gobierno de la provincia, el acuerdo con respecto a la organización de la nación se derrumbó. La figura del general Urquiza, provinciano "libertador" de Buenos Aires, suscitó más de una reticencia en el sector de los liberales exilados y terminó por oponerlos a las otras 13 provincias.[1] Las primeras discusiones fueron sucedidas por los enfrentamientos armados entre prourquicistas (federalistas) y porteñistas (centralistas o separatistas), que amenazaron volver a sumergir la ciudad en una guerra civil.

Durante el primer año posterior a Rosas, la forma en que se precipitan los acontecimientos no augura nada bueno para la ciudad puerto. En junio de 1852, el general Urquiza disuelve la Sala de Representantes de la provincia de Buenos Aires que se opone al Tratado de San Nicolás firmado por el gobernador, Vicente López y Planes, y sus pares de otras provincias del interior.[2] En julio, López y Planes, un veterano de la revolución de independencia que gozaba de gran prestigio entre los porteños, se ve en la necesidad de renunciar, a causa de la intensa oposición suscitada por su política nacional, juzgada demasiado favorable a Urquiza. Enseguida, éste asume el gobierno de la provincia y en agosto de 1852 nacionaliza la aduana de Buenos Aires. En lo sucesivo, las rentas aduaneras se convierten en patrimonio de la nación, representada por Urquiza. Con la medida, éste obtiene lo que los porteños no habían conseguido por sí mismos: la unión de los diferentes sectores en lucha por el poder contra la usurpación de las provincias del interior. ¿Usurpación de qué? De la nación, desde luego. Puesto que, tanto unos como otros se atribuyen la representación de la Nación Argentina.

---

[1] Para la historia de este período, el estudio más completo sigue siendo el de James R. Scobie, *La lucha por la consolidación de la nacionalidad argentina, 1852-1862*, Buenos Aires, Hachette, 1964.

[2] "Acuerdo celebrado entre los Exmos. Gobernadores de las Provincias Argentinas, en San Nicolás de los Arroyos." El texto del acuerdo y los debates en la legislatura, desde el 6 hasta el 24 de junio, figuran en *Diario de Sesiones de la Sala de Representantes de la Provincia de Buenos Aires, 1852*, Buenos Aires, Imprenta Sociedad Tipográfica Bonaerense, 1864, pp. 39-115.

El 11 de septiembre, un levantamiento organizado por las fuerzas armadas de Buenos Aires y conocido desde entonces como Revolución de Septiembre rechaza el proyecto de Urquiza y toma en sus manos la dirección del gobierno de la provincia. El general Manuel Pinto, uno de los jefes del movimiento, asume provisoriamente el poder como presidente de la legislatura provincial, restaurada por la revolución de septiembre. Un mes más tarde, la misma legislatura elige al porteñista Valentín Alsina como gobernador de la provincia de Buenos Aires. Alsina debe hacer frente de inmediato a un nuevo levantamiento, encabezado esta vez por el sector prourquicista de las tropas que habían integrado el "Ejército Grande".[3] El coronel Hilario Lagos pone sitio a la ciudad desde diciembre hasta marzo de 1853, cuando se firma un armisticio entre las autoridades de Buenos Aires y sus fuerzas.[4] El *statu quo* apenas dura un mes. En abril, con la ayuda de Urquiza, las tropas de Lagos establecen un bloqueo del puerto de Buenos Aires que logra provocar una caída del comercio fluvial y de ultramar.[5] La defensa de Buenos Aires consigue finalmente vencer al ejército sitiador en julio de 1853. Dos meses después, las 13 provincias firman la Constitución de la Confederación Argentina. Buenos Aires se niega a integrarse y consagra su propia Constitución el 23 de mayo de 1854.[6]

Este breve sobrevuelo de los acontecimientos producidos inmediatamente después de la caída de Rosas demuestra hasta qué punto los intereses de las distintas provincias seguían siendo incompatibles. No podía ser de otra manera, si se tiene en cuenta que la ciudad de Buenos Aires pretendía, al mismo tiempo, dirigir a las demás provincias hacia una economía noratlántica y conservar el monopolio de las rentas aduaneras del único puerto atlántico. Sin embargo, tanto la Confederación Argentina como el Estado de Buenos Aires combatían para salvar la "Nación Argentina". Pues ambos fundaban el orden legal en la soberanía del pueblo, que asimilaban a la de la nación. El diputado Bartolomé Mitre no dudó en hacer explícitamente esta referencia durante las discusiones sobre la Constitución del Estado de Buenos Aires. Mitre se oponía al primer artículo, que establecía que la provincia de Buenos Aires era un Estado independiente, en estos términos: " Con suma melancolía tomo la palabra, pues a pesar (sic) de la calma que se decanta, dominan principios de diso-

---

[3] Así se llamó la coalición de las fuerzas armadas de las diferentes provincias dirigidas por el general Urquiza para enfrentar a las fuerzas de la Federación comandadas por el general Juan Manuel de Rosas. La precariedad de este ejército coaligado era notoria y fue puesta en evidencia por Domingo F. Sarmiento, quien, en noviembre de 1852, publicó un relato de la experiencia. *Cf.* Domingo F. Sarmiento, *Campaña del Ejército Grande* (Santiago de Chile, 1852), Buenos Aires, Kraft, 1957.

[4] En Ramón Cárcano, *De Caseros al 11 de septiembre*, Buenos Aires, 1918 y *Del sitio de Buenos Aires al campo de Cepeda (1852-1859)* Buenos Aires, Coni, 1921, se encontrará un relato de los acontecimientos.

[5] Según el informe de las autoridades portuarias publicado por el diario *El Progreso*, la cantidad de buques entrados al puerto de Buenos Aires era, en diciembre de 1852, de doscientos cincuenta, con un total de 17.342 toneladas. En mayo del año siguiente esa cantidad disminuye a 83 naves y 2.713 toneladas. *Cf.* J. R. Scobie, *La lucha...*, ob. cit., p. 86.

[6] Su primer artículo declara que Buenos Aires es un Estado que posee el libre ejercicio de la soberanía interior y exterior, mientras que la ciudad no lo delegue expresamente en un gobierno federal. *Cf.* "Constitución para el Estado de Buenos Aires", en *Diario de Sesiones...*, ob. cit., 1854, pp. 114-119.

lución. Si la Sala tiene un mandato popular, es para fundar una soberanía popular. El Pueblo, lo mismo que la Nación, son principios indivisibles".[7] Aunque la tendencia representada por Mitre fue minoritaria en el momento de votar la Constitución, todos reconocían como marco de organización de la provincia, el de la Nación Argentina. Así, Ireneo Portela, feroz porteñista y ministro de gobierno de la provincia de Buenos Aires, refiriéndose a la definición de la ciudadanía durante las discusiones del artículo seis de la Constitución del Estado de Buenos Aires, proclamó lo siguiente: "Declaramos hoy que los ciudadanos de las otras provincias son ciudadanos de Buenos Aires [...] pues al incluir este artículo en la Constitución, hemos de declarar constitucionalmente que no renunciamos a la nacionalidad, cuando todos los argentinos se pongan de acuerdo para organizarse; pero eso sucederá cuando este proyecto se funde en la realidad de las cosas".[8] Para Portela, y para la mayoría de los porteños, la realidad era la que reconocía la primacía de los intereses de Buenos Aires sobre el resto de las provincias de la República. Pero el reconocimiento de la soberanía nacional era indispensable para la organización del poder local. De manera que la consolidación del Estado de Buenos Aires representaba, en los espíritus de la época, un paso indiscutible hacia la organización de la nacionalidad; los diez años de secesión de ese Estado serían, paradójicamente, años de notable avance de la nación.[9] Una nación, es cierto, con un territorio de geometría variable, pero que, por un proceso que aquí trataremos de poner de manifiesto, se identificaba con una esfera pública que, debido a ello, adquiría una vigorosa dimensión identitaria. De este aspecto se derivaba una representación cívica de la nación que tendría importancia tanto en la puesta en vigor de las instituciones representativas como en el modelo de pertenencia comunitaria que se dibujaba por entonces.

---

[7] Finalmente, la tendencia porteñista obtuvo la mayoría en el voto de la Constitución. Esta tendencia agrupaba al sector más radical de los liberales junto con los ex rosistas que defendían el autonomismo provincial como condición de desarrollo económico de la región. Cf. *Diario de Sesiones de la Sala de Representantes...*, ob. cit., 23 sesión ordinaria del 6 de marzo de 1854, p. 37.

[8] La dificultad que representó el problema de la definición de la ciudadanía da testimonio de las tensiones entre la defensa de los intereses locales y el reconocimiento de una soberanía superior indispensable para la existencia de una provincia. Pues la idea de provincia era una con la de nación. Véase el debate en torno de este asunto en *Diario de Sesiones de la Sala de Representantes...*, ob. cit., sesiones del 2 al 29 de marzo de 1854, pp. 29-106.

[9] Sobre los diversos proyectos de organización nacional durante este período, véase el excelente análisis de Tulio Halperín Donghi, "Una nación para el desierto argentino", en *Proyecto y construcción de una nación argentina, 1846-1880*, Caracas, Biblioteca Ayacucho, 1979.

5. LA CIUDAD Y SUS NUEVAS INSTITUCIONES DE SOCIABILIDAD

Inmediatamente después del derrocamiento de Rosas se constituye entre la población nativa de Buenos Aires la primera asociación de esparcimiento a la inglesa: el Club del Progreso. En el mismo momento se instala la primera logia masónica regular: la logia francesa "Amie des Naufragés". A partir de allí, la ola asociacionista no deja de crecer, a punto tal que es posible hablar de una verdadera "explosión asociativa" que se define ante todo como fenómeno urbano. Esa expansión revela necesidades latentes de las que el liberalismo, favorecido por el auge de la ciudad puerto durante los diez años de secesión (1852-1861), parece ser el detonante. "La caída del poder dictatorial –exclama el editorialista del diario *El Progreso* en abril de 1852– hizo renacer en los hombres el deseo de encontrarse",[1] deseo alentado en gran medida por el poder. Una renovación de la sociabilidad urbana que no se mide únicamente por la cantidad de asociaciones sino también en la intensidad de los encuentros y su multiplicación. Esa sensación de renacimiento social se ve realzada por un aumento de la población urbana y una relativa estabilidad política que se hace sentir enseguida en la ciudad.

La reorganización social del espacio urbano

Con el fin de lo que ahora se presenta unánimemente como el poder dictatorial de Rosas, una sensación de renacimiento social se apodera de la población de la ciudad. El progreso, que los contemporáneos miden por el grado de desarrollo de la sociabilidad, entraña de hecho importantes modificaciones en la organización social del espacio urbano. En efecto, la reactivación de los intercambios se produce en el marco de una transformación de las for-

---

[1] Cf. "Asociación", *El Progreso. Diario guvernativo*, Buenos Aires, Imprenta del Estado, 7 de abril de 1852, p. 2, col. 2.

mas de sociabilidad urbana, que acompaña el surgimiento de nuevos espacios públicos de encuentro en los que presenciamos el desarrollo de intercambios a partir de lazos secundarios y revocables. Fenómeno intensificado por el hecho de que el movimiento asociativo tiende ahora a asumir la gestión de los intereses colectivos, antes en manos de las estructuras comunitarias tradicionales.

El crecimiento de la población urbana

Las transformaciones en la estructura de sociabilidad de la ciudad no podrían comprenderse sin tener en cuenta el crecimiento de la población urbana. En 1838, la ciudad tenía 69.400 habitantes; son 82.400 en 1851, para llegar a 128.050 en 1862.[2] Este aumento demográfico se explica ante todo por el aporte inmigratorio: migración de los habitantes del interior atraídos por el auge económico de la ciudad puerto, y de los extranjeros que se trasladan al nuevo mundo a raíz de la explosión demográfica en Europa. Se trata en gran parte de una inmigración de baja y media extracción social: provincianos que llegan a vender su fuerza de trabajo en las explotaciones agrícolas, e inmigrantes europeos que van a integrarse al sector secundario de la industria artesanal, destinada al consumo interno, así como al sector del pequeño comercio. Los recién llegados se instalan sobre todo en los límites norte y sur de la ciudad: la parroquia de Nuestra Señora del Pilar al norte, y el viejo distrito de la parroquia de San Telmo al sur (ahora dividido entre San Telmo y Barracas). También en la parroquia de Monserrat, al oeste del centro de la ciudad, se duplica la población.

La elevada tasa de crecimiento de estas parroquias en relación con las demás se explica por la organización de las actividades económicas en el espacio urbano. Esas parroquias limítrofes con la campaña alojan en general a jornaleros y obreros de los mataderos. Así, la de Barracas concentra las actividades ligadas a la venta de ganado en pie, al almacenamiento de cueros y lanas, saladeros de carne e intercambios comerciales al por mayor en la plaza de la Constitución. La zona nordeste de la parroquia, del lado de la boca del arroyo Matanza, conocida como La Boca, concentra todas las actividades relacionadas con el comercio fluvial. Ya reside en ella un gran porcentaje de habitantes de origen italiano, especializados en el transporte fluvial.[3] Las actividades ligadas a la industria artesanal y el comercio de aprovisionamiento de la población están concentradas sobre todo en la zona oeste de la ciudad, que abarca las parroquias de Monserrat, La Piedad, San Miguel y San Nicolás, en donde habita el sector medio urbano y semiurbano cuyo crecimiento se debe a la expansión de las ac-

---

[2] Según los cálculos de N. Besio Moreno, *Buenos Aires...*, ob. cit., pp. 428-429.
[3] *Cf.* Nicolo Cuneo, *Storia dell'emigrazione italiana in Argentina, 1810-1870*, Milán, Garzanti, 1940; J. C. Chiaramonte, "Notas sobre la presencia italiana en el Litoral argentino en la primera mitad del siglo XIX", en Fernando Devoto (comp.), *L'Italia nella società argentina*, Roma, Centro Studi Emigrazione, 1988; José Carlos Moya, *Spaniards in Buenos Aires: Patterns of Immigration and Adaptation, 1852-1930*, Ph. D., University of New Jersey, 1988; Fernando Devoto "The origins of an Italian nigh bourhood in Buenos Aires in the mid - XIX century", en *The Journal of European Economy History*, XVIII, 1, primavera, 1989.

14. *La población urbana: aumento de la población de la ciudad de Buenos Aires*
A. Aumento diferencial de la población por parroquia entre 1836 y 1855

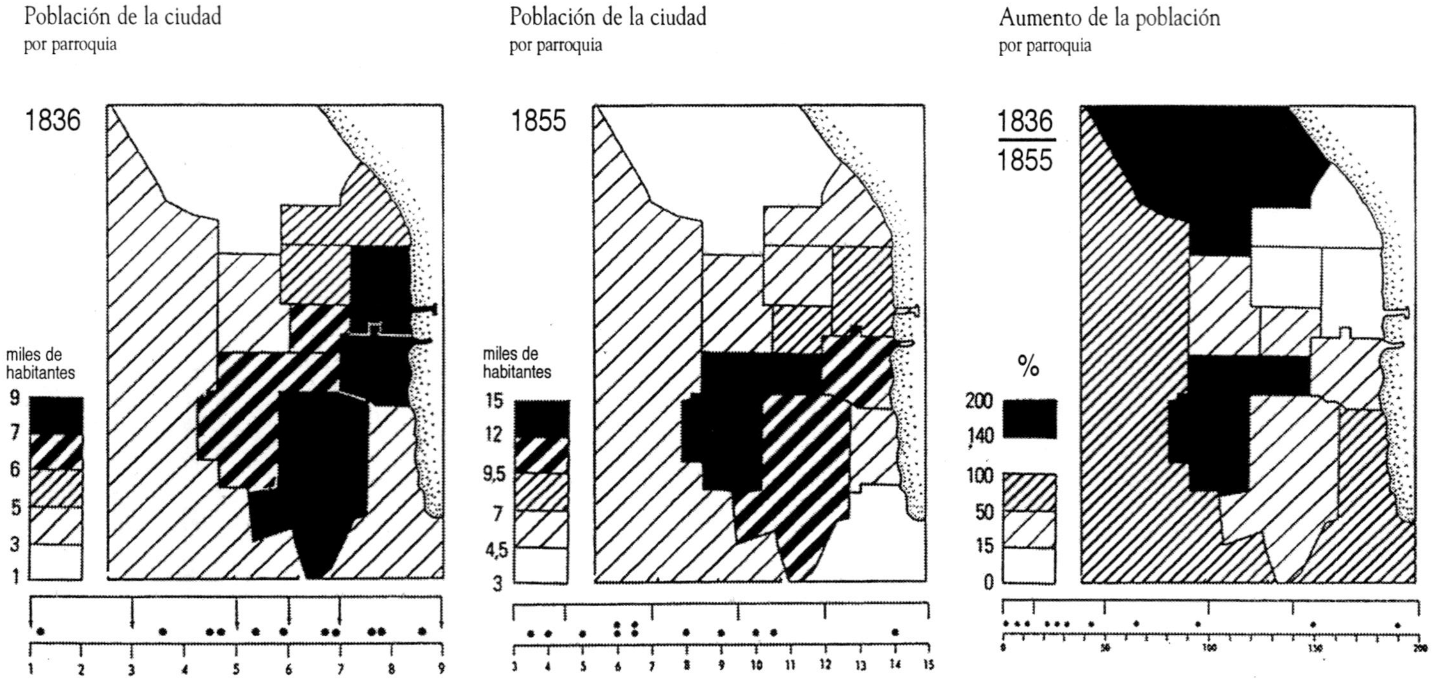

B. Aporte de los nativos y extranjeros en el aumento de la población por parroquia

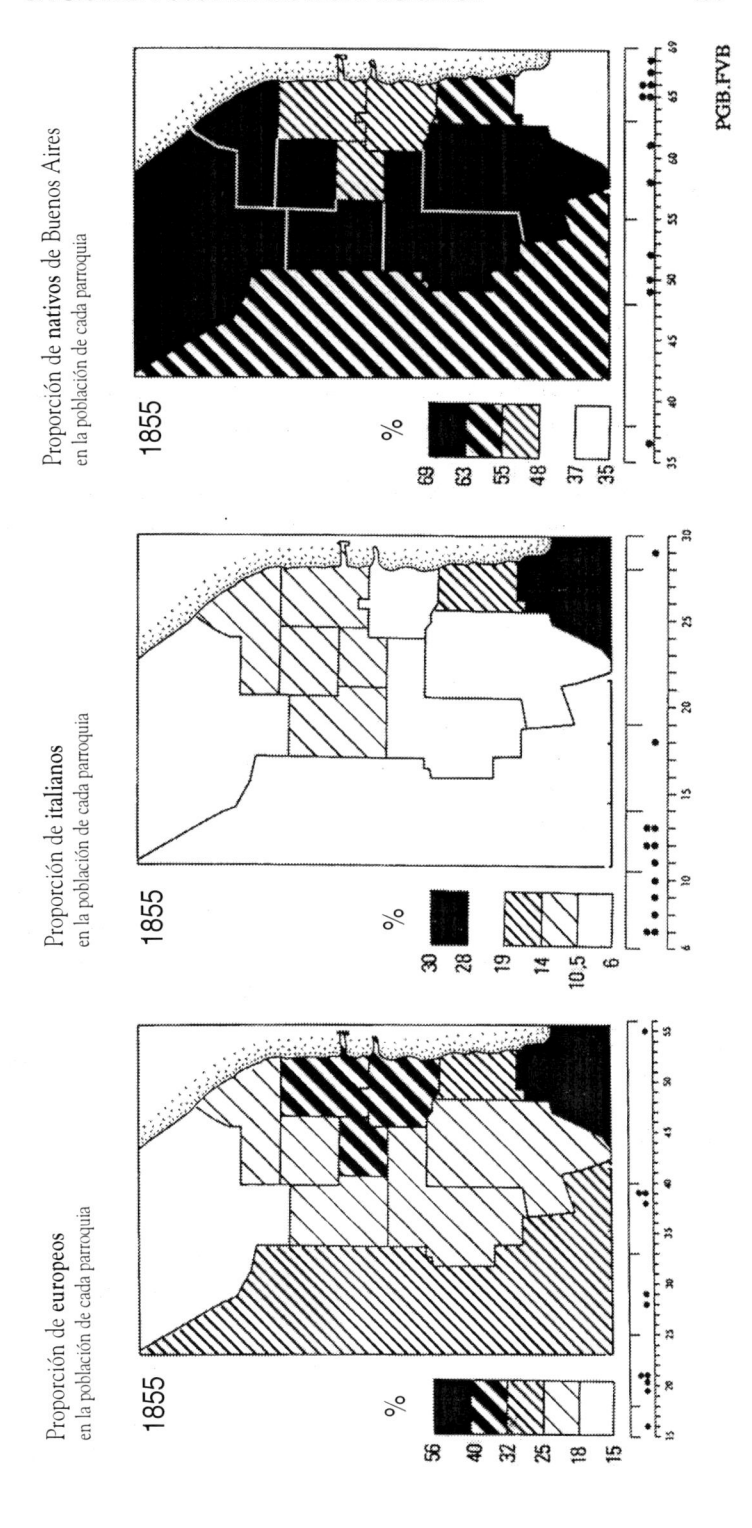

Proporción de **europeos** en la población de cada parroquia

1855

Proporción de **italianos** en la población de cada parroquia

1855

Proporción de **nativos** de Buenos Aires en la población de cada parroquia

1855

PGB.FVB

tividades comerciales. Esta zona concentra la proporción más grande de pobladores de origen local, en buena parte "morenos", eufemismo utilizado entonces para denominar a los negros, ahora censados como "nativos" de Buenos Aires.[4] El centro histórico sigue reservado a dos funciones fundamentales: al norte se concentran las actividades financieras ligadas al comercio de exportación de productos agrícolas, al sur las actividades culturales en torno de la universidad y del muy reciente centro de actividad política. La ciudad, y sobre todo la zona próxima al puerto (las parroquias de Catedral al Norte y Catedral al Sur), se convierte así en el centro de un importante movimiento ligado a los intercambios con Europa, tanto económicos como culturales.[5] Concentra por ello el porcentaje más elevado de población de origen europeo.

En comparación con la ciudad rivadaviana, comprobamos una tendencia más nítida a la segregación social del espacio urbano, con barrios de fuerte concentración de los mismos grupos socioprofesionales e incluso étnicos.

La ciudad como lugar de intercambios

A partir de la batalla de Caseros, los encuentros y diversiones públicas florecen en toda la ciudad. El chileno Vicuña Mackenna señala que esta agitación callejera es verdaderamente una circunstancia propia del Buenos Aires posrosista: "En Buenos Aires –nos dice–, los habitantes buscan el espectáculo en la calle". Según él, la diferencia con Santiago de Chile radica en el hecho de que aquí la noción de sociabilidad está directamente ligada a los encuentros fuera del círculo familiar.[6] Los porteños no sólo son más aficionados a las reuniones, sino que entienden con claridad que esos encuentros cobran un valor social particular en el marco de una esfera pública cuyo ámbito se constituye en ciertos espacios de la ciudad.

En sus memorias publicadas con el seudónimo de Víctor Gálvez, Vicente Gil Quesada lo comprueba con amargura. En un análisis de las recientes "perturbaciones" de "la Sociedad", destaca esta novedad con respecto a la red tradicional de relaciones familiares. Ahora, para ser conocido y apreciado por la sociedad no basta con el nombre, exclama, y concluye: "si se me ocurriera frecuentar el Club del Progreso, si me viera por la calle de la Florida, si cabalgase caballero en el Parque de Palermo, si fuese a los teatros, sobre todo al

---

[4] La llamada "desaparición" de la población de origen africano sería entonces en parte la consecuencia de su inclusión bajo el encabezado de "población local", lo cual explicaría por qué, en el mismo período, vemos desaparecer a los negros de la ciudad y aumentar la cantidad de nativos. Utilizamos los resultados del censo de 1855 que fueron publicados por Manuel R. Trelles en *Registro Estadístico...*, ob. cit., t. II, 1857, pp. 1-17; véase también A. E. Lattes y R. Poczter, *Muestra del censo de la población de la ciudad de Buenos Aires de 1855*, Buenos Aires, Cuadernos del Instituto Torcuato Di Tella, 5, 1968. Véase el documento núm. 8 de este volumen, p. 99.

[5] Haydée Gorostegui de Torres, *La organización nacional*, Buenos Aires, Paidós, 1972.

[6] Benjamín Vicuña Mackenna, *Páginas de mi diario durante tres años de viaje, 1853-54-55*, Santiago de Chile, 1856, p. 367.

Colón, si mis carruajes y mis caballos cruzaran la avenida Alvear, la de Montes de Oca o la del Callao, se ocuparían de Víctor Gálvez".[7]

Quesada evoca así la pérdida de prestigio social de la red de sociabilidad familiar frente a una esfera pública que, de aquí en más, tiene sus propias formas y lugares de encuentro y comunicaciones. Lo cual no significa pérdida de importancia de las redes familiares, sino que manifiesta una transformación de los códigos de relación que identifican y definen la esfera del poder. Las reuniones de familia quedarán cada vez más confinadas a la esfera íntima, asociada ahora al universo femenino, mientras se desarrollan nuevos hábitos relacionales y nuevos lugares de encuentro público para los hombres decentes de la ciudad. Así, cuando el chileno Vicuña Mackenna llega a Buenos Aires, se pone inmediatamente en contacto con "la Sociedad" porteña que sigue estando compuesta en gran parte por los miembros de las mismas grandes familias. Pero para hacerlo… "Félix Frías anunció nuestra llegada en un fragmento del editorial de su diario [El Orden], y luego nos vimos en cordial comunicación con los diversos círculos de la sociedad porteña".[8] Los hallará en el Club del Progreso, en el Club de Mayo, en los diferentes salones.[9] El chileno toma contacto con "la Sociedad" en las nuevas instituciones de sociabilidad.

Esta nueva sociabilidad que elige como escenario la ciudad y sus instituciones públicas es, a los ojos del joven Héctor Varela, uno de los elementos que distingue una sociedad liberal de la que caracterizó la tiranía de Rosas. Varela presenta el ejemplo revelador del transcurso de un domingo en la ciudad. Para él no hay comparación entre la monotonía de ese día en la década de 1840 y la alegría y la animación de los domingos de la década siguiente. En efecto, si bien en ambos casos la jornada comienza con los encuentros en la iglesia, la vida social de los años posrosistas transcurre principalmente a partir de la tarde y sobre todo fuera de la casa familiar: los paseos vespertinos, las salidas al teatro o a los salones de esparcimiento al anochecer, y las reuniones en los distintos clubes a la noche.[10] Varela destaca así la naturaleza pública de la sociabilidad de la década de 1850 en comparación con el carácter privado de la vigente en la década anterior. Esto no deja de provocar descontento entre los católicos aliados al liberalismo. Efectivamente, Félix Frías hace la siguiente observación en su diario *El Orden*, con respecto a la lamentable disminución de los salones de familia (*tertulias caseras*):[11] "Es indudable que los suntuosos bailes en los clubes no llenan tan completamente el objeto de fomentar relaciones sociales como las reuniones de un carácter más privado y más franco [...] En fin, se ha ganado en lujo, pero creemos que se ha perdido en verdadero espíritu social".[12] El verdadero espíritu social es, según Frías, el de la sociabi-

---

[7] V. Gálvez, Memorias…, ob. cit., t. i, p. 28.

[8] Cf. B. Vicuña Mackenna, *Páginas de mi diario*…, ob. cit., pp. 367-368.

[9] El salón al que se refiere Vicuña Mackenna no corresponde a la forma de salón aristocrático tal como se la conoció en Francia. En este caso, se trata de una especie de café con espectáculo y frecuentado por las elites. Cf. *Ibíd*.

[10] "El domingo", *La Tribuna*, 19 de octubre de 1856, p. 2, col. 5-6.

[11] Es interesante señalar que Frías se ve obligado a añadir *caseras* cuando habla de las *tertulias*, lo cual hace pensar que desde Caseros las *tertulias públicas* se habían desarrollado bastante.

[12] Cf. "Sociabilidad", *El Orden*, 21 de febrero de 1856, p. 2, col. 2.

lidad alrededor de la familia: el acceso a ella está restringido y la Iglesia aún tiene algo que decir al respecto. El hecho de que sea Frías quien introduce en Buenos Aires las conferencias de San Vicente de Paul constituye un testimonio ilustrativo del papel que él pretende hacer desempeñar a la Iglesia en esa nueva sociedad liberal. No se trata de que con ello reivindique el período de Rosas, pero frente a una esfera pública en la que predominan las formas de sociabilidad fundadas en una noción laicalizada del lazo social, él propone otras formas igualmente modernas pero que preservan la caridad como fundamento del vínculo. Esto explica, también, el conflicto que desde 1857 lo opone a sus condiscípulos de la universidad iniciados en la masonería.[13]

Asimismo, el chileno Vicuña Mackenna da testimonio de esa tensión entre las viejas y las nuevas formas de sociabilidad de las elites: "Había queja general en todas las familias del alejamiento de la juventud. Las casas que visitamos estaban efectivamente desiertas, y los que han experimentado la amabilidad de las señoras porteñas y los que admiran la universal belleza de las hijas del Plata, no perdonarán, sin duda, esa frívola preferencia otorgada a clubs bulliciosos en olvido de esas reuniones domésticas que tan agradable son entre nosotros".[14]

Tras esas abundantes observaciones sobre la sociabilidad porteña, Vicuña Mackenna llega a la siguiente conclusión: la especificidad de los porteños, que por otra parte explica para él toda la diferencia con la sociabilidad de la población de Santiago, reside en la familia. En Buenos Aires, ésta es mucho menos numerosa que en Santiago, y eso determina el espíritu independiente y liberal de esta población en la que hay muchos individuos, en comparación con la ciudad chilena, donde sólo dominan algunas familias.[15] El vínculo que él establece entre el tipo de sociabilidad y la importancia numérica de los miembros de una familia nos parece menos original que su observación sobre la existencia de las familias compuestas por una suma de individuos, mientras que otras constituyen un todo único. Lo cual permite suponer que, a su juicio, un tipo de familia se opondría a la esfera pública, mientras que el otro sería su complemento. En este punto, Vicuña Mackenna ve las cosas con agudeza.[16]

La vida pública de la población urbana

Clubes, asociaciones, salones de exposiciones y espectáculos en la calle animan una vida pública de una intensidad hasta entonces desconocida para la población urbana. La ciudad se deja ver como lugar de sociabilidad en las panorámicas expuestas en los salones, las litografías insertadas en los almanaques de comercio y los planos que circulan en manos de

---

[13] Véase el desarrollo de esta cuestión *infra*, capítulo 7.
[14] B. Vicuña Mackenna, *Páginas de mi diario...*, ob. cit., p. 376.
[15] *Ibíd.*, p. 370.
[16] Para la cuestión de la familia y la institucionalización de una esfera pública burguesa, véase Habermas, *L'Espace public...*, ob. cit., pp. 54-61.

los extranjeros, en particular el de Grondona.[17] Los habitantes recuperan la afición por los encuentros públicos en las plazas reacondicionadas con ese fin, alrededor de nuevos paseos urbanos y suburbanos, en los nuevos lugares privados destinados a esos encuentros, como los clubes de recreo y los salones públicos, así como durante las festividades religiosas, profanas o cívicas.

Las fiestas asumen entonces una dimensión civil inaudita, así como los bailes de sociedad una dimensión política indudable.[18] Lo testimonia la multiplicación de estos últimos para conmemorar acontecimientos políticos.[19] Los bailes del 25 de mayo (conmemoración de la insurrección de la ciudad de Buenos Aires), y del 9 de julio (conmemoración de la declaración de la independencia) del Club del Progreso se convierten en la cita obligada de "lo más selecto de Buenos Aires".[20] El club llega incluso a agregar al calendario de conmemoraciones una nueva fiesta cívica todavía no establecida por el gobierno: la que recuerda la revolución porteña del 11 de septiembre de 1852. Las primeras manifestaciones públicas de esa festividad se refieren a un baile organizado por el Club del Progreso en diciembre de 1852, es decir, tres meses después de los sucesos, con la asistencia de los integrantes del gobierno.[21] Algunos meses más tarde, para el aniversario de la revolución, el club organiza un baile conmemorativo, que luego se convertirá en una tradición en su calendario danzante.[22] El prestigio de la conmemoración impulsa a los distintos clubes a lanzarse a una competencia de bailes para recordar el acontecimiento.[23] Unos años después será el gobierno quien se encargue de organizar los festejos "de la revolución del 11 de septiembre". Su popularidades indudable: se realizan en la plaza y mercado del mismo nombre, especie de muralla simbólica de la comunidad urbana; durante la jornada se ofrece a la población de la ciudad un *asado con cuero* tradicional, menú muy popular que constituye la alimenta-

---

[17] Por primera vez, Grondona incluye en su plano una leyenda que indica, además de los nombres de las calles y de las principales iglesias, la ubicación de los salones y clubes de esparcimiento. Cf. "Plano de Buenos Aires de Grondona, 1856", en AGN, Mapoteca, 11-2-16. En PGB, *La Création...*, ob. cit., t. III, p. 930, se encontrará una reproducción del plano.

[18] La diferencia entre bailes de sociedad y bailes públicos es que a los primeros se acudía con invitación, mientras que los segundos estaban en teoría abiertos para todos. Para un análisis de los bailes públicos véase François Gasnault, *Guinguettes et lorettes. Bals publics à Paris au XIXe siècle*, París, Aubier, 1986, p. 16.

[19] Con respecto a la cuestión de los usos políticos de la fiesta, véase A. Corbin, N. Gérôme y D. Tartakowsky (dirs.), *Les Usages politiques des fêtes au XIXE-XXe siècles*, París, Publications de la Sorbonne, 1994.

[20] Los clubes de esparcimiento ofrecen varios ejemplos de la dimensión política que adquiere la vida pública, aun cuando se trate de la recreación. Así, los fundadores del Club del Progreso eligen como fecha del banquete de inauguración el 25 de mayo, la más porteña de las fiestas cívicas. Por otra parte, el nombre de los otros dos clubes creados en la ciudad durante esta década evoca acontecimientos políticos: el Club de Mayo, la revolución; el Club de Julio, la declaración de la independencia.

[21] Cf. "Baile del Club en conmemoración del 11 de septiembre", *El Progreso*, 6 de diciembre de 1852.

[22] Cf. "Baile en el Club", *La Tribuna*, 13 de septiembre de 1853; también *ibíd.*, 13 de septiembre de 1854.

[23] En el momento de la creación del Club de Mayo, las autoridades del Club del Progreso le reprochan la pretensión de atraer a su clientela organizando en la misma fecha un baile "del 11 de septiembre". Cf. *La Tribuna*, 11 de septiembre de 1855.

ción básica de la población rural, y al anochecer "fuegos artificiales, globos y cohetes animan el espectáculo".[24]

Tras un largo período de prohibición, el carnaval se reinstaura y con él renacen los bailes públicos que acompañan estos festejos, aunque ahora los bailes tienden claramente a apartarse de las sociedades africanas para instalarse en las lujosas salas de los teatros y los clubes de recreo. La "gente decente" deja entonces de hacerle asco al carnaval, principalmente porque las características de los lugares donde tienen lugar los festejos permiten operar una selección, en especial en los bailes organizados por el Club del Progreso, a los que sólo se podía asistir con la invitación de uno de los socios.[25] Lo cual implica, desde luego, con el cambio de clientela, una transformación de las prácticas. Así, con el éxito de los bailes de carnaval entre las elites aparece la fórmula del baile de máscaras, que hace furor en la época.[26] La fiesta popular no desaparece, sin embargo, pero las celebraciones también transcurren ahora en salones privados, en detrimento de las manifestaciones espontáneas en la calle. Las sociedades africanas tienden a perder su primacía en la organización de formas de sociabilidad lúdica en torno al baile, incluso dentro de los sectores populares como testimonia la aparición de las *Academias*, especie de merenderos en los que se desarrollará el baile popular del tango y que, a diferencia de los *tambores*, están destinados a un público multiétnico. Así, la moda del baile público, que se ha extendido entre la "gente decente", también tendrá vigencia en las clases laboriosas, que aprovechan la buena disposición del poder hacia las manifestaciones de esparcimiento público para revivir la vieja tradición de las danzas de tambor, a las que se unen sin duda las prácticas de recreo popular traídas por los extranjeros.[27] El discurso de los liberales sobre estas manifestaciones es a menudo contradictorio. Las apoyan porque para ellos cualquier manifestación de sociabilidad es un rasgo de civilización, pero al mismo tiempo se oponen a ellas porque esas formas consideradas incivilizadas provocan una degradación moral del pueblo. Héctor Varela reconoce que los bailes públicos se han extendido por toda la población urbana y confiesa que no sería justo prohibir al pueblo participar en esas diversiones. La solución que propone no es muy original, pero le permite salir del dilema característico de los jóvenes liberales: "que sean autorizados pero se los someta a un mayor control", concluye.[28]

---

[24] *Cf. ibíd.*, 18 de septiembre de 1959, p. 2, col. 7. La "gente decente", en cambio, solía celebrarla en Palermo, que era ya el lugar de cita de "lo más selecto de Buenos Aires". En José Luis Bustamante, *Bosquejo de la historia civil y política de Buenos Aires desde la batalla de Monte Caseros*, Buenos Aires, 1856, pp. 155-159, se encontrará un relato de la época.

[25] La incorporación al Club del Progreso estaba limitada. Por estatuto, sólo podía tener doscientos socios, lo que le daba un carácter aristocrático que lo distinguía de los otros clubes. Asistir a una de sus fiestas era una buena manera de mostrar que se participaba en la red "escogida" de doscientas grandes familias porteñas. Véase *infra* el desarrollo de la cuestión.

[26] Advirtamos el desfasaje cronológico con respecto a los bailes públicos en París. En Buenos Aires, la moda se instaura en el mismo momento en que esas prácticas comenzaban a declinar en París. *Cf.* F. Gasnault, *Guinguettes et lorettes...*, ob. cit.

[27] El poder, aunque vigilante, da muestras sin embargo de cierta tolerancia hacia estas prácticas. Entre 1852 y 1862 encontramos una sola referencia a un encarcelamiento por "dar un baile sin permiso". El resto de los casos concierne a penas de cárcel por juegos prohibidos. *Cf.* AGN AP X L 333.

[28] *Cf. La Tribuna*, 2 de julio de 1858, p. 2, col. 5-6.

Más allá de las diferencias, los bailes de máscaras de las elites y las academias danzantes de las clases laboriosas tienen en común el hecho de privilegiar los encuentros en los nuevos lugares públicos, en comparación con los que se habían estructurado en torno de las redes de familia y los espacios sociales tradicionales.

Las salas públicas, nuevos espacios de sociabilidad urbana

Hemos visto que, durante la primera mitad del siglo XIX, la sociabilidad barrial organizada por parroquia conservaba toda su vitalidad, en gran parte gracias a las *pulperías*, células de sociabilidad de vecindario con una distribución homogénea en todo el espacio urbano. Por otra parte, esta organización del espacio social era corroborada por la estructura topográfica de la ciudad. En ese marco, la ubicación de los cafés y las asociaciones señalaba una ruptura en la comunidad de culto como espacio de sociabilidad de vecindario. Veamos ahora cómo evoluciona esta situación durante el gobierno liberal.

El ocaso de las pulperías urbanas como lugares de sociabilidad popular

En el gráfico sobre la evolución de la cantidad de lugares de despacho de bebidas y de encuentro en la ciudad de Buenos Aires entre 1825 y 1855, habíamos observado que las *pulperías* tendían a disminuir a partir de la llegada de Rosas al poder.[29] Señalamos entonces que ello podía ser la consecuencia de un problema de fuentes. Sin embargo, no hay dudas en cuanto a su declinación a mediano plazo. La llegada de los liberales, que fue tan beneficiosa para todas las manifestaciones de sociabilidad, contribuyó directa e indirectamente al abandono de esas prácticas. Indirectamente porque, gracias a la libertad de reunión y asociación, esos hábitos sufrieron la competencia de formas nacientes cuya novedad era con mucha frecuencia su principal atractivo. La integración de las nuevas prácticas podría llevar al abandono de las formas tradicionales de sociabilidad. En el diario de Héctor Varela, por ejemplo, encontramos un informe sobre varios trabajadores deseosos de crear una caja de ahorro: "con el dinero que gastan hasta hoy en la lotería o el que derrochan en la *pulpería*" resultaba posible establecer de inmediato "una caja de ahorro a la manera de otros países civilizados".[30] Desde luego, es lícito desconfiar de las "cartas de obreros" publicadas en la prensa liberal. Muy a menudo ésa era la fórmula utilizada por los liberales para transmitir el mensaje hacia abajo. Pero aun cuando así sea en este caso, no deja de ser cierto que existían receptores para ese tipo de mensaje. Las prácticas de sociabilidad en las *pulperías* estaban demasiado identificadas con la ciudad rosista, que en la euforia de los primeros años del gobierno liberal se solía rechazar para siem-

---

[29] Véase documento núm. 3, p. 60.
[30] Cf. *La Tribuna*, 13 de marzo de 1861, p. 2, col. 5.

pre. Esto no significaba un abandono de las prácticas recreativas; pero como lo veremos, éstas, al cambiar de lugar, cambiaban de forma y función.

Los liberales también habían contribuido directamente a la decadencia de las *pulperías*, por medio de una política de control social dirigida contra esos lugares de "perversión" popular. Así, comprobamos en los archivos policiales que, a partir de 1853, se multiplican los encarcelamientos por disturbios en ellas y por la organización de juegos prohibidos.[31] La prensa se hace eco de esta aversión de la "gente decente" hacia esas prácticas populares que "empujaban a la plebe a la delincuencia, la holgazanería y el alcoholismo".[32] La solución del problema queda en manos de las municipalidades, creadas por la Constitución del Estado de Buenos Aires en 1854. Las medidas son draconianas. Así, en septiembre de 1854, unos comerciantes *pulperos* de la localidad de 25 de Mayo, en el sudoeste de la provincia, se quejan de la ley municipal que prohíbe la venta de alcohol en las *pulperías* del lugar.[33] El ejemplo de 25 de Mayo es seguido por otras comunas hasta que en 1857 la municipalidad de la ciudad de Buenos Aires limita, por la ordenanza del 18 de marzo, la autorización de venta de alcohol a los cafés, hoteles y confiterías, lo que reduce el comercio de *pulpería* a la venta de mercancías. Los efectos de esta medida, desde luego, no se hacen sentir de inmediato. En primer lugar, porque a las autoridades les cuesta hacer cumplir la ordenanza, como lo muestra una denuncia publicada en la prensa local con respecto a "reuniones de trabajadores holgazanes".[34] Pero, poco a poco, las denuncias empiezan a concentrarse en las *pulperías* de los arrabales, lo que permite suponer que las del centro tienden a desaparecer o bien a interiorizar nuevos códigos relacionales que "civilizan" la práctica.[35] La disminución de las *pulperías* en la ciudad no es únicamente la de un lugar de sociabilidad popular, sino también la de una célula de sociabilidad barrial. Así, con el cambio de lugar se produce una transformación de los espacios sociales.

Paralelamente al abandono del mostrador del *pulpero* como ámbito de sociabilidad barrial, vemos surgir nuevos espacios de encuentro que retoman la función lúdica de la sociabilidad popular. La primera referencia a la existencia de esos lugares data de 1856 y ya manifiesta la aversión de la "gente decente" hacia esas prácticas: "La policía puede y debe poner fin a esas bacanales, cerrando las academias que sólo sirven para desmoralizar a la clase doméstica".[36] Luego, varios artículos periodísticos se consagrarán a denunciar los escán-

---

[31] AGN, Índice General de Policía, 1851-1859, Sala x, 44-10-3.

[32] Cf. *La Tribuna*, 15 de diciembre de 1853.

[33] Para defender su comercio, los *pulperos* invocan el papel irreemplazable de la *pulpería*, que contribuye tanto como la Iglesia y las escuelas al desarrollo de la región. Cf. *ibíd.*, 7 de septiembre de 1854, p. 2, col. 6.

[34] Lo que prueba que para las elites liberales la función esparcimiento y las asociaciones de recreación eran incompatibles con la sociabilidad de las *pulperías*. Cuando se trataba de esas reuniones, el esparcimiento se convertía en holgazanería, aun cuando aquéllas se realizaran fuera de los horarios de trabajo. Cf. *La Tribuna*, 21 de diciembre de 1858.

[35] Cf. *ibíd.*, 9 de febrero de 1861, p. 2, col. 7; *ibíd.*, 8 de marzo de 1861, p. 2, col. 7. Desarrollamos esta cuestión en "Pedagogía societaria y aprendizaje de la Nación en el Río de la Plata", en A. Annino, L. Castro Leiva y F.-X. Guerra, *De los Imperios a las Naciones: Iberoamérica*, Zaragoza, Ibercaja, 1994, pp. 451-469.

[36] Cf. "Las Academias", *La Tribuna*, 3 de abril de 1856, p. 3, col. 2. Véase también *ibíd.*, 4 de marzo y 22 de abril de 1856.

dalos que estallan en esos lugares: bailes hasta el amanecer que perturban a todo el vecindario, gastos excesivos que acentúan la miseria de la "plebe" urbana, riñas entre los vecinos que las más de las veces terminan con heridas de arma blanca. De acuerdo con las fechas de los artículos, las academias funcionan los sábados y domingos de todo el año.[37] Los locales cuentan con un salón de baile y un mostrador para el despacho de bebidas.[38] El dinero de las entradas queda en manos del propietario. No sabemos cuál es su costo, pero según un artículo periodístico es demasiado alto para el bolsillo de un doméstico.[39] Es muy posible que en el origen del éxito de las academias esté la falta de fiestas provocada por la desaparición de las sociedades africanas. Sin embargo, según las quejas publicadas por la prensa, el contagio es rápido en la población urbana, aunque este tipo de establecimientos parecen concentrarse en ciertas zonas de la ciudad. Por un artículo periodístico firmado por los habitantes de La Boca, nos enteramos de que en 1859 las academias ya están instaladas en la zona de gran concentración de extranjeros –sobre todo italianos–, que es el barrio de Barracas, cerca de la boca del arroyo La Matanza:[40]

> Hace poco tiempo que esta clase de diversiones ha entablado en este destino, nada más perjudicial que esta clase de diversiones, mucho mas si se atiende que la mayor parte de esta población es compuesta de jente puramente jornalera; a este respecto hemos oido quejarse a una porción de familias, cuyos maridos, padres o hermanos se han atrasado a consecuencia de las frecuentes erogaciones que esta clase de diversiones trae consigo. De ahi los disgustos en el hogar doméstico, los gastos dispensiosos, las frecuentes reyertas, la bulla y griteria incesante, el no poder dormir el resto del vecindario por parte de noche, los continuos disgustos para las familias, los malos ejemplos para la juventud [...] A mas con este mismo motivo las tripulaciones abandonan sus buques por parte de la noche con perjuicio de los intereses generales del comercio.[41]

No hay duda sobre la extracción social de la clientela. Como lo anuncia una noticia del diario *La Tribuna*, se trata "de bailes de la clase obrera".[42] Las academias se identifican a tal punto con una práctica popular que, al inaugurar una "Escuela Danzante" en la ciudad de Buenos Aires, el propietario se ve en la necesidad de aclarar "que esta escuela sólo estará abierta a los hombres y la clase decente de la sociedad".[43] Por desdicha, la falta de documentación no nos permite pronunciarnos con más detalle sobre el tema. No obstante, los contados da-

---

[37] Además de los artículos ya citados, otras referencias en *La Tribuna* del 3 y 4 de junio de 1857, 17 de febrero, 2 de julio y 23 de noviembre de 1858 y 14 de junio de 1861.

[38] Por extensión, el término "academia" podía designar una reunión danzante, aunque se realizara en un domicilio particular. Así, por ejemplo, la noticia que informa a los oficiales del Primer Regimiento de Guardias Nacionales "que esta noche hay academia en la residencia del comandante Emilio Castro". Cf. *La Tribuna*, 14 de mayo de 1859; la misma utilización en *ibíd.*, 6 de julio de 1861.

[39] Cf. *ibíd.*, 22 de abril de 1856.

[40] Véase documento núm. 15, p. 218.

[41] Cf. "Bailes públicos", *La Tribuna*, 8 de mayo de 1859, p. 1, col. 7.

[42] Cf. "Un baile deshecho por un pillo", *ibíd.*, 6 de diciembre de 1859.

[43] Cf. "Escuela Danzante", *ibíd.*, 26 de agosto de 1857, p. 2, col. 5.

tos encontrados constituyen ya una prueba de la existencia de esas nuevas formas de esparcimiento popular.[44]

La sociabilidad masculina en los cafés

Contrariamente a lo que sucede con las *pulperías*, la derrota de Rosas es más bien beneficiosa para otros comercios de despacho de bebidas. Los cafés son los negocios que, comparativamente, exhiben el crecimiento más importante.[45] El "geo-gráfico del desarrollo de los lugares públicos de sociabilidad" muestra que su ubicación se modifica con respecto al esquema de la década de 1830.[46] Tienden a abandonar la "manzana de las Luces" para instalarse cerca del muelle del puerto y del nuevo Paseo de Julio. Otros cafés se abren a lo largo de los ejes principales de la ciudad: las calles Rivadavia y de la Victoria, de este a oeste, así como en las calles de las Artes y del Buen Orden, de norte a sur. Ese desplazamiento se relaciona con la ampliación de la clientela, que modifica a su turno la función social de los encuentros.

Los cafés siguen atrayendo como antaño una clientela de aficionados a las discusiones públicas, salidos sobre todo de la juventud estudiantil. Se añade a ellos la nueva clientela procedente de las asociaciones que todavía no cuentan con su propio salón, como la Sociedad Filantrópica de Sastres que funciona en el café del Gas.[47] La concurrencia también se amplía gracias a la aparición de una nueva forma de sociabilidad, que instituye la discusión pública como objeto de encuentro y que requiere de un local con servicio de comidas: el banquete. La fórmula es adoptada con mucha rapidez por los profesionales de la política, a cuyas necesidades se adaptan de inmediato los dueños de los establecimientos, que transforman sus locales en cafés-restaurantes.[48] Un ejemplo entre otros: el café del Universo, propiedad de un francés, anuncia "Este establecimiento se encuentra hoy en un punto de dar a las personas que lo desean, salones particulares para las familias y las sociedades de cincuenta a ciento cincuenta cubiertos".[49] Otra noticia: la de la apertura del café y *fonda* Del Parral, con un salón de reuniones y banquetes para cien cubiertos.[50]

---

[44] Esto contradice las afirmaciones de Ricardo Falcón. Cuando el autor analiza la utilización del tiempo libre de la clase obrera, no tiene en cuenta esos lugares de encuentro, lo cual lo lleva a afirmar que la vida recreativa popular fue muy limitada hasta principios del siglo XX. Cf. Ricardo Falcón, *L'Immigration, les travailleurs et le mouvement ouvrier en Argentine: 1870-1912*, tesis de doctorado de tercer ciclo, París, École des Hautes Études en Sciences Sociales, 1985, pp. 310-315.

[45] Véase documento núm. 3, p. 60.
[46] Cf. documento núm. 4, p. 65.
[47] Cf. *La Reforma Pacífica*, 24 de octubre y 29 de noviembre de 1857.
[48] Así lo atestiguan los avisos que los propietarios de los cafés publican en la prensa local, en los que se refieren explícitamente a la cantidad de personas que sus salones pueden albergar.
[49] Cf. *La Tribuna*, 21 de agosto de 1853, p. 3, col.4.
[50] Cf. *ibíd.*, 9 de agosto y 13 de octubre de 1853.

El éxito de los cafés como lugares de sociabilidad urbana se explica igualmente por la innovación en los servicios brindados, que modifican de manera considerable la forma del encuentro. En efecto, con la aparición de los cafés cantantes se encuentra una fórmula intermedia entre lugar de conversación y espectáculo. La primera referencia a ella data de abril de 1855, cuando la prensa anuncia la apertura del café Filarmónico, en la calle Chacabuco, donde, "para la distracción de los concurrentes, todos los días de seis a once hay canciones con música, y el domingo 22 de abril el señor Montanciel hará dos presentaciones, la primera a las ocho con *La Trompette de Marengo* escena militar ejecutada en traje, y a las nueve con *Le travail plait à Dieu* romance popular". El diario *La Tribuna* recibe muy favorablemente esta innovación de los "cafés cantantes" que incrementan la cantidad de diversiones públicas que posee la ciudad.[51] Toca a continuación al café Del Siglo anunciar el agregado de un espectáculo a los servicios propuestos por el establecimento.[52] Sigue el café De las Bellas Porteñas con el aviso de un concierto presentado en sus salones.[53] El aspecto teatral de la escenografía también atrae a la clientela, sea por generar el espectáculo por medios mecánicos o con un decorado de un lujo exótico, sea por brindar, gracias a su emplazamiento, la vista de los jardines y la recreación de los paseos. Así, el café hotel Del Recreo, de la plaza del Parque, publica el siguiente anuncio: "El café Del Recreo le ofrece magníficos jardines donde los jóvenes pueden pasear";[54] el café Colón, cerca del teatro del mismo nombre, propone prolongar el momento de esparcimiento con una pausa en ese "nuevo y gran café que ha venido a embellecer a Buenos Aires y que empieza a ser el punto de reunión de la sociedad elegante del país".[55] En todos los casos, el acaloramiento de las discusiones entre hombres cede su lugar al beneficio de un momento de entretenimiento mixto en el que la atracción del espectáculo se impone al contenido del intercambio. Con el acento puesto en la recreación, los cafés se vuelcan a otra forma de esparcimiento: el de los salones de recreo.[56] Tanto en un caso como en el otro, uno asiste y a la vez se deja ver como espectáculo. Esta nueva función de los cafés se ve confirmada por su ubicación en la ciudad, a lo largo del Paseo de Julio frente al muelle del puerto. La clientela de los nuevos establecimientos es verosímilmente la de los paseos, a la búsqueda de nuevos momentos de distracción.

La aparición de la fórmula del café espectáculo también puede explicarse por un mecanismo de diferenciación social. La moda de esos establecimientos surge en el momento en que los sectores populares empiezan a concurrir a los cafés a secas, y todo induce a creer que hay una relación entre ambos fenómenos; tanto más cuanto que, en estos nuevos cafés en boga, el consumo es más caro. A veces los precios pueden duplicarse, y no faltan las referencias explícitas a criterios de admisión. El café Filarmónico, por ejemplo, no sólo duplica el costo de los consumos nocturnos, sino que impone como condición de

---

[51] Para el anuncio de la inauguración, véase *ibíd.*, 22 de abril de 1855. Los comentarios de Varela en *ibíd.*, 30 de marzo de 1856.
[52] Cf. *ibíd.*, 4 de junio de 1856.
[53] Cf. *ibíd.*, 24 de diciembre de 1858, p. 2, col. 7.
[54] Cf. *Ibíd.*, 7 de octubre de 1857, p. 2, col. 6.
[55] Cf. *ibíd.*, 28 de mayo de 1857, p. 2, col. 4.
[56] Véase *infra* el desarrollo de esta cuestión.

ingreso durante el día, cuando los precios son iguales a los de otros cafés, la de llevar un atuendo correcto.[57]

Parecería, por lo tanto, que si la clase decente se deja seducir por esta nueva fórmula, ello responde en parte a la necesidad de distinguirse de la nueva clientela de los cafés, puesto que la tendencia a la disminución progresiva de las *pulperías*, como también las transformaciones de las prácticas de sociabilidad popular, habían impulsado a la "plebe urbana" hacia los cafés. Pero si éstos reemplazan a las *pulperías* como ámbito de sociabilidad popular, lo hacen al precio de una transformación de las prácticas. La función lúdica de aquéllas no desaparece, pero la conversación y discusión ocupan aquí un lugar más importante. La irrupción de los sectores populares en los cafés forma parte, entonces, de una tendencia general de las formas de sociabilidad popular hacia una mayor especificidad de las funciones. Sólo se trata de una tendencia, sin embargo, muy a menudo, comprobamos todavía una multifuncionalidad y, a veces, una confusión de las formas, aun cuando los sectores populares hagan la experiencia de las prácticas asociativas. Hemos citado el caso de una asociación de ayuda mutua que funciona en un café; podríamos citar el ejemplo contrario, el de un café que, para atraer clientes, propone un servicio de bolsa de trabajo para sus posibles parroquianos. El establecimiento se llama café de los Artesanos y, en un anuncio aparecido en la prensa, el dueño previene que su local "recibe tambien toda clase de obreros sea que trabajen o no encontrarán toda comodidad para el descanso de sus fatigas, lo mismo los que precisen obreros, cocineros, cocineras o conchavadas pueden dirigirse a dicho establecimiento a dejar las señas de su casa para mandarselos sea de cualquier oficio; para favorecer al que no tiene trabajo y tambien a los que necesitan de ellos".[58] He aquí un café que funciona como bolsa de trabajo. La diferencia con el "ocio de holgazanes" de las *pulperías* no puede ser más grande. Mientras que antes esas prácticas se percibían como incompatibles con la economía de mercado, ahora la sociabilidad popular tiende a identificarse con las necesidades de la clase obrera.

Podemos llegar a la conclusión de que se produce una mayor diversificación de las formas de sociabilidad en los cafés, que está relacionada con la incorporación del pueblo –digamos las clases trabajadoras– a esos lugares. Existe sin embargo un punto en común entre los cafés espectáculos de las elites y los que son ámbitos de encuentro de la clase laboriosa: todos tienen una implantación específica cuya localización en el espacio urbano implica una ruptura del marco parroquial de la sociabilidad de la ciudad. Esta tendencia, que ya se había señalado en la década de 1830, se confirma por la multiplicación de los establecimientos y la difusión de esos hábitos de reunión en los sectores populares.

La "salo-manía" *de las elites*

Los "salones" de los que nos ocuparemos aquí no se parecen en nada a los que conocemos en Francia. Los porteños llaman "salón" a una sala pública en que, mediante el pago de una

---

[57] Cf. *La Tribuna*, 29 de marzo de 1856.
[58] Cf. *La Reforma Pacífica*, 30 de diciembre de 1858, p. 3, col. 3.

entrada, los clientes pueden pasar un momento en buena compañía. El lujo del mobiliario, la existencia de una sala de lectura con los principales diarios de Buenos Aires y del extranjero, así como las características de la concurrencia, hacen pensar en los círculos burgueses, con la salvedad de que en estos salones se admite la presencia de mujeres y niños. El emplazamiento en la ciudad, en la zona en que se concentra la función esparcimiento y cerca de los clubes a la inglesa, confirma las analogías entre círculos y salones. Pero la especificidad de esta forma de encuentro radica en su función de lugar de espectáculo. En efecto, el atractivo principal es la exposición de las "vistas ópticas".[59] Se trata de planchas coloreadas sobre diferentes soportes, que forman parte de un sistema de caja óptica con lentes y espejos que amplifican la visión.[60]

El primer salón creado en el Buenos Aires posrosista es de 1854.[61] En 1855, con el nombre de Museo de Dioramas, se propone a la gente decente de la ciudad "música, elegancia, confort y distinguida compañía".[62] El éxito es grande en "la Sociedad", que de inmediato se da cita en esa elegante sala en la que, junto con los aficionados a las melodías de piano interpretadas por el señor Espinoza como música de fondo, se pueden admirar los 18 cuadros expuestos.[63] En marzo del año siguiente se abre un nuevo salón que apela a la misma fórmula que el café Del Recreo: confort, buena compañía y espectáculo visual. El atractivo particular de su ubicación, cerca del Club del Progreso, permite a los *clubmen* alternar el esparcimiento entre hombres y la recreación en compañía de las damas. La proximidad hace del salón una especie de anexo del club, y el establecimiento no tarda en convertirse en "el nuevo punto de reunión" y cita de la sociedad elegante de Buenos Aires.[64]

---

[59] En un trabajo posterior, Roberto Amigo y Ana María Telesca rebaten esta identificación de los salones con las prácticas de sociabilidad de elite. A mi juicio, aciertan al plantear la cuestión en términos de cultura visual urbana, así como al insistir en la existencia de un público diversificado. No obstante, aun cuando la fórmula del espectáculo visual se extienda a un público "menos escogido", los salones –al menos una buena parte de ellos– parecen identificarse con una forma de esparcimiento burgués que hace que estos lugares de consumo cultural se asimilen a espacios de sociabilidad de elite. Esto no impide, por supuesto, que la práctica se difunda hacia un sector mucho más amplio de la población; al contrario, esa identificación puede ser una carta de triunfo considerable para la propagación de la práctica y el beneficio de los comerciantes. Lo cual no significa, tampoco, que la cultura visual sea patrimonio de las elites –ya hemos señalado que fue uno de los principales pilares del sostén popular de Rosas–, pero aquí hay que distinguirla de la sociabilidad. Cf. Roberto Amigo y Ana María Telesca, "La curiosidad de los porteños. El público y los temas de las vistas ópticas en el Estado de Buenos Aires (1852-1862)", en V *Congreso de Historia de la Fotografía en Argentina*, Buenos Aires, 1996 (manuscrito). Agradezco muy especialmente a Roberto Amigo por su lectura atenta de mi texto y sus valiosos comentarios, que me ayudaron a reelaborar algunas de estas cuestiones.

[60] Cf. *ibíd*.

[61] Sin embargo, el espectáculo visual ya era conocido en Buenos Aires. Las primeras exhibiciones de linternas mágicas datan, según Gesualdo, de fines del siglo XVIII. A partir de 1843 se harán varias proyecciones de vistas ópticas en el Teatro Mecánico y Gabinete Óptico. Cf. Vicente Gesualdo, "Los salones de vistas ópticas. Antepasados del cine en Buenos Aires y el interior", en *Todo es Historia*, núm. 248, 1988, pp. 70-80.

[62] Cf. *La Tribuna*, 4 de julio de 1855, p. 2, col. 2-3.

[63] Cf. *ibíd*., 13 de octubre de 1855, p. 3, col. 5.

Otros empresarios siguen el ejemplo y crean nuevos salones de espectáculo visual en Buenos Aires. Así, el Nuevo Salón de Recreo, el Salón de Efectos Históricos, el Salón de las Delicias y el Salón Mecánico se disputan al público porteño. Su éxito podría explicarse por el hecho de que combinan dos elementos importantes: un público distinguido que busca mostrarse como espectáculo, y la exposición que aúna consumo de lujo con cultura visual. En efecto, si el éxito de los salones puede explicarse, en un primer momento, por el mismo mecanismo de diferenciación social que había dado origen a los cafés cantantes, hay que relacionar su desarrollo con la aparición de nuevas formas visuales elaboradas y difundidas con la revolución. La ruptura con España, efectivamente, había provocado una crisis de los sistemas simbólicos que afectó los símbolos del poder real, y la iconografía religiosa se vió restringida en razón de la laicización de la cultura. Ese sistema fue reemplazado sólo en parte por nuevas formas visuales procedentes del sistema iconográfico establecido por la Revolución Francesa.[65] Persistía un vacío del lenguaje visual, que se colmaría parcialmente durante los veinte años de gobierno de Rosas mediante la sobrerrepresentación de su retrato. Pero, el monopolio visual impuesto por Rosas distaba de traducir una democratización de las imágenes de la sociedad, y tendió más a sustituir que a destronar el sistema simbólico del poder monárquico.[66]

Inmediatamente después de la derrota de Rosas, asistimos a un rico período de elaboración visual de los imaginarios sociales. Las escenas históricas y de costumbres constituyen las nuevas formas visuales, mediante las cuales, la sociedad se representa y se muestra como imagen; los salones son las primeras redes de difusión y consumo de esas imágenes. En la enorme cantidad de vistas presentadas durante ocho años, desde la aparición del primer salón hasta el final de nuestro período, encontramos diferentes temas de exposición:[67] las vistas de ciudades célebres y hermosos paisajes, los grandes temas de la historia universal y bíblica y, también, temas de la historia local. La elección del consumo visual debe mucho, sin duda, a la llegada de imágenes que empiezan a circular en el mercado. Ello no impide que la muestra reiterada de ciertas vistas, así como la introducción de los temas locales, exprese una reelaboración de las temáticas más visibles en el mercado. Esas imágenes pueden desempeñar un papel no desdeñable en la identificación de los porteños con los valores republicanos. En los temas históricos, por ejemplo, hay una reiteración de las vistas de acontecimientos que afirman esos valores. De tal modo, en los salones se expondrán imágenes como "Defensa de la puerta de Saint Denis en 1830", "La Revolución de 1848 en Francia", "Exhumación de los mártires de la libertad en Francia", "Garibaldi atacando a las tropas francesas en la batalla del 30 de abril de 1849", etcétera. Si en este caso puede pensarse

---

[65] Cf. José E. Burucúa et al., "Influencia de los tipos iconográficos de la Revolución Francesa en los países del Plata", en *Imagen y recepción de la Revolución Francesa en la Argentina*, Jornadas Nacionales por el Bicentenario de la Revolución Francesa, Buenos Aires, Comité Argentino para el Bicentenario de la Revolución Francesa/Grupo Editor Latinoamericano, 1990, pp. 129-140.

[66] Al respecto, véase J. A. García Martínez, *Orígenes de nuestra crítica de arte. Sarmiento y la pintura*, Buenos Aires, Ediciones Culturales Argentinas, 1963.

[67] El corpus documental se constituye a partir de los anuncios publicados en la prensa periódica de Buenos Aires.

aún que el gusto de los porteños cuenta poco en la elección de las imágenes, es indudable que sí importa en las vistas de los acontecimientos locales, que representan casi el 50% de las imágenes en exhibición.[68]

Rosas goza sin duda del triste privilegio de tener primacía en los temas. Salvo en el caso de la catástrofe natural producida por un temblor de tierra, el calificativo "espantoso" y otros equivalentes le son reservados.[69] La tiranía de Rosas quedará así instituida como tema de identidad común –de rechazo común–, para convertirse a continuación en uno de los ejes de la identidad nacional. Las víctimas definirán los rasgos de los héroes del período posterior a la independencia. Aparecen luego dos temas unificadores: el de la independencia y sus héroes consagrados, como San Martín, y el de la gloria de Buenos Aires, que va desde los valerosos combates de la ciudad contra las invasiones inglesas de 1806 y 1807 hasta "la gloriosa batalla de Pavón", último conflicto armado entre las tropas de Buenos Aires y la Confederación.[70]

Otro tema que merece nuestra atención es el de la conquista y los indios –alrededor del treinta por ciento de la muestra–, en un momento en que los liberales tienden a revisar las primeras tesis que idealizaban a los autóctonos de América, víctimas de una España responsable de tres siglos de "esclavitud americana". Hay que recordar que cuando se exponen esas imágenes, Buenos Aires atraviesa uno de los períodos más difíciles del conflicto que la opone a las diferentes tribus indias que habitan la pampa y la región patagónica. Esto acelera el proceso de redefinición de los componentes de las identidades colectivas. La difusión de

---

[68] La lista se presenta por orden cronológico de exposición en los salones.

[69] Citemos algunos ejemplos: "La desdichada ejecución de Camila O'Gorman"; "La muerte de Maza, asesinado en la Sala de Representantes mientras redactaba su renuncia, en presencia del tirano Rosas"; "Toma de Catamarca por orden de Oribe bajo el mando de Mariano Maza y Juan Balboa, lugarteniente de Rosas, que ordenan degollar a sangre fría a los principales funcionarios de la provincia, a sus representantes, entre los cuales estaban el comandante Espeche y los ministros don Gregorio Dulce y Gregorio González, cuyas cabezas fueron exhibidas en la plaza clavadas a una pica, al pie de la cual se levantaba una pirámide con las cabezas de seiscientos prisioneros degollados"; "El doctor Florencio Varela, publicista argentino asesinado la noche del 20 de marzo de 1848 en Montevideo por orden de Manuel Oribe"; "Muerte del héroe libertador general Juan Lavalle en Jujuy, asesinado por soldados de Rosas que dispararon a través de la puerta mientras él cruzaba el *patio* de la casa donde había pasado la noche"; "Manuelita Rosas presenta sobre una bandeja la cabeza del coronel de Tucumán don Juan Zelarrayán a su viuda, que solicita a su padre, el tirano Juan Manuel de Rosas, la gracia de enterrarlo en tierra consagrada"; "Espantoso asesinato del español Martínez Eguilaz, quemado vivo en una barrica de alquitrán por los degolladores Silveira y Moreira en 1840, bajo la tiranía de Rosas".

[70] Así: "Principales personajes que combatieron por la independencia"; "Batalla de Maipú, ganada por el general San Martín el 5 de abril de 1818"; "Gran batalla de Cepeda, con los retratos de los jefes militares"; "Partida de Cepeda del Ejército del Estado de Buenos Aires"; "Combate naval frente a la ciudad de San Nicolás entre la escuadra de Buenos Aires y la de la Confederación"; "Invasión de Buenos Aires por los ingleses y su total fracaso: derrota y rendición del general Beresford"; "Los funerales del héroe argentino, el general Juan Lavalle, cuando pasaban por la plaza del Retiro, el 21 de enero de 1861"; "Hermoso cuadro que representa la gloriosa batalla de Pavón ganada por el invencible cuerpo de infantería y el valeroso cuerpo de artillería de Buenos Aires y por la valiente Legión Argentina contra las fuerzas de la Confederación Argentina". Véase *infra* el desarrollo de la cuestión.

esas imágenes, algunas de las cuales responden a las elecciones procedentes de otra parte, contribuye en verdad a desplazar la representación de los indios en los imaginarios sociales. A la temática europea de reviviscencia de los *conquistadores* en una Europa en plena expansión imperial, se unen las imágenes de los indios insumisos, enemigos de la construcción nacional. Así, se expondrán conjuntamente imágenes tales como "Embarque y zarpada del puerto de Palos de la expedición dirigida por Cristóbal Colón, que parte al descubrimiento del Nuevo Mundo"; "Colón descubre América"; "Entrada triunfal de Cristóbal Colón"; "Isabel I nombra a Colón virrey del Nuevo Mundo",[71] con representaciones que evocan ya sea la realidad norteamericana, como "Los indios castigados por Washington por la alianza que establecieron con los ingleses contra el pueblo norteamericano"; "Combate entre las tropas de Washington y algunos indios"; "Una familia norteamericana sorprendida por los indios", ya sea el conflicto que opone al Estado de Buenos Aires y los indios del sur: "La última invasión de los indios a Pergamino"; "Gran batalla dada en el desierto contra los indios, al mando del general D. Manuel Rosas";[72] "Una familia de indios sorprendida por los leones". Al lado de las imágenes de "barbaries" y "primitivismo" figuran las de los últimos progresos de una civilización industrial que deslumbra a las elites dirigentes de Buenos Aires: "Gran Exposición Universal en el Palacio de la Industria de París en 1855"; "Palacio de Cristal de Nueva York para la exposición de la industria de todas las naciones"; "Exposición Universal de París de 1858".

El caso de los salones nos señala el lugar importante que ocupa la cultura visual urbana en la creación de los imaginarios sociales. Como lo hemos mostrado, existen temas conductores que fijan ciertas imágenes en la memoria colectiva y permiten vestir con una nueva identidad a la ciudad y la cultura urbana. De la identidad común a la historia nacional no hay más que un paso, que será dado por los historiadores de la revolución liberal de Buenos Aires. Pero mucho antes, en los salones porteños circulan las imágenes que sirven de soporte a la construcción de una memoria común.

La explosión asociativa

La renovación de la ciudad como lugar de sociabilidad estará acompañada por una "explosión" asociativa que no sólo es permitida sino, además, alentada por las autoridades constituidas. En efecto, con el gobierno liberal, las restricciones concernientes a los encuentros

---

[71] Recordemos también que los empresarios que habían financiado la construcción del lujoso teatro de Buenos Aires deciden bautizarlo con el nombre de "Colón". Los uruguayos habían construido un teatro imponente al que llamaron Solís, nombre del explorador español que "descubrió" el Río de la Plata. En la lista siguiente respetamos el orden cronológico de su exposición.

[72] Señalaremos que aquí figura el único cuadro en que la imagen de Rosas no es negativa. Frente a los indios, "el tirano Juan Manuel de Rosas" se convierte en el simple general Manuel Rosas. El viraje que llevará a la conquista de los territorios de los indios patagones y su exterminio ya está entonces claramente en marcha.

públicos llegan a su fin, al mismo tiempo que se derogan las limitaciones a la libertad de prensa. En 1854, la Constitución del Estado de Buenos Aires hace una referencia explícita al derecho de reunión pacífica del que, desde ese momento, gozan todos los habitantes de la provincia (artículo 149), y anuncia una futura ley al respecto.[73] Luego de 1854, la forma asociativa se convierte en la fórmula de éxito para los intercambios de sociabilidad de la población urbana.[74]

Del ritmo de desarrollo asociativo se desprende, en primer lugar, la institucionalización de la práctica. A diferencia del período anterior, las asociaciones no sólo son más numerosas sino más duraderas. Así sucede, sobre todo, con la masonería y algunos clubes de recreo. La estabilidad institucional se explica tanto por el clima de libertad que impera en Buenos Aires como por una tendencia a la regularización y especialización de esas formas. Hay que destacar entonces que con la institucionalización de la práctica, el período se distingue por una mayor diversidad de las formas asociativas: asociaciones socioculturales, clubes de recreo, asociaciones esotéricas, asociaciones de ayuda mutua, asociaciones de asistencia y caridad, asociaciones políticas, etcétera. Se advertirá, por último, el desarrollo de formas asociativas populares, además de las sociedades africanas. Así, las asociaciones de ayuda mutua experimentan un éxito considerable, si comparamos su ritmo de desarrollo con el de las otras formas ya implantadas en la región.

La implantación en el espacio

Una rápida comparación del mapa de la vida cultural en Buenos Aires entre 1829-1852 y 1852-1862 (documento núm. 7, pp. 83-84) muestra una continuidad en la organización del espacio social y cultural. Sin embargo, si lo observamos con más detenimiento debemos señalar algunas novedades. En primer lugar, los intercambios sociales y culturales tienden a volver a centrarse en torno de la Plaza Mayor, lo que modifica la naturaleza de las actividades. Así, los teatros que durante nuestro primer período estaban fuera de la zona céntrica, cerca de la vieja Plaza de Toros (el ruedo donde se realizaban las *corridas* de toros), van a reagruparse ahora en el centro de la ciudad. Paralelamente a ese recentramiento espacial, desaparecerán las infiltraciones de elementos populares como las atracciones circenses, de danzas, de pantomimas y de sainetes; el teatro se identifica ahora más nítidamente con la cultura literaria.[75] Ocurre lo mismo con las actividades lúdicas que empiezan a reagruparse en el centro cultural y económico de la ciudad.

---

[73] "Constitución para el Estado de Buenos Aires", en *Diario de Sesiones de la Sala de Representantes de la Provincia de Buenos Aires*, Buenos Aires, Imprenta de la Sociedad Tipográfica Bonaerense, 1865, pp. 114-119.

[74] Véase el documento núm. 5 sobre la cronología del movimiento asociativo en Buenos Aires (p. 76), en el que se ponen de relieve dos grandes períodos: desde la creación de las primeras asociaciones en la ciudad hasta 1852, y desde esta fecha hasta 1863, año en que se detiene nuestra investigación.

[75] Cf. Raúl H. Castagnino, *El teatro en Buenos Aires durante la época de Rosas*, Buenos Aires, Ed. Nacional de Estudios del Teatro/Comisión Nacional de Cultura, 1944, pp. 252-279.

Observamos a continuación el establecimiento de dos zonas en el centro de la ciudad. Por un lado el sudeste, que concentra los lugares de cultura y poder: la universidad, con la nueva Sala de Representantes, atrae un público cada vez más grande (de la calle N a la S de norte a sur, entre las calles 02 y 09 de este a oeste). Por el otro el nordeste, que concentra las actividades económicas ligadas al puerto y el comercio exterior: la bolsa y la banca (de la calle N a la J al norte, entre las calles 1 y 5 de este a oeste). La especialización de estas zonas va a delimitar a su vez ciertos reagrupamientos de asociaciones en torno de esos polos de atracción. Así, las asociaciones socioculturales se sitúan sobre todo en el centro, en la parroquia de Catedral al Sur, alrededor del barrio de la cultura. Tres de ellas funcionan en la sede de la universidad, al lado de la biblioteca pública. Las otras se distribuyen de manera bastante homogénea en torno de la universidad: las calles Rivadavia (N), Potosí (P) y Belgrano (R). En el mismo barrio encontramos otras formas asociativas antes desconocidas en la sociedad criolla: los clubes de recreo a la inglesa. Los clubes de la ciudad se sitúan en una zona comprendida entre las calles Rivadavia (N), Chacabuco (06), Moreno (Q) y Defensa (03), donde se encuentra la universidad y se concentra la mayor cantidad de librerías y editoriales. Esparcimiento y consumo cultural son, al menos geográficamente, dos funciones próximas que se definen por su urbanidad común. Para los aficionados a la naturaleza están los clubes de la periferia. Aquí la ciudad y la campaña responden a un mismo gusto y una misma necesidad: entre hombres y para discutir, las reuniones se hacen en los lujosos salones de la ciudad; en familia y para descansar, se piensa en los encuentros en los clubes de los *pueblos* cercanos a ella: Flores y Belgrano a 10 km, y San Isidro a veinte.[76]

En el lado norte de la zona céntrica se concentran los clubes y asociaciones socioeconómicas ligadas a la actividad del puerto; centros de reunión de los comerciantes que aúnan recreaciones burguesas y negocios. Encontramos aquí asociaciones de comerciantes extranjeros que funcionan desde la época de Rosas: el Club de Residentes Extranjeros y la Sala Inglesa de Comercio. También es éste el barrio en que se ubican dos de los tres teatros de la ciudad: el Colón y el Argentino. La combinación de la función esparcimiento con la función negocios queda confirmada por el emplazamiento del Consejo Supremo y Gran Oriente en el primer piso del prestigioso teatro Colón (3 entre N y M).[77] Hacia el oeste, a 1 km del puerto, se concentran las asociaciones de ayuda mutua que organizan el medio artesanal

---

[76] Más adelante, vamos a volver a encontrar esta doble función de club de reunión de hombres y de esparcimiento familiar en uno de los más tradicionales clubes aristocráticos, el Jockey Club, fundado en 1882. En el edificio de la calle Florida los hombres se reunirán en la sala de la biblioteca y los salones de estar. Más tarde, el club comprará tierras al norte de la ciudad, en San Isidro, donde se levantarán instalaciones para recibir a las familias.

[77] El primer emplazamiento del Consejo Supremo y Gran Oriente de la República Argentina está en la zona sur, la calle Bolívar, en la esquina de la iglesia de San Ignacio y a pocos metros de la universidad. En 1860 se mudarán al primer piso del teatro Colón, en la parroquia de Catedral al Norte. Su mudanza se justificará por el prestigio de la nueva ubicación, pero quizás también, porque los barrios del norte tienen mayor relación con el público de la red masónica. El establecimiento de las conferencias de San Vicente de Paul y su instalación en los edificios de la iglesia de San Ignacio podría explicar igualmente su alejamiento del barrio de Catedral al Sur.

de la ciudad, en buena medida de origen extranjero. Más lejos, hacia el sudoeste del centro, encontramos las sociedades africanas, mucho menos numerosas que durante la época de Rosas, pero ubicadas en la misma zona, en los límites de la ciudad.

La constatación de la existencia de zonas de agrupamiento puede traducir una semejanza y hasta una multifuncionalidad de ciertas asociaciones. Así, la función esparcimiento se relaciona con el consumo de cultura, como los círculos burgueses con los medios de negocios. Dos formas asociativas se distinguen por su distribución bastante homogénea en el conjunto del espacio urbano: las asociaciones religiosas –cofradías y terceras órdenes– y los clubes electorales. Sobre las primeras, los datos con que contamos son demasiado escasos para intentar cualquier tipo de análisis. En cambio, tendremos la oportunidad de referirnos más extensamente a los segundos cuando se trate de estudiar la sociabilidad política. Es significativo, no obstante, que esas asociaciones reiteren la organización espacial de la comunidad de culto. Esto podría constituir un indicio del peso de la sociabilidad de barrio en estos dos tipos de formas organizacionales.

¿Cómo explicar la distribución desigual de las asociaciones en el espacio urbano? Este desequilibrio permite pensar que esas formas asociativas constituyen, con respecto a las formas tradicionales de sociabilidad, un modelo alternativo que se sitúa necesariamente al margen del marco de la sociabilidad de barrio. ¿Se trata de los residentes de la parroquia o de una población urbana que se desplaza para satisfacer diferentes necesidades de sociabilidad? Para responder a estas preguntas habría que conocer los domicilios de los miembros de las asociaciones… Como carecemos de esa información, trataremos de inferir estos datos por otros caminos. Con ese fin, compararemos el plano de distribución de las asociaciones con una serie de mapas que contienen datos demográficos y socioculturales nos dan algunos elementos de respuesta.[78]

El documento núm. 15 destaca con más nitidez los diferentes grados de concentración de las asociaciones por parroquia; la que concentra el mayor número es Catedral al Sur, seguida por Catedral al Norte y Monserrat. Es posible considerar que una mayor cantidad de asociaciones responde simplemente a una mayor cantidad de habitantes. Sin embargo, si cotejamos este mapa con la densidad de población, observaremos que las parroquias de densidad más elevada no son las de mayor concentración de asociaciones. Así pues, si bien la distribución de la población no carece de consecuencias sobre la ubicación de aquéllas, no hay una correlación estrecha entre el número de habitantes y el de asociaciones.

El mapa de la cantidad de alfabetizados por parroquia muestra, en una primera lectura, una correlación entre su número y la implantación de las asociaciones. Las parroquias de más alto nivel de alfabetización son las de concentración más grande de asociaciones: Catedral al Norte y Catedral al Sur. Pero, ¿qué decir de las parroquias de San Miguel y Nuestra Señora del Socorro, con una proporción de población alfabetizada que varía entre el 60 y el 65% y una cantidad reducida de asociaciones? Por otra parte, podemos señalar, de todos modos, que en conjunto la población de la ciudad tiene un nivel de alfabetización ele-

---

[78] En el mapa de la distribución de las asociaciones situamos todas aquellas cuya ubicación conocíamos.

15. *Distribución de las asociaciones en relación con los orígenes étnico–culturales de la población de la ciudad*

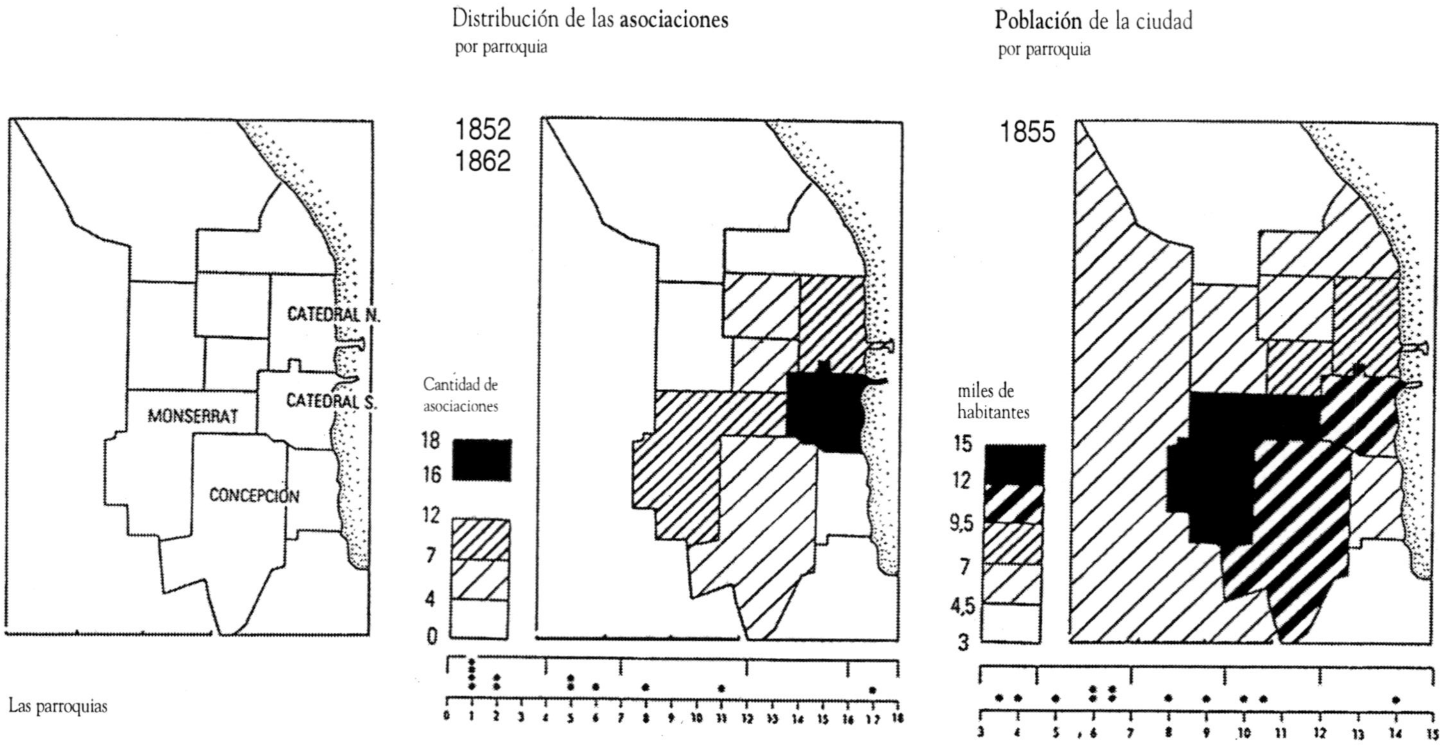

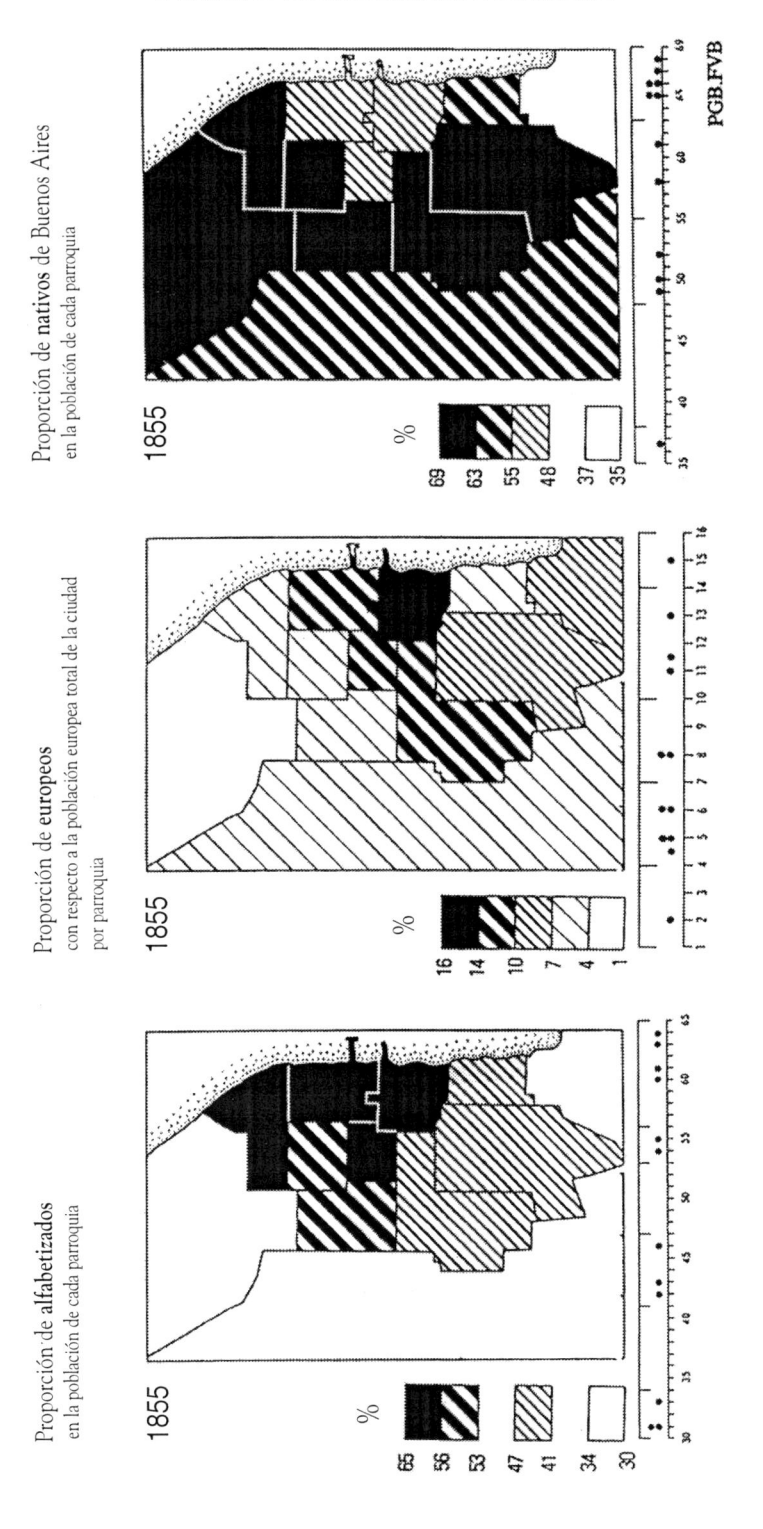

LA CIUDAD Y SUS NUEVAS INSTITUCIONES... 219

Proporción de alfabetizados
en la población de cada parroquia

1855

% 65 56 53 47 41 34 30

Proporción de europeos
con respecto a la población europea total de la ciudad por parroquia

1855

% 16 14 10 7 4 1

Proporción de nativos de Buenos Aires
en la población de cada parroquia

1855

% 69 63 55 48 37 35

PGB.FVB

vado; el porcentaje más bajo supera el treinta por ciento.[79] En realidad, el inconveniente de esta correlación es que la alfabetización no es de por sí un indicador de las mutaciones culturales que implica el desarrollo de los vínculos asociativos de relación. Si bien es una condición necesaria para la lectura de los diarios, por sí sola nos informa poco sobre la índole de ese nivel de instrucción que condiciona la elección de las lecturas. Así, es difícil explicar la organización de los topógrafos en una de las primeras sociedades de ayuda mutua, por el hecho de que, a causa de su oficio, esos artesanos tenían un nivel de instrucción que los diferenciaba del resto de los trabajadores manuales.[80] En todo caso, lo que los distingue de los demás no es el nivel de instrucción sino, más bien, la naturaleza de ésta.

El cotejo del mapa de la distribución de las asociaciones con el de la distribución de la población de acuerdo con sus orígenes étnico culturales parece, en cambio, más fructuoso. Las asociaciones podrían implantarse donde la concentración de poblaciones europeas es más importante. A fin de corroborar esta hipótesis, distinguimos deliberadamente el porcentaje de europeos con respecto a la población europea de la ciudad y con respecto a la población de cada parroquia. Esto muestra que las asociaciones no se instalan forzosamente donde la población extranjera es mayoritaria, sino donde los intercambios socioculturales alcanzan la mayor importancia. Así, la parroquia de Barracas, con una fuerte concentración de inmigración italiana, tiene una muy débil implantación de asociaciones, mientras que la población de ese origen se cuenta entre las más afectadas por el movimiento asociativo.[81] Sucede lo mismo con los residentes originarios de la provincia, que se concentran fuera del centro cultural y político de la ciudad, en lugares en que la implantación de las asociaciones es casi nula. Por otra parte, el mapa de la proporción de nativos de Buenos Aires en la población de cada parroquia representa casi en negativo el de la implantación de las asociaciones.

En suma, el elemento que parece más determinante en esa implantación es la presencia de una población mixta, con un porcentaje importante de residentes de origen europeo. A esto se añade el atractivo de las instituciones políticas, económicas y culturales que se encuentran en el centro histórico de la ciudad. Por lo demás, si los orígenes socioculturales de la población condicionan el emplazamiento de ciertas asociaciones en comparación con otras –por ejemplo, las sociedades africanas van a establecerse en la parroquia de Monserrat, de fuerte concentración de gente de color, así como las sociedades de ayuda mutua se agrupan en la parroquia de San Miguel, donde los artesanos de origen europeo son los más numerosos–, el modelo de implantación tiende a romper con la organización del espacio urbano en sociabilidad de barrio regida por la parroquia. La asocia-

---

[79] Los primeros datos sobre la alfabetización son los del censo de 1855, y dan una proporción de 48% de personas alfabetizadas. Carlos Newland corrige esas cifras y propone el 55,5%. *Cf.* C. Newland, *Buenos Aires no es pampa…*, ob. cit.

[80] R. Falcón, *L'Immigration…*, ob. cit., p. 333.

[81] Sobre la primera inmigración italiana instalada en el barrio de La Boca, véase Fernando Devoto, "The origins of an Italian neighbourhood in Buenos Aires in the mid-XIX century", *The Journal of European Economy History*, XVIII, 1, primavera de 1989.

ción no atrae a los habitantes del barrio, sino a los individuos que comparten una serie de intereses y valores. Volveremos a ello.

Los agentes de difusión del modelo asociativo liberal

Las relaciones bajo forma asociativa no eran una novedad para los habitantes de Buenos Aires. Sin embargo, hasta 1852 el fenómeno concernía a un sector muy restringido de la población. Para el resto, las prácticas relacionales se limitaban al marco de la red de relaciones informales tejidas alrededor de los lazos primarios, o bien a las formas de organización tradicionales. A partir de aquella fecha, las formas asociativas se multiplican y diversifican. El gobierno liberal contribuye sin duda al desarrollo del movimiento asociativo que, a su juicio, debe generar los valores propios de una sociedad libre y republicana.[82] No obstante, daríamos pruebas de una notable ingenuidad si pretendiéramos que el auge asociativo se explica por una voluntad explícita de los habitantes de la ciudad de alinearse detrás de los liberales. Las prácticas asociativas están efectivamente en relación con la ideología, y todo consiste en saber cuál es la naturaleza de esa relación. Pero, no podemos en modo alguno reducir este análisis a la historia política. Los actores, en efecto, no son forzosamente conscientes de las apuestas ideológicas que encierra el aprendizaje de las nuevas prácticas relacionales. Antes bien, el hecho debe ponerse en relación con fenómenos de moda, muy a menudo ligados a los mecanismos de diferenciación social en los que la imitación se impone a la elección deliberada. En todos los casos, es preciso que haya agentes que introduzcan y difundan, con su ejemplo, las nuevas prácticas. Ahora bien, la mera observación de la cronología del movimiento pone de relieve el papel de los extranjeros en el auge del movimiento asociativo que el documento núm. 16 traduce gráficamente.

En las diferentes columnas del documento se reproduce el mismo modelo: aparición de la forma asociativa entre los extranjeros y desarrollo importante, luego de 1852, entre los nacionales. Si, como lo destaca el francés Delacour con respecto a los vascos franceses de Montevideo, "la afición por el placer y la sociedad perpetúa la unión de la población vasca",[83] estos hombres, a la vez que se mantienen fieles a sus viejas costumbres, funcionan como importantes agentes de difusión de las nuevas prácticas relacionales más allá de la comunidad vasca. De modo que son los extranjeros quienes, al reproducir prácticas ya conocidas en su tierra natal, introducen innovaciones en la vida social de la sociedad que los recibe. El modelo de difusión, pese a ello, no reproduce el de la sociedad de origen. Ante todo se destacan variaciones en cuanto a la cronología de su aparición. Así, las logias extranjeras aparecen tardíamente con respecto a Europa, pero antes que las asociaciones de ayuda mutua, las que se instalan en Buenos Aires recién después que lo hacen en el viejo

---

[82] Durante los diez años de secesión, los diarios de Buenos Aires, en particular *La Tribuna*, *El Nacional* y *La Reforma Pacífica*, publican muchos artículos sobre las ventajas del espíritu asociativo.

[83] A. Delacour, "Voyage dans l'Amérique méridionale...", art. cit.

16. *Presencia de las asociaciones de extranjeros en el movimiento asociativo*

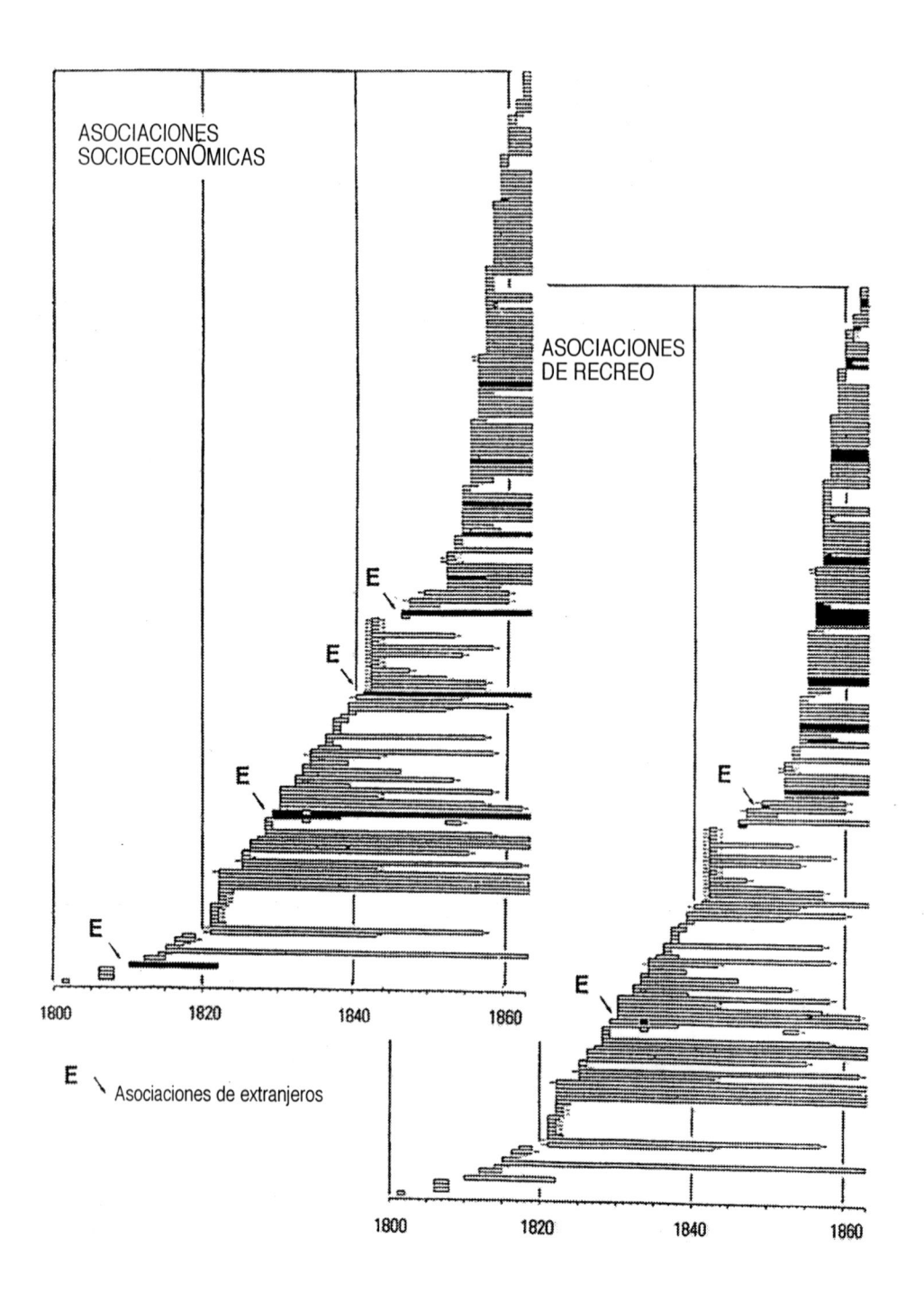

E ⟍ Asociaciones de extranjeros

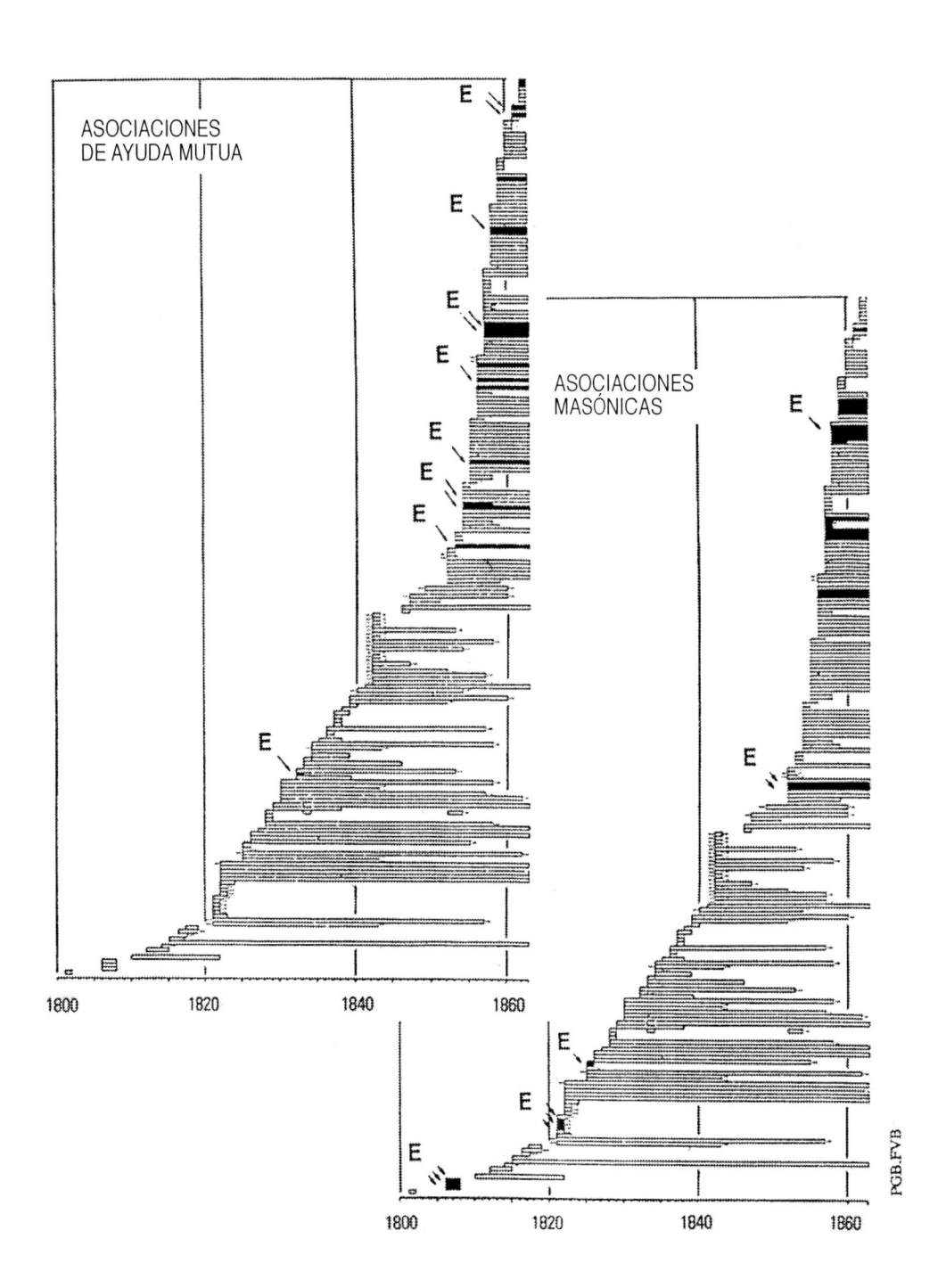

LA CIUDAD Y SUS NUEVAS INSTITUCIONES... 223

ASOCIACIONES
DE AYUDA MUTUA

ASOCIACIONES
MASÓNICAS

continente. Señalamos, a continuación, diferencias e incluso inversiones en el modelo social de difusión de la práctica.

Es lo que sucede, por ejemplo, con la masonería, que contrariamente a lo que se observa en Europa, se desarrolla primero entre los artesanos extranjeros para implantarse luego dentro de las elites locales. Es verdad que algunas logias habían funcionado en la ciudad durante la primera mitad del siglo XIX, pero tuvieron una vida bastante efímera. Con algunas excepciones, la población local ignoraba su actividad. En 1850, un barco francés naufragó cerca de las orillas occidentales del Río de la Plata. En la tripulación había varios masones. Las víctimas se organizaron como logia y apelaron de inmediato a la solidaridad francmasónica para que se les prestara ayuda. Las circunstancias de la creación de esta logia son descriptas por su Venerable en una carta dirigida al Gran Oriente de Francia: "Visto que es necesaria una obra de fraternidad, sobre todo en un país extranjero [...], nos reunimos y constituimos una logia que adoptó el nombre distintivo de 'Amie des Naufragés'. Poco tiempo después entró en estado de letargo debido a la escasa simpatía que el gobierno de entonces sentía por nuestra orden". Tras la derrota de Rosas, su Venerable, Ferdinand Bayan, solicitará al Gran Oriente de Francia que les conceda las constituciones masónicas.[84] De los 13 hermanos que conforman la lista de miembros de la logia "Amie des Naufragés" en 1853, sólo dos provienen de la logia "Les Amis de la Patrie" de Montevideo. Los demás han sido iniciados en las logias francesas de París, Estrasburgo, Sète, etcétera.[85] Ningún argentino formará parte de ella, aunque en teoría nada lo prohíbe. La razón de esta "indiferencia" tiene que ver, seguramente, con la extracción socioprofesional de sus miembros. En efecto, de los 182 hermanos masones que encontramos en las listas de la logia entre la fecha de su constitución y 1862, el 40,6% son artesanos. Ahora bien, el medio artesanal de Buenos Aires está todavía demasiado marcado por divisiones socioétnicas, producto de los prejuicios raciales ligados a la importante presencia de una mano de obra de color, ex esclava. En consecuencia, las prácticas asociativas tienen muchas dificultades para superar los estigmas de la antigua sociedad de castas. Así, quienes en Buenos Aires son más susceptibles de sentirse atraídos por la novedad –la elite cultural de la ciudad, algunos de cuyos miembros ya se han iniciado en la masonería durante el exilio–, con seguridad se desalientan ante la presencia de clases sociales bajas.[86] Poco después, ciertos miembros de la colectividad inglesa

---

[84] "Lettre du Vénérable Bayan au Grand Orient de France demandant la régularisation de leur loge, Buenos Aires, 12 août 1852", en Bibliothèque Nationale (París), Argentine, loge "Amie des Naufragés", FM2 843.

[85] Cf. Archivos de la Gran Logia Argentina (en lo sucesivo AGLA), logia "Amie des Naufragés", documentación varia 1852-1860, caja núm. 761.

[86] Sólo el chileno Francisco Bilbao integraba esta "logia de artesanos". Su presencia es bastante ilustrativa de las diferencias que oponían a los liberales chilenos y los argentinos. Los primeros tendían a buscar, mediante la organización de asociaciones de artesanos, una base popular para su combate político. En cambio, sus homólogos porteños sentían una profunda desconfianza por esos sectores, sobre todo luego de la experiencia rosista y chilena. Bartolomé Mitre, que había alentado la experiencia de la Sociedad de Igualdad de Santiago de Chile, formularía duras críticas cuando Nicolás Calvo invitara a los artesanos de Buenos Aires a organizarse contra la política antinacional de los liberales porteños. La reprobación de Mitre se debía, sin duda, al hecho de que los artesanos eran movilizados contra su "partido", pero de todas maneras es sig-

crearán la logia Excélsior núm. 617, con la constitución de la Gran Logia Unida de Inglaterra. No pudimos consultar los archivos de esta organización, pero según los documentos publicados por los masones, tampoco recluta sus miembros entre la población local.[87] Sólo tres años más tarde aparecen las primeras logias de nacionales, que serán integradas casi exclusivamente por "gente decente". Entre 1856 y 1862, sólo el 5,37% de los miembros de las logias nacionales ejercen un oficio de artesano o tendero.[88] He aquí, entonces, el modelo invertido: los artesanos extranjeros introducen las logias francmasónicas, que se desarrollan a continuación entre las elites locales.

El potencial asociacionista de los extranjeros se explica por la confluencia de dos circunstancias: ante todo, su experiencia asociativa anterior; algunos de ellos ya han conocido las nuevas prácticas, que reproducen en el país de recepción.[89] Hay que mencionar a continuación su déficit de lazos primarios: sin vínculos con la sociedad local, procuran crear una red de relaciones que pueda reemplazar esos lazos.[90] Así, en la mayoría de los casos lo que empuja a los extranjeros a organizarse en asociaciones es la necesidad de lazos de solidaridad, aunque los objetivos confesos no sean los de la asistencia común. La tendencia apunta a la recreación de los vínculos comunitarios en la tierra de acogida mediante asociaciones entre paisanos que, más que reproducirla, crean la identidad étnica.[91] Pero, para

---

nificativo que no hubiese intentado movilizarlos en su provecho. Cf. *La Tribuna* del 22 de febrero y el 16 al 18 de marzo de 1859. Para la organización del Club de Artesanos, véase *La Reforma Pacífica* del mes de marzo del mismo año. Sobre la participación de Bilbao en la organización de la Sociedad de Igualdad, véase José Zapiola, *La Sociedad de Igualdad y sus enemigos*, Santiago de Chile, Guillermo Miranda Editor, 1902; también Luis Alberto Romero, *La Sociedad de Igualdad. Los artesanos de Santiago de Chile y sus primeras experiencias políticas*, Buenos Aires, Instituto Torcuato Di Tella, 1978, Serie Historia.

[87] Cf. "El centenario de la logia Excélsior", *Símbolo*, IX, 36, Buenos Aires, 1954.

[88] Véase el capítulo 6.

[89] En las experiencias asociativas de los extranjeros encontramos formas muy diferentes. Se registra todo un abanico de tipos, desde formas de organización corporativa hasta los hábitos de encuentro en los cafés. Pero hay tendencias según los países de origen. Así, entre los italianos, una parte de los cuales eran exiliados políticos, la experiencia de las asociaciones políticas secretas estaba más difundida que en la población de origen anglosajón.

[90] Los extranjeros, desde luego, no llegan completamente aislados, y las más de las veces la elección del país de inmigración está dictada por la existencia de lazos con parientes ya instalados en él. Pero si bien esos lazos ayudan a cruzar el Atlántico y establecerse en el lugar, no pueden satisfacer por sí solos todas las necesidades relacionales de un individuo. Sobre la cuestión de las cadenas migratorias, véase J. S. MacDonald y L. D. MacDonald, "Chain migration, ethnic neighborhood formation and social networks", en *Milbank Memorial Fund Quarterly*, XII, 42, 1964, pp. 82-95. En esta perspectiva, y para el caso del Río de la Plata, véanse Fernando Devoto, "Las cadenas migratorias italianas: algunas reflexiones a la luz del caso argentino", en *Estudios Migratorios Latinoamericanos*, 1988, pp. 103-122; J. C. Moya, *Spaniards in Buenos Aires...*, ob. cit.; y más recientemente, César Yáñez Gallardo, *Saltar con red. La temprana emigración catalana a América, 1830-1870*, Madrid, Alianza, 1996.

[91] Con mucha frecuencia el lazo étnico es más el producto que la causa de estas asociaciones. Para esta cuestión, véase F. J. Devoto y E. J. Míguez, *Asociacionismo, trabajo e identidad étnica. Los italianos en América Latina en una perspectiva comparada*, Buenos Aires, CEMLA/CSER/IHES, 1992. En Fernando Devoto, *Movimientos migratorios: historiografía y problemas*, Buenos Aires, Centro Editor de América Latina, 1992, se encontrará una mirada crítica sobre esta cuestión.

reemplazar los lazos primarios apelan a la forma asociativa, fundada en lazos secundarios, con lo que introducen importantes innovaciones en su universo relacional y el de la sociedad que los recibe. Al elegir la forma asociativa de relación, los extranjeros se sitúan fuera del marco de la comunidad de culto tradicional, lo cual, contrariamente a lo que podría suponerse, facilita los intercambios con la población local. Puesto que, las relaciones entre extranjeros y nacionales pueden entablarse al margen de las formas tradicionales de vida colectiva, no necesariamente mediante la integración efectiva de los segundos a las asociaciones de los primeros, sino por el desarrollo del modelo asociativo que supone la existencia de códigos y valores relacionales compartidos, a partir de los cuales, se construirá la metáfora asociacionista de la nación como comunidad de pertenencia. Así lo expresa el presidente de la Sociedad Tipográfica Bonaerense, de origen extranjero: "Bajo el cielo de la América y en el suelo de la república, hablando otra lengua y derivando de otras costumbres, hoy me siento aquí como hijo del siglo, igual bajo la regla de la civilización moderna, y lo que es más sorprendente todavía, reunido a los hombres que me rodean por los lazos de la fraternidad y de la comunión suprema del socorro mutuo".[92] El discurso de Pinto es inequívoco. Aun cuando los objetivos de la asociación sean estrictamente sociales, la práctica supone un conjunto de valores comunes, con los que se identifican todos los que la comparten. Pinto habla entonces de civilización moderna, de fraternidad, del siglo, para evocar lo que une a todos los hombres, aunque sean de lenguas diferentes, bajo el cielo de América: los valores republicanos. Es interesante comprobar que utiliza un término que definía la comunidad tradicional, el suelo, para distinguir una nueva pertenencia que compite con los principios de esa comunidad: la república.

Entre los agentes de difusión hay que mencionar especialmente el papel cumplido por los exiliados del régimen de Rosas. Debido a esa condición y sus compromisos políticos, tendían a desarrollar prácticas asociativas en el exilio. Una vez de regreso al país, van a reproducir esas prácticas entre compañeros de desdicha. Así, por ejemplo, Bartolomé Mitre, que formó parte del Instituto Histórico y Geográfico del Uruguay, establecido en Montevideo el 25 de mayo de 1843, será en 1854 el fundador del Instituto Histórico y Geográfico Rioplatense, formado por los exilados del régimen de Rosas.[93] Un ejemplo similar: el de Domingo Faustino Sarmiento, que se inicia en 1854 en una logia masónica de Chile, la logia "Unión Fraternal" de Valparaíso, con los porteños Francisco Álvarez de Toledo, Mariano E. de Sarratea, Javier Villanueva y Jacinto Rodríguez Peña.[94] A su retorno a Buenos Aires, muchos de ellos van a figurar entre los hermanos fundadores de la primera logia de porteños, la "Unión del Plata". Si en un primer momento, los exiliados privilegian los encuentros entre compañeros de desdicha,

---

[92] *Cf.* "Sociedad Tipográfica Bonaerense", *La Tribuna*, 1° de junio de 1859, p. 3, col. 1-2.

[93] *Cf.* Instituto Histórico y Geográfico, "Conmemoración del Centenario", en *Revista del Instituto Histórico y Geográfico*, XVII, Montevideo, 1943; Ricardo Levene, *Los estudios históricos de la juventud de Mitre*, Buenos Aires, Emecé, 1946.

[94] *Cf.* Bibliothèque Nationale (París), Chile, loge "Union Fraternelle", FM2 845, "Tableau des membres de la loge 'Union Fraternelle' ", 24 de junio de 1855.

muy pronto incorporan a su red de relaciones un vasto sector de la elite porteña. En la Unión del Plata, por ejemplo, encontramos un grupo de 13 hermanos masones, de los cuales, al menos siete se iniciaron en el exilio.[95] Entre los nuevos, hay algunos que, como el comerciante portugués A. Alves Pinto, llegan al país ya con un alto grado en la institución. Sin duda, comerciantes y terratenientes como Miguel Martínez de Hoz o Carlos Casares entran en la masonería por intermedio de hombres como Alves Pinto. Si bien en un inicio la logia está compuesta mayoritariamente por exiliados políticos, en poco tiempo, la proporción de éstos con respecto a los hombres de negocios y los comerciantes sin pasado político manifiesto se invierte. La masonería se difunde con rapidez en un amplio sector de "gente decente" que supera ampliamente el medio de las elites intelectuales. Así, esos escasos exiliados que deciden reproducir en Buenos Aires una práctica asociativa adquirida en otra parte, forman al cabo de seis años una red compuesta por 924 masones según datos extraidos de los archivos.

La difusión del modelo asociativo entre la población local

El principal medio de difusión de las nuevas prácticas asociativas fue el sector de la población local que mantenía contactos frecuentes con los extranjeros: sobre todo el de los comerciantes y los intelectuales. En una muestra de 1.215 miembros de las diferentes asociaciones creadas en Buenos Aires entre 1829 y 1862, procedentes de un corpus de 2.248 personas, los individuos ligados al comercio representan el 30%. Si se reagrupan los hombres de negocios y los comerciantes, los resultados son aún más tajantes:[96] la totalidad de los comerciantes constituyen el 39% de los miembros de las asociaciones; les siguen en importancia las profesiones intelectuales y liberales con el 25,5%. En cambio, el sector de los grandes terratenientes sólo abarca el 8% de la muestra. Según MacCann, su reticencia se debería al hecho de que ese sector se divide en dos categorías "los que quieren adoptar hábitos europeos, cuyas modalidades imitan, y los que prefieren conservar las costumbres del país. [...] Generalmente, los propietarios que desean adaptar sus costumbres a la vida europea, son aquellos que, por accidente o de propósito, se han vinculado a los extranjeros de Buenos Aires".[97]

Los sectores populares, empero, no quedan al margen del movimiento asociativo, aunque desarrollan esas prácticas sobre todo con objetivos de solidaridad, filantropía y previsión. Es lo que sucede con las asociaciones de socorros mutuos que experimentan, desde entonces,

---

[95] Véase *infra*, capítulo 7.
[96] No disponemos de datos sobre el estatus socioprofesional de los otros 1.035 miembros. Aunque estos criterios de selección puedan ser impugnados tras un análisis más detallado, permiten no obstante indicar una tendencia.
[97] William MacCann, *Viaje a caballo por las provincias argentinas* (Londres, 1853), traducción del inglés de José Luis Busaniche, Buenos Aires, Imprenta Ferrari, 1939, pp.117-118.

17. *Estatus socioprofesional de una muestra de 1.215 miembros de las asociaciones en Buenos Aires entre 1829 y 1862*

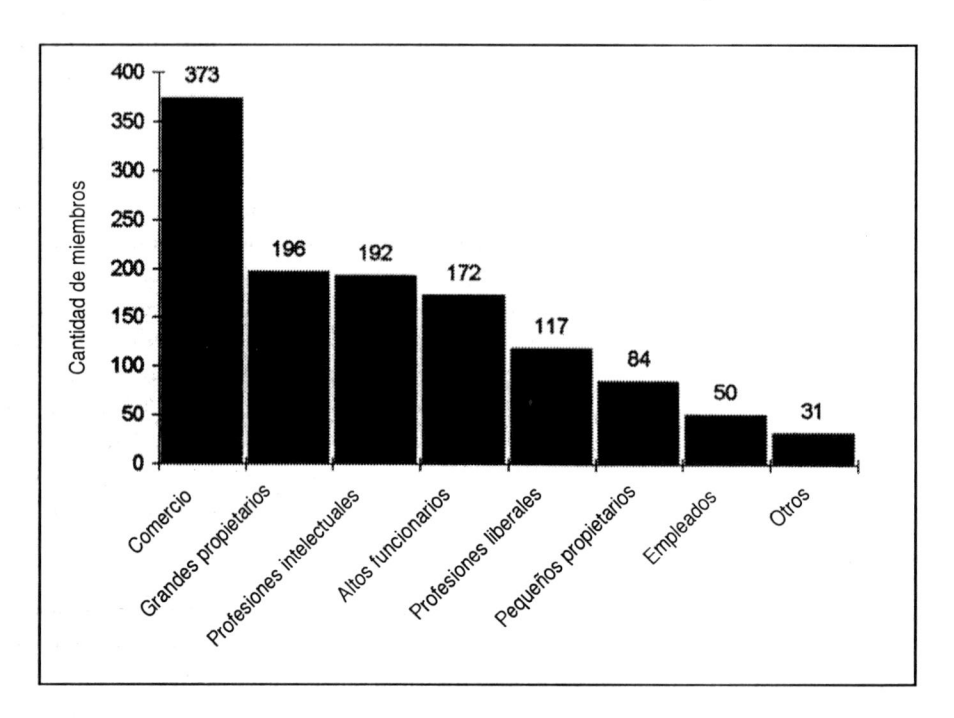

Categoría	Cantidad
Comercio	373
Grandes propietarios	196
Profesiones intelectuales	192
Altos funcionarios	172
Profesiones liberales	117
Pequeños propietarios	84
Empleados	50
Otros	31

una evolución continua en ese sector.[98] La primera experiencia en ese ámbito es la de los artesanos franceses en 1832, pero sin secuelas hasta 1853, cuando estos mismos artesanos crean la Sociedad Filantrópica de Beneficencia de los Peluqueros de Buenos Aires.[99] A partir de ese momento, el desarrollo de las sociedades de socorros mutuos adquiere un ritmo continuo: una en los años 1854, 1855 y 1856, cuatro en 1857, tres en 1858, una en 1859 y 1860, dos en 1861 y una en 1862, siempre de acuerdo con las informaciones que recogimos en los archivos policiales y la prensa de la época.[100]

La mayoría de esas asociaciones son creadas e integradas por artesanos extranjeros; con mucha frecuencia, agrupan más a los trabajadores de un mismo origen geográfico que de un mismo oficio. Su función, por supuesto, es la que se conoce en Europa: mediante

---

[98] Según las cifras del censo de 1914, reproducido por Ricardo Falcón, entre 1854 y 1870 se registraron 41 sociedades de socorros mutuos en el territorio argentino; entre 1870 y 1880, su número aumenta a 107, para pasar en la década siguiente a 220. Cf. R. Falcón, *L'Immigration...*, ob. cit., p. 180.

[99] Sociedad Filantrópica de Beneficencia de los Peluqueros de Buenos Aires, Reglamento y demanda de autorización, en AGN AP x 31-11-5.

[100] Véase "Développement du mouvement associatif...", en PGB, *La Création...*, ob. cit., t. III, anexo núm. 3, "La vie associative".

una mensualidad, las sociedades se proponen reunir fondos para prestar ayuda a los trabajadores pertenecientes a ellas. Garantizan subsidios cuando uno de sus miembros no puede trabajar a causa de una enfermedad; y aseguran también un sostén a la familia en caso de fallecimiento del asociado. Tienen otras funciones, como las de poner a disposición de los miembros una caja de ahorro, y prever medios para el desarrollo de los centros de instrucción y formación en las artes manuales a fin de mejorar la condición del obrero; a veces, los estatutos disponen incluso la creación de centros culturales.[101] El éxito de la fórmula se explica por el hecho de que el modelo mutualista de asistencia común responde muy bien a las necesidades de sus afiliados como trabajadores e inmigrantes. Estas asociaciones asumen así dos objetivos que son totalmente compatibles: el de la solidaridad y el de la filantropía entre nativos de un mismo país, en conexión con la organización preventiva destinada a mejorar la condición del trabajador, condición tanto más difícil cuanto que se trata de un extranjero. Según el francés Martin de Moussy, que recorre el territorio argentino hacia fines de la década de 1850, esas formas asociativas tienen dificultades para desarrollarse entre los trabajadores argentinos. Este republicano, cercano a los liberales argentinos, hará la siguiente observación con respecto a las sociedades de socorros mutuos: "Están compuestas principalmente por obreros extranjeros. Pocos nacionales han ingresado a ellas por el momento, puesto que hasta hoy no parecen darse cuenta de su utilidad. Por otra parte, como ya lo hemos insinuado, el espíritu de asociación aún no está muy desarrollado en el país".[102]

Las observaciones de De Moussy no son, empero, del todo exactas, pues el movimiento mutualista también se propaga entre los nativos. Por un lado, con la evolución de las formas de sociabilidad popular ya bien implantadas en la población local. Es el caso de las sociedades africanas, que ya cumplían funciones de asistencia mutua entre los miembros del mismo grupo étnico (nación), y que en esta época van a evolucionar hacia formas de organización más claramente mutualistas.[103] Encontramos el primer ejemplo en 1855, en la documentación concerniente a la sociedad "Abaya".[104] Sin abandonar la organización de las reuniones danzantes, ésta privilegia más que antes la función asisten-

---

[101] Cf. "Reglamento de la Sociedad Filantrópica de Beneficencia de los Peluqueros de Buenos Aires", ob. cit.; "Reglamento de la Sociedad de la Unión y Socorros Mutuos", en AGN AP X 31-11-5; Sociedad Tipográfica Bonaerense, en *Estatutos*, Buenos Aires, 1858. Para la sociedad Unione e Benevolenza la bibliografía es más vasta. Además de Samuel Baily, "Las sociedades de ayuda mutua y el desarrollo de una comunidad italiana", en *Desarrollo Económico*, XXI, 84, enero-marzo de 1982, pp. 485-514, véanse los trabajos de Ema Cibotti, "Mutualismo y política en un estudio de caso. La sociedad Unione e Benevolenza en Buenos Aires entre 1858 y 1865", en *L'Italia nella società argentina*, ob. cit., pp. 241-265; "Notas para el análisis del desarrollo político de Unione e Benevolenza entre 1858 y 1865. Historia de dos escisiones" (trabajo inédito).

[102] Martin de Moussy, *Description géographique et statistique de la Confédération Argentine*, t. II, París, 1860-1864, p. 622.

[103] Véase "Reglamento de la sociedad que instala la Nación Argentina dirigida a la Virgen del Luján", reproducido en PGB, *La Création...*, ob. cit., t. III, anexo núm. 3, documento núm. 41.

[104] Andrews menciona como primera sociedad mutualista afroargentina la Sociedad de Unión y Socorros Mutuos creada en 1855, pero esta sociedad, fundada en 1854 por un grupo de franceses, estaba compuesta por europeos. Cf. G. R. Andrews, *Los afroargentinos...*, ob. cit., p. 179.

cial.[105] La segunda referencia alude a la Sociedad Protectora Brasilera, creada en Buenos Aires en 1856 según el modelo de las sociedades africanas. En el artículo primero de su reglamento ya encontramos una modificación significativa: mientras que el objetivo de aquellas sociedades es "liberar con sus fondos a los asociados que se muestren dignos por su moralidad e industria", la Sociedad Protectora Brasilera declara tener por objeto "fomentar el espíritu de asociación y protección mutua".[106] Contrariamente a lo que sugiere Andrews, las fiestas y bailes no desaparecen, sino que se convierten en una actividad paralela y en general ya no se los financia con los fondos de la sociedad. Así lo establece el artículo 17 del reglamento: "Los fondos de la caja se destinarán a obras de caridad. En caso de que la comisión apruebe la organización de un baile o una fiesta extraordinaria, está autorizada a invitar a los asociados a contribuir voluntariamente a dicha organización".[107] Poco a poco, la sociabilidad en torno a vínculos de solidaridad abandona la función lúdica de fuerte connotación étnica para privilegiar el aspecto de asistencia mutua entre trabajadores. Aquí persisten ciertos rasgos de las cofradías-asociaciones. Así, los asociados están obligados a acompañar al enfermo y concurrir a su funeral. Encontramos otro signo de esta impronta en el nombre de las sociedades –por ejemplo, la Sociedad del Carmelo y de Socorros Mutuos– y en la fecha elegida para la apertura –"el domingo de Pascuas y de resurrección de Jesucristo"–, mientras que, la Mutual de los Tipógrafos escogerá como fecha el 25 de mayo, símbolo visiblemente más político y laico. El tercer ejemplo de la evolución de las formas asociativas de los negros es el de la recién mencionada Sociedad del Carmelo y de Socorros Mutuos creada por los morenos en 1858. Es mixta como las anteriores asociaciones y, según el único documento que poseemos, conserva muchos rasgos de las sociedades africanas,[108] pero como en los otros casos, ciertas innovaciones hacen que la forma asociativa étnica evolucione hacia una sociedad de ayuda mutua.

Es muy probable que la evolución de las sociedades africanas hacia formas mutualistas se relacione con la propagación de las sociedades de socorros mutuos entre los artesanos extranjeros. La simultaneidad de su aparición ya es significativa. Así, es posible imaginar que los morenos, con una vigorosa tradición asociativa y conocedores de los beneficios aportados por las nuevas prácticas, hayan introducido nuevas funciones sin abandonar, pese a ello, las actividades que apreciaban. El hecho de que estas formas asociativas se desarrollaran sobre todo entre la población de color podría constituir, por otra parte, una respuesta al cre-

---

[105] El reglamento decía lo siguiente: "A fin de asistirnos y ayudarnos mutuamente en caso de enfermedad o muerte de uno de los asociados, así como de solazarnos juntos los días de fiesta, hemos reunido una cantidad considerable de personas de color y de ambos sexos". Cf. "Demanda de autorización que dirigen los individuos de la nación Abaya al jefe de policía", en AGN AP X 31-11-5.

[106] Conserva aún los rasgos de las asociaciones étnicas, aunque con una innovación notable: si bien se organiza de acuerdo con principios étnicos, toma en cuenta otros criterios de identidad. Así, en lugar de llamarse sociedad "Conga" o "Angola", se define como "brasileña". Cf. "Sociedad Protectora Brasilera", en AGN AP X 31-11-5.

[107] Ibíd.

[108] Cf. AGN AP X 31-11-5.

cimiento limitado del movimiento mutualista entre los trabajadores porteños. Sin embargo, ese movimiento logró implantarse fuera del marco de la solidaridad étnica. En la época ya encontramos ejemplos de asociaciones de asistencia mutua que nacen de una iniciativa más corporativa que filantrópica. El caso mejor conocido es el de la Sociedad Tipográfica Bonaerense, fundada en 1857 por los artesanos de la edición: impresores, litógrafos, encuadernadores y libreros nacionales y extranjeros.[109] Esta sociedad exhibe dos diferencias fundamentales con respecto a las formas antes conocidas: se organiza estrictamente por oficio, y reúne tanto a nacionales como extranjeros. A partir de esas primeras formas de organización de los trabajadores van a nacer las primeras formas de expresión del movimiento obrero. Así, según la documentación hallada por Falcón, esta sociedad tipográfica será la primera en tomar contacto en 1860 con la Asociación Internacional de Trabajadores.[110] La institución muestra particularidades significativas que la distinguen de las otras sociedades mutualistas. Incorpora funciones que eran típicas de las asociaciones socioculturales, hasta el momento específicas de la elite porteña: el establecimiento de un lugar de encuentros, la redacción de su propio diario y la creación de una biblioteca pública. El artículo 21 del reglamento establece: "la ausencia a las reuniones es imperdonable, visto que son la base de cualquier asociación". La importancia de las relaciones de sociabilidad en el marco asociativo será destacada por los diferentes presidentes de la sociedad.[111] Así, Mariano Varela, su primer presidente, anuncia en su discurso la intención de la comisión de coleccionar los principales diarios de la capital para facilitar su lectura en los locales de la sociedad. A continuación, la comisión decide fundar una biblioteca, proyecto que parece coronado por el éxito. El diccionario de Buenos Aires de 1862 nos informa que en las instalaciones de la sociedad funciona una biblioteca "a la que todas las noches y los domingos concurren no sólo los asociados sino también quienes lo deseen y los invitados de los socios".[112] En 1858, Varela anuncia en *La Tribuna* la próxima aparición del diario *El Tipógrafo Argentino*, órgano de la sociedad, que finalmente no saldrá a la calle.[113] Aquí descubrimos, junto a los objetivos corporativos, esa afición por los encuentros y las discusiones públicas ligadas a las formas de esparcimiento intelectual que ya habíamos verificado en las elites. Estas prácticas constituirán un puente en una sociedad polarizada entre las nuevas prácticas de elite y las formas de sociabilidad tradicionales que aún caracterizan las prácticas de la "plebe" urbana.

Con respecto a la vida social posrosista podemos concluir que nos vemos frente a una ciudad cuyos habitantes multiplican las formas de relación. Lo que debe destacarse no es únicamente la cantidad y la pluralidad de las formas. La especificidad de cada zona de atrac-

---

[109] Esto se establece en el artículo 1° del reglamento. Cf. Sociedad Tipográfica Bonaerense, *Estatutos...*, ob. cit.

[110] Falcón cita una carta de Raymond Wilmart a Karl Marx del 27 de mayo de 1873. Cf. R. Falcón, *L'Immigration...*, ob. cit., p. 325.

[111] Véase "Memoria del presidente en su primer aniversario" y "Discurso con motivo al tercer aniversario", en Sociedad Tipográfica Bonaerense, *Estatutos...*, ob. cit.; *La Tribuna*, 1° de junio de 1859.

[112] *Diccionario de Buenos Aires...*, ob. cit.

[113] Cf. *La Tribuna*, 6 de enero de 1858, p. 2, col. 5. La sociedad recién editará su periódico, *Anales de la Sociedad Tipográfica Bonaerense*, en 1872.

ción provoca un desplazamiento de los habitantes para satisfacer sus diferentes necesidades de sociabilidad. Del club al salón, pasando por el teatro y los bailes públicos, las elites recorren la ciudad para encontrarse más entre pares que entre vecinos. Los sectores populares hacen lo mismo: las academias y los cafés son puntos de encuentro, lo que señala ya el desplazamiento del grupo de referencia. Para ser sociable no basta con pasear por la plaza del barrio o asistir a la *tertulia* de una de las principales familias porteñas. Quienes quieren estar entre "gente decente" deben ir a la plaza San Martín, caminar por el Paseo de Julio y el muelle del puerto, asistir al teatro Colón y a los salones y, desde luego, frecuentar en la medida de lo posible los clubes de moda. Para la clase trabajadora, el mapa de las sociabilidades obligadas no tiene tanta precisión, porque la institucionalización de los lugares de sociabilidad es menos importante, y esto por muchas razones. Tenemos, en primer lugar, el problema del control de las prácticas populares. Sus lugares de concurrencia son más temidos por el poder y están, por lo tanto, sometidos a un control más estricto. Por otra parte, están los inconvenientes resultantes del escaso nivel económico de los clientes. Los dueños de los negocios de despacho de bebidas destinados al pueblo tienen más dificultades para sacar un beneficio adecuado de su servicio, tanto más cuanto que los datos económicos parecen empezar a cambiar y la especialización de los lugares tiende a distinguir venta de mercancías y despacho de bebidas, lo que reduce una de las antiguas fuentes de ganancia: la deuda. Entonces, esos comercios destinados al esparcimiento de los sectores populares tienen en general corta vida: poca inversión para instalarse pero, a fin de cuentas, también pocas ganancias. En esas condiciones, los hábitos de encuentro se hacen y se deshacen con mayor rapidez. Esto no impide que la ola asociativa llegue a la población en su conjunto.

Vemos en consecuencia que a la estructura urbana construida en torno de la sociabilidad de barrio se yuxtapone otra, organizada según el consumo de cultura y de nuevas formas de esparcimiento, que no traduce del todo un fenómeno de segregación social del espacio urbano. Una implica lazos primarios de comunidad de lugar, la otra lazos contractuales ligados a los intercambios y el consumo de ciertas formas de cultura (prensa, discusiones, espectáculos culturales). Estos nuevos lazos sociales tramados en los intercambios culturales, muchas veces por medio de las relaciones de sociabilidad asociativa, van a mostrarse completamente aptos para la difusión de nuevos sentimientos de pertenencia en una comunidad que se define en términos culturales y políticos.

6. NUEVAS MODALIDADES DE LOS INTERCAMBIOS SOCIALES

La "explosión asociativa", cuyos perfiles hemos trazado rápidamente, no sólo supone la implantación y el triunfo de una forma organizacional. Se inscribe, además, en esa renovación de la sociabilidad urbana en torno de una nueva noción de "público", que se instaura como espacio privilegiado del intercambio. La simultaneidad de esos dos fenómenos tiene, sin lugar a dudas, raíces más profundas que la mera coincidencia histórica. En ese sentido, hicimos referencia al modelo de implantación de las asociaciones y sus efectos sobre la organización social del espacio urbano. Esta cuestión, la de la organización espacial de las relaciones de sociabilidad, es menos periférica y anodina de lo que parece; nos remite a las representaciones sociales que fijan las semejanzas y las distancias entre los individuos.

La práctica asociativa *stricto sensu*, ligada a la gestión de la asociación, concierne a una cantidad limitada de afiliados. Pero entre ese pequeño círculo de dirigentes activos y el resto de los adherentes se desarrolla un lazo asociativo experimentado, por ejemplo, en las asambleas generales o las reuniones extraordinarias. Hemos distinguido este tipo de lazo e intercambio de un conjunto más vasto y tenue, mediante la noción de sociabilidad asociativa. Pero la asociación también estimula la sociabilidad a secas, que desborda muy a menudo los objetivos y el marco formal de la organización. Ya sea que esa afición por el intercambio social, en el respeto de una serie de códigos de conducta y valores que el movimiento institucionalizó, se desarrolle en la antesala de la asociación –los salones de lectura y encuentro que algunas entidades prevén en sus instalaciones–, o supere y prolongue el momento asociativo en otros lugares de encuentro como los cafés o los salones.

La masonería: sociedad filosófica y club de recreo

Hemos comprobado hasta qué punto la llegada de los liberales coincide con una renovación de los hábitos de encuentro en la población local. Entre la multiplicidad de formas desarrolladas –socioculturales, socioeconómicas, comerciales, corporativas, de recreo–, la masonería ocupa un lugar de primer orden, por la cantidad de sociedades creadas, su implantación en el territorio nacional, y el atractivo que ejerce en la clase dirigente del Estado de Buenos Aires. Pese a la importancia que adquiere después de 1854, no existen estudios confiables sobre esta institución. La abundante literatura que podemos encontrar se inscribe en la polémica ético ideológica entre sus defensores y detractores, y en todos los casos, los argumentos utilizados tienden a oscurecer el análisis propiamente histórico. Por otra parte, los historiadores universitarios latinoamericanistas dieron muestras de una total indiferencia hacia una cuestión que, a juzgar por su actitud, no adquirió aún el estatus de objeto histórico.[1] En parte, esto parece explicarse por el hecho de que el tema de la masonería fue monopolizado por la disputa entre liberales y nacionalistas. A ello se añade el problema de la "inexistencia" de los archivos masónicos, que hacía aún más difícil el acercamiento a ese continente virgen, verdadera "mina" por su apuesta ideológica.[2] Sin pretender colmar aquí ese déficit, se imponen algunas referencias a la historia del establecimiento de la institución en la región.

La implantación de la masonería en la cuenca del Río de la Plata

Luego de la derrota de Rosas, la masonería experimenta un rápido desarrollo en la ciudad de Buenos Aires. Su ritmo de implantación, en el tiempo y el espacio, mantiene cierta relación con la vida política del Estado de Buenos Aires, pero sólo puede comprenderse íntegramente en una perspectiva regional. La creación de una masonería argentina constituye, en efecto, una etapa en la difusión masónica en la costa atlántica de América del Sur. La institución se introduce por Brasil, donde en 1822 se creó la primera potencia masónica independiente de todo el continente; desciende a continuación al Uruguay en dos oportunidades, y da lugar a la creación definitiva del Supremo Consejo y Gran Oriente de la República del Uruguay en 1855. A su turno, esta rama difundirá la orden por el territorio argentino y dará una constitución al Supremo Consejo y Gran Oriente de la República Argentina en 1858.

Este recorrido está ritmado tanto por factores internos a la institución como por la coyuntura política de cada uno de los países. Así, la difusión de la masonería de Brasil a Uruguay atraviesa dos etapas. La primera, durante la ocupación luso-brasilera (1817-1828), cuando las autoridades brasileñas se sirvieron de la organización para consolidar su inter-

---

[1] Sin duda hay excepciones, en especial para el caso mexicano, donde las sociedades secretas desempeñaron un papel político notorio. Pero, pocos estudios sobre la masonería se fundan en un trabajo en los archivos de la institución.

[2] Queremos agradecer a las autoridades de la Gran Logia Argentina y la Gran Logia de la Masonería del Uruguay, que nos abrieron sus archivos. Me gustaría expresar mi gratitud, muy especialmente, al ex gran secretario de la Gran Logia Argentina, Víctor Curi, y a Humberto Escardino, miembro de la comisión de historia de la Gran Logia de la Masonería del Uruguay, que durante mis investigaciones me asistieron con diligencia. En mi trabajo "Masonería y Nación: la construcción masónica de una memoria histórica nacional", *Historia*, revista del Instituto de Historia, Pontificia Universidad Católica de Chile, 25, 1990, p. 81-101, se encontrará un análisis crítico de la producción historiográfica y ensayística sobre la masonería argentina.

vención armada en el Uruguay. Se trata de un fenómeno similar, aunque de menor envergadura, al que se constata en España durante la invasión napoleónica de 1808.[3] El éxito de esas primeras logias también se explica por las características de la población local.[4] Tras la retirada de las tropas del Brasil y la constitución de la República del Uruguay, las logias brasileñas desaparecen.[5] Aún funcionan otras logias en el territorio, pero dependen de las potencias masónicas norteamericanas y francesas, sin llegar a la constitución de una autoridad independiente.[6] El segundo descenso de Brasil a Uruguay es el de 1854, tras la gran guerra que puso fin al conflicto regional en torno de la navegación fluvial. Esta vez, la potencia masónica brasileña legalizó la creación del Gran Oriente de la República del Uruguay.

La aparición de las primeras logias masónicas regulares entre la población del Río de la Plata, más precisamente en el seno de la elite criolla, data de mediados del siglo XIX, con la instalación en Montevideo, en diciembre de 1854, de la logia "Misterio y Honor", depen-

---

[3] La masonería bonapartista española fue oficial, casi estatal. En manos de las tropas francesas, funcionó como una suerte de instrumento político ideológico de la ocupación. Para la masonería española, véase J. A. Ferrer Benimeli, *La masonería...*, ob. cit.

[4] Según las cifras que reproducen Martha Marenales Rossi y Guy Bourdé, en 1843, la población de Montevideo incluía un 63% de extranjeros. Hacia mediados de siglo esas cifras disminuyen, pero siguen siendo muy elevadas. Cf. Martha Marenales Rossi y Guy Bourdé, "L'immigration française et le peuplement de l'Uruguay, 1830-1860", en *Cahiers des Amériques Latines*, 16, 1977, pp. 7-21.

[5] Las logias Los Aristócratas de 1822 y Perfeita Amistade del mismo año funcionan en Montevideo con la constitución del Gran Oriente del Brasil. Cf. D. V. Pérez Fontana, *La masonería...*, ob. cit.; A. Fernández Cabrelli, *Presencia masónica en la Cisplatina*, Montevideo, América Una, 1986 (A. Lappas no menciona estas logias). Por otra parte, los grupos patrióticos que se oponen a la ocupación lusobrasileña apelan al mismo tipo de organización. Es lo que sucede con la sociedad Caballeros Orientales, fundada por iniciativa de Carlos María de Alvear, ex miembro de la logia Lautaro. Esta asociación, aunque no es estrictamente masónica, reproduce la organización de las sociedades secretas con la distinción de tres grados entre los miembros. Cf. "Constitución Orgánica del Orden Caballeros Orientales", en Marta Campos Theverin de Garabelli, *La revolución oriental. Su génesis*, Montevideo, Junta Departamental, Biblioteca José Artigas, 1973. Para la historia de esta asociación encontramos referencias en Antonio Díaz, *Memorias inéditas del general oriental don César Díaz*, Buenos Aires, 1878; T. de Iriarte, *Memorias...*, ob. cit., t. I y III.

[6] Por referencias encontradas en el libro de actas de la logia Les Amis de la Patrie de Montevideo, sabemos que en 1829 actuaba en esta ciudad una logia francesa, con el título de Les Enfants du Nouveau Monde. Cf. Archivo de la Gran Logia de la Masonería del Uruguay (en lo sucesivo AGLMU), libro de actas de la logia Les Amis de la Patrie. Según Pérez Fontana, esta logia ya estaba en vigencia en 1827. Cf. D. V. Pérez Fontana, *La masonería...*, ob. cit. Casi simultáneamente se creó la logia Asilo de la Virtud que, de acuerdo con Pérez Fontana, estaba compuesta por extranjeros que integraban la logia Estrella Sureña. Según las actas, esta logia de rito moderno fue creada con la constitución del Gran Oriente de Pennsylvania. Cf. "Libro de actas" en D. V. Pérez Fontana, *La masonería...*, ob. cit. La logia funcionó regularmente hasta 1837. A continuación siguió actuando, pero con fines estrictamente políticos, como lo testimonió Giuseppe Garibaldi al afiliarse a la logia Les Amis de la Patrie. Cf. Bibliothèque Nationale (París), Uruguay, loge "Les Amis de la Patrie", FM2 586. En 1842, esta última logia obtuvo una constitución del Gran Oriente de Francia. En 1847, algunos ingleses organizaron otra logia con el nombre de The Pilgrims y solicitaron una constitución a la Gran Logia Unida de Inglaterra. Un año después, la logia Les Amis de la Patrie informó de la existencia de una logia llamada Los Hijos del Secreto que funcionaba en el Oriente de Montevideo. Cf. AGLMU, actas de la logia Les Amis de la Patrie.

diente del Gran Oriente del Brasil.[7] El contagio fue rápido. En 1855 se crearon tres nuevas logias: "Sol Oriental", "Hisperia" y "Honor y Patria". Salvo esta última, que funcionó de manera irregular, las otras contaban con una constitución del Gran Oriente del Brasil. Como lo notificaba la logia "Les Amis de la Patrie" al Gran Oriente de Francia, "el entusiasmo que se manifiesta desde hace algunos meses en toda la población por la masonería [...] reuniones que se realizan en varios lugares [...] tal vez los promotores de esas reuniones también tengan otros objetivos ignorados por la mayoría y aun por nosotros, pero el hecho es que en tres meses, en este país donde no había otra logia regular que la nuestra desde hacía 15 años, se estableció un Gran Oriente que abarca seis logias".[8] La logia se refería aquí a la primera escisión producida entre febrero y marzo de 1855, cuando dos autoridades masónicas reclamaron su reconocimiento al Gran Oriente del Brasil: el Gran Oriente de Montevideo y el Supremo Consejo de la República del Uruguay.[9]

En este desarrollo repentino de la masonería uruguaya hay una correlación indiscutible con la historia política, pues su implantación coincide con el período preelectoral, cuando liberales y conservadores se preparan para los próximos comicios.[10] Surgen entonces varios intentos de organización política: la Sociedad de Amigos del País establecida por los conservadores y el Partido Nacional fundado por Lamas, que a continuación firma con un grupo de *colorados* y *blancos*, la "Unión Liberal". Por su lado, Flores consolida una alianza con el viejo caudillo Oribe mediante el Pacto de la Unión, que apoya la candidatura del liberal Gabriel Antonio Pereira.[11] Hay que inscribir en ese marco la creación

---

[7] Desde luego, esta logia no fue la primera que funcionó en Montevideo, sino la primera de actuación regular sobre la que poseemos archivos. *Cf.* AGLMU, libro de actas de la logia Misterio y Honor.

[8] Correspondencia de la logia Les Amis de la Patrie dirigida al Gran Oriente de Francia, Montevideo, 1° de agosto de 1855, en Bibliothèque Nationale (París), Montevideo, loge "Les Amis de la Patrie", FM2 867.

[9] Los archivos de la Gran Logia de la Masonería del Uruguay no conservaron testimonios sobre esta escisión. Las referencias pertenecen a la correspondencia que la logia Les Amis de la Patrie mantuvo con el Gran Oriente de Francia. *Cf.* Bibliothèque Nationale (París), loge "Les Amis de la Patrie", FM2 865; FM2 867.

[10] Recordemos en pocas líneas los grandes rasgos de esta historia: tras el fin de la Gran Guerra en 1851, los dos partidos que se habían enfrentado durante ocho años se vieron ante la tarea de transformar sus prácticas bélicas en prácticas políticas. Los conservadores se organizarían alrededor del programa político de la Sociedad de Amigos del País, sociedad económica creada en Montevideo en 1852. Los liberales tuvieron dificultades para organizarse para las elecciones y fueron minoría en el parlamento. El conservador o *blanco* Francisco Giró asumió entonces la presidencia. Un año después, una revolución dirigida por el caudillo Flores lo obligó a dejar el poder y disolvió las dos cámaras. Un triunvirato provisorio se hizo cargo entonces del gobierno hasta las nuevas elecciones, realizadas en febrero y marzo de 1854. Flores fue elegido hasta el fin del mandato de Giró (1856). En ese momento hizo su aparición la masonería.

[11] *Cf.* la obra clásica de Juan E. Pivel Devoto, *Historia de la República Oriental del Uruguay, 1830-1930*, Montevideo, Raúl Artagareytia, 1945; J. E. Pivel Devoto, *Historia de los partidos políticos uruguayos, 1811-1897*, dos volúmenes, Montevideo, 1942. Aún queda por escribirse la historia de la masonería uruguaya. Existen algunos trabajos importantes que abrieron el camino, como las investigaciones de Arturo Ardao. Aunque se interesa en los aspectos filosóficos de la orden francmasónica, este autor esboza la evolución política –en estrecha relación con la evolución filosófica– de la masonería en Uruguay. *Cf.* Arturo Ardao, *Racionalismo y liberalismo en el Uruguay*, Montevideo, Universidad de la República, 1962. Sobre la relación en-

de las logias masónicas, cuya estructura organizativa parece haber sido utilizada sobre todo por los liberales.[12]

La logia francesa mantiene una actitud bastante crítica con respecto a la masonería nacida en la ribera oriental del Río de la Plata, debido a la irregularidad de los procedimientos. Como lo señalará al Gran Oriente de Francia algunos meses más tarde, "dan al mundo masónico el espectáculo más extraño, el de exhibir tres o cuatro autoridades masónicas diferentes compuestas por miembros condecorados con los más altos grados y que forman por sí solos toda la masonería oriental [...] en Montevideo pronto no habrá más que trigésimos y trigésimos terceros grados. Algo absolutamente conocido en el ejército, como si no hubiera más que generales, coroneles y oficiales, pero ningún soldado".[13] Paralelamente, las autoridades de la logia francesa no ocultan sus preferencias por el Supremo Consejo de la República del Uruguay, instalado por el Supremo Consejo del Brasil en junio de 1855: "Esta nueva autoridad brinda más garantías que la otra, visto que está compuesta por personas honorables e ilustradas, la mayor parte de las cuales ha ocupado altas funciones en el Estado".[14] En efecto, varios miembros del gobierno se afilian a la masonería y lo hacen tan públicamente que ello desencadena, en 1855, el primer conflicto entre la Iglesia y un poder político acusado de ser cómplice de los masones. Lamas, vicario apostólico de Montevideo, dirige entonces una carta al secretario de Estado –y masón– Salvador Tort, para denunciar el laxismo del gobierno que autoriza a las logias a dar publicidad a sus trabajos.[15]

---

tre masonería y liberalismo en ese país, existe un trabajo bastante sugerente de Manuel Claps, "Masones y liberales", en *Enciclopedia Uruguaya*, 27, 1969. Véanse también Alfonso Fernández Cabrelli, *Masonería y sociedades secretas en las luchas emancipadoras de la patria grande*, La Paz, América Una, 1975; A. Fernández Cabrelli, *Masonería, morenismo, artiguismo: presencia e influencia de la francmasonería en los movimientos independentistas del Río de la Plata*, Montevideo, América Una, 1982; A. Fernández Cabrelli, *Presencia masónica...*, ob. cit. Este autor dirige la revista *Hoy es Historia* (el núm. 1 es de 1983), en la que los artículos sobre temas cercanos a la masonería son bastante frecuentes. Por el lado de esta institución, hay que citar la obra de D. V. Pérez Fontana, *La masonería...*, ob. cit.; Aldo Ciasullo, "Reseña histórica de la masonería uruguaya", en *Revista Gran Logia de la Masonería del Uruguay*, 2, abril de 1985.

[12] Encontramos una referencia explícita a este aspecto, pero más tardía. En la traducción española de los escritos antimasónicos de Louis Gaston de Ségur, aparecida en Montevideo en 1877, figura una dedicatoria a la Sociedad de los Amigos del País de Montevideo, en la que el traductor, el sacerdote Francisco Javier Quintanilla, recuerda a los miembros de esa organización su función en la sociedad: "Vuestro primer deber, Amigos del País, es librar batalla contra la masonería, que con firmeza y los medios más pérfidos aspira al exterminio de la religión y el desequilibrio del orden social, y que está haciéndose, de manera inexorable, un lugar en los gobiernos e impregnando la atmósfera de los pueblos". Cf. Louis Gaston de Ségur, *Los franc-masones, lo que son, lo que hacen, lo que quieren*, Buenos Aires, Igon, 1877.

[13] Cf. Bibliothèque Nationale (París), Uruguay, loge "Les Amis de la Patrie", correspondencia con el Gran Oriente de Francia, Montevideo, 20 de febrero de 1856, FM2 867.

[14] *Ibíd.*, 10 de junio de 1856, FM2 867.

[15] El conflicto se inicia con la celebración de la fiesta de San Juan organizada por la logia "Sol Oriental" en 1855, y que será comentada por la prensa de Montevideo. Cf. "Carta de Lamas al ministro secretario de Estado", en *El Nacional*, 23 de julio de 1855; "Carta de lectores", *ibíd.*, 28 de julio de 1855. Véanse también "Carta de lectores", en *La Nación*, 7 de julio de 1855, p. 3, col. 2-4; "Un enemigo de las logias", *ibíd.*, 11 de julio de 1855, p. 3, col. 2; "Carta a Salvador Tort", *El Comercio del Plata*, 22 de julio de 1855.

En 1856 se fundan 12 logias en el Uruguay. El movimiento continúa in crescendo. En 1862 existen, en todo el territorio uruguayo, 26 logias que dependen del Gran Oriente de la República del Uruguay. El impulso masónico se propaga hacia Buenos Aires y la región de la Mesopotamia, donde ya se habían establecido algunas logias. Así, si bien hasta marzo de 1856 la población porteña se mantiene ajena a esas primeras manifestaciones masónicas en la orilla oriental del Plata, luego de esa fecha presencia un desarrollo tan rápido como el de la otra ribera.[16]

La primera referencia a la voluntad de establecer una logia en Buenos Aires data de 1856. En una carta enviada al fundador del Supremo Consejo del Uruguay, Gabriel Pérez, Miguel Valencia le pide su apoyo para establecer una logia en la ciudad de Buenos Aires y adjunta los diplomas de los 13 hermanos masones que quieren constituirla. Pérez, que está en Buenos Aires y a quien se ha autorizado a instalar logias masónicas, inaugura el 9 de marzo de aquel año la logia "Unión del Plata" según el rito escocés.[17] La carta no dice nada sobre el origen de esta gestión. De acuerdo con un libelo antimasónico que circula en Buenos Aires en 1858, la idea de crear una logia surge de los encuentros que se realizan en el negocio del librero Hortelano, donde los intelectuales y jóvenes estudiantes se reúnen para leer los diarios y discutir sobre literatura y política.[18] Según el autor, en esos años todos los opositores al gobierno se daban cita en el salón de lectura de Hortelano. Presuntamente es allí donde el doctor Alsina propone a sus partidarios organizarse contra el gobierno creando una logia masónica.[19] El autor del libelo denuncia el objetivo político del proceder: "el surgimiento de la masonería responde a la necesidad que tienen algunos hombres dominados por la sed de poder de utilizar todos los medios a su alcance para obtenerlo". Lo confirma con una confidencia que le hace uno de los miembros de la logia Unión del Plata: "Su objeto, si quiere que le diga la verdad, era establecer un punto de reunión en que los hombres olvidados o despreciados por las autoridades pudieran subvenir a sus necesidades y protegerse recíprocamente".[20] Sin embargo, y pese a la lógica de los argumentos, el nombre de Alsina no figura entre los fundadores de la logia Unión del Plata.[21]

---

[16] Véase *infra* el documento núm. 18 sobre el modelo de implantación de las logias masónicas.

[17] "Carta de Miguel Valencia a Gabriel Pérez", 4 de marzo de 1856 (los diplomas no figuran en la correspondencia), en AGLMU, "Antecedentes de la fundación del Gran Oriente Argentino". Las autoridades de los archivos de la Gran Logia de la Masonería del Uruguay reagruparon en este legajo recién citado toda la documentación concerniente a la creación del Gran Oriente de la República Argentina. En él encontramos tanto listas de los miembros y decretos como la correspondencia masónica referida a la Argentina. También hay referencias en AGLA, Actas 1856-1861, libro de actas, logia "Unión del Plata", libro núm. 3. Según Chaparro, Valencia ya dirigía un taller irregular en el que se reunían los argentinos que se habían iniciado en la masonería durante el exilio. Cf. Félix Chaparro, *José Roque Pérez, un héroe civil argentino*, Rosario, Multicarta, 1951, p. 122.

[18] Cf. *Farsa de la francmasonería en Buenos Aires*, por el Mugiense, Buenos Aires, Imprenta de la Revista, 1858. Hortelano había creado el Casino Bibliográfico. En el mismo local funcionaban la Sala Española de Comercio y la Sociedad de Beneficencia Española. Cf. B. Hortelano, *Memorias*..., ob. cit.

[19] *Farsa de la francmasonería*..., p. 15.

[20] *Ibíd.*, p. 34.

[21] Los fundadores son Miguel Valencia, Santiago Albarracín, Federico Álvarez de Toledo, Domingo

Al margen del problema sobre el origen alsinista de las primeras logias masónicas, el ritmo de desarrollo de éstas permite suponer una relación segura con la política.[22] En 1856 se crean tres logias, dos en la ciudad de Buenos Aires y la tercera en territorio de la Confederación. Las tres dependen del Gran Oriente de la República del Uruguay. A lo largo de 1857, año de una gran agitación política debido a que del resultado de las elecciones legislativas dependía entoces la del gobernador, nacen seis nuevas logias, todas en la ciudad de Buenos Aires. Dos potencias masónicas se disputan entonces la autoridad sobre ellas.[23] Pero frente al eventual conflicto armado contra la Confederación, los liberales, divididos durante las elecciones, olvidan sus diferencias para organizarse contra el enemigo exterior. Esto explica que en las elecciones legislativas de 1858 no haya oposición a la lista gubernamental, salvo la del sector prourquicista. Ese año, la cantidad de logias fundadas en la ciudad disminuye a cuatro, pero otras dos se instalan en la campaña de Buenos Aires y una en el territorio de la Confederación. El año 1859 es el de la preparación del conflicto armado que terminará en la guerra entre Buenos Aires y la Confederación. Esta situación morigera el impulso del desarrollo de la masonería. El número total de logias creadas ese año es inferior al del año previo, pero las proporciones entre las instaladas en la ciudad y la campaña se equiparan con dos nuevas creaciones en cada una de ellas. En 1860, el movimiento de expansión de la masonería se estanca, pero con un desarrollo más importante en el territorio de la Confederación que en la provincia de Buenos Aires. Un nuevo conflicto armado en 1861 pospone la unificación que terminará por concretarse a principios del año siguiente. La situación extremadamente tensa que vive toda la población del territorio argentino se traduce en una disminución general del ritmo de propagación de las logias. Finalmente, a partir de 1862, cuando Buenos Aires y la Confederación organicen un Estado nacional, la masonería experimentará hasta la década siguiente uno de los crecimientos más importantes de la historia de su implantación en la región.

Durante sus seis primeros años de expansión, el establecimiento de las logias masónicas no se limita a un medio exclusivamente urbano. Las ciudades puertos de Montevideo y Buenos Aires concentran, es verdad, la mayor cantidad de ellas. Pero, también las encontramos en las pequeñas ciudades situadas a lo largo de las dos vías fluviales que comunican la región de la Mesopotamia con los puertos atlánticos. La presencia de las logias en esas pequeñas poblaciones no puede explicarse en modo alguno por su alcance político o cultural, sino más bien por su emplazamiento en una red de comercio fluvial que abarca el Paraguay, el sudoeste de Brasil, la Mesopotamia argentina y el Uruguay.[24] La institución ofrece verosímilmente la posibilidad de una red de relaciones e informaciones que facilita sus transac-

---

Faustino Sarmiento, Palemón Huergo, José María de Uriarte, A. L. Alves Pintos, Francisco Albarracín, Julián Vélez, José M. Lagos, Carlos Cáceres, Esteban Señorans y Miguel Martínez de Hoz. Cf. AGLA, libro de actas, logia "Unión del Plata", 1858-1861, libro núm. 3.

[22] Véase *infra*, capítulo 7.
[23] Véase *infra*, capítulo 8, el desarrollo de esta cuestión.
[24] Para el comercio en la región, véase Thomas Lyle Whigham, *The Politics of River Commerce in the Upper Plata, 1780-1865*, Ph. D. Stanford University, University Microfilms International, 1986.

240 CIVILIDAD Y POLÍTICA

18. *Modelo de implantación de las logias masónicas en la región del Río de la Plata*

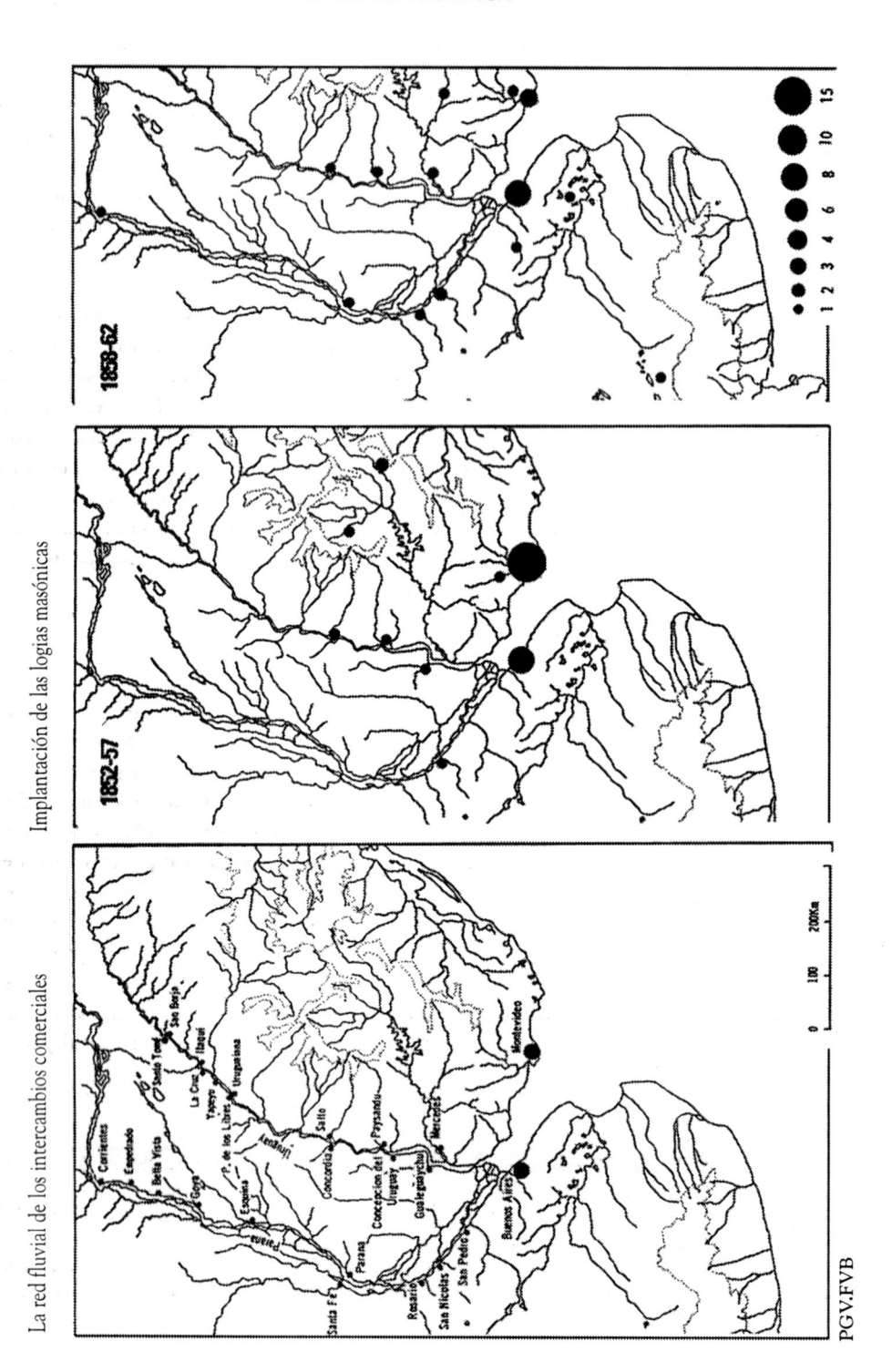

ciones, en un momento en que las vicisitudes de la vida política tienden a obstaculizarlas.[25] Lo cual hace pensar que los dirigentes porteños que se afilian a la masonería tal vez vean en esa red, tan bien implantada en el medio comercial, un medio para afirmar su política nacional; en efecto, por medio del Supremo Consejo y Gran Oriente de la República Argentina, los dirigentes de la provincia de Buenos Aires, separada de la Confederación Argentina e instituida como Estado independiente, podrían disponer y controlar la más importante red comercial que liga la economía regional al mercado internacional y hace de la ciudad de Buenos Aires el centro político y económico de los intercambios.

Hacia el fin de nuestro período (mapa de 1858-1862) es posible constatar otro fenómeno que amplía el modelo de implantación que acabamos de presentar: la creación de las logias militares. Al sudoeste de la provincia de Buenos Aires, en la zona fronteriza con los territorios indios, en Guaminí, se creó en 1859 la logia "Luz del Desierto".[26] Este extraño emplazamiento de la masonería en pleno desierto se explica por la importante presencia de los militares entre los hermanos masones. A la sazón, algunos oficiales ya iniciados en la orden y destinados a la frontera sur de la provincia, deciden crear una logia en el campamento. La fórmula tiene un éxito indudable durante todo el período de avance de la frontera y funciona como un extraordinario factor de difusión en las regiones de nuevo poblamiento.

El reclutamiento

La masonería es una sociedad iniciática y secreta, pero abierta en teoría a todos, con la condición de cumplir las exigencias requeridas para ser iniciado. Éstas se establecen en los reglamentos generales vigentes para todas las logias. En Buenos Aires, las primeras logias se rigen teóricamente por los Reglamentos Generales de la logia "Asilo de la Virtud" de Montevideo, que indica como condición de ingreso la posesión de "las cualidades morales y financieras".[27] Cada logia interpreta a su manera este requisito y, a juzgar por las quejas de algunos hermanos, todas tienden a comportarse muy libremente cuando se trata de iniciaciones; esta liberalidad es una fuente regular de conflicto entre ellas. En efecto, cuando se debe votar la admisión de un nuevo hermano, todas las interpretaciones son posibles y las posiciones más divergentes procuran fundarse en los mismos reglamentos. Por esa razón, la logia "Regeneración" propone en 1858 una lista de condiciones de ingreso aplicables a todas las logias: creer en Dios, tener 25 años, una conducta moral, buena salud y medios

---

[25] Sobre la utilidad de las redes masónicas para la gente ligada al comercio, véase M. Agulhon, *Pénitents et francs-maçons...*, ob. cit., pp. 168-179.

[26] Los archivos de esta logia en AGLA, libro de actas, logia "Luz del Desierto", caja núm. 37 (1860-1879). No figura la documentación concerniente a la fundación y los primeros años.

[27] *Cf. Reglamento interno de la Resp\ Log de San Juan de Esc\ regularmente constituida la Or\ de Montevideo en el año de la V\ L\ 5830, bajo el título distintivo Asilo de la Virtud*, Montevideo, Imprenta del Telégrafo, 5836, capítulo VI, artículo 72.

de subsistencia suficientes.[28] Pese a estos esfuerzos, las irregularidades continúan y por último, en 1859, el Supremo Consejo se ve en la necesidad de emitir una circular ordenando a todas las logias observar una mayor moderación en la admisión de los profanos, pues "los abusos que en las logias se están practicando, admitiendose a la iniciación de los sagrados misterios profanos que carecen de las consideraciones exigidas en nuestros reglamentos, resolvió ordenar que haya la mayor circunspección en la admisión de los profanos".[29]

Como es de suponer, las interpretaciones divergentes eran más abundantes en cuanto a las "cualidades morales" que en cuanto a los criterios socioeconómicos. Así, en un primer momento se rechazó por razones morales la iniciación de políticos e intelectuales como Santiago Calzadillas, Adolfo Saldías, Leandro N. Alem, Martín Beruti, Federico Barbará y Héctor Varela.[30] Pero cuando se trataba de la creencia en Dios, las exigencias no siempre eran respetadas, como lo testimonia el sumario contra el profano Pelegrín Baltazar, encontrado en los archivos de la Gran Logia Central. Durante su iniciación, P. Baltazar había declarado ser ateo, lo que hizo que Nicanor Albarellos, Venerable de la logia "Consuelo del Infortunio", se negara a iniciarlo.[31] Como consecuencia de ese diferendo, la Logia Central abrió un sumario. Durante el proceso, Baltazar confesó que "había concurrido ese día bajo la falsa idea de que la sociedad a que iba a ingresar, era una asociación en extremo liberal, y que él deseoso de parecerlo extremado, había vertido ideas y principios que estaba lejos de profesar". Es difícil verificar la sinceridad de sus dichos; en todo caso, es evidente que esta condición no siempre se respetaba, lo que explica la torpeza de Baltazar.[32] En cambio, aunque nada lo prohibiera, los individuos de color o de baja extracción social rara vez eran admitidos.[33] A veces, la segregación social que las logias aplicaban implícitamente podía ser cuestionada por los hermanos, pero como lo veremos más adelante, los trabajadores manuales serían aceptados en escasas ocasiones para su iniciación durante esta primera etapa de implantación de la orden.[34]

---

[28] La exigencia de una buena salud se explica por el hecho de que la masonería cumplía algunas de las funciones de las sociedades de socorros mutuos. *Cf.* AGLA, libro de actas, logia "Regeneración", caja núm. 36, sesión del 10 de noviembre de 1858. En los reglamentos posteriores esta condición desapareció. Se mantendrían los criterios de edad, moralidad e instrucción y el monto de los ingresos. *Cf. Constitución para la Orden Masónica en la República Argentina*, Buenos Aires, Imprenta Litográfica Jacobo Peuser, 1891.

[29] La institución atraviesa entonces su primera escisión y es muy posible que esas dos autoridades transgredan los reglamentos con el fin de conquistar la mayor cantidad posible de personalidades del mundo profano. *Cf.* Circular núm. 114 del 7 de abril de 1859 en AGLA, libro de actas, logia "Constancia", libro núm. 2.

[30] Posteriormente se integrarán a la masonería. *Cf.* AGLA, libro de matrículas, logia "Unión del Plata", libro núm. 2.

[31] *Cf.* AGLA, libro de actas, logia "Consuelo del Infortunio", caja núm. 27, sesión del 4 de enero de 1859.

[32] *Cf.* AGLA, Gran Logia Central, caja núm. 3, sumario contra Pelegrín Baltazar.

[33] Conocemos un solo caso de un mulato admitido en la masonería. El hecho era a tal punto inaudito, que el Venerable de la logia Unión del Plata, Mariano Billinghurst, lo citó para demostrar su propia vocación democrática, cuando se puso en tela de juicio su gestión en el Supremo Consejo. *Cf.* AGLA, libro de actas (1856-1861), logia "Unión del Plata", libro núm. 3, sesión del 25 de agosto de 1860.

[34] Así, en la logia "Obediencia a la Ley" se entabló una discusión como consecuencia del rechazo de la iniciación de un hermano que había sido aceptado por votación. La razón de ese rechazo era la condición social del candidato. El hermano orador de la logia, Martín Beruti, replicó que "negar la iniciación iba contra

Más allá de los reglamentos, lo que mejor nos habla de la política de reclutamiento de la masonería es el análisis de los individuos efectivamente incorporados a ella. Entre 1856 (creación de la primera logia masónica regular en Buenos Aires) y fines del período estudiado (1862), registramos 924 miembros de las logias argentinas (hasta 1858 de obediencia uruguaya y, a partir de allí, de obediencia argentina). En una muestra de 595 personas, esto es, un 64,39% del total (documento núm. 19), comprobamos que la mayoría de los miembros desempeñaba una actividad comercial. A continuación, y en orden de importancia, estaban los funcionarios –en la mayoría de los casos se trata de militares–, y las profesiones intelectuales y liberales. Los individuos de baja extracción social eran, como ya lo hemos indicado, muy minoritarios. Las logias, por lo tanto, reclutaban a sus miembros principalmente en el medio de la "gente decente" y, dentro de ésta, a los individuos dedicados al comercio.

19. *Estatus socioprofesional de una muestra de 595 miembros de la masonería*

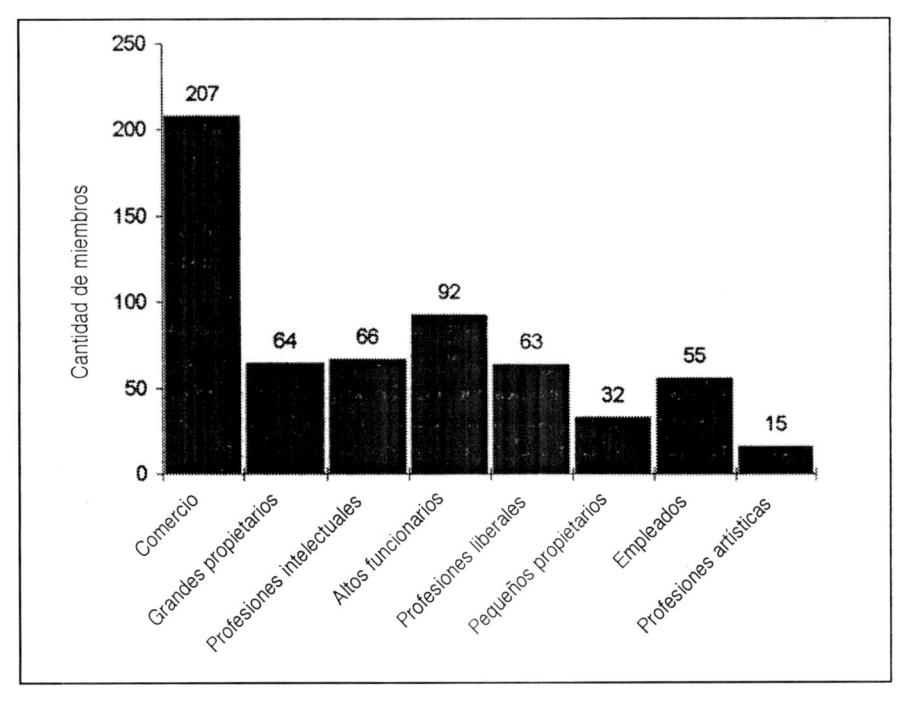

Categoría	Cantidad de miembros
Comercio	207
Grandes propietarios	64
Profesiones intelectuales	66
Altos funcionarios	92
Profesiones liberales	63
Pequeños propietarios	32
Empleados	55
Profesiones artísticas	15

---

el reglamento" y recordó a sus compañeros "que la masonería era una asociación esencialmente humanitaria y filantrópica y que con actos semejantes iba a crearse una aristocracia; si la masonería aceptaba una, no debía ser la del dinero sino la del bien y el conocimiento". *Cf.* AGLA, libro de actas, logia "Obediencia a la Ley", libro núm. 586, sesión del 8 de febrero de 1860.

Modalidad de los intercambios

El marco formal de los intercambios entre masones está rigurosamente establecido por todo un corpus de reglamentos y constituciones que la logia debe respetar para pertenecer a la orden. Aunque distinta de las otras asociaciones socioculturales por su carácter iniciático, la masonería comparte con ellas rasgos comunes, propios de los grupos secundarios de pertenencia. En primer lugar, la índole voluntaria y revocable del vínculo, fundado sobre el principio de la igualdad social.[35] Además de la actividad estrictamente simbólica, los trabajos dentro de la logia tienen como meta, lo mismo que en otras asociaciones, la formación intelectual de los miembros. Esta formación supone, como en otras partes, intercambios de información y de opinión sobre problemas que conciernen a la sociedad en su conjunto, particularmente las cuestiones de educación, salud y asistencia pública; se agregan también las que afectan directamente a la institución, vinculadas con el espacio que ésta ocupa en la sociedad. El reglamento sólo prohíbe estrictamente las discusiones políticas o religiosas.[36] En general, la discusión comienza tras la lectura de una lámina enviada ya sea por uno de los miembros del taller, una autoridad masónica o por otra logia. Luego de esa lectura, los miembros discuten su contenido y llegan a un común acuerdo –digamos a una opinión compartida– atestiguado por las actas y que, a veces, constituye el objeto de la redacción de una lámina dirigida a la obediencia. Pero, a diferencia de otras asociaciones, esta comunicación de los hombres, que busca a través de actos y palabras un consenso social, instaura el secreto como condición de la opinión, por lo que los debates públicos entre masones fuera de la logia son estrechamente controlados.

Varios incidentes dan testimonio de los límites de esta experiencia consensual. La autoridad masónica interviene, por ejemplo, para moderar el conflicto entre el hermano chileno Francisco Bilbao y una buena parte de los hermanos implicados en la política separatista del Estado de Buenos Aires.[37] La polémica se inicia con un debate entablado entre Sarmiento y Bilbao en la prensa porteña en 1858, al que el Supremo Consejo ya se había opuesto.[38] El entredicho prosigue en enero de 1859 cuando Bilbao, en un artículo publicado en el diario de Calvo, *La Reforma Pacífica*, alude a su amistad con Santiago Albarracín,

---

[35] Para esta cuestión véase Ran Halévi, *Les Loges maçonniques dans la France d'Ancien Régime. Aux origines de la sociabilité démocratique*, París, A. Colin, 1984.

[36] Esto no quiere decir, claro está, que esas discusiones no se produjeran en las logias, pero las actas rara vez lo atestiguan.

[37] Bilbao es un personaje bastante equívoco para la clase dirigente porteña. Liberal republicano, profesa un anticlericalismo bastante infrecuente entre los liberales hispanoamericanos, lo que explica que no haya sido muy bien comprendido en su tiempo. Compañero de ruta de los liberales argentinos durante el exilio de éstos en Chile, Bilbao se ubica a la izquierda del sector progresista del partido liberal. Empero, al sostener la organización nacional federalista propuesta por Urquiza, quedará enfrentado, como J. B. Alberdi, al liberalismo porteño y a una parte importante de los masones comprometidos con el poder. Los numerosos conflictos que desata entre los suyos terminarán por aislarlo de los liberales y los federalistas. Aún hoy sigue siendo un personaje controvertido. Su mejor biografía es la de Armando Donoso, *Bilbao y su tiempo*, Santiago de Chile, Zig-Zag, 1913.

[38] *Cf. La Tribuna*, 10 de junio de 1858. Sarmiento envía una carta a todas las logias de Buenos Aires

un masón ex representante de la provincia de Buenos Aires y en ese momento concejal de la ciudad. Héctor Varela, concejal, diputado y también masón, denuncia entonces públicamente la alianza entre Albarracín, Bilbao y Calvo.[39] La obediencia masónica considera entonces inaceptable que los masones utilicen los periódicos para hacer públicos sus diferendos políticos. En consecuencia, el Supremo Consejo remite una circular a las logias de su obediencia, por la cual recomienda un control más estricto de la conducta profana de sus miembros. Recuerda que "cualquier manifestación de desavenencias entre hermanos masones favorece a sus enemigos".[40] Por táctica que pueda parecer la medida, no deja de ser cierto que reduce el espacio de los intercambios de opiniones públicas al interior de la logia. De manera que la masonería, considerada como una de las principales instituciones de la esfera pública moderna, tiende, para preservarse, a mantener el espacio de la opinión en el marco restringido de la logia. Otras instituciones, fundadas en el principio de la publicidad, servirán de relevos entre la logia y la esfera pública.

En efecto, los masones pretenden actuar en esa esfera, pero más bien por intermedio de otras asociaciones. Para hacerlo, crean asociaciones laicas a fin de intervenir sobre todo en dos ámbitos muy caros a la institución: la asistencia pública y la educación. A la primera de esas iniciativas concierne la creación, en julio de 1857, del Instituto de Sordomudos.[41] Tres meses después, el gobierno de Alsina califica la empresa como de interés público y le otorga una subvención mensual de mil pesos.[42] El asunto pasa casi inadvertido, pero los contados comentarios aparecidos en la prensa muestran que la iniciativa es bien recibida.[43] Un año más tarde, Héctor Varela, orador de la logia "Lealtad", diputado y concejal, propone

---

para informarles "que había aceptado con un espíritu de fraternidad la invitación que le cursaron, para transigir en el desagradable incidente que existía entre él y el hermano Bilbao". *Cf.* AGLA, Actas, documentos varios, logia "Unión del Plata", caja núm. 21, sesión del 14 de junio de 1858.

[39] *Cf. El Nacional*, 19 de enero de 1859; *La Reforma Pacífica*, 20 de enero de 1859; *La Tribuna*, 21 y 22 de enero de 1859. Las diferencias entre los masones porteños eran de orden político y religioso. En el aspecto político, Varela representaba al "partido porteñista", enfrentado a Francisco Bilbao, que se alineaba junto a Nicolás Calvo y su diario *La Reforma Pacífica* (vocero del partido prourquicista). En lo que se refiere a las diferencias por cuestiones religiosas, las posiciones estaban invertidas. Los dos extremos estaban representados, por un lado, por los masones Bilbao y Pesce, ambos de un anticlericalismo feroz, y por el otro por los masones católicos. En esta querella religiosa, Varela y Sarmiento se ubicaban en el centro. *Cf. La Reforma Pacífica*, 10 de enero y 18 de noviembre de 1858; *La Tribuna*, 1° de febrero de 1859; Alejandro Pesce, *Roma y la Franc-masonería. Refutación de algunas palabras contra la Franc-masonería vertidas por D. Martín Avertino Piñero*, Buenos Aires, 1858; Francisco Bilbao, *La contra-pastoral*, Buenos Aires, Imprenta y Litografía Berheim y Boneo, 1862. Encontraremos la respuesta a este escrito en el folleto de Estrada y Gelpi, *El catolicismo y la Democracia. Refutación de la América en Peligro*, Buenos Aires, s.f.; véase también Félix Frías, "La sepultura eclesiástica", en *El Pensamiento Argentino*, Buenos Aires, 1863.

[40] Lámina del Gran Oriente de la República Argentina del 15 de febrero de 1859. Un ejemplar en AGLA, Correspondencia, logia "Fraternidad y Beneficencia", libro núm. 21.

[41] Se trata de una iniciativa de la logia Regeneración. *Cf.* AGLA, Libro de actas, logia "Regeneración", caja núm. 36, sesión del 19 de agosto de 1857.

[42] *Cf. La Reforma Pacífica*, 28 de octubre de 1857, p. 2; *El Orden*, 25 de noviembre de 1858, p. 3.

[43] *Ídem*.

crear un asilo de mendigos.[44] A diferencia del primer proyecto, éste tropieza con la viva oposición de las autoridades eclesiásticas y del sector católico cercano al diario *La Religión*, que califican de "falsa caridad" la filantropía masónica.[45] Las razones de esta discrepancia son evidentes: mediante la filantropía, los masones pretenden racionalizar el tipo de asistencia individual, con lo que ponen en entredicho el lugar que hasta ese momento ocupa la Iglesia en la asistencia pública.[46] Y el hecho de que, en el mismo momento en que los masones organizan el Asilo de Mendigos, el católico Félix Frías inaugure las Conferencias de San Vicente de Paul no es, sin duda, una simple coincidencia; el objetivo es poner freno al progreso de aquéllos en ese ámbito.[47] El conflicto llega a su punto culminante durante la inauguración del asilo. La comisión masónica organiza para la ocasión una ceremonia pública a la que concurren, junto con ciento cincuenta masones, los miembros del gobierno y de la mu-

---

[44] La creación de un asilo de mendigos era una idea que Varela acariciaba desde hacía tiempo. En varias ocasiones escribió artículos al respecto en su diario. *Cf.* "Un asilo para los pobres", *La Tribuna*, 12 de mayo de 1855, p. 2, col. 3-4; "Asilo para los pobres", *ibíd.*, 30 de noviembre de 1855, p. 2, col. 5-6; "Indigencia y hospicio", *ibíd.*, 28 de febrero de 1856, p. 2, col. 4-5; "Asilo de mendigos", *ibíd.*, 3 de abril de 1858, p. 2, col. 2. El proyecto se presentó a la logia en la sesión del 10 de junio de 1858. *Cf.* AGLA, Libro de actas (1857-1860), logia "Lealtad", libro núm. 41, sesiones del 10 y el 26 de junio de 1858.

[45] *Cf.* "La caridad de los masones", *La Religión*, 30 de octubre de 1858, pp. 1-3; "Caridad masónica", *ibíd.*, 13 de noviembre de 1858. Las relaciones entre la masonería y la Iglesia en la provincia de Buenos Aires constituyen una enorme cuestión que todavía no fue objeto de investigaciones. Es imposible otorgarle aquí el lugar que merecería. Nos limitaremos a mencionar la rica bibliografía que consultamos sobre el tema. *Cf. Historia, Doctrina y Fin u Objeto de la Franc-masonería. Por un franc-masón que no lo es más. Dedicada a las gentes honradas*, traducido de la segunda edición francesa por un argentino ansioso del bien del país, Buenos Aires, Imprenta de Mayo, 1858; Antonino Fulias, *Farsa de la Francmasonería en Buenos Aires por El Mugiense*, Buenos Aires, Imprenta de la Revista, 1858. Este libelo provoca la respuesta de Pesce que acabamos de mencionar: *Roma y la Franc-masonería...*, ob. cit. Fulias replicará con *Refutación de los errores filosóficos dogmáticos del Dr. Pesce contenidos en su folleto Roma y la Franc-masonería por el Rev. P. Lector y Examinador Sinodal*, Buenos Aires, Imprenta de la Revista, 1859; *cf.* los numerosos artículos en la prensa de la época, en especial en el diario *La Religión, periódico teo-social*, Buenos Aires, 1853-1861.

[46] Por lo que sabemos, no hay investigaciones históricas que se ocupen de este problema. El único trabajo existente con respecto a las instituciones de caridad de Buenos Aires no señala la aparición de esta nueva noción de asistencia pública. *Cf.* A. Meyer Arana, *La caridad en Buenos Aires*, ob. cit.

[47] El acto de instalación se realizó en la iglesia de la Merced el 24 de abril de 1859. *Cf. La Religión*, 30 de abril de 1859, p. 1, col. 1-2. Las primeras hostilidades entre las autoridades eclesiásticas y los masones porteños comenzaron en febrero de 1857, cuando el obispo de Buenos Aires, Mariano José de Escalada, publicó en la prensa una pastoral dirigida a todos los fieles, en la que les recordaba las bulas de excomunión de los masones, *In eminenti*, de Clemente XII (1738), y *Providas*, de Benedicto XIV (1751). Esto provocó una aguda reacción de los masones. Los espíritus se apaciguaron por un tiempo, hasta septiembre de 1858, cuando el mismo obispo prohibió dar sepultura cristiana a un miembro de la orden. El masón Alejandro Pesce publicó entonces un escrito incendiario que avivó las hostilidades entre estas dos instituciones. En ese preciso momento se hizo público el proyecto de creación del Asilo de Mendigos. *Cf.* AGLA, Libro de actas (1858-1870), logia "Unión del Plata", caja núm. 21, sesión del 26 de febrero de 1857; *El Orden*, 19 de septiembre de 1858, p. 2, col. 2; *La Tribuna*, 19 y 29 de septiembre de 1858; A. Pesce, *Roma y la Franc-masonería...*, ob. cit. La mayoría de los masones consideró demasiado extremas las posiciones de Pesce. Sin embargo, se había abierto una brecha entre la Iglesia y la masonería, y pese a los numerosos intentos de ésta por suprimir la corriente anticlerical de la orden, las autoridades eclesiásticas jugarían siempre la carta del enfrentamiento.

nicipalidad.⁴⁸ Las autoridades eclesiásticas se niegan a participar y acusan al gobierno de avalar, con la mera presencia de sus representantes, la ceremonia y la masonería, y promover así la actividad de la orden en la sociedad.⁴⁹

Para los masones, la caridad sólo tenía sentido si iba acompañada de la educación, como lo aclaraba Sarmiento: "La elevación moral e intelectual del hombre es el blanco de la caridad masónica moderna. [...] La caridad masónica toca derramar la ciencia, la verdad y la doctrina moral a fin de marchar en harmonía con los principios de la economía política que desaprueban la caridad que premia el ocio y la degradación moral, librando a sus víctimas del castigo que el Gran Arquitecto del Universo ha puesto en la falta misma, la enfermedad al desorden, la destitución y la miseria a la imprevisión y al vicio...".⁵⁰ Él fue el primero en hacerse eco de ese objetivo entre los masones.⁵¹ La logia "Constancia" respondió a su iniciativa mediante el proyecto de creación de una Escuela de Artes y Oficios en la localidad de Merlo, a 45 km de la ciudad de Buenos Aires, y cuyo objetivo era promover una educación aplicada a la industria para las personas de escasos recursos.⁵² En conexión con la cuestión de la educación y la asistencia pública, los masones también se interesarían en los problemas de la integración de los inmigrantes a la sociedad local. Así, cinco meses después de la creación de la logia "Unión del Plata", el vigilante de ésta, Santiago Albarracín, recordó a sus hermanos masones la necesidad de prestar auxilio a los inmigrantes que llegaban al país sin medios de subsistencia. Mediante una suscripción, su lo-

---

⁴⁸ Cf. *El Orden*, 18 de octubre de 1858, p. 3, col. 4; *ibíd.*, 19 de octubre de 1858, p. 2, col. 3-4.

⁴⁹ "El púlpito", en *La Religión*, 23 de octubre de 1858, p. 5, col. 1.

⁵⁰ Carta del 23 de marzo de 1859 dirigida al Gran Venerable del Gran Oriente de la República Argentina. En la misma misiva, Sarmiento incita a las logias de Buenos Aires a promover la educación, complemento necesario de la caridad. Cf. AGLA, Libro de actas, logia "Confraternidad Argentina", caja núm. 14. A partir de 1856 y hasta 1862, Sarmiento tendrá a su cargo el Departamento General de Escuelas. En 1857 es elegido concejal e integra la comisión de educación. Dirige la comisión especial para la creación de una escuela modelo parroquial, que se inaugurará en 1860. El proyecto es bien recibido por la prensa, que aplaude la iniciativa. Sarmiento deja en 1858 la municipalidad pero continuará con su política a través del Departamento General de Escuelas. Cf. *Memoria de la Municipalidad de Buenos Aires correspondiente al año 1859*, Buenos Aires, Imprenta de la Revista, 1859, pp. 121-122.

⁵¹ Sarmiento solicitaba a las logias que destinaran la mitad de sus fondos a la compra de libros y la ayuda a las escuelas rurales. Cf. *ibíd*. La logia Confraternidad Argentina votó "el otorgamiento de cinco mil medallas para la compra de libros, a fin de distribuirlos entre los niños pobres de la campaña". Cf. AGLA, Libro de actas, logia "Confraternidad Argentina", caja núm. 14, sesión del 19 de marzo de 1859.

⁵² Así, en el programa se especifica que "los jóvenes alumnos deben pertenecer a la clase necesitada" y estarán completamente a cargo de la administración de la escuela. Pero, recién al final de nuestro período, la masonería creará una serie de instituciones destinadas al desarrollo de la instrucción pública. Cf. "Carta dirigida al Gran Secretario General del Gran Oriente de la República Argentina en respuesta al proyecto educativo de Sarmiento, en Buenos Aires, a 16 de mayo de 1859", en AGLA, logia "Constancia", libro núm. 2. En una carta de noviembre de 1860, la logia se dirige al Gran Secretario para solicitarle que interceda ante el gobernador y masón Bartolomé Mitre a fin de que éste otorgue gratuitamente las instalaciones de la capilla de Merlo. Cf. AGLA, Gran Logia Central (1860-1864), caja núm. 24, sesión del 3 de noviembre de 1860. El masón francés Adolphe Vaillant propone un proyecto similar a la logia Les Amis de la Patrie. Cf. Bibliothèque Nationale (París), Uruguay, loge "Les Amis de la Patrie", FM2 867, correspondencia con el Gran Oriente de Francia, enero de 1860.

gia logró reunir quinientos pesos que se entregaron a la Comisión de Inmigración.[53]

Pese a su carácter cerrado, la institución masónica ocupaba un lugar público, ya fuera directamente o por una asociación interpuesta. Funcionaba a la vez como asociación de beneficencia y como sociedad de ayuda mutua. Es indudable que esas funciones pueden explicar el éxito de la institución entre la población local. Pero su rápido desarrollo en la ciudad de Buenos Aires no puede comprenderse sin tener en cuenta el hecho de que también funcionó como una sociedad de recreo entre hombres. No podía ser de otra manera, ya que uno de los valores más apreciados de la orden era el de la fraternidad. Así, los intercambios entre hermanos eran estimulados tanto por el ritual masónico como por las prácticas de sociabilidad que lo acompañaban y prolongaban. Los tradicionales banquetes masónicos, al mismo tiempo que una obligación ritual, eran una práctica de sociabilidad cada vez más difundida en la sociedad. El aspecto puramente sociable -digamos: la mera función de sociabilidad- que se incluía en las prácticas de la masonería parece cobrar una importancia considerable en Buenos Aires, a punto tal que ese aspecto "profano" se impone por momentos al aspecto más filosófico esotérico o filantrópico, como lo dejarían traslucir algunos masones durante el debate que siguió a la lujosa "tenida"* organizada el 21 de julio de 1860 en los salones del teatro Colón. Entonces ciertos hermanos se preguntaron si, como lo establecían los reglamentos, la finalidad de la masonería era la filantropía o la organización de fiestas lujosas, como sucedía cada vez con más frecuencia en Buenos Aires.[54] La misma observación figuraba en el artículo de un masón irregular aparecido en el diario *La Reforma Pacífica*. El autor exponía, en él, las razones por las que no quería ser un miembro regular. La masonería porteña, confesaba, desconoce los verdaderos principios masónicos, no hay en ella ninguna tendencia filosófica o social: "La masonería entre nosotros ha venido a ser moda, ser masón es como ser socio del Club del Progreso o del de Julio".[55] Esto hace suponer que la masonería servía para canalizar la necesidad de sociabilidad de la población local. Pero, al mismo tiempo que ofrecía un lugar de encuentro y una red de relaciones, instituía como fundamento del vínculo un conjunto de valores basados en una representación individual y contractual de la sociedad, lo cual, como veremos más adelante, no dejará de tener consecuencias.

---

[53] *Cf.* AGLA, Libro de actas (1856-1861), logia "Unión del Plata", libro núm. 2, sesión del 28 de agosto de 1856. En la misma época, el masón francés Vaillant, Venerable de la logia Les Amis de la Patrie, presenta al Gran Oriente de Francia un proyecto de emigración para racionalizar y hacer rentable la asistencia de los masones a los nuevos hermanos inmigrantes. Este proyecto tiene el mismo sentido que la política educativa: prever los medios de proporcionar la instrucción necesaria para garantizar su inserción en el mercado laboral. No sabemos si Albarracín conocía el proyecto de Vaillant, pero la coincidencia de las fechas es bastante significativa. *Cf.* Bibliothèque Nationale (París), Uruguay, loge "Les Amis de la Patrie", FM2 867, correspondencia con el Gran Oriente de Francia del 10 de junio de 1856.

* Nombre que se daba a las reuniones de la masonería. (N. del T.)

[54] *Cf.* AGLA, Libro de actas, logia "Consuelo del Infortunio", caja núm. 27, sesiones del 21 y el 28 de agosto de 1860. Dos acontecimientos masónicos habían motivado importantes gastos: la inauguración de la Logia Central en el primer piso del teatro Colón el 21 de mayo de 1860, y la Tenida Magna del 21 de julio del mismo año, en la que se otorgó el trigésimo tercer grado al gobernador de la provincia, Bartolomé Mitre, y al presidente de la Confederación Argentina, Santiago Derqui.

[55] *Cf.* "Un masón que no es aquí masón", firmado por "Un fusionista", *La Reforma Pacífica,* 10 de octubre de 1858.

La importancia de la función esparcimiento en el reclutamiento de las logias podría explicar la doble pertenencia de los hombres a ellas y a los clubes de recreo; en total registramos 128 masones en ese caso (el 13,8% de la totalidad de los masones). En su mayoría se asocian primero a un club, para iniciarse a continuación en la masonería (noventa de los 128 casos); 34 personas hacen lo contrario. Es lícito pensar entonces, que los intercambios recreativos entre hombres constituían un aspecto importante de la atracción de la logia. En esos casos específicos, al menos, la afición por una práctica de sociabilidad ligada a la función del esparcimiento entre hombres puede explicar el paso de una forma a la otra. Y el hecho de que la Gran Logia, lo mismo que varios talleres, funcionaran en el primer piso del teatro Colón no es sin duda una coincidencia sin significación.[56] El lugar compartido puede traducir, en efecto, la proximidad de las funciones.

El esparcimiento cultural como nueva necesidad social

El ritmo de implantación de las asociaciones socioculturales sigue el de la irrupción de las colonias españolas en la "era democrática". Por lo tanto, no es sorprendente comprobar que en Buenos Aires la llegada de los liberales estuvo acompañada por una eclosión de esas formas de sociabilidad. Ellas dan muestras, no obstante, de una evolución en el tipo de intercambios y en su clientela. Las asociaciones, originadas por la necesidad de algunos hombres de discutir sobre "la Sociedad", contribuyen ahora a satisfacer una búsqueda generalizada de esparcimiento cultural, que sirve para definir la pertenencia comunitaria. Como lo veremos más adelante, esas variaciones sociohistóricas no carecerán de consecuencias para las significaciones políticas de las prácticas culturales.

La evolución hacia una forma de esparcimiento cultural

Las asociaciones socioculturales fueron una de las primeras formas contractuales de relación que se implantaron en el Río de la Plata. Hemos demostrado que, a partir de la década de 1830, el inicio de una mutación (1800-1827) termina por confirmarse, en buena parte gracias a los estudiantes universitarios y a la difusión de nuevas prácticas culturales ligadas al desarrollo de la prensa escrita. Al mismo tiempo que se confirma la tendencia se amplía el público. Así, de las primeras asociaciones socioculturales estrictamente compuestas por miembros de la elite intelectual, pasamos a formas que se difunden entre un público más vasto: estudiantes, publicistas y hombres de negocios.

---

[56] Las logias nunca hacen referencia a su sede en la ciudad. Sin embargo, a raíz del conflicto de 1857 entre las dos potencias masónicas rivales, sabemos que el Gran Oriente de la Confederación Argentina estaba en la calle San Martín. Alcibíades Lappas informa del emplazamiento de la otra potencia masónica. Cf. A. Lappas, "Pellegrini, Carlos Enrique", en *La masonería...*, ob. cit., p. 307; AGLA, Actas, documentación varia, logia "Fraternidad y Beneficencia", caja núm. 665, correspondencia del 22 de enero de 1859.

Cuando en 1852 reaparecen las asociaciones socioculturales, se establecen en la zona de la ciudad que estaba socialmente instituida como lugar de intercambios culturales: la "manzana de las luces" o barrio de la universidad. Esto no impide que ese espacio físico reciba ahora una clientela que remite a un espacio sociocultural ampliado. Las asociaciones de finalidades culturales que se desarrollan tienden a acentuar aún más la función esparcimiento del intercambio cultural, esto supone, por lo tanto, una ampliación de su clientela, ya que se acercan individuos que antes no se tentaban con las prácticas asociativas. Así, la Sociedad Filarmónica, creada en 1852 por aficionados a la música, reúne en poco tiempo trescientos socios, y sucede lo mismo con la Sociedad Filarmónica de Mayo. Estas entidades utilizan el modelo asociativo de organización (formas abiertas, vínculos revocables, autoridades elegidas, participación de todos los miembros en las asambleas generales, etcétera) para formalizar encuentros que antes se realizaban de manera episódica. También aquí la gente se reúne para concurrir al espectáculo y para mostrarse como espectáculo. Para participar en ellas basta tener un mínimo de recursos a fin de garantizar el pago de la cuota, y respetar los códigos de civilidad que permiten tener acceso a este universo cultural ampliado.

En algunas de estas asociaciones, el espectáculo predomina sobre la discusión literaria o política, como ocurre con las sociedades filarmónicas. La conversación, cuando no tiende a desaparecer, ya no es de rigor. La función de estas entidades, por otra parte, es muy semejante a la de las asociaciones de esparcimiento, y la proximidad de las actividades induce, a veces, a una confusión de formas, como lo muestra el caso de la Sociedad Filarmónica de Mayo, que asume una de las tareas principales de los clubes de recreación: la organización de un baile mensual para sus miembros. La confusión es tan grande que esta asociación sociocultural terminará por inclinarse hacia la forma esparcimiento y se convertirá, un año después de su fundación, en el Club de Mayo.[57] Vicuña Mackenna da testimonio de la combinación que existe entre las actividades de las sociedades socioculturales y los clubes de recreo.[58] No es sorprendente, entonces, comprobar la doble pertenencia de los miembros a esas asociaciones y a los clubes. Las cifras son elocuentes. En una muestra de 217 individuos miembros de las asociaciones culturales durante este período, 68 de ellos, esto es, casi un tercio, también son socios de un club recreativo. Entre éstos, la mayoría –el 53%– adhiere en primer lugar a una asociación cultural para inscribirse luego en un club, mientras que, quienes toman el camino inverso son el 35,2% de los integrantes de la muestra.[59] Estos datos son reveladores de la atracción que puede ejercer esa función en la incorporación de los nuevos miembros. En efecto, estas asociaciones son el escenario donde se ensalzan la civilidad y el buen tono de los habitantes de la ciudad. La gente no pretende aquí mostrarse cortés y sociable mediante la utilización pública de la razón individual, sino por cierta afición a ofrecerse como espectáculo. En ese sentido, estas entidades se vinculan al fenómeno de la "salo-manía" del que ya hemos hablado, pero con la diferencia de que en lo sucesivo el mar-

---

[57] La decisión fue tomada por la Asamblea General el 8 de marzo de 1855. La cuota de ingreso se fijó en trescientos pesos y la mensual en diez. Cf. *La Tribuna*, 10 de marzo de 1855.

[58] Cf. B. Vicuña Mackenna, *Páginas...*, ob. cit., p. 48.

[59] Cf. nuestra base de datos.

co formal que organiza los encuentros también forma parte de la exaltación de la civilidad de los miembros. Varela no deja de recordarlo en su diario: "estas asociaciones, con reglamentos liberales y republicanos, fundan un pueblo civilizado por el desarrollo de las costumbres democráticas".[60]

La asociación como dispositivo identitario

A diferencia de las logias masónicas, el marco formal de los intercambios culturales exhibe variaciones que responden a los objetivos particulares de cada sociedad. Pero del conjunto de las asociaciones se destacan, por su cantidad e importancia, las que ponen en primer plano la nación como fundamento y objetivo de la relación. Es el caso de las sociedades literarias, que atraen un público más escogido y con una actitud más profesional ante las actividades culturales; hombres de pluma y de ley, principalmente, que se organizan para reflexionar juntos sobre las cuestiones de la sociedad. En comparación con las asociaciones del mismo tipo creadas anteriormente, podemos distinguir con mayor nitidez una reflexión que apunta a la sociedad como comunidad política de pertenencia. En otras palabras, la problemática de la nación está ahora en el centro de sus intercambios culturales.

Algunas asociaciones nacen de un interés común de los hombres de la cultura en instituir públicamente la memoria de la nación.[61] Sus promotores, en su mayor parte compañeros de exilio, vinculan el nacimiento de la nacionalidad a la instauración de la esfera pública, fuente de su propio poder. El Instituto Histórico-Geográfico del Río de la Plata, por ejemplo, se creó por iniciativa de las personalidades políticas más notorias, que combatían en el terreno político por la creación de un Estado nacional: Valentín Alsina, Bartolomé Mitre, Dalmacio Vélez Sársfield, Carlos Tejedor, Domingo Faustino Sarmiento, Rufino de Elizalde, Juan María Gutiérrez, etcétera.[62] Ellos representan las diferentes tendencias del proyecto de organización nacional: los "nacionalistas" en la persona de Bartolomé Mitre, los "autonomistas" en la de Valentín Alsina y los "urquicistas" con Miguel Valencia, Mariano Fragueiro y Nicolás Calvo. Sin embargo, si bien discrepan en cuanto a las condiciones de la organización del Estado nacional, todos coinciden en reconocer que la Nación es el fundamento de la comunidad de pertenencia. Por ese motivo, los vemos congregarse en asociaciones que asignan una importancia muy particular a la creación de una memoria nacional. El instituto, que funciona como asociación con un reglamento similar al de las otras enti-

---

[60] Cf. *La Tribuna*, 28 de agosto de 1854.

[61] Señalaremos que, pese a las diferencias que existen entre el proceso histórico de constitución de las viejas naciones europeas y el que establece la creación de los jóvenes Estados hispanoamericanos, el siglo XIX presenció, tanto en un caso como en el otro, el nacimiento de la "memoria nación" de la que nos habla Pierre Nora. Cf. Pierre Nora, "La nation-mémoire", en Pierre Nora (dir.), *Les Lieux de mémoire*, t. II, *La Nation*, París, Gallimard, 1986, pp. 647-658.

[62] No existen investigaciones sobre esta asociación-institución. Hay algunas referencias en R. Levene, *Los estudios históricos...*, ob. cit., p. 89; Rodolfo Trostiné, *Manuel Ricardo Trelles, historiador de Buenos Aires*, Buenos Aires, 1947, p. 29.

dades, se atribuye el siguiente objetivo: "el estudio de la historia, la geografía y la estadística en todas sus relaciones y aplicaciones, circunscribiéndonos a los países del Río de la Plata, donde pueden explorarse con novedad y ventaja los ricos materiales, que todavía ni siquiera han sido clasificados". Pero, como lo dan a entender, su misión no consiste únicamente en catalogar el patrimonio de la nación, sino también en darle un sentido: "tengamos que contentarnos con poner algún orden en el caos de documentos que constituye nuestra herencia historial".[63] A partir de ese orden imaginario, pretenden institucionalizar la memoria de la nación. Así, los miembros investigadores se dan cita periódicamente para "ordenar" los acontecimientos que constituyen el pasado nacional, con la meta de crear la nación mediante la socialización del relato de los orígenes. Héctor Varela, integrante de la entidad, anuncia de este modo a la opinión pública que "cada pueblo tiene en sus propios fastos un tesoro que custodiar, no como los sacerdotes antiguos guardaban los libros sibilinos, sino como el vínculo sagrado que une las generaciones y que perpetúa los recuerdos".[64] Bartolomé Mitre redacta entonces su *Historia de Belgrano* y participa en el proyecto de las *Galería de Celebridades Argentinas* con Domingo F. Sarmiento, Luis Domínguez, Juan María Gutiérrez y Manuel Moreno. Por otra parte, Domínguez prepara su *Historia argentina* y Alejandro Magariños Cervantes su *Biblioteca americana*, proyecto de publicación de una antología de textos "de los principales hombres de Estado de la República Argentina".[65]

Casi al mismo tiempo que el Instituto Histórico-Geográfico, se constituye la Asociación de Amigos de la Historia Natural del Plata. A diferencia del primero, ésta se crea por iniciativa del gobierno y su estatuto es establecido por el rector de la Universidad de Buenos Aires, José Barros Pazos.[66] El objetivo de esta institución-asociación es "la conservación y el desarrollo del Museo de Buenos Aires".[67] Para ello, el estatuto disponía que la sociedad estuviera compuesta por treinta miembros titulares, entre los cuales los cuatro fundadores, el rector de la universidad y el director del museo elegirían a los restantes. También establecía la existencia de miembros honorarios y correspondientes. Los fondos de la sociedad procedían del Estado o de donaciones de particulares, con los cuales la comisión tenía que proveer al crecimiento de las existencias del museo, compuestas en su origen por una colección de minerales, piezas de anatomía, instrumentos de física y una importante colección de medallas artísticas y modernas que el gobierno de Buenos Aires había adquirido en 1823.[68] El

---

[63] Cf. *Bases orgánicas del Instituto Histórico-Geográfico del Río de la Plata*, Buenos Aires, Imprenta de La Tribuna, 1856.

[64] Cf. "Instituto Histórico-Geográfico", en *La Tribuna*, 1° de mayo de 1855, p. 2, col. 1-2.

[65] Cf. *Galería de Celebridades Argentinas. Biografía de los personajes más notables del Río de la Plata*, Buenos Aires, Imprenta Americana, 1857; Juan María Gutiérrez, *Pensamientos, máximas, sentencias, juicios, etc., de escritores, oradores y hombres de estado de la República Argentina*, Buenos Aires, Biblioteca Americana, 1859; Luis Domínguez, *Historia argentina*, Buenos Aires, Imprenta del Orden, 1861. Véase el desarrollo de esta cuestión *infra*, capítulo 8.

[66] Cf. *Estatuto de la Asociación de Amigos de la Historia Natural del Plata, creada por superior decreto del 6 de mayo de 1854*, Buenos Aires, Imprenta de la Revista, 1855.

[67] *Ibíd.*, art. 1°.

[68] Según Trelles, el fondo original estaba compuesto por 1.505 medallas que provenían de una colección del padre Casone, custodio de las medallas del Vaticano. La colección fue comprada por el gobierno de Ri-

proyecto de Barros Pazos y de Trelles consistía en hacer del Museo de Historia Natural una institución destinada a catalogar los vestigios de la historia y la geografía nacionales. Por esta razón, crearon la asociación "de amigos del museo", compuesta por eruditos que debían encargarse de la investigación geológica para alcanzar un mejor conocimiento del medio natural local. La actividad científica se ponía así al servicio de la nación, pues la recuperación de los vestigios "de la naturaleza y la historia local" se convertía en una pieza maestra de la construcción del pasado común; el museo era el instrumento esencial de la conservación de esos vestigios. La asociación se asignó así la misión de hacer del Museo de Historia Natural un lugar de la memoria, al que los ciudadanos podían acudir para entregarse al culto de la nación. Esto explica que a partir de 1854 aumentaran paulatinamente las piezas de la memoria histórica clasificadas como "de arte, antigüedades, objetos diversos y otras rúbricas".[69] Y aunque en nuestro período fueran mucho menos numerosas que las piezas zoológicas, en proporción su cantidad aumentó con mayor rapidez. Así, sobre un total de 5.439 piezas de zoología que poseía el museo a fines del período que nos ocupa, el 67,45% se habían adquirido luego de la fundación de la asociación de amigos. En cambio, los objetos que eran vestigios históricos se habían obtenido casi en su totalidad —el 96,6%— luego de 1854. Para esos hombres de cultura y poder, el proyecto científico y cultural se confundía con el proyecto político de la nación.[70]

Encontramos además otras asociaciones que funcionan como círculos de ideas, con el objetivo de consagrar la memoria de la nación. Podemos citar el caso del Ateneo del Plata y el Liceo Literario, creados en 1858, que agrupan a los principales publicistas e intelectuales de la época, quienes se reúnen con la finalidad de desarrollar las artes y la historia nacional. Tanto en un caso como en el otro, se trata de asociaciones creadas por iniciativa de algunos hombres de letras y financiadas por los aportes de sus miembros. El Ateneo del Plata, que muestra una tendencia política cercana a la provincia de Buenos Aires, contará con la benevolencia del gobierno, que pondrá a su disposición los salones de la universidad. El Liceo Literario, asociación integrada por personalidades como Bilbao, Calvo, Viel Castel y Fajardo, que reconocen públicamente sus diferencias con la política de Buenos Aires, deberá contentarse con realizar reuniones en los domicilios particulares de sus miembros. Pese a las discrepancias políticas, para ambas instituciones la cultura es objeto de intercambios en la medida en que es cultura nacional. Así, el Ateneo del Plata establece, a través de sus comisiones de historia, literatura y poesía —dirigidas por D. F. Sarmiento, M. Cané y L. Domínguez—, los temas de interés común que privilegian el desarrollo de una cultura nacional. En la primera reunión se propone como tema del concurso mensual de poesía "La novela histórica: el descubrimiento y la conquista del Río

---

vadavia en 1823. Cf. M. R. Trelles, *Registro estadístico*..., ob. cit., t. II, 1858, pp. 135-149. Arsène Isabelle hace algunos comentarios sobre las colecciones del museo, al que llama "gabinete de curiosidades". Cf. A. Isabelle, *Voyage à Buenos Aires*..., ob. cit., pp. 161-162.

[69] Se encontrará una lista de esos objetos en PGB, *La Création*..., ob. cit., anexo núm. 1, documento núm. 4, "Nombre d'objets acquis par le Musée d'Histoire Naturelle entre 1854 et 1861".

[70] Nación que, como lo sugieren los nombres de las asociaciones, se inscribe en un territorio de geometría variable.

de la Plata".[71] Miguel Cané, encargado de la sección de literatura, da las siguientes posibilidades como temas de redacción de una novela histórica: "la muerte de Crámer y Castelli", "Liniers y su drama" y "relatos sobre la muerte de Solís".[72] Sarmiento, responsable de la sección de historia, inaugura los trabajos con la lectura de su memoria sobre "el espíritu y las condiciones de una historia de América".[73] Los intercambios culturales se inscriben aquí, sin ninguna duda, en un dispositivo identitario de redefinición de la comunidad de pertenencia.

Para los promotores del Ateneo lo importante era que "las indicaciones de los maestros, en la forma de lecciones, ilustren a nuestro mundo intelectual y desarrollen en provecho de nuestra juventud algo semejante a las cátedras de la Sorbona, el Colegio de Francia, las grandes universidades alemanas e italianas".[74] La comparación es curiosa, porque las dos instituciones mencionadas son notoriamente diferentes de la experiencia *porteña*. Si en Francia, como nos lo muestra Pierre Rosanvallon, la "resurrección" de las instituciones científicas está ligada a la presencia de un Estado nacional y se asocia a una nueva figura del intelectual erudito, en Buenos Aires la reivindicación de los círculos literarios como lugares de cultura se origina en una iniciativa privada y evoca más bien la imagen romántica del intelectual filósofo.[75] Las instituciones culturales de las elites están destinadas, antes bien, a ocupar el lugar de las inexistentes instituciones científicas del Estado. También aquí, la estructura de sociabilidad asociativa de las elites precede al Estado en su función de imponer una presencia institucional de la nación en la sociedad.

Las nuevas asociaciones no se limitan al aspecto estrictamente cultural de los intercambios sociales. También encontramos algunas que destacan el aspecto científico corporativo de esos intercambios. Es lo que sucede con las asociaciones de miembros de las profesiones liberales que pretenden organizarse para extraer de ello un beneficio personal, pero asimismo para prestar un servicio a la comunidad. Retoman el modelo de las asociaciones de ayuda mutua, pero se fundan en criterios de pertenencia cultural. Así, la Asociación Farmacéutica Bonaerense,[76] la Asociación de Médicos de Dolores o la Asociación de Médicos Bonaerenses combinan la ayuda mutua con las discusiones públicas sobre cuestiones de interés general, que son también cuestiones de sus profesiones. Debido a ello se atribuyen un papel, en el desarrollo de los conocimientos, que responde a las necesidades del país. He aquí, entonces, el otro aspecto del dispositivo identitario: la asociación de los individuos para el desarrollo de una ciencia que, si no es nacional, se adapta al menos a las necesidades de la nación.

---

[71] Cf. "El Ateneo del Plata", en *La Tribuna*, 2 de octubre de 1858.

[72] *Ibíd*.

[73] El trabajo fue publicado por el diario *El Nacional*. Cf. los números del 21 al 25 de octubre de 1858.

[74] Acta del Ateneo del Plata, segunda reunión preparatoria, publicada en *La Tribuna*, 29 de junio de 1858, p. 2, col. 3-4.

[75] Véase P. Rosanvallon, *Le Moment Guizot*, ob. cit., pp. 155-162.

[76] Véase Francisco Cignoli, *Historia de la Asociación Farmacéutica y Bioquímica Argentina*, Buenos Aires, 1947; F. Cignoli, *Historia de la Farmacia Argentina*, Rosario, Librería Renz, 1953, pp. 198-225; F. Cignoli, "Mitre y la Asociación Farmacéutica Bonaerense", en *Investigaciones y Ensayos*, XI, Buenos Aires, Academia Nacional de la Historia, 1971, pp. 297-304.

El reclutamiento de las asociaciones socioculturales

Lejos de traducir fenómenos contradictorios, los diferentes tipos asociativos que acabamos de presentar manifiestan una misma tendencia hacia la ampliación de la clientela de los intercambios culturales, como se desprende del análisis de los miembros de esas asociaciones.[77] Es difícil decir si los 217 miembros registrados son representativos del conjunto. De todos modos, podemos afirmar, sin correr grandes riesgos, que son representativos de la composición de las elites de las asociaciones socioculturales. Pues son ellas las que aparecen con mayor facilidad en los documentos y la prensa local. Según esos datos, las asociaciones culturales están compuestas por una mayoría de intelectuales e integrantes de las profesiones liberales, en tanto que los grandes propietarios aún miran con malos ojos ese tipo de organizaciones o, al menos, su dirección. Lo que acaso sorprenda un poco más es la escasa presencia de las profesiones del comercio, medio en el que ya se habían desarrollado hábitos asociativos. Tal vez haya que buscar la razón de esa indiferencia en su fuerte especialización y en la menor cabida que se le dan a los objetivos estrictamente culturales, ya que limitan la clientela y, por ello, quizás resulte poco atractiva la red de relaciones.[78]

En el caso de algunas asociaciones, la población estudiantil representa todavía una cantidad importante de sus miembros, como parece suceder con el Ateneo del Plata, de acuerdo con una noticia publicada en la prensa local, que anuncia que, "como la mayor parte de los socios del Ateneo son alumnos de la Universidad y están de exámenes desde el 1ro. del próximo mes, varios señores se han empeñado en que se suspenda la sesión que este día debía tener lugar".[79] Pero parecería que además de los intelectuales y los inevitables estudiantes, nuevos sectores comienzan a acercarse a estas entidades. Los empleados administrativos, en especial, representan casi la quinta parte del total de los miembros. Aunque deben tomarse con extrema prudencia, estas cifras siguen siendo bastante significativas y nos permiten conjeturar el modelo de difusión de las asociaciones. La ampliación de la clientela se produciría así por conducto del sector medio, que es el que está más cerca de las elites culturales y políticas; lo está debido a una relación de dependencia en la administración del Estado provincial, pero también porque esos sectores, intermediarios entre la cultura de elite y la cultura popular, ven en la pertenencia asociativa una forma de incorporar el modelo cultural de las elites políticas, con lo que tal vez se les abran las puertas del ascenso social.

---

[77] Desgraciadamente, las distintas asociaciones examinadas no dejaron archivos. Tratamos de recomponer las listas de los miembros a partir de las informaciones publicadas por la prensa local, así como mediante los reglamentos y estatutos que a menudo contienen una introducción "histórica" con la enumeración de los integrantes. Así, en el caso de la Sociedad Filarmónica, que tenía más de trescientos socios, sólo disponemos de los nombres de los miembros de las comisiones directivas. En cambio, nuestras listas son bastante completas en lo que se refiere a los integrantes del Instituto de Historia, el Ateneo del Plata o el Liceo Literario. Con esta información logramos elaborar una lista –incompleta– de 217 miembros de esas asociaciones. En PGB, *La Création...*, ob. cit., t. III, anexo núm. 1, "Base de données", se encontrará el listado.

[78] Es difícil, sin embargo, sacar conclusiones con listas incompletas. Pero aun cuando se contara con nóminas completas, la clasificación socioprofesional sería en sí misma discutible y habría que tratar con extrema prudencia las conclusiones que se extrajeran.

[79] Cf. *La Tribuna*, 30 de noviembre de 1858, p. 2, col. 7.

Con respecto al período precedente, las asociaciones socioculturales muestran una mayor especialización de sus funciones, que tienden a limitarse a la esfera estrictamente cultural y científica. Como acabamos de comprobarlo, esto restringe su clientela al sector de los intelectuales y políticos interesados en la política cultural. Sin embargo, no son ajenas a ese pronunciado gusto por los intercambios sociales en el respeto de ciertos códigos y valores relacionales, fundados sobre una representación individual y contractual de la sociedad. Pero sus miembros van a procurar satisfacer esa necesidad de sociabilidad pura y de conectarse con una red relacional ampliada mediante la concurrencia a las asociaciones de recreo.

La sociabilidad como objeto de asociaciones: los clubes de recreo

La sociedad de recreación no es, sin duda, una invención inglesa. La población de la ciudad y de la campaña tenía sus lugares y formas de esparcimiento más o menos instituidos en la época de la colonia. En el campo, la *pulpería* era el principal lugar de recreo; en la ciudad, los sitios y las formas eran muchos: desde los baños en el río hasta las danzas ritmadas por el tambor, pasando por las numerosas *tertulias* familiares, los habitantes no dejaban de manifestar esa necesidad de sociabilidad pura. Aunque haya que distinguir entre el esparcimiento popular y el de la "gente decente", la sociabilidad urbana colonial se caracterizaba por sus formas espontáneas, cuya red se construía a menudo en torno de los lazos de parentesco. La función esparcimiento se desarrolló a continuación mediante las formas modernas de sociabilidad, que anuncian una tendencia fundamental de la vida colectiva correspondiente, como lo demostró con claridad Maurice Agulhon, a la expansión de la civilización burguesa.[80] El esparcimiento compartido se convierte entonces en el objeto de la asociación.

La organización de los lugares de recreo

Darse el placer de una buena compañía, mostrando cierta holgura, se convierte cada vez más en el modelo generalizado de sociabilidad entre la "gente decente". Como ya lo demostramos, tanto las relaciones informales en los cafés como las asociaciones de diversos tipos desarrollan esa forma de sociabilidad pura. Pero lo que pudimos identificar como rasgos comunes a ciertas formas asociativas termina por dar origen a una forma específica: la sociedad de recreo o club a la inglesa.

Los primeros clubes de recreo fueron creados por la población extranjera de la ciudad. En un primer momento eran formas que combinaban el placer del encuentro con la necesidad de información. Así sucedía con las "salas" o círculos de comerciantes que ya conocimos. Pero a medida que se perfila la tendencia a la organización, vemos aparecer formas

---

[80] *Cf.* M. Agulhon, *Les Cercles...*, ob. cit.

recreativas específicas: las asociaciones de esparcimiento mundano o deportivo. La primera de ellas fue la Foreign Amateur Racing Society, fundada en Buenos Aires en 1849 por algunos miembros del Club de Residentes Extranjeros.[81] La comisión sesionaba en las instalaciones del club en la ciudad, pero los hombres se reunían en un terreno situado en la localidad de Belgrano, a 8 km del centro, donde se hacían las carreras. Tres años después, miembros de la población local establecieron el Club del Progreso. Se trataba más bien de una forma de recreación mundana que combinaba solaz cultural, juegos de sociedad y diversiones deportivas. La fórmula tuvo un éxito inmediato: entre 1853 y 1858 se fundaron 12 clubes de esas características. La modalidad experimentó un desarrollo progresivo hasta 1856 (fundación de una entidad en 1854, tres en 1855, cuatro en 1856) y luego una disminución gradual hasta 1858, para estancarse desde ese año hasta 1862. La curva se explica con facilidad: tras la implantación de esta práctica en la población local, hubo una breve fase de expansión durante los primeros años del gobierno constitucional, desde la declaración de libertad de asociación en 1854 hasta 1856-1857. A continuación, la coyuntura interna y sobre todo el desencadenamiento del conflicto armado con la Confederación explican la desaceleración en el establecimiento de nuevos clubes. Tanto más cuanto que la guerra coincidió con la crisis económica que afectó intensamente al sector exportador de la economía provincial. Las dificultades económicas explican en muchos aspectos la disminución de los lugares de esparcimiento.

El modelo de implantación de los clubes es muy similar al de las logias masónicas: originados en la población extranjera de la capital, se desarrollan posteriormente entre su población nativa, para difundirse luego en los pueblos de la campaña (documento núm. 20). El estatus de esos pueblos es bastante heterogéneo, pero su punto en común es una producción agrícola que ocupa un lugar considerable en su economía: ganadería en el sur, San Miguel, San Nicolás y Chascomús, explotación agrícola en el norte y el oeste, en Flores, Mercedes, Belgrano, San Isidro y Zárate. En ciertos casos, son ya lugares de solaz para la población urbana, como Flores y Belgrano, localidades frecuentadas los domingos por la "gente decente" de Buenos Aires, y San Isidro, a 24 km de la capital, lugar de descanso veraniego de las familias porteñas. En otros, las elites de la ciudad que se trasladan por la campaña difunden estas nuevas formas de sociabilidad entre la población local. En muchos casos, los clubes de recreación son las primeras asociaciones modernas que se desarrollan en el medio rural.

Reclutamiento

¿Quiénes eran los socios de los clubes? La práctica se desarrolló en un primer momento entre las elites urbanas que eran más próximas a la población inglesa. En principio, no había ninguna restricción para participar en ellos, siempre que el candidato pudiera abonar la cuo-

---

[81] *Cf.* Ricardo Hogg, *Yerba vieja*, t. I, Buenos Aires, Casa Editora Julio Suárez, 1940, p. 232; Jorge Navarro Viola, *El Club de Residentes Extranjeros (1841-1941)*, Buenos Aires, Coni, 1941, pp. 35-38.

20. *La implantación de los clubes de esparcimiento en el Estado de Buenos Aires (1852-1862)*

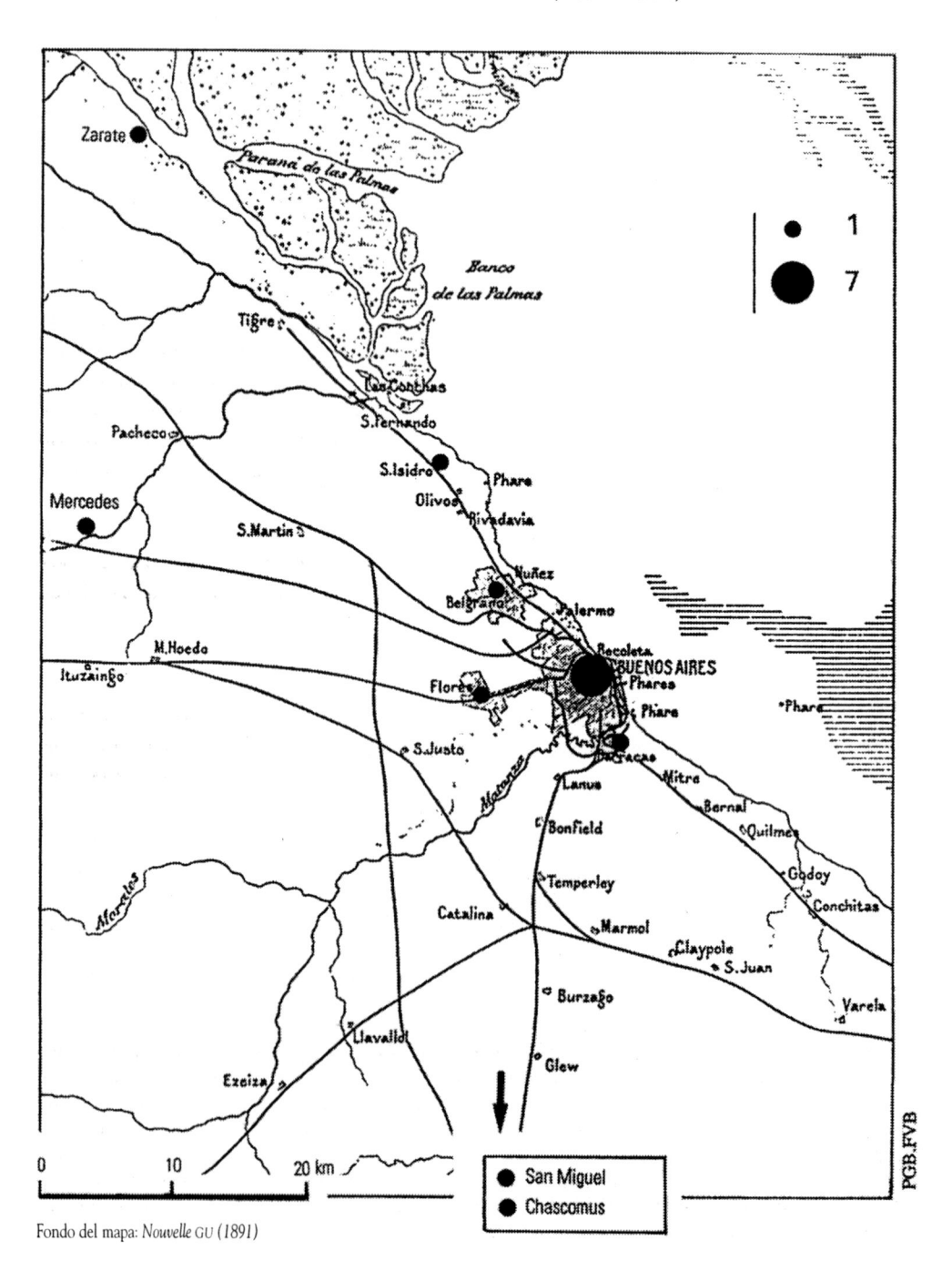

ta de ingreso y el aporte mensual. El costo variaba de un club al otro. Así, en el primer club creado entre los nacionales, el derecho de admisión ascendía a mil pesos con una cuota mensual de cien pesos.[82] Los clubes fundados a continuación apuntaban a una clientela menos acaudalada, por lo que las cuotas descendían de manera considerable, variando entre 25 pesos en el de los guardias nacionales y sesenta en el Club del Plata. A partir de estas cifras podemos deducir pronunciadas diferencias en el origen socioprofesional de los socios. Al respecto, el chileno Vicuña Mackenna, que visita Buenos Aires en el momento de mayor efervescencia de los clubes, nos dejó el siguiente testimonio: "El club jefe es el del Progreso, porque es el más caro y el más aristocrático. Cuenta con doscientos ochenta miembros que pagan cincuenta pesos [sic] por año. Su rival inmediato, pero la rivalidad de esta clase de establecimientos es para hacerse mejores, es el Club de Mayo, que pudiera llamarse el *cercle bourgeois* de la población".[83]

¿En qué consiste la diferencia que marca Vicuña Mackenna? En teoría, el Club del Progreso está abierto a todos; basta con ser presentado por tres socios y obtener una minoría de votos en la comisión directiva.[84] Esto facilita, en efecto, el reclutamiento de familiares y amigos. De todos modos, el monto de la cuota funciona como un eficaz mecanismo de selección. El público del club se ubica así en la franja de posición más acomodada de la población. Pero lo que constituye su carácter aristocrático, frente a los otros clubes, de una clientela igualmente burguesa, son las restricciones concernientes a la cantidad de socios a los que se reserva estrictamente el acceso a las instalaciones. En efecto, de acuerdo con los estatutos no podían ser más de doscientos diez, vale decir, las principales familias de Buenos Aires.[85] Esto no deja de suscitar la repulsa de quienes quedarán excluidos de "lo más selec-

---

[82] Sólo la cuota de ingreso representaba al menos tres meses de salario de un funcionario de nivel medio. En cuanto a la cuota mensual, era equivalente a entre el treinta y cuarenta por ciento de un sueldo. El salario de la mano de obra agrícola rondaba los doscientos pesos mensuales. En la ciudad, los salarios eran un poco más altos. Cf. Hilda Sabato, "Salarios rurales en la provincia de Buenos Aires, 1842-1895", en *Capitalismo y ganadería...*, ob. cit., pp. 112-113.

[83] *Cercle bourgeois* [círculo burgués] está en francés en el texto. La cifra de cincuenta pesos por año es errónea. Es posible que Vicuña Mackenna haya querido decir cincuenta pesos por mes. Pero según los documentos del club, la cuota era en un inicio de setenta pesos, y en 1856 aumentó a cien. Tal vez el chileno, como invitado, haya pagado cincuenta. Cf. B. Vicuña Mackenna, *Páginas...*, ob. cit., p. 376.

[84] Consultamos en los archivos del Club del Progreso la documentación correspondiente a nuestro período, que incluye el libro de actas y el de socios. Debemos agradecer aquí a Lucía Gálvez, miembro de la comisión de cultura del club, que nos facilitó el acceso a los archivos y a la biblioteca. La documentación se completó con la utilización de la prensa escrita, en especial el diario de la asociación, *El Progreso*, así como el de varios socios del club, *La Tribuna* de los hermanos Varela.

[85] Artículo 1: "De acuerdo con lo establecido por sus fundadores, la masa societaria del 'club' no podrá superar los doscientos diez miembros, y una vez alcanzada esa cifra, sólo podrá admitir nuevos socios en caso de que queden lugares vacantes". La cláusula fue impugnada en varias oportunidades. En 1855, la comisión directiva aceptó elevarla a doscientos cincuenta. En 1856, cuando el club empezaba a tener dificultades para pagar el costo de la lujosa decoración comprada en Europa, la comisión aceptó, en la sesión del 7 de julio, aumentar el número a trescientos. El 30 de mayo de 1862, por petición de 105 socios, volvió a incrementarlo, esta vez a trescientos cincuenta. Cf. Archivos del Club del Progreso, Libro de actas, sesiones del 8 de septiembre de 1852, 7 de julio de 1856 y 30 de mayo de 1862.

to de Buenos Aires", como lo atestigua un "ciudadano indignado" con respecto al baile ofrecido en los salones del club por Pastor Obligado, uno de sus socios pero también gobernador del Estado de Buenos Aires, en honor de la Comisión de Paraná:

> lo que sobrepuja en originalidad a todo lo dicho, es que el Club del Progreso sea el representante oficial y aristocrático de la población entera de Buenos Aires, que paga las contribuciones, con las cuales se celebran las fiestas públicas, sin tener derecho a disfrutarlas. [...] Los socios del Club del Progreso creemos son docientos poco mas o menos y para dar un baile de ese género parece conveniente y consiguiente al rango que Buenos Aires asume en el mundo, que sean invitados no los individuos de un club determinado por las listas de la sociedad, sino los ciudadanos y sus familias de diversos círculos aunque siempre de lo principal de Buenos Aires.[86]

¿Quién era esa aristocracia que pretendía representar al pueblo de Buenos Aires? Hemos contabilizado 573 individuos socios del club entre 1852 y 1863, y tenemos informaciones correspondientes al estatus socioprofesional de 262 de ellos.[87] El sector mejor representado es el de los grandes propietarios de tierras y capitales, que constituyen el 32% del total. Hasta entonces, este grupo estaba poco presente en las otras formas asociativas de sociabilidad de elite. Lo cual significa que, en los sectores considerados más tradicionales, la mutación cultural se produce por medio de las sociedades comerciales y las asociaciones de recreo. Más que la conversación y las discusiones, estos hombres buscan una compañía entre pares a fin de ampliar su red de relaciones.[88] En cuanto a las profesiones intelectuales, su presencia es tan importante como la de los grandes propietarios, y en la mayoría de los casos se trata de hombres que ejercen funciones políticas. Por otra parte, un tercio de los socios del club ocupa un cargo en la administración del Estado provincial. El porcentaje es mucho más alto que en la masonería, donde sólo representan el 13,8% de los miembros. Con mucha frecuencia, las grandes iniciativas de la época se conciben y deciden en los salones del club: construcción del primer ferrocarril, instalación de la compañía de gas, fundación de la Bolsa de Comercio, etcétera.[89]

Por desdicha, no pudimos encontrar los archivos del Club de Mayo, lo que nos habría permitido comparar los datos del Club del Progreso con los de la institución que Vicuña

---

[86] Cf. "Protesta de un ciudadano", en *La Tribuna*, 26 de enero de 1855, p. 3, col. 2.

[87] Las listas son completas. Cf. nuestra base de datos.

[88] El Club del Progreso servía a los ricos comerciantes extranjeros para entablar lazos de sangre con la clase dirigente local. Veamos algunos casos: Mariano Acosta casa a su hijo con la hija del empresario Adolphe Van Pratt, uno de los accionistas del primer ferrocarril, y a su hija con el hijo de Daniel Gowland, acaudalado comerciante inglés. Manuel H. Aguirre casa a su hijo con la hija de uno de los más grandes productores de ovinos, Claudio F. Stegmann. Federico Elortondo se casa con la hija de Tomás Amstrong, uno de los más ricos empresarios extranjeros, terrateniente, industrial y financista y uno de los fundadores de la Bolsa de Comercio, todos ellos socios del club.

[89] Cf. Club del Progreso, *Datos históricos sobre su origen y desenvolvimiento. Apuntes coleccionados por la comisión directiva en este centro con motivo del 50º aniversario de su fundación*, Buenos Aires, 1902; Héctor José Iñigo Carreras, "El Club del Progreso, de Caseros a la *Belle Époque*", en *Todo es Historia*, 57, enero de 1972.

Mackenna define como *cercle bourgeois*. Disponemos de algunos nombres recogidos en la prensa local. Se trata de individuos que integran la comisión directiva, 27 en total. Aunque es difícil extraer una conclusión cualquiera de cifras tan menguadas, acaso éstas traduzcan una tendencia, lo cual queda por confirmar, desde luego. Señalaremos que los propietarios de tierras y capitales siguen siendo los mejor representados (un tercio del total), pero ahora encontramos dos grupos cuya participación va en aumento: las profesiones liberales, que constituyen una quinta parte de los miembros, y los comerciantes, casi una sexta parte. Esto nos hace pensar, que su carácter más burgués se debe al hecho de que el club se abre a una clientela de un prestigio social menos reconocido por el conjunto de la comunidad. Por otra parte, pareciera que la clase política tiene mayor presencia en él. Casi la mitad de los 27 socios desempeña un cargo público, y una sexta parte son publicistas. Pero es muy probable que estén sobrerrepresentados, ya que en la mayoría de los casos se trata de la elite dirigente del club. Sea como fuere, la gran diferencia entre uno y otro radica en que el Club de Mayo no fija un cupo de socios.

En lo que se refiere a los clubes de los pueblos de la campaña, ¿cómo no imaginar que su clientela se compone de productores de origen extranjero, acostumbrados a esas prácticas de esparcimiento, así como de la población de nuevos productores agrícolas procedentes de la ciudad y de quienes, de estirpe más antigua, tienden a integrarse a la nueva red de intercambios socioeconómicos? Pero también en este caso, la falta de archivos deja por el momento la cuestión en suspenso.

Modalidad de los intercambios: recreación y política

Los clubes son formas asociativas de esparcimiento, cuya finalidad es la pura sociabilidad. Los vínculos se anudan a partir de una actividad común que relaciona a los socios: actividad de solaz mundano o deportivo. La modalidad de los intercambios dependerá del tipo de actividad que desarrolle la asociación. Cuando se trata del esparcimiento mundano, las formas puramente recreativas son similares a las de las asociaciones socioculturales; en cambio, las primeras formas de recreación deportiva anuncian un modelo asociativo completamente nuevo: los clubes de deportes.

El Club del Progreso, que fue el primero de ese tipo creado en el seno de la población porteña, se fija el siguiente objetivo: "fomentar el espíritu de asociación, completamente desaparecido, mediante reuniones periódicas de los señores más respetables, nacionales y extranjeros; desvanecer los prejuicios infundados, generados por el aislamiento y la desconfianza, uniformando en la medida de lo posible las opiniones políticas por medio de discusiones; aunar los esfuerzos de todos en bien del progreso moral y material del país".[90] Así expuestos, los propósitos del club son comunes a los de las Sociedades de Amigos del

---

[90] Así resume Diego de Alvear los objetivos establecidos en los estatutos. No hemos encontrado el original del reglamento de 1852. *Cf.* "Carta del presidente del Club, doctor Diego de Alvear, al director del diario La Tribuna", en *La Tribuna*, 3 de septiembre de 1853.

País, a los que se agregan nuevos objetivos políticos. Pero independientemente de las metas económicas y políticas explícitas, el club se funda para satisfacer una necesidad de sociabilidad pública entre "gente decente". Durante el banquete inaugural, G. Posadas aclara: "Esta asociación, nueva en nuestra patria [...] ha tenido por especial objeto el despertar entre mil compatriotas la necesidad de reunirse, de mancomunar sus ideas tendientes al desarrollo de nuestra industria nacional. La de confraternizar con los extranjeros de las naciones amigas".[91]

La confusión entre estos dos objetivos –político económico y de recreación– se produce en un inicio por la utilización de la palabra "club", hasta entonces empleada en su acepción francesa.[92] Es difícil decir, por lo tanto, si en un principio la designación ocultaba o no una voluntad de acción política explícita. En todo caso, no existía al respecto consenso entre los socios. Esto explica que en el libro de actas encontremos, a veces, la palabra "club" entre comillas, y otras veces sin ellas. En lo que concierne a los objetivos de las reuniones, ni siquiera había unanimidad entre los secretarios, redactores de las actas: para unos, la designación de club era una prueba de la voluntad inicial de los fundadores de constituir una especie de sociedad de ideas, voluntad que a continuación había sido traicionada; para otros, el "club" había adoptado las formas de las asociaciones recreativas a la inglesa. Ese malentendido no dejó de suscitar algunas fricciones entre los socios, como lo atestiguó el descontento de "los argentinos de la defensa" que hizo público el diario de Varela:

> Al establecerse el año anterior aquella asociación, con el pomposo título que lleva, todos creyeron que la política y el progreso social serían objetos principales a que se contragese preferentemente. La política porque es un absurdo chocante y ridículo darle el nombre de Club a una asociación de danza, gastronomía, juego de billar, donde se vende café y todo a precio más alto que en el primer hotel de París [...] el carácter aristocrático que aquella sociedad a tomado, repele toda idea de sociabilidad, franqueza y buen gusto que debe reinar siempre en las reuniones de aquella clase.[93]

El reproche no puede ser más claro: el fomento del espíritu de asociación es para ellos inseparable de la civilidad que debe desarrollar un espacio público político. El desahogo y la recreación todavía se identifican con formas aristocráticas de sociabilidad que no pueden aportar nada bueno a la sociedad republicana. Diego de Alvear, presidente del club, no tarda en responder a esa acusación. Tras enumerar *in extenso* los beneficios de la sociabilidad que "restablecen los lazos de patria, amistad y hasta familia", promueven el espíritu de asociación e industria y estimulan el recuerdo de los grandes hombres de la patria, Alvear concluye: "Si pese a todo esto se considera que nuestra Sociedad del Progreso ha sido estéril en sus resultados, porque no se constituyó en logia revolucionaria para enarbolar un estandar-

---

[91] Cf. *El Progreso*, 27 de mayo de 1852.
[92] Hasta la fundación del Club del Progreso, la palabra designaba casi exclusivamente una asociación política.
[93] Cf. *La Tribuna*, 26 de agosto de 1853.

te puramente político y belicoso, el autor anónimo puede buscar prosélitos para su club". Alvear termina por recordar que todas las formas de recreación que cultiva el club y que suscitan reproches son esenciales para la realización de sus grandes objetivos.[94] En otras palabras, las relaciones propias de las sociedades recreativas son las más aptas para llevar a buen puerto el proyecto político de las elites. La reconstrucción institucional y económica de la nación pasa aquí principalmente por el establecimiento de una sociedad civilizada, cuyo modelo serían los clubes de las elites.

Esto implica un cambio importante –podríamos hablar incluso de mutación– del campo político. Mientras que antes, éste se asociaba a la acción (movilizaciones, motines, golpes de Estado, revoluciones) o al poder, ahora se identifica con ciertas prácticas culturales que definen la comunidad de pertenencia como "sociedad civil" y como una nación. Los banquetes y bailes permiten, al mismo tiempo, instaurar la civilidad como fundamento del lazo social y conmemorar las fiestas cívicas; las *tertulias* mensuales sirven a la vez para tramar lazos de amistad y contemplar los retratos de los principales héroes de la patria, que graban en la memoria de los miembros de la asociación los componentes políticos de la identidad nacional; las bibliotecas, por último, son los lugares por excelencia de urbanidad y el espacio en que se instaura la publicidad como fundamento del poder.[95]

El calendario danzante refleja también la identidad entre civilidad y política: para festejar el juramento de la Constitución;[96] para conmemorar el día de la Independencia, aplaudir el final de la conspiración contra el gobierno de Buenos Aires,[97] celebrar la reunión del Congreso de la República Argentina,[98] se organizan bailes en los que se conjugan buen tono y espíritu cívico. Tendencia confirmada por la organización de los banquetes en honor de los individuos y los acontecimientos considerados propicios para el progreso y la libertad del ciudadano.[99] Varela se refiere de manera explícita a ello en su diario, cuando informa a la población de Buenos Aires sobre el banquete en honor de los guardias nacionales: "La costumbre de los banquetes políticos es esencialmente de los pueblos libres. La democracia ha hecho siempre de los banquetes una poderosa palanca de la opinión pública. La libertad no podría dejar de aportar a Buenos Aires una de sus más bellas y fecundas prácticas".[100]

---

[94] *Ibíd.*, 3 de septiembre de 1853.

[95] En el Club del Progreso había dos ejemplares de cada uno de los diarios principales, en un salón biblioteca increíblemente bien provisto. La biblioteca también tenía ejemplares de las revistas extranjeras de renombre en el país, como la *Revue des Deux Mondes, el Correo de Ultramar* y *El Mundo Ilustrado*. Cf. Archivos del Club del Progreso, actas del 4 de mayo de 1858, 15 de septiembre de 1859, 16 de junio de 1861 y 29 de marzo de 1862.

[96] Cf. *La Tribuna*, 25 de mayo de 1854, p. 3, col. 4.

[97] *Ibíd.*, 12 de julio de 1855, p. 3, col. 2.

[98] *Ibíd.*, 27 de mayo de 1862.

[99] Los motivos de los banquetes dan testimonio de las fluctuaciones de los compromisos políticos de los socios del club. Así, de los banquetes a la gloria del libertador Urquiza pasamos a los que se realizan en honor de Bartolomé Mitre y otros jefes que contribuyeron al exterminio de la "mashorca" (calificativo despectivo para designar a los partidarios de Urquiza). Cf. *El Progreso*, 7 de septiembre de 1852, p. 2, col. 2-3; *La Tribuna*, 8 de febrero de 1856, p. 3, col. 1.

[100] Cf. *La Tribuna*, 14 de febrero de 1856, p. 2, col. 5-6, p. 3, col. 1.

La nueva esfera de lo político también tiene que ver con la decoración. El salón del club contiene bustos y retratos de Rivadavia, San Martín, Belgrano, Varela, Lavalle, Paz y Alvear.[101] Tenemos además el marco previsto para ciertas oportunidades, como el banquete en honor de la Guardia Nacional. Se asiste entonces a una verdadera puesta en escena simbólica de la nación: "Un trofeo alegórico, de estilo romano, representando la fuerza con la bandera nacional en la cúspide, formaba el centro de la bandera del banquete, con dos arcos triunfales en sus extremos, con inscripciones de la Guardia Nacional de campaña y de la capital, simbolizaban el triunfo del pueblo que se solemnizaba".[102] Al formar parte de los encuentros, las representaciones visuales contribuyen a la construcción identitaria de los socios del club. Por eso, Alvear no se equivocaba cuando afirmaba que las formas recreativas eran el mejor canal para la realización de los grandes objetivos políticos.

La segunda actividad, en torno de la cual se desarrollan las relaciones de sociabilidad, es la deportiva. El fenómeno recién comienza a revelarse durante nuestro período. Algunos clubes mundanos integrarán a sus calendarios de recreaciones esta nueva actividad. El Club del Progreso, por ejemplo, añade a sus instalaciones una sala de armas donde sus socios pueden ejercitarse en el combate con florete. Pero el fenómeno más novedoso es la creación de las asociaciones específicamente organizadas para realizar pruebas deportivas. Así ocurre con el Club de Tiro, que en el momento de su fundación en 1855 tiene cincuenta socios. Éstos se reúnen en la finca del almirante Brown, donde hoy se encuentra el Museo Histórico Nacional.[103] La organización de carreras también es motivo de la constitución de asociaciones. Luego de la Foreign Amateur Racing Society, la población local establece, en 1855, la Asociación Argentina de Carreras.[104]

Más allá de las diferencias, el auge asociativo traduce entonces una valorización de ciertas relaciones de sociabilidad que se producen en el marco de lo que podemos llamar "sociedad civil". Todo consiste en saber cuál es el alcance político de esa pertenencia.

---

[101] Miguel J. Azcuénaga, miembro de la comisión directiva en 1855, había pedido a Mariano Balcarce, que estaba en París, que hiciera esculpir los bustos de San Martín, Belgrano, Rivadavia y Moreno. Desconocemos si esos bustos estaban expuestos en el club. En todo caso, y por lo que sabemos, el de Mariano Moreno nunca se exhibió. Lo cual se explica por el hecho de que el recuerdo de Moreno evoca la tendencia más extrema de la revolución. Cf. *La Tribuna*, 3 de septiembre de 1853 y 30 de mayo de 1855; Archivos del Club del Progreso, libro de actas, sesiones del 25 de junio y 7 y 22 de julio de 1862.

[102] Cf. *La Tribuna*, 14 de febrero de 1856, p. 2, col. 2.

[103] *Ibíd.*, 18 de enero y 23 de febrero de 1855.

[104] Cf. J. Navarro Viola, *El Club...*, ob. cit., pp. 35-38.

7. ESFERA PÚBLICA Y RÉGIMEN REPRESENTATIVO

La práctica asociativa introduce una nueva representación del individuo y del lazo social, cuyas consecuencias pueden evaluarse a través de la incidencia del movimiento asociativo en el ámbito local. Se trata, sin embargo, de un proceso lento cuyo ritmo corresponde al de la profunda mutación cultural de la época moderna que conduce a los regímenes republicanos representativos. La articulación de esos dos procesos se da de manera más o menos armoniosa pero es difícilmente perceptible para el historiador. No obstante, existen momentos que, a la manera de faros, facilitan la visibilidad del fenómeno, ya sea mediante la introducción de un discurso destinado a dar sentido a las prácticas, o por la extensión y el impacto de las modificaciones en el universo relacional de las poblaciones.

Los diez años de secesión del Estado de Buenos Aires, con el auge del movimiento asociativo y la reaparición vigorosa del discurso del contrato político, nos ofrecen uno de los contados momentos en que la vinculación entre representaciones sociales e instituciones políticas aflora a la superficie. Entonces, en un movimiento convergente, las prácticas asociativas difunden una representación contractual de la sociedad como agregado de individuos sujetos de derecho y, al mismo tiempo, participan directamente en la reactualización de las instituciones representativas.

Hacia un nuevo enfoque de lo político: la esfera pública como antesala del poder

La actividad política irrumpe en la escena pública porteña con el alejamiento de Rosas del gobierno de la provincia de Buenos Aires. Vemos aparecer entonces "el partido de la libertad", cuyos dirigentes más notorios son los liberales románticos exiliados durante el régimen rosista. Entre marzo y diciembre de 1852, la vida política cobra una vitalidad inusitada: el resurgimiento de la prensa de opinión, la reaparición de las formas de participación en la vida pública, así como la creación de las nuevas formas de organización política ligadas al ejercicio del "sufragio universal", dan una nueva vida a las instituciones republicanas, que sin embargo nunca habían sido derogadas.

La libertad de reunión que hace posible el auge del movimiento asociativo produce, en gran medida, el resurgimiento de la actividad política pública. Las asociaciones se multiplican y diversifican, con una tendencia nítida a la especialización en un área de acción. Al mismo tiempo, empero, la "explosión asociativa" amplía la esfera de lo político al espacio intermedio entre el individuo y el poder, lo que ocasiona una modificación de las relaciones entre la sociedad y sus instituciones. La novedad del período radica menos en la presencia de reformas institucionales o transformaciones de las relaciones de fuerza socioeconómicas que en esa extensión de la esfera política, que acompaña la reactualización de las instituciones republicanas. En esa esfera intermedia entre la intimidad y el poder, una nueva concepción de la representación parece articularse con los antiguos fundamentos y redes del poder.

La renovación de la dirigencia política luego de Caseros

Después de tres meses de acuerdo triunfal, los conflictos con la política de Urquiza inducen a los dirigentes porteños a separarse de la Confederación Argentina. Las tesis del viejo partido unitario encuentran entonces, entre los porteños, un amplio espectro de simpatizantes que van desde sus herederos naturales –las elites intelectuales liberales– hasta los grandes propietarios de tierras y capitales, que procuran poner freno a las exigencias de las provincias del interior. Una semana después de la revolución del 11 de septiembre de 1852, Lorenzo Torres, una de las figuras del rosismo, y Valentín Alsina, uno de los jóvenes liberales románticos exiliados en Montevideo, sellan mediante un abrazo simbólico el nuevo frente porteñista. Esta alianza, que sólo es sorprendente en apariencia, revela una línea de continuidad entre la política conservadora de Rosas y la de los liberales exiliados: la defensa de los intereses de Buenos Aires.[1] Esta reside en el desarrollo del libre cambio con el comercio internacional, y la exclusividad del usufructo de los ingresos fiscales de la aduana de Buenos Aires para la provincia.

Esta continuidad de los intereses porteñistas no traduce, sin embargo, una perpetuación de la clase dirigente rosista en el poder de la provincia. Sólo 87 hombres de la administración de Rosas –que representan el 9,3% de la dirigencia del Estado de Buenos Aires– siguen ocupando sus puestos luego de Caseros. Empero, el pasado rosista no obstaculiza sobremanera el ascenso político de quienes se perpetúan en la administración. Así, 32 de los 87 hombres, o sea un tercio de los casos, tienen una carrera política ascendente después de 1852, a pesar de haber participado en la administración anterior. Algunos de ellos son hombres que, por su prestigio y sus competencias administrativas, sirvieron bajo varios regímenes. El caso ejemplar es sin duda el de Vicente Fidel López, cuya carrera política se remonta a la revolución de la independencia.[2] Pero con pocas excepciones, la mayoría son

---

[1] Sobre este punto, remitimos al excelente análisis de Tulio Halperín Donghi, "Una nación...", art. cit.
[2] Para la biografía de López, véase Ricardo Piccirilli, *Los López. Una dinastía intelectual. Ensayo histórico-literario, 1810-1852*, Buenos Aires, Eudeba, 1972.

hombres que comienzan su carrera, y para quienes la experiencia rosista no parece ser una desventaja. Así, uno de cada dos jueces de paz, que representan el 38% del total de los hombres "de la continuidad", tiene una carrera política ascendente después de Caseros. En algunos casos, el ascenso es gradual: Felipe Botet, por ejemplo, juez de paz rural hacia el fin del régimen de Rosas, será a continuación elegido concejal en San Telmo; del mismo modo, Juan Carranza, juez de paz durante la revolución de 1833, se convertirá en 1860 en concejal de la rica parroquia de Catedral al Sur. Pero, en otros, el ascenso es más rápido. Es lo que sucede con los jueces de paz que pasan a ser diputados en la Cámara de Representantes de la provincia de Buenos Aires, como Luis Gómez y Manuel J. Guerrico, e incluso José M. Otamendi, que será elegido senador en 1859. El caso de Plácido Obligado es un tanto singular. Padre de Manuel Obligado, ejerce como juez de paz durante los primeros años del segundo gobierno de Rosas (1835-1836), para desaparecer *a posteriori* de la escena política. Su elección para la legislatura en 1860 se explica más fácilmente por la carrera de su hijo, ex gobernador de la provincia, que por su propia trayectoria política.

Los representantes rosistas constituyen una cantidad bastante reducida de los diputados de la legislatura liberal –sólo cinco–, y únicamente 14 de ellos prosiguen con la actividad política. Entre los hombres de la continuidad tienen un interés muy particular los casos de Nicolás Anchorena, Juan B. Peña y Lorenzo Torres, por el peso de ese antecedente rosista en sus carreras futuras. Nicolás Anchorena, rico terrateniente, primo de Rosas y emparentado con las familias más importantes del rosismo, ejerció el "cargo" de representante durante los últimos años del gobierno de aquél, para ocupar a continuación varios otros en la administración liberal: ministro del interior en 1852, será en diversas ocasiones diputado y senador por la ciudad de Buenos Aires. Con su integración al gobierno liberal, el nuevo poder de la provincia busca sin duda asegurarse el apoyo de uno de los sectores más influyentes de las elites locales. Juan B. Peña, hombre de las finanzas, con lazos de parentesco con las poderosas familias Lezica, Ramos Mejía, Ortiz Basualdo y Díaz de Vivar, también había participado en el primer gobierno de Rosas.[3] A continuación estuvo implicado en la revolución de los "Libres del Sur" de 1839, motivo que lo alejó del poder en la última década de gobierno rosista. Con la llegada de los liberales en 1852, es designado ministro de hacienda. Más tarde, cumple varias funciones en la administración del Estado de Buenos Aires, en las que se destaca sobre todo como un hombre conciliador. Así, en 1857 será uno de los candidatos al gobierno de la provincia por el sector moderado de los liberales porteñistas. El caso de Lorenzo Torres, en cambio, es muy diferente. Abogado, uno de los primeros egresados de la Universidad de Buenos Aires, profesor en ella entre 1829 y 1832, se aparta del movimiento de los jóvenes liberales de 1835. En 1839 defiende a Rosas durante la revolución desencadenada por esos mismos jóvenes junto con la oposición unitaria de Montevideo y algunos propietarios y productores del sur de la provincia. A continuación se convierte en una de las grandes figuras del rosismo. Su carrera política posterior a Caseros estará marcada por ese pasado: hombre de la continuidad en el porteñismo, es también uno de los herederos del federalismo porteño. Esto hace de él un elemento crucial en las relaciones entre

---

[3] *Cf.* Carlos Calvo, *Nobiliario del Antiguo Virreinato del Río de la Plata*, t. II, Buenos Aires, Librería y Editorial La Facultad, 1936, pp. 186-187.

la provincia de Buenos Aires y la Confederación. En 1857, los partidarios de Urquiza lo señalan incluso como candidato posible al gobierno de la provincia.

Los casos aquí citados ilustran con claridad la transición entre el orden rosista y el régimen liberal. Los hombres de la continuidad disfrutan de una autoridad social que proviene de las redes familiares, o bien de un fuerte ascendiente sobre las masas urbanas y rurales. Mediante su incorporación al "partido de la libertad", el partido liberal se asocia al mantenimiento del orden rosista. Pero, la presencia de estos representantes de la continuidad, que aseguran la renovación institucional, no puede ocultar las transformaciones que se producen en el seno mismo de la clase dirigente provincial. Se trata menos de un cambio en la composición social de las elites políticas que de una renovación generacional ligada a la introducción de nuevos métodos de acceso a las instituciones políticas.

Una nueva generación de representantes

Las primeras manifestaciones de un renacimiento de la vida política pública se producen con las primeras elecciones "libres" en marzo de 1852. Los habitantes de la provincia son invitados entonces a elegir a sus representantes a la legislatura provincial. Desde ese momento y hasta 1862, se eligieron 234 personas para ocupar una banca en la asamblea; desde 1852 hasta 1854, en la Cámara de Representantes y, tras la Constitución del Estado de Buenos Aires de 1854, en la Cámara de Diputados de la Asamblea Legislativa. Con respecto a los representantes de las salas establecidas entre 1827 y 1839, no hay diferencias fundamentales dignas de señalarse, como no sea que ahora las "capacidades" están mejor representadas, con un tercio de los legisladores pertenecientes a las profesiones intelectuales, entre los cuales una abrumadora mayoría –90%– son abogados.[4] Esta situación se traduce en una cantidad más grande de diputados con título universitario –alrededor del 75% de aquellos de quienes tenemos informaciones sobre su nivel de estudios–.[5] Algunos de ellos combinan títulos con otras fuentes de poder, como parece suceder con Federico Anchorena, Félix Sánchez de Zelis o Norberto de la Riestra, que pertenecen a las ricas familias de propietarios. Pero, en conjunto, estamos ante hombres que usan su capital cultural como fuente de poder. Si anteriormente conquistaban su prestigio por medio de una carrera en la administración colonial, acompañada desde luego por una adecuada estrategia familiar, ahora se lanzan a una carrera política que apela cada vez más a nuevas capacidades que garanticen un ascenso político seguro.

---

[4] Cifras obtenidas a partir de una muestra de 182 personas, vale decir, el 78 % del total. Cf. nuestra base de datos. En lo que se refiere al origen geográfico de los miembros, tampoco encontramos grandes diferencias con respecto a los integrantes de la legislatura rosista. En una muestra de 162 personas, el 85% son originarias de Buenos Aires, 12 % proceden del interior, principalmente de la provincia de Córdoba, y el tres por ciento de los países limítrofes, sobre todo Uruguay. Cf. igualmente nuestra base de datos.

[5] Tenemos datos de 115 diputados sobre 234 (más o menos la mitad del total). De esos 115 diputados, 87 –el 75%– tienen un título universitario. Estas cifras bajan al 37% si se considera que aquellos de quienes no tenemos respuestas carecen igualmente de títulos. Cf. nuestra base de datos.

Consideremos el ejemplo de la familia Escalada. Antonio José de Escalada, nacido en Buenos Aires en 1754, fue funcionario de la corona. Sus hijos llegarían a ser militares del ejército independentista, primer escalón en una nueva carrera de honores y poder. Antonio José casó a su hija María Remedios con José de San Martín, en tanto que su hijo Manuel se convirtió en general del ejército revolucionario. Como militar, Manuel ejercería varios cargos en la administración del Estado de Buenos Aires, en el que fue tres veces ministro de guerra. Su propio hijo, Manuel María, continuó ese camino pero, a diferencia de su padre, fortaleció su ascenso con nuevas capacidades. Abogado egresado de la Universidad de Buenos Aires en 1844, ocupó en un principio puestos en la administración de justicia, para iniciar luego su carrera política como diputado en la legislatura de 1852. En 1856 fue designado ministro del gobierno de Obligado. Manuel María no se casó, pero no dejó de establecer lazos con las principales familias porteñas, ya que era socio del Club del Progreso. El cambio de estrategia con un objetivo de ascenso en la carrera del poder es evidente: de funcionarios de la corona, estos hombres pasan a ser militares del ejército revolucionario para terminar por obtener un título universitario, que parece allanar el camino a una nueva carrera política, consolidada por una inserción en las poderosas redes relacionales que la práctica asociativa parece asegurar.

Se trata, desde luego, de un ejemplo sugestivo que exigiría un estudio exhaustivo de las estrategias profesionales en el ascenso político de los grupos familiares. El tema es esencial, sin duda, pero supera los objetivos de esta investigación. Lo cierto es que, a partir de 1852, los títulos universitarios empiezan a ser más numerosos en la Cámara de Representantes y el conjunto de la administración del Estado provincial. En la mayoría de los casos, se trata de diplomas expedidos por la única universidad con que cuentan la ciudad y la provincia.[6] A nuestro juicio, este aumento de los títulos de la Universidad de Buenos Aires se explica por el hecho de que, desde su fundación en 1821, esa casa de estudios termina por alcanzar cierta estabilidad institucional y sobre todo una importancia indudable en la vida política local, porque no sólo tiende a incrementarse la cantidad de egresados sino que, como lo muestra el documento núm. 21, también lo hace el porcentaje de graduados universitarios que llegan a posiciones de poder.[7]

El gráfico muestra que de los 75 títulos registrados, 27, o sea más de un tercio, se obtuvieron entre 1841 y 1850. Si observamos el gráfico B, se confirma la idea de una afluencia de los egresados universitarios desde la época rosista. El gráfico en gris señala tres generaciones de estudiantes-colegas, la más homogénea de las cuales es la de 1841-1852; ello induce a pensar que la nueva clase política no se constituye exclusivamente en el exilio. Una gran parte de sus miembros se forma en las instituciones del rosismo, pero en un sistema que los excluye del poder; circunstancia que explica su incorporación a la causa de los exiliados del régimen, así como el fracaso de la tentativa de organización "nacional" rosista.

---

[6] Véase el documento núm. 89, "Lieu d'étude des 108 diplômés de la Chambre de représentants de la province de Buenos Aires entre 1852-1862", en PGB, *La Création...*, ob. cit., t. II, p. 583.

[7] La cifra total de egresados universitarios es de ochenta. Sólo trasladamos al gráfico a 75 de ellos; en el caso de los cinco restantes, o bien superan la extensión cronológica establecida o bien los datos correspondientes no son del todo seguros.

21. *La trayectoria universitaria (en la Universidad de Buenos Aires) de los representantes del Estado de Buenos Aires entre 1852 y 1862 (muestra de 109 personas)*

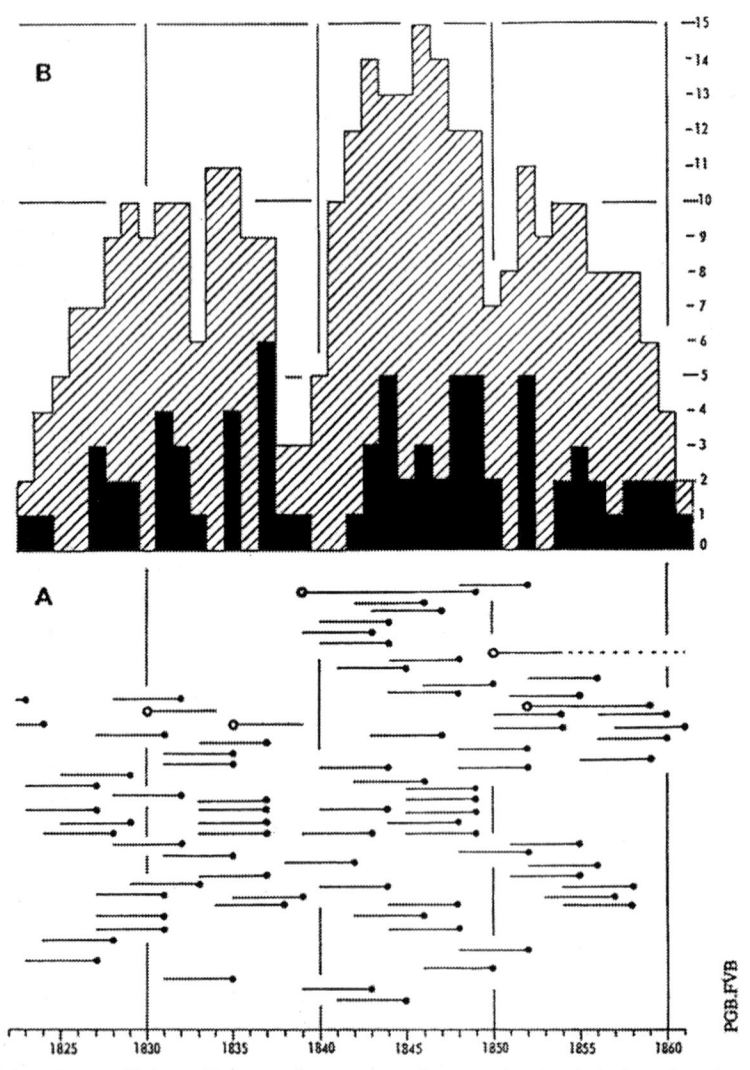

A Cada punto precedido o seguido por una línea representa la trayectoria universitaria de un diputado (la disposición de las líneas según la vertical es aleatoria; sigue el orden del cuadro de datos)

B En negro, la cantidad de títulos obtenidos por año.
En gris, la cantidad de diputados que estudian en la universidad en el mismo período

● Fecha de obtención del título
○ Año de inscripción en la universidad
— Duración de los estudios
(calculamos cuatro años como promedio, a partir de la fecha de inscripción o de obtención del título)
---- Interrupción de los estudios

Notamos, por otra parte, variaciones en la edad de los representantes. Así como advertimos que, con Rosas, la legislatura tiende a envejecer, ahora se observa una tendencia al rejuvenecimiento. De un promedio de edad de 53 años para los representantes de los últimos años del rosismo se pasa, en los primeros años después de Caseros, a uno de 45 años, para descender a continuación a 43 en el caso de los legisladores de 1856-1858.[8] Sentimos la tentación de concluir que nada parece distinguir más claramente que la edad a esos nuevos representantes de los antiguos "funcionarios" de la representación rosista. Hemos advertido, no obstante, la existencia de algunas diferencias referidas a los criterios de selección para ejercer el poder. El fin del rosismo coincide con la aparición de esos profesionales de la política, sobre todo de los periodistas abogados que tienden a extender su campo de acción política a la esfera pública. Para llegar al poder, la mera red familiar o la autoridad social tradicional ya no bastan. Ahora, esas formas de notoriedad y poder deben articularse en torno de una nueva concepción de la representación que parece ser la clave de bóveda de la estabilidad institucional.

Los nuevos engranajes del poder

Si bien la extracción social de los representantes no varía de manera significativa a lo largo de todo nuestro período, no sucede lo mismo en lo que concierne a sus prácticas asociativas. En efecto, una de las grandes diferencias que caracteriza a los representantes de la legislatura posterior a Caseros reside en la intensidad y la naturaleza de sus prácticas de sociabilidad asociativa. Las cifras hablan por sí mismas: entre 1828 y 1852 sólo el 12% de los legisladores formaban parte de una asociación antes de su mandato o durante el ejercicio de éste, mientras que en el período que nos ocupa su proporción llega al 66%. El documento núm. 22 nos permite observarlo con más detalle. En el 92% de los casos, los diputados se afilian a una asociación, antes o durante su mandato, en tanto que en la década 1840-1850 sólo lo hacían el 21%.[9] Esto confirma la idea de una relación entre la afiliación asociativa y la actividad política: ya sea que la pertenencia a una asociación constituya una vía de acceso a la esfera del poder, ya sea que los políticos procuren integrar redes de sociabilidad pública, a fin de consolidar y ampliar su poder representativo.

No todas las asociaciones atraen de igual manera a los diputados. Como es muy lógico, las más frecuentadas por ellos son las asociaciones políticas. En efecto, el 40% de las pertenencias conciernen a clubes electorales.[10] Encontramos a continuación las formas clásicas de pertenencia asociativa: asociaciones socioculturales, asociaciones masónicas y clubes de recreo, que representan el 20% de las afiliaciones. Contrariamente a una idea corriente, la masonería exhibe una tasa de pertenencia comparativamente baja (11%) en relación con las otras formas asociativas. Lo cual nos obliga a relativizar la idea del lugar primordial que supuestamente ocupa en la política local. Por lo menos

---

[8] *Cf.* nuestra base de datos.

[9] *Cf.* "Appartenance associative des représentants de la province de Buenos Aires entre 1840 et 1852", en PGB, *La Création...*, ob. cit., t. I, documento núm. 56, p. 380.

[10] Véase *infra*, "Las nuevas prácticas ciudadanas..."

22. *Tipo de pertenencia asociativa de los 234 representantes de la legislatura de la provincia de Buenos Aires entre 1852 y 1862, en relación con la obtención del cargo*

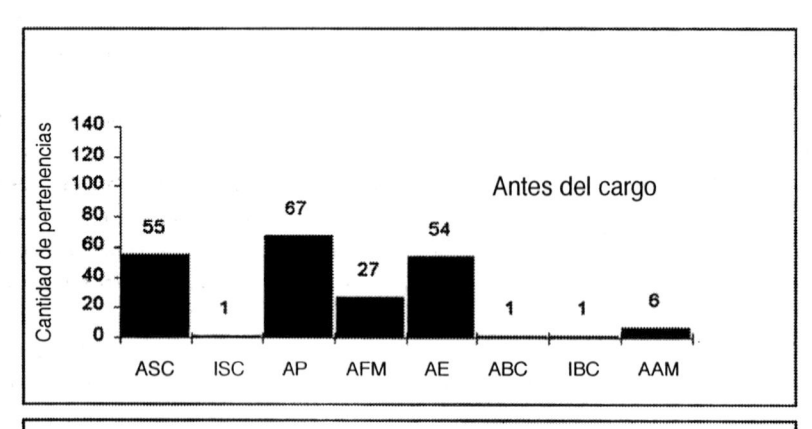

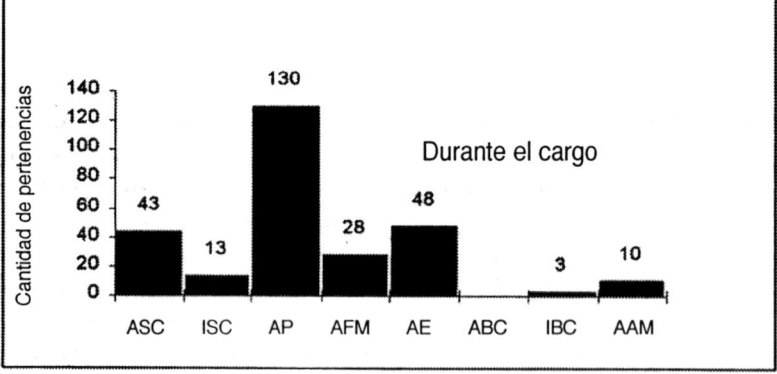

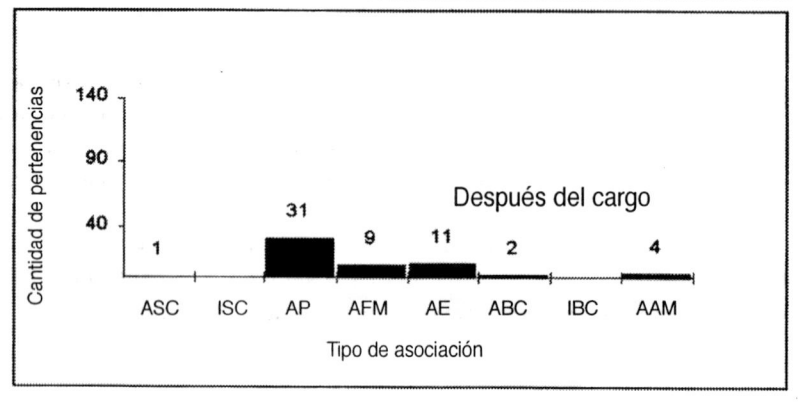

Antes del cargo
ASC: 55; ISC: 1; AP: 67; AFM: 27; AE: 54; ABC: 1; IBC: 1; AAM: 6

Durante el cargo
ASC: 43; ISC: 13; AP: 130; AFM: 28; AE: 48; IBC: 3; AAM: 10

Después del cargo
ASC: 1; AP: 31; AFM: 9; AE: 11; ABC: 2; AAM: 4

Tipo de asociación

ASC: asociación sociocultural; ISC: institución sociocultural; AP: asociación política; AFM: asociación francmasónica; AE: asociación de esparcimiento; ABC: asociación de beneficencia y caridad; IBC: institución de beneficencia y caridad; AAM: asociación de ayuda mutua.

desde el punto de vista cuantitativo, la incorporación a la masonería se restringe, durante esta época, a una cantidad relativamente limitada de diputados; en su mayoría, éstos optan por otras formas asociativas.[11] En todos los casos parece claramente establecido que, para los representantes de la legislatura provincial, la práctica asociativa es ya un hecho cultural adquirido: entre 1852 y 1862, el 72% de los diputados son miembros de una asociación. Por otra parte, éste es un aspecto que supera el marco de los legisladores provinciales. Aquí las cifras son más elocuentes: entre esos mismos años, el 64% de la clase dirigente participa por lo menos en una asociación. Lo cual demuestra con claridad que el caso de los diputados dista de ser una excepción. Encontramos, incluso, una tasa aún más alta en ciertos cargos: así, de 27 personas que ocupan un puesto en la justicia, 25 son miembros de una asociación, es decir, un promedio de 0,92 por persona; los cargos de mantenimiento del orden, en los cuales no se atestigua ninguna afiliación entre 1840 y 1852, exhiben ahora un promedio de 0,86 por persona. En cambio, los puestos académicos y diplomáticos, que antes se diferenciaban por su adhesión a este tipo de prácticas culturales, se ubican ahora en el promedio de las pertenencias asociativas. Tanto en un caso como en el otro, la escasa influencia política del cargo puede explicar ese bajo índice.

Los datos son aún más significativos si tomamos en cuenta el documento núm. 24 sobre el tipo de asociación que más atrae a los diferentes cargos. Ese documento nos permite distinguir tres modelos de pertenencia. En primer lugar, los puestos que tienen una mayoría de afiliaciones a asociaciones socioculturales. Esto afecta al 50% de los cargos, cuyo punto en común es la reivindicación de una competencia profesional, como en el caso de los integrantes de la Corte Suprema de Justicia, los puestos técnicos y los cargos académicos, judiciales y diplomáticos, así como los ministros y jefes administrativos ministeriales. Con excepción de los gobernadores, elegidos por la legislatura, se trata en todos los casos de cargos no electivos. Entre esas ocho categorías, podemos distinguir cinco que tienen una segunda pertenencia: los gobernadores, los miembros de la Corte Suprema, los jefes administrativos de los ministerios, los cargos diplomáticos y los hombres que cumplen funciones técnicas combinan asociación cultural y club electoral. La primera pertenencia, probablemente para consolidar las alianzas dentro de la clase dirigente; la segunda, para estar en contacto con la masa de los electores. Los ministros, los puestos judiciales y los cargos académicos alternan la práctica sociocultural con las asociaciones de esparcimiento. Las dos formas son equivalentes en lo que se refiere a sus relaciones indirectas con la actividad política; la diferencia consiste en la red de relaciones que cada una de ellas permite integrar: en la asociación sociocultural esos funcionarios pueden entablar contactos con la *intelligentsia* del régimen, mientras que en los clubes van a codearse, antes bien, con la elite socioeconómica.

---

[11] Véase *infra* el desarrollo de esta cuestión.

23. *Evolución del promedio de pertenencias asociativas de la clase dirigente porteña según el cargo*

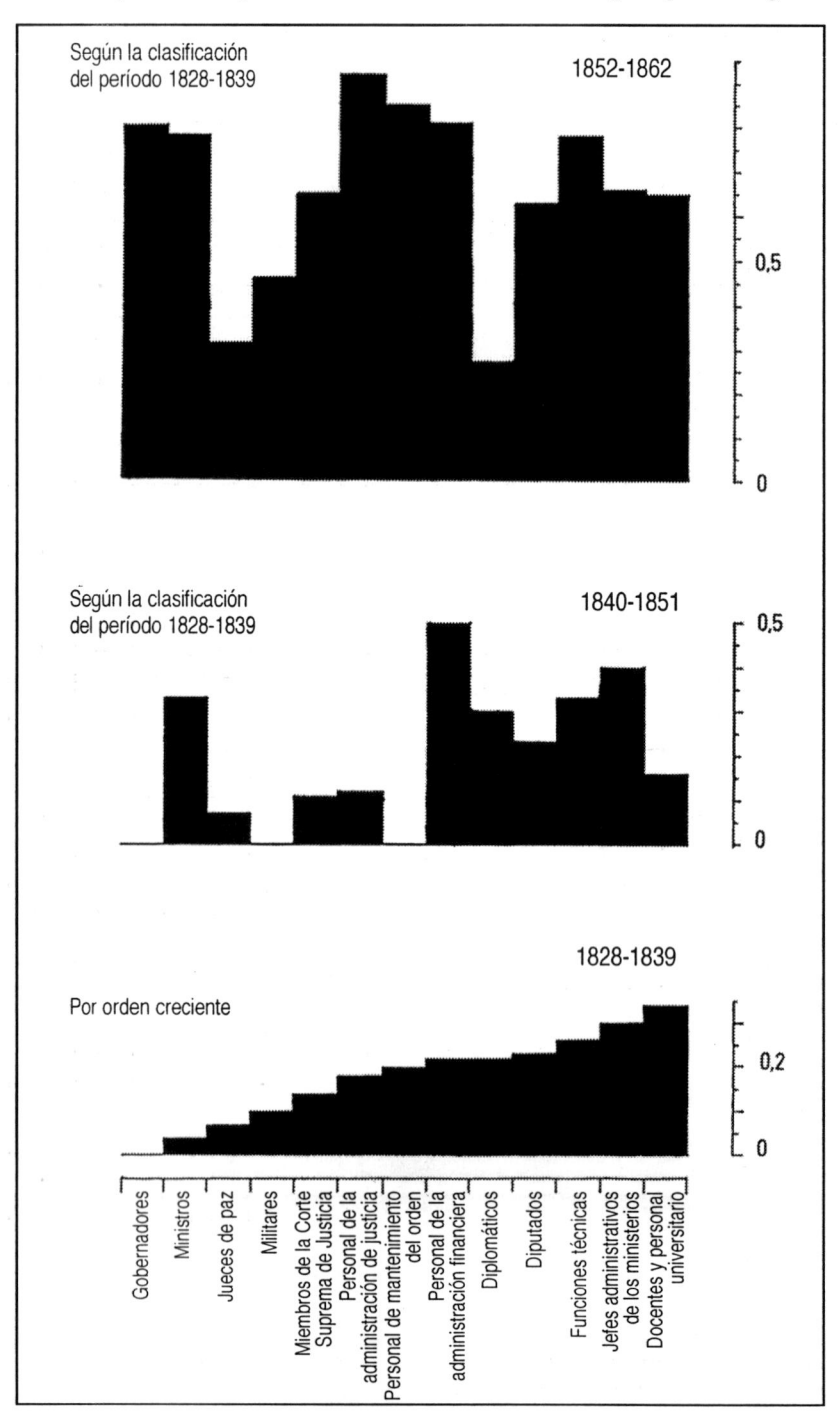

24. Tipo de pertenencia asociativa de la clase dirigente porteña entre 1852 y 1862, según los cargos

	ASC	ISC	AP	AFM	AE	ABC	IBC	ASE	ISE	SC	AR	AAM	Total
Diputados	99	14	228	64	113	3	4	11	–	6	6	20	568
Senadores	39	7	48	11	44	–	4	2	–	2	1	8	166
Concejales	27	–	100	45	54	1	4	16	–	2	4	20	273
Convencionales	24	6	31	13	22	–	1	–	–	–	–	3	100
Gobernadores	10	1	6	2	6	–	–	–	–	1	1	3	30
Corte Suprema de Justicia	20	6	10	6	8	–	–	1	–	–	2	2	55
Ministros	32	7	16	8	17	–	2	–	–	2	1	12	97
Jefes Administrativos Ministeriales	6	–	4	2	6	–	–	–	–	–	–	1	19
Militares	9	1	35	25	15	–	–	3	–	–	–	3	91
Administración de Justicia	18	6	11	14	17	1	–	1	–	–	2	–	70
Diplomáticos	5	–	3	1	3	–	–	1	–	–	–	1	14
Docentes y Personal Universitario	36	6	15	17	18	1	–	1	–	–	2	7	103
Administración Financiera	16	2	32	10	49	–	6	31	–	6	2	12	166
Funciones Técnicas	12	1	11	1	3	–	–	–	–	–	–	–	28
Jueces de Paz	11	–	114	39	64	–	–	4	–	–	3	–	235
Mantenimiento del Orden	4	1	6	–	6	–	1	–	–	–	–	2	20
Total	368	58	670	258	445	6	22	71	–	19	24	94	2.035

ASC: asociación sociocultural; ISC: institución sociocultural; AP: asociación política; AFM: asociación francmasónica; AE: asociación de esparcimiento; ABC: asociación de beneficencia y caridad; IBC: institución de beneficencia y caridad; ASE: asociación socioeconómica; ISE: institución socioeconómica; SC: sociedad comercial; AR: asociación religiosa; AAM: asociación de ayuda mutua.

El segundo modelo de pertenencia es el que corresponde a los cargos que privilegian, sobre todo, la afiliación a una asociación política. Esos cargos son los militares, los de mantenimiento del orden y los de administración de justicia, así como los diputados, senadores, concejales, convencionales y congresistas nacionales; en otras palabras, los cargos directamente afectados por el acto electoral, sea porque proceden de la elección por "sufragio universal", sea porque intervienen el día del comicio. La pertenencia a un club es en estos casos un medio para acercarse a los electores mediante la puesta en escena del acto representativo. Por esta misma razón se combina, generalmente, la participación en un club electoral con la afiliación a un club de esparcimiento. Los cargos militares son una excepción ya que, por orden de importancia, unen la actividad en un club electoral con la pertenencia masónica.

Encontramos, por último, puestos que privilegian la afiliación a asociaciones cuyo principal objetivo es la sociabilidad entre pares. Así, los clubes de recreo "aristocráticos" o "burgueses" son mayoritariamente elegidos por los hombres que ocupan altos cargos en la administración de las finanzas. En esos casos, se trata de individuos cuya extracción social explica, en la misma medida que el cargo, esa afiliación asociativa. Pero ésta no parece ajena a su presencia en el gobierno; ya sea porque les permite subir los diferentes escalones de una carrera administrativa, o porque otorga unos cimientos sociales indispensables para la estabilidad institucional.

En lo que se refiere a la diferencia entre la fecha de ingreso a la asociación y la fecha de asunción del cargo (documento núm. 25), la mayoría de los hombres –el 47,9%– de la clase dirigente se afilian a ella algún tiempo antes de ocupar su puesto, mientras que el 32,% lo hace durante el ejercicio de sus funciones. Ambas situaciones comprenden el 80% de las pertenencias correspondientes a hombres que participan en la carrera política. En los restantes casos, la pertenencia es posterior a su mandato, pero no forzosamente al término de su carrera política, porque de ese 20%, una clara mayoría sigue en actividad después de 1862.

En ciertos casos, la pertenencia anterior al mandato es suficientemente importante para hacer pensar en una especie de "campaña electoral" en el marco de ese tipo particular de organización política. Así, el 75% de las adhesiones asociativas de los convencionales y congresistas nacionales son anteriores a su elección, contra el 60% de los concejales y el 57,3% de los diputados. La incorporación a esas redes de relación parece directamente ligada a la obtención del cargo, tanto más cuanto que se trata de cargos electivos de primer y segundo grado. El mismo fenómeno se produce en los cargos de la administración financiera y los puestos técnicos. En total, registramos 3.653 pertenencias asociativas en Buenos Aires entre 1829 y 1862. Para la época que nos ocupa, más de la mitad corresponde a los hombres que desempeñan funciones en la administración del Estado, mientras que en una etapa anterior no llegaban al 5% del total.[12] Lo cual nos permite concluir que si la obtención de un título universitario se ha convertido en un medio de acceder al poder, es así tanto por la ca-

---

[12] Las cifras se refieren al total de las pertenencias y no de las personas, y son acumulativas. La misma persona puede computarse tres veces. Sobre un total de 3.653 pertenencias, 202 corresponden al período 1828-1839, 109 al período 1840-1851 y 2.038 a los diez años de secesión del Estado de Buenos Aires. Cf. nuestra base de datos.

25. *Pertenencia asociativa de la clase dirigente porteña entre 1852 y 1862, en relación con la obtención del cargo*

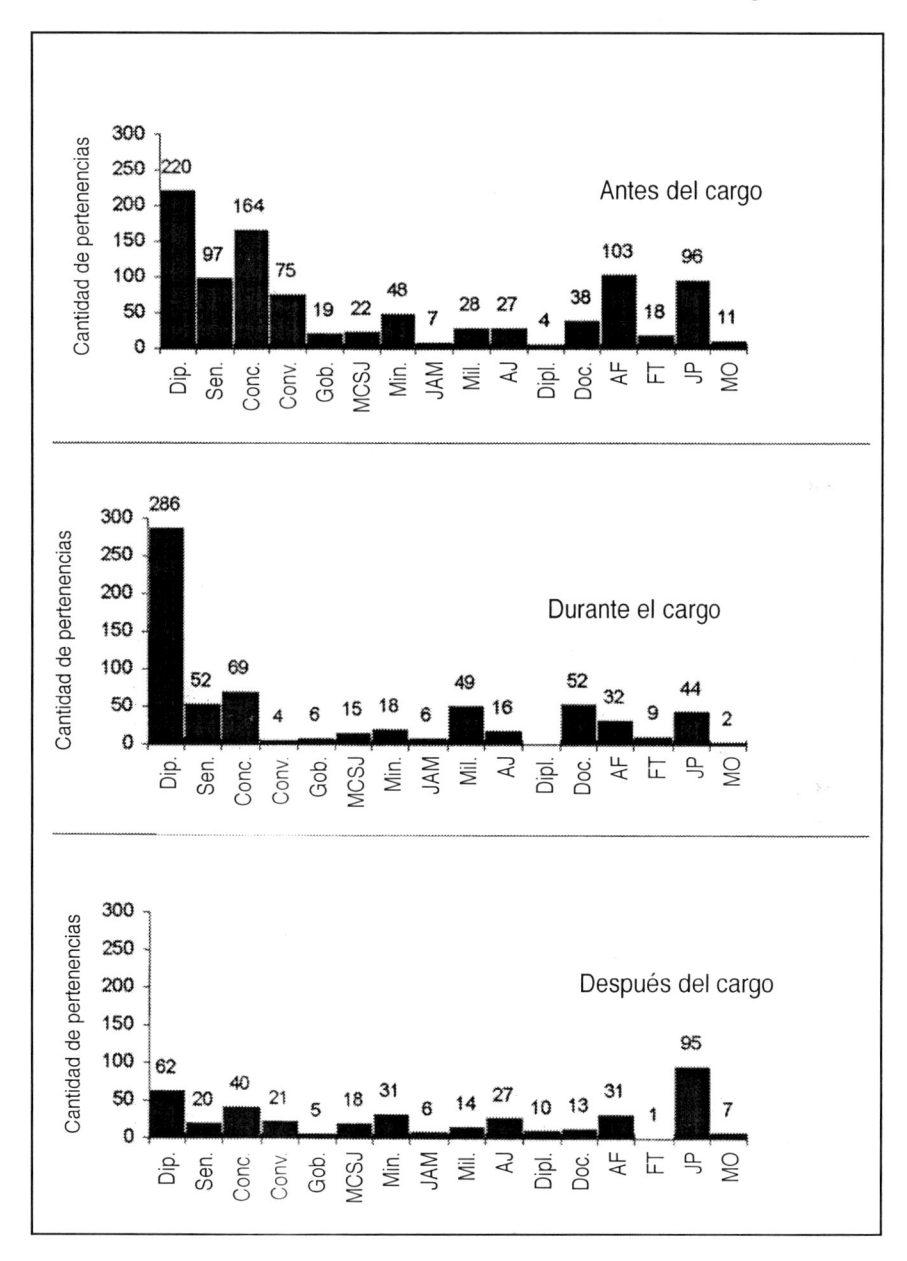

Dip: Diputados; Sen: Senadores. Conc: Concejales; Conv: Convencionales; Gob: Gobernadores; MCSJ: Miembros de la Corte Suprema de Justicia; Min: Ministros; JAM: Jefes administrativos de los ministerios; Mil: Militares; AJ: Personal de la administración de justicia; Dipl: Diplomáticos; Doc: Docentes y personal universitario; AF: Personal de la administración financiera; FT: Funciones técnicas; JP: Jueces de paz; MO: Personal de mantenimiento del orden.

lificación, que corresponde a los nuevos criterios de selección de la dirigencia política, como por las redes de relaciones que esos hombres integran debido a sus prácticas de sociabilidad. Puesto que, la gran diferencia con el período anterior radica en la creación de nuevas formas asociativas de organización que se desarrollan a partir de las prácticas culturales de sectores intelectuales ligados a la Universidad de Buenos Aires, y que actúan como antesalas del poder. Para tener una carrera política ascendente, resulta cada vez más indispensable participar en el mundo asociativo.

La ampliación de la esfera política.
El caso de la masonería

La masonería es la primera institución de sociabilidad que cuenta con una red de relaciones en armonía con los imperativos de la política porteña, lo que permite suponer que la utilización política de la organización masónica no dejará de producirse. Ha llegado a sostenerse, incluso, que la masonería fue el principal agente de la organización nacional.[13] Debido a ello, su caso presenta un doble interés.[14] Intrínseco a la asociación, ante todo, ya que es imperativo dilucidar la relación a menudo establecida entre masonería y poder; su estudio permite, asimismo, analizar el papel político de las nuevas prácticas contractuales en la institución de un nuevo lazo social, como producto del contrato entre individuos que son seres racionales y sujetos de derecho.

La cronología de su desarrollo justificaría la asimilación entre masonería y poder. En efecto, la primera logia porteña se crea en marzo de 1856, en un momento de plena efervescencia política ante la cercanía de las elecciones previstas para el 30 del mismo mes y destinadas a renovar la mitad de la legislatura provincial. Elecciones importantes, ya que se trata de elegir la cámara que, a su vez, debe designar al gobernador. En ese momento, un grupo de "progresistas", identificados con el diario *La Tribuna* de los hermanos Varela, comienza a organizarse contra la política de un gobierno que a su juicio hace demasiadas concesiones a la Confederación.[15] Esto se traduce en una multiplicación de reuniones informales, la organización de clubes electorales y la publicación de periódicos de opinión.

---

[13] Así lo afirma la propia masonería. Algunos autores destacan el papel primordial que desempeña la Orden Masónica, en tanto que otros prefieren hablar de la obra de los masones. En el primer caso están los trabajos de Antonio Zúñiga y Martín Lazcano; en el segundo, hay que mencionar sobre todo las investigaciones de Alcibíades Lappas. Cf. Antonio Zúñiga, *La Logia "Lautaro" y la independencia de América*, Buenos Aires, Ed. Gráf. J. Estrada, 1922; Martín Lazcano, *Las sociedades secretas, políticas y masónicas en Buenos Aires*, dos volúmenes, Buenos Aires, El Ateneo, 1927; Alcibíades Lappas, *La masonería argentina a través de sus hombres*, Buenos Aires, edición del autor, 1966. Para un análisis de la producción masónica, véase nuestro trabajo "Masonería y Revolución de Independencia…", art. cit.

[14] Es imposible analizar aquí en detalle cada una de las asociaciones consideradas. Decidimos por ello tratar un solo caso, no con el propósito de encontrar "el modelo", sino de presentar un caso histórico que muestra con gran claridad las nuevas relaciones entre esfera pública y poder.

[15] El único estudio que existe sobre esas elecciones es el de Alberto Armando Mignanego, "La elección de marzo de 1856 en Buenos Aires", en *Boletín de la Universidad Nacional de La Plata*, XIX, 6, 1935, pp. 123-142; A. A. Mignanego, *El segundo gobernador constitucional de Buenos Aires y el proceso electoral de 1856-1857*, Buenos Aires, 1938.

Todo induce a creer, entonces, que la implantación de la masonería en ese preciso momento no puede ser una simple coincidencia. Sin embargo, cuando se trata de hallar una coherencia entre la creación de esa logia y la organización de una oposición al gobierno de Obligado, las certezas se desvanecen. En primer lugar, la casi totalidad de los hermanos fundadores son personajes secundarios de la política porteña. Salvo Sarmiento y Valencia, los restantes no son todavía hombres comprometidos en la vida pública política. En el caso de algunos, la carrera política comenzará posteriormente; otros se mantendrán apartados de esa escena pública. Las excepciones conciernen al ex diputado Mariano Billinghurst, que tiene en el mismo momento una actuación electoral. Otros, como Federico Álvarez de Toledo o Carlos Casares, consideran ya la posibilidad de presentar su candidatura a la legislatura provincial; en este caso, es fácil pensar que su afiliación a la masonería no deja de tener segundas intenciones políticas. Empero, si nos atenemos al aspecto cuantitativo, comprobamos que de los 73 hermanos que en 1856 forman la logia "Unión del Plata", 14 van a participar en las actividades de los clubes electorales, y de éstos sólo dos, Billinghurst y Juan M. Gutiérrez, el mismo año de su afiliación masónica. En consecuencia, es difícil suponer, como lo pretenden muchos autores, que la primera logia sirvió para organizar la campaña de la oposición. Por otra parte, la iniciación de Lorenzo Torres, poco tiempo después, complica aún más las cosas. ¿Cómo conciliar, en efecto, la tesis de la masonería "alsinista" con la presencia de Torres?[16] Lo cual equivale a decir que es difícil deducir una tendencia político electoral cualquiera del grupo de los hermanos fundadores. Por ejemplo, si tomamos a los miembros de la asamblea de 1857, que votan por Valentín Alsina como gobernador de la provincia, los resultados contradicen la tesis clásica sobre el origen alsinista de la masonería. El mismo porcentaje de votos de masones se atribuye a Alsina y a los candidatos de la oposición.[17] Esas cifras hablan más bien de un partido liberal alsinista que recluta a sus aliados políticos en el Club del Progreso, y que confirma sus alianzas en los clubes electorales. En realidad, esos hombres de poder prefieren, en mayor cantidad, asociarse a un club político o a uno de recreo que iniciarse en la masonería, porque ésta es probablemente menos eficaz para la actividad política ligada a la práctica electoral. No hay que perder de vista, sin embargo, que el acto electoral en esa época consistía en la confirmación de las decisiones que se tomaban en otra parte, y en ese aspecto, la masonería pudo ayudar a los hombres en su acceso a las nuevas redes de poder.

Veamos en principio quiénes son los masones que llegan al poder después de 1852. Ciento veintiocho de ellos ocupan un cargo en el gobierno de la provincia, de los cuales sólo diez lo hacen antes de Caseros. Los 118 restantes representan el 12,7% del total de los miembros de la orden. Si las comparamos con el porcentaje de socios del Club del Progreso que también tienen un puesto en el gobierno, esas cifras parecen bastante modestas: entre 1852

---

[16] Valentín Alsina era el principal adversario de la política "conservadora" de Manuel Obligado y fue el candidato de los "progresistas" al gobierno de la provincia. Lorenzo Torres, al contrario, era el candidato del sector más radical de los "conservadores" cercanos a Urquiza. Según el libelo antimasónico, la creación de la logia Unión del Plata era obra de Alsina. Cf. *Farsa...*, ob. cit.

[17] Cf. documento núm. 100 en PGB, *La Création...*, ob. cit., t. II.

26. Cantidad de afiliaciones de la clase dirigente porteña a la masonería entre 1852 y 1862, en relación con la obtención del cargo

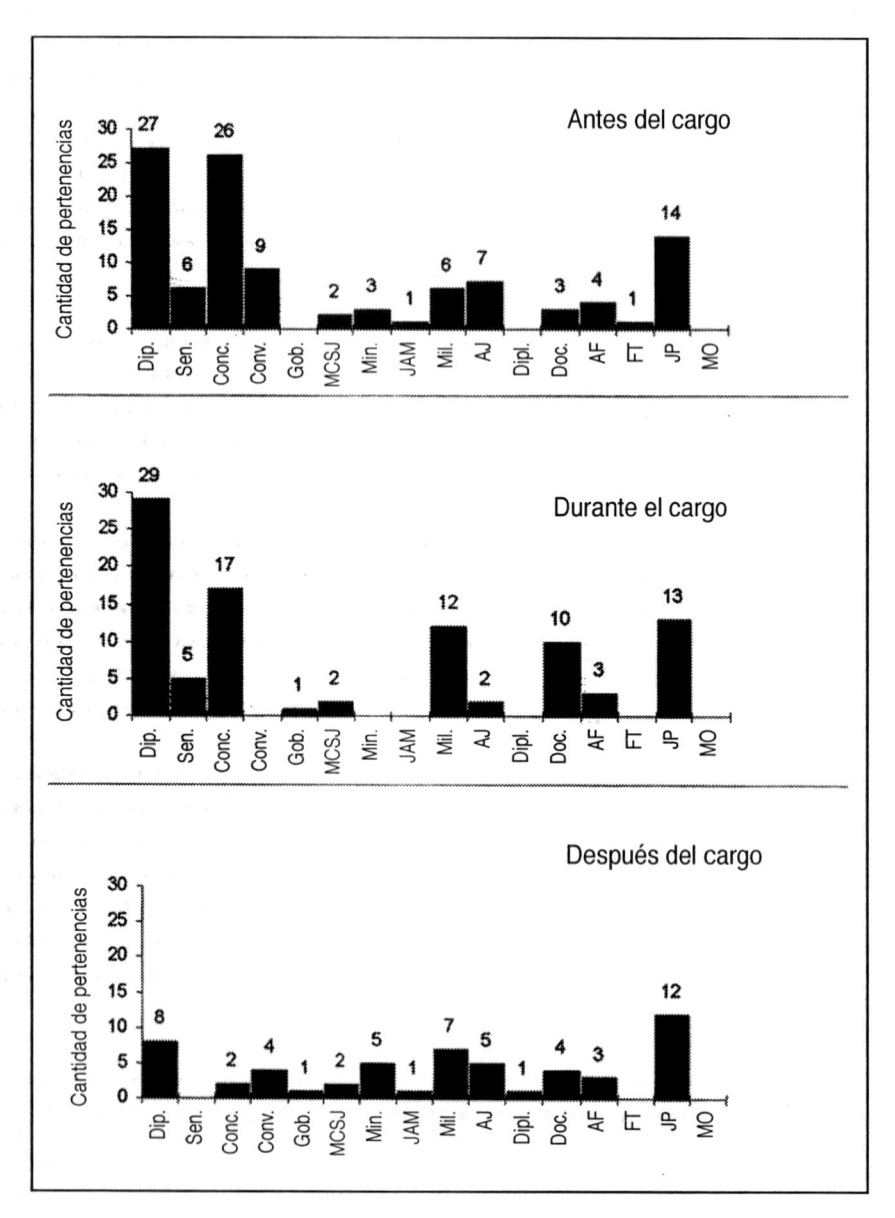

Antes del cargo

Dip.	Sen.	Conc.	Conv.	Gob.	MCSJ	Min.	JAM	Mil.	AJ	Dipl.	Doc.	AF	FT	JP	MO
27	6	26	9		2	3	1	6	7		3	4	1	14	

Durante el cargo

Dip.	Sen.	Conc.	Conv.	Gob.	MCSJ	Min.	JAM	Mil.	AJ	Dipl.	Doc.	AF	FT	JP	MO
29	5	17		1	2			12	2		10	3		13	

Después del cargo

Dip.	Sen.	Conc.	Conv.	Gob.	MCSJ	Min.	JAM	Mil.	AJ	Dipl.	Doc.	AF	FT	JP	MO
8		2	4	1	2	5	1	7	5	1	4	3		12	

Dip: Diputados; Sen: Senadores; Conc: Concejales; Conv: Convencionales; Gob: Gobernadores; MCSJ: Miembros de la Corte Suprema de Justicia; Min: Ministros; JAM: Jefes administrativos de los ministerios; Mil: Militares; AJ: Personal de la administración de justicia; Dipl: Diplomáticos; Doc: Docentes y personal universitario; AF: Personal de la administración financiera; FT: Funciones técnicas; JP: Jueces de paz; MO: Personal de mantenimiento del orden.

y 1862, sobre 573 miembros del club, 182 ejercen un cargo oficial; es decir, el 31,8% contra el recién mencionado 12,7%. Tenemos, por lo tanto, una amplia base masónica que permanece al margen del poder.[18] Lo cual nos permite deducir que, si las redes masónicas facilitan el acceso al poder, lo hacen casi siempre en los casos de individuos de similar extracción social; la pertenencia a la orden sólo otorga con dificultades ese acceso a otros medios sociales, aunque éstos estén bien representados en la base. Ése es, entonces, el primer rasgo de esta pertenencia: una minoría de los miembros de la elite que llega a los puestos gubernamentales, una mayoría compuesta de pequeños y medianos comerciantes que permanecen al margen del ejercicio de un cargo electivo o nominativo dentro del Estado de Buenos Aires. El detalle de los puestos ocupados por individuos iniciados en la masonería permite establecer aún con más precisión el peso de la afiliación masónica para acceder a un alto cargo en la administración del Estado.

Comprobamos que la presencia de los masones no es similar en todos los cargos. Mientras que están completamente ausentes de los puestos dedicados al mantenimiento del orden, ocupan una cuarta parte de los cargos militares. Por un lado, esto se explica, por el importante porcentaje de militares en la masonería, pero también por las características de la carrera castrense que, debido a su estructura jerárquica, se adecua mejor a la organización masónica que a los cargos electivos. No obstante, entre éstos existe una cantidad no desdeñable de masones; tanto miembros de la Cámara de Representantes como concejales. Así, el promedio de afiliación masónica, que para la totalidad de los cargos es del 15,5%, se eleva al 31% en las funciones electivas. Vemos asimismo que el 42% de las afiliaciones masónicas de la clase dirigente porteña son anteriores a la obtención del cargo, el 36% contemporáneas de su ejercicio, y el 22% restante, posteriores; lo cual hace pensar que esa afiliación podría tener alguna influencia en el acceso a las funciones. Veámoslo a través de algunos ejemplos.

El abogado Juan J. Alsina, hijo del geómetra español Juan de Alsina, había comenzado su carrera política en 1829 como diputado de la Cámara de Representantes de la legislatura provincial, cuando tenía treinta años. Ocupó varios puestos en la administración financiera durante el primer gobierno rosista, para caer luego en desgracia en 1837, cuando se produjo la ruptura entre Rosas y los jóvenes intelectuales. La actividad de su hermano Valentín, exiliado en Montevideo, también lo había desfavorecido, ya que éste participaba en la Comisión Argentina que organizó el combate contra Rosas. Pese al infortunio de algu-

---

[18] Los comerciantes masones, no obstante, tienen más posibilidades de llegar a un cargo en el gobierno que los comerciantes sin afiliación. Éstos representan el 8,4% del conjunto de la clase dirigente, mientras que la proporción se eleva al 12,9% entre los masones. Sucede lo mismo con los empleados administrativos, en quienes la filiación masónica duplica las posibilidades de acceso a un puesto en la administración del Estado de Buenos Aires. En cambio, el porcentaje de egresados universitarios masones es similar al de los diputados. En su mayor parte, 66,6% de los egresados, se trata igualmente de estudiantes de la Universidad de Buenos Aires. La edad tampoco difiere de la del conjunto de la dirigencia. Cf. PGB, "Statut socioprofessionnel de la classe dirigeante porteña entre 1852 et 1862 (échantillon de 427 personnes, 46% du total)", en La Création..., ob. cit., anexo núm. 1, documento núm. 2.

nos años, retomó su banca en la legislatura en los últimos tiempos del gobierno rosista, lo que podría haberlo perjudicado. Tal vez trató de remontar la pendiente afiliándose a dos de los principales centros de reunión de las elites locales: el Club del Progreso en 1854 y la masonería en 1858, pero sin resultado aparente dado que después de Caseros no ocupó ningún cargo político. Tenemos aquí, entonces, un primer caso en que la afiliación a la masonería no parece haber cumplido papel alguno en la carrera política de uno de sus miembros; a lo sumo, no modificó en nada su situación política.

La experiencia masónica es en cambio bastante favorable para los hermanos Torres. Pero a diferencia de Juan J. Alsina, éstos ocupan un primerísimo lugar en la orden. Se inician ya con la creación de la primera logia en 1856. Ambos despliegan mucha actividad y ascienden muy rápidamente en la jerarquía de la organización. No hay, sin embargo, relación inmediata entre esta afiliación y su combate político. Como en el caso de Domingo F. Sarmiento, la masonería les permite consolidar una carrera ya en marcha, pero que requiere no obstante una confirmación ante los nuevos poderes porteños. Por esa misma razón, los hermanos Torres no descuidan las otras redes asociativas, como el Club del Progreso o las asociaciones socioculturales, por ejemplo el Instituto Histórico y Geográfico, al que concurren, además, con Mitre y Sarmiento.

Existen casos, por supuesto, en que la pertenencia masónica es más decisiva en el acceso al poder. Es lo que sucede con el doctor Guillermo Rawson, nacido en la provincia de San Juan de padre norteamericano. Estudia en la Universidad de Buenos Aires, donde obtiene su título de médico en 1844. Por ese entonces, establece sus primeros contactos con la elite porteña. Retorna luego a su provincia natal. En 1856 está en Buenos Aires, e ingresa entonces a la logia "Unión del Plata" con su coprovinciano y amigo Domingo F. Sarmiento. A diferencia de los otros casos mencionados, la masonería es su única pertenencia asociativa durante nuestro período. Así como Sarmiento lo había hecho en favor de sus proyectos educativos, Rawson utiliza las redes masónicas para llevar adelante su campaña sanitaria, con el propósito de establecer una política de higiene pública. Su actividad durante la epidemia de fiebre amarilla en 1857 le otorga un gran prestigio a los ojos del público profano. En cuanto a los masones, le conceden un lugar de privilegio en todas las comisiones de asistencia pública e higiene. Rawson se convierte así en un personaje público antes de irrumpir en la escena política en 1858. Y esa irrupción, sin duda, no es ajena a su actividad masónica: es ésta la que le permite hacerse de una estatura política. Así, luego de la iniciación en la masonería y sin participar en otras redes de poder ni en ninguna de las campañas electorales, lo vemos escalar los peldaños de una carrera política: diputado de la legislatura provincial en 1856, a continuación senador de la misma legislatura en 1861, será designado por el presidente Bartolomé Mitre, también masón, ministro del gobierno de la República Argentina en 1862.

Su caso difiere de aquellos que, como Carlos Durand, Juan A. García o Antonio Pillado, combinan la pertenencia masónica con la actividad política en los clubes electorales. Durand, por ejemplo, también es médico diplomado de la Universidad de Buenos Aires. Como Rawson, participa en las diferentes comisiones masónicas dedicadas a la asistencia pública. Pero además de la ventaja de ser porteño, Durand asocia los trabajos masónicos a una actividad más específicamente política. Miembro del club electoral de San Nicolás en

1857, parroquia por la que será elegido concejal en 1858, forma parte de la comisión directiva del Club Libertad desde 1860 hasta el final de nuestro período.

Estos ejemplos nos muestran una organización masónica que, por su reclutamiento y sus valores, está muy ligada al gobierno liberal. El papel específico que desempeña esta afiliación en las carreras políticas varía de un individuo a otro. Pero, si bien la masonería no determina la carrera política de un hombre –no reemplaza a un partido político–, su importancia está en otra parte: en esas asociaciones, los hombres se unen a las nuevas redes de poder, fundadas no sólo en la autoridad social y económica de los individuos que las componen, así como en la extensión e institucionalización de los vínculos, sino también en el poder representativo que se introduce en ese espacio intermedio entre el individuo y el Estado.

Al respecto, podemos recordar el caso ejemplar de Domingo F. Sarmiento, quien es uno de los contados masones de convicción que tiene una carrera paralela y ascendente en la orden masónica y la vida política. Llega así a la presidencia de la nación en 1868 y a la dirección del Gran Oriente Argentino en 1882. Las relaciones entre ambas trayectorias son estrechas, a punto tal que algunos afirmaron que Sarmiento es el prototipo del hombre político producido por la masonería.[19] Publicista reputado de la provincia de San Juan, Sarmiento comienza su carrera pública en 1839, con la redacción del diario El Zonda. En ese momento, se pone en contacto con el movimiento de los jóvenes románticos porteños, reunidos en la asociación Joven Argentina. Durante su exilio, colabora en la redacción de varios diarios en Chile y Uruguay.[20] Publica igualmente varios escritos políticos gracias a los cuales gana cierto ascendiente entre los adversarios de Rosas. En 1854, mientras está en Chile, es elegido diputado de la legislatura de Buenos Aires, banca que finalmente no ocupará. Un año después se instala en la ciudad de Buenos Aires, donde se lo designa director del diario El Nacional. Algunos meses más tarde, asume su primer cargo público en la municipalidad porteña. Luego, sube todos los peldaños de una carrera política que lo lleva a la presidencia de la República Argentina: senador de la legislatura de Buenos Aires en 1857, es designado en 1860 ministro del gobierno de Bartolomé Mitre.[21] En 1862 es elegido gobernador de la provincia de San Juan, cargo al que debe renunciar en 1864 para asumir el de agregado de negocios ante el gobierno de Estados Unidos. En 1868, mientras se encuentra en funciones en ese país, es elegido segundo presidente constitucional de la República Argentina.

---

[19] Ésta es, desde luego, la opinión de los masones, pero también de quienes denuncian la influencia de la orden en la nación. Esta crítica corresponde sobre todo a los autores de la derecha nacionalista, cuyo combate contra la masonería se confunde bastante con el que libran contra el liberalismo. Véanse, por ejemplo, los escritos de Jordán Genta, *Sarmiento y la masonería*, Buenos Aires, 1949; J. Genta, *La masonería en la Argentina*, Buenos Aires, 1949 y 1951; J. Genta, *La masonería y el comunismo en la revolución del 16 de septiembre*, Buenos Aires, 1956; J. Genta, *La masonería argentina en la historia argentina. A propósito del centenario de la muerte del General San Martín (1850-1950)*, Buenos Aires, 1949.

[20] Para este período de la vida de Sarmiento, la obra más documentada sigue siendo la tesis de P. Verdevoye, *Domingo Faustino Sarmiento...*, ob. cit.

[21] Puesto al que renuncia en 1861, con motivo de los acontecimientos producidos en su provincia natal. En el mismo año de su nombramiento, 1860, participa en las dos convenciones nacionales.

El éxito de la carrera de Sarmiento es difícil de explicar por medio de los mecanismos tradicionales. Sarmiento es un hombre de la provincia, sin recursos y para colmo autodidacta. Además, y a diferencia de los otros liberales, no cuenta con una red influyente de lazos de parentesco que pueda serle útil en su carrera.[22] Por esa razón encarna tan bien esta nueva esfera del poder público, pues de ella extrae su principal fuente de poder. En efecto, Sarmiento es uno de los más eminentes publicistas que hace de la pluma su arma política fundamental. No es sorprendente, por lo tanto, comprobar que también es un fiel adepto del movimiento asociativo. En 1836 ingresa a la Sociedad Dramática y Filarmónica de su provincia natal. En 1837 se pone en contacto con el grupo del Salón Literario de Sastre, y en 1839 participa en la fundación de la filial provincial de la Asociación de Mayo. Se inicia en la masonería en 1854, en la logia "Unión Fraternal" de Valparaíso. Ese mismo año, Bartolomé Mitre lo hace entrar en el Instituto Histórico y Geográfico Rioplatense. En 1856, cuando comienza su carrera política, se asocia al aristocrático Club del Progreso y funda al mismo tiempo la primera logia porteña, la "Unión del Plata". En 1860, siendo ministro del gobierno de Mitre, obtiene el trigésimo tercer grado en la masonería. Ocupa, a continuación, varios cargos de dirección hasta alcanzar el de Gran Maestre del Gran Oriente de la República Argentina.

Cuando se observa con detenimiento la vida masónica de Sarmiento, se descubre a un masón convencido que no deja de trabajar en la logia y fuera de ella, para intervenir en dos campos de particular interés masónico: la educación y la asistencia pública. Sarmiento es sin duda uno de los políticos que extrae más beneficios de esa estructura organizativa en los primeros años de su vida. Así, cuando es concejal en 1857, demanda el apoyo de las logias para llevar a buen puerto su combate por el desarrollo de una educación pública y laica. El éxito de la escuela modelo de la parroquia de Catedral al Norte se debe en gran parte al aporte económico de las logias y el respaldo de la municipalidad, cuya comisión de educación cuenta regularmente entre sus miembros a un masón: Sarmiento en 1856 y 1857, Héctor Varela en 1858 y 1859 y Antonio Pillado en 1860 y 1861. Pero la masonería le sirve más bien para confirmar una notoriedad pública adquirida en el mundo profano. Su combate por la educación, por otra parte, no data de su iniciación en la masonería.[23] De todas maneras, la orden le da el apoyo y el reconocimiento del mundo masónico, algunos de cuyos miembros forman parte de las poderosas elites porteñas. La masonería representa para él una carta de triunfo complementaria, que le sirve para consolidar un poder procedente de la nueva idea de la representación que empieza a difundirse.

---

[22] Es cierto que está emparentado con algunas de las principales familias de San Juan, pero pese a la insistencia con que trata de hacer de ello una fuente de prestigio social –destina sus *Recuerdos de provincia* (Santiago de Chile, 1850) a rehabilitar a su ascendencia–, forma parte de una rama venida a menos.

[23] El combate de Sarmiento por la educación pública es muy anterior a su incorporación a la masonería. Su primer escrito sobre el tema es de 1839, cuando tiene 28 años. En 1849 publica en Santiago de Chile *De la educación popular*, libro en el que desarrolla sus ideas sobre la educación laica.

Las nuevas prácticas ciudadanas: de la opinión en armas a los "ejércitos" electorales

La "explosión asociativa" introduce una verdadera innovación en la sociabilidad política porteña. En efecto, el restablecimiento de las instituciones representativas se acompaña de la creación de los "clubes electorales", con el designio de poner en vigencia un acto comicial que se organiza entonces en dos tiempos: en primer lugar, la concertación de las elites en torno de las listas de candidatos, para la cual intervienen esas nuevas redes asociativas que se articulan con antiguas formas de poder y autoridad; en segundo lugar, la movilización política para asegurar, el día de los comicios, el triunfo de la lista convenida, para lo cual se solicita la participación de otros sectores de la población urbana que no intervienen en la concertación aludida. Aunque el perfil de los elegidos, a fin de cuentas, apenas cambie, los mecanismos que llevan al poder introducen importantes modificaciones en la antigua estructura de éste. Este cambio da nueva vida a las "viejas" instituciones y posibilita, pese a una situación económica y política extremadamente delicada, una estabilidad institucional que sienta las bases del futuro poder nacional.

El restablecimiento del sufragio

Recordemos que la ley electoral de 1821 nunca fue derogada por Rosas. Antes bien, fueron las facultades extraordinarias las que le permitieron instituir el régimen de las elecciones dirigidas, que él presentaba como una garantía legal de la autoridad.[24] Tras su caída, los liberales porteños, que en 1837 habían impugnado aquella ley, no sólo la aceptan sino que la aplican con una vitalidad desconocida hasta entonces. La Constitución de la Confederación Argentina, por su parte, confirma el régimen republicano fundado en el principio de la democracia electoral. Los porteños, que se niegan a ratificarla, hacen lo mismo cuando promulgan la primera Constitución de la provincia de Buenos Aires, transformada entonces en "Estado autónomo". El artículo 7 de esta Constitución ratifica la ley de 1821, y aporta algunas novedades que tienden más bien a la ampliación del voto. Ahora también gozan de este derecho los menores enrolados en la Guardia Nacional y los mayores de 18 años, casados. La única condición es haber nacido en el territorio argentino –en Buenos Aires o en las provincias de la Confederación– o ser naturalizado. No hay restricción cultural o económica alguna para los electores, pero sí ciertas condiciones para los representantes: para ser diputado hay que disponer de un capital de diez mil pesos anuales o ejercer una profesión o un oficio que produzca una renta equivalente, a fin de garantizar la independencia y la disponibilidad de los elegidos. En el caso de los senadores, el capital exigido se eleva a veinte mil pesos.[25]

---

[24] Cf. "Mensaje de Rosas a la Junta de Representantes de la provincia de Buenos Aires", en Heráclito Mabragaña, *Los mensajes. Historia del desenvolvimiento de la Nación Argentina (redactados cronológicamente, 1810-1910)*, t. I, Buenos Aires, Comisión Nacional del Centenario, 1910, pp. 322-345.

[25] Artículos 23 y 31 de la *Constitución del Estado de Buenos Aires...*, ob. cit. (1854).

Al margen de esas restricciones no se fija ninguna otra condición.[26] En cuanto al gobernador, su elección sigue estando a cargo de la legislatura. En suma, pocos cambios, y cuando existen, tienden más bien a confirmar la democracia electoral.

Sin embargo, los debates sobre la necesidad de una reforma electoral comienzan apenas votada la Constitución del Estado de Buenos Aires. Varias críticas se formulan entonces contra la legislación existente, dirigidas sobre todo en contra de los vicios de procedimiento.[27] La reiteración de las denuncias de fraude, siempre presentadas por el bando derrotado, no modifica en absoluto la práctica electoral, ni siquiera cuando en 1857 se pone en vigor la nueva legislación.[28] La ley electoral de este último año introduce nuevos mecanismos concernientes a la composición de los padrones, así como la elección de autoridades en las asambleas electorales; el principio de la soberanía universal queda intacto. Esta ley provincial se utiliza después para redactar la ley nacional de elecciones, promulgada por el Congreso de la Nación en 1863.[29] A la sazón, se introducen nuevas modificaciones con el fin de restringir y controlar el voto. La reforma de la Constitución de 1853, votada por Buenos Aires en 1860, empieza por instituir el voto indirecto de los senadores y del presidente de la república.[30] Pero, hasta el final de nuestro período, la legislación confirma el principio establecido por la ley de 1821.

Los clubes electorales: de la organización comunitaria a la esfera pública

Tras 17 años de gobierno de Rosas, la población de la provincia es convocada en 1852 a elegir a sus representantes. Durante las primeras elecciones "libres" vemos aparecer nuevas formas asociativas destinadas a "organizar" la opinión. Cinco días antes de la elección de los

---

[26] Durante el debate, Nicolás Anchorena destaca los inconvenientes de esta "imprecisión". *Cf.* Sala de Representantes de la Provincia de Buenos Aires, en *Diario de sesiones…*, ob. cit., sesión del 14 de marzo de 1854, p. 80.

[27] Héctor Varela se toma, incluso, el trabajo de enumerar todos los instrumentos legales que la ley pone a disposición de los políticos para garantizar el fraude: la forma de empadronamiento de los electores, los procedimientos de constitución de las asambleas electorales, el lugar del comicio en los pórticos de las iglesias, la forma de elección por listas completas, etcétera. *Cf.* "Ley de elecciones", en *La Tribuna*, 22 de julio de 1854.

[28] *Cf.* Cámara de Senadores del Estado de Buenos Aires, en *Diario de sesiones de la Cámara de Senadores del Estado de Buenos Aires*, Buenos Aires, Imprenta El Orden, 1858, sesión del 1º de octubre de 1857, pp. 435-441. Varela comenta esta ley en *La Tribuna*, 16 y 18 de junio de 1857.

[29] La ley núm. 75 reemplazó la núm. 140 que había sido votada por el Congreso de la Confederación Argentina. Esta última establecía tres días de elecciones, lo que facilitaba enormemente el fraude. La ley 75 retomaría la fórmula porteña de las elecciones en una sola jornada. *Cf.* Legislación Argentina, *Colección completa de leyes nacionales sancionadas por el Honorable Congreso durante los años 1852 a 1917*, t. I, Buenos Aires, 1918, pp. 158-167 y 284-295.

[30] Los primeros debían ser elegidos por los diputados, y el presidente y el vicepresidente por un colegio electoral. *Cf.* el artículo 78 de la Constitución de la Confederación Argentina de 1853, y el artículo 80 de la Constitución de la República Argentina, reformada en 1860. Véase A. Sampay, *Las Constituciones…*, ob. cit.

legisladores y dos meses después de la derrota de Rosas, el diario *El Progreso* informa que "los diversos clubes electorales se reunieron el sábado y arribaron a organizar una lista de candidatos de los representantes de la ciudad. Nos complacemos en ver este solemne rehabilitación del espíritu público en nuestro país. Durante la dictadura, y aun antes, no había mas candidatos que los del gobierno".[31] El periódico evoca así la práctica corrientemente utilizada por Rosas para reemplazar a las autoridades representativas; en filigrana se vislumbra una advertencia a Urquiza, que pretende restablecerla luego de su "campaña libertadora".[32] La oposición porteñista, formada en buena parte por liberales exiliados, rechaza entonces las "sugerencias" de Urquiza y organiza "clubes electorales", para acordar otra lista de candidatos. De ese modo nacen los "clubes electorales de parroquia".

Si ello permite explicar las razones por las que se recurrió a los clubes, queda vigente un interrogante: ¿cómo se introdujo esta estructura organizativa? En efecto, no podemos dejar de sorprendernos ante la rapidez y la eficacia de esa nueva organización política.[33] ¿Es posible imaginar una especie de "generación espontánea" de la politización de los habitantes, que en poco tiempo organiza la vida política porteña?[34] Indudablemente no. Con mayor razón porque, hasta 1857, esas asociaciones funcionan sin reglamentación aparente... como si una estructura de ese tipo pudiera regularse de manera espontánea. Si bien es cierto que ya en 1852, se menciona la existencia de un reglamento para la parroquia de San Miguel, habrá que esperar cinco años para que el reglamento de 1857, firmado por miembros de la sociedad civil y política, termine con esta vaguedad estatutaria.[35] La norma establece que cada parroquia debe armar, antes de las elecciones, una lista completa de representantes para la ciudad. La lista se conforma de acuerdo con la opinión de cada parroquia; en otras palabras, por los representantes parroquiales que participan en la comisión del club. A continuación, una comisión central debe constituir la lista definitiva, con los candidatos de mayor figuración en las listas parroquiales.[36] Por último, la población debe ratificar "su voluntad", ya expresada en el momento de constitución de la lista, mediante el acto electoral.[37]

---

[31] *Cf. El Progreso*, 6 de abril de 1852, p. 3, col. 4.

[32] *Ibíd.*

[33] Para su ritmo de desarrollo, véase el documento núm. 6, "Tipología del movimiento asociativo (1800-1862)" p. 80, "Asociaciones políticas", *supra*, capítulo 2.

[34] La cuestión se plantea tanto más cuanto que hasta el día de hoy, ningún autor dilucidó el fenómeno del nacimiento y el desarrollo de este nuevo sistema de poder.

[35] El reglamento establece para la ciudad de Buenos Aires "una asociación compuesta por sus parroquias, con la denominación de clubes parroquiales". *Cf.* artículo 1 del "Reglamento de los clubes electorales", en *La Tribuna*, 28 de febrero de 1857. Al pie del documento figuran las firmas de las 19 personas que participaron en su elaboración. Se trata de miembros de las elites porteñas: cuatro son jueces de paz, de los cuales tres están en funciones; siete son funcionarios elegidos por el pueblo –representantes y concejales–, uno es un cura de parroquia, otro un miliciano, cinco pertenecen a la "sociedad civil" y dos carecen de identificación. La lista nos da una idea aproximada de las autoridades que intervienen en la vida comunitaria parroquial: las autoridades civiles, eclesiásticas y militares, así como los notables.

[36] *Cf.* "Reglamento de los clubes electorales", art. cit.

[37] *Ibíd.*, artículo 6.

¿Por qué se escoge la estructura parroquial para "uniformar las opiniones"? La primera respuesta consistirá en decir que los límites parroquiales corresponden a los de la división electoral establecida por la ley de 1821.[38] Así, y puesto que las asambleas electorales se constituyen por parroquia, es lógico que en cada una de ellas se organice un club para garantizar el triunfo de la lista "convenida" por cada asamblea. Esto explicaría la división territorial de los clubes –aunque aún haya que explicar por qué la ley de elecciones opta por el marco parroquial–, pero no resolvería el problema de la rapidez de implantación de esta forma asociativa. Una explicación plausible de esta acelerada organización parroquial, que el diario *El Progreso* inscribe en el marco de la esfera pública, es que se crea a partir de una estructura de sociabilidad parroquial previa, que ahora se utiliza con fines políticos. Los clubes aprovecharían así una estructura comunitaria, con sus vínculos y autoridades, que contribuye tanto a la organización de la campaña de "uniformación de la opinión" alrededor de las listas de candidatos, como a garantizar en cada parroquia la disciplina electoral, el día de los comicios.

Durante el debate del proyecto de ley electoral para el Estado de Buenos Aires, en 1856, tanto quienes promueven la creación de distritos electorales como quienes se oponen a ello mencionan la existencia de fuertes lazos comunitarios que influyen sobre un voto teóricamente individual. El diputado Carlos Tejedor sostiene de este modo el proyecto, destacando el aspecto positivo del lazo comunitario: "Entre vecinos de una misma parroquia todos se respetan, porque todos se conocen; y aunque entre ello hubiese díscolos, yo creo que se mirarían mucho para cometer en su parroquia los desórdenes que generalmente se cometen por los que no pertenecen a ella...".[39] Un año después, el senador Vélez Sársfield se opone a la ley, aludiendo al peso nefasto de los lazos comunitarios en el ejercicio de los derechos políticos: "El nombre de Parroquia entre nosotros significa tener un juez de paz, significa tener un Cura, personas muy influyentes en las elecciones, autoridades que son de mucho peso u obstáculo en las elecciones. No hagamos pues una división territorial que cause esta traba para el libre ejercicio de los ciudadanos de ese derecho...".[40]

Son esos lazos y autoridades comunitarias mencionadas por los representantes elegidos del pueblo las que encontramos, en efecto, durante la organización de los clubes parroquiales, especialmente en el proceso de elección de las comisiones de las parroquias, encargadas de la conformación de la lista de candidatos. Según algunas referencias, se supone que era la comisión saliente la que debía convocar una "asamblea parroquial" para elegir la nueva comisión.[41] La prensa periódica, que reservaba un lugar de privilegio a los acontecimientos asociativos y muy particularmente a los que se referían a la vida política, informaba a los pa-

---

[38] No se trata, sin embargo, de distritos electorales, pues la población votaba en su parroquia de residencia por los representantes de toda la ciudad.

[39] *Cf.* "Sesión de la Cámara de diputados del 8 de octubre de 1856", en Cámara de Diputados de la Provincia de Buenos Aires, *Diario de la Cámara de Diputados de la Provincia de Buenos Aires, 1854-1862*, Buenos Aires, 1857, p. 483.

[40] *Cf.* "Sesión de la Cámara de Senadores del 26 de septiembre de 1857", en Cámara de Senadores del Estado de Buenos Aires, *Diario de sesiones...*, ob. cit., p. 415.

[41] Aparentemente, también podía hacerlo el juez de paz. *Cf.* "Pública solicitada", *La Tribuna*, 16 de marzo de 1856, p. 3, col. 2-3; "Hechos locales", *La Tribuna*, 16 de febrero de 1856, p. 3, col. 1.

rroquianos sobre esas reuniones.[42] Para que la elección fuese legítima, la asamblea parroquial tenía que congregar a un mínimo de treinta individuos domiciliados en la parroquia.[43] Sin embargo, las numerosas denuncias publicadas por los diarios hacen pensar que la convocatoria a las elecciones de las asambleas no siempre era pública, e incluso, que lo habitual era transformar esos mítines en reuniones de amigos y miembros de una misma facción, para confirmar una decisión tomada de antemano y en otra parte.[44]

Veamos algunos ejemplos de la existencia de redes que preceden a las asambleas parroquiales. En la parroquia de Concepción, algunos vecinos se quejan del cura Mariano Marín que, tras haberse enfrentado a un grupo de adversarios, convoca la asamblea un día que no es el previsto, a fin de evitar la asistencia de opositores a su lista.[45] El incidente se produce cuando el juez de paz de la parroquia, que se opone a Marín, convoca una nueva asamblea en su casa. Marín se embarca entonces en una campaña "con sus secuaces Solá, José M. Dantas, Amoedo, Luis Beláustegui (catequizador) y otros para mendigar votos de puerta en puerta de la parroquia".[46] La oposición progresista hace entonces lo mismo. En la parroquia de San Miguel, Manuel Trelles, un vecino notable que desde 1852 participa en las comisiones electorales, es acusado por Varela "de haber hecho secretamente las elecciones de las personas que deben componer la comisión electoral de 1856".[47] En la parroquia de Catedral al Norte, el grupo de los excluidos publica un manifiesto en el diario *El Orden* para protestar "de no haber sido invitado por el juez de paz para elegir la comisión parroquial".[48] Según lo que alega el grupo, la asamblea se constituyó con cincuenta personas, todas amigas políticas del juez de paz. El mismo diario acusa a Carlos Casares, presidente de la comisión de la parroquia de Catedral al Sur, de haber sido elegido por una asamblea que no reunía la cantidad de asistentes establecida por los reglamentos.[49]

---

[42] La sección destinada a la vida asociativa se llama "Hechos locales" y aparece a menudo en la tercera columna de la segunda página de la prensa periódica. A veces, como sucede con frecuencia en *La Reforma Pacífica*, figura en la primera columna de la tercera página. Es posible imaginar que existían relevos a ese medio de comunicación, destinados a llegar a una población que tenía un menor acceso regular a esa prensa, tanto más cuanto que por la ley electoral los analfabetos también gozaban de derechos políticos. Encontraremos esos relevos, justamente, en una estructura de sociabilidad fundamentalmente parroquial.

[43] Héctor Varela se queja varias veces de esta cláusula, ya que considera que aun cuando se llegue a ese número, éste es poco representativo de la Voluntad General de la parroquia. Cf. *La Tribuna*, 28 de mayo de 1855, p. 1, col. 6-7, y 2 de marzo de 1856, p. 2, col. 2-3.

[44] Según el reglamento, la comisión parroquial debía disolverse después del acto electoral; lo cual quiere decir que los clubes no tenían una prolongada vida institucional y, por lo tanto, que en el momento de los comicios quien intervenía en la elección de sus autoridades no era la jerarquía asociativa sino otro tipo de autoridad.

[45] Cf. "Pública solicitada", en *La Tribuna*, 16 de marzo de 1856, p. 3, col. 2-3; "Los vecinos de la Concepción y su protesta", en *La Tribuna*, 19 de marzo de 1856, p. 2, col. 2-3.

[46] Cf. "Pública solicitada", en *La Tribuna*, 16 de marzo de 1856, p. 3.

[47] Cf. "Publicación solicitada", en *La Tribuna*, 3-4 marzo de 1856, p. 1, col. 1-3. La parroquia de San Miguel fue una de las primeras que organizó un club electoral, en cuya creación participaron R. Trelles, Ramón Basavilbaso, Manuel Insiarte, Bruno González y Pedro Vernet. Cf. AGN, Manuscritos BN, legajo núm. 526, documento núm. 8634.

[48] Cf. *El Orden*, 22 de febrero de 1857, p. 3, col. 1.

[49] Cf. *El Orden*, 1º de marzo de 1857; "Reglamento de los clubes electorales", en *La Tribuna*, 28 de febrero de 1857.

Podríamos multiplicar las citas, que en todos los casos nos hablan de clubes cuyas redes de relaciones son anteriores a la constitución de la asociación: son ellas las que prevalecen en la elección de las autoridades electorales parroquiales, que a su turno van a determinar la lista de candidatos. Las autoridades de la parroquia –cura, juez de paz y notables– utilizan entonces lazos y autoridades tradicionales para organizar una práctica que, sin embargo, se funda en la negación de esas formas comunitarias.[50] Desde ese punto de vista, los clubes electorales de parroquia representan un caso típico de organización política moderna insertada en una estructura comunitaria tradicional. Constituidos para asegurar la representación política de los "individuos-ciudadanos", los clubes parroquiales confirman el lugar de las autoridades comunitarias tradicionales en el sistema representativo. Esto hace suponer que el espacio público en el cual se inscribe la campaña guarda menos afinidad con la esfera pública moderna que con un espacio público antiguo ocupado por autoridades tradicionales. El modelo de emplazamiento de los clubes electorales en la ciudad parecería confirmarlo. En efecto, sobre un total de 23 referencias concernientes a los lugares de encuentro, 17 mencionan las reuniones realizadas en la iglesia parroquial, la mitad de ellas en el presbiterio y la otra mitad en la sacristía; las otras seis señalan encuentros en la casa del juez de paz o de los notables de la parroquia.[51]

La adopción de estas nuevas formas asociativas introduce, no obstante, una innovación destacada en la organización de la vida política; en efecto, si bien los primeros clubes son reuniones de notables, a medida que el juego político se abre –en gran parte gracias a la sistematización del fraude–, modifican su naturaleza y función. Ya en 1853 encontramos clubes que se organizan fuera del marco de la parroquia y que siguen, sin embargo, la dinámica que les había dado origen en 1852, pero creados ahora por los excluidos de las comisiones parroquiales. En 1854 se fundan dos nuevos "clubes de opinión", el Constitucional y el Argentino, para oponerse a la lista ministerial apoyada por los clubes parroquiales.[52] Si estos primeros esbozos de organización política son significativos de una evolución de la estructura de la sociabilidad política en la ciudad, en las elecciones de 1856, sobre todo –año durante el cual

---

[50] Esto no quiere decir que esas autoridades confirmen el poder de la Iglesia como institución, o el predominio del Estado a través de los jueces de paz. La autoridad de estos notables parece inscribirse más bien en una lógica similar a la descripta por Giovanni Levi para explicar la autoridad de Giulio Cesare Chiesa: reside menos en la institución que representa que en su capacidad de mediación entre la comunidad y las instituciones. Cf. Giovanni Levi, *Le Pouvoir au village. Histoire d'un exorciste dans le Piémonte du xviie siècle*, París, Gallimard, 1989.

[51] Cf. "Avisos", en *La Tribuna*, 17 de marzo de 1855, p. 4, col. 2; "Hechos locales", en *La Tribuna*, 4 de mayo de 1855, p. 2, col. 4; "Hechos locales", en *La Tribuna*, 19 de febrero de 1856, p. 3, col. 1; en *El Orden*, 19 de febrero de 1856, p. 3, col. 3; en *El Orden*, 22 de febrero de 1856, p. 2, col. 5; en *El Orden*, 29 de febrero de 1856, p. 3, col. 1; "Avisos", en *La Tribuna*, 14 de febrero de 1857, p. 3, col. 4; en *La Tribuna*, 16 de marzo de 1856, p. 2, col. 3-4; en *La Tribuna*, 28 de marzo de 1856, p. 3, col. 2; en *El Nacional*, 18 de febrero de 1857; en *La Tribuna*, 18 de febrero de 1857, p. 2, col. 5; en *El Orden*, 21 de febrero de 1857, p. 2, col. 1; en *La Tribuna*, 6 de marzo de 1858, p. 3, col. 1; en *La Tribuna*, 19 de marzo de 1862.

[52] El Club Constitucional, creado por iniciativa de los hermanos Varela, realizaba sus mítines en el local de *La Tribuna*. En una reunión en conjunto que congregó alrededor de cien personas, ambos clubes llegaron a un acuerdo político para proponer una lista común. Cf. *La Tribuna*, 28 de abril de 1854, p. 2, col. 2-3.

la clase política va a dividirse en "progresistas" y "conservadores"–, vemos establecerse definitivamente los "clubes de opinión" como formas de organización extraparroquiales. Durante la nueva campaña electoral, la lista de los "progresistas" es apoyada por el diario *La Tribuna* y el club electoral de los guardias nacionales, mientras que los "conservadores" se valdrán de la estructura de los clubes parroquiales, y romperán –según la expresión de aquel diario– "el pacto vecinal", ya que "anularon de hecho el compromiso preexistente, dieron un puntapié a la conciliación establecida de antiguo".[53] Con estas acusaciones, Varela procura justificar las nuevas asociaciones electorales que se organizan al margen de la comunidad de parroquia, y que van a multiplicarse durante la campaña electoral de 1857. Incluso se menciona entonces la posibilidad de crear una comisión central de los "clubes de opinión".[54]

El Club Libertad, uno de los grandes clubes de opinión, creado en 1857, se distancia enseguida de los clubes parroquiales, a los que califica de meras camarillas electorales. Anuncia que su objetivo no es proponer candidatos sino hacer que triunfen los que representan la verdadera voluntad del pueblo.[55] Varela enumera los beneficios que aportan los nuevos clubes en términos que merecen ser citados:

> La educación de la opinión pública, que es la esencia de la democracia, tiene sus liceos especiales que son los clubes, tiene sus profesores desinteresados que son los oradores populares, tiene sus bibliotecas en las páginas de los órganos libres. El adelanto de cuando al entrar a un club se ve una discusión formal. Entonces el pueblo tiene derecho para dirigir bajo el amparo del ejecutivo sus propios destinos [...] un club quiere decir una reunión seria de hombres que comprenden individualmente toda su dignidad de ciudadanos y procuran hacerlo efectivo por el apoyo que prestan a las iniciativas patrióticas por la unión y el conjunto que llevan en los trabajos preparatorios a fin de hacer práctica la democracia.[56]

Pese a las convincentes declaraciones de civismo, los "clubes de opinión" son más asimilables a organizaciones de clientela que a "liceos cívicos"; en gran parte porque el "individuo-ciudadano" al que se refiere Varela sólo existe en algunos círculos de la sociedad, cuando en realidad la ley de 1821 otorgaba la ciudadanía al conjunto de la población masculina.

De todos modos, los nuevos clubes se definen como marco de la representación. También es ése, desde luego, el fundamento de los clubes parroquiales, pero los denominados "de opinión" se distinguen por una verdadera puesta en escena representativa que comienza por

---

[53] Varela declara: "la lista que se presenta [la de los clubes parroquiales] no es ni la de las parroquias, ni la del pueblo, es la de un círculo que la ha confeccionado entre las sombras, escluyendo de la discusión de los candidatos a todos los que no se sometían a sus designaciones de camarilla". Cf. "Usurpación de nombre", en *La Tribuna*, 27 de marzo de 1856.

[54] El diario *El Orden* anuncia que la víspera se reunieron, en el teatro El Porvenir, las comisiones de siete clubes "disidentes", con el fin de establecer una comisión central que los agrupara. Fueron elegidos entonces como miembros de esa comisión Marín, Pirán, Cuenta y Casares. Cf. *El Orden*, 14 de marzo de 1857.

[55] "El Club Libertad propone muy pocas veces una lista, pero su presencia tiene por meta hacer votar y triunfar la que represente la voluntad del pueblo." Cf. "La opinión pública en evidencia", en *La Tribuna*, 17 de febrero de 1857, p. 2, col. 1-3.

[56] Cf. "Educación de la democracia", en *La Tribuna*, 19 de marzo de 1858, p. 2, col. 3.

la participación activa de la prensa en la campaña electoral de los clubes. Junto a los clubes parroquiales, convertidos casi en una institución del gobierno, cada diario monta su propio club o se asocia a uno ya existente. Muchas veces, los redactores del diario conforman la comisión del club. De ese modo vinculan los clubes llamados de opinión a la nueva esfera pública construida desde 1852 por el desarrollo de la prensa de opinión. No es del todo fortuito que los clubes elijan para la organización de la clientela las instalaciones de los teatros de la ciudad.[57] Sobre el escenario, los dirigentes del club representan, en los dos sentidos del término, la opinión general, y no la de un "círculo" o una parroquia. En la sala, el pueblo-público asiste por primera vez a esa puesta en escena representativa. Este pueblo-público no deja de crecer. En 1856, el club de los guardias nacionales logra reunir entre seiscientas y setecientas personas en el teatro de la Victoria.[58] Un año después, el Club de la Libertad congrega alrededor de mil trescientos ciudadanos en el teatro Argentino.[59] El mismo club reúne en 1861 cerca de dos mil ciudadanos en el teatro Colón.[60] Las cifras son bastante considerables. Aun si se toman en consideración las pequeñas asambleas, las reuniones congregan en todo el período un promedio de ochocientas cincuenta personas cada una. Tras la nacionalización de la vida política porteña, esta primera puesta en escena representativa parece perder adeptos, ya que, según las cifras de Hilda Sabato, en la década de 1860, la concurrencia a las reuniones oscila entre sesenta y ciento cincuenta personas.[61] No hace falta decir que esta fuerza representativa se traduce en capacidad movilizadora. La primera batalla, antes del comicio, se libra entre las elites, y consiste en medir las fuerzas "disuasivas" de cada uno, a fin de tomar una decisión sobre las futuras alianzas electorales. No obstante, el hecho de que tomen la opinión como fundamento de la asociación es ya un elemento de ruptura con respecto a los clubes parroquiales, que se definen en relación con su pertenencia a la comunidad del lugar.

El camino de la parroquia a la esfera pública no es unívoco ni irreversible. Con mucha frecuencia, los mismos hombres actúan al mismo tiempo en uno y otro marco. Como ya lo hemos señalado, se trata de formas organizativas que se "insertan" y articulan así dos estructuras de poder que para nosotros, y para los intelectuales de antaño, son teóricamente contradictorias, pero que coexisten en el plano histórico. Más aún, todo induce a creer que la vida política se instala en ese espacio, en que es posible confundir los dos registros: el comunitario y el individual.

[57] La participación en esas reuniones exigía presentar una tarjeta de invitación. *Cf. El Orden*, 11 de marzo de 1856, p. 3, col. 1. *La Tribuna* incluye un comunicado "avisando a las personas que componen el club de la Guardia Nacional que el domingo 16 de marzo tendrá lugar la reunión general en el teatro de la Victoria a las 12 horas. Se debe presentar la tarjeta de entrada". *Cf.* "Hechos locales", en *La Tribuna*, 14 y 15 de marzo de 1856, p. 3, col. 2. En 1857, el Club Libertad anuncia que nadie estará autorizado a entrar sin tarjeta de invitación, pero "quien quiera ingresar al Club Libertad puede solicitar dicho diploma en la casa núm. 37 de la calle de la Merced, todos los días". *Cf. La Tribuna*, 20 de febrero de 1857, p. 2, col. 5.
[58] *Cf. El Orden*, 18 de marzo de 1856.
[59] *Cf. La Tribuna*, 14 de marzo de 1857, p. 2, col. 4-8.
[60] *Cf. La Tribuna*, 5 de marzo de 1861, p. 2, col. 3-4.
[61] Podemos encontrar aquí una confirmación de las modificaciones que introduce la nacionalización del poder porteño en la vida política de la ciudad de Buenos Aires. *Cf.* H. Sabato, "Citizenship, political participation, and the formation of the public sphere in Buenos Aires, 1850s-1860s", en *Past and Present*, 1992.

27. *Estatus socioprofesional de los miembros de las comisiones directivas de los clubes electorales entre 1852 y 1862 (muestra de 169 personas)*

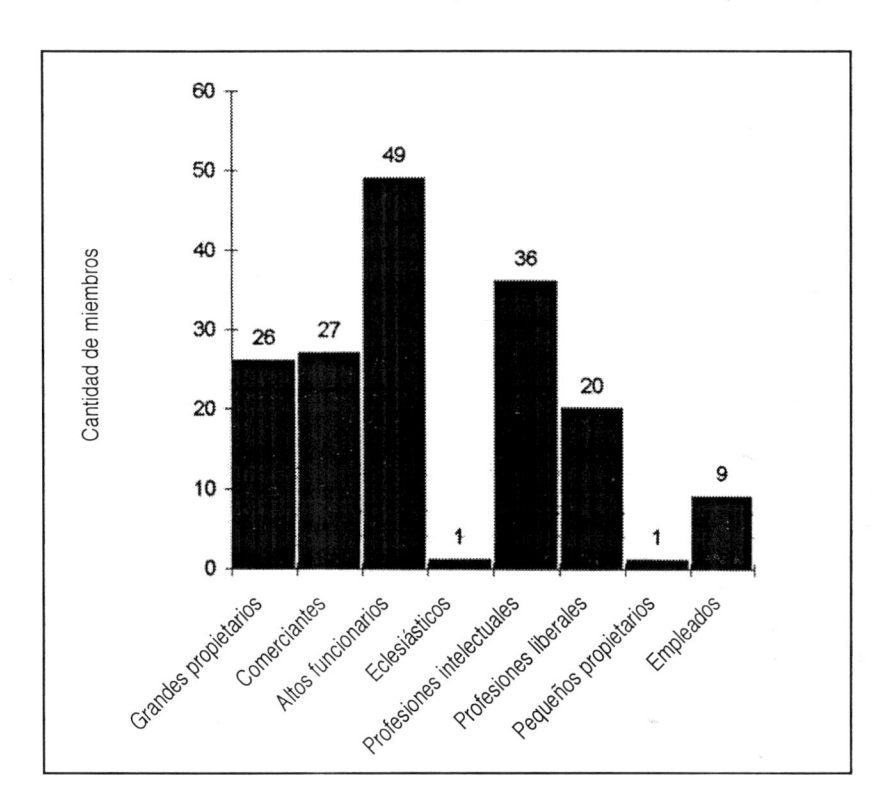

Categoría	Cantidad de miembros
Grandes propietarios	26
Comerciantes	27
Altos funcionarios	49
Eclesiásticos	1
Profesiones intelectuales	36
Profesiones liberales	20
Pequeños propietarios	1
Empleados	9

Los dirigentes electorales

Hasta el momento nos referimos a las irregularidades electorales dentro de las comisiones de los clubes, así como al peso de las autoridades tradicionales y de los jefes de facción en su constitución. Pero aún sabemos muy poco sobre esa población de "primeros elegidos" que, durante un tiempo limitado, va a ejercer la representación de la parroquia y la ciudad. De acuerdo con nuestras fuentes, 359 individuos participan en las comisiones de los clubes electorales entre 1852 y 1862. Su extracción socioprofesional no difiere mucho de la del conjunto de la clase dirigente (véase documento núm. 27). Es cierto que, como en el caso de los masones, las profesiones comerciales, así como los empleados en la administración, están mejor representados que en la totalidad de la dirigencia. Pero, en conjunto, estamos frente a "gente decente" y, dentro de ella, a quienes ya estaban cerca del poder: los militares, los intelectuales y las profesiones liberales. Los intermediarios políticos encargados de reclutar y movilizar a las bases apenas tienen acceso a los puestos de dirección.

28. *Cantidad de afiliaciones de la clase dirigente porteña a los clubes electorales entre 1852 y 1862, en relación con la obtención del cargo*

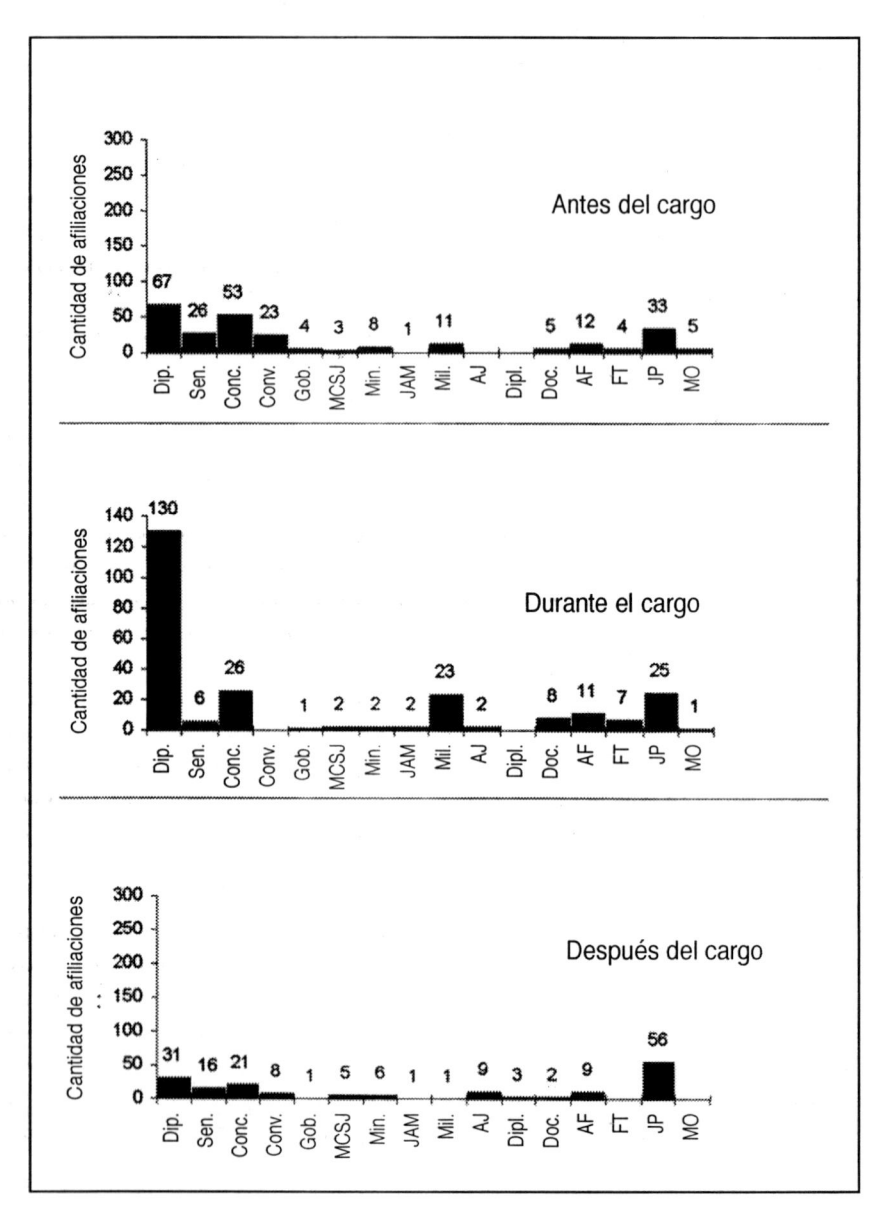

Dip: Diputados; Sen: Senadores; Conc: Concejales; Conv: Convencionales; Gob: Gobernadores; MCSJ: Miembros de la Corte Suprema de Justicia; Min: Ministros; JAM: Jefes administrativos de los ministerios; Mil: Militares; AJ: Personal de la administración de justicia; Dipl: Diplomáticos; Doc: Docentes y personal universitario; AF: Personal de la administración financiera; FT: Funciones técnicas; JP: Jueces de paz; MO: Personal de mantenimiento del orden.

Cerca de la mitad de ellos –el 41,5%– ejercen también un cargo en la administración del Estado de Buenos Aires, lo cual hace suponer que la actividad del club no es ajena a la carrera política de los dirigentes (véase el documento núm. 28). Los cargos que atribuyen más importancia a la actividad de los clubes son los que están, de alguna manera, directamente ligados al comicio: los electivos (senadores, diputados y concejales), a los que se agregan los militares y los jueces de paz que desempeñan un papel central el día de las elecciones. Como es lógico, los miembros de los clubes parroquiales tienen más medios de acceso al poder que los de clubes llamados de opinión: como los primeros están más controlados por el gobierno y tienen más posibilidades de triunfar, están mejor ubicados para distribuir cargos después de las elecciones. Así, de los 149 integrantes de clubes que cumplen funciones en la administración del Estado, setenta son miembros de los clubes de parroquia, 41 pertenecen a los clubes denominados de opinión y 38 participan en las dos formas de organización electoral.[62]

Del total de los dirigentes de los clubes que desempeñan funciones representativas parecen desprenderse dos tipos de carreras políticas: los representantes que participan en las comisiones luego de haber ocupado una banca en la legislatura o el Concejo Municipal (más de la mitad, 59 de 106), y los representantes cuya elección parece ser la consecuencia de su participación en las comisiones de los clubes (47 de 106). Estas cifras autorizan a pensar que los clubes cumplen aquí una de las funciones primordiales de los partidos políticos del siglo XIX, que nacen como fuerzas políticas de acción electoral, ligadas a la institución parlamentaria: la de dar al Público un reconocimiento institucional a través del Parlamento.[63] Este aspecto parece confirmado por la otra mitad de los dirigentes, que no ocupan cargos durante el período y a quienes podríamos calificar como individuos procedentes de la "sociedad civil". Es cierto, sin embargo, que algunos jóvenes, que se inician entonces en la vida política, tendrán luego de 1862 un lugar de privilegio, como Luis Elordi, Carlos D'Amico, Dardo Rocha, etcétera. Otros, hombres de letras, no ejercen cargos en esos momentos pero cumplen ya una función importante en la esfera pública. El caso ejemplar es sin duda alguna el de Mariano Varela, pero podemos mencionar a otras figuras como José M. Estrada, Manuel Rocha, Carlos Terrada o el joven Adolfo Saldías, que todavía no tiene el renombre que conocerá más adelante.

La pertenencia asociativa también da testimonio de las transformaciones de la vida política porteña. En efecto, de 359 dirigentes, 158 –vale decir, el 44%– van a tener al menos una afiliación a clubes de esparcimiento, logias masónicas o asociaciones culturales. Se trata en verdad de un aspecto que caracteriza culturalmente al conjunto de las elites porteñas, pero el gran porcentaje de afiliaciones entre los miembros de las comisiones electorales hace suponer que el furor asociativo no es ajeno al mundo político. Así, de 106 dirigentes de los clubes que ocupan un cargo electivo, 72 –esto es, las dos terceras partes– son miembros de

---

[62] Cf. nuestra base de datos.
[63] Sobre los protopartidos, véanse los estudios clásicos de Robert Michels, *Les Partis politiques* (1911), París, Flammarion, 1971, y Moisei Ostrogorski, *La Démocratie et les partis politiques*, París, Calmann-Lévy, 1912.

otra asociación. Incluso podríamos agregar a esa cifra los ocho casos de diputados no afiliados personalmente, pero que tienen en su familia nuclear algún miembro que sí lo está. En el seno de la dirigencia de los clubes que participan en las redes asociativas, vamos a encontrar personalidades clave de la vida política porteña, como B. Mitre, A. Alsina, C. Tejedor, N. Calvo, C. Casares, R. Elizalde, Juan M. Gutiérrez, J. Mármol, P. Obligado, E. de la Riestra, H. Varela, etcétera. Es cierto que estas asociaciones sólo se comprometen contadas veces en la lucha política facciosa. Pero, pueden servir de trampolín a ciertas ambiciones políticas e incluso para obtener un reconocimiento institucional mediante el acceso a algunos cargos representativos, entre los cuales está la propia dirección de los clubes electorales. El caso más evidente –sobre todo por el hecho de que existen archivos, cosa que no sucede en todas las asociaciones– es el de la masonería. Si durante los diez años de secesión sólo hallamos en los archivos masónicos un caso de consigna electoral por las autoridades de la orden, son en cambio numerosos los ejemplos de las logias que presionan al gobierno en las áreas sensibles para la institución: salud, educación y cultura.[64] No es fortuito en absoluto que los cargos públicos que corresponden a esos ámbitos estén ocupados por masones activos, como Sarmiento en educación o Rawson y Durand en salud.

También es significativa la presencia en la dirección de los clubes de hombres ligados al mundo de la edición, y en particular al de la prensa escrita. Entre ellos encontramos a los principales personajes políticos de la época, como Adolfo Alsina, Nicolás Calvo, Juan A. García, Juan M. Gutiérrez, José Mármol, Bartolomé Mitre y Héctor Varela. Aunque, desde el punto de vista cuantitativo, la participación de estos hombres de prensa en la dirección de los clubes todavía parezca minoritaria –de 359 individuos, sólo 31 trabajan en la redacción de un diario–, entre quienes cumplen esta condición, la mitad va a ejercer un cargo electivo, y esto únicamente hasta 1862. Se trata de hombres que desempeñarán un papel esencial en la vida política facciosa, entre los cuales encontramos a los jefes de los dos principales bandos: Adolfo Alsina y Bartolomé Mitre. ¿Cómo explicar la importancia que los jefes de facción van a atribuir a la campaña en la esfera pública, cuando ese tipo de actividad no se traduce directamente en muchos votos en las urnas, dado que se dirige a un sector de la población aparentemente abstencionista? Por otra parte, las comisiones de los clubes no reproducen exactamente las redes que intervienen para su elección. En esta época encon-

---

[64] El caso de consigna electoral concierne a las elecciones de renovación de los concejales en 1861. A pedido de la logia Unione Italiana, la logia Regeneración llama a los hermanos masones a votar por su cofrade Salvarezza, a fin de evitar que los candidatos de la Sociedad San Vicente de Paul puedan imponerse en el municipio, pues "en ese caso la enseñanza quedaría en manos de dicha sociedad". La logia invita a los miembros de los talleres nacionales a votar el 25 con energía y fervor masónicos para impedir el triunfo de los jesuitas. El hermano Keil dice que sería conveniente que el Consejo Supremo diera una lista de municipales, para poder emitir un voto grupal. Mariano Billinghurst, Venerable de la logia, acepta la idea y declara que es posible constituir una lista, aunque esta cuestión todavía no haya sido tratada. Pero, a su juicio, cualquier voto es bueno, siempre que no vaya a manos de los jesuitas. En la sesión siguiente, Billinghurst, que forma parte del Consejo Supremo, informa que todos los masones serán invitados a una gran sesión para discutir las próximas elecciones municipales, con el fin de vencer a los jesuitas. A continuación invita a "los hermanos extranjeros a inscribirse en sus respectivas parroquias, para dar su voto el 25". *Cf.* AGLA, libro de actas, logia "Regeneración", caja núm. 36, sesión del 7 de noviembre de 1860.

tramos menos *caudillos* electorales de lo que podríamos prever, y una presencia masiva de hombres cuya acción se define en el marco de la esfera pública. De los 79 hombres que componen las comisiones del club central entre 1857 y 1862, sólo seis ocupan dos veces ese cargo. En diez años, del total de 359 individuos que se incorporan a la dirección de las comisiones de los clubes electorales, únicamente cinco llegan a integrar tres veces la comisión de un mismo club. La renovación de los dirigentes se cumple mejor en los clubes de opinión que en los parroquiales.

29. *Renovación de los dirigentes de los clubes electorales (1852-1862)*

CANTIDAD DE VECES	NÚMERO DE CASOS					
	CP	%	CCP	%	CO	%
1	210	85	73	92	175	92
2	30	12	6	8	15	8
3	5	2				

Cantidad de veces que un individuo participa en la comisión de un club.
Referencias: CP: club de parroquia; CCP: comisión central; CO: club de opinión.
Fuente: nuestra base de datos.

El "equilibrio" republicano: la articulación de dos lógicas de la representación política

Volvamos al momento de la constitución de las comisiones de los clubes. Estos organismos tienen la misión de confeccionar la lista de candidatos a la representación; de manera que el establecimiento de las comisiones es un momento fundamental en el proceso representativo, mediante el cual la población debe elegir a quienes van a designar a los candidatos para las elecciones. Esto otorga a las comisiones una dimensión representativa que los actores reconocen explícitamente.[65] ¿Cuál es su función en el proceso electoral? Como primera respuesta deberíamos decir que reemplazan de hecho a las asambleas primarias, que el Estatuto Provincial de 1815 había establecido como forma de elección indirecta y que posteriormente sería derogada por la ley electoral de 1821.[66] Es cierto que, a diferencia de los grandes electores elegidos por las asambleas primarias, las comisiones parroquiales sólo designan a los "candidatos" a la representación. A continuación, esta lista debe ser ratificada el día de los comicios... pero por aquellos a quienes el principio de elección indirecta procura justamente alejar de las urnas, mientras que la "gente decente" tendía a imponerse en la elección de los grandes electores. Esto permitiría explicar la contradicción aparente de la vida

---

[65] Ése es el sentido de las denuncias sobre los vicios en las convocatorias de las asambleas parroquiales.
[66] En S. Salcedo, *Las primeras formas de elegir...*, ob. cit., se encontrará un análisis de las diferentes formas electorales y del estatuto de 1815.

política porteña: por un lado, una intensa politización de la vida pública; por el otro, una escasa participación, en el voto, el día de las elecciones. La indiferencia de las elites y de quienes se identifican con la nueva cultura pública tal vez obedezca al hecho de que esta segunda instancia representativa no les está particularmente destinada. Para ellos, lo esencial ya ha tenido lugar: la elección de los candidatos, en quienes, las elites delegan la facultad de concertar las listas. De ese modo, la estructura del club permite regular la competencia por las listas y resolver el difícil problema de concertación entre notables planteado desde la instauración de la ley de 1821. Para hacerlo, se asigna a esas elites una dimensión representativa que antes no tenían, y que procede del voto de las asambleas parroquiales.

El Club de los Extranjeros, fundado en Buenos Aires en 1859 para apoyar el programa del club de artesanos, nos proporciona un ejemplo de la potencialidad representativa de esas asociaciones. La iniciativa fue vivamente criticada por la oposición, que alegaba que los extranjeros no debían inmiscuirse en las cuestiones electorales. Su presidente, el empresario francés St. Guilly, respondió a ello diciendo que "el programa del club es aquel de discutir sobre nuestros intereses y de expresar nuestra opinión, aunque en tanto que extranjeros nosotros no tengamos derecho de votar".[67] Los extranjeros pretendían aprovechar así el derecho de asociación establecido en la Constitución del Estado, para representar públicamente sus intereses. Tenemos aquí, entonces, una nueva forma de representación que utiliza la organización de los clubes electorales pero que no pasa por el voto. Su presidente lo dice claramente en un artículo publicado en el diario de Calvo:

> Como extranjeros nosotros podemos expresar abiertamente nuestras simpatías hacia los candidatos cuya presencia en la legislatura convendrá mas a los intereses comunes de los hijos del país y los nuestros. [...] Nosotros daremos nuestras simpatías en materia electoral a aquellos representantes de Buenos Aires que se muestren bien dispuestos a apoyar nuestros derechos, pero nosotros no tenemos nada que hacer en las urnas electorales.[68]

No hace falta decir que las "simpatías" mencionadas significan tanto una fuerza de opinión favorable como fuerzas de movilización para el escrutinio. Pero está claro que los extranjeros delegan en Calvo, la facultad de concertación de la lista de los candidatos a la representación. Y el apoyo que le manifiestan públicamente aumenta esa facultad en Calvo; una facultad que tiene su origen, justamente, en el poder representativo que implica esa delegación.

Una vez delegada la facultad de concertación de las listas en los miembros de las comisiones, éstos negociaban con los otros clubes una lista conjunta. El apoyo público que recogían estas diferentes listas constituía un elemento fundamental del poder de negociación de los dirigentes de los distintos clubes. En general, siempre llegaban a un acuerdo que reducía el total de las listas a dos. A continuación, la decisión quedaba en manos de las urnas. Pe-

---

[67] Cf. "Club de los estranjeros", en *La Reforma Pacífica*, 1º de marzo de 1859.
[68] Cf. "El derecho de asociación y la circular a los agentes extranjeros", en *La Reforma Pacífica*, 2 de marzo de 1859.

ro, entonces, se ponían en marcha otros tipos de prácticas, que tenían poco que ver con lo que hoy se entiende por voto: parcialidad en la constitución de las asambleas, falsificación de los padrones y diversas formas de coacción electoral eran moneda corriente, y aunque denunciadas con regularidad por los partidarios de la lista derrotada, no ponían en entredicho la estabilidad institucional del régimen.

Los clubes van a servir a los liberales porteños de la década de 1850 para organizar ese tipo de prácticas fraudulentas, hasta entonces más o menos improvisadas. Así, Héctor Varela, un liberal de profundas convicciones republicanas, no dejará de alabar públicamente lo que constituye para él una forma de democratización del acto electoral. A su juicio, en la lista de las cartas de triunfo de los clubes, junto con el hecho de garantizar el acuerdo previo de las candidaturas, figura la ventaja de proveer una fuerza de choque a fin de imponerse en el momento de conformación de las asambleas electorales el día de los comicios, "pues en nuestro sistema electoral imperfecto de ellas depende casi siempre el resultado de las elecciones".[69] ¿Cómo se organiza concretamente ese ejército electoral? En este punto hay que hacer una primera distinción entre las redes que se tejen sobre la estructura parroquial y las que se organizan a partir de los clubes de opinión. Si bien, en ambos casos, son los lazos y no la "voluntad racional del individuo" los que determinan la elección de la boleta, en las primeras puede subsistir una noción tradicional de representación comunitaria que los segundos tienden a suprimir, principalmente, porque para organizarse, tuvieron que romper con el fundamento cultural de los lazos tradicionales, como lo muestra el caso de la movilización de los morenos.

Durante la campaña electoral de 1857, el Club Libertad crea una filial para los "ciudadanos de color".[70] La función política que Rosas había hecho cumplir a las sociedades africanas es retomada ahora por este club, que en su primera reunión logra congregar a unos trescientos de esos "ciudadanos de color"; la existencia de fuertes lazos comunitarios tal vez hace más fácil, y menos temible, la movilización política de ese sector de la población. Para ello, los liberales ponen a la cabeza de esta filial del Club Libertad a Rosendo Mendizábal, un mulato de 37 años, músico de profesión que, en lugar de establecer vínculos "bilaterales" con las naciones Conga, Benguela o Mondongo, como había hecho Rosas, crea una organización destinada a reunir a la totalidad de los "individuos de color". Para conquistar la fidelidad de éstos, desecha las organizaciones étnicas y procura tejer lazos que se adapten mejor al tipo de representación que requiere el constitucionalismo liberal.

Sin embargo, el problema de la representación de los "ciudadanos de color" se había planteado un año antes, cuando La Tribuna señalaba el riesgo de promover un voto comunitario. Por entonces, Varela criticaba la actitud oportunista de los "conservadores" que se negaban a inscribir en su lista al coronel García y proponían en su lugar al coronel –y mulato– Domingo Sosa.[71] Según ese diario, Sosa sólo podía ser el representante de una "casta"

---

[69] Cf. "Elecciones", en La Tribuna, 11 de marzo de 1855, p. 2, col. 2-3.
[70] Cf. "Un nuevo club patriótico", en La Tribuna, 15 de marzo de 1857, p. 2, col. 3-4.
[71] A. E. Rodríguez también se refiere a Domingo Sosa, un hombre de color y, según Beruti, ex esclavo. Cf. J. M. Beruti, Memorias curiosas..., ob. cit., p. 4112; Adolfo Enrique Rodríguez, El régimen electoral en el lapso 1827-1828, Buenos Aires, 1965.

30. *Las dos facetas de la representación, vistas por la revista* El Mosquito *(1863)*

y no del "Pueblo". Varela recordaba entonces el caso de Rosendo Mendizábal, que acababa de ser admitido en el club de los guardias nacionales: "los hombres serios y de peso alzaron el grito a los cielos: pregonaron que ya bastaba de mulatos: que Mendizábal no iba a representar sino una casta, lo cual era sumamente perjudicial, por cuanto era un inconveniente que un asiento en la legislatura fuese ocupado por un hombre que podía constituirse en órgano de las pretensiones exageradas de una casta".[72] Un año después, sin embargo, quienes antes se escandalizaron van a recurrir a Mendizábal para crear una filial del Club Libertad. Pero desde su primer discurso, Mendizábal pone los puntos sobre las íes: "La causa en torno de la cual nos hemos afiliado, bien sabeis que es la de los principios, la de las leyes y del progreso general. Tengamos presentes compañeros, y hagamos radicar en el corazón de nuestros amigos, de aquellos menos ilustrados que no están al corriente de las décadas de la revolución y de la historia de nuestro país, que no es al partido o círculo a quien tratamos de combatir, a quien debemos las garantías ciudadanas, y la igualdad que ante la ley todos disputamos".[73] Esto no quiere decir que el club haya transformado ese sector de la población en individuos-ciudadanos que ejercen un derecho político. Concretamente, el club parece modificar el voto comunitario mediante lazos de clientela, y elimina así el problema de la representación de las "castas". La carrera política de Mendizábal es una prueba de ello. Pese a los fuertes prejuicios raciales, logra integrar la red asociativa de las elites: miembro en dos ocasiones de las comisiones de los clubes electorales, entra en la masonería en 1858.[74] En 1859 forma parte de la comisión central de los clubes parroquiales. Ese mismo año obtiene un puesto en la administración del Estado, como miembro de la oficina de tierras fiscales; cargo del que no puede decirse que sea de la órbita estricta de un músico. Es indudable que debe su ascenso político a la participación en la red asociativa de las elites, en la que se lo acepta por su capacidad movilizadora; la actividad asociativa ha hecho de Mendizábal un indispensable intermediario político en la batalla electoral.

Con el caso del club de los guardias nacionales podemos evocar otro ejemplo clásico de club electoral que funciona como estructura organizativa de clientela política.[75] El club se organiza en 1855, a partir de los lazos de la comunidad de armas, lo que sin duda alguna constituye una garantía complementaria de disciplina electoral. En 1856, en una reunión realizada en el teatro de la Victoria, con una concurrencia de ochocientas personas, Nicasio Biedma, uno de sus miembros y comandante de la Guardia Nacional, toma la palabra para ofrecer al club "cuatrocientos brazos para sostener la lista"; propuesta que recibe al instante

---

[72] "Por qué tomáis nuestras armas", *La Tribuna*, 29 de marzo de 1856.
[73] *Cf.* "Un nuevo club patriótico", art. cit.
[74] Según Mariano Billinghurst, en el momento de votar la solicitud de ingreso hubo varios rechazos a causa de la diferencia del color de piel. *Cf.* AGLA, libro de actas, logia "Unión del Plata", caja núm. 21, sesión del 25 de agosto de 1860.
[75] La Guardia Nacional se había creado en marzo de 1852 para "sostener a las autoridades legítimas". En septiembre del mismo año se designó a Bartolomé Mitre como su jefe, lo que le aseguró el triunfo sobre el ejército de Urquiza en 1853. Durante toda la etapa de secesión del Estado de Buenos Aires, los guardias nacionales fueron la principal fuerza de combate del Estado separatista. *Cf.* Comando en Jefe del Ejército, en *Reseña histórica...*, ob. cit., t. I.

el aplauso de José Barros Pazos (candidato a diputado de la lista de los guardias nacionales) y Nicolás Calvo, redactor del diario *La Reforma Pacífica*, que a la sazón apoya la misma lista.[76] El club se impone en las elecciones con una clara superioridad sobre los "carreteros y obreros agrícolas de *poncho* y cuchillo", aparentemente muy mal organizados.[77] En la parroquia de San Miguel, los guardias nacionales interrumpen la reunión y chocan con "la chusma armada... la muralla compacta que formaba la gente de cuchillo, acaudillada por los *hombres serios*, alcaldes y tenientes alcaldes", destruyen la mesa y las boletas de los sufragios para iniciar un segundo comicio con el voto de los amigos políticos.[78] Los habitantes de la Concepción, siempre según el relato de los vencidos, enterados de que los guardias nacionales se aproximan, se encierran en la iglesia con las boletas de los votos. Tras una violenta batalla a pedradas, el ejército de la Guardia Nacional logra sacar la mesa y los padrones. Hacen lo mismo en las otras parroquias.[79] Tal como inducen a creerlo estas informaciones, los medios empleados por los guardias nacionales no se diferencian en absoluto de los utilizados por la oposición. Sin embargo, cuando un año antes Héctor Varela anunciaba en su diario *La Tribuna* la creación del club, señalaba que éste representaba la verdadera opinión pública pues "reúne a ciudadanos de las diferentes parroquias".[80] La verdadera opinión pública se define entonces como la que rompe con el marco local de pertenencia y no la que garantiza la libertad del voto.

Aún queda por saber cuál es el sentido que hay que dar a la participación de los sectores populares en esas prácticas electorales fraudulentas. Para abordar de manera conveniente este problema, habría que disponer, sin duda, de otros tipos de fuentes. De todos modos, podemos plantear la cuestión en la perspectiva de las elites que escriben en los diarios, hablan en los mitínes y dirigen los clubes. Es sorprendente y hasta paradójico, no obstante, que las elites recurran, en última instancia, a un comicio cuyos resultados dependen de la movilización de una clientela que deja un amplio margen librado al azar, aunque los riesgos no sean comparables a los que podrían correr, en las mismas circunstancias, hacia fines de siglo; pues en este caso, se trata de un combate entre facciones de las elites que ya dirigieron la primera instancia de concertación de las listas.

¿Cómo justifican el fraude estas elites? En 1854, el diario *La Tribuna*, que discrepa con la lista propuesta por el club San Miguel, llega a la siguiente conclusión sobre la estrategia a seguir: "si por desgracia no arribamos a ninguna transacción con el club de San Miguel tendremos que decender al terrono de la lucha a ver si se declara vencedor del campo".[81] Como recuerda Varela en un artículo ya citado, vista la imperfección del sistema electoral, la fuerza puede constituir una garantía de representación;[82] razón por la cual los ciudadanos

---

[76] Cf. *La Tribuna*, 18 de marzo de 1856, p. 2, col. 6, p. 3, col. 1.
[77] Cf. "Elecciones del domingo", en *La Tribuna*, 1º de abril de 1856, p. 2, col. 6-7.
[78] Cf. "Adolfo Alsina al Sr. Jorge Atucha" en *La Tribuna*, 2 de abril de 1856.
[79] *Ibíd*. El relato de los acontecimientos difiere, desde luego, cuando lo hacen los partidarios de los guardias nacionales. Véase "Aparición de la Mas-horca", en *La Tribuna*, 1º de abril de 1856, p. 2, col. 6-7.
[80] Cf. "Asamblea popular", en *La Tribuna*, 18 de marzo de 1855, p. 2, col. 2-3.
[81] Cf. *La Tribuna*, 26 de abril de 1854.
[82] Cf. "Elecciones", art. cit.

deben movilizarse para imponer su voluntad el día de los comicios. Calvo dice lo mismo con otras palabras cuando incita a los artesanos a movilizarse para cambiar su suerte. Se trata, por supuesto, de una estrategia discursiva para justificar la contradicción flagrante entre las instituciones que dicen venerar y las prácticas que supuestamente los llevan a ellas. Pero, ¿por qué no tomarlos al pie de la letra? Si la cosa funcionó –ya que la estabilidad institucional que conoce por entonces la vida política local es, pese a todo, innegable–, ¿por qué no imaginar que ese discurso, que escondía una flagrante contradicción, traduce una realidad política? Es cierto, estamos lejos de la figura del "individuo-ciudadano" a la que los liberales se refieren sin cesar; también es verdad que esa convocatoria a la participación activa tiene más similitudes con la dinámica bélica, que prevalece durante todo el período de crisis del antiguo régimen local, que con el ejercicio de los nuevos derechos políticos. Pero, también, es indudable que esa dinámica señala el nacimiento de la vida política en la región y cumple una importante función en el establecimiento de las nuevas bases de la legitimidad política;[83] por otra parte, para los sectores populares fue, muy a menudo, el único contacto con la política, en una sociedad que vivió medio siglo de guerra civil. Rosas supo utilizar esta "fuerza de la opinión" que se escribe con las armas y se traduce en acción bélica, con la cual creyó poder prescindir de las elites políticas que estaban asociadas a las instituciones representativas, garantes de las libertades fundamentales. A nuestro juicio, eso le resultó nefasto.

Los clubes electorales, que se organizan luego de su caída para poner en funcionamiento las instituciones representativas, parecen articular ese tipo de relación con la política, una política que allana el camino a dichas instituciones. Esto permitiría comprender mejor declaraciones como las que hace *La Tribuna* en 1854, para anunciar el triunfo de su lista: "disponemos del elemento principal: la fuerza. Disponemos del apoyo de la opinión pública".[84] En esta movilización electoral no sólo hay la acción de una clientela, sino también, una lógica representativa: la de una sociedad que se manifiesta a través del accionar belicoso. Es cierto, la ley electoral de 1821 proponía un modelo de ciudadanía que pretendía poner fin a esa sociedad militarizada. Pero, el largo período del gobierno de Rosas, que asoció concentración de los poderes con guerra civil permanente, convirtió esa ley en letra muerta. Las elites liberales porteñas parecen encontrar en la organización de los "ejércitos electorales", a través de los clubes, una solución al problema de la representación política de ciertos sectores de la sociedad. Solución que no parece despertar la unanimidad en esas mismas elites, a juzgar por las duras palabras de D'Amico sobre la política de Bartolomé Mitre: "Fue Mitre el que para oponerse al voto de los soldados de Urquiza en 1852, en vez de recurrir a las armas, porque el abuso de la fuerza no tiene mas remedio honrado que la fuerza, inventó el fraude".[85] En otros términos, en vez de conducir a sus soldados al campo de batalla, Mitre los llevó... a las urnas. No fue ése un hecho circunstancial; desde 1852, la prác-

---

[83] Hemos trabajado esta cuestión en "Producción de una nueva legitimidad...", art. cit.
[84] Cf. *La Tribuna*, 30 de abril de 1854.
[85] Cf. Carlos D'Amico, *Buenos Aires, sus hombres, su política (1860-1890)*, (México, 1890), Buenos Aires, Editorial Americana, 1952, pp. 103-104.

tica electoral combina la fuerza de la opinión con la de las armas el día de los comicios. Por eso, en la reunión del club de los guardias nacionales en 1856, Biedma puede proponer "cuatrocientos brazos" y no "cuatrocientos votos", como si se tratara de dos formas equivalentes de representación.

Al introducir modificaciones significativas en la vida política local, los clubes electorales desempeñan entonces un papel importante en la reactualización de las instituciones representativas. Permiten, al mismo tiempo, regular el enfrentamiento entre notables por las candidaturas y ampliar la representación a través de una participación más vigorosa de las instituciones de la esfera pública en la concertación de las listas de candidatos. Pero los clubes entrañan una tercera novedad que contribuye en mucho a la estabilidad institucional del período: permiten extender la representación de la sociedad introduciendo otras lógicas de representación política.

8. LA NACIÓN Y LOS NUEVOS LAZOS SOCIALES

El católico Félix Frías fue uno de los primeros que vio en las nuevas formas asociativas no sólo el principal riesgo para la primacía de la Iglesia sobre la gestión comunitaria, sino también un peligro potencial en el terreno de las identidades políticas.[1] En un artículo publicado en *El Progreso*, Frías reivindica el universalismo cristiano frente a lo que llama "la pura razón emancipada de Dios y de la autoridad religiosa, tan funesta para la paz y el orden de las sociedades".[2] Desaprueba de ese modo a sus compañeros de exilio que habían asociado tan estrechamente ciertas prácticas de sociabilidad a la nación. En todo caso, pretende denunciar la representación contractual del lazo social como fundamento de la nación; representación que tendía a imponerse en los espíritus, al menos en los de las elites culturales que se habían hecho cargo de la dirección de la ciudad y la provincia.

La nación como condición de la asociación: los imperativos nacionales de la masonería

Pese a la incertidumbre política del momento, que hace de la nación argentina un proyecto de éxito aleatorio, el movimiento asociativo exige, de manera más o menos explícita, el marco jurisdiccional o al menos cultural de la nación como condición de su desarrollo. Esto convertirá a la red asociativa en una herramienta invalorable para la creación de una estructura política nacional, como nos lo muestra, una vez más, el ejemplo de la masonería.

---

[1] Menciona ese peligro en el artículo de 1852 citado en la siguiente nota, pero la reivindicación de la naturaleza religiosa de la identidad nacional figura en sus escritos históricos. Cf. Manuel Estrada, "Lecciones sobre la historia de la República Argentina", en *Revista Argentina*, IV, 1866.

[2] Cf. *El Progreso*, 7 de julio de 1852, p. 1, col. 2-3, p. 2, col. 1-2. Desde entonces no dejará de librar batalla contra la masonería y todas las nuevas formas laicalizadas de organización de la vida comunitaria.

En efecto, desde la fundación de las primeras logias, la masonería parece traspasada por el problema de la organización nacional. En octubre de 1854, apenas unos meses después de la creación de la logia "Unión del Plata", y mientras el Estado de Buenos Aires se atribuye una constitución diferente de la que rige para la Confederación Argentina, nueve miembros del taller deciden fundar una nueva logia con el nombre característico de "Confraternidad Argentina",[3] que inspira a Miguel Valencia la siguiente observación: "La nueva logia lleva en el título distintivo una gran recomendación. [...] Ojalá contribuya la repetición de ese santo nombre a hacer sentir la importancia de que todas vivamos en completa unión y como buenos hermanos! Ese nombre programa obliga a los que la han levantado a trabajar con celo y constancia".[4] Durante la ceremonia de inauguración, Idelfonso Islas no olvida evocar el papel de la masonería en la región: "difundir nueva luz entre los hijos de estas hermosas regiones, infiltrando en ellos las virtudes de la tolerancia y de la caridad, a impulso de cuyos saludables ejemplos, iran desapareciendo esos odios y zaña, engendro de las malas pasiones que tanto nos han extraviado y que desgraciadamente hasta ahora obran".[5] José R. Pérez es entonces más explícito en lo que se refiere al papel que deberá cumplir la institución en la crisis que provocó la secesión de la provincia de Buenos Aires: "la sociedad masónica es hoy la única que puede salvarnos de este monstruo de cien cabezas".[6]

A pesar de esas referencias explícitas a la unificación política de las provincias, nada hace suponer, sin embargo, que la creación de la logia responda a una maniobra estrictamente política. Si el pase de Eustaquio Torres a la logia Confraternidad Argentina, por ejemplo, permite pensar en una escisión provocada por la posible candidatura de su hermano Lorenzo, la permanencia de éste en la logia Unión del Plata, junto a Domingo F. Sarmiento y Palemón Huergo, contradice esa hipótesis.[7] Dicho esto, hay que subrayar que si bien en un principio no hay tensiones manifiestas entre estas dos logias, las discrepancias no tardarán en aparecer. Según el testimonio de José Roque Pérez, todo comienza con un conflicto in-

---

[3] Los hermanos fundadores fueron Alejandro Brown, Pedro Díaz de Vivar, Idelfonso Islas, José M. Miró, Juan Miller, Adolfo Saldías, Pablo Santillán, Esteban Señorans y Eustaquio Torres. El libro de actas de la logia recién comienza en junio de 1858, cuando termina la escisión masónica desencadenada por ella. Tampoco hay una nómina de miembros para esta época. Encontramos documentación referida a este período en los archivos de la Gran Logia de la Masonería del Uruguay. En cuanto a la nómina de integrantes, se reconstruyó a partir de la correspondencia masónica. Cf. AGLMU, "Antecedentes...", ob. cit.

[4] Cf. "Discurso del delegado del Todo Poderoso Supremo Consejo y Gran Oriente del Uruguay en el acto de inauguración de la logia 'Confraternidad Argentina', al Oriente de Buenos Aires, el 22 de noviembre de 1856", en AGLMU, "Antecedentes...", ob. cit.

[5] Ibíd.

[6] José Roque Pérez, "Discurso en la inauguración de la logia 'Confraternidad Argentina', el 22 de noviembre de 1856", en ibíd.

[7] En un trabajo bastante documentado pero profundamente antimasónico, Aníbal Rottjer sostiene que la logia Confraternidad Argentina nació de las divisiones políticas entre los *pandilleros* y los *chupandinos*, pero no da prueba alguna que corrobore esta afirmación. En realidad, Rottjer retoma la vieja tesis antimasónica que denuncia la presencia de los masones en todas partes. Cf. Aníbal Atilio Rottjer, *La masonería en la Argentina y en el mundo (historia de los hermanos Tres Puntos)* (1957), Buenos Aires, Nuevo Orden, 1976, p. 230.

terno en la logia Unión del Plata durante la elección de las autoridades del taller, el 5 de enero de 1857. Miguel Valencia, a cuya iniciativa se debía la creación de la logia, y que por otra parte tenía el grado más alto entre los masones porteños, es desplazado entonces de su dirección por José R. Pérez, recientemente iniciado en la orden y que sólo posee en esos momentos el grado de maestro masón. Según Pérez, este relevo tan inesperado es la consecuencia del carácter absolutista con que Valencia había dirigido la logia.[8] La enemistad entre ambos se acentúa cuando la campaña electoral de marzo de 1857 termina de dividir al partido liberal. La situación política en el mundo profano, por lo demás, es lo suficientemente tensa para que José Roque Pérez, Venerable de la logia Unión del Plata, decida suspender los trabajos masónicos hasta el 6 de abril, "a causa de la agitada situación en que se encuentra el país".[9]

Una vez pasada la tormenta de las luchas electorales, sin embargo, las disidencias en el mundo masónico no se apaciguan. La elección de Valentín Alsina como gobernador de la provincia parece incluso acentuarlas. Así, el 2 de junio José R. Pérez envía una carta personal a Jayme Vinent, Gran Secretario Adjunto del Gran Oriente del Uruguay, en la que le informa del conflicto con Valencia y la conducta subversiva de éste, que pretende constituirse como autoridad autónoma.[10] Algunos días después, mediante una circular fechada el 20 de junio de 1857, Esteban Señorans anuncia a las logias de Buenos Aires la creación del "Gran Oriente para la Confederación Argentina", con constitución del Supremo Consejo y Gran Oriente para el Imperio del Brasil (sic), e invita a todos los hermanos a la apertura del Supremo Consejo el martes 23 de junio.[11] La reacción no tarda en manifestarse. En la sesión del 22 de junio, el Venerable de Unión del Plata, José Roque Pérez, califica ese acto de "rebelión anarquista". Muy pronto advierte a las otras logias dependientes del Gran Oriente del Uruguay de la ilegalidad de la autoridad de Valencia.

De manera subrepticia, en un conflicto que concierne estrictamente a problemas de legalidad de la orden, se desliza la cuestión de la legitimidad nacional de la nueva autoridad masónica, puesto que, con la constitución de un Supremo Consejo y Gran Oriente para la Confederación Argentina, Miguel Valencia proclama la independencia "de la masonería argentina".[12] Como lo señala Idelfonso Islas, miembro de ese Supremo Consejo, en una carta dirigida al Supremo Consejo del Uruguay en defensa de Valencia, la legitimidad del acto procede del hecho de haber emancipado la masonería nacional: "El masón es un hombre li-

---

[8] Cf. la carta personal de Roque Pérez a Jayme Vinent del 2 de junio de 1857 en AGLMU, "Antecedentes...", ob. cit.
[9] Cf. AGLA, libro de actas, logia "Unión del Plata", caja núm. 21, sesión del 23 de marzo de 1856.
[10] Cf. carta citada en la nota 8.
[11] Circular dirigida al Venerable de la logia Unión del Plata, en AGLMU, "Antecedentes...", ob. cit. Se trata del Supremo Consejo Brasileño, presidido por Paulino José Soares de Souza, Vizconde del Uruguay.
[12] La logia Unión del Plata denuncia la irregularidad de la autoridad brasileña que había otorgado una constitución al Gran Oriente para la Confederación Argentina. Por otra parte, impugna la legalidad de las llamadas siete logias regulares establecidas en la época porque, de acuerdo con las reglas para constituir un Gran Oriente, se necesita justamente esa cantidad como mínimo, siendo así que en esos momentos sólo hay cuatro logias, de las cuales tres son contrarias a la nueva autoridad.

bre, que ante todo se debe a su patria. No es racional mantenerlo siempre sometido a un poder e intereses extraños". A continuación, responde a las acusaciones de José R. Pérez en estos términos: "Respecto a la insólita pretensión de dominar este Estado y la Confederación Argentina, bien se debe advertir que no temeis el justo reproche de tan desleal ambición, en conservar a todo trance vuestro Imperio en algunas de nuestras logias. Estas provincias que llamais *vecinas*, no son defectiva país dicción, y desde que se levanto en ellas un Supremo Consejo, deberíais manifestar deferencia y abnegación".[13]

Islas hace aquí una referencia explícita al hecho de que el Gran Oriente del Uruguay protegía a las logias "disidentes": la Unión del Plata y otras dos creadas durante la primera mitad de 1857, "Consuelo del Infortunio" y "Tolerancia". En esas circunstancias, Valencia, para "emancipar la masonería argentina", se ve en la necesidad de establecer nuevos talleres, a fin de atenerse a los reglamentos.[14] Así, otorga una constitución a las cuatro nuevas logias establecidas entre junio y noviembre de 1857: "Regeneración", "Lealtad", "Constancia" y "Verdad".[15] El mundo masónico se escinde entonces en dos: los "independentistas" con Valencia y los "legalistas" con Pérez. En octubre, los espíritus tienden a apaciguarse. Pérez y Valencia se reúnen y en ese momento empieza a hablarse de un posible acuerdo entre ambos.[16] Sin embargo, en noviembre, los "legalistas" deciden entrar a la fuerza en el templo del Supremo Consejo para la Confederación Argentina, ubicado en la calle San Martín. Se limitan a las agresiones simbólicas, no sin intimidar a los hermanos "independentistas" que se encuentran en él.[17] La exaltación de los ánimos hace incluso necesaria la intervención de la policía en las logias.[18] Los acontecimientos pasan a ser entonces del dominio público. Según la logia Amie des Naufragés, los hechos "llegaron incluso a conmover al público profano de Buenos Aires".[19] Como consecuencia, el diario *La Tribuna* publica en su primera plana un manifiesto del Gran Oriente para la Confederación Argentina, que denuncia "la actitud arbitraria y antimasónica del Gran Oriente del Uruguay".[20]

---

[13] *Cf.* "Carta del Sob. Gr. Ins. del Sup. Cons. de Buenos Aires al Sup. Cons. del Uruguay", Buenos Aires, 11 de julio de 1857, en AGLMU, "Antecedentes…", ob. cit. *Vecinas* está subrayado en el texto.

[14] Según esos reglamentos, se requieren siete masones para constituir una logia y siete logias para establecer un Gran Oriente.

[15] La logia Verdad fue creada por franceses que se habían separado de la logia Amie des Naufragés. Sobre su creación, véase "Correspondance de la loge 'Amie des Naufragés' ", en Bibliothèque Nationale (París), Argentina, correspondance, FM2 843.

[16] *Cf.* "Carta de Fernando C. Cordero a Jayme Vinent, Buenos Aires, 21 de octubre de 1857", en AGLMU, "Antecedentes…", ob. cit.

[17] *Cf.* "Circular del Gran Oriente para la Confederación Argentina a las logias del Oriente de Buenos Aires", Buenos Aires, 6 de noviembre de 1857, en AGLA, documentación varia 1852-1860, logia "Amie des Naufragés", caja núm. 761.

[18] La referencia a esa intervención figura en una carta de A. Vaillant, Venerable de la logia Les Amis de la Patrie de Montevideo, al Gran Oriente de Francia. *Cf.* Bibliothèque Nationale (París), Uruguay, Montevideo, loge "Les Amis de la Patrie", FM2 867, correspondencia del 1º de octubre de 1857.

[19] *Cf.* la carta del 28 de febrero de 1858 dirigida al Gran Oriente de Francia, en Bibliothèque Nationale (París), Argentina, Buenos Aires, loge "Amie des Naufragés", correspondencia con el Gran Oriente de Francia, FM2 843.

Los "independentistas" siguen esgrimiendo los mismos argumentos: "cualquier país o nación independiente tiene derecho a poseer un Supremo Consejo según las bases indicadas en los Estatutos y Constituciones promulgados en 1786 por Federico II".[21] Pero, ¿en nombre de qué nación hablan, visto que en esos momentos no existe ningún Estado con jurisdicción sobre el territorio nacional? Valencia funda la masonería, sin embargo, sobre una jurisdicción virtual, que en la época suscita fuertes divergencias políticas. A la vez que se mantiene en el ámbito estrictamente masónico, la consolidación de su autoridad supone por lo tanto un compromiso con la política nacional. José Roque Pérez, que cuestiona la totalidad del proceder de Valencia, abriga las mismas pretensiones masónico nacionales. Así, desde la creación de la autoridad independiente, solicita a Montevideo, a cambio de su fidelidad, la fundación de una nueva potencia masónica para la "República Argentina".[22] El título que la distingue ya deja entrever la futura evolución de los asuntos. En agosto, el Supremo Consejo del Uruguay informa de la eventual elevación de los grados de los hermanos de las logias de Buenos Aires, con lo que selecciona a los futuros dignatarios de la nueva potencia masónica de la República Argentina. José Roque Pérez, con apenas un año en la orden, recibe el trigésimo tercer grado, junto con Nicanor Albarellos, Fernando C. Cordero, Eustaquio Torres, Federico Álvarez de Toledo, Santiago Albarracín y Antonio A. Pinto. Otros 16 hermanos son ascendidos al trigésimo y el decimoctavo grados.[23] El 24 de noviembre, José Roque Pérez, Nicanor Albarellos y Fernando C. Cordero llegan a un acuerdo con Pedro Díaz de Vivar, Esteban Señorans y Alejandro Brown, miembros del Supremo Consejo y Gran Oriente para la Confederación Argentina, que deciden finalmente abandonar a Valencia y constituirse como potencia masónica bajo la protección de Montevideo.[24] El Supremo Consejo y Gran Oriente de la República Argentina se instala solemnemente en la ciudad de Buenos Aires el 22 de abril de 1858;[25] Brown, Señorans y Díaz de Vivar forman ahora parte de las altas dignidades de la nueva autoridad nacional.

---

[20] *Cf.* "Pública solicitada", en *La Tribuna*, 16 de diciembre de 1857, p. 1, col. 1-4.

[21] *Ibíd.* El artículo 10 de la Constitución y los Reglamentos de la Masonería lo establece así: "cada rito, en su jurisdicción territorial, cuenta con una sola autoridad soberana". El artículo 11 precisa los términos: "Por jurisdicción territorial de un rito nos referimos a la extensión del territorio de un mismo Estado político y de sus dependencias territoriales". *Cf. Constitución y Reglamentos Generales de la Masonería Escocesa para la Confederación Argentina y Valle de Buenos Aires*, Buenos Aires, Imprenta Americana, 1857, p. 8.

[22] *Cf.* "Carta de Jayme Vinent a Roque Pérez", Montevideo, 2 de julio de 1857; "Carta de Gabriel Pérez a Roque Pérez", Río de Janeiro, 12 de julio de 1857, en AGLMU, "Antecedentes...", ob. cit.

[23] Obtienen el trigésimo grado Mariano Billinghurst, Juan A. García, Juan F. Gutiérrez, José Martínez de Hoz, Manuel Langenheim, Mariano Cabral, José M. Uriarte y José M. Lagos. Entre los hermanos que reciben el decimoctavo grado se encuentra Lorenzo Torres. *Cf.* "Informe sobre aumentos de salarios del 6 de agosto de 1857", en AGLMU, "Antecedentes...", ob. cit.

[24] Fernando C. Cordero informa a Jayme Vinent en estos términos: "De conformidad con su indicación, decidimos constituirnos como Potencia Masónica y le agradecemos por anticipado el apoyo que al respecto usted nos ofrece". *Cf.* "Carta de Fernando C. Cordero a J. Vinent", Buenos Aires, 28 de noviembre de 1857, en *ibid.*

[25] *Cf.* AGLA, documentación varia, logia "Amie des Naufragés", caja núm. 761.

El Gran Oriente para la Confederación Argentina, con Valencia e Islas, sigue ejerciendo su autoridad sobre unas logias ahora declaradas irregulares y establecidas sobre todo en el territorio de la Confederación.[26] En junio de 1858 crean las logias "Constante Unión" en la ciudad de Corrientes y "Bien Social" en Rosario.[27] Varios testimonios de masones hablan incluso de otros talleres irregulares fundados en el territorio de la Confederación, pero habida cuenta de la ausencia de archivos, nos resulta muy difícil discernir la amplitud real de la irradiación de la masonería "valenciana" en él.[28] Las denuncias respecto del acercamiento entre Valencia y el gobierno de la Confederación son, no obstante, un indicio del terreno político con el que era identificada la potencia masónica de aquél.[29] Es muy posible que el tipo de reclutamiento de estas logias también contribuya en mucho a su identificación con la causa de la Confederación. Mientras que las logias calificadas de "regulares", alineadas con Pérez, captan miembros sobre todo en el medio de los grandes comerciantes, los militares y los hombres de letras, Valencia parece atraer más bien a los pequeños comerciantes y artesanos. Desgraciadamente, en este punto volvemos a chocar con el problema de las fuentes. No obstante, las pocas referencias de que disponemos indican una presencia significativa del medio artesanal en las logias dependientes de la autoridad de Valencia. Así, en una carta personal que envía a Jayme Vinent, José Roque Pérez señala con respecto a aquél que "su única esperanza está en desorganizar la logia francesa para darnos (como él dice) *un Gran Oriente formado con peluqueros*. Esta logia constituida por artesanos es propia para la intriga que emplea".[30] El libelo antimasónico publicado en 1858 también alude a diferencias en la extracción social de las dos potencias masónicas.[31] Ahora bien, el medio artesanal es el que se manifiesta más favorable a una política económica que vele por los intereses de los productores de manufacturas locales. En este punto, los artesanos porteños coinciden con las provincias del interior en una demanda común de política proteccionista. Con seguridad, Valencia combate ardorosamente por la causa de una masonería nacional apoyándose en los intereses comunes de los hermanos masones y de las provincias de la Confederación; tanto más cuanto que las logias de la otra obediencia están compuestas, en buena medida, por empresarios ligados al comercio de exportación, y por ello, defensores feroces de la reducción de los aranceles aduaneros y del libre comercio con Europa.

---

[26] La información tiene muchas lagunas, porque por desdicha los archivos del Gran Oriente para la Confederación Argentina no se conservaron.

[27] Constante Unión funcionó hasta 1860, cuando fue cerrada por la fuerza pública. Reanudó sus actividades en 1867, pero bajo el patronazgo del Gran Oriente de la República Argentina. En cuanto a Bien Social, se trata de una de las logias "irregulares" que fue "regularizada" en septiembre de 1860 por el Supremo Consejo y Gran Oriente de la República Argentina. *Cf.* AGLA, libro de actas (1858-1862), logia "Constante Unión", núm. 23, caja núm. 54; Gran Logia Central, 1860-1864, libro núm. 24.

[28] *Cf.* AGLA, libro de actas, logia "Unión del Plata", caja núm. 21.

[29] *Cf. La Tribuna*, 20 de octubre de 1858.

[30] *Cf.* "Carta de José R. Pérez a Jayme Vinent, Buenos Aires, 2 de junio de 1857", en AGLMU, "Antecedentes...", ob. cit. La frase *"un Gran Oriente con peluqueros"* está subrayada en el texto.

[31] *Cf. Farsa de los francmasones...*, ob. cit., p. 28.

En marzo de 1860, las dos potencias masónicas todavía coexisten.[32] El Gran Oriente para la Confederación Argentina logra conseguir entonces el reconocimiento de la potencia masónica inglesa y pide al Gran Oriente de Francia que haga lo mismo.[33] Esto sucede inmediatamente después de que el triunfo militar de Urquiza en la batalla de Cepeda haya dado una solución temporaria al conflicto entre Buenos Aires y la Confederación. Pero también, corresponde a un momento particularmente incierto en las relaciones entre ambas. En efecto, pese al pacto de San José de Flores del 11 de noviembre de 1859, circula el rumor de un nuevo enfrentamiento armado. Es muy posible, entonces, que las potencias masónicas extranjeras actúen con la misma incertidumbre en lo que se refiere a reconocer a una de las dos organizaciones masónicas como la autoridad de la orden en la Argentina.[34] Pero la relación de fuerzas cambia cuando el Supremo Consejo de la República Argentina otorga el trigésimo tercer grado al gobernador de la provincia de Buenos Aires, Bartolomé Mitre, a sus ministros del interior y de guerra, Domingo Faustino Sarmiento y Juan A. Gelly y Obes respectivamente, al presidente de la Confederación Argentina, Santiago Derqui, y al jefe de los ejércitos de ésta, Justo José de Urquiza.

El hecho se cita con frecuencia como prueba del papel esencial que jugó la masonería en la organización de la nación argentina, y hay que admitir que por lo menos es memorable.[35] La ceremonia se realiza el 21 de julio de 1860, es decir, ocho meses después de la batalla de Cepeda. Tras la incertidumbre de los primeros meses, reaparecen las esperanzas de paz que el gobernador Bartolomé Mitre suscita en la Confederación.[36] El 6 de junio, los mandatarios del Estado de Buenos Aires y de la Confederación firman el acuerdo para una futura unificación de ambos. Pero, como bien lo destacó James Scobie, bajo una fachada de progreso hacia la nacionalidad se ocultan conflictos potenciales prontos a desencadenarse,

---

[32] Referencia en la tenida masónica del 13 de marzo de 1860 de la logia Consuelo del Infortunio en AGLA, libro de actas (1857-1861), logia "Consuelo del Infortunio", caja núm. 27.

[33] Carta de la logia Amie des Naufragés al Gran Oriente de Francia, Buenos Aires, 27 de enero y 29 de agosto de 1860, en Bibliothèque Nationale (París), Argentina, loge "Amie des Naufragés", correspondencia con el Gran Oriente de Francia, FM2 843.

[34] No quedan dudas de que la masonería inglesa había considerado que la situación era lo suficientemente incierta para dar una posibilidad al Gran Oriente para la Confederación Argentina. El Gran Oriente de Francia, en cambio, dio muestras de una extrema prudencia. Postergó en varias oportunidades las demandas de reconocimiento de las dos potencias masónicas argentinas. La logia francesa Amie des Naufragés le aconsejó lo siguiente: "Admitimos que el Gran Oriente de Francia ha actuado con la profunda sabiduría que lo caracteriza al demorar ese reconocimiento hasta que la paz y la tranquilidad se hayan restablecido en estas comarcas; en interés de la orden, creemos que sería juicioso y prudente exigir también que se termine la división masónica que todavía impera aquí y que produce los peores resultados". Cf. correspondencia de la logia Amie des Naufragés al Gran Oriente de Francia, Buenos Aires, 29 de agosto de 1860, en Bibliothèque Nationale (París), Argentina, loge "Amie des Naufragés", correspondance avec GOF, FM2 843.

[35] Esta referencia es un lugar común de los autores masónicos. Cf. Diccionario Enciclopédico de la Masonería, redactado por Lorenzo Frau Abrimes y Rosendo Arús Arderiv, Buenos Aires, Kier, 1962; véanse también M. V. Lazcano, Las sociedades secretas..., ob. cit., t. II, pp. 351-354; L. Hurcade, "Misión de la masonería argentina en la organización nacional", en Símbolo, I, 1, julio de 1946, pp. 18-27.

[36] Mitre es elegido gobernador de la provincia el 2 de mayo de 1860, y de inmediato anuncia su intención de integrarla a la Confederación Argentina.

ni bien Buenos Aires sienta que su preponderancia sobre el resto de las provincias está en peligro.[37] Entretanto, Buenos Aires y la Confederación viven un clima de distensión, alimentado por la esperanza de una constitución definitiva de la nación argentina. En junio, Bartolomé Mitre invita al presidente de la Confederación, Santiago Derqui, y al gobernador de la provincia de Entre Ríos, Justo José de Urquiza, a las celebraciones conmemorativas de la Independencia de las Provincias Unidas del Río de la Plata, que van a realizarse en la ciudad de Buenos Aires el 9 de julio. Los dos hombres de la Confederación aceptan la invitación y se trasladan a Buenos Aires en julio. Impera entonces un verdadero clima de júbilo que embriaga a la población porteña. La prensa se hace eco de las mayores esperanzas que renacen entre los habitantes de la ciudad. A la sazón, se organizan diferentes reuniones, bailes y banquetes en honor de Derqui y Urquiza. La comisión directiva del Club del Progreso, por ejemplo, acuerda desembolsar ocho mil pesos –tres veces más de lo habitual– para organizar un baile en honor de Justo José de Urquiza.[38] Ése es el marco en que hay que reubicar el proceder del Supremo Consejo. Pero, con un matiz que no carece de importancia: la autoridad masónica decide contribuir a esa conciliación con el otorgamiento del más alto grado de la orden a los hombres que tienen el poder de terminar con la secesión entre Buenos Aires y la Confederación. Lo cual quiere decir que, contrariamente a los principios fundamentales de cualquier orden iniciático, el Supremo Consejo concede por decreto algo a lo que se debía llegar por estrictos ritos de paso;[39] decisión que, desde luego, no deja de suscitar vigorosas objeciones entre las bases masónicas.[40]

Podríamos decir que aquí la masonería se adelanta al Estado en la organización de una estructura nacional. Esto no supone, sin embargo, que dirija el proceso de organización nacional. La escisión masónica muestra que el desarrollo de los asuntos políticos es incierto para los masones, al extremo de que apuestan a diferentes autoridades nacionales, pero también, que para la orden es imperativo ligar su suerte a la de la nación. La consolidación de una red masónica implica cierta identificación con un poder nacional. Esto explica el pa-

---

[37] Cf. J. Scobie, *La lucha por la consolidación*..., ob. cit., pp. 284-296.

[38] Cf. Archivos del Club del Progreso, libro de actas, sesión del 3 de julio de 1860.

[39] Sarmiento y Gelly y Obes ya pertenecían a logias de la obediencia del Supremo Consejo, y tal vez habían sugerido esta idea a Bartolomé Mitre. Derqui y Urquiza eran iniciados en la masonería, pero por lo que sabemos no tenían actividad en la orden en esa época. En cuanto a Mitre, no formaba parte de ella. Lappas pretende que se había iniciado en Bolivia y que luego se incorporó a la logia Confraternidad Argentina, a la vez que era miembro honorario de Unión del Plata. Sin embargo, no hemos encontrado datos sobre su participación en ellas. Al contrario, en la intervención de Pedro Palacios en la logia Unión del Plata en julio de 1860 hay una referencia explícita a la condición profana del gobernador Bartolomé Mitre. En la misma oportunidad, Palacios denunció la actitud inaceptable de la logia Confraternidad Argentina, que había otorgado por decreto y en una sola jornada los tres primeros grados masónicos. Cf. AGLA, libro de actas, logia "Confraternidad Argentina", caja núm. 14, sesión del 21 de julio de 1860; A. Lappas, *La masonería argentina*..., ob. cit., p. 282.

[40] Cf. AGLA, libro de actas, logia "Unión del Plata", caja núm. 21, sesión del 25 de agosto de 1860; libro de actas, logia "Confraternidad Argentina", caja núm. 14, sesión del 21 de julio de 1860; libro de actas, logia "Consuelo del Infortunio", caja núm. 27, sesión del 28 de agosto de 1860.

pel político que desempeña la masonería en procesos de organización nacional tan diversos como los de las ex colonias españolas y el del *Risorgimento* en Italia.[41]

Desde luego, todavía quedaría por explicar por qué Mitre y los demás aceptaron entrar a la masonería. Algunas de las ventajas que podían sacar de esa organización son evidentes: con ella disponían de una red de relaciones que podía demostrarse muy útil para la futura organización de un Estado. No hay que olvidar que la institución contaba con toda una red de comerciantes que controlaban los intercambios entre la región litoral y los mercados europeos.[42] La integración de esos hombres a la estructura del poder nacional era una condición *sine qua non* de la construcción de un mercado nacional organizado alrededor de los intereses porteños. Además, algunos miembros de las clases dirigentes pertenecían a la masonería: tanto militares y abogados como ricos propietarios y comerciantes. Así, la orden podía ser útil para consolidar una especie de "red nacional" que sirviera de base a la nueva clase dirigente; la organización masónica permitía reemplazar el antiguo sistema político fundado en el parentesco y las solidaridades sociales, que no coincidían forzosamente con el territorio jurisdiccional del nuevo Estado por alianzas idóneas para la práctica política moderna, tejidas en un nuevo marco territorial. Además, los valores masónicos se adaptaban muy bien al proyecto nacional de los liberales porteños. No es sorprendente, por lo tanto, comprobar que Mitre, probablemente aconsejado por su ministro del interior Domingo F. Sarmiento, intentara consolidar la marcha hacia la unificación haciendo intervenir a una asociación que ya se fundaba en los principios de la nacionalidad. Por otra parte, la escisión masónica terminó al unificarse la nación. En 1862, luego de la integración definitiva de Buenos Aires a la Confederación, los "hermanos disidentes" se incorporaron al Gran Oriente de la República Argentina.[43] El Gran Oriente de Francia y la Gran Logia de Inglaterra reconocen entonces al Supremo Consejo y Gran Oriente de la República Argentina como la única potencia masónica regular. En ese momento, la organización masónica puede ofrecer a las elites de las distintas provincias que componen ahora la "Nación Argentina", una red de relaciones que permita tejer los primeros lazos con la muy reciente clase dirigente nacional de Buenos Aires.

Es difícil, sin duda, generalizar la historia de la implantación de la masonería durante la secesión del Estado de Buenos Aires al conjunto del movimiento asociativo, y no se puede

---

[41] Sobre esta cuestión, véanse en especial los trabajos del Centro de Documentazione Massonica de Turín. Para un estado de la cuestión de los estudios masónicos en Italia, véase Aldo Alessandro Mola, "Orientaciones actuales de los estudios de la historia de la masonería en Italia", en José A. Ferrer Benimeli (coord.), *La masonería en la historia de España del siglo XIX*, t. I, Junta de Castilla y León, 1987, pp. 411-427.

[42] Véase el documento núm. 18, "Modelo de implantación de las logias masónicas en la región del Río de la Plata", p. 240.

[43] Mediante la circular núm. 556, el Supremo Consejo informa a las logias del Oriente que han terminado las disidencias entre hermanos masones. Descubrimos un ejemplar de la circular en el libro de actas de la logia Tolerancia, sin encontrar nada en los archivos de la Gran Logia. El documento se refiere exclusivamente a Idelfonso Islas, Pedro Caleixas y Eugenio Felsicon, sin mencionar a Valencia. No obstante, Lappas afirma que éste también forma parte de los hermanos disidentes que se integran al Supremo Consejo de la República Argentina. No sabemos si el autor tuvo acceso a otros documentos. Sea como fuere, en su obra no cita las fuentes. *Cf.* AGLA, libro de actas, logia "Tolerancia", caja núm. 30; A. Lappas, *La masonería argentina...*, ob. cit., pp. 387-388.

decir que todas las asociaciones haya reclamado una jurisdicción nacional como marco de su desarrollo, aunque algunas se hayan establecido reivindicando una representación nacional, como sucedió –ya lo vimos– con las sociedades lancasterianas o la Asociación de Mayo. Pero, aun cuando su desarrollo se limite a la ciudad de Buenos Aires, la identidad entre asociación y nación no desaparece. Esa identidad se manifiesta, por ejemplo, a través de un calendario de encuentros que privilegia las grandes fechas simbólicas de la nación. Ocurre lo mismo con los nombres que se asignan las sociedades, que evocan muy a menudo valores que definen la comunidad política. Así: "Mayo", "Julio", "Septembrista", "Constitucional", "Argentino", "Confraternidad Argentina", "Libertad", etcétera. Y aunque la nación no se invoque de manera explícita, sigue siendo la condición de la asociación, como lo recuerda Varela con respecto al establecimiento de la Sociedad Filarmónica de Mayo en 1854. *El Nacional* habla entonces de una Sociedad Filarmónica Nacional, calificación que Varela rechaza, alegando que el adjetivo "nacional" supone que las otras sociedades no lo son, lo cual constituye para él una afirmación inadmisible.[44] Todas estas asociaciones comparten de hecho la misma identificación con una esfera pública, gracias a la cual, la nueva nación puede pensarse y representarse.

Sociabilidad e imaginario nacional

Los estudios sobre el imaginario tuvieron un gran desarrollo en estos últimos 25 años.[45] En este período rindió sus frutos el encuentro entre la historia política y las mentalidades en el terreno del imaginario, aunque las investigaciones innovadoras en la materia abordaran sobre todo el estudio de los signos y los símbolos del poder.[46] Aún a fines de la década de 1980, la "nación" era un tema en tela de juicio que se asociaba al debate intensamente ideológi-

---

[44] Cf. *La Tribuna*, 12 de marzo de 1854, p. 3, col. 2-3. La sociedad se inauguró el 25 de mayo con un concierto para celebrar la libertad y la Constitución. Cf. *La Tribuna*, 18 de mayo de 1854.

[45] Las diferentes disciplinas de las ciencias sociales muestran un interés muy particular por esta inmensa cantera de investigaciones. De allí, las múltiples significaciones que se dan a este término, los diversos enfoques disciplinarios y los innumerables trabajos destinados a esos estudios. Sería imposible hacer aquí un balance de esas investigaciones, y más difícil aún decidir cuál es la definición exacta del término. Por desdicha, faltan los estudios interdisciplinarios, y con mucha frecuencia cada disciplina utiliza la noción de imaginario de acuerdo con sus propios registros de análisis. Existen tentativas individuales, por supuesto, como lo atestiguan las investigaciones de Gilbert Durand. Cf. *Les Structures anthropologiques de l'imaginaire* (1960), París, Bordas, 1984. Sobre el imaginario como objeto histórico, véase el artículo de Evelyn Patlagean, "L'imaginaire", en Jacques Le Goff, Roger Chartier y Jacques Revel (dirs.), *La Nouvelle histoire*, París, Retz, 1978, col. "Les Encyclopédies du Savoir Moderne", pp. 249-269; un panorama de las distintas canteras de investigación en la obra colectiva *Histoire et imaginaire*, París, Poiesis, 1986 (distribución de Payot); Pierre Ansart, "Marx et la théorie de l'imaginaire social", en *Cahiers internationaux de sociologie*, XIV, 1968, pp. 99-116; Bronislaw Baczko, *Les Imaginaires sociaux. Mémoires et espoirs collectifs*, París, Payot, 1984.

[46] Fue Marc Bloch quien esbozó un modelo de estudio de las mentalidades políticas en *Les Rois thaumaturges*, Estrasburgo, 1924. Treinta años después, ese camino estaba bien señalizado gracias a la obra capital

co del nacionalismo o bien a un "alma" o entidad a-histórica propia de una "historia historizante", para emplear la expresión de Lucien Febvre; que en el Río de la Plata se identificaba con la "nueva escuela de historiografía" de Ricardo Levene.[47] Es cierto que Anderson publicó su *Imagined Communities* en 1983, y el mismo año apareció *Nations and Nationalisms* de Ernest Gellner, pero estas obras sólo tendrían la repercusión que se les conoce bastante después, cuando la desintegración del imperio soviético hizo urgente la comprensión del fenómeno de los "nacionalismos".[48]

Que la nación es una creación imaginaria es una idea que hoy casi no suscita ya objeciones. Pierre Nora concluye su proyecto monumental sobre los lugares de la memoria afirmando que "la 'Nación', en su acepción unitaria, conserva su pertinencia y su legitimidad con respecto a la memoria, y sólo a la memoria".[49] Pero, ¿qué puede ser más imaginario que esa memoria histórica "común"? Como lo señaló con claridad Cornelius Castoriadis, "esta historia no es pasado y tampoco tan común, y lo que sirve de soporte a esa identificación colectivizante en la conciencia de la gente es en su mayor parte mítico".[50] En cambio, la historiografía se detuvo mucho menos en el hecho de que esa creación imaginaria se haya instituido socialmente gracias a la intensidad y la naturaleza de los intercambios de sociabilidad. Sin embargo, al menos para los intelectuales porteños, la ecuación de la nación pasaba en parte por la sociabilidad. La intensidad y la naturaleza de las nuevas relaciones sociales no sólo se experimentaban como la manifestación de un renacimiento social; se las representaba como el lugar de institución de la nación en tanto sociedad de individuos soberanos.

La primera cuestión que se plantea es saber de qué manera las prácticas de sociabilidad pueden explicar también los imaginarios nacionales. Hasta nuestros días, los estudios históricos sobre los imaginarios sociales se emprendieron en esencia mediante el análisis de ciertas instituciones sociales como la lengua o las formas iconográficas.[51] No obstante, nadie

---

de Kantorowicz en el dominio del culto de los soberanos. *Cf.* Ernst Kantorowicz, *The King's Two Bodies. A Study in Medieval Political Theology*, Princeton, Princeton University Press, 1957. Los especialistas de la antigüedad griega y romana y de la historia medieval abrieron el camino a los modernistas. Los especialistas en la edad contemporánea, por las características mismas de su imaginario social, expresaron una desconfianza obstinada con respecto a los nuevos problemas de la historia. En ese sentido, el libro de Raoul Girardet fue un aporte importante y contribuyó en gran medida a extender el campo de la historia contemporánea. *Cf.* Raoul Girardet, *Mythes et mythologies politiques*, París, Seuil, 1986. Véase también la actualización del problema de los conceptos y las fuentes en Jacques Le Goff, *L'Imaginaire médiéval*, París, Gallimard, 1985.

[47] *Cf.* Tulio Halperín Donghi, "Un cuarto de siglo de historiografía argentina (1960-1985)", en *Desarrollo Económico*, xxv, 100 (enero-marzo de 1986), pp. 487-520.

[48] Desde entonces, una abundante literatura enriqueció nuestra comprensión del proceso histórico de construcción de las naciones modernas. Se encontrarán las referencias bibliográficas en Eric Hobsbawm, *Nations and Nationalism since 1789. Programme, Myth, Reality*, Cambridge, 1990.

[49] *Cf.* Pierre Nora, "La nation-mémoire", en *Les Lieux de mémoire...*, ob. cit., p. 653.

[50] Cornelius Castoriadis, *L'Institution imaginaire de la société*, París, Seuil, 1975, pp. 207-208.

[51] En especial, los primeros trabajos de Michel Vovelle sobre el imaginario de la muerte. *Cf.* Gaby Vovelle y Michel Vovelle, *Vision de la mort et de l'au-delà en Provence d'après les autels des âmes du Purgatoire, xve-xxe siècles*, París, A. Colin, 1970. Desde entonces, ese tipo de análisis se multiplicó. Véase el balance de

puede discutir que, lo mismo que estas instituciones sociales, el discurso y la práctica de la sociabilidad sólo se producen en el marco de un universo de representaciones imaginarias que las organizan y definen unas con respecto a las otras; al margen de estas representaciones, cualquier sociedad sería impensable.[52] Entonces, si el imaginario como instancia creativa supone la capacidad de imaginar, de dar existencia a algo que antes no existía, ese algo puede producirse tanto por medio del lenguaje como de las prácticas de sociabilidad.[53] El tipo de lazos, las características de la red y la naturaleza de las formas organizativas se privilegiaron aquí para dar cuenta de las maneras particulares en que esos hombres imaginaban la sociedad y las relaciones con el otro.

Pese a las diferencias entre las formas analizadas hasta aquí, es un hecho que esas asociaciones comparten ciertas características comunes:[54] se organizan a partir de formas contractuales e igualitarias de relación que suponen la noción de individuo moderno y desarrollan un tipo de lazo específico, el de sociabilidad asociativa. Se trata de un lazo secundario, revocable y por lo tanto de naturaleza contractual que implica compartir un conjunto de valores que reúnen e identifican a los miembros de todas las asociaciones más allá de los objetivos específicos de cada una de ellas. En realidad, esos intercambios responden a una misma representación del individuo ser racional, sociable por civilidad y social por un acto voluntario. En la asociación –nos tienta incluso decir "por la asociación"–, el hombre se convierte en un ser social. La asociación sólo existe en el marco de esos individuos-seres racionales, libres e iguales que deciden formalizar sus intercambios a partir de un acuerdo común. Con ello, el encuentro se convierte en un valor social, con la única condición de que

---

M. Vovelle sobre la Revolución, "L'iconographie: une approche de la mentalité révolutionnaire", en *Recherches sur la Révolution. Un bilan des travaux scientifiques du Bicentenaire*, París, La Découverte/Institut d'histoire de la Révolution Française/Société d'études robespierristes, 1991, pp. 149-163.

[52] ¿No demostró ya Jean-Pierre Vernant que procesos tan materiales como el trabajo no pueden comprenderse al margen del conjunto de las representaciones sociales que organizan la vida comunitaria? Antes que él, Max Weber había abierto admirablemente este camino. Cf. Jean-Pierre Vernant, *Mythe et pensée chez les Grecs: études de psychologie historique*, dos volúmenes, París, Maspero, 1974; Max Weber, *L'Éthique protestante et l'esprit du capitalisme*, París, Plon. En un trabajo sobre la ideología, Godelier también avanzaba en esa dirección. Cf. Maurice Godelier, "La part idéelle du réel. Essai sur l'idéologie", en *L'Homme*, XVIII, 3-4, julio-diciembre de 1978, pp. 155-187.

[53] Cuando hablamos de imaginario como un conjunto de representaciones significantes, en ningún caso entendemos con ello la idea platónica de imagen, reflejo, deformación de la realidad. Seguimos a C. Castoriadis cuando define el imaginario como instancia creativa, "la facultad originaria de postular o de asignarse, en la modalidad de la representación, una cosa o una relación que no existen". Distingue así el imaginario radical, "condición última de lo representable y lo pensable" como raíz común del imaginario efectivo y lo simbólico. Cuando hablamos de imaginario nacional nos referimos a este imaginario secundario, socialmente instituido. Cf. C. Castoriadis, *L'Institution...*, ob. cit., p. 177.

[54] La existencia de una "familia" de formas es un hecho atestiguado por casi todas las investigaciones recientes. No obstante, existen variaciones con respecto al elemento que define el grupo. Así, se hablará de formas de sociabilidad "tradicionales o modernas", de "Antiguo Régimen" o "democráticas" o de las formas "aristocráticas" o "burguesas". En el origen de estas distinciones encontramos el paradigma de la sociología clásica: la "comunidad-asociación" de Tönnies y las "solidaridades mecánicas y orgánicas" de Durkheim. Cf. F. Tönnies, *Comunidad y asociación*, ob. cit.; Émile Durkheim, *De la division du travail social*, París, PUF, 1967.

se produzca respetando ciertas normas que pertenecen al mismo registro que define el lazo social en un régimen republicano representativo.

La intensidad de los intercambios, verificada por la amplitud que cobra el movimiento asociativo durante nuestro período, supone el desarrollo de los valores que definen a los integrantes de ese movimiento, pero que entrañan igualmente una nueva representación de la sociedad. En ese universo de lectura se efectúa la transferencia imaginaria de los valores asociativos hacia la sociedad. El proceso se pone en juego mediante una doble operación imaginaria: en primer lugar, la sociabilidad como valor social está en el origen de un nuevo tipo de pertenencia a la colectividad; esto implica una nueva representación asociativa de la sociedad, que se convierte en el marco de realización de esos valores. La nación como sociedad cobra así "realidad" en esas relaciones y por ellas.

La nación como "sociedad civil"

Con lucidez, el diputado Ignacio Gorriti no deja de explicitar, en una intervención en la Asamblea Constituyente de 1825, el problema que plantea la organización de un poder nacional en la región:

> De dos modos puede considerarse la nación, o como gente que tienen un mismo origen y un mismo idioma, aunque de ellas se formen diferentes estados, o como una sociedad ya constituída bajo el régimen de un solo gobierno. En el primer sentido fue una nación la Grecia, sin embargo de que estaba dividida en una multitud de estados pequeños, que hacían otros tantos gobiernos particulares, con leyes propias del resto de la nación. Es también lo mismo la Italia: toda ella se considera una nación, sin embargo que está subdividida en una multitud de estados diferentes. Puede considerarse del mismo modo la América, a lo menos toda la del Sud, como una sola nación, sin embargo de que tiene estados diferentes que aunque tengan un interés commún tienen los suyos particulares, que son bien diferentes; más no bajo el sentido de una nación, que se rije por una misma ley, que tiene un mismo gobierno. Y yo pregunto, ¿qué cosa es una nación libre? Es una sociedad en la cual los hombres ponen a provecho en común sus personas, propiedades y todo lo que resulta de esto [...] Cuando ceden y ponen a beneficio de la sociedad esta porción de bienes, es porque las consideraciones con que ellos las ceden y las condiciones que exigen son ventajosas al individuo, que la conservación de sus derechos plenos en el estado de la naturaleza. Es pues en este sentido que yo he dicho, y repito que no tenemos nación; que no la hay: si, señores no la hay. Para sacudir el yugo peninsular de hecho nos unimos; mas esta unión no forma nación.[55]

Como todos sus compatriotas, Gorriti excluye la posibilidad de fundar la nación sobre una comunidad de cultura, que haga de América una sola nación. Pero difiere de los demás oradores, ya que no sólo afirma que no hay poder nacional que pueda justificar la creación de

---

[55] Se trata de su intervención durante la discusión sobre la ley de creación de un ejército nacional. Cf. *Asambleas Constituyentes...*, ob. cit., t. I, p. 1325.

un ejército, sino que declara que la ausencia de un contrato político pone en entredicho la existencia misma de una sociedad civil que forme la nación. La cuestión está en el centro del pensamiento político moderno, pero en el Río de la Plata esta profunda mutación cultural, que induce a pensar la sociedad como el resultado de un pacto que arrastra a los individuos del estado natural al social, se plantea con agudeza a causa de la imposibilidad de confundir el Estado con la nación. De modo que lo que permite comprender mejor las configuraciones del imaginario de la nación como comunidad política de pertenencia es el fracaso del proyecto político. Así, si el nacimiento de la nación se identifica en casi toda América con el del Estado, los avatares de ese nacimiento en el Río de la Plata hacen de la sociedad el territorio de la nación. Imaginar la nación en el Río de la Plata es imaginar el lazo social que legitime el proyecto político, constantemente postergado para más adelante, de organización del Estado.

Hoy nos resulta difícil construir una cronología precisa de la génesis de esa nueva sociedad-nación. De todas maneras, dos son los elementos que parecen determinantes: en primer lugar, el fin de la guerra de independencia que está acompañado por los primeros fracasos de la organización política de las antiguas colonias. Durante la guerra, la cuestión del fundamento del lazo social no era un imperativo, pues la dinámica misma del conflicto aportaba una respuesta. Había entonces una comunidad de objetivos, a saber, la ruptura con España y la creación de un gobierno propio, que permitía pensar momentáneamente la unidad del cuerpo social. La guerra también servía para consolidar las comunidades territoriales, sobre todo alrededor de la organización de un ejército. Aunque no faltaban las contradicciones en las concepciones mismas del tema de la soberanía, la nación "naciente" se asociaba con claridad al proyecto de organización política de los *pueblos* que combatían por su libertad. Diez años después, tras el fracaso de esa tentativa de organización constitucional y cuando las Provincias Unidas están disgregadas en distintas provincias autónomas, José Ignacio Gorriti describe la nación en términos muy diferentes: ¿qué cosa es una nación libre? Es una sociedad en la cual los hombres ponen a provecho en común sus personas, propiedades y todo lo que resulta de esto".[56] La nación de 1815 es un Estado, mientras que en 1825 se ha convertido en una sociedad originada por un contrato entre individuos racionales. Estos dos aspectos, asociados en el pensamiento político moderno, se convierten en el Río de la Plata, debido a las circunstancias, en dos etapas distintas. El segundo elemento que parece decisivo en el desplazamiento del sentido de la nación, sistema de unidad política y luego sociedad nacida de una voluntad racional e individual, radica en la formación de un grupo de jóvenes intelectuales románticos que, por sus lecturas y prácticas culturales, van a integrar la nación con las nuevas formas relacionales, que tienen como principal función pensar el lazo social fuera del marco de la monarquía católica.

El estudio del lazo asociativo nos informa, muy particularmente, sobre dos figuras identitarias de nuestro imaginario político que, en el Río de la Plata, están claramente asociadas a la nación. La primera de ellas es la noción de "sociabilidad" como fundamento mismo de la sociedad, cuya principal función es vincular la idea de comunidad –que en el mundo

[56] *Ibíd.*

hispánico se confunde con facilidad con la de comunidad cristiana– a la de lazo contractual, a partir del cual se funda la metáfora asociacionista de la nación como comunidad política de pertenencia. Es cierto que esa metáfora, destinada a reemplazar a la del cuerpo, es uno de los tópicos del pensamiento político moderno, pero se difunde tanto más cuanto que tiene un vigoroso apoyo pedagógico: las prácticas asociativas. Así, las nuevas asociaciones culturales, que se crean con la finalidad de intercambiar conocimientos y opiniones sobre asuntos que son de "interés público", desarrollan una práctica y un discurso contractualista a partir de los cuales es posible pensar esa sociedad-nación. Al asimilar asociación y nación, esos hombres crean una esfera imaginaria por la que se puede pensar a un individuo sin ataduras previas que entra en relación por libertad y consentimiento, y la sociedad como producto de esos nuevos lazos sociales. No es sorprendente, entonces, comprobar que cada vez que hay que hablar de esta nación, que no logra constituirse pero que existe como fundamento del poder, se recurre a la metáfora asociacionista.[57]

Además de la "sociabilidad", la "civilidad" ocupa un lugar preferencial como práctica de pertenencia comunitaria, y amalgama lazos contractuales y lenguaje de la cortesía. Así, la noción de "civilidad", que las nuevas prácticas de sociabilidad de las elites tienden a difundir en la región, cumple la doble función de servir de criterio de distinción social para las elites que pretenden encarnar la nación, y de permitir pensar el lazo nacional a través de la adquisición de comportamientos civiles que contribuyan a su vez a pacificar la sociedad –condición indispensable para el establecimiento de un Estado nacional– y asociar la nación al movimiento de la civilización.[58] Los principales promotores del movimiento asociativo, tanto conservadores como liberales, sostienen que cualquier relación con el otro, entablada con un espíritu asociativo, coloca obligatoriamente a la sociedad en el camino de la civilización. Así lo declara explícitamente C. Calvo cuando se incorpora al Liceo Literario de 1858: "Que al fin la civilización no es sino la acumulación de las mejoras sociales, y esas mejoras no se transmiten jamás por el odio y el aislamiento, sino por el amor y la sociabilidad?"[59] Por su parte, Diego de Alvear recuerda el ejemplo norteamericano: "Esa vida en común, ese contacto inmediato de los hombres, ese cambio contínuo de las ideas, esa cooperación activa y eficaz para toda empresa de utilidad común, es el secreto de la prosperidad y la grandeza a que se ha elevado en pocos años la Confederación Norteamericana".[60] La civilidad se convierte inclu-

---

[57] Cuando se opone a la creación de un ejército nacional, el mismo diputado Ignacio Gorriti utiliza esta metáfora: "Si se tratase de formar una sociedad [asociación] en que versaran intereses comerciales o fondos particulares, y sólo con el proyecto de formar la asociación, uno de los empresarios exigiese a la sociedad los fondos que habían de componer el capital de ella antes de que estuviesen aceptadas las condiciones, y antes de saber el provecho [...], ¿se podría mirar como racional este proyecto? [...] Pues señor, si todavía no sabemos si las partes se convendrán en los artículos que hayan de componer la asociación, ni si vendrán a separarse de esta asociación, ¿cómo vamos a levantar el ejército nacional?" Cf. ibíd.

[58] La civilidad, en efecto, es un valor en la medida en que, al desarrollar los contactos entre los hombres, contribuye al progreso de la civilización como dinámica de la cultura superior. Hemos desarrollado posteriormente esta cuestión en "Pedagogía societaria y aprendizaje de la Nación en el Río de la Plata, 1820-1862", en A. Annino et al., De los Imperios..., ob. cit.

[59] Cf. La Reforma Pacífica, 15 de octubre de 1858.

[60] Cf. El Progreso, 7 de abril de 1852, p. 2, col. 2-3.

so en condición de igualdad.[61] El carácter selectivo de los concurrentes al teatro Colón, por ejemplo, no impide que H. Varela destaque la índole democrática de la sociabilidad porteña: "los teatros presentan funciones dos veces por semana y su concurrencia nos demuestra que, en el país, no hay una clase desheredada. Si son en general la cita de la elegancia, los salones y los parques sirven para entretener al pueblo".[62] La sociabilidad es igualitaria en la medida en que se convierte en una forma universal de relación compartida por la población en su conjunto; aspecto que es inseparable de la actitud fraterna y cordial en el intercambio; así como la urbanidad y la tolerancia son condiciones *sine qua non* de éste.[63]

Esas figuras identitarias asocian la nación como comunidad política de pertenencia a la "sociedad civil" como sociedad de derecho natural. Nos parece que ésta es una de las especificidades del imaginario nacional en la región, forjado al ritmo de los fracasos constitucionales. Es cierto que esa representación cívica de la nación está en el fundamento mismo de la idea moderna de nación, que nace con la Revolución Francesa y se confunde con la república representativa.[64] Pero esta idea política de nación se combina casi por doquier con la de comunidad "étnica" e histórica.[65] Ahora bien, en el Río de la Plata la representación cívica de la nación es la única que permite sentar las bases constitucionales de un Estado nacional; la nación, por otra parte única fuente legítima de poder, no puede invocarse más que en su representación cívica. A nuestro juicio, ésta es una de las razones del fracaso del régimen de Rosas frente a una oposición liberal que termina por monopolizar la nación identitaria. La dificultad de Rosas para proponer una alternativa nacional viable a la del liberalismo porteño se debe a los obstáculos que encuentra para pensar la nación como sociedad de individuos. La oposición liberal cuenta, en cambio, no sólo con un discurso que asigna un lugar preferencial al individuo, sino que lo asocia a una práctica relacional que sirve de principal soporte a la nación cívica. No hay que olvidar que Rosas se convertirá en el emblema de la nación únicamente a principios del siglo XX, cuando el movimiento nacionalista se provea de las herramientas conceptuales necesarias para cuestionar los principios fundamentales de la democracia liberal que hasta ese momento sirve para definir la nación identitaria. Entonces, y sólo entonces, el alcance nacional del régimen de Rosas parecerá indiscutible.

La nación en el seno de la representación

La esfera pública no es únicamente el espacio a partir del cual es posible imaginar la nación; también es, como lo muestra el análisis de los "clubes de opinión", el espacio hacia el que

---

[61] El carácter democrático de esas formas fue extensamente estudiado, por lo que no es necesario detenernos aquí en él. Además de los trabajos de Maurice Agulhon ya citados, véanse los enfoques diferentes de R. Halévi, *Les Loges maçonniques*..., ob. cit., pp. 9-16, y F. Furet, *Penser*..., ob. cit., pp. 58-62.
[62] *Cf. La Tribuna*, 28 de febrero de 1861, p. 2, col. 4 a 6.
[63] Véase *supra*, capítulo 6, "Modalidades de los intercambios".
[64] Cuestión que posteriormente trabajó Dominique Schnapper en *La Communauté des citoyens*..., ob. cit.
[65] Aun Renan destaca la imbricación entre estas dos representaciones de la nación como comunidad de pertenencia. *Cf.* E. Renan, "Qu'est-ce qu'une nation?", art. cit.

se desplaza el problema de la representación, desde la encarnación de un poder hasta la representación de una opinión.[66] La práctica asociativa permite así instaurar el nuevo lazo social como principio constitutivo de una representación política que sólo se concibe en el marco nacional. Esto no impide, como lo recordamos varias veces, la coexistencia de otras formas de representación política, pero fortalece la asociación entre las nuevas prácticas relacionales y la nación como comunidad política de pertenencia. En ese sentido, el conjunto de las instituciones de la esfera pública funcionan como extraordinarios agentes de difusión de un imaginario nacional de la comunidad política.

El modelo de implantación en la ciudad constituye un primer indicador de las novedades introducidas por las asociaciones que tienden a romper con la estructura tradicional de sociabilidad barrial, fundada en la comunidad de parroquia. Este aspecto se revela con claridad en la organización de los clubes electorales, en los que es más nítida la distinción entre los parroquiales, organizados sobre la base de la comunidad de culto, y los llamados "de opinión". Recordemos que al anunciar en su diario la creación del club de los guardias nacionales, Héctor Varela señala que éste representa la verdadera opinión pública debido a que reúne ciudadanos de las diferentes parroquias.[67] Al romper con las referencias tradicionales de la noción del pueblo como comunidad territorial, los "ciudadanos" de los clubes de opinión sólo pueden reconocerse en el marco de esa gran comunidad de valores y fundamento de legitimidad que es la nación moderna. La función representativa de las nuevas asociaciones, por lo tanto, pone a la nación como fundamento del lazo político.

Al respecto, es muy ilustrativa la discusión sobre el artículo 6 de la Constitución de Buenos Aires. Cuando hay que definir la ciudadanía, Bartolomé Mitre se niega a aceptar la expresión "ciudadano porteño" empleada por Alsina. Mitre se opone a que Buenos Aires legisle sobre la ciudadanía, porque esa idea no puede pensarse al margen de la nación: "Yo comprendo que, como se ha hecho hasta aquí, son verdaderamente ciudadanos en Buenos Aires como Argentinos todos los hijos de las provincias; pero no es en virtud de esta resolución local, que demos aquí, sino en virtud de la sociabilidad nacional, en virtud de que todos formamos una misma familia, y parte de una nación".[68] Esa "sociabilidad nacional" es ante todo el enlace entre el ciudadano y la esfera pública. Si para los miembros de la elite existe con formas múltiples, para los sectores populares concierne principalmente a los clubes electorales, en los que se establece una nueva lógica representativa. Los clubes constituyen, por ello, una forma de pedagogía cívica, en el sentido de que difunden nuevos sentimientos de pertenencia comunitaria que se fundan sobre valores político culturales propios de la nación republicana.

Podemos comprobarlo por los nombres de los clubes: Constitucional, Argentino, Guardias Nacionales, Libertad, Independencia, Imparcial, del Pueblo, 25 de Mayo, Unión, de

---

[66] Para la genealogía del proceso, véanse K. M. Baker, *Au Tribunal de l'opinion...*, ob. cit., y R. Chartier, *Les Origines culturelles...*, ob. cit.

[67] *Cf.* "Asamblea popular", en *La Tribuna*, 18 de marzo de 1855, p. 2, col. 2-3.

[68] *Cf.* Sala de Representantes de la Provincia de Buenos Aires, *Diario de sesiones de la Sala de Representantes...*, ob. cit., 27 sesión del 10 de marzo de 1854, p. 65.

la Paz, del General Lavalle, del General Belgrano, de los Libres del Sur, de Buenos Aires, Democracia, 25 de Septiembre, 11 de Noviembre, Nacional. Algunos evocan acontecimientos constitutivos de la comunidad política. Así, los clubes 25 de Mayo, de los Libres del Sur, 25 de Septiembre u 11 de Noviembre. Otros, a individuos que encarnan esa nacionalidad, como los clubes del General Belgrano o del General Lavalle. En los restantes casos se trata de valores-conceptos que definen la comunidad política: Constitucional, Argentino, Libertad, Independencia, Imparcial, Unión, de la Paz y Democracia. Todos hacen referencia a una colectividad que se define mediante un conjunto de valores político culturales en condiciones de reunir a las diferentes provincias en una gran comunidad, como lo recuerda Bartolomé Mitre en la Sala de Representantes: "La necesidad no la veo hasta aquí: sin necesidad de constitución se ha definido bien la ciudadanía; se ha definido muy bien cuáles son ciudadanos, y cuáles están obligados a esas cargas y cuáles no ; y sí obligatoriamente, que también tenemos todos deberes de ciudadanos Argentinos dentro de nuestro territorio, es porque representamos una parte de la República Argentina, una parte de su gran pensamiento, una parte de la revolución".[69] Al rehabilitar las instituciones representativas a partir de las instituciones de la esfera pública, la ciudad y la provincia de Buenos Aires ponen en escena a la nación como marco de la representación.

Ciudad y nación, una ecuación porteña

La historia del siglo XIX argentino, y más particularmente la del proceso de construcción de una nación, no podría comprenderse sin tomar en cuenta los objetivos geopolíticos tramados en torno de la ciudad puerto de Buenos Aires. Una abundante literatura histórica recuerda las dificultades específicas que, para la organización nacional, plantea una ciudad puerto que pretende monopolizar los beneficios de su emplazamiento en desmedro de un territorio que imagina como un vasto interior tributario. Las prolongadas y sangrientas guerras civiles también dan testimonio de un destino de sumisión que dista entonces de despertar la unanimidad de las elites regionales. En ese vaivén de proyectos constitucionales y conflictos militares se construye esta nueva representación de la nación que se concibe no sólo como una sociedad de derecho, sino como una sociabilidad vinculada a una cultura urbana cuyo marco ha llegado a ser, entretanto, la ciudad de Buenos Aires. Así, la ecuación de la nación no pasa únicamente por la esfera pública, sino por un espacio físico preciso asociado a la cultura cívica: la ciudad de Buenos Aires.

Si esta asociación entre ciudad y nación está presente desde el movimiento insurreccional de Buenos Aires, que pretende entonces representar a la totalidad de las ciudades del Virreinato del Río de la Plata, durante los años de secesión, período antinacional por excelencia, se introducirá todo un dispositivo para hacer del conjunto de la comunidad urbana un modelo de pertenencia cultural, a partir del cual pueda pensarse y construirse la nación argentina.

[69] Ibíd.

La vocación urbana de los dirigentes porteños

El retorno de los liberales al gobierno de la provincia de Buenos Aires en 1852 perfila una renovación en la tradición urbana de las elites criollas. En la ciudad se inicia entonces un doble proceso: la toma del poder por parte de los jóvenes liberales que pretenden afirmar el control de la ciudad capital sobre su vasto interior, y la puesta en marcha de una estructura de poder municipal, con el fin de asegurar la primacía correspondiente a esta institución sobre el espacio urbano. Esta doble vocación urbana de la clase dirigente porteña, fundada sobre el binomio ciudad-nación, provoca la división de los liberales entre los "autonomistas" por un lado, que ponen en primer plano la ciudad-provincia como sujeto soberano, y los "nacionalistas" por el otro, que invocan el poder de la ciudad como cabeza de la nación.[70] Pero todos comparten esa vocación urbana fundada en la convicción de que, en un territorio de geometría variable, los atributos del poder son patrimonio de una ciudad que asocie la tradición de ese poder con la supremacía económica que le da su puerto. A esto se agrega una tradición cultural urbana que la totalidad de los liberales reconoce como el fundamento de la nación moderna.

Pese a las divisiones del "partido liberal", un esfuerzo común apunta a confirmar ese destino "capitalino" de la ciudad puerto. Para ello, los porteños van a crear una nueva institución municipal que reemplace el antiguo *Cabildo*, suprimido por el gobierno liberal de Bernardino Rivadavia el 24 de diciembre de 1821.[71] Esta iniciativa procura restablecer una tradición municipal que había sido rota por los mismos liberales, pero que ahora éstos consideran indispensable para confirmar el proceso iniciado con la Revolución de Mayo de 1810. Si el "descubrimiento" de los beneficios de esta institución data de la década de 1830, recién después del gobierno de Rosas, las elites urbanas asocian su desaparición a la pérdida concreta de su propio poder.[72] Su restablecimiento apunta, sin duda, a restaurar una institución dentro de la cual, las elites habían encontrado un lugar indiscutido, pero también, a confirmar una cultura política urbana que refuerce la idea de nación moderna. Los perfiles de la ciudad y la nación, así como los de dos tradiciones políticas antagónicas, se confunden en el seno de una institución municipal que, por su funcionamiento, se convierte en una especie de anexo del gobierno del Estado de Buenos Aires.

Esta particularidad de la novísima Municipalidad de Buenos Aires es ante todo una consecuencia del funcionamiento del régimen representativo en la ciudad. Como el go-

---

[70] Esta situación hace resurgir una confusión de poderes y soberanías que estaban en el origen del movimiento de independencia en la ciudad de Buenos Aires: una ciudad capital de un virreinato que como cabeza de un vasto territorio pretende imponer su autoridad, y una comunidad urbana que por medio de su *Cabildo* actúa como cuerpo soberano. Un análisis penetrante de las articulaciones entre estos dos modelos políticos en Nueva España se encontrará en Antonio Annino, "Prácticas criollas y liberalismo en la crisis del espacio urbano colonial el 29 de noviembre de 1812 en Ciudad de México", en *bihaa E. Ravignani*, Buenos Aires, tercera serie, 6, segundo semestre de 1992, pp. 67-97.

[71] *Cf.* "Ley de municipalidad para la ciudad", 11 de octubre de 1854, en *Registro Oficial del Gobierno de Buenos Aires*. Buenos Aires, Imprenta Americana, 1851-1862.

[72] En especial Echeverría en *Ojeada retrospectiva...*, ob. cit.

bierno tiene el monopolio del fraude, está mejor ubicado para "manejar" las instituciones representativas, y debido a ello, logra imponer con más facilidad sus candidatos tanto al gobierno como al Concejo Municipal. Pero, la ley de municipalidades confirma el dominio del poder central sobre el municipio mediante su artículo 1º, que establece que el ministro del interior es presidente de la corporación, con prerrogativas no desdeñables.[73] No debe asombrarnos, entonces, comprobar que la acción municipal no hace sino confundirse con la política del Estado de Buenos Aires. Esta situación se confirma por el hecho de que una buena parte de los concejales –el 66% de los 166 hombres que ejercen el cargo entre 1855 y 1862– son hombres comprometidos en la política del Estado provincial. En la mayoría de los casos, se trata de diputados de su Sala de Representantes. Sólo algunos de los que conforman el 34% restante, que inician su carrera política como concejales, se mantendrán al margen de la política nacional. Para los demás, en cambio, las responsabilidades municipales marcan el inicio de una carrera política que los llevará del gobierno de la ciudad al de la nación.[74]

Ahora se comprende mejor lo que está en juego en la política urbana entre 1852 y 1862. Se trata de destacar la función económica de la ciudad puerto, pues sobre la superioridad de esa función la elite porteña pretende afirmar el "destino histórico" de su ciudad, el de ser cabeza y capital del territorio.[75]

El espacio urbano, cuna de nuevas pertenencias

Durante los años de la secesión se realizan trabajos de gran envergadura. La edificación de la nueva aduana, la construcción de un muelle que facilita el desembarco en el puerto de Buenos Aires, la instalación del primer ferrocarril destinado a activar los intercambios mercantiles entre la ciudad y su campaña circundante, son algunos de los nuevos servicios con que ahora cuenta la ciudad. También se encara el ordenamiento del sitio urbano en función de esa reactivación de los intercambios. En particular, se instala un gasómetro para la iluminación de la ciudad y se repara una red de vías públicas rudimentaria y deteriorada.[76] La renovación de las instalaciones urbanas está acompañada por un crecimiento considerable de la construcción, que en poco tiempo extiende la ciudad hacia la zona suburbana.[77]

---

[73] *Cf.* la ley del 11 de octubre citada en la nota 71. Las memorias de la municipalidad hablan a veces de tensiones entre ella y el gobierno. *Cf. Memoria de la Municipalidad...* (1859), ob. cit., pp. 3-4.

[74] *Cf.* nuestra base de datos.

[75] Con escasas excepciones, los liberales comparten la idea de que la unidad del espacio nacional resulta del conjunto de las condiciones naturales. Son contados los hombres que, como Juan Bautista Alberdi, elaboran la idea de un espacio nacional construido a partir de una política de regulación y articulación de los flujos comerciales.

[76] Ambas obras representan respectivamente un promedio del 16 y el 11,4% de los gastos de la municipalidad entre 1858 y 1862, cuando entre las mismas fechas las erogaciones destinadas a las escuelas públicas son en promedio del 5%, y las correspondientes a las obras públicas del 2,8%. *Cf. Memoria de la Municipalidad...*, ob. cit.

[77] En 1849, la cantidad de mensuras de terrenos realizadas para la construcción de nuevos edificios era

La reactivación de los intercambios produce otras transformaciones en la ciudad. Puesto que, para los liberales, ésta no tiene como única función la de acelerar los intercambios: también debe civilizarlos, consolidando reglas de conducta en una vida pública de que la que se convierte en el lugar privilegiado. Esto se manifiesta, ante todo, por el traslado de los lugares de intercambio más importantes fuera del núcleo de la ciudad. Así, la plaza y el mercado Once de Septiembre, y el mercado de Constitución centralizan en los límites de la ciudad los intercambios entre ésta y la campaña. Con ello se facilita el comercio al por mayor y, a la vez, se ahorra el paso de las carretas por la ciudad que deterioran las vías públicas y dan a Buenos Aires el aspecto rústico que tanto lamentan las elites urbanas. A continuación, se acondicionan las viejas plazas mercantiles destinadas a convertirse en ámbitos de civilidad. Durante el período estudiado se realizan esfuerzos de magnitud para urbanizar esos centros de vida pública. Lógicamente, la atención se dirige en principio hacia el lado oeste de la Plaza Mayor, la Plaza de la Victoria.[78] Apenas unos meses después de la revolución que separa la provincia de Buenos Aires de la Confederación Argentina, se inician en esta plaza, donde está emplazado el único monumento público con que cuenta la ciudad, los primeros trabajos de enlosado. Con ellos se procura dar a la ciudad un perfil urbano, mientras que otras obras de mayor alcance se ponen en marcha algunos años después. Así, en 1857, durante la inauguración del ferrocarril del oeste, la municipalidad, con la colaboración de la sociedad de accionistas de éste, instala jardines y un kiosco de música en la plaza del Parque.[79] Esta novedad introduce una modificación importante en el paisaje urbano: rompe con el modelo tradicional de las plazas del mundo hispánico y con toda una tradición de sociabilidad ligada a él.[80] A partir de allí se suceden las iniciativas de acondicionamiento de jardines en las otras plazas públicas. Pero el grueso de los trabajos se inicia sobre todo en 1860, durante el gobierno de Bartolomé Mitre, con Sarmiento como ministro del interior y presidente de la municipalidad.[81]

La cronología del acondicionamiento de los lugares de sociabilidad pública se explica fácilmente en función de los sucesos políticos. Recordemos que luego de un enfrentamiento armado entre Buenos Aires y la Confederación Argentina en octubre de 1859, la primera firma un tratado de paz destinado a poner fin a su secesión. En abril de 1860, la Conven-

---

de alrededor de trescientas. Hacia 1854, esa cifra ya se había duplicado. Cf. M. R. Trelles, *Registro estadístico...*, ob. cit., t. II, p. 109. El aumento de la masa edificada se desprende de la observación de los diferentes planos de la ciudad. Se encontrará una recopilación de éstos en nuestro trabajo *La Création...*, ob. cit., t. III, pp. 915-921.

[78] La Plaza Mayor tiene en el medio un mercado que la divide en dos: la Plaza de la Victoria y la Plaza del 25 de Mayo (véase el plano, documento núm. 1, p. 50).

[79] Cf. *La Tribuna*, 27 de octubre de 1857.

[80] La mutación de las plazas públicas secas en plazas ajardinadas [squares] se verifica más tardíamente en España, lo que confirmaría la idea de las relaciones entre imaginario político y paisaje urbano. Cf. Antonio Bonnet Correa, "Le concept de Plaza Mayor en Espagne depuis le XVIème siècle", en Publicaciones de la Casa de Velázquez, *Forum et Plaza Mayor...*, ob. cit., pp. 79-105.

[81] En 1860 se plantan paraísos en las plazas de la Victoria y 25 de Mayo. La primera, por otra parte, tiene desde 1858 una alameda. El mismo año se crea una comisión de residentes de la parroquia para

ción del Estado de Buenos Aires examina la Constitución de la Confederación Argentina, que en septiembre se convierte en la Constitución de la Nación Argentina. El clima de paz y prosperidad que reina entonces en Buenos Aires puede explicar el inicio de ese tipo de emprendimientos. Pero tal vez, éstos se deban menos a que el fin de la guerra deja un excedente de fondos que en lo sucesivo pueden asignarse a necesidades "superfluas", que a las exigencias impuestas por la nueva función de capital que la ciudad se apresta a asumir. Con ese objetivo, "hombres de la organización nacional" como Sarmiento y Mitre pretenden hacer de la comunidad urbana un paradigma de la sociabilidad nacional.

Quizá sea superfluo citar aquí el pensamiento de Sarmiento sobre el papel que debe cumplir la ciudad en el triunfo de la civilización; sin duda lo es menos recordar la concepción de la "sociabilidad nacional" que comparte con Mitre. En *Civilización y barbarie*, Sarmiento distingue la comunidad sobre la cual Juan Manuel de Rosas y Facundo Quiroga fundan su poder, de la que da origen a las ciudades y es característica de las sociedades civilizadas. La sociabilidad le proporciona una de las explicaciones. Reconoce así la existencia de una sociabilidad e incluso de formas de asociación propias de la sociedad rosista, y cuya característica es que se basan en el predominio de la naturaleza. En otras palabras, para Sarmiento se trata de formas de sociabilidad en las que faltan las relaciones de civilidad. Y es justamente en estas relaciones donde encuentra el germen de una sociedad civil sobre la cual debe fundarse la nación como comunidad política de pertenencia. Su idea es clara: la civilidad constituye la sociabilidad de la república, y por consiguiente el principio de sociabilidad nacional. Por eso no es únicamente una regla de *savoir-vivre*, sino también un valor identitario. Bartolomé Mitre, que en este aspecto comparte los puntos de vista de Sarmiento, incluye en la tercera edición de su biografía de Manuel Belgrano un primer capítulo sobre la "sociabilidad argentina". En su análisis, otorga un lugar de primordial importancia al régimen municipal y, por lo tanto, a la comunidad urbana como uno de los principales antecedentes históricos de la sociabilidad argentina.[82]

La política de renovación urbana de estos autores se inscribe en esa línea de pensamiento. Desde las plazas remodeladas como lugares de sociabilidades públicas hasta la construcción de grandes bulevares –sitios de encuentros mundanos–, su accionar trata de favorecer las relaciones de civilidad propias de la esfera pública, pues en ésta nace la representación nacional de la colectividad. Ello explica la atención que, durante los años de secesión, se presta al ornamento de los lugares de sociabilidad.

---

acondicionar la plaza de la Libertad. La insalubre e indecente plaza de Monserrat, en el barrio de los africanos, se convierte, en la misma fecha, en una plaza con árboles y bancos públicos e incluso se proyecta levantar en ella una estatua del general Belgrano. En la plaza Lorea se plantan dos hileras de árboles. Ese mismo año, la comisión del Campo de Marte inicia los primeros trabajos para hacer de ese lugar de maniobras militares un lugar de paseo. La avenida de Julio también se acondiciona con el mismo fin. *Cf. La Tribuna*, 1860, sección "Hechos locales"; *Memoria de la Municipalidad...*, ob. cit. (1860).

[82] *Cf.* B. Mitre, *Historia de Belgrano...*, ob. cit., prefacio de la tercera edición (1876-1877). En Natalio Botana, "El capítulo introductorio a la *Historia de Belgrano*", en *La libertad política y su historia*, Buenos Aires, Sudamericana, 1991, pp. 37-44, se encontrará un análisis historiográfico de este prefacio.

La ciudad, soporte de la memoria nacional

En el establecimiento de una nueva decoración urbana pueden distinguirse dos momentos, que corresponden a dos intentos de definir la relación de la ciudad con la nación. En una primera etapa –sobre todo entre 1856 y 1857–, la ciudad destaca los valores político culturales que hacen de ella el paradigma de la comunidad nacional. En la segunda –aproximadamente entre 1860 y 1862–, la decoración urbana recuerda el destino de capital de la ciudad nación.

Los años 1856 y 1857 señalan en efecto el primer momento de cristalización de la memoria nacional porteña. Durante los gobiernos de Pastor Obligado y Valentín Alsina, se introduce un importante dispositivo de memoria. En principio, con la iniciativa de modificar el único monumento cívico con que cuenta la ciudad de Buenos Aires. La municipalidad, con el apoyo del gobierno, decide levantar una estatua de la Libertad sobre la columna piramidal conmemorativa del 25 de mayo. La elección del emplazamiento de la primera estatua cívica en forma de alegoría no carece de sentido, sin duda. Ante todo porque la pirámide confirma el carácter republicano del nuevo monumento.[83] Pero también porque la Plaza de la Victoria, sitio de concentración cívica, es un lugar de la memoria. Antaño identificada con el poder real, recuerda un acontecimiento que marcó para siempre a la población de la ciudad. Se trata de las invasiones inglesas de 1806 y 1807.[84] En lo sucesivo, la plaza central se llamaría "de la Victoria", en conmemoración del triunfo obtenido sobre los ingleses tras la rendición del general Whitelocke en julio de 1807.[85] Por otra parte, toda la toponimia urbana confirma la importancia de ese suceso en la memoria de la ciudad revolucionaria, aunque se trate de un hecho que muestra la lealtad de Buenos Aires para con su rey.[86]

---

[83] Sobre los elementos que definen el carácter republicano de un monumento y particularmente sobre su función en una pedagogía de la apariencia urbana, véanse Maurice Agulhon, *Marianne au combat. L'imagerie et la symbolique républicaines de 1789 à 1880*, París, Flammarion, 1979; M. Agulhon, "Architecture républicaine", en *Monuments historiques*, "La République", 144, abril-mayo de 1986, pp. 7-11.

[84] La importancia de este hecho en la memoria urbana es indiscutible. No hace falta más que ver el lugar que le destinan las primeras historias nacionales de Domínguez, Mitre o López. Algunas referencias indirectas también hacen pensar que los sucesos del 12 de agosto y el 5 de julio fueron motivo de conmemoraciones populares durante el siglo XIX. Pero por desdicha, la inexistencia de investigaciones sobre el tema nos obliga a permanecer aquí en el terreno de las conjeturas.

[85] Cf. B. Mitre, *Historia de Belgrano...*, ob. cit., t. I, p. 248. Mitre cita aquí una inscripción colocada durante los funerales en honor de los soldados muertos, y que atestigua la utilización de la palabra "argentinos" para designar a los habitantes de Buenos Aires: "A los Guerreros Argentinos, que por su tierra natal insultada, por sus hogares, sus hijos y sus esposas, rindieron gloriosamente su vida", en *Breve descripción de las exequias en honor de los soldados que murieron por la defensa de Buenos Aires*, Buenos Aires, Imprenta de los Niños Expósitos, 1807.

[86] Desde esa época, la plaza de Monserrat, en el barrio negro, lleva el nombre de "plaza de la Fidelidad", en memoria de la lealtad de la población de color durante los combates contra los ingleses. La plaza Nueva pasó a llamarse De la Unión a fin de recordar el lugar de las primeras reuniones de los criollos para organizar la reconquista de la ciudad. La plaza de la Piedad se denomina desde entonces plaza Lorea, en honor del *vecino* Isidoro Lorea, asesinado junto con su esposa por los ingleses en julio de 1807. La plaza del Retiro es rebautizada como "Campo de Gloria" para recordar que allí comenzó la reconquista en

Su peso es tan grande que cuando el Cabildo decide levantar en 1811 un monumento a la memoria de los acontecimientos de 1810, propone añadir una inscripción que recuerde la reconquista del 12 de agosto de 1806, la defensa del 5 de julio de 1807 y la instalación de la junta el 25 de mayo de 1810.[87]

La memoria de esa heroica y leal defensa de la ciudad y de la Corona sirve así de "pedestal" al monumento encargado por la Municipalidad de Buenos Aires al francés Joseph Dubourdieu.[88] Se trata de una mujer parada, de aspecto sereno, con un drapeado a la antigua y el pecho izquierdo descubierto, tocada con un gorro frigio, cadenas rotas a sus pies, el escudo de la patria en la mano izquierda y una pica en la derecha. En los cuatro lados de la pirámide, completan el conjunto cuatro estatuas femeninas que representan la industria, el comercio, las ciencias y las artes.[89] Pero, ¿por qué se elige para decorar la ciudad esta alegoría de la Libertad y la República?[90] Tal vez podríamos decir que la municipalidad deja la decisión en manos de Dubourdieu, quien, condicionado por el sistema iconográfico francés, prefiere una representación abstracta de la República al busto de uno de sus grandes hombres. Pero en realidad esta respuesta desplaza la cuestión, porque siempre es posible preguntarse por qué las autoridades porteñas eligen a un escultor cuyos gustos, pero acaso también sus inclinaciones ideológicas, no son desconocidos para ellas.[91] Para explicarlo, podemos in-

---

1807. *Cf. La Tribuna*, 14 de mayo de 1861. Señalemos igualmente que dos viajeros franceses confirmarían en dos fechas diferentes la fuerte huella que esos acontecimientos dejaron en la memoria urbana. *Cf.* A. Isabelle, *Voyage à Buenos Aires...*, ob. cit., pp. 157-160; A. Delacour, "Le Rio de la Plata...", art. cit., p. 15.

[87] *Cf. Acuerdos del extinguido Cabildo...*, ob. cit., serie IV, t. III, pp. 443-444. El gobierno autoriza la construcción de la columna pirámide conmemorativa, pero con una placa que sólo haga alusión a los acontecimientos de 1810. Ya comprobamos la existencia de dos memorias que se disputan un mismo lugar.

[88] La escasa información que tenemos sobre el artista fue recogida por Julio E. Payró en *Prilidiano Pueyrredón, Joseph Dubourdieu. La Pirámide de Mayo y la Catedral de Buenos Aires*, Buenos Aires, Facultad de Filosofía y Letras, Biblioteca de Historia del Arte, 1972, serie argentina núm. 5. Según el autor, Dubourdieu se habría formado con Pierre-Jean David d'Angers, lo que no carece de importancia, como lo veremos más adelante.

[89] Originariamente, la mujer tenía una corona cívica en la cabeza y llevaba en la mano derecha la pica, con el gorro frigio en su extremo. Algunos días después, por razones que desconocemos pero cuyo sentido, sin embargo, es claro, el autor decidió coronarla con el gorro frigio. La descripción de la primera versión figura en la prensa de la época. *Cf. El Nacional*, 23 de mayo de 1856. Señalemos que, según la tipología de Maurice Agulhon, la escultura definitiva está más próxima a la imagen burguesa de la República, aunque integre dos elementos populares: el pecho descubierto y el gorro frigio. *Cf.* M. Agulhon, *Marianne au combat...*, ob. cit., p. 110.

[90] Estas palabras son un tanto polémicas, porque todos los autores afirman que se trata de una estatua de la Libertad y no de la República. Pero aun cuando para el gobierno el par Patria-Libertad no evoque la República —cosa que aún habría que demostrar—, lo cierto es que sí lo hace para el autor de la escultura. Por sus signos y su cronología, este monumento se inscribe en la historia de la representación femenina de la República. Dicho esto, la población de Buenos Aires sólo vio en él una estatua de la Libertad. Esto plantea el problema de la traducción de signos, que la tesis clásica zanjó con demasiada rapidez.

[91] El hecho de haberse formado con Pierre-Jean David d'Angers ya era el indicio de una idea estética preconcebida cuyas connotaciones políticas las elites porteñas conocían claramente. *Cf.* J. E. Payró, *Prilidiano Pueyrredón...*, ob. cit.

vocar ante todo el prestigio que rodea a un artista que representa la nueva corriente de un urbanismo *avant la lettre*. Así, la prensa va a celebrar tanto la elección del símbolo como la remodelación del paisaje urbano con estatuas cívicas, política que considera propia de las sociedades civilizadas.[92] Pero si el modelo icónico está notoriamente tomado de Francia, la voluntad de asociar la memoria de la ciudad a uno de los grandes valores de la cultura política moderna se inscribe en la estrategia política de la elite porteña, consistente en legitimar por todos los medios posibles la creación de un Estado autónomo en la provincia de Buenos Aires.[93]

Pese al fasto con que la estatua fue celebrada, el gobierno de Buenos Aires prefiere el culto de sus grandes hombres a las representaciones abstractas de la República. Tal vez porque aquél hacía más sencilla la difusión de los valores abstractos cuyo abanico de interpretaciones posibles era tan variado como peligroso.[94] Sea como fuere, Bartolomé Mitre explicita el objetivo pedagógico de este proceder cuando anuncia su voluntad de crear "una memoria racional" destinada a reemplazar la memoria oral.[95] Presenta así los fundamentos de una historiografía liberal orientada a afianzar la memoria colectiva en un civismo histórico cuya meta es forjar, a través de la vida de los grandes hombres, un modelo para el pueblo republicano. Los monumentos literarios e iconográficos levantados a la memoria de los grandes hombres de la patria se destinan así a personificar la República.[96] En ese marco hay que reubicar la publicación, en 1857, de la *Galería de Celebridades Argentinas*, dirigida por Juan María Gutiérrez.[97] El gobierno de la provincia se interna aún más en esa dirección cuando de-

---

[92] Cf. *La Tribuna*, 10 de enero de 1858.

[93] No obstante, la extrañeza del emblema en la tradición iconográfica "argentina" fue reconocida más adelante por dos de las figuras políticas más importantes de la época: Bartolomé Mitre y Domingo Faustino Sarmiento. Cuando la Municipalidad de Buenos Aires les pide consejo en 1883 con respecto a una posible demolición del monumento, Mitre responde que "la estatua puede y debe ser derribada porque no es más que una falsa decoración que no tiene significación histórica". Sarmiento argumenta en el mismo sentido cuando, al aprobar la demolición, acusa a la estatua de profanar la tradición nacional, "porque obligó al pueblo a adorar un ídolo carente de significación en la historia de la nación". Pero, en ese entonces, las apuestas de la memoria son manifiestamente diferentes. Textos citados por Rómulo Zavala, *Historia de la Pirámide de Mayo*, Buenos Aires, Academia Nacional de la Historia, 1962, pp. 79-82.

[94] No olvidemos que el gorro frigio, tan caro a los liberales, había servido al conservador Rosas para asociar el punzó de la "Santa Federación" al símbolo revolucionario. El recuerdo de la experiencia rosista estaba demasiado fresco y era una prueba de que los valores republicanos podían prestarse a todas las interpretaciones.

[95] B. Mitre, "Preámbulo a la biografía de Manuel Belgrano", en *Historia de Belgrano...*, ob. cit. Notemos la proximidad de este análisis con el que lleva a Pierre Nora a distinguir y oponer la memoria histórica a la memoria a secas. Cf. P. Nora, "Entre Mémoire et Histoire. La problématique des lieux", en *Les Lieux de mémoire ...*, ob. cit., t. I, pp. XVII-XLII.

[96] Desde el punto de vista iconográfico, las estatuas cívicas tenían la ventaja de colmar el vacío de representación que había dejado la desaparición de la figura del rey, vacío que la figura de Rosas había llenado tan bien.

[97] En ella publica Bartolomé Mitre su primera biografía de Manuel Belgrano. La *Galería...* también incluye biografías de Rivadavia, San Martín, Varela, Moreno, Funes, Brown, Guido, García y Lavalle.

31. *La remodelación de la Plaza de la Victoria*

A. La Plaza de la Victoria. Vista desde el este hacia el oeste. En el centro la Pirámide de Mayo (1811), con la estatua de la Libertad (1856) vista de espalda. En el fondo, a la izquierda, el teatro Colón (1855)

Litografía de A. Vallardi, 1859

LA NACIÓN Y LOS NUEVOS LAZOS SOCIALES 331

B. La estatua de la Libertad. A la derecha, la Plaza de la Victoria vista desde el sudeste hacia el noroeste. En el medio, la estatua de la Libertad vista de frente, y en el fondo el Cabildo. A la izquierda, Marianne vista de cerca

Plaza: Daguerrotipo, 1860

Estatua: Clisé de Esteban Marco.

cide introducir el culto de Bernardino Rivadavia, un liberal de la primera hora, asociado al período del auge económico y cultural de la ciudad de Buenos Aires y ligado al intento de organización nacional de 1826.

Entre 1856 y 1857, el gobierno, con la colaboración de la Municipalidad de Buenos Aires y la Sociedad de Beneficencia, organiza el retorno de las cenizas de Rivadavia. Sarmiento, que representa a la municipalidad, hace el retrato del gran hombre de Estado. Saluda ante todo al fundador de la Sala de Representantes y el sufragio universal. El perfil del "Gran Republicano" se completa mediante la evocación de su accionar en el ámbito de la cultura y la ciencia. El entusiasmo lleva a Sarmiento a proclamar a Rivadavia el "fundador de Buenos Aires y del sistema representativo de la República Argentina [...] padre de Buenos Aires y de la República Argentina".[98] Los demás discursos pronunciados en memoria del ilustre argentino se encaminan en el mismo sentido: poner el acento sobre el carácter porteño y republicano del personaje, que hace de él un emblema de la Ciudad Republicana.[99] Si damos crédito a la prensa, la ciudad dista de ser indiferente a la ceremonia de regreso de las cenizas: 60 mil personas asisten a ella, ¡lo que significa que casi el 70% de la población está en las calles![100] ¿El personaje era tan popular? Para el republicano francés Arsène Isabelle, lo era en 1835, claro que para los liberales criollos.[101] Puesto que su política nacional le había enajenado en 1826 una buena parte de la clase dirigente porteña. Por otro lado, la popularidad de sus primeros años de gobierno había quedado manchada por su intervención en el golpe de Estado del general Lavalle en 1829. Los veinte años de gobierno de Rosas, sin embargo, habían cambiado mucho las cosas. En principio, el fracaso del régimen rosista había terminado por rehabilitar a quien pasaba por haber sido un gran opositor. A esto se

---

Juan María Gutiérrez será igualmente el promotor de otros proyectos editoriales encaminados en la misma dirección. Cf. J. M. Gutiérrez, *Pensamientos, máximas...*, ob. cit.; J. M. Gutiérrez, *Apuntes biográficos de escritores, oradores y hombres de Estado de la República Argentina*, Buenos Aires, Imprenta de Mayo, 1860. El proyecto de la *Galería de Celebridades...* se inscribe de todas formas en la tradición de las Luces. En 1788, la Real Calografía había lanzado un proyecto de publicación de *Retratos de españoles ilustres*, colección que en 1814 llegaba a los 114 retratos y que siguió apareciendo, con algunas interrupciones, hasta fines del siglo XIX. Pero, si en el caso de España el proyecto permitía fundar el siglo de las Luces en orígenes españoles, en el caso argentino las personalidades más antiguas datan de la revolución de independencia. Para el caso español, véase *Summa Artis. Historia general del arte*, Madrid, Espasa-Calpe, 1987, t. XXXI, *El grabado en España*, pp. 524-558.

[98] Cf. *La Tribuna*, 21 de agosto de 1857.

[99] Cf. *La Tribuna*, 21 y 28 de agosto de 1857; *Rasgos biográficos sobre D. Bernardino Rivadavia por D. R.* (¿Dardo Rocha?), Buenos Aires, Imprenta de las Artes, 1857. En la introducción a *Galería de Celebridades...*, ob. cit., Juan María Gutiérrez presenta a Rivadavia como el primero de los grandes hombres de la patria (en el sentido de *patria chica*). En esa misma obra, Sarmiento sugiere que San Martín era a la nación lo que Rivadavia a la ciudad de Buenos Aires.

[100] Cf. *La Tribuna*, 6 de septiembre de 1857. Existen cinco litografías de A. Clairaux con un dibujo de A. Durand que dan testimonio de este acontecimiento popular. Los documentos se encuentran en el Museo Histórico Nacional, piezas núm. 9352, 9353, 9354, 9355 y 9356. Cf. Ministerio de Educación de la Nación, *Catálogo del Museo Histórico...*, ob. cit., t. II, p. 391.

[101] A. Isabelle, *Voyage à Buenos Aires...*, ob. cit., p. 153.

agrega el hecho de que ahora la clase dirigente porteña tenía que aunar sus esfuerzos a fin de hacer frente a la Confederación Argentina. Para ello, necesitaba símbolos federativos. La República era uno; Rivadavia, símbolo de una ciudad moderna y próspera –en suma, de una ciudad civilizadora, como diría Sarmiento–, bien podía convertirse en otro.[102] Tenía, además, la ventaja de permitir la personificación del poder.[103] La organización de la ceremonia de retorno de las cenizas estuvo acompañada por muchos otros dispositivos tendientes a unir a la ciudad de Buenos Aires en la evocación de Rivadavia.[104] Mediante el decreto del 12 de febrero de 1857, la calle principal, el antiguo Camino del Rey, que bajo el gobierno de Rosas se llamaba Federación, se rebautizó con el nombre de Rivadavia, que todavía conserva en nuestros días. Ese mismo decreto anunciaba la futura instalación de una estatua del prócer en la Sala de Representantes del Estado de Buenos Aires. La prensa proponía incluso destronar la joven Libertad de Dubourdieu para poner en su lugar una estatua de Bernardino Rivadavia.[105]

Los años 1857 y 1858 señalan así ese primer momento del adorno urbano que vincula la ciudad de Buenos Aires a los grandes valores republicanos: la Libertad, el Progreso, el Régimen Representativo, pero también la Patria –interpretada en su sentido restrictivo– y la Nación, concebida como una comunidad político cultural de contornos espaciales imprecisos. En los años 1860 a 1862, el ornamento urbano vuelve a testimoniar un giro importante que no carece de relación con los sucesos políticos. En efecto, durante esos dos años, la ciudad se embarca en una verdadera política de remodelación urbana, algunos de cuyos aspectos ya hemos mencionado. Como en el período precedente, el gobierno y la municipalidad lanzan varios proyectos de mejora del espacio urbano, con la diferencia de que esta vez las iniciativas son más numerosas. Sin embargo, lo que permite distinguir los dos momentos no es una mera diferencia cuantitativa. De aquí en más, la decoración evoca una ciudad que se ha reconciliado con su destino nacional. Los espacios públicos se convierten tanto más en lugares de sociabilidad nacional cuanto que están poblados de estatuas destinadas a rendir culto a la nación. Si la fórmula ya era conocida, lo que constituye ahora la gran diferencia es la elección de las figuras, sobre todo dos de ellas, que en lo sucesivo ocuparán la primera fila en el panteón nacional: José de San Martín y Manuel Belgrano.

---

[102] Con unas pocas excepciones, la adopción de Rivadavia como símbolo de la Ciudad Republicana es unánime. Los opositores tienen dificultades para hacerse oír. Al respecto véase la *Refutación Solemne de los Rasgos Biográficos y Discursos Escritos y Pronunciados en Buenos Aires por los Señores Gutiérrez, Alsina, Mitre y otros, con motivo de los funerales de Don Bernardino Rivadavia. Escrito por un Porteño de Nota*, Buenos Aires, 1857.

[103] Es probable que se haya hecho algún intento en ese sentido, a fin de reemplazar la figura tan popular de Rosas por la de Rivadavia. Ésa es la interpretación que puede hacerse de la acuñación de medallas adornadas con su busto, dispuesta por el gobierno y la municipalidad. *Cf.* "Rivadavia en la medalla", en *Numismática*, IV.

[104] *Cf.* decretos del 12 de febrero y del 14 y 26 de agosto de 1857, en *Registro Oficial del Gobierno...*, ob. cit. Pese a los conflictos con la Sociedad de Beneficencia, la municipalidad también participó en la organización del acontecimiento. *Cf. Actas del Concejo Municipal...*, ob. cit., 1857, sesiones del 11 de marzo y el 4 de mayo de 1857.

[105] *Cf. El Nacional*, 28 de mayo de 1857.

La idea de construir un monumento a la memoria de San Martín no es original de Mitre, pero durante su gobierno, y pese a la difícil situación provocada por un nuevo conflicto armado con la Confederación, la iniciativa culmina con el emplazamiento de una estatua ecuestre de bronce, inaugurada por aquél el 13 de julio de 1862.[106] El lugar elegido es el Campo de Marte, sitio donde San Martín formaba a sus tropas de *granaderos a caballo* y una de cuyas calles laterales ya lleva su nombre. La plaza parece ser el ámbito natural para rendir homenaje a ese héroe de la guerra de la independencia. Por otra parte, su ubicación un poco apartada del centro ofrece la ventaja de permitir el acondicionamiento de un sitio para paseos, con fuentes, bancos públicos, un kiosco y la estatua ecuestre en el medio.[107] Pero la elección de ese espacio tal vez traduzca el lugar un poco secundario que todavía ocupa el personaje en la memoria de la ciudad.[108] San Martín no era originario de Buenos Aires, y aunque se había ligado por matrimonio a una de las más honorables familias porteñas, los Escalada, pasó la mayor parte de su vida en el extranjero. Su campaña militar, por otra parte, lo alejó de su familia y de la vida política de la ciudad, y a pesar de algunas breves estadías, nunca participó en los asuntos de Buenos Aires. Pero ese alejamiento le resultó beneficioso, porque lo hacía aparecer sobre todo como el héroe que estaba por encima de las rivalidades intestinas. No obstante, recién más adelante, y gracias a Bartolomé Mitre, San Martín ocuparía un lugar indiscutido en el panteón nacional.

Entonces, para entronizar la memoria de San Martín en la ciudad de Buenos Aires, la elección de la imagen cobra una importancia considerable. En su conmemoración, la ciudad va a levantar una estatua ecuestre que coincide con la tradición de la representación del poder a caballo.[109] Pero la pose de San Martín y su caballo recuerda mucho la de una litografía bastante popular del gobernador de Buenos Aires, Juan Manuel de Rosas.[110] Aunque ambas se inscriben en la misma tradición iconográfica, a la que podemos sumar el grabado del general San Martín de Núñez de Ibarra (Buenos Aires, 1818) y el del general

---

[106] La estatua fue encargada en 1859 al escultor francés Louis Joseph Daumas. Para un análisis más detallado, véanse Eduardo Schiaffino, *La pintura y la escultura en Argentina (1783-1894)*, Buenos Aires, Edición del autor, 1933; Academia Nacional de Bellas Artes, *Historia general del arte en la Argentina*, t. IV, Buenos Aires, Academia Nacional de Bellas Artes, 1985.

[107] *Cf.* "Paseo de Marte" en *Memoria de la Municipalidad...*, ob. cit., 1861.

[108] No es ésta, desde luego, la opinión de Bartolomé Mitre, autor de la más célebre biografía de San Martín. En su prefacio a la primera edición de la biografía de Belgrano, Mitre afirma que San Martín era tan popular como aquél. *Cf.* B. Mitre, "Preámbulo a la biografía de Manuel Belgrano", en *Historia de Belgrano...*, ob. cit.

[109] La iconografía del retrato ecuestre se remonta a la tradición *velazqueña* del Siglo de Oro español. Según ciertos autores, en el Río de la Plata ese tipo de retrato también tendría lazos con la iconografía de Th. Géricault. *Cf.* Academia Nacional de Bellas Artes, *Historia general del arte...*, ob. cit., t. III (1984); Bonifacio del Carril, *Las litografías argentinas de Géricault*, Buenos Aires, Emecé, 1991.

[110] *Cf.* "Retrato ecuestre con uniforme, litografía en negro, autor anónimo". Citado por J. A. Pradère, *Juan Manuel de Rosas...*, ob. cit., p. 69; "Estatua de San Martín", en *Diccionario de Buenos Aires. Guía del forastero*, Buenos Aires, Imprenta del Porvenir, 1863. Debo agradecer a Roberto Amigo, que me orientó en el análisis de esta cuestión.

Belgrano de Géricault (París, 1819), el antecedente rosista no carece de consecuencias. Sin duda, la elección de una imagen que evoca ya una representación popular del poder en Buenos Aires no es inocente. Por otra parte, Sarmiento admite en su biografía de San Martín que la estatua retoma la imagen de un grabado popular.[111] La relación icónica sirve tal vez para incorporar a un hombre de la nación a la memoria de la ciudad, construyendo el culto a San Martín sobre el recuerdo de Rosas.

El caso de Manuel Belgrano es diferente. Belgrano era porteño, miembro de una de las grandes familias de comerciantes, y participaba desde la creación del Consulado de Comercio en 1794 en la vida política de la ciudad. Intervino en las invasiones inglesas y ocupó un lugar importante en la insurrección porteña de mayo de 1810. Estaba ligado, en consecuencia, a los principales acontecimientos que marcaron a la población de Buenos Aires. Por otra parte, murió en la misma ciudad y sus despojos mortales descansan en la iglesia de Santo Domingo, que era ya un lugar de la memoria de la ciudad.[112] Es cierto que falleció en medio de la completa indiferencia de una ciudad en plena anarquía en la que el día de su muerte se sucedieron tres gobiernos diferentes. Pero, ese acto de ingratitud suscitó en los porteños una necesidad de reparación hacia quien terminó por ser "una de las más nobles figuras de nuestra historia". El nuevo gobierno liberal de la provincia de Buenos Aires no lo olvidó, y Mitre le dedicó en esos años una importante biografía.[113] Pero habría que esperar hasta 1860, para que se constituyera una comisión de *vecinos* con el objeto de promover la construcción de una estatua del prócer. La idea volvió a lanzarse con la inauguración de la estatua de San Martín, pero el proyecto demoraría aún algún tiempo en concretarse.[114]

El gobierno de Mitre también lleva a cabo un viejo proyecto que esperaba su hora desde la época de Rivadavia. Se trata de la decoración del tímpano de la catedral de Buenos Aires, inconcluso desde 1822. Varios intentos de terminar la obra fracasan, hasta que en 1860, el gobierno de Buenos Aires se pone en contacto con el escultor J. Dubourdieu para

---

[111] Sarmiento dice que se trata de un grabado de San Martín. Cf. Domingo Faustino Sarmiento, "Biografía de José de San Martín", en *Galería de Celebridades*..., ob. cit. ¿Lo hace de buena fe o lo confunde deliberadamente con el de Rosas? Puesto que en el grabado de Núñez de Ibarra, San Martín no está en la misma posición que en el monumento ecuestre, que se asemeja mucho al de Rosas.

[112] En esta iglesia se produjo uno de los enfrentamientos más sangrientos entre los ingleses, atrincherados en la torre, y los criollos, durante la invasión de 1807. Las balas de cañón que todavía pueden verse en la torre, así como las banderas tomadas a los ingleses y que se exponen en el interior, eran un motivo de orgullo para los porteños, que hicieron de la iglesia y de su torre un lugar conmemorativo. Véase por ejemplo "La torre simbólica", en *La Tribuna*, 17 de diciembre de 1853.

[113] En diciembre de 1855, el gobierno de Buenos Aires da el nombre de Manuel Belgrano al *pueblo* que acaba de fundarse en el distrito de San José de Flores. En 1857, Mitre publica su "Biografía de Belgrano" en la *Galería de Celebridades*..., ob. cit. Una segunda edición revisada en 1858 y sobre todo la tercera, de 1876-1877, culminan en una biografía que es una de las piezas capitales de la historiografía liberal.

[114] Cf. *La Tribuna*, 24 de agosto y 13 de noviembre de 1862. La estatua recién se inauguraría en 1879, en el lugar en que supuestamente debía emplazarse la de Bernardino Rivadavia. Cf. Academia Nacional de Bellas Artes, *Historia general*..., ob. cit., t. IV.

32. El *acondicionamiento de la plaza San Martín*
A. Estatua ecuestre del general San Martín, de Louis J. Daumas

B. Litografía del general Juan Manuel de Rosas, de autor anónimo

que se haga cargo de ella.[115] El gobierno decide entonces dar testimonio, mediante una acción monumental, de la devoción de la ciudad a la unidad de la nación. Pero si Buenos Aires elige representar sobre la fachada de su catedral, que se inscribe en el espacio escenográfico de la Plaza de la Victoria, un tema que evoque su recogimiento y arrepentimiento, lo hace a través de una alegoría bíblica cuyas connotaciones para la ciudad distan de carecer de sentido.

En efecto, el autor escoge, para celebrar la unificación nacional de 1860, el encuentro de José y Jacob, cuando el primero "se le arrojó al cuello y lloró largo tiempo mientras lo abrazaba". Soberbia alusión a la reconciliación de Buenos Aires con la nación y sus otros hijos, las 13 provincias del interior. José, a quien "la protección de Yahveh hacía prosperar en todas sus empresas", representa claramente el destino que la ciudad se asigna.[116] Odiado y traicionado por sus hermanos, José los reconoce, aunque ellos no hagan lo mismo con él. Lo que encontramos en esa alegoría es, además, una Buenos Aires cabeza y alma de la nación. José, vendido como esclavo por los hermanos, será quien salve del hambre a su padre, sus hermanos y toda su familia… He aquí una hermosa advertencia contra quienes piensen en una solución que excluya a Buenos Aires. En síntesis, se trata de una alegoría bíblica que imprime en el ornamento y los espíritus el destino de una ciudad y de la nación. La prensa de la época saluda el acontecimiento pero no se extiende en interpretaciones de este tipo.[117] En todo caso, la elección del tema no desata ninguna polémica, mientras que la estatua de la Libertad, creación del mismo autor, había suscitado algunas objeciones.[118] ¿Tal vez por la simple razón de que para un porteño ese destino se daba por descontado? Aún más sorprendente es la indiferencia con que los historiadores consideraron una representación que es una de las obras mayores del arte político porteño.[119]

Estos dos últimos años de la secesión del Estado de Buenos Aires marcan, por lo tanto, un punto de inflexión en la memoria urbana. La ciudad, que antes había buscado una legitimidad presentándose como bastión de los valores republicanos, se asocia ahora a su destino histórico e introduce los principales signos que servirán *a posteriori* para componer una memoria nacional. El objetivo de este combate, en consecuencia, es importante en Buenos Aires durante los años de secesión. En efecto, si bien en ciertos aspectos la situación de la ciudad "desembarazada" del abismo nacional es confortable, esto plantea serios problemas de

---

[115] Joseph Dubourdieu ya había propuesto a Rosas en 1851 concluir la obra, pero el ornato urbano no era la prioridad del gobierno de la época, aun cuando en esos momentos la ciudad atravesara un período de auge indiscutible. *Cf.* Alberto S. J. de Paula, "La autoría del frontis de la catedral de Buenos Aires", en *Anales del Instituto de Arte Americano e Investigaciones Estéticas*, 24, Buenos Aires, 1971, pp. 93-97.

[116] *Cf.* Génesis, 39.3.

[117] *Cf. La Tribuna*, 14 de diciembre de 1860.

[118] *Cf. La Reforma Pacífica*, 6 de febrero de 1859.

[119] Hemos encontrado pocas referencias sobre esa decoración. Las historias clásicas del arte apenas aluden a ella. Véanse J. Payró, *Prilidiano Pueyrredón…*, ob. cit.; Paula, "La autoría…", art. cit.; Academia Nacional de Bellas Artes, *Historia general…*, ob. cit.

33. *Una nueva escenografía urbana: la "devoción" de la ciudad por la nación*

La decoración del tímpano de la catedral de Buenos Aires, por el escultor Joseph Dubourdieu (1860). Alegoría de la unidad nacional sobre el tema bíblico del encuentro entre José y Jacob

Cf. *Diccionario de Buenos Aires. Guía del forastero*, 1864

legitimidad a su poder.[120] Se trata entonces de asociarla, y con ello también la acción de la clase dirigente porteña, a la tradición de mayo de 1810. La estrategia es clara: en esa mano de hierro entre Buenos Aires y la Confederación, el poder debe corresponder naturalmente a quien mejor encarne la nación. Una política de desarrollo de signos nacionales presenta entonces cierta utilidad, y parece en todo caso complementaria del enfrentamiento armado. En ese combate triunfa en cierto modo la ciudad de Buenos Aires. Mientras que la política de la Confederación es casi nula en ese ámbito, su éxito en Buenos Aires es tanto más grande cuanto que se funda sobre una tradición colonial de la ciudad como lugar de la memoria institucional, y está en armonía con una transformación de las estructuras de sociabilidad que facilita el desarrollo de los nuevos sentimientos de pertenencia colectiva. La remodelación urbana asocia a las nuevas relaciones de civilidad un civismo histórico que hará de la ciudad su lugar de culto. Así, durante los seis últimos años de secesión, vemos surgir en el espacio público a las principales figuras sobre las cuales va a constituirse la identidad histórica de la nación. Esas figuras están desde luego ligadas, de manera más o menos clara, a la historia de la ciudad: Rivadavia, San Martín, Belgrano, pero también Lavalle, Paz y Varela. Se instaura entonces esa equivalencia entre Ciudad y Nación que tendrá considerables consecuencias en la construcción de una memoria nacional. Entre ellas, la de acelerar en la comunidad urbana el proceso de remodelación de su memoria. Así, la estatua de la Libertad y la República corona en la Plaza de la Victoria la Pirámide de Mayo. Los lugares de sociabilidad de la tradicional "comunidad de lugar" se destinan a evocar a los grandes hombres de la nación. Como contrapartida, la ciudad imprime sus rasgos a la memoria… en suma, la urbaniza. La comunidad nacional se define así mediante una forma de colectividad característica del modo de vida urbano, propio, desde luego, de las elites porteñas. Habrá que esperar hasta fines del siglo XIX para que la memoria nacional incorpore el espacio rural y la sociedad que engloba como componentes de la identidad colectiva. Pero, al servir de soporte a la memoria nacional, la ciudad revivifica un sentimiento de pertenencia "localista" que se funda sobre una antigua tradición de ciudad soberana. Lejos de resolver el enorme problema de la transferencia de pertenencia de la nación española a la nación argentina, la ciudad le suma el de las identidades soberanas. Ciudad Jano, Buenos Aires da forma a una nación fundada sobre una memoria antinómica.

---

[120] Bartolomé Mitre desarrolla los análisis más finos sobre esta cuestión durante el debate sobre la Constitución del Estado de Buenos Aires en la legislatura porteña. *Cf. Diario de sesiones de la Sala de Representantes…*, ob. cit., debates del 6 al 24 de junio, pp. 39-115.

CONCLUSIÓN
LA CREACIÓN DE UNA NACIÓN EN EL RÍO DE LA PLATA DURANTE EL SIGLO XIX

Pese a su título, esta investigación no pretende dar una respuesta al interrogante de dónde fijar los orígenes de la nación argentina. Nos revela, en cambio, las manifestaciones de una nueva representación del lazo social que nutre el imaginario de la nación. Un imaginario que sólo le brinda su acepción unitaria a cambio de una refundación de la sociedad. Lo cual nos permite concluir que en las elites porteñas la ecuación de la nación pasa por la civilidad y la política y que éstas se sitúan, debido a ello, en los orígenes de esa nación. Esta formulación unívoca del problema encierra un conjunto de cuestiones que afectan, en mayor o menor medida, la problemática abordada.

La ciudad de Buenos Aires, cuna de la nacionalidad

Elegida en un principio como escala de observación, esta investigación sobre las prácticas de sociabilidad en la ciudad de Buenos Aires me condujo a una reflexión acerca del espacio urbano y la ciudad como lugar de poder. El análisis pone de relieve ante todo la permanencia e incluso la vitalidad, hasta mediados del siglo XIX, de los lazos de vecindad tejidos en torno de los antiguos lazos comunitarios, estructurados sobre la comunidad de lugar o de parroquia; datos que invitan a modificar nuestra mirada sobre la ciudad y, más en general, sobre el proceso de construcción del Estado nacional en Buenos Aires.

El trabajo muestra, en primer lugar, que ciertos aspectos del proceso de creación de una representación nacional del ser colectivo competen a la ocupación del espacio. Por eso pudimos comprobar que mientras las formas tradicionales de relación se sitúan en el marco tradicional de la comunidad de culto y de lugar (la parroquia), o de sangre (la familia), las formas asociativas se inscriben en una organización diferente del espacio social urbano. Lo cual me lleva a postular que la ruptura del marco tradicional de pertenencia se relaciona con el desarrollo del referente nacional de la colectividad. Sin embargo, se verifica que la cronología de la transformación de las estructuras comunitarias no sólo no corresponde a la del proceso político institucional de creación de un Estado nación, sino que la modernidad que introduce el Estado debe ajustarse a las estructuras comunitarias tradicionales. Situación que da a este proceso un sentido muy diferente del que los textos jurídicos parecen asignarle: permite, por ejemplo, lanzar una nueva mirada sobre el problema de la representación política en la ciudad. Así, la utilización de la estructura parroquial para organizar la campaña electoral y los comicios le otorgan al voto un sentido comunitario que está, en principio, en clara contradicción con la noción misma de individuo ciudadano.

La perdurabilidad de los espacios tradicionales de interacción social también ayuda a comprender mejor el proceso mismo de creación de un referente nacional de la comunidad. En primer lugar, porque nos revela las formas y valores relacionales de una población cuya única descripción, hasta el momento, procedía de autores pertenecientes al medio de las elites. En segundo lugar, porque estas elites, aunque tendían a hacer desaparecer de los textos la presencia de rasgos "arcaicos", tuvieron que armonizar las pertenencias tradicionales con la nación como nueva comunidad de pertenencia. Lo que puede ayudar a entender mejor las configuraciones del imaginario nacional es el estudio de la articulación entre nuevos referentes y estructuras antiguas que, por otra parte, conciernen a las elites mismas. Por último, la demostración de la vitalidad de la comunidad parroquial da testimonio de otra permanencia, la de un espacio público aún no totalmente laicizado. Se trata además de otro dato, de múltiples consecuencias, que hace hincapié en la necesidad de rever el proceso de instauración de las naciones republicanas en sociedades mucho menos transformadas que sus instituciones. Ello puede explicar el lugar que ocupa el catolicismo en las jóvenes repúblicas hispanoamericanas, que no sólo concierne a la Iglesia como institución, sino a la religión como creencia común en torno de la cual se estructuran los lazos comunitarios. Constatación que induce a preguntarse sobre la articulación en la ciudad de esos dos registros de lo "público": la esfera pública republicana que supone al individuo ciudadano ejerciendo un control del poder por medio de la opinión, y la esfera antigua en la que persiste una idea de lo público como lugar de una autoridad, y donde lo político y lo religioso están profundamente imbricados. El trabajo muestra en definitiva que las comunidades parroquiales podrían ser las unidades de investigación más pertinentes para aprehender de manera más acabada la dinámica compleja entre una sociedad tradicional y el nacimiento de nuevas estructuras en las que incide más manifiestamente la acción política moderna.

El análisis de la organización del espacio social urbano nos llevó a una reflexión sobre la ciudad como lugar de poder. Pudimos comprobar que, con el desarrollo de la civilidad asociativa, el espacio urbano adquiere un sentido completamente nuevo, porque el modo de relación que define la comunidad urbana remite, en lo sucesivo, a la ciudad como marco de la "esfera pública". Ahora bien, es en esta esfera donde nace la representación nacional de la colectividad… Se instaura, entonces, una equivalencia implícita entre el espacio urbano y la nación moderna, lo cual supone atribuir a aquél, más precisamente a la ciudad de Buenos Aires, la génesis de la nación argentina. Esto explica la importancia que cobra la remodelación urbana de Buenos Aires durante los años de secesión. La elite liberal pretende entonces consolidar el espíritu público que vehiculiza el sentimiento nacional, mediante la reorganización del espacio urbano, en función de los nuevos valores que definen la nación como comunidad política de pertenencia. No sorprende verla fijar en el ornato, los elementos que en la memoria colectiva ligan la ciudad de Buenos Aires con la nación argentina.

Nosotros, que conocemos el final de la historia, sabemos que, de esa identificación con la nación, la ciudad no va a salir indemne: perderá su autonomía, desde luego, pero también parte de su papel dirigente en esa nación que pretende encarnar.

La cuestión del rosismo

¿Cómo no interrogarse sobre el rosismo en una investigación sobre la ciudad de Buenos Aires durante la primera mitad del siglo xix? En nuestro caso, la cuestión era casi insoslayable. Sin embargo, no hicimos del rosismo el tema central de esta investigación. El lector comprobará que tanto los límites cronológicos adoptados como la perspectiva de la investigación dan muestras de una indiscutible heterodoxia con respecto a los enfoques habituales del problema. Algunos, sin duda, nos reprocharán que hayamos abordado el rosismo por uno de sus aspectos menos específicos; otros, que hayamos inscripto las prácticas cotidianas en una problemática política que las desnaturaliza. Pretendimos, en efecto, introducir expresamente otras dimensiones del problema.

Esta investigación desmiente de hecho la naturaleza monolítica del rosismo. Así, hemos comprobado que la mutación de la sociabilidad porteña, cuyas manifestaciones originales datan de principios de siglo, se perpetúa a lo largo del primer gobierno de Rosas y los años iniciales del segundo. Aspecto anodino sólo en apariencia, pues esas nuevas prácticas postulan la esfera pública como nuevo marco de referencia de la relación. En torno de ella se desarrolla una cultura pública que funciona como uno de los principales canales de difusión de las nuevas representaciones del lazo social y de la nación como sociedad civil. Ese proceso no se interrumpe, por lo tanto, con la llegada de Rosas al gobierno de la provincia de Buenos Aires. Al contrario, a la vez que se niega a lanzarse una vez más a las aventuras constitucionales que habían provocado la caída de Rivadavia, Juan Manuel de Rosas acepta de hecho las nuevas formas de identidad comunitaria ligadas a la renovación cultural de la ciudad. Se trata, es cierto, de un fenómeno que concierne principalmente a un grupo generacional dentro de las elites culturales, pero que introduce la identificación entre esfera pública y nación.

Cuando Rosas rompe con la juventud liberal, proscribe cualquier forma de organización y de acción identificada con la "opinión unitaria", cuando la nación moderna, como sujeto de derecho y principio de unidad, se piensa en relación con prácticas y valores propios de esta instancia. Pese a que todo parece confirmar el éxito del régimen, Rosas se enfrenta a una contradicción insuperable. En efecto, sin derogar las instituciones republicanas ni el sistema de referencias simbólicas de la revolución, excluye a los hombres que habrían podido garantizar el vínculo entre la autoridad y la nación como nuevos fundamentos del poder. ¿Cómo asegurar su sucesión en el gobierno de la provincia, así como en la preponderancia que Buenos Aires ejerce *de facto* sobre el conjunto de la Federación, cuando su poder descansa sobre fidelidades personales? En este tipo de poder, ninguna institución verdaderamente representativa está en condiciones de asumir la soberanía de la nación. Las elites culturales que podrían garantizar la continuidad de su régimen se presentan entonces como sus principales competidoras; en el exilio, ellas se identifican con los principios constitutivos de la nación argentina. Así, nos parece que la razón del ocaso del sistema político rosista radica tanto en su negativa a establecer una forma constitucional para la Federación como en la exclusión de los hombres que hubiesen podido garantizar la organización futura dentro del régimen. Con esa exclusión, Rosas proscribe cualquier espacio donde esa cuestión pueda identificarse con la nación argentina.

El régimen, desde luego, no está hecho sólo de sociabilidades; sería francamente irrazonable reducir la suerte de todo un equilibrio de fuerzas múltiples a un problema de libertad de asociación. Por eso, no desconocemos el peso de las tensiones económicas, tanto con las otras regiones como con los sectores de productores locales, así como la guerra de desgaste de una oposición que lo obliga a mantenerse en lucha permanente como único horizonte de su poder. Asimismo, no olvidamos la dimensión de las presiones internacionales que producen incesantes conflictos, que terminarán por decantar las diversas hostilidades en una coalición armada que pondrá fin militarmente al régimen. Todas estas cuestiones tienen su peso sobre el poder y pueden servir para explicar su caída. No se trata de sustituir esas explicaciones sino de sumar otros elementos a la comprensión del proceso histórico de creación de un Estado nacional en la región. Tampoco hay que apropiarse de la parte del león y dar a la sociabilidad el estatus de causa primera, pues eso equivaldría a tener una visión monolítica del régimen. El enfoque adoptado no pretende reemplazar la última interpretación "canónica" del poder de Rosas sino, antes bien, poner de relieve ciertos aspectos de la vida sociocultural y política todavía poco conocidos, y que nos permiten revelar otras líneas de continuidad y ruptura entre el poder del *caudillo* y el de las instituciones republicanas representativas.

La experiencia de la política

A lo largo de todo nuestro análisis presenciamos el encuentro de los hombres con la política: por el medio más clásico de la movilización de los individuos en el enfrentamiento armado o para conquistar derechos políticos, o por la vía menos habitual de la esfera pública. Se trata de cuestiones que conciernen a problemas, enfoques, actores diferentes, pero que permiten una reflexión común sobre la política como campo de la acción social. A través de esta historia se descubre una sociedad que se apropia simbólicamente del poder, y la diversidad de formas de acción atestigua la naturaleza de un poder que se ha convertido en un lugar vacante. Detrás de todas esas acciones, se perfila la cuestión de la representación; noción cuya polisemia oculta la complejidad de los problemas que contiene. En efecto, si con la ruptura del lazo colonial la república es la única forma política legítima, al ligar su suerte a la nación, instala el problema de la representación en el corazón mismo del lazo social. Este trabajo muestra, por ejemplo, que dentro de la experiencia asociativa, las prácticas pueden servir para identificarse con una opinión pública que apela a la representación individual, o bien, para una movilización urbana con fines plebiscitarios que encubre una noción antigua de la representación política, o también, por último, para la organización del acto electoral en el que cohabitan la representación individualista con la corporativa.

Hecho novedoso, las prácticas asociativas contractuales introducen modificaciones significativas de la experiencia política. En primer lugar, porque esas formas de sociabilidad se vinculan a prácticas culturales que instauran la discusión como fundamento de una asociación que, por medio del impreso, se convierte en opinión pública. A continuación, por la amplitud de un fenómeno que amplía la esfera pública a sectores que aún funcionan según una lógica antigua de la autoridad y la representación. Por último, porque, como consecuencia de esas innovaciones, parecen modificarse todos los datos de las prácticas políticas. El estudio de las biografías comparadas nos permitió, en especial, comprobar la aparición de un nuevo tipo de hombre de poder, que se define con respecto a esa esfera pública. En efecto, en tanto que la extracción socioprofesional de los hombres que ejercen un cargo en la estructura del poder del Estado de la provincia de Buenos Aires no exhibe diferencias considerables durante todo el período estudiado, sucede de muy otra manera con sus experiencias en la esfera pública. Lo cual nos permite, en un primer momento, concluir que ni la llegada de Rosas ni, por otra parte, la de los liberales, cambia significativamente las bases sociológicas del poder político. Siempre nos vemos frente a los mismos grupos de grandes familias, cuyos miembros tienen varias formas de poder, pero a los que difícilmente se pueda distinguir como grandes terratenientes. El presente estudio muestra, además, hasta qué punto es difícil oponer categorías tales como "propietarios de tierras", "grandes comerciantes" o "abogados" y proponer una teoría sociológica del Estado provincial.

Hemos advertido, en cambio, importantes diferencias con respecto a la experiencia política de esos hombres de poder. Mientras que, son contados los dirigentes rosistas que comienzan su carrera política con la redacción de un diario o la participación en un movimiento cultural, entre quienes llegan al poder después de 1852, son muchos los que tienen esos antecedentes. Las escasas afiliaciones de los integrantes de la clase dirigente a una asociación laica antes de 1852 se explican pocas veces por una estrategia de carrera; la mutación cultural que supone la práctica asociativa se manifiesta todavía más acá del poder. Luego de 1852, en cambio, una de las particularidades que caracterizan a la clase dirigente es la intensidad de su vida asociativa. Esas prácticas pueden inducir a una nueva forma de poder que pone en primer plano un nuevo tipo de dirigente: una especie de "profesional" de la representación política. Lo cual equivale a decir que antes de 1852, la actividad política ligada al establecimiento de una república representativa no depende directamente de las formas de asociación vinculadas a la esfera pública; la política es aún el campo del enfrentamiento más que de la negociación, de la acción más que de la opinión. El auge del movimiento asociativo y su éxito entre los miembros de la clase dirigente constituyen el signo de una transformación importante de la estructura del poder. Por otra parte, las prácticas asociativas pueden cumplir un papel de importancia primordial en la organización de nuevas configuraciones relacionales de la vida política. Asociaciones como el Club del Progreso, el Club de Mayo o la masonería sirven para tejer lazos fuera del marco tradicional de las redes de familia y clientela. Los políticos que se identifican con la esfera pública nacional pero que, como Mitre o Sarmiento, no cuentan con una parentela poderosa, pueden sumarse a través de la red asociativa a los diferentes grupos familiares que poseen, en el nivel provincial, el poder socioeconómico, político y cultural. Las redes asociativas tienen además la ventaja de situarse al margen del marco de la provincia, lo que explica la ayuda que prestan a la organización de una estructura política nacional, como lo constatamos en el caso de la masonería.

La nación como preeminencia de la civilidad

Rindámonos, por fin, a la evidencia. No debemos olvidar que se trata de un trabajo sobre las representaciones de la nación en las elites urbanas de Buenos Aires. Los diferentes sectores populares ligados a la producción rural o al artesanado urbano, los inmigrantes abiertos a toda ocupación, los morenos recién liberados, en síntesis, ese sector de la población urbana poco se inmuta por la civilidad de las elites. La sociabilidad cortés no es su problema; para ellos, la república es muchas veces un engaño, y la nación argentina, un designio teórico. Sobre sus representaciones de la comunidad de pertenencia este análisis nos dice poco, como no sea que, de sus prácticas de sociabilidad urbana, se puede inferir la vitalidad de la comunidad parroquial. Esta población, sin embargo, no es ajena a la transformación de las prácticas relacionales. El desarrollo de las asociaciones contractuales no es, como pudimos comprobarlo, un fenómeno que atañe exclusivamente al mundo de las elites; pero, ese tipo de lazos contractuales se expande más acá de los códigos civiles de conducta que funcionan dentro del círculo de las elites como criterio de pertenencia, social y nacional.

¿Qué es entonces esa nación cuyos criterios de pertenencia no sólo no son compartidos por toda la población, sino que allanan el camino a la exclusión? Las elites porteñas, sin embargo, no parecen plantearse esta cuestión, o en todo caso no lo hacen en esos términos, porque la nación para ellas es la sociedad que tratan de construir, y de la cual creen ser sus únicas artífices. En efecto, postular la asociación como fundamento del lazo social es una manera de pensar este lazo en un marco totalmente diferente del correspondiente a la sociedad tradicional. En síntesis, es un medio de pensar otra sociedad. Una sociedad que, como producto de un contrato, hace que el individuo pase del estado natural al estado social. Una sociedad que, como lo hemos visto, también es para ellas el producto de una sociabilidad civilizada; aspecto que Sarmiento ya había señalado en 1845 como indispensable para la erradicación del poder de los *caudillos*, a quienes hacía responsables del debilitamiento del poder nacional. Por otra parte, Sarmiento encuentra en las relaciones de civilidad asociativa el germen de una sociedad civil sobre la cual debe fundarse la nación como comunidad política de pertenencia. De tal modo, la civilidad es la sociabilidad de la república, convertida tras el fracaso del régimen político instaurado por Juan Manuel de Rosas en principio de sociabilidad nacional.

En definitiva, una nación cuyos criterios de pertenencia oscilan entre el civismo y la civilidad. Quise profundizar aquí el alcance de esta ambivalencia, cuando ésta alimenta la identidad de la nación. La cuestión no tiene sólo un interés especulativo. La identificación de la nación cívica con la sociedad civilizada facilita en la Argentina la resolución de un gran problema político: el de conciliar el nuevo principio de soberanía, que legitimaba la independencia de España, con la herencia del derecho de conquista y de colonización que otorgaba a las elites criollas una preeminencia social y política, al situarlas naturalmente a la cabeza de los asuntos públicos. Con la identificación entre civilización y sociabilidad nacional, las elites pueden sostener el proceso de consolidación de un Estado que sea la expresión de una "nacionalidad", sin poner por eso en entredicho su propio poder, porque el principio de nacionalidad que sirve para legitimar el poder del Estado se asocia a una serie de códigos relacionales que se identifican con las elites urbanas. La confirmación de la civilización como expresión de una identidad nacional legitima así la función civilizadora de las elites, que las lleva a la conquista del territorio nacional, en primer lugar contra los *caudillos* "bárbaros" y luego contra los indios "salvajes". Por otra parte, la difusión de los códigos de conducta civil, antes destinada a regular las relaciones entre la "gente decente", funciona como un importante mecanismo de autocontrol que apunta a garantizar al Estado el monopolio de la fuerza, asegurándole la centralidad del poder coercitivo. Vale la pena señalar que esos comportamientos, que ponen en primer plano la cortesía y los buenos modales como mecanismo de control social, hacen de la discusión uno de los principales medios de intercambio. A la vez que fortalece el poder coercitivo del Estado, la civilidad como valor relacional abre, por la práctica a la que se asocia, un espacio donde es posible el surgimiento de una opinión crítica. Un Estado fuerte, pero en cierto modo bajo vigilancia.

Para terminar, podríamos preguntarnos por qué la comunidad política de pertenencia se piensa como producto de una sociabilidad. A lo largo del análisis dijimos que esta situación obedece por lo menos a dos razones: la primera se relaciona con la dificultad de pensarse a partir de los "modelos" de nación disponibles. La segunda tiene que ver con el proceso político de la región y la dificultad resultante de construir el Estado sobre la antigua estructura administrativa colonial. Pero tal vez haya una razón más profunda que concierne a la mutación cultural que mencionamos al comienzo del análisis. La independencia como modernidad provoca la fractura de la conciencia colectiva que la sociedad occidental conoció desde la Reforma y con las guerras de religión, y de la que el mundo hispánico permaneció al margen. La revolución, por así decirlo, repara esa brecha. Quizá no sea una casualidad que los hombres busquen entonces respuestas en la noción de sociabilidad. Pero, esa fragmentación de la conciencia colectiva es aquí tanto más temible cuanto que se produce al mismo tiempo que la desaparición de la figura del rey, cuya función principal era, para Hobbes, hacer posible la unidad. Esto podría permitir comprender las razones profundas que conducen a las elites culturales a imaginar la nación, en primer lugar, como un estado de sociedad. Puesto que, según todas las probabilidades, la independencia no sólo plantea el problema del fundamento del poder político, sino más aún el del fundamento del lazo social.

FUENTES Y BIBLIOGRAFÍA

Fuentes manuscritas

Archivo General de la Nación (agn)

Policía

Policía, Índice General

1812-1836	X 44-10-1
1837-1850	X 44-10-2
1851-1859	X 44-10-4

Policía

1823-1856	X 32-4-4
1823-1856	X 13-3-4
1827	X 14-5-4
1827	X 14-5-6
1828	X 14-8-7
1828	X 14-9-1
1829	X 15-1-
1829	X 15-1-6
1830	X 15-6-7
1830-1836	X 47-7-5
1831	X 15-10-1
1831	X 15-10-2
1831-1840	X 31-10-1
1832	X 15-10-5
1832	X 15-10-6
1833	X 16-3-4
1833	X 16-3-5
1834	X 16-4-7
1835	X 16-7-3
1853	X 18-9-2

Policía, Cárceles

1832-1852	X 31-10-2

Policía, Ejército

1833	X 40-2-6

Policía, Fiestas Cívicas, Cárcel Pública

1829	X 36-2-9

Policía, Órdenes Superiores

1821-1836	X 32-7-1
1829	X 32-11-5
1830	X 32-11-7
1836	X 33-2-6
1836	X 33-2-7
1837	X 33-3-2
1837	X 33-3-3
1838	X 33-3-6
1839	X 33-3-8
1840	X 33-4-2
1840	X 33-4-3
1840-1841	X 33-4-4
1839-1842	X 33-4-5
1851	X 33-7-4
	X 33-7-5
	X 33-7-6
	X 33-7-7
	X 33-7-8
1857	X 33-11-5
	X 33-11-6

Policía, Partes de la Ciudad

1833	X 33-1-9
1833	X 33-2-2
1834	X 33-2-2
1836	X 33-2-8

Policía, Partes de la Campaña

1829	X 32-11-6

Policía, Secretaría de Rosas

1830-1850	X 23-9-9
1833	X 16-3-4
1833	X 16-3-5

Policía, Sociedades Africanas

1845-1864	X 31-11-5

Colección López, Sala VII
Legajos consultados: 21-1-12; 21-1-13; 21-1-1; 21-1-2; 21-1-6; 21-1-7; 21-1-16; 21-1-17.

Fondo de manuscritos de la Biblioteca Nacional
Legajos consultados: 1825-1855.

Colección Casavalle
Gutiérrez, Juan María, "La Sociedad Literaria y su obra", legajos 7-8.

Archivo Tomás Guido
Sala VII 16-1-10.

Archivo Lavalle
Sala VII. Legajos consultados: 1-3-6; 7-1-6.

Mapoteca
Plano de la ciudad de Buenos Aires con la división eclesiástica en 12 parroquias, 1859.
Plano de la ciudad y cuadro administrativo y estadístico del Estado con arreglo de los mejores datos. El plano según la nueva nomenclatura de las calles y el cuadro demostrativo y estadístico conforme a las disposiciones más recientes y a los mejores datos de estos últimos años sobre población, riqueza, etcétera, de los partidos de campaña. Buenos Aires, 1858.
Plano de la ciudad de Buenos Aires con la división policial en 13 secciones, 1859.
Plano de la ciudad de Buenos Aires con división en 12 juzgados, por Solveira, 1862.

Archivo del Museo Mitre, mapoteca
Plano administrativo de la Capital del Estado de Buenos Aires, por N. Grondona, 1856.
Plano de la ciudad según la nueva nomenclatura de sus principales calles, 1860.
Plano topográfico del nombramiento de las principales calles de la ciudad de Buenos Aires y de los templos, plazas, edificios públicos y cuarteles en el año 1822.
Plano topográfico de la ciudad e inmediaciones de Buenos Aires, dedicado a su Eª el Ilustre Restaurador de las Leyes Don Juan Manuel de Rosas (propiedad de la Imprenta del Comercio y Litografía del Estado), 1836.

Archivo de la Gran Logia de la Argentina (AGLA)
Logia Unión del Plata
Actas. Documentos varios (1858-1875): caja núm. 21.
Libro de matrículas 1856-1859: libro núm. 2.
Libro de actas 1856-1861: libro núm. 3.
Libro de actas 1861-1867: libro núm. 4.
Logia Consuelo del Infortunio
Correspondencia 1858-1873: caja núm. 8.
Libro de actas 1857-1861: caja núm. 27.

Actas de compañeros 1857-1868: caja núm. 28.
Actas 1861-1867: caja núm. 29.
Logia Tolerancia
Libro de actas 1860-1867: caja núm. 30.
Logia Regeneración
Libro de actas 1857-1860: caja núm. 36.
Libro de actas, compañeros 1858-1883: caja núm. 38.
Libro de actas, maestros 1858-1887: caja núm. 39.
Logia Lealtad
Correspondencia 1858-1861: caja núm. 27.
Libro de actas 1857-1860: libro núm. 41.
Libro de asistencias 1859-1861: libro núm. 42.
Logia Constancia
Copiador de cartas 1858: caja núm. 474/475.
Registro de diplomas s.f.: caja núm. 477.
Libro negro s.f.: caja núm. 478.
Nómina de miembros s.f.: caja núm. 480.
Asistencia 1858-1864: caja núm. 483.
Logia Sol de Mayo
Libro de actas 1860-1863: libro núm. 45.
Actas de compañeros s.f.: libro núm. 49.
Actas de maestros s.f.: libro núm. 50.
Libro de beneficencia: libro núm. 53.
Correspondencia: libro núm. 4.
Logia Unidad y Amistad
Documentos varios 1858-1865: caja núm. 665.
Documentos varios 1858-1870: caja núm. 760.
Logia Unione Italiana
Libro de Actas 1858-1874: caja núm. 25.
Documentos varios s.f.: caja núm. 748.
Logia Obediencia a la Ley
Documentos 1859-1870: caja núm. 8.
Asistencia 1859-1882: libro núm. 571.
Libro negro 1858-1894: libro núm. 583.
Copiador 1859-1885: libro núm. 584.
Copiador 1860-1878: libro núm. 585.
Libro de actas 1859-1865: libro núm. 586.
Logia Verdad
Documentos 1859-1882: caja núm. 21.
Logia Dios y Libertad
Correspondencia al GOA: libro núm. 21.
Logia Les Amis de la Verité
Documentos 1860-1878: caja núm. 31.

Logia Unión
Correspondencia: caja núm. 401.
Logia Verdadera Iniciación
Libro de actas 1858-1859: caja núm. 21.
Logia Constante Unión
Libro de actas 1858-1862: caja núm. 54.
Logia Unión y Filantropía
Libro de actas 1858-1878: caja núm. 21.
Logia Fraternidad y Beneficencia
Actas y documentos varios 1858-1865: caja núm. 665.
Correspondencia: libro núm. 21.
Logia Amie des Naufragés
Matrículas 1856-1896: caja núm. 710.
Matrículas 1852-1856: caja núm. 711.
Libro de actas 1852: caja núm. 712.
Libro de actas 1857-1863: caja núm. 713.
Asistencias 1854-1859: caja núm. 755.
Inventario archivo 1854-1864: caja núm. 772.
Documentación varia 1852-1860: caja núm. 761.
Logia Luz del Desierto
Libro 1860-1879: caja núm. 37.
Gran Secretaría General
1858-1871: cajas núm. 24 y 30.
Gran Logia Central
1860-1864: caja núm. 24.
Varias logias
1858-1876: caja núm. 40.

Archivo de la Gran Logia de la Masonería del Uruguay (AGLMU)
Libros de actas (sin numeración)
Logia Les Amis de la Patrie 1842-1862.
Logia Les Enfants du Nouveau Monde 1862.
Logia Misterio y Honor 1854-1860.
Logia Constante Amistad 1856-1862.
Logia Unión y Beneficencia 1856-1862.
Nóminas de miembros (sin numeración)
Logia Les Amis de la Patrie.
Logia Asilo de la Virtud.
Logia Constante Amistad.
Logia Santa Rosa de Lima.
Archivo de la Gran Logia Central (sin numeración)
Correspondencia con logias de Buenos Aires.
Antecedentes de la fundación del Gran Oriente de la República Argentina.

Bibliothèque Nationale, París. Fondo masónico
Argentina, Buenos Aires, loge Amie des Naufragés
Correspondance avec le GOF 1852-1875: FM2 843.
Tableaux 1852-1875: FM2 844.
Uruguay, Montevideo, loge Les Amis de la Patrie
Correspondance avec le GOF 1842-1850: FM2 589.
Tableaux 1842-1850: FM2 589.
Correspondance avec le GOF 1851-1905: FM2 867.
Tableaux 1851-1875: FM2 868.
Chile, Valparaíso, loge Union Fraternelle, loge Etoile du Pacifique
Tableaux: FM2 845.

Archivo del Club del Progreso (sin numeración)
Libro de entradas y salidas de socios 1852-1863.
Memorias 1852-1863.

Archivos del Ministerio de Relaciones Exteriores, París
Correspondance politique argentine núm. 3, 1828; núm. 4, 1829; núm. 5, 1830-1832; núm. 6, 1832-1833; núm. 7, 1834-1836.

Archivo General del Ejército
Hemos consultado los legajos concernientes a la carrera militar de Ángel Pacheco, Manuel J. García, Manuel de Irigoyen, Manuel Escalada, José M. Flores, José M. Paz y Weil, Bartolomé Mitre, Matías Zapiola, Juan A. Gelly y Obes, Benito Nazar, Pastor Obligado, José B. Gorostiaga, Francisco Pico, Manuel Hornos, Lucio Mansilla, Lucio V. Mansilla, José M. Zapiola, Santiago Albarracín, Antonio Lezica, Tomás de Iriarte, José M. Morales, Emilio Mitre, Domingo F. Sarmiento, Carlos Terrada, Félix Olazábal, Cruz Gorondo, Julián Martínez y Miguel de Azcuénaga.

Fuentes publicadas

Documentos públicos y compilación de fuentes publicadas
Actas del Concejo Municipal de la Ciudad de Buenos Aires, 1856-1919, Buenos Aires, 1911-1921.
Acuerdos del extinguido Cabildo de Buenos Aires, Archivo General de la Nación, serie IV, tomo III, libros LXII, LXIII, LXIV, 1808-1809, tomo IV, 1810-1812, Buenos Aires, G. Kraft, 1927.
Almanaque de comercio de la ciudad de Buenos Aires para el año 1826, por J. J. Blondel, Buenos Aires, Imprenta del Estado, 1825. Reedición: Buenos Aires, Ediciones de la Flor, 1968.
Ibíd., 1829, 1830, 1833, 1834, 1836.
Almanaque de la ciudad de Buenos Aires, Buenos Aires, 1851.

Almanaque comercial. Guía del forastero para el estado de Buenos Aires, Buenos Aires, Imprenta de La Tribuna, 1855.

Almanaque Agrícola e Industrial de Buenos Aires. Prontuario de Agricultura, Jardinería, Ganadería, Economía Doméstica, Hijiene, Medicina, Buenos Aires, P. Morta Editor, 1861.

ANGELIS, Pedro de, *Recopilación de Leyes y Decretos promulgados en Buenos Aires desde el 25 de mayo de 1810 hasta el fin de diciembre de 1835*, Buenos Aires, Imprenta del Estado, 1837.

Antecedentes de la Asociación de Mayo, 1837-1937, Homenaje del Honorable Concejo Deliberante de la Ciudad de Buenos Aires en el Centenario de su Fundación, Buenos Aires, Concejo Deliberante, 1937.

BARBA, Enrique (comp.), *Correspondencia entre Rosas, Quiroga y López*, Buenos Aires, Hachette, 1958.

Bases del Instituto Histórico-Geográfico, Montevideo, Imprenta Nacional, 1843.

Bases Orgánicas del Instituto Histórico-Geográfico del Río de la Plata, Buenos Aires, Imprenta de La Tribuna, 1856.

Cámara de Senadores del Estado de Buenos Aires, *Diario de sesiones de la Cámara de Senadores del Estado de Buenos Aires*, Buenos Aires, Imprenta El Orden, 1858.

CANDIOTTI, Marcial, *Bibliografía doctoral de la Universidad de Buenos Aires y catálogo cronológico de las tesis del primer centenario, 1821-1920*, Buenos Aires, Talleres Gráficos, 1920.

CANTER, Juan, "Algunos impresos raros de la época de Rosas", en *Boletín del Instituto de Historia Argentina y Americana*, I, 25, pp. 257-271.

CARRIL, Bonifacio del, *Monumenta Iconográfica. Paisajes, tipos, usos y costumbres en la Argentina, 1536-1860*, Buenos Aires, Emecé, 1964.

Id., *Las litografías argentinas de Géricault*, Buenos Aires, Emecé, 1991.

CARRIL, Bonifacio del, et al., *Iconografía de Buenos Aires. La ciudad de Garay hasta 1852*, Buenos Aires, Municipalidad de Buenos Aires, 1982.

CELESIA, Ernesto N., "Anexo documental", en *Rosas, aporte para su historia*, Buenos Aires, Peuser, 1954.

Colección de leyes y decretos militares concernientes al Ejército y Armada de la República Argentina, 1810-1896, con anotaciones de derogaciones, modificaciones, etc., por E. Domínguez, Buenos Aires, Compañía Sur Americana de Billetes de Banco, 1898.

CONDE MONTERO, M., "Correspondencia inédita de Doña Encarnación Ezcurra de Rosas", en *Revista Argentina de Ciencias Políticas*, XXVII, octubre de 1923-marzo de 1924, pp. 106-126.

Constitución para la Orden Masónica en la República Argentina, Buenos Aires, Imprenta Litográfica Jacobo Peuser, 1891.

Constitución y Reglamentos Generales de la Masonería Escocesa para la Confederación Argentina y Valle de Buenos Aires, Buenos Aires, Imprenta Americana, 1857.

Diario de Sesiones de la Cámara de Diputados de la Provincia de Buenos Aires, 1854-1869, nueve volúmenes.

Diario de Sesiones de la Convención del Estado de Buenos Aires, Buenos Aires, Imprenta del Comercio del Plata, 1860.

Diario de Sesiones de la Honorable Junta de Representantes de la Provincia de Buenos Aires, Buenos Aires, 1823-1851.

Diario de Sesiones de la Sala de Representantes de la Provincia de Buenos Aires, 1852-1854, Buenos Aires, Imprenta de la Sociedad Tipográfica Bonaerense, 1864-1865.

Diccionario de Buenos Aires. Guía del forastero, Buenos Aires, Imprenta del Porvenir, 1863.

Digesto de ordenanzas, reglamentos, acuerdos, etc., de la Municipalidad de Buenos Aires, Buenos Aires, Imprenta de la Sociedad Anónima, 1873.

Documentos para la historia argentina, t. xvii, *Relaciones interprovinciales. La Liga del Litoral, 1829-1833*, Buenos Aires, Instituto de Investigaciones Históricas, 1922.

ESPINOSA, Gervasio, "Apuntes autobiográficos", en José Juan Biedma, en *Vida militar del general Gervasio Espinosa*, Buenos Aires, 1894, pp. 123-139.

Estatuto de la Asociación de Amigos de la historia natural del Plata, creada por superior decreto del 6 de mayo de 1854, Buenos Aires, Imprenta de La Revista, 1855.

Estatuto de la Sociedad Pastoril de Amigos del País y contrato con Samuel K. Tebbets, Buenos Aires, Imprenta de la Independencia, 1837.

Estatuto de la Sociedad Pastoril de Merinos; contrato con su empresario José Pérez, Buenos Aires, Imprenta Argentina, 1836.

Estatuto de la Sociedad Porteña y contrato con su promotor Manuel Escalada, Buenos Aires, Imprenta de la Gaceta Mercantil, 1837.

Estatutos, Reglamentos y Constituciones argentinas (1811-1898), Buenos Aires, Universidad de Buenos Aires, Departamento Editorial, 1956, col. "Documentos para la Historia Argentina" núm. 23.

FERNÁNDEZ LATOUR, Olga, *Cantares históricos de la tradición argentina*, Buenos Aires, Peuser, 1960.

"Informe sobre pulquerías y tabernas el año de 1784", en *Boletín del Archivo General de la Nación*, México, 1947, xviii, 3; xviii, 4, pp. 198-236 y 368.

Instituto de Estudios de Administración Local, en *Planos de ciudades iberoamericanas y filipinas existentes en el Archivo de Indias*, Madrid, Instituto de Estudios de Administración Local, 1951.

IRAZUSTA, Julio, *Vida política de Juan Manuel de Rosas a través de su correspondencia*, ocho volúmenes, Buenos Aires, Albatros, 1970.

LATTES, Alfredo E., y R. Poczter, "Muestra del censo de la población de la ciudad de Buenos Aires de 1855", en *Cuadernos del Instituto Torcuato Di Tella*, 5, Buenos Aires, 1968.

Legislación Argentina, *Colección completa de leyes nacionales sancionadas por el Honorable Congreso durante los años 1852 a 1917*, 19 volúmenes, compilación de Augusto Da Rocha, Buenos Aires, Librería de la Facultad, 1918.

LEGUIZAMÓN, Martiniano, *Papeles de Rosas*, Buenos Aires, 1935.

MABRAGAÑA, Heráclito, *Los mensajes. Historia del desenvolvimiento de la Nación Argentina (redactados cronológicamente, 1810-1910)*, seis volúmenes, Buenos Aires, Comisión Nacional del Centenario, 1910.

Memoria de la Municipalidad de Buenos Aires, Buenos Aires, Imprenta de La Revista, 1859-1861.

MITRE, Bartolomé, *Bases orgánicas del Instituto Histórico-Geográfico*, Buenos Aires, Imprenta de La Tribuna, 1856.

Id., *Reglamento consultivo del Instituto Histórico-Geográfico*, Buenos Aires, 1856.

Moores, Guillermo H., *Colección cronológica de vistas de Buenos Aires*, Buenos Aires, Instituto Bonaerense de Numismática y Antigüedades/Editorial Kraft, 1939.

Id., *Estampas y vistas de la ciudad de Buenos Aires, 1599-1895*, Buenos Aires, Peuser, 1945.

Outes, Félix, *Cartas y planos de los siglos xvii, xviii y el primer decenio del siglo xix*, Buenos Aires, Instituto de Investigaciones Geográficas de la Facultad de Filosofía y Letras, 1930.

Id., *Iconografía de Buenos Aires*, Buenos Aires, Museo Etnográfico/Imprenta Coni, 1940, publicaciones serie b, núm. 2, veinte láminas.

Ravignani, Emilio (comp.), *Asambleas Constituyentes Argentinas*, 6 volúmenes, Buenos Aires, Instituto de Investigaciones Históricas, 1937-1939.

Registro Oficial de la Provincia de Buenos Aires, Buenos Aires, Imprenta del Mercurio, 1828-1851.

Registro Oficial de la República Argentina; comprende documentos espedidos desde 1810 hasta 1873, publicación oficial, Buenos Aires, Imprenta de la República, 1879.

Registro Oficial del Gobierno de Buenos Aires, 1851-1862, Buenos Aires, Imprenta Americana, 1851-1862.

Reglamento de la Asociación Farmacéutica Bonaerense, sancionado el 30 de junio de 1859, reformado sobre el originario del 16 de octubre de 1856, Buenos Aires, 1859.

Reglamento de la Bolsa de Comercio sancionado en Asamblea General de socios, Buenos Aires, 1858.

Reglamento de la Sala Española de Comercio, Buenos Aires, Imprenta y Librería de B. Hortelano, 1852.

Reglamento interno de la Resp. Logia de San Juan de Esc. regularmente constituida la Or. de Montevideo en año de la V. L.5830, bajo el título distintivo Asilo de la Virtud, Montevideo, Imprenta del Telégrafo, 5836.

Reglamento para la Sociedad de las Escuelas de Lancaster, Montevideo, Imprenta de Pérez, 1822.

Rodríguez, Gregorio F. (comp.), *Contribución histórica y documental*, 3 volúmenes, Buenos Aires, 1921-1924.

Sampay, Arturo, *Las Constituciones de la Argentina (1810-1972)*, Buenos Aires, Eudeba, 1975.

Sociedad Nuestra Señora del Carmen, *Estatutos*, Buenos Aires, 1862.

Sociedad Tipográfica Bonaerense, *Estatutos*, Buenos Aires, 1858.

Taullard, Alfredo, *Los planos más antiguos de Buenos Aires, 1580-1880*, Buenos Aires, Peuser, 1940.

Trelles, Manuel R., *Registro estadístico del Estado de Buenos Aires*, 3 volúmenes, Buenos Aires, 1854-1859.

Vilaseca, Clara (comp.), *Cartas de Mariquita Sánchez. Biografía de una época*, Buenos Aires, Peuser, 1952.

Memorias, crónicas de viaje, escritos políticos

Agrelo, José Pedro, "Autobiografía, 1810-1816", en *Memorias y autobiografías*, t. ii, Buenos Aires, Museo Histórico Nacional, 1910, pp. 223-262.

Alberdi, Juan Bautista, *Fragmento preliminar al estudio del derecho* (1837), Buenos Aires, Biblos, 1984.

Id., "Doble armonía entre objeto de esta institución, con una exigencia de nuestro desarrollo social; y de esta exigencia con otra general del espíritu humano" (1838), en *Antecedentes de la Asociación de Mayo, 1837-1937*, Homenaje del Honorable Concejo Deliberante de la ciudad de Buenos Aires en el Centenario de su Fundación, Buenos Aires, Concejo Deliberante, 1937.

Id., *La República Argentina, treinta y siete años después de su Revolución*, Valparaíso, 25 de mayo de 1847.

Id., *Bases y puntos de partida para la organización política de la República Argentina* (1852), Buenos Aires, Eudeba, 1966.

Id., *Escritos póstumos*, Buenos Aires, 1895-1901.

ARNOLD, Prudencio, *Un soldado argentino* (1884), Buenos Aires, Eudeba, 1970.

BACLE y Cía., *Trajes y costumbres de Buenos Aires*, edición facsimilar con prólogo de Alejandro González Garaña, Buenos Aires, Vian, 1947.

BEAUMONT, John, *Viajes por Buenos Aires, Entre Ríos y la Banda Oriental (1820-1827)*, traducción de J. L. Busaniche, Buenos Aires, Hachette, 1957.

BELGRANO, Manuel, "Autobiografía", en *Memorias y autobiografías*, t. II, Buenos Aires, Museo Histórico Nacional, 1910, pp. 91-110.

BERUTI, Juan Manuel, *Memorias curiosas de los sujetos que han sido gobernadores y virreyes de las provincias del Río de la Plata*, en *Biblioteca de Mayo*, t. IV, Buenos Aires, Senado de la Nación, 1960, pp. 3647-4150.

BIEDMA, José Juan, "La revolución de los restauradores de 1833. Diario de las operaciones del ejército restaurador de las leyes llevado por su segundo jefe, general M. B. Rolón", en *Revista Nacional*, XIX, 37, Buenos Aires, 1904.

BILBAO, Francisco, "Sociabilidad chilena", en *El Crepúsculo*, 20 de junio de 1844.

Id., *La contra-pastoral*, Buenos Aires, Imprenta y Litografía Berheim y Boneo, 1862.

Id., *La América en peligro* (1863), Santiago de Chile, Ercilla, 1941.

BILBAO, Manuel, *Historia de Rosas*, Buenos Aires, Imprenta de Buenos Aires, 1868.

Id., *Tradiciones y recuerdos de Buenos Aires*, Buenos Aires, 1934.

Id., *Buenos Aires. Desde su fundación hasta nuestros días. Especialmente el período comprendido entre los siglos XVIII y XIX*, Buenos Aires, Imprenta Juan A. Alsina, 1902.

Breve descripción de las exequias en honor de los soldados que murieron por la defensa de Buenos Aires, Buenos Aires, Imprenta de los Niños Expósitos, 1807.

BUSTAMANTE, José Luis, *Bosquejo de la historia civil y política de Buenos Aires desde la batalla de Monte Caseros*, Buenos Aires, Imprenta J. A. Bernheim, 1856.

CALZADILLAS, Santiago, *Las beldades de mi tiempo* (1891), Buenos Aires, Estrada, 1944.

Cartas escritas por el muy honorable Felipe Dormer Stanhope, conde de Chesterfield, a su hijo, dos volúmenes, traducción de Tomás de Iriarte, Buenos Aires, Imprenta de la Libertad, 1833.

Cinco años en Buenos Aires, 1820-1825, por un inglés (Londres, 1825), prólogo de Alejo B. González Garaño, Buenos Aires, Solar, 1942.

D'AMICO, Carlos, *Buenos Aires, sus hombres, su política (1860-1890)* (México, 1890), Buenos Aires, Americana, 1952.

DARWIN, Charles Robert, *Diario del viaje de un naturalista alrededor del mundo en el navío de S. M. "Beagle"*, 2 volúmenes, Madrid, Espasa-Calpe, 1921.

Delacour, Adolphe, "Voyage dans l'Amérique Méridionale: Buenos Aires, Montevideo", en *Revue Indépendante*, París, 10 de junio de 1844, pp. 3-27.

Id., "Le Río de la Plata, Buenos Aires, Montevideo", en *Revue Indépendante*, París, Jicois, 1845.

D'Hastel, Adolfo, *Doce litografías coloreadas de la Plata, 1839-1840*, Buenos Aires, Kraft, 1944.

"Diario de Juan José Echevarría", en *Revista del Instituto de Investigaciones Históricas*, xvi, año xi-xiii, 55-57, 1933.

Diario de un soldado, Buenos Aires, Archivo General de la Nación/Comisión Nacional Ejecutiva, 150º aniversario de la Revolución de Mayo, 1960.

Díaz, Antonio, *Historia política y militar de las Repúblicas del Plata desde el año 1828 hasta 1866*, Montevideo, 1877.

Id., *Memorias inéditas del general oriental Don César Díaz*, Buenos Aires, 1878.

Díaz, Ramón, *La Lira Argentina*, Buenos Aires, 1824.

Domínguez, Luis, *Historia argentina*, Buenos Aires, Imprenta El Orden, 1861.

D'Orbigny, Alcide, *Voyage dans les deux Amériques, publié sous la direction de...*, París, Furne et Cⁱᶜ, 1853.

Dumas, Alexandre, *Memorias de José Garibaldi* (1861), Barcelona, Muñoz Moya y Montevedra, 1985.

Echeverría, Esteban, *La cautiva* (1837), Buenos Aires, Centro Editor de América Latina, 1979.

Id., "Ojeada retrospectiva sobre el movimiento intelectual en el Plata desde el año 1837" (Montevideo, 1846), en *Dogma socialista de la Asociación de Mayo*, Buenos Aires, Perrot, 1958.

Id., *Dogma socialista de la Asociación de Mayo, precedido de una ojeada retrospectiva sobre el movimiento intelectual en el Plata en el año 37*, Montevideo, Imprenta del Nacional, 1846.

Id., *El matadero* (1871), Buenos Aires, Centro Editor de América Latina, 1979.

Esteves Sagui, Miguel, *Apuntes históricos*, Buenos Aires, Academia Nacional de la Historia, 1980, col. "Biblioteca de Publicaciones Documentales".

Estrada, Manuel, "Lecciones sobre la historia de la República Argentina", en *Revista Argentina*, iv, 1866.

Estrada y Gelpi, *El catolicismo y la Democracia. Refutación de la América en Peligro*, Buenos Aires, s.f.

Extracto de un papel tomado a los masones, cuyo título es como sigue: Máximas e Instrucciones Políticas que el Gran Oriente Español ha mandado poner en ejecución a todas las logias de la Masonería Egipciana, Córdoba (España), Imprenta Real, 1824; reedición, Buenos Aires, Imprenta de la Independencia, 1840.

Farsa de la Francmasonería en Buenos Aires, por el Mugiense, Buenos Aires, Imprenta de La Revista, 1858.

Frías, Félix, "La sepultura eclesiástica", en *El pensamiento argentino*, Buenos Aires, 1863.

Fulias, Antonino, *Farsa de la Francmasonería en Buenos Aires, por el Mugiense*, Buenos Aires, Imprenta de La Revista, 1858.

Id., *Refutación de los errores filosóficos dogmáticos del Dr. Pesce contenidos en su folleto "Roma y la Francmasonería", por el Rev. P. Lector y Examinador Sinodal*, Buenos Aires, Imprenta de La Revista, 1859.

Galería de Celebridades Argentinas. Biografía de los personajes más notables del Río de la Plata, por los señores B. Mitre, J. M. Gutiérrez, M. Lozano, M. García, T. J. Guido, M. Moreno, L. Domínguez, M. Lacasa, Buenos Aires, Imprenta Americana, 1857.

Gálvez, Víctor, *Memorias de un viejo. Escenas y costumbres de la República Argentina* (1888), tres volúmenes, Buenos Aires, Peuser, 1889.

Guerra, capitán José María, *Memoria histórico-militar del capitán de inválidos Don José María Guerra, actuante en la Revolución de los Restauradores (1833) y en la campaña libertadora del General Lavalle contra Rosas*, introducción, notas y reseña por Agustín Rivero Astengo, Buenos Aires, Ed. de la Comisión de Homenaje a los Libres del Sur, 1939.

Guido, Tomás, "Reseña histórica de los sucesos de Mayo", en *Memorias y autobiografías*, Buenos Aires, Museo Histórico Nacional, 1910.

Gutiérrez, Juan María, *Pensamientos, máximas, sentencias, juicios, etc., de escritores, oradores y hombres de estado de la República Argentina*, Buenos Aires, Biblioteca Americana, 1859.

Id., *Apuntes biográficos de escritores, oradores y hombres de Estado de la República Argentina*, Buenos Aires, Imprenta de Mayo, 1860.

Id., *Noticias históricas sobre el origen y desarrollo de la enseñanza pública y superior en Buenos Aires, desde la época de la extinción de la compañía de Jesús en el año 1767 hasta poco después de fundada la Universidad de 1821*, con noticias biográficas, datos estadísticos y datos curiosos inéditos o poco conocidos, Buenos Aires, 1868.

Id., "La primera sociedad literaria y la primera revista en el Río de la Plata", en *Revista del Río de la Plata*, I, Buenos Aires, 1871.

Head, Francis Bond, *Las Pampas y los Andes* (Londres, 1826), Buenos Aires, Hyspamérica, 1986.

Historia, Doctrina y Fin u Objeto de la Franc-masonería. Por un franc-masón que no lo es más. Dedicada a las gentes honradas. Traducida de la 2da. ed. francesa por un argentino ansioso del bien del país, Buenos Aires, Imprenta de Mayo, 1858.

Hogg, Ricardo, *Yerba vieja*, t. I, Buenos Aires, Casa E. Julio Suárez, 1940.

Hortelano, Benito, *Memorias*, Madrid, Espasa-Calpe, 1936.

Iriarte, Tomás de, *Ante el tribunal de la opinión pública*, Buenos Aires, Imprenta Republicana, 1833.

Id., *Memorias*, 11 volúmenes, estudio preliminar de Enrique de Gandía, Buenos Aires, Ediciones Argentinas, 1944-1969.

Isabelle, Arsène, *Voyage à Buenos Aires et à Porto Alegre de 1830 à 1834*, Havre, Imp. de J. Morlent, 1835 [traducción castellana: *Viaje a Argentina, Uruguay y Brasil, en 1830*, Buenos Aires, Americana, 1943].

Isola, Albérico, *Usos y costumbres de Buenos Aires*, Buenos Aires, 1844.

King, John Anthony, *Veinticuatro años en la República Argentina que abarcan las aventuras del autor, la historia civil y militar del país y una relación de sus condiciones políticas antes y durante la administración del gobernador Rosas* (Londres, 1852), Buenos Aires, La Cultura Argentina, 1921.

Lamas, Andrés, *Apuntes históricos sobre las agresiones del dictador argentino Don Juan Manuel de Rosas contra la independencia de la República Oriental del Uruguay*, Montevideo, 1849.

La revolución de 1833. Exposición del Gobernador y Capitán General de la Provincia de Buenos Aires, a que dan lugar los documentos presedentes, Buenos Aires, octubre de 1833.

LASTARRIA, José Victoriano, *Recuerdos literarios* (1878), Santiago de Chile, Zig-Zag, 1967.

LÓPEZ, Lucio V., *La gran aldea (costumbres bonaerenses)*, Buenos Aires, Imprenta de Martín Biedma, 1884.

LÓPEZ, Vicente Fidel, *La revolución argentina. Su origen, sus guerras y su desarrollo político hasta 1830*, Buenos Aires, Carlos Casavalle Editor, 1861.

Id., *Historia de la República Argentina. Su origen, su revolución, su desarrollo político hasta 1852*, diez volúmenes, Buenos Aires, Carlos Casavalle, 1883.

Id., "La gran semana de 1810. Crónica de la Revolución de Mayo" (1885), en *Evocaciones históricas*, Buenos Aires, Jackson, 1945.

Id., "Autobiografía" (Buenos Aires, 1896), en *Evocaciones históricas*, Buenos Aires, El Ateneo, 1929.

MAC CANN, William, *Viaje a caballo por las provincias argentinas* (Londres, 1853), traducción de José Luis Busaniche, Buenos Aires, Imprenta Ferrari, 1939.

MANGEL DU MESNIL, Émile, *Notoriedades del Plata*, Buenos Aires, Imprenta de La Tribuna, 1862.

Manual de Buenos Ayres. Explicación del plano topográfico que manifiesta la distribución y nuevos nombres de las principales calles de esta ciudad, plazas, edificios públicos y cuarteles. Con agregación del sistema que se ha seguido en la nueva numeración. 1823, manuscrito anónimo, 1823. Primera edición, con prefacio y transcripción paleográfica del profesor Jorge Ochoa de Eguileor, Buenos Aires, Municipalidad de Buenos Aires, 1981.

MARMIER, Xavier, *Buenos Aires y Montevideo en 1850* (1851), traducción y prólogo de José Luis Busaniche, Buenos Aires, El Ateneo, 1948.

MÁRMOL, José, *Amalia* (Montevideo, 1851), Madrid, Espasa-Calpe, 1978, col. "Austral".

MARTÍNEZ, E., "Carta al ministro Andrés Lamas, Montevideo, 4 de octubre de 1853", en *Historia*, III, 1960, pp. 312-313.

MIERS, John, *Viaje al Plata, 1819-1824* (Londres, 1826), Buenos Aires, Solar Hachette, 1968.

MITRE, Bartolomé, "Biografía de Belgrano", en Gutiérrez, Juan María (dir.), *Galería de Celebridades Argentinas*, Buenos Aires, 1857. La tercera edición, revisada y ampliada, se publicó con el título de *Historia de Belgrano y de la Independencia Argentina*, Buenos Aires, 1876-1877.

Id., *Historia de San Martín y de la Emancipación Sud-Americana*, Buenos Aires, Félix Lajouane, 1890.

Id., *Diario de juventud: 1843-1846*, Buenos Aires, Instituto Mitre, 1936.

MORALES, Ernesto (comp.), *Epistolario de Don Juan María Gutiérrez*, Buenos Aires, Instituto Cultural J. V. González, 1942.

MORENO, Manuel, *Vida y memorias de Mariano Moreno*, Buenos Aires, 1918.

MOUSSY, Martin de, *Description géographique et statistique de la Confédération Argentine*, tres volúmenes, París, 1860-1864 [traducción castellana: *Descripción geográfica y estadística de la Confederación Argentina*, Buenos Aires, Ediciones Culturales Argentinas, 1963].

MURRAY FORBES, John, *Once años en Buenos Aires, 1820-1831*, compilación, traducción y anotaciones por Felipe Espil, Buenos Aires, Emecé, 1956.

Núñez, Ignacio, *Noticias históricas, políticas y estadísticas de las Provincias Unidas del Río de la Plata, con apéndice sobre la usurpación de Montevideo por los gobiernos portugueses y brasileros* (Londres, 1825), Buenos Aires, La Cultura Argentina, 1952.

Page, Theogène, "Affaires de Buenos Aires / Expédition de la France contre la République Argentine", en *La Revue de Deux Mondes*, xxv, París, febrero de 1841, pp. 301-370.

Parchappe, Narciso, *Expedición fundadora del fuerte 25 de Mayo en cruz de guerra, año 1828*, Buenos Aires, Eudeba, 1977.

Parish, Woodbine, *Buenos Aires y las provincias del Río de la Plata desde su descubrimiento y la conquista por los españoles* (Londres, 1838), estudio preliminar de J. L. Busaniche, Buenos Aires, Hachette, 1958.

Pellegrini, Carlos E., *Recuerdos del Río de la Plata*, Buenos Aires, Litografía de las Artes, 1841.

Pesce, Alejandro, *Roma y la Franc-masonería. Refutación de algunas palabras contra la Franc-masonería vertidas por D. Martín Avertino Piñero*, Buenos Aires, 1858.

Poucel, Benjamin, *Les Otages de Durazno, souvenirs du Río de la Plata pendant l'intervention anglo-française de 1845 à 1851*, París, A. Faure, 1864.

Rasgos biográficos sobre D. Bernardino Rivadavia por D. R., Buenos Aires, Imprenta de las Artes, 1857.

Refutación Solemne de los Rasgos Biográficos y Discursos Escritos y Pronunciados en Buenos Aires por los Señores Gutiérrez, Alsina, Mitre y otros, con motivo de los funerales de Don Bernardino Rivadavia. Escrita por un Porteño de Nota, Buenos Aires, 1857.

Reyes, Antonio, *Ubicaciones y memorias*, Buenos Aires, 1883.

Rivera Indarte, José, *Rosas y sus opositores* (1884), Buenos Aires, Jackson, 1945.

Ruano, Agustín Gerónimo, "Memoria sobre la revolución de octubre de 1833", *Revista del Instituto de Historia y Geografía del Uruguay*, xiv, Montevideo, 1938, pp. 287-304.

Saavedra, Cornelio, "Instrucción que dió don Cornelio Saavedra a sus apoderados en el juicio de residencia", en Zimmermann Saavedra, *Don Cornelio Saavedra, presidente de la junta de gobierno de 1810. Bosquejo histórico documental*, Buenos Aires, J. Lajouane, 1909.

Id., *Memorias y autobiografías*, Buenos Aires, Emecé, 1944.

Sarmiento, Domingo Faustino, *Civilización i Barbarie. Vida de Juan Facundo Quiroga, i aspecto físico, costumbres, i ábitos de la República Argentina*, Santiago de Chile, Imprenta del Progreso, 1845.

Id., *De la educación popular*, Santiago de Chile, J. Belin i Cía., 1849.

Id., *Recuerdos de provincia* (Santiago de Chile, 1850), Buenos Aires, Kapelusz, 1966.

Id., *Argirópolis o la capital de los Estados Confederados del Río de la Plata*, Santiago de Chile, J. Belin i Cía., 1850.

Id., *Campaña del Ejército Grande* (Santiago de Chile, 1852), Buenos Aires, Kraft, 1957.

Ségur, Louis Gaston de, *Los franc-masones, lo que son, lo que hacen, lo que quieren*, Buenos Aires, Igon, 1877.

Senado de la Nación, *Biblioteca de Mayo. Diarios y crónicas*, Buenos Aires, Senado de la Nación, 1960.

Id., *Biblioteca de Mayo. Periodismo*, t. vii-ix, Buenos Aires, Senado de la Nación, 1960.

Somellera, Andrés, *La tiranía de Rosas* (1886), Buenos Aires, Nuevo Cabildo, 1962.

Un Restaurador (seudónimo), *Los sucesos de octubre de 1833, o colección de los documentos principales conexos con los Restauradores*, Buenos Aires, Imprenta de la Independencia, 1834.

VALENCIA, Miguel, *Manual de los Masones Libres del Río de la Plata*, Buenos Aires, Imprenta Americana, 1856.

VARELA, Florencio, *Escritos políticos, económicos y literarios* (1859), Buenos Aires, Freeland, 1975.

VICUÑA MACKENNA, Benjamín, *Páginas de mi diario durante tres años de viaje, 1853-54-55* (Santiago de Chile, 1856), Buenos Aires, Revista Americana de Buenos Aires, 1936.

Id., *El ostracismo de O'Higgins*, Valparaíso, Imprenta del Mercurio, 1880.

WILDE, José Antonio, *Buenos Aires desde setenta años atrás*, Buenos Aires, Espasa-Calpe, 1948.

WRIGHT, Agustín, *Los sucesos de octubre de 1833, o colección de los documentos principales conexos con los Restauradores. Por un Restaurador*, Buenos Aires, Imprenta de la Independencia, 1834.

ZAPIOLA, José, *Recuerdos de treinta años, 1810-1840*, Santiago de Chile, Guillermo Miranda Editor, 1902.

Id., *La Sociedad de Igualdad y sus enemigos*, Santiago de Chile, Guillermo Miranda Editor, 1902.

PRENSA PERIÓDICA

Amigo del País (El), Buenos Aires, 1833.
Archivo Americano y Espíritu de la Prensa del Mundo, Buenos Aires, 1847-1851.
Avisador (El), Buenos Aires, 1833 (un solo número).
Constitucional (El), Buenos Aires, 1833.
Defensor de los Derechos del Pueblo (El), Diario del mediodía. Buenos Aires, Buenos Aires, 1833.
Gaceta Mercantil. Periódico comercial, político y literario (La), Buenos Aires, 1823-1852.
Gaucho (El), Buenos Aires, 1830.
Gaucho Restaurador (El), Buenos Aires, 1834.
Grito Argentino (El), Montevideo, 1839.
Iris (El), Diario del Medio Día, Político, Literario y Mercantil, Buenos Aires, 1833.
Lucero (El), Buenos Aires, 1829-1833.
Moda (La). Gacetín semanal de música, de poesía, de literatura, de costumbres, Buenos Aires, 1837-1838. Facsímil de la Academia Nacional de la Historia con introducción y notas de José Oria, Buenos Aires, Kraft, 1938.
Nacional (El), Buenos Aires, 1852-1893.
Negrita (La), Buenos Aires, 1833.
Orden (El), Buenos Aires, 1855-1858.
Pampero (El), Buenos Aires, 1829.
Progreso (El), Diario guvernativo, Buenos Aires, Buenos Aires, 1852-1853.
Reforma Pacífica (La), Diario político, literario y mercantil, Buenos Aires, 1856-1861.
Religión (La), Periódico teo-social, Buenos Aires, 1853-1861.

Telégrafo Mercantil (El), Rural, Político-económico e Historiográfico del Río de la Plata, Buenos Aires, 1801-1802. Facsímil publicado por la Junta de Historia y Numismática Americana, Buenos Aires, 1914-1915.
Tiempo (El), Buenos Aires, 1828-1829.
Tribuna (La), Buenos Aires, 1853-1884.

Instrumentos de trabajo

Abad de Santillán, Diego, *Gran Enciclopedia Argentina*, 9 volúmenes, Buenos Aires, Ediar, 1956.
Archivo General de la Nación, *Índice temático general de unidades archivonómicas del período nacional. Gobierno*, Buenos Aires, AGN, 1977.
Biblioteca Nacional, *Un siglo de periódicos (políticos). Catálogo con fechas, 1800-1899*, Buenos Aires, Imprenta de la Biblioteca Nacional, 1935.
Biedma Pillado, Juan J., *Diccionario biográfico argentino*, Buenos Aires, AGN.
Briseño, Ramón, "Catálogo de las diferentes publicaciones periódicas que en el país ha habido, desde 1812 hasta 1859 inclusive", en *Estadística bibliográfica de la literatura chilena*, Santiago de Chile, Imprenta Chilena, 1862.
Calvo, Carlos, *Nobiliario del Antiguo Virreinato del Río de la Plata*, 6 volúmenes, Buenos Aires, Librería y Editorial "La Facultad", 1936.
Cámara de Diputados de la Nación, *Nómina de diputados de la nación por distrito electoral. Período 1854-1987*, 4 volúmenes, Buenos Aires, Secretaría Parlamentaria, Dirección de Archivos, Publicaciones y Museo, Secretaría de Publicaciones e Investigaciones Históricas, 1988.
Id., *Nómina alfabética de diputados de la nación. Período 1854-1987*, Buenos Aires, Secretaría Parlamentaria, Dirección de Archivos, Publicaciones y Museo, Secretaría de Publicaciones e Investigaciones Históricas, 1988.
Candiotti, Marcial, *Bibliografía doctoral de la Universidad de Buenos Aires y catálogo cronológico de las tesis del primer centenario, 1821-1920*, Buenos Aires, Talleres Gráficos, 1920.
Casares, Julio, *Diccionario ideológico de la lengua española*, Barcelona, Gustavo Gili, 1988.
Chandler, Tertius, y Gerald Fox, *3000 Years of Urban Growth*, Londres, Academic Press, 1974.
Cibotti, Ema, *Nómina de miembros de la comisión directiva de Unione e Benevolenza, 1858-1862* (ejemplar mecanografiado inédito).
Corominas, Joan, *Diccionario crítico etimológico de la lengua castellana*, Berna, Francke, 1954.
Cutolo, Vicente Osvaldo, *Argentinos graduados en Chuquisaca*, Buenos Aires, Elche, 1963.
Id., *Nuevo diccionario biográfico argentino (1750-1930)*, 6 volúmenes, Buenos Aires, Elche, 1968.
Diccionario de la lengua castellana en que se explica el verdadero sentido de las voces, su naturaleza y calidad y las fraces o modos de hablar, los proverbios o refranes y otras cosas convenientes al uso de la lengua (Madrid, 1737), edición facsimilar, Madrid, Gredos, 1969.
Diccionario enciclopédico de la masonería, redactado por Lorenzo Frau Abrimes y Rosendo Arús Arderiv, 2 volúmenes, Buenos Aires, Kier, 1962.

Dictionnaire Universel d'Antoine Furetière (Le), edición facsimilar, París, SNL Robert, 1978-1984.

Encyclopédie ou Dictionnaire raisonné..., t. xv, París, 1765.

FIGUEROA, Pedro, *Diccionario biográfico de estranjeros en Chile*, Santiago de Chile, Imprenta Moderna, 1900.

HARDOY, Jorge Enrique, "Guía de colecciones de planos de ciudades iberoamericanas", en Francisco de Solano (coord.), en *Estudios sobre las ciudades iberoamericanas*, Madrid, CSIC/Instituto Gonzalo Fernández de Oviedo, 1983, pp. 881-935.

HELGUERA, María del Carmen, *Nómina de miembros de la Tercera Instancia en la provincia de Buenos Aires (1812-1854)*, La Plata, Cámara de Apelaciones, Departamento Histórico Judicial de la Suprema Corte de Justicia de la Provincia de Buenos Aires, 1990.

LAPPAS, Alcibíades, *La masonería argentina a través de sus hombres*, Buenos Aires, edición del autor, 1966.

LEGISLATURA DE BUENOS AIRES, *Poder legislativo de la provincia de Buenos Aires, 1854-1989. Composición de sus cámaras*, La Plata, Legislatura de Buenos Aires, 1989.

LE MÉE, René, "Les villes en France et leur population de 1806 à 1851", en *Annales de démographie historique*, 1989, pp. 321-393.

LIGOU, Daniel (dir.), *Dictionnaire de la Franc-Maçonnerie*, París, PUF, 1987.

MINISTERIO DE EDUCACIÓN DE LA NACIÓN, *Catálogo del Museo Histórico Nacional*, 2 volúmenes, Buenos Aires, Ministerio de Educación de la Nación, 1951.

MUSEO HISTÓRICO NACIONAL, *Catálogo del periodismo e imprenta argentina*, Bs. As., 1960.

MUSEO MITRE, *Catálogo de la Biblioteca*, Buenos Aires, Ministerio de Justicia e Instrucción Pública/Imprenta Biedma, 1907.

NEWTON, Jorge, *Diccionario biográfico del campo argentino*, Buenos Aires, edición del autor, 1972.

Nouvelle Géographie Universelle. La terre et les hommes, por Elisée Reclus, t. XIX, *Amérique du Sud. L'Amazonie et la Plata*, París, Librairie Hachette, 1894 [traducción castellana: *Nueva geografía universal. La tierra y los hombres*, Madrid, El Progreso Editorial, 1888-1893].

PAGANO, Nora, *Nómina de diputados de la Junta de Representantes, 1829-1852* (inédito).

PRADEIRO, Antonio, *Índice cronológico de la prensa del Uruguay, 1807-1852*, Montevideo, Universidad de la República Oriental del Uruguay, 1862.

Provincia de Buenos Aires, Ministerio de Educación, Subsecretaría de Cultura, *Índice de la Sala de Representantes de la Provincia de Buenos Aires, 1821-1852*, La Plata, Publicaciones del Archivo de Historia de la Provincia "Dr. Ricardo Levene", 1970, catálogo de documentos y archivos III.

Provincia de Buenos Aires, Ministerio de Gobierno, Secretaría de Asuntos Legislativos, *Provincia de Buenos Aires. Aporte a la cronología de sus autoridades*, La Plata, Dirección de Bibliotecas, Información Legislativa, 1983.

República Argentina, Ministerio de Economía, Hacienda y Finanzas, Departamento de Bibliotecas, *Compilación cronológica de los Presidentes, Vicepresidentes de la Nación Argentina, Ministros de Hacienda, de Economía, Secretarios de Estado de Hacienda y/o Finanzas, Secretarios de Estado de Programación y Coordinación Económica y sus respectivos secretarios, 1854-1978*, Buenos Aires, 1981.

Revista del Instituto Argentino de Ciencias Genealógicas, núm. 1 a 12, Buenos Aires, 1942-1957.

ROBINSON, Arthur H., *Early Thematic Mapping in the History of Cartography*, Chicago, The University of Chicago Press, 1982.

SANTONS GÓMEZ, Susana, *Bibliografía de los viajeros a la Argentina*, 2 volúmenes, Buenos Aires, Fundación para la Educación, la Ciencia y la Cultura/Instituto de Antropología e Historia Hispanoamericana, 1983.

SERRYN, Pierre, *Nouvel Atlas Général*, París, Bordas, 1962.

The Times, Atlas of the World, t.v, *The Americas*, Londres, 1957.

Touring Club Italiano, *Atlante Internazionale del Touring Club Italiano*, Milán, Touring Club Italiano, 1956.

UDAONDO, Enrique, *Diccionario biográfico argentino*, Buenos Aires, 1938.

Universidad Nacional de La Plata, *Catálogo de los periódicos sudamericanos (1791-1861)*, La Plata, 1934.

VIZOSO GOROSTIAGA, Manuel, *Diccionario y cronología histórica americana*, Buenos Aires, Ayacucho, 1947.

YABEN, Jacinto R., *Biografías argentinas y sudamericanas*, Buenos Aires, 1952-1954.

BIBLIOGRAFÍA GENERAL

ABAD DE SANTILLÁN, Diego, *Historia institucional argentina*, Buenos Aires, Tea, 1966.

Academia Nacional de Bellas Artes, *Historia general del arte en la Argentina*, Buenos Aires, Academia Nacional de Bellas Artes, 1985.

Academia Nacional de la Historia, *Historia de la Nación Argentina. De los orígenes hasta la organización definitiva en 1862*, Buenos Aires, Academia Nacional de la Historia, 1939-1951.

AGULHON, Maurice, *Pénitents et francs-maçons de l'ancienne Provence* (1966), París, Fayard, 1984.

Id., "Les Chambrées en Basse-Province: histoire et ethnologie", en *Revue Historique*, 497, París, enero-marzo de 1971, pp. 337-368.

Id., "La sociabilité, la sociologie et l'histoire", *L'Arc*, 65, 1976, pp. 76-84.

Id., *Les Cercles dans la France bourgeoise, 1810-1848. Étude d'une mutation de sociabilité*, París, Armand Colin, 1977.

Id., "Vers une histoire des associations", en *Esprit*, 18, junio de 1978, pp. 13-18.

Id., *La République au village. Les populations du Var de la Révolution à la IIème République*, París, Seuil, 1979.

Id., *Marianne au combat. L'imagerie et la symbolique républicaines de 1789 à 1880*, París, Flammarion, 1979.

Id., "La sociabilité est-elle objet d'Histoire", en E. François (comp.), *Sociabilité et société bourgeoise en France, en Allemagne et en Suisse (1750-1850)*, Actes du Colloque de Badhomburg, 1986, pp. 13-22.

Id., "Architecture républicaine", en *Monuments Historiques*, "La République", 144, abril-mayo de 1986, pp. 7-11.

Id., *Histoire vagabonde I. Ethnologie et politique dans la France contemporaine*, París, Gallimard, 1988.

Id., "La sociabilidad como categoría histórica", en *Formas de sociabilidad en Chile, 1840-1940*, Santiago de Chile, 1992, pp. 1-10.

AGULHON, Maurice, y M. Bodiguel, *Les Associations au village*, Actes Sud, Hubert Nyssen Éditeur, 1981.

AGULHON, Maurice, y Maurice Crubellier, "Les citadins et leur culture", en Georges Duby (dir.), *Histoire de la France urbaine. La ville de l'âge industriel*, t. IV, París, Seuil, 1980, pp. 435-444.

ALIATA, Fernando, "La ciudad regular. Arquitectura edilicia e instituciones durante la época rivadaviana", en *Imagen y recepción de la Revolución Francesa en la Argentina*, Jornadas Nacionales por el Bicentenario de la Revolución Francesa, Buenos Aires, Buenos Aires, Comité Argentino para el Bicentenario de la Revolución Francesa/Grupo Editor Latinoamericano, 1990, pp. 159-179.

Id., "Ciudad o aldea. La construcción de la historia urbana del Buenos Aires anterior a Caseros", en *Entrepasados*, II, 3, 1992, pp. 51-70.

Id., "Edilicia privada y crecimiento urbano en el Buenos Aires posrevolucionario, 1824-1827", en *bihaa- E. Ravignani*, tercera serie, primer semestre de 1993, pp. 59-92.

ALLENDE, Andrés R., "Un juez de paz de la tiranía. Aspectos de la vida de una parroquia durante la época de Rosas", en *Investigaciones y Ensayos*, vol. 14, Buenos Aires, Academia Nacional de la Historia, 1973, pp. 167-204.

ÁLVAREZ, Juan A., *Las guerras civiles argentinas* (1912), Buenos Aires, Eudeba, 1984.

ÁLVAREZ DE MIRANDA, Pedro, Palabras e ideas: el léxico de la ilustración temprana en España (1660-1760), Madrid, en *Boletín de la Real Academia Española*, 1992.

AMIGO, Roberto, y Ana M. Telesca, "La curiosidad de los porteños. El público y los temas de las vistas ópticas en el Estado de Buenos Aires (1852-1862)", en V Congreso de *Historia de la Fotografía en la Argentina*, Buenos Aires, 1996.

AMUNÁTEGUI SOLAR, Domingo, *El sistema de Lancaster en Chile*, Santiago de Chile, 1895.

ANDREWS, George Reid, *Los afroargentinos de Buenos Aires* (1980), Buenos Aires, Ediciones de la Flor, 1989.

ANNINO, Antonio (coord.), *Historia de las elecciones en Iberoamérica, siglo XIX*, Buenos Aires, Fondo de Cultura Económica, 1995.

ANNINO, Antonio, et al., *America Latina: dallo Stato coloniale allo Stato nazione (1750-1950)*, dos volúmenes, Milán, Franco Angeli, 1987.

ANNINO, Antonio, Luis Castro Leiva y François-X. Guerra, *De los Imperios a las Naciones: Iberoamérica*, Zaragoza, Ibercaja, 1994.

ANSART, Pierre, "Marx et la théorie de l'imaginaire social", en *Cahiers internationaux de sociologie*, XLV, 1968, pp. 99-116.

ARDAO, Arturo, *Racionalismo y liberalismo en el Uruguay*, Montevideo, Universidad de la República, 1962.

ARIÈS, Philippe, "L'enfant et la rue, de la ville à l'antiville" (1979), en *Essais de mémoire 1943-1983*, París, Seuil, 1993, pp. 233-255 [traducción castellana: *Ensayos de la memoria, 1943-1983*, Bogotá, Norma, 1996].

ARIÈS, Philippe, y Georges Duby (dirs.), *Histoire de la vie privée*, III, *De la Renaissance aux Lumières* (Roger Chartier, coord.), París, Seuil, 1986 [traducción castellana: *Historia de la vida privada*, III, *Del Renacimiento a la Ilustración*, Madrid, Taurus, 1989].

Arrieta, Rafael, *La ciudad y los libros. Excursión al pasado bibliográfico argentino*, Buenos Aires, Librería del Colegio, 1955.

Id., "Esteban Echeverría y el romanticismo en el Plata", en *Historia de la literatura argentina*, t. II, Buenos Aires, Peuser, 1958, pp. 17-112.

Artola, Miguel, *La burguesía revolucionaria (1808-1874)*, Madrid, Alianza, 1973.

Assadourian, Carlos Sempat, "Integración y desintegración regional en el espacio colonial. Un enfoque histórico", en *El sistema de la economía colonial*, Lima, Instituto de Estudios Peruanos, 1982.

Auza, Néstor Tomás, *El periodismo en la Confederación, 1852-1861*, Buenos Aires, Eudeba, 1978.

Id., *Los católicos argentinos: su experiencia política y social*, Buenos Aires, Claretiana, 1984.

Baczko, Bronislaw, *Les Imaginaires sociaux. Mémoires et espoirs collectifs*, París, Payot, 1984 [traducción castellana: *Los imaginarios sociales: memorias y esperanzas colectivas*, Buenos Aires, Nueva Visión, 1991].

Baily, Samuel, "Las Sociedades de Ayuda Mutua y el desarrollo de una comunidad italiana", en *Desarrollo Económico*, XXI, 84, enero-marzo de 1982, pp. 485-514.

Baker, Keith Michael (comp.), *The French Revolution and the Creation of Modern Political Culture*, tres volúmenes, Oxford y Nueva York, 1987.

Id., *Au Tribunal de l'opinion. Essais sur l'imaginaire politique au xviiie siècle* (1990), París, Payot, 1993.

Balmori, Diana, *Casa y Familia. Spacial Biographies in Nineteenth-Century Buenos Aires*, tesis del doctorado en filosofía, University of California, 1973.

Id., "Family and politics: three generations (1790-1890)", en *Journal of Family History*, X, 3, 1985, pp. 247-257.

Balmori, Diana, et al., *Notable Family Networks in Latin America*, Chicago, The University of Chicago Press, 1984 [traducción castellana: *Las alianzas de familias y la formación del país en América Latina*, México, Fondo de Cultura Económica, 1990].

Baranger, Joseph, "The historiography of the Río de la Plata since 1830", en *hahr*, 39, 1959.

Barba, Enrique, *La organización del trabajo en el Buenos Aires colonial. Constitución de un gremio*, La Plata, Centro de Estudios Históricos, Facultad de Humanidades y Ciencias de la Educación, 1944.

Id., *Unitarismo, federalismo, rosismo*, Buenos Aires, Pannedille, 1972.

Id., *Cómo llegó Rosas al poder*, Buenos Aires, Pleamar, 1972.

Barcia, José, *Los cafés*, Buenos Aires, 1982.

Barickman, B. J., "A bit of land, which they call roça: slave provision grounds in the Bahian Recôncavo, 1780-1860", en *hahr*, 74-4, noviembre de 1994, pp. 649-687.

Bastide, Roger, *Les Amériques noires. Les civilisations africaines dans le Nouveau Monde*, París, Payot, 1967 [traducción castellana: *Las Américas negras. Las civilizaciones africanas en el Nuevo Mundo*, Madrid, Alianza, 1969].

Battolla, Octavio, *Los primeros ingleses en Buenos Aires, 1780-1830*, Buenos Aires, E. Muro, 1928.

Beccar Varela, Adrián, *Plazas y calles de Buenos Aires: significación histórica de sus nombres*, dos volúmenes, Buenos Aires, Talleres Gráficos, 1910.

Beltrán, Oscar, *Historia del periodismo argentino*, Buenos Aires, Sopena, 1943.

Benavente, fray Marcelino, *Homenaje a su memoria. De la venerable Orden Tercera de Santo Domingo*, Buenos Aires, 1911.

BÉNICHOU, Paul, *Le Sacre de l'écrivain, 1750-1830. Essai sur l'avènement d'un pouvoir spirituel laïc dans la France moderne*, París, Librairie José Corti, 1973 [traducción castellana: *La coronación del escritor: ensayo sobre el advenimiento de un poder espiritual laico en la Francia moderna*, México, Fondo de Cultura Económica, 1981].

Id., *Les Temps des prophètes. Doctrines de l'âge romantique*, París, Gallimard, 1977.

BESIO MORENO, Nicolás, *Buenos Aires. Puerto del Río de la Plata. Capital de la República Argentina. Estudio crítico de su población, 1536-1936*, Buenos Aires, Tacuarí, 1939.

BEST, Félix, *Historia de las guerras argentinas de la Independencia, internacionales, civiles y con el indio*, 2 volúmenes, Buenos Aires, 1960.

BEVERINA, Juan, *Las invasiones inglesas (1806-1807)*, 2 volúmenes, Buenos Aires, Círculo Militar, 1939.

Id., *La reconquista y la defensa de Buenos Aires*, Buenos Aires, Publicaciones del Instituto de Estudios Históricos sobre la Reconquista y la Defensa/Peuser, 1947.

BIDABEHERE, Fernando A., *Bolsas y mercados de comercio en la República Argentina*, Buenos Aires, Talleres Gráficos L. J. Rosso, 1930.

BIEDMA, José, *Crónicas históricas del Río Negro de Patagones, 1774-1834*, Buenos Aires, Canter, 1905.

BILSKY, Edgardo, *Contribution à l'histoire du mouvement ouvrier et social argentin. Bibliographie et sources documentaires de la région parisienne*, Nanterre, BDIC/GRECO 26/CNRS, 1983.

Bolsa de Comercio, *La Bolsa de Comercio en su centenario*, Buenos Aires, Ed. La Bolsa, 1954.

BORAH, Woodrow, "Trends in recent studies of colonial Latin American cities", en *hahr*, 64-3, agosto de 1984, pp. 535-554.

BOSCH, Mariano G., *Historia del teatro en Buenos Aires*, Buenos Aires, Establecimiento Tipográfico El Comercio, 1910.

BOSSIO, Jorge A., *Los cafés de Buenos Aires*, Buenos Aires, Schapire, 1968.

Id., *Historia de las pulperías*, Buenos Aires, Plus Ultra, 1972.

BOTANA, Natalio, *El orden conservador. La política argentina entre 1880 y 1916*, Buenos Aires, Sudamericana, 1978.

Id., *La tradición republicana*, Buenos Aires, Sudamericana, 1984.

Id., *La libertad política y su historia*, Buenos Aires, Sudamericana, 1991.

Id., *Domingo Faustino Sarmiento*, Buenos Aires, Fondo de Cultura Económica, 1997.

BOUILLY, Víctor, *El interregno de los lomos negros, 1830-1835*, Buenos Aires, La Bastilla, 1974.

BOURRICAUD, François, "Civilité", en *Encyclopédie Universalis*, corpus 5, 1989, pp. 948-951.

BROWN, Jonathan, *A Socioeconomic History of Argentina, 1776-1860*, Cambridge, Cambridge University Press, 1979.

BRUNO, Cayetano, *Historia de la Iglesia en la Argentina*, 12 volúmenes, Buenos Aires, Don Bosco, 1966-1981.

BUISSON, Inge, et al., *Problemas de la formación del Estado y de la nación en Hispanoamérica*, Bonn, Inter Nationes, 1984.

BUONOCORE, Domingo, *Libros, editores e impresores de Buenos Aires*, Buenos Aires, El Ateneo, 1944.

Id., *Libros y bibliófilos durante la época de Rosas*, Córdoba, Universidad Nacional de Córdoba, 1969.

Burgin, Miron, *Aspectos económicos del federalismo argentino* (1946), Buenos Aires, Solar, 1975.

Burucúa, José E., et al., "Influencia de los tipos iconográficos de la Revolución Francesa en los países del Plata", en *Imagen y recepción de la Revolución Francesa en la Argentina*, Jornadas Nacionales por el Bicentenario de la Revolución Francesa, Buenos Aires, Buenos Aires, Comité Argentino para el Bicentenario de la Revolución Francesa/Grupo Editor Latinoamericano, 1990, pp. 129-140.

Bushnell, David, "El sufragio en la Argentina y en Colombia hasta 1853", en *Revista del Instituto de Historia del Derecho*, 19, 1968, pp. 11-29.

Id., *Reform and Reaction in the Platine Provinces, 1810-1852*, Gainesville, University Press of Florida, 1983.

Caillet Bois, Ricardo, *Rosas y la Comisión Representativa creada por el Pacto Federal del 4 de enero de 1831*, Buenos Aires, Talleres Jacobo Peuser, 1941.

Campos Theverin de Garabelli, Marta, *La revolución oriental. Su génesis*, 2 volúmenes, Montevideo, Junta Departamental/Biblioteca José Artigas, 1973.

Canal i Morell, Jordi, "El concepto de sociabilidad en la historiografía contemporánea (Francia, Italia y España)", en *Siglo xix*, segunda época, 13, enero-junio de 1993, pp. 5-25.

Canter, Juan, "La logia Lautaro y Mendoza", en *Revista de la Junta de Estudios Históricos de Mendoza*, II, 1936.

Carbia, Rómulo, *Historia crítica de la historiografía argentina (desde sus orígenes en el siglo xvi)*, Buenos Aires, Coni, 1940.

Cárcano, Ramón, *De Caseros al 11 de septiembre*, Buenos Aires, 1918.

Id., *Del sitio de Buenos Aires al campo de Cepeda (1852-1859)*, Buenos Aires, Coni, 1921.

Caroux, Jacques, "La démocratie par l'association?", en *Esprit*, 18, junio de 1978, pp. 3-8.

Carranza, Ángel J., *Bosquejo histórico acerca del Doctor Carlos Tejedor y la conjuración de 1839*, Buenos Aires, 1879.

Id., *La revolución del 39 en el sud de Buenos Aires* (1880), Buenos Aires, Hispamérica, 1988.

Carretero, Andrés, "Contribución al conocimiento de la propiedad rural en la provincia de Buenos Aires para 1830", en *Boletín del Instituto de Historia Argentina y Americana*, II, 13, 1970, pp. 146-192.

Id., *El pensamiento político de Rosas*, Buenos Aires, Platero, 1970.

Id., *La llegada de Rosas al poder*, Buenos Aires, Pannedille, 1971.

Castagnino, Raúl H., *El teatro en Buenos Aires durante la época de Rosas*, Buenos Aires, Ed. Nacional de Estudios del Teatro/Comisión Nacional de Cultura, 1944.

Castan, Yves, *Honnêteté et relations sociales en Languedoc, 1715-1780*, París, Plon, 1974.

Castellán, Ángel A., "Las ideas sociales de Juan A. García", en *Boletín de Sociología*, 3, Buenos Aires, 1944, pp. 155-178.

Castellano Sáenz Cavia, Rafael, "La abolición de la esclavitud en las Provincias Unidas del Río de la Plata (1810-1860)", en *Revista de Historia del Derecho*, 9, Buenos Aires, 1981, pp. 55-157.

Castelli, José Blas, *Mutualismo y mutualidades*, Buenos Aires, Intecoop, 1958.

Castoriadis, Cornelius, *L'Institution imaginaire de la société*, París, Seuil, 1975 [traducción castellana: *La institución imaginaria de la sociedad*, Barcelona, Tusquets, 1983 (t. 1) y 1989 (t. 2)].

CELESIA, Ernesto H., *Rosas, aporte para su historia*, Buenos Aires, Peuser, 1954.

CELESTINO, Olinda, y Alberto Meyers, *Las cofradías en el Perú: región central*, Francfort, Klaus, 1981.

Centre de Recherches d'Histoire Sociale de l'Université de Picardie, *Oisivité et loisir dans les sociétés occidentales au xixᵉ siècle*, colloque pluridisciplinaire, Amiens, 19 y 20 de noviembre de 1982, Abbeville, Imp. F. Paillart, 1983.

CÉSPEDES, Conrado, "La prensa en Mendoza. Sus primeros establecimientos tipográficos y primeros órganos de publicidad", en *Revista de la Junta de Estudios Históricos de Mendoza*, III, 9-10, 1936, pp. 13-34.

CÉSPEDES DEL CASTILLO, Guillermo, *Lima y Buenos Aires. Repercusiones económicas y políticas de la creación del Virreinato del Plata*, Sevilla, Escuela de Estudios Hispanoamericanos, 1947.

CHAMBOREDON, Jean-Claude, "Compte-rendu à l'ouvrage de Maurice Agulhon et Maryvonne Bodiguel: *Les Associations au village*", en *Annales esc*, 1, París, enero-febrero de 1984, pp. 52-58.

CHAPARRO, Félix, *José Roque Pérez, un héroe civil argentino*, Rosario, Multicarta, 1951.

CHARLES, Christophe, *Les Élites de la République, 1880-1900*, París, Fayard, 1987.

CHARTIER, Roger, *Lecture et lecteurs dans la France d'Ancien Régime*, París, Seuil, 1987 [traducción castellana: *Lecturas y lectores en la Francia del Antiguo Régimen*, México, Instituto Mora, 1994].

Id., *Les Origines culturelles de la Révolution Française*, París, Seuil, 1990 [traducción castellana: *Espacio público, crítica y desacralización en el siglo xviii. Los orígenes culturales de la Revolución Francesa*, Barcelona, Gedisa, 1995].

CHIARAMONTE, José Carlos, *Nacionalismo y liberalismo económico en la Argentina, 1860-1880*, Buenos Aires, Solar, 1971.

Id., "La cuestión regional en el proceso de gestación del estado nacional argentino. Algunos problemas de interpretación", en Marco Palacios (comp.), *La unidad nacional en América Latina. Del regionalismo a la nacionalidad*, México, El Colegio de México, 1983, pp. 51-85.

Id., "Organización del Estado y construcción del orden social: la política económica de la provincia de Corrientes hacia 1821-1840", en *Anuario de la Escuela de Historia*, Facultad de Humanidades y Artes de la Universidad Nacional de Rosario, segunda época, 11, Rosario, 1984-1985.

Id., "Legalidad constitucional o caudillismo: el problema del orden social en el surgimiento de los Estados autónomos del litoral argentino en la primera mitad del siglo XIX", en *Desarrollo Económico*, XXVI, 102, julio-septiembre de 1986, pp. 175-196.

Id., "Notas sobre la presencia italiana en el Litoral argentino en la primera mitad del siglo XIX", en Fernando Devoto (comp.), *L'Italia nella società argentina*, Roma, Centro Studi Emigrazione, 1988.

Id., "Formas de identidad en el Río de la Plata luego de 1810", en *bihaa- E. Ravignani*, tercera serie, 1, primer trimestre de 1989, pp. 71-92.

Id., "El federalismo argentino durante la primera mitad del siglo XIX", en Marcello Carmagnani (comp.), *Federalismos latinoamericanos: México, Brasil, Argentina*, México, El Colegio de México/Fondo de Cultura Económica, 1993, pp. 81-132.

CHOMBART DE LAUWE, Paul-Henry, et al., *Paris et l'agglomération parisienne*, París, 1952.

CIASULLO, Aldo, "Reseña histórica de la masonería uruguaya", en *Revista Gran Logia de la Masonería del Uruguay*, 2, abril de 1985.

CIBOTTI, Ema, "Mutualismo y política en un estudio de caso. La sociedad Unione e Benevolenza en Buenos Aires entre 1858 y 1865", en Fernando Devoto (comp.), *L'Italia nella società argentina*, Roma, Centro Studi Emigrazione, 1988, pp. 241-265.

Id., "Notas para el análisis del desarrollo político de Unione e Benevolenza entre 1858 y 1865. Historia de dos escisiones" (s.f.), trabajo inédito.

CIBOTTI, Ema, e Hilda Sabato, "Hacer política en Buenos Aires: los italianos en la escena pública porteña, 1860-1880", *en bihaa- E. Ravignani*, tercera serie, 2, primer semestre de 1990, pp. 7-46.

CICERCHIA, Ricardo, "Vida familiar y prácticas conyugales. Clases populares en una ciudad colonial, Buenos Aires, 1800-1810", en *bihaa- E. Ravignani*, tercera serie, 2, primer semestre de 1990, pp. 91-109.

CIGNOLI, Francisco, *Historia de la Asociación Farmacéutica y Bioquímica Argentina*, Buenos Aires, 1947.

Id., *Historia de la Farmacia Argentina*, Rosario, Librería Renz, 1953.

Id., "Mitre y la Asociación Farmacéutica Bonaerense", en *Investigaciones y Ensayos*, XI, Buenos Aires, Academia Nacional de la Historia, 1971, pp. 297-304.

CLAPS, Manuel, "Masones y liberales", en *Enciclopedia Uruguaya*, 27, 1969.

CLAVAL, Paul, *La Logique des villes. Essai d'urbanologie*, París, Litec, 1981.

Club del Progreso, *Datos históricos sobre su origen y desenvolvimiento. Apuntes coleccionados por la comisión directiva en este centro con motivo del 50º aniversario de su fundación*, Buenos Aires, 1902.

COCHIN, Augustin, *Les Sociétés de Pensée et la démocratie. Études d'histoire révolutionnaire* (1921), reedición con el título de *L'Esprit du jacobinisme*, París, PUF, 1979.

Id., *Les Sociétés de Pensée et la Révolution en Bretagne (1788-1789)*, 2 volúmenes, París, 1925.

Cofradía del Santísimo Rosario de Mayores, Buenos Aires, 1918.

COHEN, David, y Lack Greene (comps.), *Neither Slave nor Free: The Free Man of African Descent in the Slave Societies of the New World*, Baltimore, 1972.

COLLI, Néstor, *Rosas y el bloqueo anglo-francés*, Buenos Aires, Patria Grande, 1978.

Comando en Jefe del Ejército, en *Reseña histórica y orgánica del Ejército Argentino*, 2 volúmenes, Buenos Aires, Círculo Militar, 1971.

Comando General del Ejército, en *Política seguida con el aborigen*, 2 volúmenes, Buenos Aires, Círculo Militar, 1973-1974.

Comité Internacional de Ciencias Históricas, Comité Argentino, en *Historiografía argentina, 1958-1988. Una evaluación crítica de la producción histórica argentina*, Buenos Aires, 1990.

CONI, Emilio A., *La verdad sobre la enfiteusis de Rivadavia*, Buenos Aires, Imprenta de la Universidad, 1927.

"Conmemoración del Centenario", en *Revista del Instituto Histórico y Geográfico*, XVII, Montevideo, 1943.

CORBIN, Alain, Noëlle Gérôme y Danielle Tartakowsky (dirs.), *Les Usages politiques des fêtes au XIXᵉ-XXᵉ siècle*, París, Publications de la Sorbonne, 1994.

CORCUERA DE MANCERA, Sonia, *El fraile, el indio y el pulque. Evangelización y embriaguez en la Nueva España (1523-1548)*, México, Fondo de Cultura Económica, 1991.

CORREA LUNA, Carlos, *Historia de la Sociedad de Beneficencia*, 2 volúmenes, Buenos Aires, 1923-1925.

CORTAZAR, Augusto Raúl, *Poesía gauchesca argentina*, Buenos Aires, 1969.

CORVALÁN MENDILAHARSU, Dardo, *Apuntes sobre la vida universitaria e intelectual bajo la dominación de Rosas*, Buenos Aires, Ed. M. Gluza, 1929.

CRUZ ESPINOSA, Miguel de la, *Las confrerías de los negros de Lima*, Lima, 1985.

CUNEO, Nicolo, *Storia dell'emigrazione italiana in Argentina, 1810-1870*, Milán, Garganti, 1940.

CUTOLO, Vicente O., *Buenos Aires. Historia de las calles y sus nombres*, 2 volúmenes, Buenos Aires, Elche, 1988.

DELILLE, Gérard, *Famille et propriété dans le royaume de Naples (xv-xix)*, París, EHESS/École Française de Rome, 1985.

DESCIMON, Robert, y Jean Nagle, "L'espace parisien. Les quartiers de Paris du Moyen Âge au XVIIIE siècle. Évolution d'un espace plurifonctionnel", en *Annales* ESC, XXXIV, 5, septiembre-octubre de 1979, pp. 956-974.

DEVOTO, Fernando, "Las sociedades italianas de ayuda mutua en Buenos Aires y Santa Fe. Ideas y problemas", en *Studi Emigrazione*, XXI, 84, Roma, Centro Studi Emigrazione, septiembre de 1984, pp. 320-342.

Id., "Las cadenas migratorias italianas: algunas reflexiones a la luz del caso argentino", en *Estudios Migratorios Latinoamericanos*, 1988, pp. 103-122.

Id., "The origins of an Italian neighbourhood in Buenos Aires in the mid-XIX century", en *The Journal of European Economy History*, XVIII, 1, primavera de 1989.

Id., *Movimientos migratorios: historiografía y problemas*, Buenos Aires, Centro Editor de América Latina, 1992.

Id., "Idea de nación, inmigración y cuestión social en la historiografía académica y en los libros de texto en Argentina", en *Estudios Sociales*, 2-3, 1992, pp. 9-30.

DEVOTO, Fernando, y Eduardo Míguez, *Asociacionismo, trabajo e identidad étnica. Los italianos en América Latina en una perspectiva comparada*, Buenos Aires, CEMLA/CSER/IHES, 1992.

DÍAZ, Benito, *Juzgados de Paz de campaña de la provincia de Buenos Aires (1821-1854)*, La Plata, 1959.

DÍAZ, Rogelio, *Síntesis histórico-cronológica del periodismo en la provincia de San Juan, 1825-1937*, San Juan, Junta de Estudios Históricos de San Juan, 1937.

DÍAZ MOLANO, Elías, *Vida y obra de Pedro de Angelis*, Santa Fe, Colmegna, 1968.

DONOSO, Armando, *Bilbao y su tiempo*, Santiago de Chile, Zig-Zag, 1913.

DOVAL, Alicia, "Los hermanos Pincheira", en Comando General del Ejército, *Política seguida con el aborigen*, t. II, Buenos Aires, Círculo Militar, 1973-1974.

DUBY, Georges, "France rurale, France urbaine: confrontation", en *Histoire de la France urbaine*, t. I, *La Ville antique*, París, Seuil, 1980, pp. 1-35.

DUMONT, Louis, *Homo hierarchicus. Le système de castes et ses implications*, París, Gallimard, 1966 [traducción castellana: *Homo hierarchicus. Ensayo sobre el sistema de castas*, Madrid, Aguilar, 1970].

Id., *Essais sur l'individualisme. Une perspective anthropologique sur l'idéologie moderne*, París, Seuil, 1983 [traducción castellana: *Ensayos sobre el individualismo*, Madrid, Alianza, 1987].

DUOCASTELLA, Rogelio, *Cómo estudiar una parroquia*, prólogo del doctor Casimiro Morcello, Barcelona, Nova Terra, 1965.

DUPRAT, Catherine, *Le Temps des Philanthropes*, París, Éditions du Comité des Travaux historiques et scientifiques, 1993.

DURAND, Gilbert, *Les Structures anthropologiques de l'imaginaire* (1960), París, Bordas, 1984 [traducción castellana: *Las estructuras antropológicas de lo imaginario. Introducción a la arquetipología general*, Madrid, Taurus, 1982].

DURKHEIM, Émile, *De la division du travail social* (1893), París, PUF, 1967 [traducción castellana: *La división del trabajo social*, Madrid, Akal, 1982].

DUROSELLE, Jean Baptiste, *Les Débuts du catholicisme social en France jusqu'en 1870*, tesis para el doctorado en letras, París, PUF, 1951.

ECHAGÜE, Juan Pablo, "El periodismo", en Academia Nacional de la Historia, *Historia de la Nación Argentina. De los orígenes hasta la organización definitiva en 1862*, Buenos Aires, Academia Nacional de la Historia, 1939-1951, t. IV, segunda sección, pp. 59-69.

"El Centenario de la logia Excélsior", en *Símbolo*, IX, 36, Buenos Aires, 1954.

"El Diario", en *La Prensa Argentina*, número extraordinario, Buenos Aires, 1932.

ELIAS, Norbert, *La Civilisation des mœurs* (t. I de *Über den Prozess der Zivilisation*, primera edición de 1939), París, Calmann-Lévy, 1973 [traducción castellana: *El proceso de la civilización. Investigaciones sociogenéticas y psicogenéticas*, Buenos Aires, Fondo de Cultura Económica, 1993].

Id., *La Société de cour* (1969), París, Calmann-Lévy, 1974 [traducción castellana: *La sociedad cortesana*, México, Fondo de Cultura Económica, 1982].

"Estudios sobre el mundo rural", en *Anuario del IEHS*, 2, Tandil, Universidad Nacional del Centro de la Provincia de Buenos Aires, 1987, pp. 23-70.

Evolución institucional del municipio de la ciudad de Buenos Aires, Buenos Aires, Ediciones del Concejo Deliberante, 1963.

FALCÓN, Ricardo, *L'Immigration, les travailleurs et le mouvement ouvrier en Argentine: 1870-1912*, tesis de doctorado de III ciclo, París, École des Hautes Études en Sciences Sociales, 1985.

FARGE, Arlette, *Dire et mal dire. L'opinion publique au xviiie siècle*, París, Seuil, 1992.

FERNÁNDEZ, Juan Rómulo, *Historia del periodismo argentino*, Buenos Aires, Librería Perlado, 1943.

FERNÁNDEZ BURZACO, Hugo, "La venerable Orden Tercera de Santo Domingo en Buenos Aires", en *Revista Historia*, 31, pp. 121-144.

FERNÁNDEZ CABRELLI, Alfonso, *Masonería y sociedades secretas en las luchas emancipadoras de la patria grande*, La Paz, América Una, 1975.

Id., *Masonería, morenismo, artiguismo: presencia e influencia de la francmasonería en los movimientos independentistas del Río de la Plata*, Montevideo, América Una, 1982.

Id., *Presencia masónica en la Cisplatina*, Montevideo, América Una, 1986.

FERNÁNDEZ Y MEDINA, Benjamín, *La imprenta y la prensa en el Uruguay, 1807-1900*, Montevideo, Imprenta Artística, 1900.

Ferrer Benimeli, José A., *Masonería española contemporánea*, 2 volúmenes, Madrid, Siglo XXI, 1980.

Id., "Bolívar y la masonería" en *Revista de Indias*, XLIII, 172, Sevilla, julio-diciembre de 1983.

Fitte, Ernesto, "La revolución de los restauradores", en *Investigaciones y Ensayos*, 23, Buenos Aires, Academia Nacional de la Historia, julio-diciembre de 1977, pp. 199-222.

Forsé, Michel, "Les réseaux de sociabilité dans un village", en *Population*, XXXVI, 2, 1981, pp. 1141-1162.

Id., "La Sociabilité", en *Économie et Statistiques*, 132, 1981, pp. 39-48.

Forum et Plaza Mayor dans le monde hispanique, Publicaciones de la Casa de Velázquez, serie "Recherches en Sciences Sociales", fasc. IV, París, E. de Boccard, 1978.

Fradkin, Raúl, Juan Carlos Garavaglia, Jorge Gelman y Pilar González Bernaldo, "Continuidades y rupturas en la primera mitad del siglo XIX en el Río de la Plata (mundo rural, Estado, cultura)", en *Anuario iehs*, 12, Tandil, Universidad Nacional del Centro de la Provincia de Buenos Aires, 1997.

François, Étienne (dir.), *Sociabilité et société bourgeoise en France, en Allemagne et en Suisse (1750-1850)*, París, Ed. Recherches sur les Civilisations, 1986.

François, Étienne, y Rolf Richardt, "Les formes de sociabilité en France", en *Revue d'histoire moderne et contemporaine*, XXXIV, julio-septiembre de 1987, pp. 453-472.

Frizzi de Longoni, Haydée, *Las sociedades literarias y el periodismo, 1800-1852*, prólogo de Carlos Ibarguren, Buenos Aires, Asociación Interamericana de Escritores, 1946.

Furet, François, *Penser la Révolution Française*, París, Gallimard, 1978 [traducción castellana: *Pensar la Revolución Francesa*, Barcelona, Petrel, 1980].

Galván Moreno, Carlos, *El periodismo argentino*, Buenos Aires, Claridad, 1944.

Gálvez, Jaime, *Rosas y la libre navegación de los ríos*, Buenos Aires, Instituto de Investigaciones Históricas Juan Manuel de Rosas, 1944.

Garavaglia, Juan Carlos, "El Río de la Plata en sus relaciones atlánticas: una balanza comercial (1779-1784)", en *Moneda y Crédito*, 141, 1977, pp. 75-101.

Id., *Mercado interno y economía colonial*, México, Grijalbo, 1983.

Garavaglia, Juan Carlos, y José Luis Moreno (comps.), *Población, sociedad, familia y migraciones en el espacio rioplatense, siglos xviii y xix*, Buenos Aires, Cántaro, 1993.

García Belsunce, César A. (dir.), *Buenos Aires. Su gente, 1800-1830*, 2 volúmenes, Buenos Aires, Emecé, 1976-1977.

García Martínez, J. A., *Orígenes de nuestra crítica de arte. Sarmiento y la pintura*, Buenos Aires, Ediciones Culturales Argentinas, 1963.

Gasnault, François, *Guinguettes et lorettes. Bals publics à Paris au xixe siècle*, París, Aubier, 1986.

Gauchet, Marcel, *La Révolution des pouvoirs. La souveraineté, le peuple et la représentation, 1789-1799*, París, Gallimard, 1995.

Gaudemet, Ives Henri, *Les Juristes et la vie politique de la IIIème République*, París, PUF, 1970.

Gelman, Jorge, *Économie et administration locale dans le Rio de la Plata du xviie siècle*, tesis de doctorado de tercer ciclo, París, EHESS, 1983.

Id., "El gran comerciante y el sentido de la circulación monetaria en el Río de la Plata colonial tardío", en *Revista de historia económica*, V, 3 (otoño de 1987), pp. 485-508.

Id., "Venta al contado, venta a crédito y crédito monetario en América colonial: acerca de un gran comerciante del Virreinato del Río de la Plata", en *Jahrbuch für Geschichte von Staat, Wirtschaft und Gesellschaft Lateinamerikas*, 27, 1990, pp. 101-126.

Id., *De mercachifle a gran comerciante: los caminos del ascenso en el Río de la Plata*, Universidad Internacional de Andalucía, 1996.

GEMELLI, Giuliana, y Maria Malatesta, *Forme di sociabilità nella storiografia francese contemporanea*, Milán, 1982.

GENTA, Jordán, *Sarmiento y la masonería*, Buenos Aires, 1949.

Id., *La masonería en la Argentina*, Buenos Aires, 1949 y 1951.

Id., *La masonería y el comunismo en la revolución del 16 de septiembre*, Buenos Aires, 1956.

Id., *La masonería argentina en la historia argentina. A propósito del centenario de la muerte del General San Martín (1850-1950)*, Buenos Aires, 1949.

GESUALDO, Vicente, *Historia de la música en la Argentina*, 3 volúmenes, Buenos Aires, Beta, 1961.

Id., "Los salones de vistas ópticas. Antepasados del cine en Buenos Aires y el interior", en *Todo es Historia*, 248, 1988, pp. 70-80.

GIRARDET, Raoul, *Mythes et mythologies politiques*, París, Seuil, 1986 [traducción castellana: *Mitos y mitologías políticas*, Buenos Aires, Nueva Visión, 1999].

GIUSTI, Juan Carlos, "Los cafés", en *Lugares y modos de diversión*, Buenos Aires, Centro Editor de América Latina, 1985, col. "Cuadernos de Historia Popular Argentina", pp. 1-20.

GODELIER, Maurice, "La part idéelle du réel. Essai sur l'idéologie", en *L'Homme*, XVIII, 3-4, julio-diciembre de 1978, pp. 155-187.

GOLDBERG, Marta, "Población negra y mulata de la ciudad de Buenos Aires, 1810-1840", en *Desarrollo Económico*, XVI, 61, 1976, pp. 75-99.

GOLDMAN, Noemí, y Pilar González Bernaldo, "Treinta años de historiografía política argentina", en Comité Internacional de Ciencias Históricas, Comité Argentino, *Historiografía argentina, 1958-1988. Una evaluación crítica de la producción histórica argentina*, Buenos Aires, 1990, pp. 293-302.

GONZÁLEZ, Julio C., *La proyectada modificación de la Real Audiencia en 1812*, Buenos Aires, 1942.

GONZÁLEZ, Julio V., *Filiación histórica del gobierno representativo argentino*, 2 volúmenes, Buenos Aires, 1937.

GONZÁLEZ ARZAC, Alberto, *Abolición de la esclavitud en el Río de la Plata*, Buenos Aires, 1974.

GONZÁLEZ BERNALDO, Pilar, "El levantamiento de 1829: el imaginario social y sus implicaciones políticas en un conflicto rural", en *Anuario del iehs*, 2, Tandil, Universidad Nacional del Centro de la Provincia de Buenos Aires, 1987, pp. 137-176.

Id., "Producción de una nueva legitimidad: ejército y sociedades patrióticas en Buenos Aires entre 1810 y 1813", en *Cahiers des Amériques Latines*, 10, 1990, pp. 177-195.

Id., "La Revolución Francesa y la emergencia de nuevas prácticas de la política: la irrupción de la sociabilidad política en el Río de la Plata revolucionario (1810-1815)", en Ricardo Krebs y Cristián Gazmuri, *La Revolución Francesa y Chile*, Santiago de Chile, Editorial Universitaria, 1990, pp. 111-135.

Id., "Masonería y Revolución de Independencia en el Río de la Plata: 130 años de historiografía", en José A. Ferrer Benimeli (coord.), *Masonería, revolución y reacción*, t. II, Alicante, 1990, pp. 1035-1054.

Id., "Pedagogía societaria y aprendizaje de la nación en el Río de la Plata, 1820-1862", en Antonio Annino *et al.*, *De los Imperios a las Naciones: Iberoamérica*, Zaragoza, Ibercaja, 1994.

GOODMAN, Dena, "Public sphere and private life: toward a synthesis of current historiographical approaches to the Old Regime", en *History and Theory*, XXXI, 1, 1992, pp. 1-20.

GORDON, Daniel, *Citizens without Sovereignty. Equality and Sociability in French Thought, 1670-1789*, Princeton, Princeton University Press, 1994.

GOROSTEGUI DE TORRES, Haydée, *La organización nacional*, Buenos Aires, Paidós, 1972, col. "Historia Argentina".

GREENOW, Linda, "Microgeographical analysis as an index to family structure and networks", en *Journal of Family History*, X, 3, 1985, pp. 272-283.

GRENIER, Philippe, "Structure et organisation de l'espace argentin", *en Mappemonde*, "Amérique Latine", 88-4, pp. 36-46.

GRIBAULDI, Maurizio, "A proposito di linguistica e storia", en *Quaderni Storici*, 46, 1981.

Id., *Itinéraires ouvriers: espaces et groupes sociaux à Turin au début du XXe siècle*, París, Éditions de l'École des Hautes Études en Sciences Sociales, 1987.

GRUZINSKI, Serge, *La Colonisation de l'imaginaire. Sociétés indigènes et occidentalisation dans le Mexique espagnol, XVI-XVIIIe siècle*, París, Gallimard, 1988 [traducción castellana: *La colonización de lo imaginario. Sociedades indígenas y occidentalización en el México español, siglos XVI-XVIII*, México, Fondo de Cultura Económica, 1991].

Id., *La Guerre des images. De Christophe Colomb à "Blade Runner" (1492-2019)*, París, Fayard, 1990 [traducción castellana: *La guerra de las imágenes. De Cristóbal Colón a Blade Runner (1492-2019)*, México, Fondo de Cultura Económica, 1994].

GUERRA, François-X., *Le Mexique. De l'Ancien Régime à la Révolution*, 2 volúmenes, París, L'Harmattan, 1985 [traducción castellana: *México. Del Antiguo Régimen a la Revolución*, México, Fondo de Cultura Económica, 1988].

Id., "Lugares, formas y ritmos de la política moderna", en *Boletín de la Academia Nacional de la Historia*, Caracas, XXXI, 284, octubre-diciembre de 1988, pp. 2-18.

Id., "Le peuple souverain: fondements et logique d'une fiction (pays hispaniques au XIXème siècle)", en *L'Avenir de la démocratie en Amérique Latine*, Toulouse, CNRS, 1988.

Id., "Révolution Française et révolutions hispaniques: filiation et parcours", en *Problèmes d'Amérique Latina. Notes et études documentaires*, 94, París, La Documentation Française, 1989, pp. 3-26.

Id., "Les avatars de la représentation en Amérique hispanique au XIXème siècle", en *Reinventer la démocratie: le défi latino-américain*, París, Presse de la Fondation Nationale des Sciences Politiques, 1992, pp. 49-84.

Id., *Modernidad e independencias. Ensayos sobre las revoluciones hispánicas*, Madrid, Mapfre, 1992.

GUTTON, Jean-Pierre, *La Sociabilité villageoise dans l'ancienne France*, París, Hachette, 1979.

HABERMAS, Jürgen, *L'Espace public. Archéologie de la publicité comme dimension constitutive de la société bourgeoise*, París, Payot, 1978.

Id., *Écrits politiques*, París, Cerf, 1990 [traducción castellana: *Ensayos políticos*, Barcelona, Península, 1988].

HALÉVI, Ran, *Les Loges maçonniques dans la France d'Ancien Régime. Aux origines de la sociabilité démocratique*, París, Armand Colin, 1984.

HALPERÍN DONGHI, Tulio, *El pensamiento de Echeverría*, Buenos Aires, Sudamericana, 1951.

Id., *Historia de la Universidad de Buenos Aires*, Buenos Aires, Eudeba, 1962.

Id., "El surgimiento de los caudillos en el cuadro de la sociedad rioplatense posrevolucionaria", en *Estudios de Historia Social*, I, 1, Buenos Aires, Facultad de Filosofía y Letras, 1965, pp. 121-149.

Id., *Revisionismo histórico argentino*, Buenos Aires, Siglo XXI, 1970.

Id., *Revolución y guerra. La formación de la elite dirigente en la Argentina criolla*, Buenos Aires, Siglo XXI, 1972.

Id., *De la revolución de independencia a la confederación rosista*, Buenos Aires, Paidós, 1972, col. "Historia Argentina".

Id., "La expansión ganadera de la frontera de Buenos Aires, 1820-1852", en Marcos Giménez Zapiola (comp.), *El régimen oligárquico. Materiales para el estudio de la realidad argentina (hasta 1930)*, Buenos Aires, Amorrortu, 1975.

Id., *Proyecto y construcción de una nación argentina, 1846-1880*, Caracas, Biblioteca Ayacucho, 1979.

Id., *Guerra y finanzas en los orígenes del Estado argentino (1791-1850)*, Buenos Aires, Editorial de Belgrano, 1982.

Id., *Reforma y disolución de los imperios ibéricos, 1750-1850*, Madrid, Alianza, 1985, col. "Historia de América Latina".

Id., "El letrado colonial como intelectual revolucionario", en *Anuario*, segunda época, 11, Rosario, Facultad de Humanidades y Artes de la Universidad Nacional de Rosario, 1985, pp. 85-101.

Id., "Un cuarto de siglo de historiografía argentina (1960-1985)", en *Desarrollo Económico*, XXV, 100, enero-marzo de 1986.

Id., "Intelectuales, sociedad y vida pública en Hispanoamérica a través de la literatura autobiográfica", en *El espejo de la historia*, Buenos Aires, Sudamericana, 1987, pp. 43-63.

HARDOY, Jorge E., "La cartografía en América Latina durante el período colonial. Un análisis de fuentes", en *Ensayos histórico-sociales sobre la urbanización en América Latina*, Buenos Aires, Sociedad Interamericana de Planificación/Comisión de Desarrollo Urbano y Regional de CLACSO, 1978, pp. 19-58.

Id., "Las formas de la ciudad colonial", en *Estudios sobre la ciudad iberoamericana*, Madrid, CSIC/Instituto Gonzalo Fernández de Oviedo, 1983, pp. 319-322.

HÉBRARD, Véronique, *Le Venezuela indépendant. Une nation par le discours, 1808-1830*, París, L'Harmattan, 1996.

HERAS, Carlos, "Antecedentes sobre la instalación del régimen municipal en la provincia de Buenos Aires", en *Trabajos y Comunicaciones*, 1, La Plata, Universidad Nacional de La Plata, 1949, pp. 75-107.

Id., "Nuevos antecedentes sobre la instalación del régimen municipal en Buenos Aires", en *Trabajos y Comunicaciones*, 3, La Plata, Universidad Nacional de La Plata.

HERNANDO, Diana, *Casa y Familia. Spatial Biography in 19th Century Buenos Aires*, tesis del doctorado en filosofía, Los Angeles, Universidad de California, 1973.
Histoire et imaginaire, obra colectiva, París, Poiesis, 1986 (distribución Payot).
HOBERMAN, Louisa Schell, y Susan Socolow, *Cities and Society in Colonial Latin America*, Albuquerque, University of New Mexico Press, 1988.
HOBSBAWM, Eric J., *Rebeldes primitivos*, Barcelona, Ariel, 1968.
Id., *Bandidos* (1969), Barcelona, Ariel, 1976.
Id., *Nations and nationalism since 1780. Programme, Myth, Reality*, Cambridge, Cambridge University Press, 1990 [traducción castellana: *Naciones y nacionalismo desde 1780*, Barcelona, Crítica, 1992].
HORAS, Alberto Plácido, *Esteban Echeverría y la filosofía política de la generación de 1837*, San Luis, Universidad Nacional de Cuyo, 1950.
HORKHEIMER, Max, *Crítica de la razón instrumental*, Buenos Aires, Sur, 1969.
HUART, Raymond, *Le mouvement républicain en Bas-Languedoc, 1848-1881*, París, Presse de la Fondation Nationale de Sciences Politiques, 1982.
HURCADE, Luis, "Misión de la masonería argentina en la organización nacional", en *Símbolo*, I, 1, julio de 1946, pp. 18-27.
IBARGUREN, Carlos, "Las primeras sociedades político-literarias argentinas", en II *Congreso Internacional de Historia de América*, Buenos Aires, julio de 1937.
Id., *Las sociedades literarias y la Revolución Argentina (1800-1825)*, Buenos Aires, Espasa-Calpe, 1937.
Informatique et prosopographie, mesa redonda realizada en el CNRS, París, 1984; París, Éditions du CNRS, 1985.
INGENIEROS, José, *La evolución de las ideas argentinas* (1918-1920), Buenos Aires, Futuro, 1961.
IÑIGO CARRERAS, Héctor José, "El Club del Progreso, de Caseros a la *Belle Époque*", en *Todo es Historia*, 57, enero de 1972.
JESUALDO, Artigas, "La Escuela Lancasteriana. Ensayo histórico-pedagógico de la escuela uruguaya durante la dominación luso-brasilera (1817-1825), en especial del método Lancaster, acompañado de un apéndice documental", en *Revista Histórica*, t. XX, año XLVII, 58-60, Montevideo, 1954.
JITRIK, Noé, *Esteban Echeverría*, Buenos Aires, Centro Editor de América Latina, 1967.
JOHNSON, Lyman, *The Artisans of Buenos Aires during the Viceroyalty, 1776-1810*, tesis del doctorado en filosofía, University of Connecticut, 1974.
Id., "La manumisión en el Buenos Aires colonial: un análisis ampliado", en *Desarrollo Económico*, 17, enero-marzo de 1978, pp. 333-348.
Id., "The entrepreneurial reorganization of an artisan trade: the bakers of Buenos Aires, 1770-1820", *The Americas*, octubre de 1980, pp. 139-160.
Id., "The racial limits of guild solidarity: an example from colonial Buenos Aires", en *Revista de Historia de América*, 99, enero-junio de 1985, pp. 7-26.
Id., "The silversmiths of Buenos Aires: a case study in the failure of corporate social organization", en JLAS, VIII, 2, noviembre de 1976, pp. 181-313.
Id., "The impact of racial discrimination on black artisans in colonial Buenos Aires", en *Social History*, VI, 2, octubre de 1981, pp. 301-316.

Id., "Francisco Baquero: shoemaker and organizer", en David G. Sweet y Gary B. Nash (comps.), *Struggle and Survival in Colonial America*, Berkeley, University of California Press, 1981.

Johnson, Lyman, y Susan Socolow, "Población y espacio en el Buenos Aires del siglo XVIII", en *Desarrollo Económico*, xx, 79, octubre-diciembre de 1980, pp. 329-349.

Kantorowicz, Ernst, *The King's Two Bodies. A Study in Medieval Political Theology*, Princeton, Princeton University Press, 1957 [traducción castellana: *Los dos cuerpos del rey*, Madrid, Alianza, 1985].

Kapferer, Jean-Noël, *Rumeurs, le plus vieux media du monde*, París, Seuil, 1987 [traducción castellana: *Rumores: el medio de difusión más antiguo del mundo*, Barcelona, Plaza y Janés, 1989].

Kinsbruner, Jay, *Petty Capitalism in Spanish America. The Pulperos of Puebla, Mexico City, Caracas and Buenos Aires*, Boulder (Colorado), Westview Press, 1987, Dellplain Latin American Studies núm. 21.

Kusnesof, Elizabeth, "The history of family in Latin America: a critique of recent work", en *larr*, xxiv, 2, 1989.

La arquitectura en Buenos Aires (1850-1880), Buenos Aires, Instituto de Arte Americano, Facultad de Arquitectura y Urbanismo, 1965.

Langle, Henry-Melchor de, *Le Petit monde des cafés et débit parisiens au xixe siècle*, París, puf, 1990.

Lanuza, José Luis, *Morenada. Una historia de la raza africana en el Río de la Plata*, Buenos Aires, Schapire, 1967.

Lappas, Alcibíades, *La masonería argentina a través de sus hombres* (1958), Buenos Aires, edición del autor, 1966.

Id., "La logia 'Constante Unión' de la ciudad de Corrientes", en *Revista de la Junta de Historia de Corrientes*, 5, 1970.

Id., *La masonería en la ocupación del desierto*, Buenos Aires, Instituto Histórico de la Organización Nacional, 1981.

Lazcano, Martín, *Las sociedades secretas, políticas y masónicas en Buenos Aires*, 2 volúmenes, Buenos Aires, El Ateneo, 1927.

Le Goff, Jacques, *L'Imaginaire médiéval*, París, Gallimard, 1985.

Lemieux, Vincent, *Réseaux et appareils. Logique des systèmes et langage des graphes*, Quebec, Edisem, 1982.

Lepetit, Bernard, *Les Villes dans la France moderne (1740-1840)*, París, Albin Michel, 1988.

Levaggi, Abelardo, *Manual de historia del derecho argentino*, t, ii, Buenos Aires, Dellepiane, 1987.

Levene, Ricardo, *Los orígenes de la democracia en Argentina*, Buenos Aires, 1911.

Id., "Los gremios en la época colonial", en *Anales de la Facultad de Derecho de Buenos Aires*, ii, tercera serie, 1916.

Id., "El Instituto de Sociología de la Facultad de Filosofía y Letras", en *Boletín del Instituto de Sociología*, 1, Buenos Aires, 1942, pp. 3-8.

Id., *Los estudios históricos de la juventud de Mitre*, Buenos Aires, Emecé, 1946.

Lugares y modos de diversión, Buenos Aires, Centro Editor de América Latina, 1985, col. "Cuadernos de Historia Popular Argentina".

Lynch, John, *Las revoluciones hispanoamericanas, 1808-1826* (1976), Barcelona, Ariel, 1983.
Id., *Juan Manuel de Rosas, 1829-1852* (1981), Buenos Aires, Emecé, 1984.
Id., "Los caudillos como agentes del orden social: Venezuela y Argentina, 1820-1850", en Antonio Annino *et al.*, *America Latina: dallo Stato coloniale allo Stato nazione (1750-1950)*, 2 volúmenes, Milán, Franco Angeli, 1987.
MacDonald, John, y Leatrice MacDonald, "Chain migration, ethnic neighborhood formation, and social networks", en *Milbank Memorial Fund Quarterly*, xii, 42, 1964, pp. 82-95.
Macfarlane, Alan, "History, anthropology and the study of community", *en Social History*, 5, mayo de 1977.
Maeder, Ernesto J. A., *Evolución demográfica argentina desde 1810 a 1869*, Buenos Aires, Eudeba, 1969.
Maguire, Patricio José, *La masonería y la emancipación del Río de la Plata*, Buenos Aires, Imprenta de la Universidad, 1969.
Id., "La masonería como instrumento en la lucha de influencias durante el período de la independencia y organización de los países hispanoamericanos", en *bihaa- E. Ravignani*, segunda serie, xiii, 22-23, 1970.
Mandrini, Raúl, "La sociedad indígena de las pampas en el siglo xix", en Mirta Lischetti (comp.), *Antropología*, Buenos Aires, Eudeba, 1985.
Id., "Notas sobre el desarrollo de la economía pastoril entre los indígenas del suroeste bonaerense (fines del siglo xviii y comienzos del siglo xix)", en *VIII Jornadas de Historia Económica*, Tandil, 1986.
Id., "Desarrollo de una sociedad indígena pastoril en el área interserrana bonaerense", en *Anuario iehs*, 2, Tandil, Universidad del Centro de la Provincia de Buenos Aires, 1987, pp. 71-98.
Mantila, M., *Bibliografía periodística de la provincia de Corrientes*, Buenos Aires, Imprenta y Librería de Mayo, 1887.
Marenales Rossi, Martha, y Guy Bourdé, "L'immigration française et le peuplement de l'Uruguay, 1830-1860", en *Cahiers des Amériques Latines*, 16, 1977, pp. 7-21.
Mariluz Urquijo, José M., *La industria sombrerera anterior a 1810*, La Plata, Instituto de la Producción de la Facultad de Ciencias Económicas de la Universidad de La Plata, 1962.
Id., "La mano de obra en la industria porteña, 1810-1835", en *Boletín de la Academia Nacional de la Historia*, 32, 1962, pp. 583-622.
Id., "Las sociedades anónimas en Buenos Aires antes del Código de Comercio", en *Revista del Instituto de Historia del Derecho*, 16, 1965.
Id., "La comercialización de la producción sombrerera porteña (1810-1835)", en *Investigaciones y Ensayos*, 5, 1968, pp. 103-129.
Id., *Estado e industria, 1810-1860*, Buenos Aires, Macchi, 1969.
Id., "Notas sobre la evolución de las sociedades comerciales en el Río de la Plata", en *Revista del Instituto de Historia del Derecho*, 22, 1971.
Marín, María H., Alberto de Paula y Ramón Gutiérrez, *Los ingenieros militares y sus precursores en el desarrollo argentino (hasta 1930)*, Buenos Aires, 1976.
Márquez Miranda, Fernando, *Ensayo sobre los artífices en la platería en el Buenos Aires colonial*, Buenos Aires, 1933.

Mayer, Jorge, *Alberdi y su tiempo*, Buenos Aires, Eudeba, 1963.

Mayo, Carlos, "Aspectos de un período crítico en la historia de la masonería argentina (1902-1906)", en *Investigaciones y Ensayos*, 18, 1975.

Id., *La masonería en crisis*, Buenos Aires, Centro Editor de América Latina, 1988.

Meister, Albert, *Vers une sociologie des associations*, París, Les Éditions Ouvrières, 1972 [traducción castellana: *Participación social y cambio social. Materiales para una sociología del asociacionismo*, Caracas, Monte Ávila, 1972].

Id., *La Participation dans les associations*, París, Les Éditions Ouvrières, 1974.

Mendras, Henri, "Éléments de problematique pour l'étude de la sociabilité", en *Archives de l'Observation du changement social*, i, París, cnrs, 1978.

Meyer Arana, A., *La caridad en Buenos Aires*, Buenos Aires, Comisión Nacional del Centenario, 1911.

Id., *Rosas y la Sociedad de Beneficencia*, Buenos Aires, 1923.

Meyers, Albert, y Elizabeth Hopkins, prefacio a *Manipulating the Saints: Religious Brotherhoods and Social Integration in Post-Conquest Latin America*, Hamburgo, 1988.

Michels, Robert, *Les Partis politiques* (1911), París, Flammarion, 1971 [traducción castellana: *Los partidos políticos, un estudio sociológico de las tendencias oligárquicas de la democracia moderna*, 2 volúmenes, Buenos Aires, Amorrortu, 1972].

Mignanego, Alberto Armando, "La elección de marzo de 1856 en Buenos Aires", en *Boletín de la Universidad Nacional de La Plata*, xix, 6, 1935, pp. 123-142.

Id., *El segundo gobernador constitucional de Buenos Aires y el proceso electoral de 1856-1857*, Buenos Aires, 1938.

Mitchell, Clyde (comp.), *Social Networks in Urban Situation*, Manchester, Manchester University Press, 1969.

Mola, Aldo Alessandro, "Orientaciones actuales de los estudios de la historia de la masonería en Italia", en José A. Ferrer Benimeli (coord.), *La masonería en la historia de España del siglo xix*, 2 volúmenes, Valladolid, Consejería de Educación y Cultura, 1987, pp. 411-427.

Mörner, Magnus, *La mezcla de razas en la historia de América* (1967), Buenos Aires, Paidós, 1969.

Morse, Richard, *Las ciudades latinoamericanas*, t. ii, México, Sep. Setentas, 1973, capítulo 2, "Argentina", pp. 59-79.

Id., "The city-idea in Argentina, a study in evanescence", en *Revista de História de São Pablo*, lii, 104, año xxvi, 1975, pp. 783-802.

Id., "La cultura política iberoamericana. De Sarmiento a Mariátegui", en *De historia e historiadores. Homenaje a José Luis Romero*, México, Siglo xxi, 1982, pp. 225-257.

Moutoukias, Zacarías, "Power, corruption, and commerce: the making of the local administrative structure in seventeenth-century Buenos Aires", en *hahr*, lxviii, 4, noviembre de 1988.

Id., *Contrabando y control colonial. Buenos Aires entre el Atlántico y el espacio peruano en el siglo xvii*, Buenos Aires, Centro Editor de América Latina, 1989.

Id., "Réseaux personnels et autorité coloniale: les négociants de Buenos Aires au xviiième siècle", en *Annales esc*, 4-5, julio-octubre de 1992, pp. 889-915.

Moya, José Carlos, *Spaniards in Buenos Aires: Patterns of Immigration and Adaptation, 1852-1930*, tesis del doctorado en filosofía, 1988.

Myers, Jorge, "Una genealogía para el parricidio: Juan María Gutiérrez y la construcción de una tradición literaria", en *Entrepasados*, III, 4-5, 1993, pp. 65-88.

Id., *Orden y virtud. El discurso republicano en el régimen rosista*, Quilmes, Universidad Nacional de Quilmes, 1995.

Navarro Viola, Jorge, *El Club de Residentes Extranjeros (1841-1941)*, Buenos Aires, Imprenta Coni, 1941.

Newland, Carlos, "El experimento lancasteriano en Buenos Aires", en *Todo es Historia*, 244, octubre de 1987.

Id., "La educación primaria privada bajo el gobierno de Rosas, 1835-1852", en *La Nación*, 4 de diciembre de 1988, sección IV, pp. 1-2, y 11 de diciembre de 1988, sección IV, pp. 1-2.

Id., "La educación elemental en Hispanoamérica: desde la independencia hasta la centralización de los sistemas educativos nacionales", en *hahr*, 71-2, 1991, pp. 335-364.

Id., *Buenos Aires no es pampa: la educación elemental porteña, 1820-1860*, Buenos Aires, Grupo Editor Latinoamericano, 1992.

Nicolet, Claude, "Prosopographie et histoire sociale: Rome et l'Italie à l'époque républicaine", en *Annales esc*, 5, septiembre-octubre de 1970, pp. 1209-1228.

Id., *L'Idée républicaine en France. Essai d'histoire critique*, París, Gallimard, 1982.

Noboa Zumárraga, Horacio, *Las sociedades porteñas y su acción revolucionaria, 1800-1837*, Buenos Aires, 1939.

Nora, Pierre (dir.), *Les Lieux de mémoire. La République*, París, Gallimard, 1984.

Id., *Les Lieux de mémoire. La Nation*, París, Gallimard, 1986.

Núñez, Benjamín, *Dictionary of Afro-Latin American Civilization*, Westport, Greenwood Press, 1980.

Ortega, Ezequiel, *¿Quiera el pueblo votar? Historia electoral argentina desde la Revolución de Mayo a la ley Sáenz Peña, 1810-1912*, Bahía Blanca, U. M. Giner Editor, 1963.

Ostrogorski, Moisei, *La Démocratie et les partis politiques*, París, Calmann-Lévy, 1912.

Oszlak, Oscar, *La formación del Estado argentino*, Buenos Aires, Editorial de Belgrano, 1985.

Ozouf, Mona, *L'Homme régénéré. Essais sur la Révolution Française*, París, Gallimard, 1989.

Palcos, Alberto, *Sarmiento, la vida, la obra, las ideas, el genio*, Bs. Aires, El Ateneo, 1936.

Id., *Historia de Echeverría*, Buenos Aires, Emecé, 1960.

Palomar, Francisco, *Primeros salones de arte en Buenos Aires*, Buenos Aires, Cuadernos de la Ciudad de Buenos Aires núm. 27, 1972.

Panilla, Norberto, *La polémica del romanticismo en 1842: Vicente F. López, D. F. Sarmiento, S. Sanfuente*, Santiago de Chile, Editorial América, 1943.

Paradeise, Catherine, "Sociabilité et culture de classe", en *Revue Française de Sociologie*, XXI, 4, octubre-diciembre de 1980, pp. 571-597.

Parent-Lardeur, Françoise, *Les Cabinets de lecture. La lecture publique à Paris sous la Restauration*, París, Payot, 1982.

Patlagean, Evelyn, "L'imaginaire", en Jacques Le Goff, Roger Chartier y Jacques Revel (dirs.), *La Nouvelle histoire*, París, Retz, 1978, pp. 249-269, col. "Les Enciclopédies du Savoir Moderne" [traducción castellana: *La nueva historia*, Bilbao, Mensajero, 1988].

Paula, Alberto S. J. de, "La autoría del frontis de la catedral de Buenos Aires", *Anales del Instituto de Arte Americano e Investigaciones Estéticas*, 24, Buenos Aires, 1971, pp. 93-97.

Payró, Julio E., *Prilidiano Pueyrredón, Joseph Dubourdieu. La Pirámide de Mayo y la Catedral de Buenos Aires*, Buenos Aires, Facultad de Filosofía y Letras, Biblioteca de Historia del Arte, 1972, serie argentina núm. 5.

Peitschman, Hors, "Burocracia y corrupción en la Hispanoamérica colonial: una aproximación tentativa", *en Nova América*, 5, 1985.

Peña, Enrique, *Estudio periodístico y revistas existentes en la Biblioteca Enrique Peña*, Buenos Aires, Amorrortu, 1935.

Pereyra, Carlos, *Rosas y Thiers, la diplomacia europea en el Río de la Plata (1838-1850)*, Madrid, Editorial América, 1919.

Pereyra, Horacio, *Competencia entre puertos. Buenos Aires, Montevideo y la ley de aduanas de 1835*, Buenos Aires, Macchi, 1984.

Pérez Baltazar, Dolores, *Buenos Aires, un ejemplo de urbanismo ilustrado*, tesis doctoral, Madrid, Facultad de Geografía e Historia, Universidad Complutense de Madrid, 1981.

Pérez Fontana, Daoiz V., *La Masonería y los Masones en la organización de la República. Apuntes para la historia*, Montevideo, s.f. (ejemplar mecanografiado, inédito).

Petrecca, Francisco, *El cancionero histórico popular argentino. Un approche méthodologique*, tesis de doctorado de tercer ciclo, París, Université de Paris III, 1982.

Piccirilli, Ricardo, *Rivadavia y su tiempo*, dos volúmenes, Buenos Aires, Peuser, 1943.

Id., "Rivadavia y las reformas culturales", en *Boletín de la Academia Nacional de la Historia*, Buenos Aires, XIX, 1946, pp. 209-228.

Id., *Los López. Una dinastía intelectual. Ensayo histórico-literario, 1810-1852*, Buenos Aires, Eudeba, 1972.

Piñedo, N., y E. Bidau, "Historia de la Universidad de Buenos Aires", en *Anales de la Universidad*, I, 1888, pp. 363-413 y 539-552.

Pivel Devoto, Juan E., *Historia de los partidos políticos uruguayos, 1811-1897*, 2 volúmenes, Montevideo, 1942.

Id., *Historia de la República Oriental del Uruguay, 1830-1930*, Montevideo, Ed. Raúl Artagareytia, 1945.

Ponton, Rémy, "Une histoire de la sociabilité politique. À propos de l'ouvrage de Maurice Agulhon *Les Cercles dans la France bourgeoise, 1810-1848*", en *Annales esc*, 6, París, 1980, pp. 1269-1280.

Pradère, Juan A., *Juan Manuel de Rosas, su iconografía*, Buenos Aires, J. Mendesky e Hijos, 1914.

Prieto, Adolfo, *El discurso criollista en la formación de la Argentina moderna*, Buenos Aires, Sudamericana, 1988.

Puentes, Gabriel A., *El gobierno de Balcarce. División del partido federal (1832-1833)*, Buenos Aires, Huarpes, 1946.

Ramos, Juan P., *Historia de la instrucción primaria en la República Argentina, 1810-1910*, 2 volúmenes, Buenos Aires, Peuser, 1910.

Ramos Mejía, José M., *Rosas y su tiempo*, tres volúmenes, Buenos Aires, F. Lajouane, 1907.

Ravignani, Emilio, "El cuerpo de plateros en el Río de la Plata, 1769-1809. Una corporación histórica", en *Nosotros*, Buenos Aires, año X, t. XXIII, septiembre de 1916, pp. 305-315.

Id., "El Pacto Federal del 4 de enero de 1831 y la Comisión Representativa", en *Documentos para la historia argentina*, t. xv, Buenos Aires, Instituto de Investigaciones Históricas, 1922, pp. 1-199.

Id., "La liga litoral (1829-1833)", en Facultad de Filosofía y Letras, *Documentos para la historia argentina*, t. xvii, Buenos Aires, Taller Jacobo Peuser, 1922.

Id., "Primeras disidencias entre federales triunfantes: elección de Juan Manuel de Rosas, 1829", en *Boletín de la Junta de Historia y Numismática Americana*, Buenos Aires, ix, 1936, pp. 5-23.

RENAN, Ernest, "Qu'est-ce qu'une nation?", conferencia pronunciada en la Sorbona el 11 de marzo de 1882, en *Discours et conférences*, París, C. Lévy, 1887, pp. 277-310 [traducción castellana: *¿Qué es una nación?*, Madrid, Centro de Estudios Constitucionales, 1983].

REVEL, Jacques, "Les usages de la civilité", en Philippe Ariès y Georges Duby (dirs.), *Histoire de la vie privée*, iii, *De la Renaissance aux Lumières* (Roger Chartier, coord.), París, Seuil, 1986 [traducción castellana: "Los usos de la civilidad", en *Historia de la vida privada*, iii, *Del Renacimiento a la Ilustración*, Madrid, Taurus, 1989].

RIOUX, Jean-Pierre, "Structure de sociabilité et pouvoir", en *Cahiers de l'Animation*, iii, 46, 1984, pp. 3-11.

"Rivadavia en la medalla", en *Numismática*, iv.

RIVERA, Adolfo L., *El retrato en Buenos Aires, 1580-1870*, Buenos Aires, Universidad de Buenos Aires, 1982.

ROBERTS, Carlos, *Las invasiones inglesas del Río de la Plata, 1806-1807*, Buenos Aires, Talleres Gráficos Jacobo Peuser, 1938 [reedición: Buenos Aires, Emecé, 2000].

ROCHE, Daniel, *Le Siècle des Lumières en province. Académies et académiciens provinciaux (1680-1789)*, París, Mouton, 1978.

Id., *Les Républiques des lettres. Gens de culture de Lumières au xviiie siècle*, París, Fayard, 1988.

RODRÍGUEZ, Adolfo E., *El régimen electoral en el lapso de 1827-1828*, Buenos Aires, 1965.

Id., *Cuatrocientos años de policía en Buenos Aires*, Buenos Aires, Editorial Policial, 1981.

RODRÍGUEZ MOLAS, Ricardo, *Luis Pérez y la biografía de Rosas escrita en verso en 1830*, Buenos Aires, Clío, 1957.

Id., *La música y la danza de los negros en el Buenos Aires de los siglos xviii y xix*, Buenos Aires, Clío, 1957.

Id., "La pulpería rioplatense en el siglo xvii (ensayo de historia social y económica)", en *Universidad*, 49, Santa Fe, Universidad Nacional del Litoral, 1961, pp. 99-134.

Id., "Negros libres rioplatenses", en *Revista de Humanidades*, i, 1, 1961, pp. 99-126.

Id., "Elementos populares en la prédica contra Juan Manuel de Rosas", en *Historia*, 30, 1963, pp. 69-101.

Id., *Historia social del gaucho*, Buenos Aires, Centro Editor de América Latina, 1968.

Id., "Las pulperías", en *Lugares y modos de diversión*, Buenos Aires, Centro Editor de América Latina, 1985, col. "Cuadernos de Historia Popular Argentina".

ROJAS, Ricardo, *Historia de la literatura argentina*, Buenos Aires, 1917-1922.

ROMAY, Francisco L., *El barrio de Monserrat*, Buenos Aires, Editorial de la Municipalidad, 1949.

Id., *Historia de la Policía Federal Argentina*, Buenos Aires, Publicaciones de la Biblioteca Policial, 1963-1978.

Romero, José Luis, *Las ideas políticas en la Argentina*, Buenos Aires, Fondo de Cultura Económica, 1975.

Id., *Latinoamérica, las ciudades y las ideas*, Buenos Aires, Siglo XXI, 1976.

Romero, José Luis, y Luis Alberto Romero, *Buenos Aires, historia de cuatro siglos*, 2 volúmenes, Buenos Aires, abril, 1982.

Romero, Luis Alberto, *La Sociedad de Igualdad. Los artesanos de Santiago de Chile y sus primeras experiencias políticas*, Buenos Aires, Instituto Torcuato Di Tella, 1978, serie historia.

Rondanina, Esteban F., *Liberalismo, masonería y socialismo en la evolución nacional*, Buenos Aires, Libera, 1965.

Rosa, José María, *Del municipio indiano a la provincia argentina, 1580-1852*, Madrid, Instituto de Estudios Políticos, 1958.

Rosal, Miguel Ángel, "Algunas consideraciones sobre las creencias religiosas de los africanos porteños (1750-1820)", en *Investigaciones y Ensayos*, 31, julio-diciembre de 1981.

Id., "Artesanos de color en Buenos Aires (1750-1910)", en *bihaa- E. Ravignani*, 1982, pp. 331-346.

Id., "Negros y pardos en Buenos Aires, 1811-1860", en *Anuario de Estudios Americanos* t.L, 1, 1994, pp. 165-184.

Rosanvallon, Pierre, *Le Moment Guizot*, París, Gallimard, 1985.

Id., *Le Sacre du citoyen. Histoire du suffrage universel en France*, París, Gallimard, 1992.

"Rosas visto por un historiador inglés", en *Todo es Historia*, 268, octubre de 1989, pp. 48-52.

Rosemblat, Ángel, *El nombre de la Argentina*, Buenos Aires, Eudeba, 1964.

Rossi, Vicente, *Cosas de negros* (1926), Buenos Aires, Hachette, 1958.

Rottjer, Aníbal A., *La masonería en la Argentina y en el mundo (historia de los hermanos Tres Puntos)* (1957), Buenos Aires, Nuevo Orden, 1976.

Rucquoi, Adeline, "Des villes nobles pour le Roi", en *Realidad e imágenes del poder. España a fines de la Edad Media*, Valladolid, Ámbito, 1988, pp. 195-214.

Sabato, Hilda, *Capitalismo y ganadería en Buenos Aires. La fiebre del lanar, 1850-1890*, Buenos Aires, Sudamericana, 1989.

Id., "Citizenship, political participation, and the formation of the public sphere in Buenos Aires, 1850s-1880s", en *Past and Present*, 1992.

Sabato, Hilda, y Elías Palti, "¿Quién votaba en Buenos Aires? Práctica y teoría del sufragio, 1850-1880", en *Desarrollo Económico*, XXX, 119, octubre-diciembre de 1990, pp. 395-424.

Sábato, Jorge F., *La clase dominante en la Argentina moderna. Formación y características* (1979), Buenos Aires, CISEA, 1991.

Sabor, Josefa E., *Pedro de Angelis y los orígenes de la bibliografía argentina. Ensayo bio-bibliográfico*, Buenos Aires, Solar, 1995.

Sáenz Valiente, José María, *Régimen municipal de la ciudad de Buenos Aires. Su organización y funcionamiento desde 1810*, tesis de jurisprudencia, Buenos Aires, Adolfo Grau, 1911.

Id., *Bajo las campanas del Cabildo*, Buenos Aires, Kraft, 1952.

Salas, Alberto M., *Diario de Buenos Aires, 1806-1807*, Buenos Aires, Sudamericana, 1981.

Salcedo, Saturnino, *Las primeras formas de elegir y los actuales sistemas electorales. Régimen político de las provincias argentinas*, Buenos Aires, ETGLA, 1948.

Saldías, Adolfo, *Historia de la Confederación Argentina* (1881-1887), 3 volúmenes, Buenos Aires, Eudeba, 1978.

SALVADORES, Antonio, "La enseñanza primaria y universitaria hasta 1830", en Academia Nacional de la Historia, *Historia de la Nación Argentina. De los orígenes hasta la organización definitiva en 1862*, Buenos Aires, Academia Nacional de la Historia, 1939-1951, t. VII, Primera Parte, capítulo VIII.

SAMPAY, Arturo E., *Las ideas políticas de Juan Manuel de Rosas*, Buenos Aires, Juárez Editor, 1972.

Id., *Las Constituciones de la Argentina (1810-1972)*, Buenos Aires, Eudeba, 1975.

SCENNA, Miguel Ángel, "Los cafés, una institución porteña", en *Todo es Historia*, 21, 1967, pp. 48-56.

SCHIAFFINO, Eduardo, *La pintura y la escultura en la Argentina, 1783-1894*, Buenos Aires, edición del autor, 1933.

SCHMITT, Jean-Claude, y Giovanni Levi, *Histoire de la jeunesse en Occident*, París, Seuil, 1996, col. "L'Univers Historique" [traducción castellana: *Historia de los jóvenes*, Madrid, Taurus, 1996].

SCHNAPPER, Dominique, *La Communauté de citoyens. Sur l'idée moderne de nation*, París, Gallimard, 1994.

SCOBIE, James R., *La lucha por la consolidación de la nacionalidad argentina, 1852-1862*, Buenos Aires, Hachette, 1964.

Id., *Argentina, a City and a Nation*, Nueva York, Oxford University Press, 1971.

SCOTT, Rebecca, *Slave Emancipation in Cuba. The Transition in Free Labor, 1860-1899*, Princeton, Princeton University Press, 1985.

SERENI, Emilio, *Capitalismo y mercado nacional* (1966), Barcelona, Crítica/Grijalbo, 1980.

SERRAILH, Jean, *L'Espagne éclairée de la seconde moitié du XVIIIe siècle*, París, Librairie C. Klincksieck, 1964.

Sesquicentenario de la Contaduría General y Tesorería General de la Provincia de Buenos Aires, La Plata, 1971.

SHAFER, Robert J., *The Economic Societies in the Spanish World, 1763-1821*, Syracuse (Nueva York), Syracuse University Press, 1958.

SHILS, Edward, "Ideology and civility", en *The Intellectuals and the Powers and Other Essays*, Chicago, The University of Chicago Press, 1972, pp. 42-70 [traducción castellana: *Los intelectuales y el poder*, Buenos Aires, Tres Tiempos, 1976].

SILVA, Carlos Alberto, *El poder legislativo de la Nación Argentina*, 5 volúmenes, Buenos Aires, Cámara de Diputados de la Nación, 1937.

SILVA CASTRO, Raúl, *Prensa y periodismo en Chile, 1812-1956*, Santiago de Chile, Universidad de Chile, 1958.

SIMMEL, Georg, "La sociabilité. Exemple de sociologie pure ou formale", en *Sociologie et épistémologie* (1918), París, PUF, 1981, pp. 121-136 [traducción castellana: *Sociología: estudios sobre las formas de socialización*, Madrid, Alianza, 1986].

SLATTA, Richard, *Los gauchos y el ocaso de la frontera*, Buenos Aires, Sudamericana, 1985.

Sociabilité, pouvoirs et société, Actes du Colloque de Rouen réunis par F. Thelamon, Rouen, Publications de l'Université, 1987.

SOCOLOW, Susan, *Los mercaderes del Buenos Aires virreinal: familia y comercio* (1978), Buenos Aires, Ediciones de la Flor, 1991.

Id., *The Bureaucrats of Buenos Aires, 1769-1810: Amor al Real Servicio*, Durham, Duke University Press, 1987.

Soler Cañas, Luis, *Negros, gauchos y compadres en el cancionero de la Federación (1830-1848)*, Buenos Aires, 1958.

Starobinski, Jean, *1789, Les emblèmes de la Raison*, París, Flammarion, 1979 [traducción castellana: *1789. Los emblemas de la razón*, Madrid, Taurus, 1988].

Stone, Lawrence, "Prosopografía", en *El pasado y el presente*, México, Fondo de Cultura Económica, 1986, pp. 61-94.

Strickon, Arnold, "Estancieros y gauchos: clase, cultura y articulación social", en Esther Hermitte y Leopoldo J. Bartolomé (comps.), *Procesos de articulación social*, Buenos Aires, Amorrortu, 1977.

Studer, Elena F. Scheuss de, *La trata de negros en el Río de la Plata durante el siglo xviii*, Buenos Aires, Facultad de Filosofía y Letras, 1958.

Summa Artis. Historia general del arte, Madrid, Espasa-Calpe, 1987.

Subercaseaux, Bernardo, *Cultura y sociedad liberal en el siglo xix. Lastarria, ideología y literatura*, Santiago de Chile, Aconcagua, 1981.

Szuchman, Mark, *Order, Family and Community in Buenos Aires, 1810-1860*, Stanford (California), Stanford University Press, 1988.

Tandeter, Dora, Pablo Yankelivich *et al.*, *Bibliographie de l'Université de Buenos Aires*, Buenos Aires, Eudeba, 1990.

Tau Anzoátegui, V., *Formación del Estado federal argentino (1820-1852)*, Buenos Aires, Instituto de Historia del Derecho, 1965.

Id., *Manual de historia de las instituciones argentinas*, Buenos Aires, Macchi, 1975.

Taullard, Alfredo, *Historia de nuestros viejos teatros*, Buenos Aires, Imprenta López, 1932.

Id., *Nuestro antiguo Buenos Aires. Cómo era y cómo es desde la época colonial hasta la actualidad. Su asombroso progreso edilicio. Trajes, costumbres, etc.*, Buenos Aires, Jacobo Peuser, 1927.

Taylor, William B., *Drinking, Homicide and Rebellion in Colonial Mexican Villages*, Stanford (California), Stanford University Press, 1979.

Terán, Oscar, *Alberdi póstumo*, Buenos Aires, Puntosur, 1988.

Ternavasio, Marcela, "Nuevo régimen representativo y expansión de la frontera política. Las elecciones del Estado de Buenos Aires, 1820-1840", en Antonio Annino, *Historia de las elecciones en Iberoamérica, siglo xix*, Buenos Aires, Fondo de Cultura Económica, 1995, pp. 65-105.

Tirart, Jean-Yves, "Problèmes de méthode en histoire sociale", en *Revue d'histoire moderne et contemporaine*, 10, 1963, 211-218.

Tönnies, Ferdinand, *Comunidad y asociación* (1887), traducción de José Francisco Ivars, Barcelona, Península, 1979, col. "Homo Sociologicus".

Torre Revello, José, "Fiestas y costumbres", en Academia Nacional de la Historia, *Historia de la Nación Argentina. De los orígenes hasta la organización definitiva en 1862*, Buenos Aires, Academia Nacional de la Historia, 1939-1951, t. iv, primera sección, pp. 409-420.

Treves, Renato, "Le saint-simonisme et la pensée italienne en Argentine et en Uruguay", en *Cahiers Internationaux de Sociologie*, julio-diciembre de 1973, pp. 197-216.

TROSTINÉ, R., *Pedro de Angelis en la cultura rioplatense*, Buenos Aires, La Facultad, 1945.

Id., *Manuel Ricardo Trelles. Historiador de Buenos Aires*, prólogo de Guillermo Furlong, Buenos Aires, 1947.

TUDESQ, André-Jean, *Les Grands notables en France (1840-1849). Étude historique d'une psychologie sociale*, 2 volúmenes, Burdeos, Imprimerie-Librairie Delmas/PUF, 1964.

UDAONDO, E., *Crónica histórica de la venerable Orden Tercera de San Francisco de la República Argentina*, Buenos Aires, 1920.

Id., *Reseña histórica del monasterio de Santa Catalina de Siena*, Buenos Aires, Talleres Gráficos San Pablo, 1945.

"Un entretien avec Maurice Agulhon", *Sport Histoire*, 1, Toulouse, 1988, pp. 11-15.

VERDEVOYE, Paul, "Domingo Faustino Sarmiento éducateur et publiciste (entre 1839 et 1852)", en *Travaux et mémoires de l'Institut des Hautes Études de l'Amérique Latine*, 12, París, Institut des Hautes Études de l'Amérique Latine, 1963, pp. 545-608 [traducción castellana: *Domingo Faustino Sarmiento: educar y escribir opinando (1839-1852)*, Buenos Aires, Plus Ultra, 1988].

VERGNEAULT-BELMONT, Françoise, *L'Œil qui pense. Méthodes graphiques pour la recherche en sciences humaines*, París, L'Harmattan, 1998.

VERNANT, Jean-Pierre, *Mythe et pensée chez les Grecs: études de psychologie historique*, 2 volúmenes, París, Maspero, 1974 [traducción castellana: *Mito y pensamiento en la Grecia antigua*, Barcelona, Ariel, 1983].

VIQUEIRA ALBÁN, Juan Pedro, "Diversiones públicas y cultura popular en la ciudad de México durante el siglo de las luces", en *Anuario de Estudios Americanos*, XLIV, 1987, pp. 195-228.

VOVELLE, Gaby, y Michel Vovelle, *Vision de la mort et de l'au-delà en Provence d'après les autels des âmes du Purgatoire, xve-xxe siècle*, París, Armand Colin, 1970.

VOVELLE, Michel, *Idéologie et mentalités*, París, Maspero, 1982 [traducción castellana: *Ideología y mentalidades*, Barcelona, Ariel, 1985].

Id., "L'iconographie: une approche de la mentalité révolutionnaire", en *Recherche sur la Révolution. Un bilan des travaux scientifiques du Bicentenaire*, París, La Découverte, Institut d'histoire de la Révolution Française. Société d'études robespierristes, 1991, pp. 149-163.

WEBER, Max, *L'Éthique protestante et l'esprit du capitalisme* (Gesammelte Aufsätze zur Religionssoziologie, 1947), París, Plon, 1964 [traducción castellana: *La ética protestante y el espíritu del capitalismo*, Buenos Aires, Hyspamérica, 1978].

WEINBERG, Félix, "Contribución a la bibliografía de Esteban Echeverría", en *Universidad*, revista de la Universidad Nacional del Litoral, 5, 1960, pp. 159-226.

Id., *El Salón Literario de 1837*, Buenos Aires, Hachette, 1977.

Id., "El segundo grupo romántico en Buenos Aires, 1844-1852", en *Congreso Internacional de Historia de América*, t. VI, Buenos Aires, Academia Nacional de la Historia, 1980, pp. 479-497.

WHIGHAM, Thomas Lyle, *The Politics of River Commerce in the Upper Plata, 1780-1865*, tesis del doctorado en filosofía, Stanford University, University Microfilms International, 1986.

YÁÑEZ GALLARDO, César, *Saltar con red. La temprana emigración catalana a América, 1830-1870*, Madrid, Alianza, 1996.

Zambrano, Fabio, "Las sociabilidades modernas en Nueva Granada, 1820-1848", en *Cahiers des Amériques Latines*, 10, París, 1990, pp. 197-203.

Zabala, Rómulo, y Enrique de Gandía, *Historia de la ciudad de Buenos Aires i (1536-1718)*, Buenos Aires, Municipalidad de la Ciudad de Buenos Aires, 1937.

Id., *Historia de la Pirámide de Mayo*, Buenos Aires, Academia Nacional de la Historia, 1962.

Zavala, Iris M., "Organizaciones secretas en el destierro, 1823-1834", en *Masones, comuneros y carbonarios*, Madrid, Siglo xxi, 1971, pp. 123-165.

Zavalía, Clodomiro, *Historia de la Corte Suprema de Justicia de la República Argentina en relación con su modelo americano*, Buenos Aires, Jacobo Peuser, 1920.

Zinny, Antonio, "Bibliografía periodística de Buenos Aires hasta la caída del gobierno de Rosas", en *La Revista de Buenos Aires*, x-xiii, 1866-1867.

Id., "Efemeridografía argirepatriótica, o sea de las provincias argentinas", en *La Revista de Buenos Aires*, xvi, 1868.

Id., *Historia de la prensa periódica de la República del Uruguay, 1807-1852*, Buenos Aires, Imprenta de Mayo, 1883.

Id., *Historia de los gobernadores de las provincias argentinas*, Buenos Aires, La Cultura Argentina, 1910.

Id., *La Gaceta Mercantil de Buenos Aires, 1823-1852. Resumen de su contenido con relación a la parte americana y con especialidad a la historia de la República Argentina*, 3 volúmenes, Buenos Aires, Taller Penitenciaría Nacional, 1912.

Zorraquín Becú, Ricardo, "La Corte Suprema y sus grandes presidentes", en *Boletín de la Academia Nacional de la Historia*, 34, Buenos Aires, 1964, pp. 247-263.

Zúñiga, Antonio, *La logia Lautaro y la independencia de América*, Buenos Aires, Establecimiento Gráfico J. Estrada, 1922.

ÍNDICE DE NOMBRES Y LUGARES

A

Abaya, sociedad, 229
Academia de Canto y Música, 81
Achával, Joaquín de, 113, 114
Africana, Nación, 111
Agrelo, 149, 152
Agüero, Julián Segundo de, 130
Agulhon, Maurice, 21-24, 39, 74, 256
Albarellos, Nicanor, 242, 309
Albarracín, Santiago, 244, 247, 309
Alberdi, Juan B., 95, 161, 161-162, 179
Alcorta, Diego, 90, 128, 131
Alem, Leandro N., 242
Alemania, 20
Almagro, Juan de, 77
Alsina, 186
Alsina, Adolfo, 296
Alsina, Juan J., 186, 281, 282
Alsina, Valentín, 194, 251, 266, 279, 307, 327
Alto Perú, 43, 44, 89
Altolaguirre, Martín José de, 77
Álvarez de Toledo, Federico, 279, 309
Álvarez, Francisco, 164, 227
Alvear, Carlos María, 235
Alvear, avenida, 202
Alvear, Diego de, 262, 319
Alves Pinto, Antonio, 228, 309
Álzaga, Félix de, 127
América, 9, 20, 31, 51, 57, 75, 176, 179, 214, 215, 227, 254, 317, 318
América del Sur, 21, 234
América del Sur, Prov. Unidas de, 133
Amigos del Orden, batallón, 160
Amoedo, 289
Amuera, 116
Anchorena, Federico, 268
Anchorena, Juan J., 125
Anchorena, Nicolás, 102, 125, 267
Anchorena, Tomas M., 126, 157
Anderson Benedict, 315
Andrews, George Reid, 103, 110, 231
Angelis, Pedro de, 136, 136-139, 163, 175, 176, 179, 175-177
Arana, Felipe, 126
Archivo Americano y Espíritu de la Prensa del Mundo, 176
Argentina, Confederación, 20, 21, 108, 122, 194, 241, 266, 285, 306, 307, 308, 310, 311, 325, 326, 333
Argentina, Confraternidad, 306
Argentina, Constitución de la Rep., 21
Argentina, Escuela, 72
Argentina, Instituto de Historia, 14
Argentina, Joven, 164, 166, 283
Argentina, Librería, 95
Argentina, Nación, 9, 18, 41, 166, 193, 194, 195, 313
Argentina, República, 21, 46, 234, 241, 252, 263, 282, 283, 284, 309, 311, 313, 322, 332
Argerich, Cosme 128, 130
Argerich, Mercedes, 171

Ariès, Philippe, 41
Arnold, Prudencio, 135
Arsène, Isabelle 46, 94, 139
Artigas, José G., 33
Asamblea Constituyente, 317
Asociación Amigos de la Historia Natural del Plata, 252
Asociación de Amigos del País, 236
Asociación Internacional de Trabajadores, 232
Asociación de Estudios Históricos y Sociales, 91
Asociación de Mayo, 284, 314, 344
Asociación Farmacéutica Bonaerense, 254
Asociación Médicos Bonaerenses, 254
Asociación Médicos de Dolores, 254
Ateneo de Señoritas, 72
Ateneo del Plata, 253, 255
Ateneo, El, 72
Avellaneda, Marco, 95, 148
Azcuénaga, Miguel de, 77, 127

B

Balcarce, Juan M., 147, 151, 152, 153
Ballesteros, Pedro José de, 77
Baltasar, cofradías de san, 112
Baltasar, día de san, 111
Baltazar, Pelegrín, 242
Barbará, Federico, 242
Barracas, 197, 208, 221
Barracas, puentes de, 67
Barros Pazos, José, 164, 252, 253, 302
Basualdo, oficial, 144
Baudrix, José M., 125
Bayala, Elías, 62
Bayan, Ferdinand, 226
Beaumont, John, 68, 70
Beláustegui, Francisco C., 125, 136, 138, 186
Beláustequi, Luis, 289
Belgrano, club del Gral., 322
Belgrano, localidad de, 257
Belgrano, Manuel, 264, 334, 335
Benancio, cacique, 144
Benavente, José María, 64, 66, 152
Benguela, 115, 299
Bermúdez de Castro, José, 57, 58
Bernal, Matías de, 77
Bertrès, ingeniero, 47, 48, 55, 73
Beruti, Martín, 242
Besio Moreno, Nicolás, 43, 104
Biblioteca americana, 252
Biblioteca, calle de la, 184
Biblioteca Pública, 72, 130, 139, 140, 177
Biedma, Nicasio, 301, 304
Bien Social, logia, 310
Bilbao, Francisco, 244, 245, 253
Billinghurst, Mariano, 279
Blondel, almanaque, 58, 69
Boca, la, 197, 208
Boletín Musical, El, 179
Bolívar, calle, 67
Bolsa de Comercio, 69, 260
Boneo, José M., 55, 173
Borbones, los, 25, 58
Bossio, Jorge, 68
Botana, Natalio, 187
Botet, Felipe, 267
Brasil, 105, 115, 143, 234, 235, 236
Brasil, Supremo Consejo del, 237
British Friendly Society 99
British Packet, The, 176
Brown, Alejandro, 309
Brown, Guillermo, almirante, 264
Buenos Aires, Aduana de, 266
Buenos Aires, Cabildo de, 59
Buenos Aires, Catedral de, 55, 335
Buenos Aires, Constitución de, 321
Buenos Aires, Estado de, 194, 195, 206, 214, 244, 260, 265, 268, 286, 288, 295, 306, 311, 324, 333, 337
Buenos Aires, Gobernación de, 32
Buenos Aires, ciudad de, 36, 39, 40, 45, 47, 48, 57, 67, 75, 88, 104, 113, 143, 169, 176, 203, 205, 207, 234, 238, 267,

283, 309, 312, 327, 332, 340, 342
Buenos Aires Commercial Room, 99
Buenos Aires, Manual de, 48
Buenos Aires, Museo de, 252
Buenos Aires, Municipalidad de, 324, 328, 332
Buenos Aires, provincia de, 34, 45, 81, 108, 116, 142, 143, 153, 164, 188, 189, 193, 195, 239, 241, 245, 253, 267, 285, 306, 322, 323, 335, 342
Buenos Aires, puerto de, 43, 104, 163, 194, 322, 324
Buenos Aires, Universidad de, 72, 85, 88, 89, 95, 98, 131, 138, 252, 268, 278, 282, 268
Buen Orden, calle, 85, 209
Burgos, padre, 173
Bustamante, José L., 149

C

Cabildo de Buenos Aires, 59, 60
Cabral, D. José, 63
Cabrera, Bernardino, 152
Cabunda, nación, 111, 115
Cádiz, 173
Calvo, C., 319
Calvo, N., 245, 251, 253, 296, 298, 302, 303
Calzadillas, Santiago, 242
Cámara de Diputados de la Asamblea Legislativa, 268
Cámara de Representantes, 46, 267, 268, 269, 281
Campo de Marte, 85, 334
Campusano, Doroteo, 63
Cané Miguel, 91, 95, 253, 254
Cano, Juan, 102
Canon, Martín, 63
Carabari, nación, 115
Caracas, 77
Carranza, Ángel J., 181

Carranza, Juan, 267
Carrasco, Antonio, 77
Casares, Carlos, 227, 279, 289, 296
Caseros, batalla de, 193, 200
Castoriadis, Cornelius, 315
Cataluña, 44
Catamarca, provincia de, 135
Catedral al Norte, 85, 200, 220, 284, 289
Catedral al Sur, 72, 85, 148, 217, 200, 220, 267, 289
Catedral, parroquia de, 55, 56, 85, 200
Cavia, F. de, 176
Censor, El, diario, 87
Cepeda, batalla de, 311
Chacabuco, calle, 210, 217
Chascomús, 257
Chile, Capitanía General de, 31
Chile, Santiago de, 45, 77, 89, 174, 177, 180, 200, 227, 283
Club de la Libertad, 292
Club de los Cinco, 164
Club de Mayo, 202, 250, 259, 260, 261
Club de Residentes Extranjeros, 217, 257, 298
Club de San Miguel, 302
Club de Tiro, 264
Club del Plata, 259
Club del Progreso, 196, 202, 204, 205, 212, 248, 257, 259, 260, 261, 264, 269, 279, 282, 284, 312, 344
Club Libertad, 283, 291, 299, 301
Colegio de Francia, 254
Colón, Cristóbal, 215
Colón, teatro, 202, 217, 232, 248, 249, 292, 320
Colorado, río, 150
Comercio, El, diario, 179
Comercio, plaza del, 67
Comisión de Inmigración 248
Comisión de Paraná 260
Concejo Municipal 295, 324
Concepción, parroquia, 85, 111, 117, 172, 289

Concepción, plaza de la, 67
Confederación, 31, 33, 164, 239, 257
Conga, nación, 111, 112, 115, 299
Conga Agunda, nación, 116
Congreso de la Nación, 286
Congreso N. Constituyente, 32, 124, 147, 190
Consejo de Beneficencia Pública, 101
Consejo de la República del Uruguay, 237
Consejo del Uruguay, 309
Constitución de la provincia de Buenos Aires, 285, 321
Constitución del Estado de Buenos Aires, 194, 195, 207, 216, 268, 286
Constitucional, El, diario, 149
Consulado de Comercio, 43, 335
Consulado de Francia, 102, 103
Convención del Estado de Bs. As., 326
Cordero, Fernando C., 309
Córdoba, prov. de, 33, 89, 135, 164, 168
Córdoba, Universidad de, 95
Corominas, Joan, 56
Corrientes, provincia de, 33, 165, 168
Corte Suprema de Justicia, 72, 273
Cortinas, coronel, 153
Corvalán, Manuel, 127
Cuyo, provincia de, 31

D

D'Amico, Carlos, 295, 303
Dantas, José M., 289
De Angelis, 136, 179
De la Victoria, café, 68
De las Bellas Porteñas, café, 210
De los Catalanes, café, 67, 68
De Marco, café, 69, 71
De Moussy, 230
Defensa, calle, 217
Defensor de los Derechos del Pueblo, El, 148
Del Parral, fonda, 209

Del Recreo, café hotel, 210, 212
Del Siglo, café, 210
Delacour, Adolphe, 159, 224
Delille, Gérard, 49
Derqui, Santiago, 311, 312
Díaz, Avelino, 128
Díaz de Vivar, 267, 309
Dios, 242, 305
Dogma Social, El, 165
Dorrego, Luis, 102
Dorrego, M., 133, 135, 143, 152
Dubourdieu, Joseph, 328, 333, 335
Duportail, Théophile, 93, 94, 95
Durand, Carlos, 282, 296

E

Echeverría, Esteban, 97, 162, 163, 164, 165, 166, 167, 177
Echeverría, Vicente Anastacio, 149
Elizalde, Rufino de, 251, 296
Elordi, Luis, 295
Entre Ríos, provincia de, 33, 312
Escalada, Antonio José de, 269
Escalada, José M., 125, 127
Escuela Danzante, 209
Escuela de Artes y Oficios, 247
Escuela de Comercio, 72
España, 31, 32, 51, 75, 120, 156, 213, 214, 235, 318, 346
Espinosa, 153
Espinoza, 211
Estados Unidos, 283
Estrada, José M., 295
Estrasburgo, 226
Europa, 48, 157, 179, 197, 200, 215, 225, 230, 310
Exposición Universal de París de 1858, 214
Ezcurra, Encarnación, 173

F

Fajardo, 253
Falcón, Ricardo, 232
Febvre, Lucien, 315
Federico II, 309
Fernando VII, 32
Flores, localidad, 216, 257
Flores, San José de, 236, 311
Foreign Amateur Racing Society, 257
Fragueiro, Mariano, 251
Francia, 39, 94, 102, 163, 164, 167, 176, 212, 214, 225, 236, 237, 254, 311, 329
Frías, Félix, 202, 246, 305
Fuentes Argibel, José, 128
Furet, 22

G

Gaceta Mercantil, La, 93, 149, 176
Galería de Celebridades Argentinas, 252, 332
Gallegos, Manuel, 77
Gálvez, Víctor, 68, 69, 96, 99, 200, 202
Garay, Juan de., 42
García, Baldomero, 131, 187
García, Juan A., 177, 282, 296
García Belsunce, César, 107
García Zuñiga, Victorio, 147
Garibaldi, 214
Gazeta de Buenos Ayres, 133
Gellner, Ernest, 315
Gelly y Obes, Juan A., 311
Gil Quesada, Vicente, 200
Goldberg, Marta, 105
Gómez, Luis, 267
González, Vicente, 149, 150, 161, 184, 186
Gorostiaga, José B., 177
Gorriti, Ignacio, 317, 318
Gran Logia Central, 242, 249, 313
Gran Logia de Inglaterra, 313
Gran Oriente para la Confederación Argentina, 307
Gran Oriente de Brasil, 236
Gran Oriente de Francia, 236, 237, 311, 313
Gran Oriente de la Rep. Argentina, 241
Gran Oriente de Montevideo, 236
Gran Oriente del Uruguay, 238, 239, 308, 309
Grito Argentino, El, diario, 179, 180, 181
Grondona, 204
Guaminí, localidad, 241
Guardia Nacional, 264
Guardias Nacionales, 321
Guerra, François-X, 123
Guerra, Mariano, 89, 123, 148
Guerrico, Manuel J., 267
Guido, 150
Guilly, St., 298
Gutiérrez, Juan M., 97, 149, 163, 251, 252, 279, 296, 332

H

Habermas, J., 74
Halperín Donghi, Tulio, 35, 36, 89
Head, F.B., 47, 48
Henríquez, Fray Camilo, 87
Hobsbawm, Eric, 142
Hortelano, Benito, 238
Hospicio de Niños Expósitos, 100, 133
Huart, R., 74
Huergo, Palemón, 306
Hughes, 97
Huombe, nación, 115

I

Inglaterra, 99, 108, 170
Instituto de Sordomudos, 245
Instituto Histórico y Geográfico del Uruguay, 227
Instituto Histórico y Geográfico

Rioplatense, 227, 251, 282, 284
Iriarte, Tomás de, 123, 127, 151, 153, 184
Irigoyen, Manuel, 138, 176, 177
Isabelle, Arsène, 93, 139, 332
Islas, Idelfonso, 306, 307, 308
Italia, 313
Izquierdo, general, 153

J

Jano, Ciudad, 339
Jardón, 157, 158
Jaucourt, 86, 87
Jesucristo, resurrección de, 230
Johnson Lyman, 107, 109
Johnson y Socolow, 43, 58
Jujuy, provincia del, 135
Junta de Representantes, 121, 124

K

Kinsbruner, Jay, 58

L

La Matanza, arroyo, 208
La Piedad, parroquia, 197
La Plata, universidad de, 88
La Prensa, diario, 156
La Tribuna, diario, 210, 232, 302, 303, 308
Lagos, Hilario, 194
Lahitte, Eduardo, 126, 186
Lamas, Andrés, 236, 237
Látigo Republicano, El, diario, 149
Lavalle, Juan, 140, 143, 144, 145, 154, 158, 164, 179, 264, 322, 332
Leblanc, 163
Leroux, P., 166
Levene, Ricardo, 315
Lezica, 267

Liceo Literario, 253, 319
Lima, 31, 43, 75
Logias: Asilo de la Virtud, 241; Aurora, 157; Central, 242; Consuelo del Infortunio, 242; Constancia, 247; Hisperia, 236; Honor y Patria, 236; Excélsior, 225; Lautaro, 77; Lealtad, 245; Les Amis de la Patrie, 226, 236; Luz del Desierto, 241; Misterio y Honor, 235; Regeneración, 241; Sol Oriental, 236; Unión del Plata 238, 247; Unión Liberal, 236; Valaper, 129.
López, Vicente Fidel, 68, 89, 91, 95, 96, 97, 130, 177, 179, 187, 266
López y Planes, Vicente, 162, 193
Lowe, Thomas, 99
Lynch, J., 145, 174

M

MacCann, William, 229
Magariños Cervantes, Alejandro, 252
Mañanbaru, 116
Mandain, 102
Mangel du Mesnil, 97
Mansilla, Lucio, 102, 127, 136, 138
Marín, Mariano, 289
Mármol, José, 296
Martínez, Enrique, 148
Martínez de Hoz, Miguel, 228
Maza, Manuel V., 126, 147, 149, 153, 162
Meana, Francisco, 136
Mendeville, 102, 159, 160
Mendizábal, Rosendo, 299, 301
Mendoza, provincia de 165
Mercedes, localidad, 257
Mercurio, El diario, 179
Merlo, localidad, 247
Mesopotamia, 238, 239
México, 31, 57, 59
Meza, 144
Miers, John, 47, 48

Miñaña, Ventura, 144
Mitre, Bartolomé, 91, 194, 195, 227, 251, 252, 282, 283, 284, 296, 303, 311, 312, 321, 325, 326, 329, 334
Moda, La, 179
Molina, 144
Monserrat, barrio, 67
Monserrat, iglesia, 55, 85, 105, 117, 197, 220
Montanciel, 210
Montes de Oca, 152, 202
Montevideo, 78, 136, 154, 160, 164, 224, 235, 237, 239, 241, 266, 281, 309
Moreno, Manuel, 95, 128, 252
Mosquito, El, diario, 300
Moussy, Martin de, 229
Murray Forbes, John, 157
Museo de Historia, 72
Museo de Historia Natural, 253
Museo Histórico Nacional, 264
Mutual de los Tipógrafos, 230

N

Nacional, El, diario, 179
Napoleón I, 32
Navarro, Ángel, 149
Navarro Viola, Miguel, 177
Nora, Pierre, 315
Nuestra Señora del Pilar, parroquia, 112, 197
Nuestra Señora del Socorro, parroquia, 56, 148, 220
Nuevo Salón de Recreo, 213
Nuñez de Ibarra, 335
Núñez, Ignacio, 88, 130

O

Obligado, Manuel, 267
Obligado, Pastor, 260
Obligado, Plácido, 267

Ochoteco, Tiburcio, 173
Olaguer y Feliú, Antonio, 77
Olazábal, Félix, 127
Oribe, Manuel, 236
Ortiz, 96
Ortiz Basualdo, 267
Ortiz de Rosas, Gervasio, 125
Otamendi, José M., 267

P

Pacheco, Ángel, 127
Palacio de Justicia, 152
Palos, puerto de, 215
Paraguay, Asunción del, 32
Paraguay, 45, 239
Parent, F., 97
París, 91, 97, 226
Parque de Palermo, 202
Parra, Bernardino, 152
Partido Nacional, 236
Partido Unitario, 157
Patagonia, 56, 214
Patrón, 125, 138, 186, 187
Pavón, batalla, 214
Peña, Juan B., 267
Peña, Juana, 172
Peña, Rodriguez, 227
Peña, Roque Saénz, 126
Peralta, Isidoro, 102
Pereira, Gabriel Antonio, 236
Pereyra, Simón, 102
Pérez, Antonio, 64
Pérez, Gabriel, 238
Pérez, José R., 306, 307, 308, 309, 310
Pérez, Luis, 136, 140
Perú, 31, 42, 43, 45
Piedad, parroquia de la, 111
Pillado, Antonio, 282, 284
Pincheira, cacique, 158
Pinedo, Agustín de, 127, 152, 153
Piñeiro, 186

Pinto, Manuel, 193, 227
Pirámide de Mayo, 330, 339
Plaza de Toros, 216
Plaza Mayor, 216, 325
Plomer, 95
Plot, D. de, 170
Población Negra, 105
Portela, Ireneo, 128, 195
Posadas, G., 262
Potosí, 42, 43, 45
Provincias Unidas, 32, 34, 179
Provincias Unidas del Río de la Plata, 190, 312
Pueyrredón, 153
Pufendorf, 87

Q

Quai d'Orsay, archivos, 102
Quilmes, localidad, 152
Quiroga, Facundo, 167, 326

R

Ramos, D. José María, 63
Ramos, Rafael, 171
Ramos Mejía, Francisco, 144, 267
Ramos Mejía, Idelfonso, 102
Rawson, Guillermo, 282, 296
Real Audiencia, 43
Reconquista, calle, 94
Revolución de Liberación, 193
Revolución de los Libres del Sur, 154, 155, 181
Revolución de los Restauradores, 152, 153, 173
Revolución de Mayo, 172, 323
Revolución Francesa, 183, 213, 320
Riachuelo, 51, 67
Riglos, Miguel J. de, 125, 186
Río de la Plata, población, 235
Río de la Plata, región, 32, 42, 75, 177, 225, 237, 249, 318

Río de la Plata, Virreinato, 32, 43, 45, 51, 120, 135, 322
Rivadavia, Bernardino, 34, 47, 49, 51, 81, 85, 88, 114, 121, 124, 130, 168, 187, 209, 264, 323, 332, 333, 335
Rivera, Fructuoso, 154
Rivera Indarte, José, 173, 176
Robespierre, 182
Rocha, Dardo, 295
Rocha, Manuel, 295
Rodríguez, D. Manuel, 63
Rodríguez Molas, R, 58, 110, 111, 136
Rojas y Patrón, José M., 125, 138, 186, 187
Rolón, Mariano B., 127, 153
Romero, José Luis, 49
Romero, Pedro, 116
Rosal, Miguel Ángel, 106, 113, 117
Rosanvallon, Pierre, 254
Rosario, localidad, 310
Rosas, Juan Manuel de, 31, 33, 34, 46, 64, 82, 102, 116, 122, 131, 142, 144, 145, 146, 147, 150, 151, 154, 161, 167, 170, 172, 175, 181, 185, 189, 193, 196, 206, 209, 234, 266, 286, 336, 342
Rossi, Vicente, 110
Rufino Laureano, 126

S

Sabato, Hilda, 292
Sábato, Jorge, 126
Sala Argentina de Comercio, 140
Sala Comercial Inglesa, 99
Sala de Representantes, 151, 152, 184, 186, 190, 192, 216, 322, 324, 332
Salado, río, 144
Saldías, Adolfo, 242, 295
Salón de Efectos Históricos, 213
Salón de las Delicias, 213
Salón Literario, 91, 92, 98, 99, 129, 130, 138, 161, 162, 163, 167, 179, 284

Salón Mecánico, 213
San Isidro, localidad, 67, 217, 257
San Juan, provincia de, 168, 282, 283
San Luis, provincia de, 135
San Martín, José de, 214, 264, 269, 334, 336, 339
San Miguel, club, 302
San Miguel, parroquia, 197, 220, 221, 287, 289, 302
San Miguel, plaza, 67
San Nicolás, parroquia, 197
San Pedro Telmo, parroquia, 56, 67, 197
San Telmo, 267
Santa Fe, provincia de, 33
Santa Coloma, Juan Antonio, 77
Santiago del Estero, provincia de, 135
Santo Domingo, iglesia de, 335
Sarmiento, Domingo Faustino, 41, 167, 179, 227, 247, 251, 253, 282, 283, 284, 306, 311, 313, 326, 345
Sarratea, gobernador, 121
Sarratea, Mariano, 125
Sastre, Marcos, 92, 94, 95, 96, 129, 161, 177
Scobie, James, 311
Senillosa, Felipe, 128, 130, 187
Señorans, Esteban, 307, 309
Shentein, Federico von, 97
Sismáticos, 149, 161
Sociedad de Ayuda Mutua de los Artesanos Franceses, 85, 110
Sociedad de Beneficencia, 101, 168, 332
Sociedad del Carmelo y de Socorros Mutuos, 230
Sociedad Dramática y Filarmónica, 284
Sociedad Filantrópica, 101, 209, 228
Sociedad Filantrópica Francesa, 102
Sociedad Filarmónica, 81, 250, 314
Sociedad Lancasteriana de Buenos Aires, 81
Sociedad Literaria de Buenos Aires, 88, 98, 129, 187
Sociedad Patriótico Literaria y Económica, 77
Sociedad Popular Restauradora, 173, 174
Sociedad Protectora Brasilera, 230

Sociedad Tipográfica Bonaerense, 226, 231
Sociedad Valaper, 130, 187
Sociedades Africanas, 82, 103, 110, 113, 115, 116, 150
Sociedades de Amigos del País, 77, 98, 129
Socolow, Susan, 58
Solá, 289
Solís, 254
Sorbonne, 254
Sosa, Domingo, 299
Studer, Elena F. S. de, 43, 104
Supremo Consejo del Brasil, 237
Supremo Consejo de la República del Uruguay, 236
Supremo Consejo y Gran Oriente de la República Argentina, 241, 313
Szuchman, Mark, 36, 69, 73

T

Talismán, El, diario, 179
Tejedor, Carlos, 179, 251, 288, 296
Telégrafo Mercantil, El, diario, 70, 77
Terrada, Carlos, 149, 295
Terrero, Juan N., 131
Thompson, Diego, 81, 164
Tierra del Fuego, 31
Tönnies, 75
Torre Revello, José, 75
Torres, Eustaquio, 306, 309
Torres, Lorenzo, 266, 267, 279
Tort, Salvador, 237
Trelles, Manuel, 253, 289
Tribuna, La, diario, 207, 299, 302, 303
Tucumán, provincia del, 164, 168

U

Ugarte, Francisco José de, 58
Unzué, Saturnino, 186

Urquiza, Justo J., 193, 194, 268, 287, 303, 311, 312
Uruguay, 85, 234, 235, 236, 238, 239, 283, 307, 308

V

Valencia, Miguel, 149, 238, 251, 306, 307
Valparaíso, 177, 178, 179, 227, 284
Valparaíso, La Revista de, 179
Varela, Florencio, 189
Varela, Héctor, 202, 205, 206, 242, 245, 252, 284, 296, 299, 302, 320, 321
Varela, hermanos, 278
Varela, Mariano, 231, 295
Vela, Pedro, 125, 186
Vélez Sársfield, Dalmacio, 251, 288
Vergneaunlt, Françoise, 26
Vértiz, virrey, 68, 100, 111
Viamonte, Juan J., 127
Victorica, Benjamín, 177
Victorica, Bernardo, 64
Vicuña Mackenna, Benjamín, 200, 202, 203, 250, 259, 261

Victoria, Plaza de la, 325, 327, 330, 331, 337
Vidal, Celestino, 127
Videla, Zenón, 102
Viel Castel, 253
Villanueva, Javier, 227
Vinent, Jayme, 307, 310
Viola, Santiago, 91
Viqueira Albán, Juan P., 58
Vivot, Bartolo, 149
Vovelle, Michelle, 74

W

Washington, Georges, 215
Weinberg, Félix, 95, 98, 130, 177
Whitelocke, General, 327

Z

Zamudio, Francisco J., 111
Zonda, El, diario, 283

ÍNDICE DE DOCUMENTOS

1. *La ciudad de Buenos Aires: emplazamiento y estructura urbana.*
   Principales ejes de circulación y puntos de reunión (1820-1862) 50

2. *La comunidad de culto, en el origen de la sociabilidad barrial*
   A. La organización del espacio urbano en torno de las iglesias parroquiales 52
   B. Las otras divisiones del espacio urbano (1829-1862) 53
   C. Las parroquias y su nombre 54

3. *Evolución de lugares de despacho de bebidas y de encuentro*
   en Buenos Aires (1825-1855), según el Almanaque de comercio 60

4. *Geo-gráficos del desarrollo de los lugares de sociabilidad*
   en la ciudad entre 1826 y 1855 65

5. *Cronología del movimiento asociativo en Buenos Aires (1800-1862)* 76

6. *Tipología del movimiento asociativo (1800-1862).* 80

7. *La vida cultural en Buenos Aires (1829-1862)* 84

8. *Distribución de la población en la ciudad de Buenos Aires (1836-1855)* 106

9. *Pertenencia asociativa de los miembros de la legislatura provincial*
   entre 1827 y 1839 en relación con la obtención del cargo 129

10. *Publicaciones periódicas en Buenos Aires (1829-1851)* 134

11. *La experiencia asociativa y la actividad periodística de los hombres de opinión*
    entre 1829 y 1840: el surgimiento de un nuevo modelo de hombre de opinión 137

12. *Desarrollo del movimiento asociativo*
    y de la prensa en Buenos Aires (1800-1862) 141

13. *Desarrollo de la prensa porteña en comparación*
    con la aparición de las publicaciones de los argentinos en el exilio (1835-1851). 178

14. *La población urbana: aumento de la población de la ciudad de Buenos Aires*
   A. Aumento diferencial de la población por parroquia entre 1836 y 1855 198
   B. Aporte de los nativos y extranjeros en el aumento de la población 199

15. *Distribución de las asociaciones
   en relación con los orígenes étnico culturales de la población de la ciudad* 218

16. *Presencia de las asociaciones de extranjeros en el movimiento asociativo* 223

17. *Estatus socioprofesional de una muestra de 1.215 miembros
   de las asociaciones en Buenos Aires entre 1829 y 1862* 228

18. *Modelo de implantación de las logias masónicas en la región del Río de la Plata* 240

19. *Estatus socioprofesional de una muestra de 595 miembros de la francmasonería* 243

20. *La implantación de los clubes de esparcimiento
   en el Estado de Buenos Aires (1852-1862)* 258

21. *La trayectoria universitaria (en la Universidad de Buenos Aires) de los representantes
   del Estado de Buenos Aires entre 1852 y 1862 (muestra de 109 personas)* 270

22. *Tipo de pertenencia asociativa de los 234 representantes de la legislatura de la provincia
   de Buenos Aires entre 1852 y 1862, en relación con la obtención del cargo* 272

23. *Evolución del promedio de pertenencias asociativas
   de la clase dirigente porteña según el cargo* 274

24. *Tipo de pertenencia asociativa de la clase dirigente porteña
   entre 1852 y 1862, según los cargos* 275

25. *Pertenencia asociativa de la clase dirigente porteña
   entre 1852 y 1862, en relación con la obtención del cargo* 277

26. *Cantidad de afiliaciones de la clase dirigente porteña a la masonería
   entre 1852 y 1862, en relación con la obtención del cargo* 280

27. *Estatus socioprofesional de los miembros de las comisiones directivas
   de los clubes electorales entre 1852 y 1862 (muestra de 169 personas)* 293

28. *Cantidad de afiliaciones de la clase dirigente porteña a los clubes electorales
   entre 1852 y 1862, en relación con la obtención del cargo* 294

29. *Renovación de los dirigentes de los clubes electorales (1852-1862)* 297

30. *Las dos facetas de la representación, vistas por la revista El Mosquito (1863)* 300

31. *La remodelación de la Plaza de la Victoria*
   A. La Plaza de la Victoria 330
   B. La estatua de la Libertad 331

32. *El acondicionamiento de la plaza San Martín*
   A. Estatua ecuestre del general San Martín, de Louis J. Daumas
   B. Litografía del general Juan Manuel de Rosas, de autor anónimo 336

33. *Una nueva escenografía urbana: la devoción de la ciudad por la nación*
   La decoración del tímpano de la catedral de Buenos Aires,
   por el escultor Joseph Dubourdieu (1860) 338

ÍNDICE GENERAL

Prefacio 7

Aviso al lector 13

Introducción 17
El punto de partida: el problema de la creación
de una nación en la Argentina 18
   La historia de las sociabilidades
   como modo de enfoque de la nación 21
   El método de análisis 25

Primera parte
LOS PUEBLOS SIN NACIÓN (1820-1852)

El derrumbe de la unidad colonial y la instauración
de la república provincial en Buenos Aires (1810-1827) 31
La herencia cultural de la patria republicana: la civilidad 34

Capítulo 1
Los espacios de sociabilidad pública en Buenos Aires 38
   La ciudad de Buenos Aires como lugar de sociabilidad pública 40
      La ciudad colonial en el espacio sudamericano 41
      El problema del estatus de la ciudad tras la independencia 45
      La sociabilidad urbana: el ordenamiento parroquial del espacio social 48
   Las células de sociabilidad del barrio: las pulperías 56
      Ocio y negocio en Buenos Aires 57
      El despacho de alcohol y su clientela 62
   Una novedad urbana: los encuentros en los cafés 67
      La sociabilidad en los cafés, una nueva definición del entretenimiento público .70
      La clientela de los cafés en la colectividad urbana 71

Capítulo 2
Las nuevas formas relacionales: la sociabilidad asociativa 74
Cartografía del movimiento asociativo en la ciudad de Buenos Aires 75
El inicio de una mutación: de la ciudad
colonial a la ciudad liberal (1800-1827) 77
La confirmación de una tendencia:
la vida asociativa de la ciudad posrivadaviana 82
La civilidad por la asociación 86
Un nuevo campo de intercambios: la sociabilidad estudiantil 88
La nueva práctica cultural de la lectura pública
y el desarrollo de las asociaciones de esparcimiento intelectual 92
El alcance del modelo asociativo de relación 100
Los límites culturales de la civilidad asociativa: la sociabilidad étnica 103
La población negra en la ciudad de Buenos Aires 104
Las "Sociedades Africanas", una creación de los liberales rivadavianos 113
La suerte de las Sociedades Africanas después de Rivadavia 114

Capítulo 3
En los confines de la civilidad, la política 119
El orden de lo político: la patria republicana 120
Las instituciones representativas en la provincia de Buenos Aires 121
Los representantes de la patria 124
El campo de la experiencia ciudadana:
los intelectuales y la opinión pública entre 1829 y 1840 131
El desarrollo de los órganos de opinión en la ciudad de Buenos Aires 133
Los formadores de opinión 135
El público de la opinión: los lugares de difusión de la opinión pública 139
Los límites de la experiencia:
el enfrentamiento como modelo de politización 142
El levantamiento campesino de 1829 y el triunfo de la opinión armada 142
La movilización urbana de 1833: la evidencia pública del orden social 146

Capítulo 4
El divorcio entre autoridad y civilidad (1838-1852) 154
Los individuos sin sociedad 155
La brecha entre sociedad y comunidad 156
La comunidad federal 168
La opinión sin voz 175

El exilio de la opinión 175
La voz de la patria: el unanimismo como fundamento de legitimidad 181
La política bajo tutela 185
La fachada republicana 185
Los funcionarios públicos 188
La apuesta de un régimen: una Federación sin Nación 189

Segunda parte
LA NACIÓN AL PODER (1852-1862)

Capítulo 5
La ciudad y sus nuevas instituciones de sociabilidad 196
La reorganización social del espacio urbano 196
El crecimiento de la población urbana 197
La ciudad como lugar de intercambios 200
La vida pública de la población urbana 202
Las salas públicas, nuevos espacios de sociabilidad urbana 205
El ocaso de las pulperías urbanas como lugares de sociabilidad popular 205
La sociabilidad masculina en los cafés 208
La "salo-manía" de las elites 210
La explosión asociativa 214
La implantación en el espacio 215
Los agentes de difusión del modelo asociativo liberal 221
La difusión del modelo asociativo entre la población local 227

Capítulo 6
Nuevas modalidades de los intercambios sociales 233
La masonería: sociedad filosófica y club de recreo 233
La implantación de la masonería en la cuenca del Río de la Plata 234
El reclutamiento 241
Modalidad de los intercambios 244
El esparcimiento cultural como nueva necesidad social 249
La evolución hacia una forma de esparcimiento cultural 249
La asociación como dispositivo identitario 251
El reclutamiento de las asociaciones socioculturales 255
La sociabilidad como objeto de asociaciones: los clubes de recreo 256

La organización de los lugares de recreo 256
   Reclutamiento 257
   Modalidad de los intercambios: recreación y política 261

Capítulo 7
Esfera pública y régimen representativo 265
   Hacia un nuevo enfoque de lo político:
   la esfera pública como antesala del poder 265
      La renovación de la dirigencia política luego de Caseros 266
      La ampliación de la esfera política:
      El caso de la masonería 278
   Las nuevas prácticas ciudadanas:
   de la opinión en armas a los "ejércitos" electorales 285
      El restablecimiento del sufragio 285
      Los clubes electorales:
      de la organización comunitaria a la esfera pública 286
      Los dirigentes electorales 293
   El "equilibrio" republicano:
   la articulación de dos lógicas de la representación política 297

Capítulo 8
La nación y los nuevos lazos sociales
   La nación como condición de la asociación:
   los imperativos nacionales de la masonería 305
   Sociabilidad e imaginario nacional 314
      La nación como "sociedad civil" 317
      La nación en el seno de la representación 320
   Ciudad y nación, una ecuación porteña 322
      La vocación urbana de los dirigentes porteños 323
      El espacio urbano, cuna de nuevas pertenencias 324
      La ciudad, soporte de la memoria nacional 327

Conclusión
La creación de una nación en el Río de la Plata durante el siglo xix 340
   La ciudad de Buenos Aires, cuna de la nacionalidad 341
   La cuestión del rosismo 342
   La experiencia de la política 343
   La nación como preeminencia de la civilidad 345

Fuentes y Bibliografía 347
    Fuentes manuscritas 347
    Fuentes publicadas 351
    Memorias, crónicas de viaje, escritos políticos 354
    Prensa periódica 360
    Instrumentos de trabajo 361
    Bibliografía general 363

Índice de nombres y lugares 389
Índice de documentos 399
Índice general 402

El libro *Civilidad y política*,
de Pilar González Bernaldo de Quirós,
fue compuesto en caracteres Goudy
en cuerpos 10:12,5. y corresponde
a la primera edición argentina
que consta de una tirada de 1.000 ejemplares.
Este ejemplar se terminó de imprimir
y encuadernar a partir del mes de noviembre de 2001
bajo la norma Acervo en
Fondo de Cultura Económica de Argentina s.a.,
El Salvador 5665, Buenos Aires, Argentina.
E-mail: fondo@fce.com.ar